IM BISMARCKSCHEN REICH

1871—1890

QUELLEN
ZUM POLITISCHEN DENKEN DER DEUTSCHEN
IM 19. UND 20. JAHRHUNDERT

FREIHERR VOM STEIN-GEDÄCHTNISAUSGABE

In Verbindung mit vielen Fachgenossen
herausgegeben von
Rudolf Buchner und Winfried Baumgart

Band VI

IM BISMARCKSCHEN REICH
1871–1890

Herausgegeben
von
HANS FENSKE

WISSENSCHAFTLICHE BUCHGESELLSCHAFT
DARMSTADT

CIP-Kurztitelaufnahme der Deutschen Bibliothek

Im Bismarckschen Reich: 1871—1890 / hrsg. von Hans Fenske. — Darmstadt: Wissenschaftliche Buchgesellschaft, 1978.
(Quellen zum politischen Denken der Deutschen im 19. [neunzehnten] und 20. [zwanzigsten] Jahrhundert; Bd. 6)
ISBN 3-534-04840-7

NE: Fenske, Hans [Hrsg.]

Bestellnummer 4840-7

Satz: Maschinensetzerei Janß, Pfungstadt
Druck und Einband: Wissenschaftliche Buchgesellschaft, Darmstadt
Printed in Germany
Schrift: Linotype Garamond, 9/11

ISBN 3-534-04840-7

INHALT

VERZEICHNIS DER QUELLEN IN CHRONOLOGISCHER REIHENFOLGE

VERZEICHNIS DER QUELLEN NACH POLITISCHEN LAGERN

I. Konservative Stimmen

11 (Kreuzzeitung) — 12 (Preuß. Staatsministerium) —13 (A. Wagner) — 15 (Bismarck) — 21 (Krupp) — 24 (G. Schmoller) — 25 (E. L. v. Gerlach) — 28 (Bismarck) — 43 (Perrot) — 45 (W. v. Kardorff) — 47 (O. Glagau) — 48 (Steuer- und Wirtschaftsreformer) — 49 (Aufruf zur Gründung einer deutschen kons. Partei) — 53 (R. Meyer) — 55 (Bismarck) — 58 (A. Stöcker) — 59b (Bismarck) — 59e (Graf v. Bethusy-Huc) — 62a (Graf zu Stolberg-Wernigerode) — 62c (O. v. Helldorff-Bedra) — 62g (H. v. Kleist-Retzow) — 63 (Bismarck) — 64 (F. Fabri) — 65a (Bismarck) — 65e (H. v. Maltzahn-Gültz) — 65g (Graf zu Stolberg-Wernigerode) — 70 (Bismarck) — 81 (W. Hübbe-Schleiden) — 82b (A. v. Marschall) — 82e (Bismarck) — 83 (Programm der Konservativen in Berlin) — 86a (Allerhöchster Erlaß) — 86c (Bismarck) — 89 (Langwerth von Simmern) — 94 (L. v. Caprivi) — 96 (Erklärung Preußens im Bundesrat) — 103a (W. v. Rauchhaupt) — 103b (Bismarck) — 105 (A. Graf von Waldersee) — 106 (W. v. Loë) — 109a (H. v. Moltke) — 109c (Bismarck) — 114 (Krupp) — 119 (F. v. Holstein) — 120a (Bismarck) — 129 (A. Stöcker) — 131 (F. Naumann) — 132 (Hamburger Nachrichten) — 134 (O. Hammann) — 135 (J. Langbehn) — 136 (Preuß. Kronrat) — 140 (Preuß. Staatsministerium) — 142 (H. v. Spitzemberg) — 144 (C. Rößler) — 145 (H. Delbrück)

II. Katholische Stimmen

10 (I. v. Döllinger) — 16c (P. Reichensperger) — 17 (Kath. Bischöfe Preußens) — 22 (Verein der dt. Katholiken) — 23 (J. N. Sepp) — 26b (L. Windthorst) — 27 (W. E. v. Ketteler) — 30 (Preußischer Episkopat) — 32 (Staatskatholikenadresse) — 33 (J. H. Reinkens) — 36 (A. Reichensperger) — 37 (J. E. Jörg) — 44 (Bayerische Kammer der Abgeordneten) — 54 (Graf Galen) — 59d (L. Windthorst) — 62b (P. Reichensperger) — 65b (P. Reichensperger) — 72 (F. Hitze) — 80 (Arbeiterfreunde des kath. Deutschland) — 82c (G. v. Hertling) — 85 (J. N. Sepp) — 87 (A. Rittler) — 88 (G. v. Hertling) — 92 (Generalversammlung der dt. Katholiken) — 99 (L. Windthorst) — 101 (L. Windthorst) — 103c (L. Windthorst) — 107 (L. Windthorst) — 109d (L. Windthorst) — 110 (Wahlaufruf des Zentrum) — 115 (Graf Fürstenberg-Stammheim) — 118 (Fürstbischof Kopp) — 125 (M. Faßbender) — 139 (A. Reichensperger)

III. Gemäßigt-liberale Stimmen

1 (A. Dove) — 2 (Adresse des Preuß. AH) — 3 (H. v. Sybel) — 5 (Fürst zu Hohenlohe-Schillingsfürst) — 7 (Adresse des Reichstags) — 9 (Jordan) — 16a (J. v. Lutz) — 16b (H. v. Treitschke) — 18 (K. L. Aegidi) — 19a (F. Harkort) — 19b (A. v. Stosch) — 20 (K. Biedermann) — 34 (Nationallib. Wahlaufruf) — 38 (H. v. Treitschke) — 42 (W. Wehrenpfennig) — 46 (H. v. Treitschke) — 50 (F. v. Roggenbach) — 52 (Nationallib. Wahlaufruf) — 56 (R. v. Bennigsen) — 57 (Fürst zu Hohenlohe-Schillingsfürst) — 59a (R. v. Bennigsen) — 60 (E. Stephani) — 61 (A. Falk) — 62e (L. Bamberger) — 65c (L. Bamberger) — 65f (R. v. Bennigsen) — 66 (E. v. Weber) — 67 (E. v. Eynern) — 71 (H. v. Treitschke) — 76 (L. Baare) — 77a (F. Kapp) — 78 (Notabelnerklärung) — 84 (Berliner Erklärung der Nationallib.) — 91 (F. v. Roggenbach) — 95 (Heidelberger Erklärung der Nationallib.) — 97 (L. Brentano) — 112 (Nationallib. Wahlaufruf) — 121 (F. v. Schauß) — 123 (Wilhelm Wehrenpfennig) — 124b (R. Friedberg) — 126 (H. v. Treitschke) — 133 (F. v. Roggenbach) — 137 (A. v. Stosch) — 138 (Graf Lerchenfeld-Koefering) — 143 (Fürst zu Hohenlohe-Schillingsfürst)

IV. Linksliberale und demokratische Stimmen

16d (W. Loewe) — 26a (R. Virchow) — 29 (M. Mohl) — 31a (L. v. Hoverbeck) — 31b (W. Loewe) — 59c (A. Hänel) — 62f (A. Hänel) — 65d (E. Richter) — 68 (E. A. Müller) — 73 (A. Gröning) — 74 (Sezessim) — 77b (Kongreß dt. Volkswirte) — 78 (Notabelnerklärung) — 79 (E. Dühring) — 82a (L. Bamberger) — 82d (E. Richter) — 86b (A. Hänel) — 90 (A. Bastian) — 93 (Programm der Deutschfreisinnigen Partei) — 102 (Th. Barth) — 103e (H. Rickert) — 104 (Th. Barth) — 109b (F. v. Stauffenberg) — 113 (Deutschfreisinniger Wahlaufruf) — 116 (Th. Fontane) — 122 (Th. Mommsen) — 124a (H. Rickert) — 124c (E. Richter) — 127 (K. Schrader) — 128 (E. Richter) — 141 (Frankfurter Zeitung)

V. Sozialistische Stimmen

14 (A. Bebel) — 39 (F. Engels) — 40 (K. Marx) — 41 (Gothaer Programm) — 59g (W. Liebknecht) — 62d (A. Bebel) — 69 (K. Höchberg) — 75 (An die Sozialisten) — 82f (A. Bebel) — 98 (A. Reinsdorf) — 100 (E. Bernstein) — 111 (Sozialdemokrat. Wahlaufruf) — 117 (St. Gallener Parteitag) — 130 (F. Mehring)

VI. Minderheiten

8 (Poln. Fraktion) — 35 (Protesterklärung der Elsaß-Lothringer) — 51 (A. Schneegans) — 103d (F. v. Stablewski) — 59f (R. v. Komierowski)

VERZEICHNIS DER ABGEKÜRZT ZITIERTEN LITERATUR

Böhm	Fürst Bismarck als Redner. Vollständige Sammlung der parlamentarischen Reden Bismarcks seit dem Jahre 1847, hrsg. von Wilhelm Böhm, Stgt. o. J. (1885—1891), 16 Bände
GP	Die Große Politik der Europäischen Kabinette 1871—1914. Sammlung der Diplomatischen Akten des Auswärtigen Amtes. Im Auftrage des Auswärtigen Amtes hrsg. von Johannes Lepsius, Albrecht Mendelssohn-Bartholdy, Friedrich Thimme, Bd. 1—6, Berlin 1922
GW	Otto v. Bismarck, Die gesammelten Werke (Friedrichsruher Ausgabe), hrsg. von Gerhard Ritter und Rudolf Stadelmann, Berlin 1924—1935, 15 Bände
Heyderhoff	Deutscher Liberalismus im Zeitalter Bismarcks. Eine politische Briefsammlung, Bd. 1, Die Sturmjahre der preußisch-deutschen Einigung 1859—1870, hrsg. von Julius Heyderhoff, Bonn 1925, Neudruck 1970
Hohlfeld	Dokumente zur deutschen Politik und Geschichte von 1848 bis zur Gegenwart, hrsg. von Johannes Hohlfeld, Bd. 1, Berlin o. J. (1951)
Huber	Ernst Rudolf Huber (Hrsg.), Dokumente zur deutschen Verfassungsgeschichte, Bd. 2, Deutsche Verfassungsdokumente 1851—1918, Stuttgart 1964
Huber, Staat und Kirche	Ernst Rudolf Huber — Wolfgang Huber (Hrsg.), Staat und Kirche im 19. und 20. Jh. Dokumente zur Geschichte des deutschen Staatskirchenrechts, Bd. 2: Staat und Kirche im Zeitalter des Hochkonstitutionalismus und des Kulturkampfes 1848—1890, Berlin 1976
Kohl	Die politischen Reden des Fürsten Bismarck. Historisch-Kritische Gesamtausgabe, hrsg. von Horst Kohl, Stuttgart 1892—1905, 14 Bände
MEW	Karl Marx — Friedrich Engels, Werke, hrsg. vom Institut für Marxismus-Leninismus beim ZK der SED, Berlin 1957 ff., 39 Bände
Mommsen	Wilhelm Mommsen (Hrsg.), Deutsche Parteiprogramme, München 1960
Salomon	Felix Salomon (Hrsg.), Die deutschen Parteiprogramme, Heft 2, 1871—1900, Leipzig 1907
Schultheß	Europäischer Geschichtskalender, hrsg. von H. Schultheß, Nördlingen 1860 ff., NF, hrsg. von Hans Delbrück, 1885 ff.

Staatsarchiv	Das Staatsarchiv. Sammlung der offiziellen Aktenstücke zur Geschichte der Gegenwart, Bd. 22—36 (1872—79), hrsg. von H. v. Kremer-Auenrode u. a., Bd. 37—56 (1880—89), hrsg. von Hans Delbrück
Sten. Ber. Preuß. AH	Stenographische Berichte über die Verhandlungen des Preußischen Abgeordnetenhauses
Sten. Ber. RT	Stenographische Berichte über die Verhandlungen des Reichstages
Treue	Wolfgang Treue (Hrsg.), Deutsche Parteiprogramme 1861 bis 1956, Göttingen, 2. Aufl. 1956
Wentzcke	Deutscher Liberalismus im Zeitalter Bismarcks. Eine politische Briefsammlung, Bd. 2, Im neuen Reich 1871—1890, hrsg. von Paul Wentzcke, Leipzig 1926, Neudruck 1970, (Deutsche Geschichtsquellen des 19. Jh., Bd. 24)
WiA	Otto v. Bismarck, Werke in Auswahl, hrsg. von G. A. Rein, W. Schüßler, A. Milatz, R. Buchner, Darmstadt 1962 ff. (Ausgewählte Quellen zur deutschen Geschichte der Neuzeit, Bd. III ff.)

EINLEITUNG

Die Schaffung der deutschen Einheit war der Sache nach erreicht, als am 1. Juli 1867 die Verfassung des Norddeutschen Bundes in Kraft trat. Das neue Staatswesen vereinigte auf seinen 415 000 Quadratkilometern fast 30 Millionen Einwohner und umfaßte damit 78 % der Bevölkerung und 79 % der Fläche des außerösterreichischen Deutschland. Die völkerrechtlich noch unabhängigen Südstaaten Bayern, Württemberg, Baden und Hessen, das nur mit seiner Provinz Oberhessen in den Nordbund aufgenommen worden war, waren dem Norden durch die Schutz- und Trutzbündnisse und den Zollverein eng verbunden, und mit dem Zollparlament bestand sogar eine kleindeutsche Volksvertretung mit freilich nur begrenzter Kompetenz. Aber diese vorläufige Konstruktion der deutschen Einheit war noch zu kompliziert und zu abstrakt, als daß sie die Gemüter wirklich für sich hätte einnehmen können; sie wurde überall nur als Provisorium verstanden, dem so bald wie möglich die definitive Gestaltung zu folgen hatte. Als der Zusammenprall des Nordbundes mit Frankreich im Jahre 1870 überraschend schnell die Schaffung der endgültigen Form möglich machte, blieb das für das allgemeine Bewußtsein freilich eine eher technische Angelegenheit, da die notwendigen Entscheidungen auf dem Wege diplomatischer Verhandlungen getroffen worden waren und die Parlamente nur die zwischen dem Norddeutschen Bund und den süddeutschen Staaten geschlosssenen Verträge über die Erweiterung des Nordbundes zum Reich zu ratifizieren hatten [1]. Viel lebhaftere Anteilnahme fanden der Fortgang der Kämpfe in Frankreich und ihr endliches Ende, „der Friede, der wirkliche Friede“ (4b) [2]. Die Niederwerfung des allenthalben als Erbfeind eingeschätzten linksrheinischen Nachbarn und die Rückgabe Elsaß-Lothringens an Deutschland schienen überhaupt erst

[1] Otto Becker, Bismarcks Ringen um Deutschlands Gestaltung, hrsg. und ergänzt von Alexander Scharff, Heidelberg 1958, S. 687 ff.; Ernst Rudolf Huber, Deutsche Verfassungsgeschichte seit 1789, Bd. 3, Stuttgart 1963, S. 702 ff.; Karl Bosl, Die Verhandlungen über den Eintritt der süddeutschen Staaten in den Norddeutschen Bund und die Entstehung der Reichsverfassung, in: Theodor Schieder und Ernst Deuerlein (Hrsg.), Reichsgründung 1870/71, Tatsachen, Kontroversen, Interpretationen, Stuttgart 1970, S. 148 ff.

[2] Die Zahlen in Klammern verweisen auf die Nummern der folgenden Dokumentation.

die Voraussetzungen dafür zu schaffen, daß das nun vollzogene Einigungswerk dauerhaft gesichert war (2). So löste die Nachricht über den bevorstehenden Waffenstillstand wohl mehr Bewegung aus als der verfassungsrechtliche Vollzug der Einigung. Charakteristisch dafür ist der Gefühlsüberschwang, mit dem sich der dreiundfünfzigjährige Historiker Heinrich von Sybel, ein Mann, der alle Kämpfe der Reichsgründungszeit in vorderster Linie mitgefochten hatte, am 27. Januar 1871 äußerte: „. . . die Tränen fließen mir über die Backen. Wodurch hat man die Gnade Gottes verdient, so große und mächtige Dinge erleben zu dürfen? Und wie wird man nachher leben? Was zwanzig Jahre der Inhalt alles Wünschens und Strebens gewesen, das ist nun in so unendlich herrlicher Weise erfüllt!" (3) Die Kaiserproklamation des 18. Januar, ein staatsrechtlich sehr nebensächlicher Akt, da hier nur die Einweisung in das seit dem 1. Januar bestehende Amt erfolgte [3], trat daneben durchaus zurück, und wenn der 18. Januar in symbolischer Zusammenziehung sehr komplexer monatelanger Ereignisse auf einen Tag zwei oder drei Generationen von Deutschen auch als Reichsgründungstag galt, so rangierte er in seiner allgemeinen Bewertung doch deutlich hinter der Erinnerung an den Tag, an dem sich 1870 das Schicksal Frankreichs militärisch zu entscheiden begann. Der 2. September, der Sedan-Tag, war im deutschen Kaiserreich der eigentliche Nationalfeiertag.

Das begleitende Geschehen der Reichsgründung, der Sieg über Frankreich, erweckte mehr Begeisterung als die Reichsgründung selbst. An wichtigen Teilen des Verfassungswerks wurde Kritik geübt. Vielen norddeutschen Konservativen und einem erheblichen Teil des katholischen Deutschland war das neue Reich zu zentralistisch. Die Liberalen dagegen waren unzufrieden mit der Verstärkung der föderativen Elemente, die der Beitritt der Südstaaten mit den ihnen eingeräumten Reservatrechten gebracht hatte (1). Als der Vertrag mit Bayern bekannt wurde, war im liberalen Lager Enttäuschung die Regel. „Wir haben also die deutsche Einheit, aber wie", klagte Wilhelm Wehrenpfennig [4], und Hermann Baumgarten sprach gar von der „Verderblichkeit der Abmachungen" [5]. Johann Gustav Droysen meinte über den bayerischen Vertrag lapidar: „Schön ist er nicht", gab jedoch zu bedenken, ob man so nahe an der Spitze der lang ersehnten Höhe umkehren, also das Plazet verweigern solle, „weil da oben ein paar nasse Stellen sind, auf denen man nicht ganz sicher auftreten kann?" So wertete er den Ertrag des Spätjahres 1870

[3] Huber, Verfassungsgeschichte, Bd. 3, S. 751.

[4] An Heinrich von Treitschke, 25. November 1870, Heyderhoff, S. 489.

[5] Ebenfalls an Treitschke, 28. November 1870, ebd., S. 490.

nicht bloß als großen Abschluß, sondern auch als „Anfang zu Größerem, zu großen Aufgaben, Pflichten, Leistungen“ [6]. Damit sprach er unzweifelhaft eine weitverbreitete Stimmung im deutschen Liberalismus aus. Man beugte sich der Einsicht, daß mehr derzeit nicht zu erreichen war, sah darin zugleich einen Zwang zum Fortschritt und war überzeugt, daß es der vereinigten Mühe gelingen werde, „die Verfassung des deutschen Reiches von den Schlacken des Ursprungs zu reinigen“ [7]. Die Phase des inneren Reichsausbaus begann, und man gedachte die notwendige Arbeit ohne Verzögerung in Angriff zu nehmen. Für die Mehrheit des Liberalismus bedeutete das die weitere Rechtsvereinheitlichung und Zentralisierung, die Abrundung des Rechtsstaates, den Ausbau freiheitlicher Institutionen, etwa in der Selbstverwaltung, aber die meisten Liberalen wollten den Verfassungskompromiß, den sie 1867 mit herbeigeführt hatten, nicht in Frage stellen. Die kontinuierliche Entwicklung in Richtung des Parlamentarismus rückte nur eine Minderheit in den Vordergrund (30b), ohne die Aussicht auf Realisierung dieses Ziels zu haben. Die Grundfragen des Verfassungslebens waren nicht mehr strittig, aber es gab doch Fragen genug, an denen sich die Gegensätze entzünden konnten. Das Verhältnis von Staat und Kirche, die Handels- und Finanzpolitik, der Heeresetat, die Inangriffnahme einer Sozialgesetzgebung erwiesen sich als außerordentlich kontrovers. So kam es immer wieder zu heftigen innenpolitischen Spannungen. Sie beanspruchten so viel Kraft und Aufmerksamkeit, daß die Außenpolitik in der öffentlichen Meinung sehr zurücktrat.

Die politische Willensbildung im deutschen Kaiserreich war auf zwei Kräfte verteilt, auf die politischen Parteien einerseits, auf die Bürokratie andererseits. Die Parlamente waren unabdingbarer Faktor der Gesetzgebung. Hier war das Feld der Parteien. Sie konnten von der parlamentarischen Tribüne zu allen Fragen Stellung nehmen, aber sie konnten ihren Willen nur in Gesetzesbeschlüssen, dessen wichtigster das Haushaltsgesetz betraf, durchsetzen; die Einwirkung auf die Berufung und Abberufung von Personen, auf die Personalpolitik, blieb ihnen versagt, das gehörte zur Prärogative des Monarchen. Er berief auch in höchste politische Stellen durchweg Angehörige der Bürokratie. Im Deutschland der konstitutionellen Monarchie, im Reich wie in den Einzelstaaten, war der Aufstieg in ein

[6] Johann Gustav Droysen an seinen Sohn Gustav, 7. Dezember 1870, in: Johann Gustav Droysen, Briefwechsel, hrsg. von Rudolf Hübner, Bd. 2, Stuttgart 1929 (Neudruck 1967), S. 895.

[7] Eduard Lasker an Friedrich Kiefer, 13. Dezember 1870, in: Aus Eduard Laskers Nachlaß, in: Deutsche Revue für das gesamte nationale Leben, hrsg. von R. Fleischer, 17. Jg. 1892, Bd. 4, S. 67 f.

Ministeramt nicht Frucht einer herausragenden parlamentarischen Tätigkeit, sondern die Krönung einer Laufbahn im öffentlichen Dienst. Das war verfassungsrechtlich zwar nicht geboten, aber es wurde doch, abgesehen von wenigen Ausnahmen, stets so gehandhabt. Da die aus der Beamtenschaft rekrutierten Ministerien rechtlich allein vom Monarchen abhingen, aber in den Parlamenten legislative Mehrheiten finden und vor allem den Haushalt bewilligt erhalten mußten, war die Quintessenz des konstitutionellen Regierungssystems in Deutschland ein Gleichgewicht von Bürokratie und politischen Parteien. Wäre es den Parteien gelungen, auch im Bereich der Personalentscheidungen Einfluß zu erlangen, so wäre diese Balance erheblich zu ihren Gunsten verschoben, damit der Weg zum Parlamentarismus beschritten und so das Gleichgewicht schließlich aufgehoben worden.

Natürlich kam es im politischen Alltag immer wieder zu Spannungen zwischen Parlamentariern und Ministern. Aber man darf die Beziehungen von Bürokratie und Parteien doch nicht unter dem Aspekt eines feindseligen Dualismus sehen. Sie waren insgesamt durchaus konstruktiv. Das erklärt sich daraus, daß die obrigkeitliche Bürokratie und die Führungsschicht der für die Gesetzgebung wichtigen Parteien denselben sozialen Boden hatten und deshalb trotz vieler Divergenzen im einzelnen in den Grundanschauungen nicht allzu weit auseinandergingen. Die konstitutionelle Monarchie wurde von keiner Seite in Frage gestellt. Die eigentlich politische Schicht — so läßt sich vielleicht das Rekrutierungsfeld von hoher Administration und maßgeblichen bürgerlichen Parlamentariern zusammenfassend bezeichnen — war relativ eng umgrenzt. Sie umfaßte nur diejenigen, die in der Lage waren, ihren Söhnen ein Studium zu ermöglichen, die Kosten des Einjährig-Freiwilligendienstes zu tragen und gegebenenfalls längere Jahre einer unbesoldeten Tätigkeit im öffentlichen Dienst zu überbrücken, die also nicht nur hohe Ausbildungsaufwendungen leisten, sondern auch langfristige Einkommensverzichte hinnehmen konnten. Nach der preußischen Steuerstatistik, deren Ergebnisse aber verallgemeinert werden dürfen, da Preußen 60 % der Reichsbevölkerung auf 64 % der Fläche zählte und Anteil an fast allen geographischen, wirtschaftlichen und sozialen Strukturen hatte, waren 29,3 % der Bevölkerung steuerbefreit, also eindeutig Angehörige der Unterschicht. Weitere 33 % hatten dürftige Einkommen, waren also nach objektiven Kriterien eher dem Vierten Stand zuzuweisen, verstanden sich selbst vermutlich aber mehr als Teil des Mittelstandes. 29,6 % bezogen kleine Einkommen, hatten mithin einen kleinbürgerlichen Lebenszuschnitt; 5,7 % zählten zum gehobenen Mittelstand, und nur 2,4 % verfügten über gute bis sehr gute Einkommen, stellten also die Oberschicht, die in sich freilich ebensowenig eine Einheit bildete wie die breite Unterschicht [8]. Nur der gehobene Mittelstand und die Oberschicht konnten die erforderlichen Kosten aufbringen, und auch sie oft nicht mühelos [9]. Für die Angehörigen des Kleinbürgertums war der Aufstieg zwar nicht ausgeschlossen, aber mit großen Opfern verbunden.

In den höheren Verwaltungsdienst und damit in die Ausgangsposition für eine Karriere, die in politische Stellungen führte, konnte nach dem Buchstaben des Gesetzes jeder aufgenommen werden, der die vorgeschriebenen Qualifikationen erbracht hatte. Aber es gab eine Vielzahl von Möglichkeiten, um eine Auslese nach sozialen und politischen Kriterien zu treffen. Man konnte etwa einen Assessor weit von seinem Heimatort wegversetzen, um ihm so den finanziellen Rückhalt am Elternhaus zu nehmen, man konnte ihn in unpolitischen Verwaltungen beschäftigen und dergleichen mehr. Die Angehörigen der alten Führungsschichten, also des grundbesitzenden und des Beamtenadels, genossen bei diesem System der Auslese mancherlei Vorteile. Bei gleicher Qualifikation wurden sie bürgerlichen Kandidaten häufig vorgezogen, und je höher die zu besetzende Stelle war, desto mehr wurde auf das Adelsprädikat gesehen. Diese Praxis setzte sich im letzten Viertel des 19. Jahrhunderts verstärkt durch [10]. Sie hatte wesentlichen Anteil daran, daß der öffentliche Dienst Preußens eine immer deutlicher konservative Färbung annahm. Promotor der Entwicklung war vor allem der 1881—1888 amtierende Innenminister Robert von Puttkamer. Bis zum Ausgang der 70er Jahre spielte dagegen auch in Preußen der Beamtenliberalismus eine zunächst beträchtliche, dann sich mehr und mehr abschwächende Rolle, wenn er hier auch niemals so viel Gewicht hatte wie in anderen Ländern, so in Baden, Bayern, Hessen und einer Reihe von Kleinstaaten. Die Bürokratie des Reiches wurde aus allen Bundesstaaten besetzt, sie hatte deshalb ein etwas liberaleres Gesicht als die Preußens.

Institutionell war die Willensbildung im Reich dem Zusammenwirken von Reichsleitung, Bundesrat und Reichstag anvertraut. Dabei mußte die

[8] Annalen für das Deutsche Reich, Bd. 15, 1882, S. 484 ff. (Zahlen für 1881).

[9] Vgl. z. B. Gertrud Hermes, Ein preußischer Beamtenhaushalt 1859 bis 1890, in: Zges.St.Wiss. 76, 1921, S. 43—92, S. 268—295, S. 478—486. Der dort behandelte Beamte, einer der am besten verdienenden Preußens, hat 1870—1889 für die Ausbildung seiner drei Söhne 136 000 Mark aufwenden müssen, 1875 z. B. 2200 für den ältesten Sohn. Das Jahreseinkommen — Gehalt und Nebeneinnahmen — betrug damals 15 500 Mark.

[10] Fritz Hartung, Studien zur Geschichte der preußischen Verwaltung, in: ders., Staatsbildende Kräfte der Neuzeit, Berlin 1961, S. 178—344, bes. S. 248 ff.; Eckart Kehr, Das soziale System der Reaktion in Preußen unter dem Ministerium

Reichsleitung, da sie personell teilweise identisch mit der preußischen Regierung war, zugleich auch die Stimmungen in den beiden Häusern des preußischen Landtags, im Herrenhaus und im Abgeordnetenhaus, berücksichtigen. Die wichtigste Personalunion war die (nur 1873 für zehn Monate ausgesetzte) von Reichskanzler und preußischem Ministerpräsidenten, eine Doppelfunktion, in der eindeutig der Reichskanzler dominierte. Entsprechend dominierten auch Reichstag und Bundesrat; der preußische Landtag war nach der Reichsgründung ein Parlament zweiten Ranges, so sehr er sich auch gelegentlich dagegen wehrte und trotz der Tatsache, daß der einzelstaatlichen Zuständigkeit die Ausfüllung der klassischen Ressorts geblieben war. Eine Reichsregierung im strengen Sinne gab es nicht. Die Reichsverfassung kannte nur einen einzigen verantwortlichen Reichsminister, den Reichskanzler. Er war vom Kaiser zu ernennen, ihm stand „der Vorsitz im Bundesrat und die Leitung der Geschäfte" zu (Art. 15), und er hatte die Anordnungen und Verfügungen des Kaisers gegenzuzeichnen und für sie die Verantwortung zu übernehmen (Art. 17). Der Kaiser regierte also durch den Kanzler, so wie er als König von Preußen durch seine Minister regierte. Dem Kanzler oblag die konkrete Ausgestaltung der Politik, er besaß die Richtlinienkompetenz, wenn das verfassungsrechtlich auch nicht ausdrücklich formuliert war. Wollte der Monarch eine andere Richtung der Politik, mußte er einen Kanzlerwechsel vornehmen; im Konfliktsfalle hatte der Monarch eindeutig die stärkere Position. Bismarck selbst hat sich dieser Tatsache schließlich beugen müssen, so schwer es ihm auch wurde (143). Zwar war der Kanzler der einzige Minister im vollen Sinne, aber er bedurfte zur Erfüllung seiner Amtsobliegenheiten eines Apparates, der seine Entscheidungen in administrative und legislative Wirklichkeit umsetzte. Dieser Apparat war zunächst außerordentlich klein, wuchs aber mit dem zunehmenden Umfang der Geschäfte rasch an. Zu Reichskanzleramt und Auswärtigem Amt traten, beginnend mit der Kaiserlichen Admiralität (1872) und dem Reichseisenbahnamt (1873), im Laufe der Jahre zahlreiche Reichsämter. Es handelte sich dabei um oberste Reichsbehörden, die von Untergebenen des Reichskanzlers im Range von Staatssekretären geleitet wurden. Bald erwies es sich als notwendig, diesen Behördenchefs eine beschränkte eigene Verantwortung für das von ihnen geleitete Ressort zuzuweisen. Durch das sogenannte Stellvertretergesetz von 1878 wurden die „Vorstände der dem Reichskanzler untergeordneten obersten Reichsbehörden" Stellvertreter

Puttkamer, in: ders., Der Primat der Innenpolitik, Gesammelte Aufsätze ..., hrsg. von Hans-Ulrich Wehler, Berlin 1965, S. 64—86 (original: Die Gesellschaft 6, 1929/II).

des Reichskanzlers für ihren Bereich und erhielten für ihren Geschäftskreis das Recht der Gegenzeichnung, aber dem Reichskanzler blieb vorbehalten, „jede Amtshandlung auch während der Dauer einer Stellvertretung selbst vorzunehmen" [11]. Der Reichskanzler konnte also in jedes Ressort unmittelbar eingreifen. Er hatte gegenüber den Ressortchefs nicht nur die Richtlinienkompetenz, sondern ein unmittelbares Weisungsrecht auch in Einzelfragen. Der Regierungsapparat des Reiches war also streng bürokratisch organisiert und ganz auf den Reichskanzler bezogen. Obwohl damals selbst gelegentlich die Bezeichnung Reichsregierung benutzt wurde, empfiehlt es sich, für die Gesamtheit der obersten Reichsbehörden den neutraleren Ausdruck Reichsleitung zu verwenden. Damit werden keine Assoziationen an kollegialisches Deliberieren und Entscheiden wachgerufen, wie es für Regierungen charakteristisch ist. Nur mit großen Vorbehalten läßt sich davon sprechen, daß der Regierungsapparat des Reiches sich nach Erlaß des Stellvertretergesetzes zu einer Art von Reichsregierung wandelte [12]. Da der Kanzler sich trotz des ihm verbliebenen Eingriffsrechts wesentlich auf die Bestimmung der Richtlinien der Politik beschränkte — es gab demonstrative Ausnahmen —, wuchsen die Staatssekretäre zwar de facto in die Stellung verantwortlicher Reichsminister hinein, aber sie bildeten insgesamt kein Kollegium.

Demgegenüber war das preußische Kabinett kollegialisch verfaßt, das heißt, die Minister — bis 1878 neun, dann nach Schaffung des Ministeriums für öffentliche Arbeiten zehn — standen nebeneinander, waren jeder für ihr Ressort allein zuständig und berieten nur die grundsätzlichen Dinge und Angelegenheiten, die mehrere Ressorts betrafen, gemeinsam. Dabei wurde nach Mehrheit entschieden. Der Ministerpräsident hatte nur den Vorsitz im Kabinett, war also nur primus inter pares. Jeder Minister hatte unmittelbaren Zugang zum Monarchen. Allerdings hatte Manteuffel 1852 eine Kabinettsordre erreicht, die dem Ministerpräsidenten mehr als bis dahin eine allgemeine Übersicht über die verschiedenen Zweige der Verwaltung und damit die Möglichkeit sichern sollte, die notwendige Einheit der Regierungsmaßnahmen herzustellen. Deshalb sollte jeder Ressortchef sich bei allen Verwaltungsmaßregeln von Wichtigkeit vorher mit dem Ministerpräsidenten verständigen. Auch waren die

[11] Gesetz betreffend die Stellvertretung des Reichskanzlers, vom 17. März 1878, RGBl. 1878, S. 7; Huber, Dokumente, S. 313 f. Zum Ausbau der Reichsverwaltung vgl. Rudolf Morsey, Die oberste Reichsverwaltung unter Bismarck 1867—1890, Münster 1957; Siegfried Schöne, Von der Reichskanzlei zum Bundeskanzleramt, Berlin 1968.

[12] So Morsey, S. 320.

Minister gehalten, den Ministerpräsidenten zu informieren, wenn sie dem König Vortrag halten wollten, um ihm so die Möglichkeit zu geben, den Vorträgen beizuwohnen [13]. Damit war auch dem preußischen Ministerpräsidenten die Möglichkeit eines überwiegenden Einflusses gegeben.

Das Militärwesen besaß eine Sonderstellung [14]. Die monarchischen Akte im Bereich der Kommandogewalt waren von der Gegenzeichnungspflicht ausgenommen, und Wilhelm I. achtete sorgfältig darauf, daß ihm dieses Privileg nicht geschmälert wurde. Organe der monarchischen Kommandogewalt waren das Militärkabinett und der Generalstab. Sie standen unverbunden neben den Zivilbehörden. Das Kriegsministerium wurde zunehmend auf reine Verwaltungssachen beschränkt. Akte in diesem Bereich waren gegenzeichnungspflichtig, aber die Grenze zu den Kommandosachen war natürlich nur schwer zu ziehen. So gab es ständige Kompetenzkonflikte zwischen Ministerium und Kommandobehörden. Dabei wurde im Zweifel zugunsten der Kommandogewalt entschieden, und Bismarck selbst hatte an dem dadurch bewirkten Ausbau des Staates im Staate, den das Heerwesen im Kaiserreich wie vorher im konstitutionellen Preußen bildete, selbst Anteil. Andererseits war er bemüht, das Ministerium seiner Weisungsbefugnis zu unterwerfen, freilich ohne dauerhaften Erfolg. Zwar war das Heerwesen Reichssache (Art. 63 Abs. 1 RV), aber das Reichsheer setzte sich aus gliedstaatlichen Kontingenten zusammen [15], und dementsprechend gab es nach wie vor Kriegsministerien in Berlin, München, Dresden und Stuttgart. Der preußische Kriegsminister war der Sache nach auch Staatssekretär für das Reichskriegswesen; formell trat er dem Reichstag in Militärfragen als preußischer Bundesratsbevollmächtigter und als Vorsitzender des Bundesratsausschusses für das Heerwesen gegenüber. Die Bestrebungen zur Schaffung eines Reichskriegsministeriums bekämpfte Bismarck aktiv. Über den Heeresetat konnte er dem preußischen Kriegsminister Ungelegenheiten machen und ihn so gegebenenfalls auf seinen Kurs bringen. Daß einzig der Reichskanzler für die politischen Grundentscheidungen auch in militärischen Fragen zuständig war, blieb nie

[13] Text bei Huber, Dokumente, S. 9.

[14] Ludwig Frhr. Rüdt von Collenberg, Die staatsrechtliche Stellung des preußischen Kriegsministers von 1867 bis 1914, in: Wehr und Wissen, Bd. 8, 1927, S. 293 ff.; Heinrich Otto Meisner, Militärkabinett, Kriegsminister und Reichskanzler zur Zeit Wilhelms I., in: FBPG Bd. 50, 1938, S. 86—103; Gerhard Ritter, Staatskunst und Kriegshandwerk, Bd. 2, München 1960, S. 148 ff.; Huber, Verfassungsgeschichte, Bd. 3, S. 988 ff.

[15] Es waren dies das preußische Heer mitsamt den durch Militärkonvention angeschlossenen Kontingenten aller Klein- und der meisten Mittelstaaten, das bayerische, das sächsische und das württembergische Heer.

zweifelhaft. Bismarck verdeutlichte das wiederholt, vor allem mit Blick auf das Ausland (132)[16].

Durch den Ausbau der Reichsleitung wurde dem Bundesrat jede Entwicklungsmöglichkeit in der Richtung genommen, in die Bismarck ihn zunächst hatte gehen lassen wollen. Nach der ursprünglichen Vorstellung sollte er die Zentralbehörde des Bundes werden und eine 43 Plätze fassende Ministerbank[17], ein gemeinschaftliches Ministerium[18] darstellen. Der Wortlaut der Verfassung ließ indessen offen, was der Bundesrat war. Er war als Gesandtenkongreß in erster Linie eine Länderkammer mit dem Recht der Teilnahme an der Gesetzgebung. Er hatte daneben exekutive Zuständigkeiten, indem er über die zur Ausführung der Reichsgesetze erforderlichen allgemeinen Verwaltungsvorschriften und Einrichtungen beschloß, und er war schließlich bei Verfassungsstreitigkeiten innerhalb der Einzelstaaten, bei Justizverweigerung und bei nicht privatrechtlichen Streitigkeiten zwischen Gliedstaaten auch Verfassungsgerichtshof. Sollte er zum Entscheidungszentrum des Reiches werden, mußte darauf geachtet werden, daß er sich bei Konflikten in der Gesetzgebung gegenüber dem Reichstag regelmäßig durchsetzte. In Wirklichkeit verhielt es sich vom ersten Tage an umgekehrt. Die Zusammenarbeit von Reichstag und Bundesrat, aus deren übereinstimmendem Willen die Gesetze resultierten, war gemeinhin nicht problematisch. Beide Seiten waren daran interessiert, Konflikte möglichst von vornherein zu vermeiden oder noch in der Entstehungsphase auszugleichen. Dabei lag die größere Konzessionsbereitschaft jedoch beim Bundesrat. Kaum ein Entwurf wurde in der Form Gesetz, in der er von hier kam[19]. Der Reichstag brachte stets Veränderungen an, und der Bundesrat akzeptierte sie gewöhnlich bei seiner neuerlichen Beratung der Materie. So machte er beispielsweise erhebliche Zugeständnisse bei der Ausgestaltung der Militärstrafordnung, des Reichsbeamtengesetzes oder des Reichspressegesetzes. Der Reichstag verhinderte die von der Reichsleitung über den Bundesrat initiierte Novellierung des Strafgesetzbuches gegen die Sozialdemokratie, die Aushöhlung des parlamentarischen Haushaltsrechts durch Übergang zur zweijährigen Etat-

[16] Vgl. etwa ›Post‹, 24. Februar 1887, längerer Auszug bei M. Erzberger, Der Völkerbund, Berlin 1918, S. 154 f.

[17] Vgl. Bismarcks Putbuser Diktat, 19. November 1866, WiA, Bd. 4, S. 8—10, diese Sammlung, Bd. 5, S. 341—343.

[18] 27. März 1867 im Konstituierenden Norddeutschen Reichstag, Sten. Ber. S. 338.

[19] Die Masse der Gesetzentwürfe wurde von der Reichsleitung ausgearbeitet und deshalb zuerst im Bundesrat beraten.

periode, er ließ den von Bismarck gewünschten Reichswirtschaftsrat scheitern, akzeptierte weder das Tabakmonopol noch das Branntweinmonopol, setzte durch eine langfristige Verzögerungstaktik beachtliche Änderungen am Unfallversicherungsgesetz durch und machte 1878 und 1889/90 beim Sozialistengesetz erhebliche Schwierigkeiten; 1878 konnte das von der Reichsleitung gewünschte Gesetz nur nach Auflösung und Neuwahl des Parlaments durchgebracht werden, 1890 blieb es ganz auf der Strecke. Andererseits verhinderte der Bundesrat verfassungspolitische Entwicklungen, die für die Reichsleitung nicht akzeptabel waren. Seine Funktion bestand sehr wesentlich darin, ein Gegengewicht zu bilden „gegen die Gefahren, die das allgemeine Stimmrecht in seiner vollsten Ausbeutung in sich bergen kann“ [20], eine konservative Bremse zu sein und jeden Schritt in Richtung auf den Parlamentarismus zu blockieren (96).

Das Verhältnis von Bundesrat und Reichstag ist durch die Forschung gewiß noch nicht erschöpfend behandelt worden, aber künftige Studien werden kaum überraschende Ergebnisse zeitigen, sondern nur die Resultate der bisher vorliegenden Arbeiten bestätigen, daß nämlich der Bundesrat nicht überschätzt, der Reichstag nicht unterschätzt werden darf. Sehr wesentlichen Anteil daran, daß der Bundesrat so sehr zurücktrat und zum „Votament“ [21] degradiert wurde, hatte Bismarck. Er wollte keine selbständige und umfassende Meinungsbildung der Einzelstaaten und sorgte deshalb durch seine Handhabung der Geschäftsführung dafür, daß der Bundesrat die in ihm liegenden Entwicklungsmöglichkeiten so wenig wahrnehmen konnte. Aber die Einzelstaaten kamen der Tendenz des Kanzlers sehr entgegen. Sie nahmen an der bundesrätlichen Arbeit wenig Anteil und orientierten sich durchweg am Reich [22]. Etwas überspitzt, aber prinzipiell doch richtig, urteilte 1878 der braunschweigische Bundesratsbevollmächtigte v. Liebe: „Da der Bundesrat ... schließlich immer nachgegeben hat, so ist am Ende Lasker einflußreicher geworden, als alle

[20] Bismarck am 19. April 1871 im Reichstag, Sten. Ber. RT, 1. Leg. Per., 1. Session 1871, Bd. 1, S. 297.

[21] E. v. Jagemann, Fünfundsiebzig Jahre des Erlebens und Erfahrens 1849 bis 1924, Heidelberg 1925, S. 108; ähnlich meinte Karl Oldenburg, Aus Bismarcks Bundesrat, Aufzeichnungen ..., hrsg. von Wilhelm Schüßler, Berlin 1929, S. 18, der Bundesrat sei „zu einer Stimmaschine herabgesunken, wie sie im Frankfurter Bundestag nicht schlimmer war“. (11. Juni 1880)

[22] Vgl. vor allem Hans Klaus Reichert, Baden am Bundesrat 1871—1890, Phil. Diss. Heidelberg 1962; Hans Georg Schönhoff, Hamburg im Bundesrat, Hamburg 1967; Helmut P. Dahl, Lübeck im Bundesrat 1871—1914, Lübeck 1969; Hans Otto Binder, Reich und Einzelstaaten während der Kanzlerschaft Bismarcks 1871—1890, Tübingen 1971.

deutschen Regierungen zusammen" [23]. Wenig später erklärte der nationalliberale Abgeordnete Bamberger anläßlich der Zolltarifreform, „daß mit der jetzt angewandten Methode, die Angelegenheiten des Reiches zu behandeln, ein Weg eingeschlagen ist, der die sämtlichen Verbündeten Regierungen und ihr Organ, den Bundesrat, sozusagen nullifiziert hat" [24]. Diese Zurückdrängung des Bundesrats ließ sich auch in den 80er Jahren, als das Verhältnis zwischen Kanzler und Parlament sehr viel komplizierter war als im Jahrzehnt zuvor und Bismarck bemüht war, Gegengewichte gegen den Reichstag zu schaffen, nicht mehr umkehren [25].

Der Reichstag war neben der Reichsleitung und dem in ihr durchaus dominierenden Kanzler der gewichtigste Faktor im politischen Kraftfeld Deutschlands. Des Bundesrats konnte die Reichsleitung sich sicher sein, Widerstände konnte sie durch eine rücksichtslose Handhabung der Geschäftsordnung schnell überwinden, wobei festzuhalten ist, daß Bismarck es vorzog, sich mit den größeren Einzelstaaten vorweg diplomatisch zu verständigen. Mit dem Reichstag mußte sie dagegen stets rechnen und ein Übereinkommen suchen. Das warf je nach den zur Entscheidung anstehenden Materien und der Zusammensetzung des Hauses wechselnde Probleme auf. Allgemein läßt sich sagen, daß die Mehrheitsfindung im ersten Jahrzehnt von Bismarcks Kanzlerschaft weniger schwierig war als im zweiten. Die Parteikonstellationen waren klarer, der Bewegungsspielraum des Kanzlers damit geringer.

Der Reichstag beruhte entsprechend dem im Herbst 1866 modifiziert in Kraft getretenen Wahlgesetz der Paulskirche auf dem allgemeinen, gleichen, geheimen und direkten Stimmrecht aller Männer über 25 Jahre; er hatte damit eine ganz andere Basis als die in irgendeiner Weise auf Zensus fußenden einzelstaatlichen Landtage. Die Abgeordneten waren in 382, seit dem Hinzutreten von Elsaß und Lothringen 1874 in 397 Einerwahlkreisen nach absoluter Mehrheit zu bestimmen. Auf 100 000 Einwohner sollte ein Mandat entfallen. Zunächst war die Wahlkreiseinteilung — auf Grund der Bevölkerungszahlen von 1864 — noch sehr ausgeglichen; die starke Binnenwanderung infolge der Industrialisierung führte dann zu mannigfachen Verschiebungen und erheblicher Überrepräsentation der ländlichen Gebiete. Bis 1890 machte sich das indessen noch nicht allzu sehr bemerkbar, zum wirklichen politischen Problem

[23] 7. Juni 1878, zit. bei Dahl, S. 153.

[24] 3. Mai 1879, Sten. Ber. RT, 4. Leg. Per., 2. Session, Bd. 2, S. 954.

[25] Am Ende seiner Amtszeit beschwor Bismarck den Bundesrat geradezu, sich nicht verdrängen zu lassen und sprach vom Bundesrat „als einer gesetzgebenden und nach Mehrheit abstimmenden Körperschaft", 24. März 1890, GW 14/II, S. 998.

wurde es erst in der Wilhelminischen Ära, ohne daß die Reichsleitung daran gedacht hätte, eine Neueinteilung der Wahlkreise vorzunehmen. Das hätte vor allem die konservativen Parteien getroffen. So erfolgte die lange fällige Wahlkreisreform erst Ende des Ersten Weltkriegs und nur mit halbem Herzen[26].

Das deutsche Parteiensystem war 1871 fast fertig ausgebildet. Im ersten Reichstag saßen zehn verschiedene Gruppen und Parteien, von denen nur eine nach einiger Zeit in einer Nachbargruppe aufging[27]. Wir sehen auf der Rechten die betont konservative, stark partikularistisch eingestellte preußische Konservative Partei, die Vertretung des ostelbischen Grundbesitzes. Links neben ihr finden wir die Freikonservativen oder, wie sie sich auf Reichsebene programmatisch nannten, die Reichspartei. Sie bejahte, anders als die preußischen Konservativen, die Reichsgründung in ihrer konkreten Gestalt und war überhaupt politisch offener als jene. Sie repräsentierte nicht überwiegend agrarische Interessen, sondern hatte auch gute Verbindungen zur Industrie und zum höheren Beamtentum. Ihren Schwerpunkt hatte auch sie in Preußen. Mit dem rechten Flügel der Nationalliberalen besaß sie viele Gemeinsamkeiten. Auch die Liberale Reichspartei Süddeutschlands stellte die Verbindung zu den Nationalliberalen her; hier handelte es sich um eine typische Übergangsfraktion bei der Anpassung des süddeutschen Parteilebens an das des Nordens. Die meisten liberalen Reichsparteiler gingen schließlich zu den Nationalliberalen. Die Nationalliberalen als zunächst weitaus größte liberale Partei hatten eine außerordentliche soziale und politische Spannweite. Sie vereinigten in sich sehr gemäßigte mit sehr progressiven Positionen, und sie waren genötigt, vielfältige gewerbliche, industrielle, finanzielle, agrarische

[26] Vgl. meine Darstellung: Wahlrecht und Parteiensystem, Frankfurt 1972; Alfred Milatz, Reichstagswahlen und Mandatsverteilung 1871 bis 1918, in: G. A. Ritter (Hrsg.), Gesellschaft, Parlament und Regierung. Zur Geschichte des Parlamentarismus in Deutschland, Düsseldorf 1974, S. 207—223; die Wahlergebnisse in Statistik des Deutschen Reichs, Bd. 250, Heft 3, Anhang, sowie in Art. Deutschland von Bernhard Vogel und Rainer O. Schultze, in: Dolf Sternberger/Bernhard Vogel (Hrsg.), Die Wahl der Parlamente, Bd. 1, Berlin 1968, S. 189—411, separat Berlin 1969.

[27] Vgl. die Beschreibung der Fraktionen des ersten Reichstags bei Gerhard Stoltenberg, Der deutsche Reichstag 1871—1873, Düsseldorf 1955; zur Geschichte der einzelnen Parteien die Überblicke in: Dieter Fricke (Hrsg.), Die bürgerlichen Parteien in Deutschland 1830 bis 1945, 2 Bde., Berlin 1968 und 1970; Huber, Verfassungsgeschichte, Bd. 4, 1969, S. 3—128; G. A. Ritter (Hrsg.), Die deutschen Parteien vor 1918, Köln 1973; Ludwig Bergsträsser/W. Mommsen, Geschichte der politischen Parteien in Deutschland, 11. Aufl. München 1965.

und auch Handelsinteressen auf einen Nenner zu bringen. Sie mußten also vielerlei Spannungen ausgleichen. Homogener war die Fortschrittspartei. Sie stand auf dem Boden eines doktrinären manchesterlichen Liberalismus, verfocht unbeugsam den Freihandel und war mit dem verfassungspolitisch Erreichten keineswegs zufrieden. Auch in der Heeres-, Flotten- und Außenpolitik trug sie Vorstellungen vor, die von denen der anderen bürgerlichen Parteien oft abwichen. In der Interessenbindung unterschied sie sich dadurch von den Nationalliberalen, daß hier die Finanzinteressen lebhafter, die Beziehungen zur Industrie geringer ausgeprägt waren. Der katholische Bevölkerungsteil wurde vom Zentrum vertreten. Es hatte in der ganzen Bismarckzeit eine sehr konservative Färbung mit ausgesprochen starker Verwurzelung auf dem Lande, ebenso aber auch Resonanz in der Arbeiterschaft.

Die Spannweite der Nationalliberalen war zu groß, als daß sich die Einheitlichkeit der Partei hätte erhalten lassen. 1880 separierte sich wegen Divergenzen in verschiedenen Fragen, vor allem aber in der Zollpolitik, der linke Flügel. Er konstituierte sich zunächst als Liberale Vereinigung, und seine Führer hofften, sie könnten damit die Keimzelle einer neuen großen liberalen Partei bilden. Es kam indessen 1884 nur zu einer Fusion der Liberalen Vereinigung mit dem Fortschritt. Die neue Partei nannte sich Deutschfreisinnige Partei; sie war real nichts anderes als eine erweiterte Fortschrittspartei, die von dem Fortschrittler Richter straff unter der Fuchtel gehalten wurde. 1877 und 1878 trat neben der Fortschrittspartei mit der Gruppe Loewe-Berger eine kleinere linksliberale Gruppe bei den Reichstagswahlen an; ihre Mitglieder hatten sich aus wehrpolitischen Gründen von der Fraktion der Fortschrittspartei getrennt. Auf der Rechten zerfielen die Preußisch-Konservativen immer mehr. Aus ihren Trümmern wurde 1876 nicht ohne Bismarcks Nachhilfe die Deutschkonservative Partei gegründet. Sie setzte die Traditionen und Bestrebungen der alten konservativen Partei fort, nur stand sie zum Reiche sehr viel positiver als ihre Vorgängerin.

Die bisher genannten fünf großen bürgerlichen Parteien — Deutschkonservative, Freikonservative, Zentrum, Nationalliberale, Fortschritt resp. Freisinn — besetzten einschließlich der erwähnten temporären Zwischenfraktionen 1871 93,2 % aller Sitze im Parlament, 1890 immerhin noch 77,3 %. Die kleineren bürgerlichen Gruppen, die konservativen Welfen in der Provinz Hannover, die gegen die Annexion durch Preußen protestierten, die demokratische Deutsche Volkspartei in Süddeutschland, besonders in Württemberg, und, seit 1887, rechtsradikale Splittergruppen, kamen auf maximal 7,1 % (1890). Die nationalen Minderheiten, Elsaß-Lothringer, Polen und Dänen, gewannen durchweg 8 % aller Mandate.

Die Sozialdemokratie stieg von 0,5 % im Jahre 1871 auf 8,8 % 1890; ihr Wachstum vollzog sich zunächst sehr langsam, erreichte 1884 einen ersten Höhepunkt und tat 1890 den großen Schritt. Bei diesen letzten Wahlen der Bismarckzeit, in denen die Bismarck verbundenen Parteien eine schwere Niederlage hinnehmen mußten, schaffte die SPD den Sprung von der Splitterpartei zur Mittelpartei. Sie rückte nach Mandaten im Reichstag an die fünfte Stelle, nach ihrem Stimmanteil unter den Wählern sogar an die erste.

Daß es zwischen Stimm- und Mandatsanteil große Unterschiede geben kann, ist eine Eigentümlichkeit der Mehrheitswahl. Die SPD litt darunter besonders, weil sie ihre Mandate in ausgesprochenen Hochburgen holen mußte, also mit vielen Stimmen relativ wenige Sitze gewann. Die Diskrepanz ergab sich aber auch deshalb, weil die SPD als einzige Partei der Bismarckzeit konsequent Stimmen sammelte, also nicht nur dort auftrat, wo einige Aussicht auf Erfolg gegeben war, wie es die bürgerlichen Parteien taten. Und schließlich wirkte sich negativ aus, daß die SPD als vermeintliche Partei des Umsturzes im Parteienfeld isoliert war, also keine Stichwahlpartner fand.

Jede Partei hatte an allen sozialen Schichten Anteil. Die Unterschicht war viel zu breit, als daß es bei der recht hohen Wahlbeteiligung anders hätte sein können. Die SPD allerdings fand in der Oberschicht und im gehobenen Mittelstand fast überhaupt kein Gehör, sie rekrutierte ihre Anhänger fast ausschließlich in der Unterschicht und im Kleinbürgertum. Da sie sich aber betont als Partei der Arbeiterklasse gab, verstellte sie sich selbst den Weg dazu, die Partei des Vierten Standes überhaupt zu werden. Sie hätte sonst wohl ein schnelleres Wachstum erlebt.

Es hat wenig Sinn, auf so beschränktem Raum, wie er hier zur Verfügung steht, die Wahlergebnisse auch nach den Stimmenzahlen zu besprechen. Die Resultate hingen von der Zahl der nominierten Kandidaten ab, und die war von Wahl zu Wahl verschieden. Daraus erklären sich die Schwankungen im Stimmenanteil jedoch nur bedingt. Wichtiger war, daß es stets eine beachtliche Zahl von Wechselwählern gab. Das Auf und Ab aller bürgerlichen Parteien in der Wählerresonanz — das Zentrum mit seinem nahezu kontinuierlichen Absinken seit 1874 war eine Ausnahme — entsprach beträchtlichen Stimmenwanderungen innerhalb des konservativen Lagers, zwischen Konservativen und Nationalliberalen, zwischen Nationalliberalen und Fortschritt. Auch das relative Absinken des Zentrums ist nur mit Wechselwählern zu anderen bürgerlichen Parteien zu erklären. Das nur 1878 und 1881 unterbrochene Wachstum der SPD speiste sich zunächst aus der Mobilisierung von Nichtwählern, war mithin Ergebnis eines allgemeinen Politisierungsprozesses und lief folglich der

Entwicklung der Wahlbeteiligung parallel. Daneben vollzog es sich aber auch auf Kosten der bürgerlichen Parteien, ohne daß im einzelnen gesagt werden könnte, woher die Stimmen kamen. Vor allem 1890 sind in Scharen bis dahin bürgerliche Wähler zur SPD übergelaufen. Sie kamen wahrscheinlich eher vom rechten Flügel des Parteienfeldes als vom linken, denn die bürgerliche Linke nahm selbst beachtlich zu [28].

Die wichtigste und folgenreichste Wahl der Bismarckzeit war die vom 30. Juli 1878. Sie erbrachte einen erheblichen Ruck nach rechts und schuf so die Voraussetzungen für einen Umsturz der parlamentarischen Mehrheitsverhältnisse.[29] Die konservativen Parteien nahmen um 38 Sitze zu, die Nationalliberalen verloren 29. Diese Tatsache war schon wichtig genug, die entscheidenden Veränderungen vollzogen sich jedoch innerhalb der nationalliberalen Fraktion, denn die Mandatsverluste gingen vornehmlich zu Lasten des linken Flügels. Nicht nur wurden also die konservativen Parteien gestärkt, der gemäßigte Liberalismus schloß auch nach rechts auf. Die Neuorientierung der Wählerschaft war zweifach motiviert. Sie hatte zunächst einen ganz aktuellen Hintergrund. Am 11. Mai 1878 wurde auf den Kaiser ein Attentat verübt. Es ging glimpflich aus, beschäftigte aber die Öffentlichkeit sehr. Bismarck nutzte die bewegte Stimmung aus, dem Reichstag ein Ausnahmegesetz gegen die Sozialdemokratie vorzulegen — der Täter hatte bis kurz vor der Tat der Sozialistischen Arbeiterpartei angehört. Der Entwurf scheiterte an rechtsstaatlichen Bedenken der Mehrheit der Abgeordneten. Da erregte ein zweites, schwereres Attentat am 2. Juni die Bevölkerung so, daß Bismarck sich bei Neuwahlen gute Chancen für ein ihm genehmeres Parlament ausrechnen

[28] Die SPD verdoppelte sich von 7,81 % der Wahlberechtigten auf 14,06 %, der Freisinn stieg von 9,96 % auf 11,43 %, die beiden konservativen Parteien sanken von 18,27 % auf 13,57 %. Unterstellte man für 1890 eine Wählerwanderung zur jeweils links benachbarten Partei, so daß der SPD-Zuwachs vom Fortschritt gekommen wäre, dann hätte die Deutschfreisinnige Partei praktisch ihre ganze Wählerschaft austauschen müssen. Das ist bei dem Dogmatismus gerade dieser Partei und bei ihrem gespannten Verhältnis zur SPD durchaus unwahrscheinlich. Es bleibt deshalb nur die Annahme, daß große Teile des SPD-Zuwachses direkt von den Kartellparteien kamen. Man sollte die Bindung der Parteien an ein jeweils genau definiertes Sozialmilieu deshalb nicht zu hoch bewerten.

[29] Die beiden konservativen Parteien stiegen von 10,65 % der Wahlberechtigten auf 16,83 %, der Nationalliberalismus sank von 16,48 % auf 14,58 %, der Linksliberalismus blieb mit 6,64 % statt vorher 6,68 % fast stabil. Die Konservativen zählten jetzt 116 statt vorher 78 Mandate, die Nationalliberalen nur noch 99 statt 128, der Linksliberalismus sank von 52 auf 39.

konnte. So erwirkte er die Auflösung[30] und sah seine Erwartungen Ende Juli tatsächlich erfüllt. Die Wähler hatten eine konservative Wende vollzogen. Diese konservative Wende hatte sich zweifellos seit längerem vorbereitet, und in diesen langfristigen Entwicklungen ist ihre eigentliche Begründung zu sehen. Seit fünf Jahren befand sich das Wirtschaftsleben in einer schweren Krise, die, mit verschiedenen konjunkturellen Schwankungen, noch fast zwei Jahrzehnte, bis 1896, andauern sollte[31]. Die Depression wurde um so schmerzhafter empfunden, als sie auf die Zeit eines fieberhaften Booms folgte. Er hatte sein besonderes Gesicht in Deutschland durch den Zustrom der französischen Kriegsentschädigung. Dieser Zufluß veranlaßte eine hochschäumende Spekulationswelle. Die baufälligste Ziegelei, die ärmlichste Schnapsbrennerei wurden in das Gründungsfieber mit einbezogen und auf dem Papier zu den Vereinigten Ziegelwerken oder Spirituosenfabriken mit ungeahnten Gewinnaussichten stilisiert, für die Aktien in großer Zahl gezeichnet wurden, wenn nur ein vertrauenerweckender Name auf dem Prospekt stand. Viele dieser Gründungen überlebten den Gründerkrach im Herbst 1873 nicht, die Sparer verloren in dem Zusammenbruch der Schwindelfirmen oder der mit allzu viel Optimismus ins Leben gerufenen Unternehmungen bei Beginn der Depression ihr Geld. Daß sich das nicht schon bei den Wahlen 1874 gegen die Liberalen auswirkte, war der liberalen Presse zu danken, die sogleich die Flucht nach vorn ergriff und konservative Gründer scharf anprangerte. Auch lagen Ausbruch der Krise und Wahlen — am 10. Januar 1874 — zu dicht beieinander, als daß die Entscheidung der Wähler noch wesentlich vom Abfall der Konjunktur hätte beeinflußt werden können. Langfristig waren die Wirkungen um so deutlicher. Der Liberalismus verlor an Kredit, wie schon das Wahlergebnis von 1877 zeigte, als 31 liberale Abgeordnete weniger gewählt wurden. Die sinkende Glaubwürdigkeit betont liberaler Vorstellungen läßt sich aber auch ablesen an der verstärkten Artikulierung eines gouvernementalen Altliberalismus und am stetigen Vormarsch schutzzöllnerischer Forderungen. Das weithin beachtete Signal für die schutzzöllnerische Kampagne gab der Freikonservative Wilhelm von Kardorff Ende 1875 mit seiner Schrift ›Gegen den Strom‹ (45). Unter Führung dieses über sehr gute Beziehungen zur Reichsleitung verfügenden Mannes sammelten sich wenig später die schutzzöllnerisch interessierten Industriellen im Centralverband Deutscher

[30] Wolfgang Pack, Das parlamentarische Ringen um das Sozialistengesetz Bismarcks 1878—1890, Düsseldorf 1961.

[31] Hans Rosenberg, Große Depression und Bismarckzeit. Wirtschaftsablauf, Gesellschaft und Politik in Mitteleuropa, Berlin 1967.

Industrieller; Anfang 1876 organisierten sich auch die agrarischen Schutzzöllner in der Vereinigung der Steuer- und Wirtschaftsreformer (48)[32]. Dem Verblassen liberaler Vorstellungen entsprach schließlich eine Belebung des Konservativismus. Ein wichtiger Schritt dazu war, daß im Frühjahr 1873 ein Teil der Konservativen im preußischen Abgeordnetenhaus unter der Führung von Bismarcks Bruder Bernhard und des sächsischen Rittergutsbesitzers Wilhelm von Rauchhaupt als Neue Konservative Fraktion auf Bismarcks Linie einschwenkte, für die nationale Monarchie eintrat[33] und den Kulturkampf und die Verwaltungsreform unterstützte. Die Altkonservativen dagegen setzten ihren Kampf gegen Bismarck fort und scheuten dabei auch nicht vor so heftigen Angriffen zurück, wie sie die Ära-Artikel in der Kreuzzeitung enthielten, durch die die wichtigsten Persönlichkeiten in der Reichsleitung in Zusammenhang mit den Gründerskandalen gebracht wurden (43). Damit überspannten sie den Bogen. Die Ära-Artikel trugen zur Lösung vieler Konservativen von den altkonservativen Auffassungen bei und bewirkten so, daß die 1876 aus dem Kreis der Neuen Konservativen Fraktion und der Steuer- und Wirtschaftsreformer gegründete Deutschkonservative Partei sogleich eine gute Resonanz fand. Schon 1877 und verstärkt im Jahre 1878 nahm sie unter den Reichstagsfraktionen den dritten Platz ein. Die Entstehung einer nationalen konservativen Partei hatte Folgen auch für die Ausfüllung des Begriffs 'national'. Nationale Haltung und die Bejahung des status quo wurden zunehmend identifiziert, national wurde also gleichbedeutend mit staatserhaltend[34]. Nur die Parteien der Rechten konnten danach noch national sein, der bürgerlichen Linken — von der Sozialdemokratie ganz zu schweigen — wurde diese Charakterisierung abgesprochen. Die konservative Wendung in der Wählerschaft fand ihren Ausdruck endlich auch in der seit Mitte der 70er Jahre immer häufigeren

[32] Der CVDI war der erste große und wirklich bedeutende Interessenverband in Deutschland. Zu den Interessenverbänden vgl. die Artikel in Frickes Handbuch (s. o. Anm. 27) sowie Thomas Nipperdey, Interessenverbände und Parteien in Deutschland vor dem Ersten Weltkrieg, in: PVS, Bd. 2, 1961, S. 262—280 (und in: H. U. Wehler [Hrsg.], Moderne deutsche Sozialgeschichte [4. Aufl.], Köln 1973); Gerhard Schulz, Über Entstehung und Formen von Interessengruppen in Deutschland seit Beginn der Industrialisierung, in: PVS, Bd. 2, 1961, S. 124 ff.; Heinz Josef Varain (Hrsg.), Interessenverbände in Deutschland, Köln 1973.

[33] In Ziffer 2 der Grundanschauungen ihres Wahlprogramms bezeichnete sich die Fraktion als „eine nationale: sie wird die Politik, durch welche Deutschland zur Einigkeit, Macht und Freiheit gelangt ist, mit vollster Hingebung unterstützen", Salomon, S. 4; Mommsen, S. 64.

[34] Hans Booms, Die Deutschkonservative Partei, Düsseldorf 1954, S. 103.

Formulierung antisemitischer Gedankengänge (43, 47, 79) und in der Bildung entsprechender Vereinigungen, also in der Herausbildung eines Rechtsradikalismus [35]. Institutionell fand das zwar wenig Anklang — Stöckers Christlich-Soziale Arbeiterpartei scheiterte kläglich und auch später kamen rechtsradikale Kandidaten nur auf einen geringen Stimmenanteil [36] —, aber das rechtsradikale Gedankengut wurde doch recht breit aufgenommen und hatte bei den Konservativen beachtliche Wirkungen. Der riesige Erfolg von Langbehns ›Rembrandt als Erzieher‹ Anfang 1890 legt dafür ein deutliches Zeugnis ab (135).

Vor dem Rechtsruck bei den Wahlen von 1878 war Bismarck in ausgesprochenem Maße an die Nationalliberalen gebunden. Man spricht mit vollem Recht von einer Zeit der nationalliberalen Vorherrschaft. Die Partei war faktisch Regierungspartei des neuen Reiches. Allerdings darf man diesen Begriff für ein konstitutionelles System nicht zu wörtlich nehmen, wie man überhaupt die Vorstellung von einem regelmäßig gutbesetzten Haus und in sich geschlossenen Fraktionen mit guter Abstimmungsdisziplin auf die Bismarckzeit nicht übertragen darf. Da die Parlamentarier Honoratiorenpolitiker waren — die wenigen Sozialisten machen hier natürlich eine Ausnahme — und keine Diäten erhielten, gab es unter ihnen viele, die den Reichstag oft lange links liegen ließen (46). Die durchschnittliche Anwesenheitsquote war nicht sehr hoch, das Stimmverhalten noch stark individuell geprägt. Mit festen Mehrheiten kann man also nicht rechnen. Aber es gab natürlich Konstanten in der Einstellung zur Reichsleitung. Die bestimmende Konstante im Verhältnis Reichsleitung — Parlament war eine derartige Stärke des Liberalismus, daß Bismarck tatsächlich der von ihm so sehr verabscheuten „Herrschaft einer Fraktion“ [37] weitgehend unterworfen war.

Das Jahrzehnt der nationalliberalen Vorherrschaft von 1867 bis 1878 stand im Zeichen eines Kompromisses. Er läßt sich auf die Formel bringen,

[35] Thomas Nipperdey/Reinhard Rürup, Antisemitismus, in: Geschichtliche Grundbegriffe, Bd. 1, Stuttgart 1972, S. 129 ff.; Reinhard Rürup, Die „Judenfrage“ der bürgerlichen Gesellschaft und die Entstehung des modernen Antisemitismus, in: Sozialgeschichte heute. Festschrift für Hans Rosenberg, hrsg. von H. U. Wehler, Göttingen 1974, S. 388—415 (sowie in: ders., Emanzipation und Antisemitismus, Göttingen 1975, S. 74—94); Iring Fetscher, Zur Entstehung des politischen Antisemitismus in Deutschland, in: Hermann Huss/Andreas Schröder (Hrsg.), Antisemitismus, Frankfurt 1965, S. 9—33.

[36] Z. B. erhielten Stöckers Christlich-Soziale 1878 in Berlin, ihrem Hauptangriffsgebiet, nur 0,6 % der Stimmen.

[37] Bismarck im Reichstag, 9. Juli 1879, Sten. Ber. RT, 4. Leg. Per., 2. Session, Bd. 2, S. 2196.

daß die Nationalliberalen den Kanzler in der Außenpolitik unangefochten walten ließen und dafür in der Innenpolitik einen beträchtlichen Spielraum erhielten, verbürgt durch eine liberale Personalpolitik für wichtige Positionen. Ausweichmöglichkeiten gab es für Bismarck keine. Da die Konservativen zunächst ganz, dann immerhin noch zu Teilen aus verletztem preußischem Partikularismus und aus Gegnerschaft gegen die Verfassung feindselig abseits standen und Reichsleitung und Zentrum sich wegen des Kulturkampfes in völliger Konfrontation befanden, konnte Bismarck nur mit den Liberalen kontinuierlich arbeiten und mußte ihnen notgedrungen weit entgegenkommen. Diese Phase wurde für die Reichsgesetzgebung im liberalen Sinne sehr fruchtbar [38]. Die Liberalen konnten in wenigen Legislaturperioden wesentlich mehr für die Unitarisierung tun, als zu erwarten gewesen war, sie dominierten in der Wirtschaftspolitik, erreichten in der Heeresfrage mit dem Septennat einen neuerlichen Kompromiß und gaben dem Kulturkampf starke Impulse. In Preußen konnten mit den großen Verwaltungsgesetzen (Kreisordnung, Provinzialordnung, Verwaltungsgerichtsgesetz, Zuständigkeitsgesetz) erhebliche Punkte des liberalen Programms verwirklicht werden. Die Selbstverwaltung wurde vorangetrieben, und die Schaffung der Verwaltungsgerichtsbarkeit bedeutete die Vollendung des liberalen Rechtsstaates [39].

Der Kulturkampf, nach einem Ausdruck Virchows so benannt (26a), war das die Öffentlichkeit zentral bewegende Geschehen der 70er Jahre [40]. Es handelte sich dabei nicht um besondere deutsche oder gar nur um preußische Probleme, sondern um den säkularen Zusammenprall zwischen Liberalismus und katholischer Kirche, der, seit langem vorbereitet, in Süddeutschland in den 60er Jahren zu den ersten schwereren Konflikten führte [41]. Für den Liberalismus war in Fortführung aufklärerischen Denkens der Weg des Menschen der stete Aufstieg der Vernunft. Auf diesem Wege war die Kirche, und zwar prinzipiell jede Konfession, ein schweres

[38] Für das Verhältnis von Reichsleitung und Parlament in dieser Zeit zusammenfassend: Michael Stürmer, Regierung und Reichstag im Bismarckstaat 1871—1880, Düsseldorf 1974.

[39] Heinrich Heffter, Die deutsche Selbstverwaltung im 19. Jahrhundert, Geschichte der Ideen und Institutionen, Stuttgart 1950, S. 531 ff.

[40] Johannes Kißling, Geschichte des Kulturkampfes im Deutschen Reiche, 3 Bde., Freiburg 1911—1916; Erich Schmidt-Volkmar, Der Kulturkampf in Deutschland 1871—1890, Göttingen 1962, dazu kritisch Rudolf Morsey, Probleme der Kulturkampfforschung, in: HJb. Bd. 83, 1964, S. 213—245. Ausführliche Dokumentation bei Huber, Staat und Kirche.

[41] Josef Becker, Liberaler Staat und Kirche in der Ära von Reichsgründung und Kulturkampf, Mainz 1975.

Hindernis, sofern sie sich nicht auf ihren eigensten Bereich beschränkte. Mit der Schulaufsicht verhinderte sie für diese Auffassung die Durchsetzung der Aufklärung und die Mündigkeit des Menschen. Auf der anderen Seite erschien der Kirche die Vorstellungswelt des Liberalismus als Gefahr. Die Spannung stieg an, je mehr der Staat sich liberalen Gedanken öffnete. Ausgangspunkt für die endgültige Verschärfung des Streits war das auf dem 1. Vaticanum verabschiedete Unfehlbarkeitsdogma Pastor aeternus (18. 7. 1870). Es führte in der intellektuellen Führungsschicht des deutschen Katholizismus zu erbitterten Auseinandersetzungen und zu breiter Ablehnung (10). Die konsequentesten Gegner separierten sich schließlich als Altkatholiken (32). Der Staat wurde in diese Auseinandersetzungen sehr schnell hineingezogen, da viele Gegner der Vatikanischen Dekrete Beamte (oder doch vom Staat bestätigt) waren und die von der Kirche gegen sie eingeleiteten Maßnahmen mithin eine Frage an ihn bedeuteten (12). Die sich gerade in diesen kritischen Monaten bildende katholische Partei, das Zentrum, trat auf die Seite der Kirche, während der Staat sich notgedrungen vor die opponierenden Amtsträger stellen mußte. Des weiteren verlangte das Zentrum die Aufnahme der preußischen Grundrechte und damit der Artikel über die Stellung der Kirche in die Reichsverfassung und forderte das Eintreten für den Kirchenstaat. Das eine Ansinnen konnte zu Komplikationen mit den süddeutschen Staaten führen, das andere zu internationalen Verwicklungen. Bismarck bewertete das Zentrum deshalb bald als Element der Unruhe im Reich und als reichsfeindlich. Der unerwartet gute Wahlerfolg der Partei 1871 ließ die damit gegebene Gefahr als groß erscheinen, zumal das Zentrum in den Polen, die der Reichsgründung keineswegs positiv gegenüberstanden (8), und in den Welfen treue Sympathisanten fand. Alle diese Faktoren ließen Mitte 1871 in Bismarck eine ausgesprochene Kulturkampfbereitschaft wachsen, und schließlich wähnte er gar den Staat in seinen Fundamenten bedroht und damit zur Notwehr gezwungen (28). Schon im Sommer 1871 gab die Kreuzzeitung das offiziöse Signal zur Eröffnung der Auseinandersetzung (11), und in der Folge bekämpfte Bismarck die Kirche und ihren politischen Schild, das Zentrum, mit seiner ganzen Fähigkeit zum leidenschaftlichen Haß [42]. Eine Vielzahl von Gesetzen wurde erlassen, um den Einfluß der Kirche zurückzudrängen. Zum Teil ging Bismarck damit noch

[42] Noch bei einer Ministerbesprechung im Oktober 1877 erklärte Bismarck, er werde die Auseinandersetzung bis zum äußersten Ende führen, der Kulturkampf „sei die einzige große welthistorische Frage. Lieber wolle er die Herrschaft der Sozialdemokratie dulden als die verdummende der Jesuiten", Erich Foerster, Adalbert Falk, Gotha 1927, S. 385.

erheblich über die Zielsetzungen des Liberalismus hinaus. Der Klerus stellte dem passive Resistenz entgegen. Darauf reagierten die Behörden mit Gehaltssperren, Geld- und Haftstrafen. Auf dem Höhepunkt des Kulturkampfes konnte kein preußischer Bischof sein Amt ausüben. Rund ein Viertel der preußischen Pfarreien war unbesetzt, da das vorgeschriebene Kulturexamen von den meisten Kandidaten umgangen wurde, so daß die Übertragung vakanter Stellen an sie ausgeschlossen war. Der Kulturkampf mobilisierte alle Abwehrkräfte des Katholizismus. Bei der Reichstagswahl von 1874 entfielen auf die katholischen Parteien — Zentrum, Polen, Elsaß-Lothringer — 36,2 % aller Stimmen (bei einem Katholikenanteil von 35,8 %!). Die anderen oppositionellen Parteien erhielten ca. 16 % — in der Wählerresonanz war Bismarck mit den Mittelparteien (zu denen in diesem Falle wegen der Stützung des Kulturkampfes auch der Fortschritt gerechnet ist) also in der Minderheit; die parlamentarische Mehrheit war einzig dem Mehrheitswahlrecht zu danken. Schon 1874 war abzusehen, daß der Kulturkampf nicht zu gewinnen war, seit 1876 wurde er gedämpft, aber erst, als im Februar 1878 mit Leo XIII. ein kompromißbereiter Papst den Stuhl Petri bestiegen hatte, eröffnete sich die Möglichkeit einer Verständigung; es bedurfte dann noch vieler Jahre, bis ein einigermaßen erträgliches Verhältnis zwischen Staat und katholischer Kirche wiederhergestellt war. Aus seiner Minderheitensituation kam der deutsche Katholizismus im Kaiserreich niemals heraus.

Der Abbau der Spannungen zur Kirche und dementsprechend auch zum Zentrum war neben der Entstehung einer nationalen konservativen Partei die zweite wichtige Voraussetzung dafür, daß die Gewichte in der Innenpolitik verschoben werden konnten. Bismarck hatte die Bindung an die starke Nationalliberale Partei mit dem großen Einfluß ihres linken Flügels stets als lästig empfunden, und dieses Urteil hatte sich während der Wirtschaftskrise verstärkt. Seit 1875 wollte er einen Wechsel in der Wirtschafts- und Finanzpolitik vornehmen, denn die Depression hatte erhebliche Zweifel an der Richtigkeit des freihändlerischen Kurses geweckt. Der Schutz der nationalen Arbeit schien geboten, und der Wechsel zum Schutzzoll konnte zugleich eine größere finanzielle Unabhängigkeit des Reiches von den Umlagen der Einzelstaaten bewirken. Aber weder der 1874 noch der 1877 gewählte Reichstag waren gewillt, diesen Wegen des Kanzlers zu folgen. Erst die vorzeitigen Wahlen vom Juli 1878 brachten mit ihrem Rechtsruck auch die nötige schutzzöllnerische Mehrheit und ermöglichten so die Realisierung der Planungen. 204 der 397 Abgeordneten waren nun schutzzöllnerisch, fast alle Konservativen, die Masse des Zentrums, aber nur 25 Nationalliberale. Die Durchführung der neuen Wirtschafts- und Finanzpolitik bedingte also den Bruch mit der bisherigen

Mehrheitspartei oder ihr Auseinanderbrechen. Bismarck war darüber nicht unglücklich, bot sich damit doch die Möglichkeit, den Liberalismus zu schwächen oder gar auf einen anderen Kurs zu zwingen und die Gewichte rechts zu verstärken. In dieser Hoffnung hatte er ja die Reichstagsauflösung vorgenommen [43].

Einzelheiten des Kampfes um die wirtschaftspolitischen Gesetzesvorlagen können uns hier nicht beschäftigen [44]. Vielleicht ist der Hinweis angezeigt, daß man Bismarcks Vorgehen nicht zu sehr unter taktischen Aspekten sehen darf. Die Gesetzesvorlagen waren ihm keineswegs nur Mittel zum Zweck der Gewichtsverlagerung nach rechts, vielmehr war die Entmachtung der Nationalliberalen und damit die Sicherung gegen einen Verfassungswandel in Richtung auf den Parlamentarismus die hochwillkommene Nebenfrucht des Kampfes um die Wirtschaftspolitik. Die konservative Wende von 1878/79 wird häufig allzu einseitig von Bismarck aus behandelt und damit der Eindruck erweckt, er habe sie herbeigeführt. Hier scheint auch bei der prononciertesten sozialgeschichtlichen Ausrichtung noch ein Relikt der Auffassung zu herrschen, daß große Männer die Geschichte machen. Tatsächlich hat Bismarck die Wende nicht bewirkt, sondern ihren Durchbruch mit der Reichstagsauflösung nur beschleunigt und sie dann geschickt ausgenutzt. Sie ist nicht langfristig geplant, sondern Schritt für Schritt vorgenommen worden, wobei gemeinhin der übernächste Schritt noch unbekannt war, wenn der nächste bedacht wurde. Sie muß deshalb zurückhaltender bewertet werden, als dies — unter breiter Zustimmung — bei Helmut Böhme und bei Hans Rosenberg geschieht. Böhme spricht von einer Neufundierung [45], Rosenberg sogar von

[43] Vgl. die Wahlinstruktion für die Behörden, Juni/Juli 1878, in: Bismarck-Jahrbuch, hrsg. von Horst Kohl, Bd. 1, 1894, S. 112—121, bes. S. 113, ferner Hermann Oncken, Rudolf von Bennigsen, Bd. 2, Stuttgart 1910, S. 372 f.: Die Machtstellung der Nationalliberalen Partei sei so lange erträglich gewesen, wie die Fraktion ihre Position mit diskreter Rücksicht auf die Stellung der Regierung benützt habe. Seit Anfang 1878 aber sei sie immer anspruchsvoller geworden. „Die so beanspruchte Vorherrschaft einer Fraktion, welche die Mehrheit nicht besitzt, kann keine Regierung akzeptieren.“ Durch den starken linken Flügel werde das noch gravierender. Wenn die Partei sich nicht der Herrschaft des fortschrittlichen Elements entziehe, werde die Regierung auf die Gemeinschaft mit ihr verzichten.

[44] Ivo N. Lambi, Free Trade and Protection in Germany 1868—1879, Wiesbaden 1963; Karl W. Hardach, Die Bedeutung wirtschaftlicher Faktoren bei der Wiedereinführung der Eisen- und Getreidezölle 1879, Berlin 1967.

[45] Helmut Böhme, Bismarcks Schutzzollpolitik und die Festigung des konservativen Staates, in: ders. (Hrsg.), Probleme der Reichsgründungszeit 1848

einer Neugründung des Reiches[46]. Diese 'Neugründung' hätte nicht lange gehalten, wenn die Wähler sich gegen sie entschieden hätten. Daß sie das in der Folge nicht mehr taten, ließ sich 1878 gewiß nicht absehen. Mit diesem Datum begann eine lange Reihe von Wahlen, die nur Mitte-Rechts-Mehrheiten ermöglichten. Die Parteien des status quo, die Konservativen und der gemäßigte, selbst immer konservativer werdende Liberalismus wurden zur Basis der Regierung, gegebenenfalls unter Beiziehung des stark konservativ geprägten Zentrums. Damit wurde der Konstitutionalismus in Deutschland zementiert, und das bedeutete auf die Dauer das Begehen eines deutschen Sonderwegs abseits der verfassungspolitischen Entwicklung Westeuropas. Da es nach 1878 keine dominierende Fraktion mehr gab, war die Reichsleitung zwar unabhängiger als vorher, aber die Mehrheitsfindung war auch ungleich schwerer. Das Regieren mit wechselnden Mehrheiten, wie es 1881—1887 nötig war, entsprach nicht Bismarcks Ideal.

In der Mitte des Jahrhunderts hatte die soziale Frage zu den drängendsten Problemen gehört. Das liberale Desinteresse und das Vorherrschen der außenpolitischen Probleme hatten dann auf ihre Verdrängung und Vertagung hingewirkt. Nun, nach der Reichsgründung, schienen Kräfte für ihre Bearbeitung frei zu werden, aber auch jetzt noch erwies sich die starke Stellung des Liberalismus als hinderlich für eine wirksame Erörterung. Immerhin mehrte sich die Zahl derer, die dem Problem ihre volle Aufmerksamkeit zuwandten. Im Zentrum wurde deutlich die sozialpolitische Verpflichtung gespürt (54), namentlich Franz Hitze war hier in diesem Sinne tätig (72, 80), besondere Bedeutung erlangte aber vor allem der Ende 1872 gegründete Verein für Sozialpolitik (24), eine Vereinigung von Wissenschaftlern, Publizisten und Wirtschaftlern, von der sehr starke Impulse ausgingen und die in einem weiten Sinne erzieherisch wirkte[47]. Auch bei Bismarck stand im Hintergrund seiner wirtschafts- und finanzpolitischen Wendung die Absicht, die Staatsaufgaben um die sozialpolitische Dimension zu erweitern und damit Wege einzuschlagen, auf denen ihm die Mehrheit der Liberalen schwerlich folgen würde. Tatsächlich konnte die Sozialpolitik in den 80er Jahren nur außerordentlich mühsam durchgesetzt werden[48].

bis 1879, Köln 1968 u. ö., S. 328—352 (auf der Basis von Abschnitten aus Böhmes Buch ›Deutschlands Weg zur Großmacht‹, Köln 1966).

[46] Rosenberg, S. 189.

[47] Dieter Lindenlaub, Richtungskämpfe im Verein für Sozialpolitik, Wiesbaden 1967; Marie-Louise Plessen, Die Wirksamkeit des Vereins für Sozialpolitik von 1872—1890, Berlin 1975.

[48] Walter Vogel, Bismarcks Arbeiterversicherung, Braunschweig 1951.

Die mit ihr verknüpften Hoffnungen, die Arbeiterschaft vom Sozialismus abzuwenden, erfüllten sich nicht. Die Sozialdemokratie wuchs kontinuierlich und nahm vor allem durch die Fusion der Lassalleaner mit der Bebelschen Partei in Gotha im Jahre 1875 erheblich an Stoßkraft zu, da jetzt keine Kräfte mehr auf die Auseinandersetzung mit einer konkurrierenden sozialistischen Partei verwandt werden mußten. Die Regierungen sahen das stete Wachstum der Linken mit großem Unbehagen. Der Versuch, es durch die Repression mit Hilfe des Sozialistengesetzes zu bremsen, mißlang aber völlig. Nur 1878, unmittelbar nach den Attentaten und noch vor Erlaß des Gesetzes, und 1881 ergab sich im Stimmenanteil, sowohl gemessen an der Zahl der Wahlberechtigten wie an der Zahl der gültigen Stimmen, ein Rückgang; bei den Mandaten brachten dagegen erst die Kartellwahlen von 1887 einen schweren Rückschlag, der aber 1890 mehr als wettgemacht wurde. Hatte das Sozialistengesetz somit äußerlich keine Einwirkungen auf die Arbeiterbewegung, so waren die inneren Konsequenzen um so schwerwiegender. In der Arbeiterschaft griff eine tiefe Enttäuschung und Distanzierung vom Staat Platz. Jetzt erst fanden marxistische Vorstellungen weite Verbreitung. Anarchistische Tendenzen brachen auf (98). Sie wurden freilich von der Partei entschieden zurückgewiesen (117). Da nur die Abgeordneten ungehindert arbeiten konnten, wurde die Sozialdemokratie jetzt wirklich zu einer parlamentarischen Partei. Erste revisionistische Tendenzen machten sich bemerkbar (69).

Das Reich war kein geschlossener Nationalstaat. Es vereinte nicht alle Deutschen innerhalb seiner Grenzen, und es schloß beträchtliche nationale Minderheiten ein. Richtet man sich nur nach der Sprache, so gehörten rund 9 % der Reichsbevölkerung zu den nationalen Minderheiten. Die größte Gruppe stellten die 3 Millionen Polen. Die Sprache war jedoch nicht das einzige Kriterium. 1871 mußte die Bevölkerung des Reichslandes fast geschlossen als nationale Minderheit bezeichnet werden (35). Hier setzte allerdings bald eine Akkomodierung mit den Verhältnissen ein (51), die bis zum Ende der Bismarckzeit ungefähr jeden dritten Elsaß-Lothringer die Orientierung ändern ließ. Eine wichtige Rolle spielte dabei das Autonomiestatut von 1879. Dagegen wurde in Preußen die Polenpolitik stetig verschärft (103), Ausdruck des allenthalben im Reich anwachsenden Nationalismus [49].

In der konstitutionellen Monarchie war die Außenpolitik Sache des

[49] Oswald Hauser, Polen und Dänen im Deutschen Reich; Lothar Gall, Das Problem Elsaß-Lothringen, in: Schieder/Deuerlein (s. o. Anm. 1), S. 291 ff. und S. 366 ff.

Monarchen. Gemäß Art. 11 RV stand sie dem Kaiser zu, er mußte sie aber durch den Reichskanzler führen lassen, da alle kaiserlichen Akte der Gegenzeichnung bedurften. Der Reichstag hatte nur beschränkte Mitwirkungsrechte. Er hatte, gemeinsam mit dem Bundesrat, das Zustimmungsrecht bei denjenigen auswärtigen Verträgen, die dem Gegenstande nach in den Bereich der Reichsgesetzgebung gehörten, und er konnte seinen Willen gegebenenfalls über den Reichshaushalt durchzusetzen versuchen. Indessen kam es zu Konflikten zwischen Reichsleitung und Reichstag wegen der Außenpolitik nicht; das Parlament erkannte in seiner großen Mehrheit Bismarcks Leitung der Geschäfte voll an (120b).

Für Bismarck war Deutschland mit der Reichsgründung saturiert (190c). Jetzt kam es darauf an, das Erreichte zu sichern, und das bedeutete, daß Deutschland sich auf seinen natürlichen Raum konzentrierte und sich nicht außerhalb des — wie er in seiner großen Rede zur Außenpolitik am 6. Februar 1888 sagte — von Gott ihm angewiesenen Gebietes auf den Weg der Machtpolitik begab (120a). Seit der Niederlage von 1871 und der Abtretung Elsaß-Lothringens mußte mit der dauernden Gegnerschaft Frankreichs gerechnet werden. Den Interessen des Reiches schien ihm deshalb eine „politische Gesamtsituation" am besten zu entsprechen, „in welcher alle Mächte außer Frankreich unserer bedürfen und von Koalitionen gegen uns durch ihre Beziehungen zueinander nach Möglichkeit abgehalten werden", wie es in seinem berühmten Kissinger Diktat vom 15. Juni 1877 hieß (55). Diesem Zweck diente das nach der Verschlechterung der deutsch-russischen Beziehungen infolge des Berliner Kongresses von 1878 aufgebaute komplizierte Bündnissystem, dessen erster Baustein der Zweibund mit Österreich war (70) und in das auch Rußland einbezogen wurde. Der Konsequenzen eines gegen Frankreich verlorenen Krieges war er sich voll bewußt. In seiner zur Begründung der Heeresverstärkung am 11. Januar 1887 gehaltenen Rede, in der er nicht müde wurde zu betonen, daß Deutschland Frankreich unter keinen Umständen angreifen werde, skizzierte er die Voraussetzungen, unter denen ein siegreiches Frankreich den Frieden gewähren werde, und nahm damit die französischen Erwägungen von 1914 bis 1919 klarblickend vorweg (109c). Angesichts dieser Gefahren mußte alles getan werden, um einen Zusammenstoß mit Frankreich zu verhindern, ja, es durfte in Europa auch nicht zu einem größeren Zusammenprall kommen, in den die beiden Nachbarstaaten dann hineingezogen werden konnten. Seine Politik war deshalb im vollen Sinne Ausgleichs- und Gleichgewichtspolitik [50]. In ihren

[50] Martin Winckler, Bismarcks Bündnispolitik und das europäische Gleichgewicht, Stuttgart 1964; zu Bismarcks Außenpolitik zusammenfassend: Andreas Hillgruber, Bismarcks Außenpolitik, Freiburg 1972.

Dienst stellte er auch die ihm nahestehende Presse, neben der freikonservativen ›Post‹ vor allem die ›Hamburger Nachrichten‹ (132)[51].

Wenn die Außenpolitik auch der konkreten Beeinflussung durch die Parteien entzogen war, so wurde sie doch in der Öffentlichkeit diskutiert. Die vom amtlichen Kurs abweichenden Auffassungen waren jedoch gemeinhin ausgesprochene Minderheitenmeinungen. Anders als in den beiden Jahrzehnten der Reichsgründung war die Außenpolitik nicht wirklich umstritten. Die am Kanzler geübte Kritik lief durchweg darauf hinaus, daß er zu zurückhaltend agiere. Die große Mehrheit akzeptierte die Friedenspolitik, aber sie hätte gern gesehen, wenn ihr einige Glanzlichter mehr aufgesetzt und Deutschlands halbhegemoniale Stellung in Europa stärker unterstrichen worden wäre. Diese Tendenz verstärkte sich in den 80er Jahren. Aus weltanschaulichen Gründen nahmen die Linksliberalen, die Sozialdemokraten und partiell auch das Zentrum gegen Rußland Stellung und arbeiteten auf eine Wendung gegen das Zarenreich hin. Politische Bedeutung erlangte das Unbehagen an Bismarcks Außenpolitik in der zweiten Hälfte der 80er Jahre, als während der bulgarischen Krise nicht nur eine Zeitung vom Range des ›Berliner Tageblatts‹ die Frage stellte, „ob nicht ein gesunder Krieg einem so krankhaften Frieden vorzuziehen“ sei[52], sondern auch die in militärischen Kreisen vorhandene Neigung, die politische Gesamtlage Deutschlands durch die Flucht nach vorn zu verbessern, also einen Präventivkrieg gegen Rußland zu führen, sich immer deutlicher artikulierte (105, 106). Der greise Generalstabschef Moltke ließ sich von Bismarck durch die Mitteilung des Rückversicherungsvertrags davon überzeugen, daß ein solcher Schritt unklug sei. Moltkes erster Mitarbeiter (und ab August 1888 Nachfolger), Graf Waldersee, hielt dagegen an diesen Auffassungen fest und fand Zustimmung bei einer ganzen Reihe von Angehörigen des Auswärtigen Amts, vor allem beim Vortragenden Rat Friedrich von Holstein (119). Da Waldersee im Jahre 1888 auf dem Höhepunkt seines Einflusses bei dem Prinzen und baldigen Kaiser Wilhelm II. stand, entwickelte sich hier eine Alternative zu Bismarcks Außenpolitik, die für die Stellung Deutschlands höchst gefährlich werden konnte. Der Kanzler mußte alle Abwehrkräfte mobilisieren. Der ihm nahestehenden Presse gelang es tatsächlich, Waldersee als ultrakonservativ abzuwerten. Sein Einfluß auf den Monarchen ging schnell zurück,

[51] Irene Fischer-Frauendienst, Bismarcks Pressepolitik, Münster 1963; Eberhard Naujoks, Bismarck und die Organisation der Regierungspresse, in: HZ 205, 1967, S. 46—81; Peter Wolffram, Die deutsche Außenpolitik und die großen deutschen Tageszeitungen (1871—1890), Diss. Leipzig 1936, Zeulenroda 1936.

[52] Berliner Tageblatt, Nr. 431, 26. 8. 1887.

und einige Zeit nach Bismarcks Abgang wurde auch Waldersee von seinem Posten als Generalstabschef abgelöst [53].

Am 24. April 1884 wurde der deutsche Konsul in Kapstadt telegraphisch angewiesen, der Regierung des Kaplandes amtlich mitzuteilen, daß die Erwerbungen des Bremer Kaufmanns Lüderitz in Südwestafrika unter dem Schutz des Deutschen Reiches stünden. Mit diesem Schritt wurde auch das Reich Kolonialmacht, die Selbstbescheidung als saturiert schien aufgegeben. Bismarcks Eintritt in die Kolonialpolitik war vielschichtig begründet. Unter den Motiven dürfte das sicherheitspolitische Moment keine kleine Rolle gespielt haben. Indem Deutschland den Schritt nach Übersee tat, wurden die Beziehungen zu Großbritannien etwas gespannt und die Lösung von Rußland, die Bismarck von dem liberalen Kronprinzen befürchtete, wenn er an die Regierung kam, erschwert — daß Friedrich III. nur 99 Tage Kaiser sein würde, war bis zur richtigen Diagnose seiner Erkrankung als Krebs im Frühjahr 1887 nicht abzusehen. Ein Schritt, der aus Bismarcks außenpolitischem Konzept herauszuführen schien, war mithin gemeint, es zu stützen. Im übrigen paßte Bismarck die expansionistische Außenhandelspolitik, die er seit seiner Berufung zum Ministerpräsidenten getrieben hatte, den neuen weltpolitischen Gegebenheiten an. Die Zunahme des staatlichen Protektionismus, das Anwachsen der Konkurrenz ließen offenbar auch in Übersee ein direktes staatliches Engagement nötig werden, und man mußte zugreifen, solange überhaupt noch Territorien dem Zugriff offenstanden. Und schließlich hatte der Eintritt in die Kolonialpolitik auch innenpolitische Gründe. Er sollte der Integration des politisch zerklüfteten Deutschland dienen und für einen Wahlausgang im 'nationalen' Sinne sorgen: der Schritt nach Afrika wurde auch mit Blick auf die Ende 1884 anstehenden Reichstagswahlen getan. Er entsprach durchaus der Stimmung der deutschen Öffentlichkeit. 1878 hatte Ernst von Weber die kolonialpolitische Debatte eröffnet [54]. Ihm folgten Friedrich Fabri und Wilhelm Hübbe-Schleiden (81). Namentlich Fabris Frage „Bedarf Deutschland der Kolonien?" (64) verhalf den Erörterungen zum Durchbruch; sie waren wesentlich von sozialimperialistischen Kategorien

[53] Günter Richter, Friedrich von Holstein. Ein Mitarbeiter Bismarcks, Lübeck 1966; Helmut Krausnick, Holsteins Geheimpolitik in der Ära Bismarck 1886 bis 1890, Hamburg 1942; Karl-Ernst Jeismann, Das Problem des Präventivkrieges im europäischen Staatensystem mit besonderer Berücksichtigung der Bismarckzeit, Freiburg 1957; Norman Rich, Friedrich v. Holstein, Politics and Diplomacy in the Era of Bismarck and Wilhelm II., 2 vols., Cambridge 1965.

[54] Vgl. sein Buch: Vier Jahre in Afrika 1871—1875, 2 Bände, Leipzig 1878.

geprägt, es ging darum, Menschen zu exportieren, um sozialen Zündstoff abzubauen (66) [55].

Im Sommer 1888 wollte Wilhelm II. nach einem allerdings nur unsicher überlieferten Wort „den Alten" — Bismarck — noch sechs Monate „verschnaufen lassen; dann regiere ich selbst" [56]. Es wurden dann zwar mehr als anderthalb Jahre, aber mit dem Regierungsantritt des jungen Kaisers war doch das Ende von Bismarcks Stellung abzusehen. Der Kaiser wollte sein eigener Kanzler sein (143). Die Spannung zwischen den beiden Männern entzündete sich schließlich an der künftigen Behandlung der Arbeiterbewegung. Wilhelm II. wollte die politische Unruhe durch weitere sozialpolitische Initiativen abfangen (136). Bismarck meinte, daß sozialpolitisch genug geschehen sei. Positive politische Wirkungen erwartete er von einer Fortsetzung der Sozialgesetzgebung der 80er Jahre nicht, war es doch nicht einmal mit diesen großen Gesetzen gelungen, die Arbeiterschaft von den Sozialdemokraten abzuwenden. Er sah einen Zusammenstoß mit der Sozialdemokratie unausweichlich kommen und wollte deshalb einen verschärften Repressivkurs. Hinzu kam, daß er von neuerlichen Konzessionen Fortschritte des parlamentarischen Gedankens befürchtete (138). Demgegenüber konnte ein Konflikt mit dem Reichstag wegen des Sozialistengesetzes oder, in der zweiten Phase der Kanzlerkrise, wegen der Militärvorlage, zugleich dazu benutzt werden, die Stellung des Parlaments zu verändern. Wie schon früher, dachte Bismarck über einen grundlegenden Verfassungswandel nach und bezog selbst die staatsstreichartige Suspension der Verfassung durch Rücktritt der Fürsten und Freien Städte vom Verfassungsvertrag mit in seine Überlegungen ein (140). Die Wahlen vom 20. Februar 1890 hatten seinem Kartell eine schwere Niederlage gebracht, eine Mehrheitsbildung war jetzt nur noch unter Beiziehung des Zentrums möglich, und das war eine Kombination, die in der Umgebung

[55] Hartmut Pogge von Strandmann, Domestic Origins of Germany's Colonial Expansion under Bismarck, in: Past and Present, 42, 1969, S. 140—159; Hans-Ulrich Wehler, Bismarck und der Imperialismus, Köln 1969 u. ö., dazu G. W. F. Hallgarten, War Bismarck ein Imperialist? in: GWU, Bd. 22, 1971, S. 257—265; ders., Wehler, der Imperialismus und ich, in: GWU, Bd. 23, 1972, S. 296—303 (Replik von Wehler: Noch einmal: Bismarcks Imperialismus, ebd., S. 226—235); Winfried Baumgart, Zur Theorie des Imperialismus, in: Aus Politik und Zeitgeschichte, Beilage zur Wochenzeitung ›Das Parlament‹ B 23/71 (5. Juni 1971), S. 3—11; Klaus J. Bade, Friedrich Fabri und der Imperialismus in der Bismarckzeit. Revolution — Depression — Expansion, Freiburg 1975.

[56] So notiert von Stöcker in seinem sogenannten Scheiterhaufenbrief an Wilhelm von Hammerstein, 14. August 1888, Text bei: Walter Frank, Hofprediger Adolf Stöcker und die christlich-soziale Bewegung, Berlin 1928, S. 318 f.

des Monarchen wenig Zustimmung fand. Ein Kanzler, der in grundsätzlichen Fragen mit dem Kaiser nicht in Übereinklang war und sich gleichzeitig nicht auf eine parlamentarische Mehrheit stützen konnte, war unhaltbar. Die Unterstreichung der kritischen Situation, das Hochspielen der vermeintlich existierenden Gefahren durch Bismarck hatten den Zweck, ihn gleichwohl unentbehrlich zu machen, denn während des Konflikts mußte eine feste und erfahrene Hand das Ruder führen. Der Kaiser war aber nicht gewillt, einen Konfliktkurs mitzumachen. Als er am 15. März auf eine scharfe Militärvorlage verzichtete, war über Bismarck entschieden. Die folgenden Tage hatten nur noch Bedeutung für die Modalitäten des Abschieds [57].

Theodor Fontane, der eine eigentümliche Stellung zwischen den politischen Fronten einnahm und der nach seiner eigenen Einschätzung einer der größten „Anschwärmer" des Kanzlers war, meinte über den Abgang Bismarcks: „Es ist ein Glück, daß wir ihn los sind ... Er war eigentlich nur noch Gewohnheitsregente ... Seine Größe lag hinter ihm; sie bleibt ihm in der Geschichte und in den Herzen des deutschen Volkes, aber was er in den letzten 3 Jahren davon verzapft hat, war *nicht* weit her." [58] Diese private und deshalb sehr offene Äußerung gibt der Stimmung in Deutschland bei Bismarcks Abgang gut Ausdruck. Natürlich herrschte bei vielen schwere Sorge (139) oder tiefe Enttäuschung (142), wie es andererseits Genugtuung gab (141). Insgesamt blieb die Öffentlichkeit sehr ruhig. Fontane konstatierte an der zitierten Stelle eine „relative Gleichgültigkeit", mit der selbst Bismarcks Bewunderer ihn scheiden sahen, und die Zahl der Bismarckianer war gewiß kleiner als die der Gegner und Kritiker. Bismarck hatte sich überlebt, die Deutschen waren in der Tat, wie Delbrück meinte (145), bereit, vom Zeitalter Bismarcks Abschied zu nehmen und eine neue Ära zu beginnen.

Bei der Auswahl der zwölf Dutzend Texte, mit denen in der folgenden Dokumentation die politischen Auffassungen der Bismarckzeit belegt werden sollen, mußte versucht werden, die wichtigen Sachkomplexe zu

[57] Egmont Zechlin, Staatsstreichspläne Bismarcks und Wilhelms II. 1890—1894, Stuttgart 1929; Werner Pöls, Sozialistenfrage und Revolutionsfurcht in ihrem Zusammenhang mit den angeblichen Staatsstreichsplänen Bismarcks, Lübeck 1960; John C. G. Röhl, Staatsstreichsplan oder Staatsstreichsbereitschaft? Bismarcks Politik in der Entlassungskrise, in: HZ Bd. 203, 1966, S. 610—624; Michael Stürmer, Staatsstreichgedanken im Bismarckreich, in: HZ Bd. 209, 1969, S. 566 bis 615; Ernst Rudolf Huber, Verfassungsgeschichte, Bd. 4, 1969, S. 202—246.

[58] Theodor Fontane an Georg Friedlaender, Berlin, 1. Mai 1890, in: Theodor Fontane, Briefe an Georg Friedlaender, hrsg. und erläutert von Kurt Schreinert, Heidelberg 1954, S. 124 ff., Zitat S. 125.

berühren. Erschöpfend war das auf so beschränktem Raum natürlich nicht möglich. Die öffentliche Meinung während zweier Jahrzehnte läßt sich auf 500 Seiten nicht fein nachzeichnen, es konnte nur darum gehen, die miteinander konkurrierenden Ansichten in repräsentativen Zeugnissen zur Sprache zu bringen und so gleichsam ein Stimmungsbild zu geben. Das bedeutet zugleich, daß fast jede Quelle durch eine andere, ähnlich gehaltene ersetzt werden könnte; Texte mit einem Stellenwert, der sie unabdingbar machte, sind doch selten! Da sich das politische Denken der Deutschen in Parteien und Parlamenten konkretisierte, sind die Belege besonders diesem Bereich entnommen. Dabei wurde darauf geachtet, den einzelnen Strömungen den Raum zu geben, der ihrem — an den Wahlen zu messenden — Gewicht in der öffentlichen Meinung entsprach. Daneben wurden auch Zeugnisse aus den sich bildenden Verbänden angeführt; schließlich wurden einflußreiche Publizisten, wie es etwa Treitschke war, herangezogen. Die Außenpolitik konnte relativ kurz behandelt werden, da sie der Beeinflussung aus der Öffentlichkeit weitgehend entzogen war. Ihre Grundzüge sind mit Äußerungen Bismarcks belegt, im übrigen wurden nur die abweichenden Ansichten angeführt, die institutionell verankert waren und so gewisse Möglichkeiten der Realisierung hatten. Die Texte sind in sich ungekürzt. Die Originalanmerkungen wurden übernommen; Anmerkungen des Herausgebers sind arabisch beziffert.

Die Mandatsverteilung im Reichstag der Bismarckzeit

	1871	1874	1877	1878	1881	1884	1887	1890
Kons.	57	22	40	59	50	78	80	73
Freikons.	37	33	38	57	28	28	41	20
Zentrum	63	91	93	94	100	99	98	106
Lib. RP	30	3						
Natlib.	125	155	128	99	47	51	99	42
Lib. Vgg.					46			
Loewe-B.			13	10				
Fortschr.	46	49	35	26	60	67	32	66
DVP	1	1	4	3	9	7	—	10
Minderh.	14	30	30	30	35	32	29	27
Soz.	2	9	12	9	12	24	11	35
andere	7	4	4	10	10	11	7	18

(*Quelle:* Zusammenstellung der Zahlengrundlagen für die Tafel 2, Statistik des Deutschen Reiches, Bd. 250, 3, Die Reichstagswahlen von 1912, Anhang.)

1. ALFRED DOVE, Im neuen Reich, in: Im neuen Reich. Wochenschrift für das Leben des deutschen Volkes in Staat, Wissenschaft und Kunst, hrsg. von Alfred Dove, 1. Jg. 1871, Bd. 1 (2. Januar 1871), S. 1—5.

Das Jahr, dem wir Deutsche diesmal, ernster als je, den Scheidegruß nachrufen, nimmt die Gewißheit eines unvergänglichen Andenkens unter den Menschen mit sich hinab; ja unser eigenes Volk wird in Zukunft der hehren Erinnerung, die es hinterläßt, vielleicht keine unter allen früheren an die Seite setzen. Den größten europäischen Krieg unseres Zeitalters haben wir im stärkenden Bewußtsein der Gerechtigkeit unserer Sache mit Kraft, Umsicht und Ausdauer siegreich einem nahen Ende entgegengeführt, gegen eine Macht, deren unheilbringendes Übergewicht der Erdteil lange fast in schweigendem Gehorsam ertragen. Wir haben durch deren Zertrümmerung nicht uns allein, sondern allen Nationen die Freiheit der Selbstbestimmung ihrer Schicksale zurückgewonnen; ja das große Volk selber, das der blinde Träger jener verderblichen Obmacht gewesen, wird uns dereinst, wenn ihm je lichte Augenblicke reuiger Selbsterkenntnis wiederkehren, für die erlösende Strafe danken, die wir voller Zorn, aber ohne Hohn, beinahe widerwillig, an ihm vollzogen haben. Uns aber haben wir damit die hervorragende Geltung wieder erstritten, die uns nach Menschenzahl, Gesittung und geistiger Reife im Kreise der ersten Nationen gebührt, und sind ernst entschlossen, die führende Stellung unter ihnen, zu der uns nun zum anderen Male der Ruf der Geschichte emporgehoben, durch das vorleuchtende Beispiel enthaltsamer Friedensarbeit, durch eine des Jahrhunderts würdige Politik furchtloser Redlichkeit täglich neu zu verdienen. Nur um das ungestört zu vermögen, verlangen wir den Siegespreis, den uns der überwundene Feind noch in hochmütiger Verblendung verweigert, indem er, freilich auch uns und der Welt zum Unsegen, doch zumeist zu eigenem Verderben einen ausartenden Kampf erbarmungslos gegen sein Land verlängert. Wir bedürfen dieses sichernden Siegespreises, weil uns, wie wir mit der Offenheit edler Trauer bekennen, der Wiedereinsatz so unvergleichlich kostbaren Blutes immerdar unaussprechlich hart ankommen würde. Zugleich aber soll die Heimführung unserer durch alte Fahrlässigkeit verlorenen Volksgenossen uns selbst und unsern Widersachern ein Denkmal werden, daß wir spät zwar, aber noch zu rechter Stunde weise geworden: das Elsaß, wie ja vor der Hand im Werke ist, im Namen der gesamten Nation nach deutscher Weise beherrscht und behütet, ist zu unserem Eintrachtsplatze bestimmt, dessen freundlicher Anblick, wenn erst wieder blühendes Gedeihen darin erwacht ist, das unheimliche Gedächtnis unserer schmählichen Spaltung endlich für immer austilgen möge.

Denn höher noch als allen Kriegsruhm wird doch die Nachwelt an dem verflossenen Jahre das zu feiern wissen, was zum guten Teil Ursache so unerhörter Erfolge gewesen, die einmütige Gesinnung, die — leider auch zuvor unerhört — beim Ausbruche des Kampfes unser ganzes Volk ergriff; sie wird auch den Fürsten Süddeutschlands nicht vergessen, daß sie in hochherziger Klugheit — halb belehrt, halb bekehrt — den Fehler vom Jahre 1866 energisch wieder gut zu machen eilten. Wenn aber eine gerechte Geschichte dereinst die mühselige, weitzerstreute, unscheinbare Kriegführung dieser letzten, rauhen Wochen nicht geringer anschlagen darf als die raschen, freudigen, glänzenden Schlachten vom August und September: wird das Urteil über unser Handeln und Dulden im Innern ein gleiches sein? Hat da der Winter gebracht, was der Sommer verheißen, hat die Verfassung erfüllt, was die Verbrüderung hoffen ließ?

Das deutsche Landesfürstentum, das einst im Bunde mit der römischen Hierarchie die Herrschermacht unserer gewaltigen Kaisergeschlechter untergrub, das dann nach ihrem Sturze die bequemen Formen einer unendlich dehnbaren Reichsverfassung mit wohlberechneter Schonung benutzte, um selber zu gebieterischer Unabhängigkeit emporzusteigen, dasselbe deutsche Landesfürstentum hat nun unterm Vortritt des stolzesten seiner Häuser jene alten, vieldeutig schillernden Namen „Kaiser und Reich" der Nation und ihrem führenden Königsstamme entgegengetragen. Gern oder ungern — beide durften sich nicht weigern, die prächtige Gabe anzunehmen. Denn nicht sowohl die Krone als ihre Überbringer glaubte Friedrich Wilhelm IV. einst zurückweisen zu müssen, während seinem Nachfolger jedes ängstliche Bedenken durch den Entschluß des jungen Bayernkönigs und die Zustimmung, die ihm allenthalben zu Teil ward, erspart worden ist. Das deutsche Volk aber hat einmal dies kaiserliche Siegel auf die vertagten Einheitshoffnungen aus seiner innerlich am heftigsten aufgeregten Zeit gedrückt, es hat sich gewöhnt, was ihm unter solchem Zeichen dargebracht wird, als seinen Wünschen gemäß zu betrachten. Und dennoch ist es kein Geheimnis, daß wir, im Norden wenigstens, zum großen Teile uns bitter enttäuscht fühlen durch den Abschluß, den die hochstrebende Bewegung der jüngsten Zeit in den Verfassungsbündnissen und Verträgen mit den Südstaaten, vornehmlich aber mit Bayern zu finden scheint. Nicht allein, daß dieser Staat eine mit Vorrechten jeglicher Art ausgestattete Ausnahmestellung — gleichsam ein Seitenverwandter neben der wahren Familie — sich ausbedungen hat; das möchte noch immerhin mit einem vertrauensvollen Blick in die Zukunft zu ertragen sein; ward doch, als einst zum ersten Male König Heinrich I. den ganzen deutschen Namen zum Reiche verband, demselben Baiernstamme und seinem Herzoge gleichfalls eine fast unabhängige Sonderstellung eingeräumt, und dennoch fügte sie nach kaum einem Menschenalter der unwiderstehliche Zug der begonnenen Entwicklung der Reihe der anderen unterschiedslos ein. Nein, weit bedenklicher muß uns machen, daß die festen Grundlagen der Staatseinheit, deren wir uns im Norden seit drei Jahren mit stets wachsender Zuversicht erfreuten, selber erschüttert sind. Das straffe Band unserer norddeutschen Verfassung ist gelockert worden; es kann uns wenig trösten, daß die erhebliche Verstärkung der föderativen Elemente dem Auslande Beruhigung gewähren wird, die es doch, wenn es sich nicht absichtlich verblendet, reichlich aus unserer Gesinnung schöpfen könnte. Das einfache Bild unseres wahrhaftig schon aller echten Individualität schonenden Gesamtzustandes ist durch ein weitläufiges, schwer zu überschauendes System von Klauseln und Schnörkeln verwirrt; selbst in den großen, ausdrücklich zu gemeinsamen Angelegenheiten erklärten Fragen des Rechtes und der Wohlfahrt soll es hinfort an Teilinteressen, Teilabstimmungen und Teilbeschlüssen nicht fehlen; Abstufungen in Pflichten und Rechten sind gebildet worden, welche nicht eben erfreuliche Erinnerungen an die wunderlich schattierte Hierarchie der Stände des weiland alten Reiches in uns wachrufen.

Wir nun, die wir das neue Reich auf unseren Schild geschrieben haben, wollen es dadurch begrüßen nicht als ein bloß erneuertes altes, sondern als ein modernes, eine echte Geburt der Neuzeit, welche den Anforderungen der heutigen Geister an ein wirkliches Staatswesen Genüge leistet. Wir sind nicht gesonnen, über dem, was geschehen, und dem, was leider unterblieben ist, den Mut sinken zu lassen. Wie oft hat man nicht in diesem herrlichen Jahre dem rührigen Hutten nachgerufen, daß es eine Lust sei, zu leben! Wohlan! Auch uns soll es Freude sein, im neuen Reiche zu leben, nur daß wir dies Leben nicht anders denken können, denn als eine Arbeit am Reiche, auf daß dies Jahr dereinst als ein fröhlicher Anfang erscheine, nicht als ein feierliches Ende. Wohl ist die Fortbildung unserer Verfassung in betrübender Weise erschwert; die Summe der Reibung, die zu überwinden sein wird, hat man so sehr erhöht, daß fast ein dauernder Stillstand zu befürchten steht. Da ist es erst recht an der Zeit, im Volke selber die innere Triebkraft des nationalen Geistes anzufachen, dem, wenn er sich erst in einmütigem Verlangen äußert, die Regierungen schwerlich widerstreben werden. Es bedarf keines Nachweises, wie sehr es an dieser Einmütigkeit zumal im Süden noch fehlt. Man möchte bedauern, daß der schwer erforschliche Staatsmann, dem wir die schnelle Verwirklichung unserer nationalen Wünsche verdanken, wie er denn immer verwickelte provisorische Zustände zu schaffen liebt, weil sein eigener erfindsamer Geist sich in ihnen mit Geschick und fast mit Behagen bewegt, man möchte bedauern, daß er uns ein neues Provisorium bereitet hat, das unserem erregten Leben noch immer keine wahre Ruhe verspricht; allein man muß es anerkennen: die Gemütsverfassung der Nation ist selber noch eine provisorische. Wir brauchten heut nicht wieder „dem Erreichbaren das Wünschenswerte" zu opfern, wenn wir nur erst alle die gleichen Ziele für wünschenswert hielten. Dahin zu wirken, dafür, wenn es sein muß, zu kämpfen, ist eine Aufgabe, die sich diese Wochenschrift gestellt; und darin vornehmlich erblickt sie die Berechtigung ihres Daseins.

Doch ist eine solche Wirksamkeit mit nichten auf das eigentlich politische Gebiet, auf das der Rechts- oder gar der Verfassungsfragen allein beschränkt. Nur der kühne Idealismus des deutschen Dichters konnte den Ausruf wagen, es sei der Geist, der sich den Körper baue. Der Gang, den unsere nationale Wiedergeburt genommen, von dem Geistesfrühling des achtzehnten Jahrhunderts durch die sittliche Läuterung der großen Arbeitszeit nach 1807 bis zur endlichen politischen Reife, rechtfertigt jenen Spruch als Gesetz deutscher Entwicklung, wenn auch, was so häufig undankbar verkannt worden, die preußischen Herrscher schon längst auch für den allmählichen Aufbau eines gesunden Staatskörpers tätig gewesen waren. Nun aber, wo der Bau dieses Körpers wenigstens zu äußerer Abrundung gediehen ist, wozu anders sollte er so stattlich dastehen, als zur wohnlichen Stätte, da der deutsche Geist sein ungehemmtes Leben führe? Wenn aber Freiheit die Lebensluft vor anderen dieses deutschen Geistes ist, wie kümmerlich ist ihm doch noch immer zu atmen und sich zu regen vergönnt! Die finstere Macht Roms, die eben die Grenzen der Menschheit verachtend den irdischen Boden unter den unsicheren Sohlen verlor, hat sich nur um so entschlossener in ihr ewig sich selbst bejahendes Inneres zurückgezogen und hält ihre schwere Hand bedrohend und beängstigend über manchem deutschen Gewissen, gleich feindlich dem Staatsbewußtsein wie der Entwicklung des Volkstums. Ja ihre Herrschaft ist im Wachsen begriffen gerade unter den Bürgern unseres preußischen Staates, der sich doch einst den Ruhm verdiente, für den Hort der Unabhängigkeit des Geistes zu gelten. Kein Wunder, so lange die höchste staatliche Autorität über Kirche und Schule — in verderblicher Vermischung — in einem Sinne ausgeübt wird, der die rechte Betätigung evangelischer Denkart darin zu erblicken scheint, die römischen Formen überwachender Strenge nur in nüchterne Prosa zu übersetzen. Es wäre fürwahr keine frohe Aussicht fürs neue Deutschland, wenn dies System sich darin ausbreiten dürfte, ja, wenn man es auch nur da, wo es bisher so unbesorgt geschaltet, als ob alle Zukunft ihm gehöre, fortan unbestritten weiter wirken ließe. Die Schule mindestens, durch die es allerdings die Zukunft zu beherrschen droht, muß man seinen Einflüssen zu entziehen trachten; die Kirche, wenn sie diesen Namen verdienen will, hat befreiendes Heil nur aus ihrem eigenen Leben zu erwarten.

Um die wahrhaft schöpferische Geistestätigkeit freilich in den hohen, reinen Sphären der Wissenschaft und Kunst ist uns nicht bange; das kleine Treiben persönlicher Willkür reicht zu ihnen nicht auf. Ihnen vor allem wird aus den großen nationalen Errungenschaften neue frische Lebenskraft erwachsen! Nur daß sie nicht — und diese Warnung gilt besonders der Kunst — statt den Antrieb zu selbstgewählten, freien Schöpfungen daraus zu entnehmen, sie voreilig zu eigentlichem Inhalt ihres Wirkens zu erheben trachten! Allein die Universalität des deutschen Geistes ist so groß, daß wir nicht ernstlich fürchten dürfen, er werde jemals in starren Teutonismus, in eitle Selbstverherrlichung verfallen; für Wahrheitsforschung und Schönheitssinn hat er sich das allgemein Menschliche seit geraumer Zeit so entschieden zum Ziel erkoren, daß er sich seiner nationalen Eigentümlichkeit gar nicht anders bewußt wird, als in diesem unbefangenen, über den Tag und seine Stimmungen erhabenen Streben nach schrankenloser Humanität. Auf solchem, keiner Lust noch irgend welchem Bedürfnis des Augenblicks gehorsamen Gange deutsche Wissenschaft und Kunst zu geleiten, wird die lohnende Aufgabe dieser Wochenschrift sein; sie zu leiten unterfängt sie sich nicht. Wohl aber darf sie versprechen, daß sie redlich bemüht sein wird, die Blicke der Nation auf die Punkte zu lenken, wo es not tut, auch die materielle Unterstützung von Seiten des Ganzen, die Reichshilfe, um es kurz und bedeutsam zu sagen, gelehrten oder künstlerischen Unternehmungen von hohem nationalen Werte zuzuwenden, über denen sich bisher leider so oft in lähmender Sorge, mittellos vereinzelt, mancher unserer ersten Geister hat aufzehren müssen.

Der Kreis des Menschlichen aber wäre überhaupt mit nichten erfüllt, wofern man nicht auch der Not und des Elends gedächte. In so reichlichem Lichte dies ruhmwürdige Jahr stand, so tiefe Schatten wird es in die Zukunft hinein werfen. Nicht die Tapferen allein, die der arge Krieg selber ihrer Arbeitskraft, nicht die Familien nur, die er ihres Ernährers beraubt hat, werden werktätiger Hilfe bedürfen. Auch die Wunden, die er mittelbar allem Wohlstande geschlagen, werden unsere nachdenkliche Pflege verlangen. Die soziale Frage wird wieder auftauchen mit ihren vielgestaltigen Schrecken. Nehmen wir ihr die gefährliche politische Richtung, indem wir sie alle behandeln als eine Sache deutschen Ernstes und moderner Menschlichkeit, und trachten wir insgesamt unablässig nach der Ehre, Arbeiter zu heißen, mit Kopf oder Hand, Arbeiter am und im neuen Reich.

2. Adresse des Preußischen Abgeordnetenhauses an den König aus Anlaß der Übernahme der Deutschen Kaiserwürde, 19. Januar 1871, Sten. Ber. Preuß AH 1870/71, Bd. 1, S. 345.

WA: Schultheß, 12. Jg. 1871, S. 63; Staatsarchiv, Bd. XX, S. 94 f.

Allerdurchlauchtigster, Großmächtigster Kaiser!
Allergnädigster König und Herr!

Ew. Majestät Allerhöchste Botschaft, welche dem Deutschen Volke die Erneuerung und Übernahme der Deutschen Kaiserwürde verkündet, hat das Preußische Abgeordnetenhaus freudig begrüßt, voll Dank gegen Gottes gnädige Führung, welche Ew. Majestät die Wiederherstellung des Deutschen Reiches beschieden hat. Auf den Ruf Ew. Majestät werden sich bald die Abgeordneten Deutschlands im Reichstage versammeln. Wir halten fest an der Hoffnung, daß auch die Vertreter des Stammes, dessen Söhne dem patriotischen Rufe ihres Königs folgend in der Besiegung des Feindes wetteiferten mit den übrigen Deutschen Stämmen an Anstrengung und Tapferkeit, uns nicht fehlen werden bei der friedlichen Arbeit des Nationalparlaments. Als die Frucht und der Preis eines gewaltigen, an den edelsten Opfern reichen Krieges, der unter Ew. Majestät ruhmvoller Führung mit der Niederwerfung und Erschöpfung des Feindes nach menschlicher Voraussicht seinem Ende nahet, ist unserem Vaterlande nach dem mächtigen Ringen und Kämpfen einer ganzen Generation die politische Einheit und die einer großen Nation würdige Stellung zuteil geworden. Nicht Deutschland hat den Kampf gesucht, ihm ist es nicht zu tun um die Demütigung seines besiegten Nachbarn; Deutschland wird jederzeit bereit sein, die Waffen niederzulegen, sobald ihm durch den Wiedererwerb in Zeiten der Uneinigkeit und Schwäche verlorener Grenzlande mit ihren natürlichen und künstlichen Bollwerken Schutz vor erneuerten Angriffen gewährt ist. Gesichert gegen Frankreich wird Deutschland die beste Bürgschaft bilden für einen dauernden Europäischen Frieden. Mit ehrerbietiger Zustimmung und freudigem Danke begrüßen wir die erhebenden Worte Ew. Majestät, welche durchwehet von Hingebung und Treue gegen das Vaterland, der Deutschen Nation unter dem Kaiserlichen Szepter. Ew. Majestät und deren Nachfolger aus dem erlauchten Hause der Hohenzollern eine segensreiche Zukunft auf dem Gebiete nationaler Wohlfahrt, Freiheit und Gesittung in dem friedlichen Wetteifer der großen Kulturvölker verheißen. Von dieser Arbeit des Friedens wird auch den Vertretern des Preußischen Volkes ein wertvoller Anteil zufallen in überlieferter strenger Pflichterfüllung, in opferwilliger Hingebung an das gemeinsame Deutsche Vaterland und in voller Anerkennung der höheren Aufgabe des Deutschen Reichstages. Möge Ew. Majestät unter

Gottes gnädiger Leitung vergönnt sein, bald als ruhmgekrönter Sieger an der Spitze unserer tapferen Heere aus dem Feldzuge heimzukehren und noch lange Jahre des Friedens als Deutscher Kaiser und Preußens König zu herrschen, getragen von der Dankbarkeit und Liebe eines treuen Volkes.

Es folgt die Schlußfloskel.

3. HEINRICH VON SYBEL an Hermann Baumgarten, 27. Januar 1871, in: Heyderhoff, S. 494.

Ich bin seit 8 Tagen auf den Wunsch meines Schwagers Balan beschäftigt, eine elende Broschüre von Alfred Michiels „Les droits de la France sur l'Alsace et la Lorraine" zu widerlegen; ich dachte morgen fertig zu werden, und da kommt das Extrablatt mit der Nachricht, daß „Favre wieder nach Paris zurück ist, um mit einem Militär wiederzukommen zur Feststellung der Kapitulation". Nun kann ich mein Zeug entweder in den Papierkorb werfen oder umschreiben. Ich denke das Erstere. Ruhe bekomme ich deshalb doch nicht. Dem hiesigen Lazarettverein habe ich eine „öffentliche Vorlesung über ein patriotisches Thema" zugesagt. Und dann kommen schon vorläufige Anfragen, ob ich ein Mandat zum ersten Deutschen Reichstag annehme, und der Teufel soll da Nein sagen.

Lieber Freund, ich schreibe von all diesen Quisquilien und meine Augen gehen immer herüber zu dem Extrablatt und die Tränen fließen mir über die Backen. Wodurch hat man die Gnade Gottes verdient, so große und mächtige Dinge erleben zu dürfen? Und wie wird man nachher leben? Was zwanzig Jahre der Inhalt alles Wünschens und Strebens gewesen, das ist nun in so unendlich herrlicher Weise erfüllt! Woher soll man in meinen Lebensjahren noch einen neuen Inhalt für das weitere Leben nehmen?

4. Zwei Briefe aus dem Felde, in: Briefe aus dem Kriege 1870/71. Festgabe zur zwanzigjährigen Erinnerungsfeier an den großen Krieg, Mannheim 1890, S. 317 f. und S. 320.

a) Der Invalide S. aus dem Lazarett, 20. Februar 1871.

Der Verfasser bedankt sich für eine Zuschrift aus Mannheim

Sie glauben mich, wie ich aus Ihrem lieben Briefe ersehe, daheim im elterlichen Hause. O! wäre endlich die Zeit da, wo ich wieder in meinem

Element sein dürfte. Leider muß ich noch einige Zeit hier aushalten, ehe ich nach der lieben Heimat darf. Keineswegs genießen wir hier solch liebevolle Pflege, wie wir uns derer in Mannheim erfreuten. Schon so manches Mal bin ich daher in meinen Gedanken nach Mannheim gewandert und habe mich erinnert an die guten Tage, die ich mit meinen Kameraden dort verlebte. Ich habe mich schon manchesmal an Ihre Seite gesetzt und, — Sie erlauben mir es schon — mit Ihnen der lieben Vergangenheit gedacht. Es war eine schöne Zeit! Freilich waren es auch wiederum böse Tage, und ich möchte sie nicht noch einmal durchleben, aber die Zeit wird uns jederzeit wenn auch eine traurige, aber doch auch stolze und frohe Erinnerung bleiben. Die Lage der Dinge in der politischen Welt läßt vermuten, daß bald durch Deutschlands Gaue das Wort „Friede" erschallt. Wie gern wollen wir die Waffe aus der Hand legen und wieder unserm Beruf nachgehen! O tönten bald, bald diese Töne durch unser Vaterland. Freilich bin ich Pole und — Sie wissen schon, was ich sagen will — aber ich weiß auch, daß Deutschland im Laufe der Jahre mein Vaterland geworden ist.

b) Der Einjährig-Freiwillige H., 6. März 1871.

Die Nachricht vom Frieden — vom lang ersehnten Frieden — habe ich in Vesoul bekommen, wo ich mich gerade mit dem Auditeur befand, da wir in Echenoz le sec, einem kleinen Dorfe bei Vesoul, eine Untersuchung hatten, von der wir erst gestern mittag zurückgekommen sind. Es wäre fruchtloses — ich möchte beinahe sagen lächerliches Bemühen, wenn ich die Gefühle wiedergeben sollte, welche mich erfüllten, als die Klänge des Festzapfenstreichs durch das Städtchen Vesoul ertönten. — Fern von der Heimat, in der jetzt tausend und abertausendfacher Kerzenglanz die frohe Tatsache verkündigt, feierte ich mit den Landwehrleuten des Bataillons Crossen aus einem schlesischen Husarenregiment den Frieden! — den wirklichen Frieden. — Mir war, ich kann nicht sagen wie zu Mut — so dankbar — so froh und doch das herbe Wehmutsgefühl, bei dem Gedanken an all die Greuel und Schrecken des Krieges — des in unserem Jahrhundert noch möglichen Krieges. Jetzt sollen wir ja Freunde sein, die wir uns seither zerfleischten — — —. Jetzt ist unser deutsches Vaterland gerettet, steht groß und einig da. — — „Der Kaiser von Deutschland lebe hoch" rief ich in die Truppenmenge hinein, lauter Trommelwirbel begleitete das hundert und aber hundertfach tönende Hoch!

5. Tagebucheintragung des Fürsten CHLODWIG ZU HOHENLOHE-SCHILLINGSFÜRST, München, 6. März 1871, in: Denkwürdigkeiten des Fürsten Chlodwig zu Hohenlohe-Schillingsfürst, hrsg. von Friedrich Curtius, Bd. 2, Stuttgart 1906, S. 40 f.

Vor einigen Tagen kam ich nach einem Diner mit Baron Bruck in ein längeres politisches Gespräch, dessen Gegenstand das Verhältnis Deutschlands zu Österreich wurde. Wir stimmten darin überein, daß es für den Frieden der Welt von großem Vorteil sein werde, wenn sich ein freundliches Verhältnis zwischen Österreich und Deutschland bilde. Ich hob dabei hervor, daß eine dauernde staatsrechtliche Verbindung für Deutschland mehr Garantien biete und eher geeignet sei, die russische Allianz entbehrlich zu machen, als ein bloßes Allianzverhältnis. Ohne sich auf diese Seite der Frage einzulassen, beteuerte Bruck, daß man auch jetzt noch nach dem Ministerwechsel in Wien den höchsten Wert auf gute Beziehungen zu Deutschland lege, und bat mich, meine Stellung in Berlin dahin auszunutzen, um dieser Überzeugung auch in Berlin Eingang zu verschaffen. Er selbst erbot sich zu weiteren Vermittlungen, wenn meine Schritte von Erfolg begleitet sein sollten.

Heute kam er nun wieder und sagte, er habe jene Unterhaltung an Graf Beust mitgeteilt, worauf ihm der Reichskanzler einen ausführlichen Brief geschrieben habe, den er mitbrachte und mir vorlas. Darin wiederholt Graf Beust, wie sehr es im Interesse Österreichs sei, gute Beziehungen zu Deutschland zu haben, und wie diese Politik nicht das Resultat vorübergehender Anschauungen, sondern vielmehr das Ergebnis politischer Notwendigkeit sei. Eine staatsrechtliche Verbindung hält Graf Beust nicht für ausführbar, glaubt aber, daß sich auch ohne diese eine Verständigung erzielen lasse. Er beauftragt Bruck, mich davon in Kenntnis zu setzen.

Bruck führte mündlich den Gedanken weiter aus und bat mich, in Berlin dahin zu wirken, daß irgend etwas geschehe. Vielleicht könne man auf dem Wege des Handelsvertrags seitens Preußens schon den guten Willen bekunden. Übrigens sei jeder Weg, der zu dem Ziele dauernder Verständigung führe, gleich genehm. Beust wolle nur deshalb nicht auffallende entgegenkommende Schritte tun, um sich nicht dem Vorwurf auszusetzen, daß er sich jetzt aus Furcht vor der preußischen Macht beuge. Jedes Entgegenkommen werde aber dankbar angenommen und erwidert werden. Man sei in Österreich von der Notwendigkeit, mit Deutschland zu gehen, durchdrungen, und keine Partei, selbst die Tschechen nicht, würde dagegenarbeiten. Er erbot sich, wenn Graf Bismarck irgendeinen Vorschlag zur Anbahnung eines günstigen Verhältnisses mache, denselben auf dem Privatwege zu übermitteln.

6. Ansprache des Obersten FREIHERRN VON WECHMAR an die Soldaten des Großh. Bad. Leib-Grenadier-Regiments, 27. März 1871, in: Briefe aus dem Kriege 1870/71. Festgabe zur zwanzigjährigen Erinnerungsfeier an den großen Krieg, Mannheim 1890, S. 324—326.

In wenigen Stunden werden wir den Boden unseres teueren Vaterlandes wieder betreten. In diesem schönen feierlichen Augenblick drängt es mich, noch einige Worte an Euch zu richten. Ein blutiger, ein glorreicher Krieg liegt hinter uns, ein Krieg, der an Großartigkeit und glänzenden Erfolgen in der Weltgeschichte kaum seinesgleichen hat. In weniger als sieben Monaten haben die deutschen Heere 17 große Schlachten, 156 Gefechte geliefert, 26 feste Plätze erobert, 11 650 Offiziere und 363 000 Mann des Feindes gefangen, über 6700 Geschütze und 120 Adler und Fahnen erbeutet; zwei herrliche Provinzen mit ihren starken Bollwerken, die uns vor Jahrhunderten der Franzmann geraubt, sind wieder mit dem Mutterland vereinigt und sichern unsere Grenzen gegen neue Einfälle des treulosen Welschen. Durch die Gnade Gottes, des allmächtigen Lenkers der Schlachten, liegt der alte Erbfeind Deutschlands niedergeschmettert zu unsern Füßen und unser teures deutsches Vaterland erhebt sich einig und stark unter der Führung seines ehrwürdigen Heldenkaisers zu neuer Macht und Blüte.

Das sind die herrlichen Früchte dieses schweren Kampfes, und mit freudigem Stolz sind wir uns bewußt, daß das 14. Armeekorps, dem anzugehören wir die Ehre hatten, manches schöne Blatt in den frischen Lorbeerkranz hineingeflochten hat. Und da, wo das 14. Armeekorps gefochten, da stand auch das Leib-Gren.-Regt. meist in erster Linie und blutete und siegte. Nachdem wir zuerst, durch eine mühselige Belagerung, die alte Reichsstadt Straßburg für Deutschland zurückerobern halfen und dann die Vogesen überschritten, eilten wir im schnellen Siegeslauf weit hinein in des Feindes Provinzen, seine Scharen zersprengend, seine Formation neuer Heere störend, seine Städte besetzend. Der Tag von Etival, die Gefechte am Oignon und bei Gray und endlich die Erstürmung von Dijon sind ebenso viele Ehrentage des Regiments gewesen. Bald folgten neue Anstrengungen, neue Kämpfe. Der Feind glaubte uns durch häufige Angriffe seiner zahlreichen und gut bewaffneten, aber undisziplinierten Scharen zu ermüden, ja er sandte uns sogar den alten Revolutionsnarren Garibaldi mit seinen Banden entgegen, um uns Dijon wieder zu entreißen; aber er hatte sich verrechnet: bei Nuits, bei Bougeot, bei Chamboef, bei Pasques und endlich nochmals im blutigen, heißen Kampfe bei Nuits schlugen wir ihn zurück, zersprengten seine Scharen und nahmen ihm zahlreiche Gefangene und Waffen ab. Noch einmal raffte der hartnäckige

Feind alle seine Kräfte zusammen und zog mit großer Heeresmacht unter General Bourbaki zum Entsatz von Belfort heran.

Schon fürchteten unsere lieben Landsleute einen Einfall dieser wilden Horden in unser schönes Baden, da eiltet Ihr trotz Schnee und Kälte, trotz der großen Übermacht des Feindes in Gewaltmärschen heran, und in dreitägiger heißer Schlacht, vor Belforts Felsenburgen, schlugen wir alle Angriffe des Feindes zurück und trieben ihn dann unsern aus weiter Ferne herbeigeeilten preußischen Waffenbrüdern in die Arme, die ihn völlig vernichteten, so daß der Feind endlich seine Ohnmacht einsehen und um Frieden bitten mußte.

Soldaten! Dankbar sieht unser Heldenkaiser Wilhelm, unser geliebter Großherzog, unser ganzes deutsches Vaterland auf Eure Taten hin, und ich, Euer Regiments-Kommandeur, der Euch im Frieden für diesen heißen Kampf vorbilden konnte, und die Ehre gehabt, Euch in diesen heißen Gefechten zu führen, ich spreche Euch heute mit bewegtem Herzen meinen Dank aus für den Heldenmut, den Ihr bewiesen, für die Ausdauer, mit der Ihr die großen Strapazen ertragen, für die Mannszucht, die Ihr gehalten habt.

Wenn Ihr Euch dieser großen Zeit erinnert, dann, Soldaten, überhebt Euch nicht in eitlem Stolze, sondern vergeßt niemals, daß Ihr Eure Siege der Gnade Gottes, des allmächtigen Lenkers der Schlachten zu danken habt und daß eine tüchtige Ausbildung und eine gute Disziplin die Grundlagen des Sieges bilden; haltet das Andenken unserer gefallenen Helden in Ehren, gedenkt stets in Liebe Eurer zu Krüppeln gewordenen verwundeten Kameraden, und ich bitte Euch, bewahrt mir, Eurem Regiments-Kommandeur, der stolz auf Euch ist, stets ein freundliches Andenken.

Gott schütze unsern Kaiser, unsern Großherzog, unser teures Vaterland! Hurra! Hurra! Hurra!

7. Antwortadresse des Reichstags auf die Kaiserliche Thronrede, 7. Sitzung, 30. März 1871, Sten. Ber. RT, 1. Leg. Per., 1. Session, Bd. 1, S. 70 f. (Bd. 19 der Gesamtreihe).

WA: Staatsarchiv, Bd. XX, S. 428 f.; Schultheß 12. Jg. 1871, S. 87 f.

Allerdurchlauchtigster, Großmächtigster Kaiser, Allergnädigster Kaiser und Herr!

Durch Gottes gnädige Fügung ist es Ew. Majestät und der einmütigen Nation gelungen, die Sehnsucht der Vorfahren und die Hoffnung der Mitlebenden zu erfüllen. Auf festern Grundlagen als je ist das Deutsche

Reich wieder aufgerichtet, und die Nation ist entschlossen, es zu erhalten in der Fülle seiner Kraft, es fortzuentwickeln auf den Bahnen der Freiheit und des Friedens. Wollen Ew. Majestät den Dank entgegennehmen, welchen die gesamte Nation dem erhabenen Feldherrn, dem Heldenmut und der Hingebung des deutschen Heeres schuldet, den Dank für die gewaltigen Taten, denen es beschieden war, nicht allein die gegenwärtige Gefahr abzuwenden, sondern auch die Zukunft vor der Wiederkehr gleicher Gefahren zu schützen. Denn mehr noch als die erlittenen Niederlagen wird die jetzt starke Befestigung unserer Grenzen den Nachbar zur Vorsicht mäßigen.

Die schweren Drangsale, welche über die Not des Krieges hinaus Frankreich heute erduldet, bekräftigen die oft, doch niemals straflos verkannte Wahrheit, daß in dem Verbande der zivilisierten Völker selbst die mächtigste Nation nur in der weisen Beschränkung auf die volle Entfaltung ihres inneren Wesens vor schweren Verwirrungen gesichert bleibt. Auch Deutschland hat einst, indem die Herrscher den Überlieferungen eines fremdländischen Ursprungs folgten, durch Einmischung in das Leben anderer Nationen die Keime des Verfalls empfangen. Das neue Reich ist dem selbsteigenen Geiste des Volkes entsprungen, welches nur zur Abwehr gerüstet, unwandelbar den Werken des Friedens ergeben ist. In dem Verkehr mit fremden Völkern fordert Deutschland für seine Bürger nicht mehr als die Achtung, welche Recht und Sitte gewährleistet, und gönnt, unbeirrt durch Abneigung oder Zuneigung, jeder Nation die Wege zur Einheit, jedem Staate die beste Form seiner Gestaltung nach eigener Weise zu finden. Die Tage der Einmischung in das innere Leben anderer Völker werden, so hoffen wir, unter keinem Vorwande und in keiner Form wiederkehren. Ew. Majestät folgen wir mit freudiger Zustimmung zu den dringenden Aufgaben, welche der beendete Krieg, und zu den dauernden Aufgaben, welche die Verfassung des Reiches uns stellt. Alle unsere Kräfte werden zuerst dem hohen Berufe gewidmet sein, die Wunden zu heilen, welche der Krieg geschlagen hat, und die Pflicht des Vaterlandes zu erfüllen gegen diejenigen, welche Leben oder Gesundheit für seinen Schutz geopfert haben. Allen Vorlagen werden wir unsere aufmerksame Mittätigkeit zuwenden. Es überrascht nicht, daß der Krieg die Vorarbeiten der regelmäßigen Gesetzgebung verzögert hat, und vermindert nicht unsere Hoffnung, daß die Gesetzgebung des Reiches sich ebenso fruchtbar erweisen wird wie die Gesetzgebung des Norddeutschen Bundes. Die umfangreiche Einführung norddeutscher Gesetze in den Südstaaten erhöht unser Vertrauen zu dem harmonischen Zusammenwirken aller Glieder des Reiches, auch der Organe, welche berufen sind, die einzelnen Staaten zu vertreten.

Mit Genugtuung vernehmen wir, daß aus der Kriegsentschädigung zunächst das Bedürfnis des Reiches, sodann die berechtigten Ansprüche seiner Mitglieder befriedigt werden sollen. Für das Wohl der für Deutschland zurückerworbenen Gebiete ist das deutsche Volk mit den wärmsten Gefühlen brüderlicher Teilnahme erfüllt. Die schönsten Denkmäler deutscher Kultur und deutschen Volkslebens erinnern an deutsche Vergangenheit in Elsaß und Lothringen. Lange Entfremdung hat manche Spuren eines reichen Jahrtausends deutscher Geschichte verwischt, doch unsere Sprache und Sitte sind der Mehrzahl des Volkes noch unverloren. Mögen Gesetzgebung und Verwaltung zusammenwirken, an diese Beziehungen überall anzuknüpfen, das Wiedererwachen des deutschen Geistes zu unterstützen und in der Versöhnung der Gemüter die Bande zu stärken, welche die herrlichen Provinzen mit dem übrigen Deutschland wieder vereinigen. In diesem Geiste werden wir uns den Arbeiten widmen, welche die Grundlagen der neuen Ordnung schaffen oder vorbereiten sollen.

Kaiserliche Majestät! Der Zufriedenheit Deutschlands, der Sicherheit Europas hat die Einheit des Deutschen Reiches gefehlt. Jetzt ist die Einheit errungen und das Reich unter dem Schutze seines Kaisers, unter der Herrschaft seiner Verfassung und der Gesetze sichergestellt. Jetzt kennt Deutschland keinen höheren Wunsch, als im Wettkampf um die Güter der Freiheit und des Friedens den Sieg zu erringen. Ew. Kaiserlichen Majestät alleruntertänigste, treugehorsamste

Der Deutsche Reichstag.

8. Abg. VON ZOLTOWSKI-KRÖBEN, Erklärung der Polnischen Fraktion im Deutschen Reichstag, 9. Sitzung, 1. April 1871, Sten. Ber. RT, 1. Leg. Per., 1. Session, Bd. 1, S. 97 (Bd. 19 der Gesamtreihe).

Erlauben Sie, meine Herren, daß, bevor ich zur Motivierung meines Antrages selbst komme, ich ein paar Worte dem Standpunkte widmen darf, welchen wir, meine politischen Freunde und ich, dem gesamten Gesetzentwurfe gegenüber einnehmen. Es ist nicht unsere Absicht, meine Herren, an und für sich gegen die demselben zu Grunde liegenden Anschauungen und Grundsätze Widerspruch zu erheben; im Gegenteil, wir wissen recht wohl — ich und diejenigen Herren, welche mit mir die Interessen der unter preußischer Herrschaft stehenden polnischen Landesteile in diesem hohen Hause zu vertreten haben — wir wissen recht wohl das großartige Werk der Vereinigung Deutschlands zu würdigen, welches darin seinen praktischen Ausdruck findet. Wir begreifen, wie groß die Freude sein muß, welche eines jeden Deutschen Herz erfüllt bei dem

Gedanken an die glänzenden Ereignisse des jüngsten Krieges und an die Resultate, welche er durch das Zustandekommen der deutschen Einheit mit sich gebracht hat. Diese Freude, wir teilen sie sogar mit Ihnen von unserem Standpunkte aus. Denn wir finden in dem gedachten Einigungswerke Deutschlands die kräftigste Bestätigung eines Prinzips, für dessen Aufrechterhaltung wir von jeher stets aufgetreten sind und aus dem wir unsere unverjährbaren Rechte herleiten; ich meine das Nationalitätsprinzip. Beinahe 200 Jahre sind verflossen, seitdem durch den Ryswiker Traktat das Elsaß an Frankreich abgetreten wurde; Metz hatte schon lange vorher aufgehört, deutsche Reichsstadt zu sein. Es schien, daß niemals diese Länder von Frankreich wieder losgetrennt werden sollten, und doch war das Streben des deutschen Nationalgefühls und der deutschen Politik stets darauf gerichtet, die verlorenen Gebiete für Deutschland wieder zu erwerben. Dieses Ziel ist nun infolge des letzten Krieges endlich erreicht; Elsaß und Deutsch-Lothringen werden wieder zu deutschen Provinzen; sie werden es selbst gegen den Willen eines bedeutenden Teils ihrer Bevölkerung, welche mit Frankreich vereinigt zu bleiben wünscht; sie werden es, weil sie von alters her zum Deutschen Reiche gehört haben; sie werden es schließlich, weil das historische Recht und das Nationalitätsprinzip hier den Sieg über faktisch und rechtlich jahrhundertelang bestehende Verhältnisse davongetragen hat. Diesen Sieg des Nationalitätsprinzips, meine Herren, ich begrüße ihn freudigst. Durch denselben wird nämlich die Tatsache ausdrücklich bestätigt, daß der durch die Vorsehung den Völkern aufgedrückte Stempel der Nationalität ein so unvertilgbares Merkmal ist, daß es weder durch Jahrhunderte fremder Herrschaft verjähren, noch durch den Willen des einzelnen Menschen selbst verleugnet werden kann. Wir werden offenbar die letzten sein, meine Herren, welche einer solchen Auffassung entgegentreten. Ist dieselbe aber einmal als richtig anerkannt, so muß man, der Logik der Tatsache folgend, auch den Mut haben, die aus derselben sich ergebenden Konsequenzen anzunehmen.

Meine Herren, in der Thronrede sind folgende Worte ausdrücklich aufgenommen: Die Achtung, welche Deutschland für seine eigene Selbständigkeit in Anspruch nimmt, zollt es bereitwillig der Unabhängigkeit aller anderen Staaten und Völker, der schwachen wie der starken.

In diesem erhabenen Worte erblicken wir nun, meine Herren, eine sichere Bürgschaft dafür, daß gleichzeitig mit der Neugestaltung des Deutschen Reiches auf nationalem Gebiete auch unsere gerechten nationalen Forderungen, namentlich die uns Deutschland gegenüber durch die Wiener Kongreßakte feierlich gewährleistete nationale Sonderstellung, wieder zur Geltung gelangen werden. Das Bewußtsein dieser unserer nationalen Sonderstellung den deutschen Stämmen gegenüber hat sich übrigens auch in diesem hohen Hause neulich kundgegeben, indem Sie nämlich bei der letzten Adreßdebatte kein Mitglied der Polnischen Fraktion weder zur Vorberatung des Adreßentwurfs in der Seniorenversammlung hinzugezogen noch in der Adreßdebatte selbst sich haben beteiligen lassen; dadurch haben Sie, meine Herren, mit uns anerkannt, daß es für Polen zu einem deutschen Parlament, wo spezifisch deutsche Interessen zur Sprache gebracht werden, keinen geeigneten Platz gibt. Wir hegen daher die Hoffnung, daß bei der jetzt vorgenommenen Regulierung der deutschen Verhältnisse die Proteste endlich berücksichtigt werden, welche seit dem Jahre 1848 unsrerseits bei jedem Versuche einer Gebietserweiterung des Deutschen Bundes erhoben worden sind, gegen die Einverleibung der unter preußischer Herrschaft stehenden polnischen Landesteile in den Norddeutschen, respektive in den Deutschen Bund. Wir hätten zwar gewünscht, meine Herren, im Interesse Ihres eigenen Gerechtigkeitsgefühls, daß die Initiative zur Berücksichtigung unserer Proteste deutscherseits ergriffen worden wäre; wir hätten gewünscht, daß deutscherseits Ihre Inkompetenz anerkannt worden wäre, über die Aufhebung der uns durch internationale Verträge gewährleisteten nationalen Rechte einseitig zu statuieren. Dieser Wunsch ist indessen nicht in Erfüllung gegangen; bei der Redaktion des Gesetzentwurfes ist vielmehr unser nationaler Standpunkt ganz und gar außer acht gelassen worden und wir im Verhältnis zum Deutschen Reich den preußischen Untertanen deutscher Nationalität gleichgestellt. Wir aber, meine Herren, so schwach wir auch der Zahl nach Ihnen gegenüber sein mögen, wir haben doch das Recht und die Pflicht, für die Aufrechterhaltung der uns garantierten nationalen Sonderstellung Sorge zu tragen, und wir können uns daher unmöglich mit einem Verfassungsentwurf zufrieden erklären, welcher das Werk der nationalen Konstituierung Deutschlands damit beginnt, daß er den Polen die ihnen auf Grund internationaler Verträge unbestritten zustehenden Rechte verkennt.

Meine Herren, diese Versammlung ist nicht die erste, der die wichtige Aufgabe zugefallen ist, über die Geschicke Deutschlands zu beraten; wir erinnern uns ja alle, wie vor kaum 20 Jahren eine andere Versammlung zu demselben Zwecke in Frankfurt zusammentrat. Mit enthusiastischem Jubel wurde sie bei ihrer Entstehung in ganz Deutschland begrüßt; aber wie kläglich hat sie geendet? Und wissen Sie, warum, meine Herren? Weil dieselbe sich nicht zu der Höhe ihrer Aufgaben heraufzuschwingen vermochte, weil sie im Norden und Süden, im Westen und Osten, in Schleswig und Tirol, in Limburg und Posen diejenigen Prinzipien der Nationalität nicht anerkennen wollte, zu deren Verwirklichung in Deutschland sie selber berufen worden war.

Ich will nun, meine Herren, für Sie und für uns hoffen, daß diese zweite deutsche Versammlung einen ganz verschiedenen Weg einschlagen wird, und daß sie das für sich selbst einmal anerkannte Prinzip auch anderen Nationalitäten gegenüber nicht verleugnen wird. Meine Herren, es haben sich in diesen Räumen bei der letzten Adreßdebatte mehrere Stimmen erhoben, um die Weisheit des erhabenen Ausspruchs: iustitia fundamentum regnorum est, zu preisen. Wohlan denn, meine Herren, mein Verbesserungsantrag [1] bietet Ihnen Gelegenheit, diesen Ausspruch praktisch in Anwendung zu bringen. Auch gibt Ihnen die Annahme dieses Verbesserungsantrags für die Zukunft eine viel bessere Gewähr der deutschen Einheit, als es irgend eine materielle Macht je zu tun imstande wäre. Deshalb glaube ich, meine Herren, daß Sie in Ihrem eigenen Interesse selbst Motive genug finden werden, um für denselben zu stimmen.

9. DR. JORDAN, Gedrängte Zusammenstellung der großen militärischen und politischen Ereignisse im Kriege zwischen Deutschland und Frankreich in den Jahren 1870 und 1871, in: Deutschlands Wiedergeburt in den Jahren 1870 und 1871. Ein Festalbum zur Friedensfeier. Zum Besten verwundeter und invalid gewordener deutscher Krieger, Speyer 1871 (1. und 2. Aufl.), S. 12 bis 74, Auszug, S. 68—72.

Deutscher Kopf, deutsches Herz, deutscher Arm haben in vereinter Kraft unter Gottes gnädigem Beistand solche Taten ausgeführt. Genialität der Staatslenkung und Heeresführung, die Ergebnisse ernster Wissenschaft benützend, pünktliche Ausführung strategischer und taktischer Anordnungen, strenges Pflichtgefühl, stramme Manneszucht*, eiserne Willenskraft und Ausdauer bei Führern und Mannschaften, feurige Vaterlandsliebe, fromme Gottesfurcht und Todesverachtung [1], mauernfeste Haltung vor dem Feind, wuchtige Leibesstärke, überraschende Marschfertigkeit, Ein Ziel im Auge, Ein Streben, Alles erhebend, belebend, durch-

[1] In Art. 1 der Verfassung zwischen den Worten 'Preußen mit Lauenburg' und 'Bayern' einzufügen: „Mit Ausschluß der unter preußischer Herrschaft stehenden polnischen Landesteile“, Drucks. Nr. 20; diese Gebiete hätten danach nicht zum Reichsgebiet gehört.

* Die preußische Manneszucht ist historisch. Im Siebenjährigen Krieg wurden bei dem Überfall bei Hochkirch und in der Verteidigung Breslaus durch Tauentzien Wunder preußischer Kriegsdisziplin verrichtet.

[1] Es folgt in Anmerkung wieder eine längere Reminiszenz an den Siebenjährigen Krieg.

bebend, Ein großes Gefühl, einigend und reinigend die Nation und das Heer, das waren die Faktoren des großen Produktes.

Gedenken wir freudig des deutsch-nationalen Staatsmannes Grafen Bismarck, des Militär-Organisators v. Roon, würdig seines edlen Vorgängers Scharnhorst, des unvergleichlichen Strategen Graf Moltke, größer als Carnot! Gedenken wir aller deutschen Feldherrn dieses wunderreichen Krieges, die in ihm erhobenen deutschen Feldmarschälle an der Spitze, Friedrich Wilhelm und Karl Friedrich.

Mit Stolz dürfen wir auch daran denken, wie mächtig Bayern in die militärische Aktion eingegriffen, wie tatkräftig es die mächtige politische Einigung des deutschen Vaterlandes vermittelt hat [2]. Der Heeresorganisator, Kriegsminister Freiherr v. Pranckh, die Generale v. Hartmann und v. d. Tann haben sich weltgeschichtliche Namen errungen. General v. Hartmann, geboren am 4. Februar 1795 in Maikammer bei Edenkoben, ist ein Pfälzer Kind. Nach der Schlacht bei Weißenburg umarmte ihn der Kronprinz von Preußen vor der Front. An seinem diesjährigen 76. Geburtstag überschickte ihm der Kronprinz von Preußen durch seinen Generalstabschef, Generallieutenant von Blumenthal, einen Lorbeerkranz mit folgender Widmung: „Seinem verehrten Kriegsgefährten, General v. Hartmann, zu seinem Geburtstage im Feldlager vor dem besiegten Paris."

Betrachten wir nun in Kürze die Wirkungen des Krieges und seiner militärischen Erfolge.

1. Es vollzieht sich die politische Einigung Deutschlands, lange ersehnt und erstrebt, eine Frucht mancher Tränensaat, ein Jugendtraum der besten Männer bis in ihr hohes Greisenalter, ein Schlachtenkind **, aber in der Wiege umstanden und gesegnet von den Genien des Friedens.

2. Zum Schutz dieser politischen Einheit entsteht eine starke Zentralgewalt, ohne die geschichtlich tief gewurzelte Eigenart der verschiedenen deutschen Stämme aufzuheben. Das Deutsche Reich wird nicht etwa bloß wieder aufgerichtet, sondern ersteht in neuer Gestaltung mit erblicher Kaiserwürde.

3. Elsaß und Deutsch-Lothringen kommen wieder zum Reich. Das gewonnene Metz sichert den Frieden gegen Frankreich.

4. Die gesicherte Lage gegen den bisherigen Erbfeind sichert dem Deutschen Reich nach außen seine Bedeutung. Das deutsche Kaisertum ist der Friede.

[2] Zum Beleg dessen zitiert der Verfasser einen Zeitungsartikel aus Berlin.

** Die Verfassungsurkunde des Deutschen Reiches vom 16. April 1871 (Bundesgesetzblatt des Deutschen Bundes, Nr. 16) erinnert uns an den Ausspruch Theodor Barkers: 'Alle großen Urkunden der Menschheit sind mit Blut geschrieben.'

5. Seine innere Organisation sichert ihm den Frieden nach innen. Die nationale Erhebung erzeugt eine dem zersetzenden Zwist und Hader der Parteien fremde nationale Richtung, Stimmung und Haltung.

6. Die geistige, sittliche und materielle Wohlfahrt der deutschen Nation findet in dieser politischen Neugestaltung mit ihren militärischen Schutzmitteln kräftige Hebel zum Stärkerwerden.

7. Eine natürliche Folge ist die Achtung der deutschen Nation in Europa und bei den gesitteten Völkern der Welt. Merkwürdig ist es, daß die Vereinigten Staaten Nordamerikas durch die jüngste Botschaft des Präsidenten Grant dem neuen Deutschen Reich ihre Sympathien offiziell zu erkennen gegeben haben.

Und nun, du hochbegnadigtes, reichgesegnetes deutsches Volk, laß diese großen Errungenschaften, verbrieft und gesiegelt in den ersten Märztagen des Jahres 1871, deiner Treue und Mannheit als ein köstliches Kleinod, erworben durch das Herzblut deiner besten Söhne, anvertraut sein!

Wache vor allem über deine Jugend, daß sie in künftigen Tagen fähig und würdig werde, dieses Heiligtum in sichere Obhut zu nehmen!

Und du, deutsche Jugend, strebe im Aufblick zu den heldenhaften Taten deiner Väter nach einer rühmlichen Lösung der dir gestellten Aufgabe, künftig deinem Vaterland, gesund an Leib und Seele, ausgerüstet mit Schätzen des Wissens, geziert mit allen Tugenden eines frommen Herzens, gestählt durch festen Charakter und starke Willenskraft, tüchtig und richtig dienen zu können! Lasse deinen Drang nach Auszeichnung nicht auf Flüchtiges und Nichtiges fallen! Das Ideale sei deine Lebensluft! Halte dich an den edlen Liebling der Nation, von welchem der ihm ebenbürtige Dichterfürst Goethe rühmt, daß das Gemeine hinter ihm gelegen.

10. IGNAZ VON DÖLLINGER, Erklärung über die Vatikanischen Dekrete, 12. Juni 1871, in: Schultheß, 12. Jg. 1871, S. 166—170, Auszug, S. 166 f.

Gegenüber den amtlichen Maßregeln und Kundgebungen der deutschen Bischöfe zugunsten der vatikanischen Dekrete erachten es die Unterzeichneten für notwendig, durch folgende Erklärung ihren Standpunkt zu wahren und, so viel an ihnen liegt, der hereinbrechenden Verwirrung der Gewissen entgegenzutreten.

1. Treu der unverbrüchlichen und auch von Papst und Bischöfen nicht bestrittenen Pflicht jedes katholischen Christen, am alten Glauben festzuhalten und jede Neuerung, würde sie auch von einem Engel des Himmels verkündet, abzuweisen, beharren wir in der Verwerfung der vatikanischen

Dogmen. Es ist bisher nicht Lehre der Kirche und nicht katholischer Glaube gewesen, daß jeder Christ an dem Papste einen unumschränkten Oberherrn und Gebieter habe, welchem er direkt und unmittelbar unterworfen ist, und dem er, bei Strafe zeitlicher und ewiger Verdammnis, in allem, was seinen religiösen Glauben sowie sein sittliches Tun und Lassen betrifft, unbedingt gehorchen muß — ihm oder seinen Sendboten und Bevollmächtigten. Desgleichen ist es bisher notorisch nicht Lehre der Kirche gewesen, daß einem Menschen, dem jedesmaligen Papst, in seinen an die Kirche gerichteten Aussprüchen über den Glauben, über die Pflichten und Rechte der Menschen die Gabe der Unfehlbarkeit verliehen sei. Diese Sätze sind vielmehr bis jetzt bloße, wenn auch von Rom sehr begünstigte und mit allen Herrschermitteln beschützte Schulmeinungen gewesen, welche die angesehensten Theologen, ohne sich einem Tadel auszusetzen, bekämpft und verworfen haben. Es ist bekannt — und wenn die deutschen Bischöfe es nicht wissen, so sollten sie es doch wissen — daß dieselben Lehren ihren Ursprung der Fälschung, ihre Verbreitung dem Zwang verdanken. Durch diese Lehren, wie sie der Papst in seinen vatikanischen Dekreten verkündet hat, wird die Gesamtheit der Gläubigen ihrer wesentlichen Rechte beraubt, das Zeugnis dieser Gesamtheit entwertet, das Gewicht der kirchlichen Überlieferung entkräftet und der oberste Grundsatz des katholischen Glaubens zerstört, daß der Christ nur das anzunehmen verpflichtet sei, was jederzeit, überall und von allen gelehrt und geglaubt worden ist. Wenn gleichwohl der jüngste Hirtenbrief der deutschen Bischöfe behauptet: Petrus sei es, der durch den Mund des sich für unfehlbar erklärenden Papstes gesprochen habe, so müssen wir dieses Vorgehen als eine Blasphemie zurückweisen. Petrus spricht klar und allgemein faßlich zu uns durch seine in der Schrift verzeichneten Taten und Reden und durch seine auch an uns gerichteten Briefe; aber diese Taten, Reden und Briefe des Apostels atmen einen völlig anderen Geist und enthalten eine andere Lehre als die, welche uns jetzt aufgezwungen werden soll. Wohl hat man es versucht, diese neuen Lehren, welche in ihrer nackten Derbheit und kaum zu berechnenden Tragweite jedes christliche Gefühl verletzen, abzuschwächen und dem Volke den Wahn beizubringen, als ob sie alt und stets geglaubt und ganz unverfänglich seien. Wie früher, so hat man auch wieder in dem jüngsten Hirtenbriefe sich Mühe gegeben, die Unfehlbarkeit, von der die Dekrete sprechen, als ein Vorrecht, welches dem ganzen aus Papst und Bischöfen gemeinschaftlich bestehenden Lehramte zukomme, erscheinen zu lassen. Dies widerspricht aber dem klaren Wortlaut der Dekrete: ihm zufolge ist nur der Papst, und er aus sich selber, unfehlbar; nur er empfängt den Bestand des hl. Geistes und ist in seinen Entscheidungen völlig unabhängig von dem Urteile der Bischöfe, deren Zustimmung zu jedem päpstlichen Ausspruch nun Sache der Pflicht geworden ist und nicht mehr verweigert werden kann.

Wenn die deutschen Bischöfe behaupten, die aus den Dekreten fließende Fülle der Gewalt dürfe nicht als unbeschränkt bezeichnet werden, so würde man mit dem gleichen Recht sagen können, daß eine unumschränkte despotische Gewalt überhaupt nicht existiere. Durch die Dekrete erhebt der Papst den Anspruch, das ganze Gebiet der Moral zu beherrschen; er allein bestimmt auch mit unfehlbarer Lehrautorität, was dazu gehört. In der Ausübung dieser Gewalt ist er an keine fremde Zustimmung gebunden.

Wenn eine solche Gewalt nicht als eine unumschränkte und despotische bezeichnet werden soll, so hat es niemals und nirgends in der Welt eine unumschränkte und despotische Gewalt gegeben.

2. Wir beharren in der festbegründeten Überzeugung, daß die vatikanischen Dekrete eine ernste Gefahr für Staat und Gesellschaft bilden, daß sie schlechthin unvereinbar sind mit den Gesetzen und Einrichtungen der gegenwärtigen Staaten, und daß wir durch die Annahme derselben in einen unlösbaren Zwiespalt mit unseren politischen Pflichten und Eiden geraten würden. Vergeblich versuchen die Bischöfe die unleugbare Tatsache teils totzuschweigen, teils durch willkürliche Auslegungen päpstlicher Bullen zu beseitigen, daß diese Bullen und Entscheidungen alle politischen Gewalten der Willkür des päpstlichen Stuhles unterwerfen und gerade jene Gesetze am entschiedensten verdammen, welche in der heutigen gesellschaftlichen Ordnung die unentbehrlichsten sind. Die Bischöfe wissen sehr wohl, daß sie in Folge der vatikanischen Dekrete nicht das geringste Recht haben, päpstliche Erlasse, die neuesten oder früheren, durch künstlich ersonnene Auslegungen zu beschränken, und daß die entgegengesetzte Auslegung eines einzigen Jesuiten gerade so viel wiegt als die von hundert Bischöfen. Überdies stehen auch bereits den Deutungen deutscher Bischöfe die Auslegungen anderer Prälaten gegenüber, unter anderen des Erzbischofs Manning von Westminster, welcher der päpstlichen Unfehlbarkeit den denkbar weitesten Umfang zuerkennt. Und so halten wir uns auch trotz der bischöflichen Rüge für wohlberechtigt, auch fernerhin die Unfehlbarkeit, welche dem Papste und ihm allein, ohne jede Teilnahme anderer zukommen soll, eine persönliche zu nennen, denn dieser Ausdruck ist hier vollkommen richtig und entspricht dem allgemeinen Sprachgebrauche, wie man denn die Gewalt, welche ein Monarch unabhängig von den anderen Staatsbehörden für sich besitzt und übt, eine persönliche zu nennen pflegt; denn auch eine amtliche Prärogative heißt dann mit Recht eine persönliche, wenn sie so fest und unzertrennlich an die Person geknüpft ist, daß diese sich ihrer weder entäußern noch sie andern übertragen kann. Wenn man, was die deutschen Bischöfe unterlassen, die

Verdammungen des Syllabus, welcher nun ein mit päpstlicher Unfehlbarkeit bekleidetes Dekret geworden ist, die feierliche Verdammung der österreichischen Verfassung durch den Papst, die gleichzeitigen Publikationen der Jesuiten in Laach, in Wien und in Rom — die bekanntlich besser als die deutschen Bischöfe über die Absichten der Kurie unterrichtet sind —, wenn man alles dieses mit den vatikanischen Dekreten zusammenhält, so muß man die Augen schließen, um den wohlüberlegten Plan päpstlicher Universalherrschaft nicht zu erkennen. Unsere Regierungen, unsere Gesetze und Staatseinrichtungen, das gesamte Gebiet des Sittlichen, die Handlungen der einzelnen Menschen, alles soll künftig der Kurie und ihren Werkzeugen und teils wandernden teils stabilen Kommissaren, seien es Bischöfe oder Jesuiten, untertan sein.

Die deutschen Bischöfe erkennen, wie ihre Hirtenbriefe zeigen, daß sie das Neue und Abstoßende der Dekrete sehen und sich dessen im Grunde schämen. Aber sie befleißigen sich doch der Abschwächung. Die weiteren Ziffern der Erklärung befassen sich mit denkbaren Zwangsmaßnahmen der Bischöfe und drücken die Hoffnung aus, daß der jetzt ausgebrochene Kampf das Mittel sein wird, die längst ersehnte und unabweisbar gewordene Reform der kirchlichen Zustände sowohl in der Verfassung als im Leben der Kirche anzubahnen. Es folgen neben, der Unterschrift Döllingers, die von fast 30 Theologen und Laien.

11. Eine eigentümliche Erscheinung, in: Neue Preußische (Kreuz) Zeitung, Nr. 142, 22. Juni 1871, S. 1.
WA: Schultheß, 12. Jg. 1871, S. 175 f.

Eine eigentümliche Erscheinung in dem parlamentarischen Leben des Deutschen Reiches ist die sogenannte ‚klerikale Fraktion‘ des Reichstages, — eine Fraktion, welche sich vergeblich dadurch einen politischen Anstrich zu geben versucht, daß sie sich selbst den Namen ‚Fraktion des Zentrums‘ beigelegt hat. Gebildet und geführt von den Koryphäen derjenigen Partei innerhalb der katholischen Kirche, welche als die Affilierte und Bundesgenossin des römischen Jesuitismus bezeichnet werden muß, hat dieselbe alle Mittel kirchlicher und politischer Agitation in Bewegung gesetzt, um das Zustandekommen der Einheit Deutschlands und die Begründung des Deutschen Reiches zu verhindern, — es liegt nicht an ihrem guten Willen noch an ihren eifrigen Bemühungen, daß beides nichtsdestoweniger zustande gebracht ist.

Natürlich war es nicht geraten, der vollendeten Tatsache und dem lauten Jubel des deutschen Volkes gegenüber in der früheren Stellung zu beharren; doch war es auf der anderen Seite eine schnell vorübergehende Illusion, auch eine sachliche Metamorphose jener Partei zu erwarten.

Allerdings hatte es den Anschein, als ob selbst der römische Stuhl die Neubildung des Deutschen Reiches mit Zustimmung und Hoffnung begrüße; allerdings versicherten die Wortführer jener Partei, daß sie der vollendeten Tatsache gegenüber ihre frühere Opposition quittierten und fortan eben so gute deutsche Patrioten sein würden, als irgendjemand sonst. Doch waren dies alles leider Worte, denen die Tatsachen wenig entsprechen.

Jedenfalls ist es sehr schwer zu glauben, daß eine Partei es mit der Einheit Deutschlands ernsthaft meinen kann, wenn sie sofort bei der Begründung dieser Einheit denjenigen Gegensatz in den Vordergrund stellt, welcher Deutschland am blutigsten zerrissen und seit mehr als dreihundert Jahren das Deutsche Reich gespalten hat. Dieser Gegensatz ist eben der konfessionelle, der Gegensatz von katholisch und evangelisch. Es heißt nichts anderes als die Einheit mit der tiefsten Spaltung zu beginnen, wenn man in einem politisch-parlamentarischen Körper, welcher die deutsche Nation und deren Einheit repräsentieren soll, die politische Parteibildung auf der Basis der Konfession und des kirchlichen Prinzips inauguriert und vollzieht.

Kirchlich und konfessionell aber ist das Fundament, auf welchem die katholische Fraktion sich aufgebaut hat und manövriert, — was sich am unzweideutigsten daraus ergibt, daß in ihrer Mitte alle politischen Nuancen Platz gefunden haben, vom katholischen Kammerherrn bis zum katholischen Barrikadenkämpfer, als welchen sich Herr Schröder-Lippstadt heute noch berühmt, und daß in ihr kein anderes Zwangsgesetz herrscht als das, der kirchlichen Parole unbedingt zu gehorchen. Nur zur Verschönerung, wie es scheint, hat man sich einige der verbissensten partikularistischen Elemente annektiert, die, wie Herr v. Lenthe, zugleich das evangelische Unicum in der Fraktion zu sein scheinen.

Welchen Vorteil die Führer dieser Fraktion von ihrem Auftreten für die katholische Kirche erwarten, ist eine bis dahin noch unbeantwortete Frage. Die Fraktion und ihre Führer können sich unmöglich darüber täuschen, daß die Reichsregierung wenig geneigt sein dürfte, sie als ihre Freunde zu betrachten, und daß es auch für die Folge ein vergebliches Bemühen bleiben wird, sich selbst und die absolutistisch umgeformte römische Kirche den deutschen Regierungen als Hort der konservativen Interessen Deutschlands zu empfehlen.

Gewiß hat namentlich die preußische Regierung den Beweis geliefert und den Ruhm verdient, daß unter ihr die katholische Kirche am freiesten und geachtetsten dasteht, und gewiß wird diese Regierung nie davon zurücktreten, ihre katholischen Untertanen wie bisher, so auch ferner mit Wohlwollen und Gerechtigkeit zu behandeln. Wir hoffen dies, wie wir dieses bisherige Verfahren stets laut gebilligt haben. Niemals aber soll und wird diese selbe Regierung die Hand dazu bieten, eine Partei politisch zu etablieren und zu stärken, welche kein anderes Ziel verfolgt, als die alten, lange begrabenen Ansprüche des Papsttums neu zu beleben und nicht allein den Streit der Konfessionen, sondern auch den Kampf der geistlichen und weltlichen Gewalt wiederum wachzurufen.

Noch weniger aber als die preußische Regierung kann die Reichsregierung einer solchen Übertragung kirchlicher Tendenzen auf das politische Gebiet Vorschub leisten, da die Reichsverfassung mit kirchlichen Dingen überhaupt nichts zu schaffen hat und daher hier nicht einmal der Vorwand Platz greift, welcher in der preußischen Landesvertretung wenigstens noch einen gewissen Sinn hat: die Rechte und Institutionen der katholischen Kirche vertreten und verteidigen zu müssen.

Wie wir hören, hat deshalb auch die Reichsregierung bereits Veranlassung genommen, die Haltung der katholischen Fraktion in Rom offiziell zur Sprache zu bringen, und diese Reklamation hat den Erfolg gehabt, daß der Kardinalstaatssekretär Antonelli das gesamte Auftreten der katholischen Fraktion in den unzweideutigsten Ausdrücken desavouiert und mißbilligt hat.

Wir würden es lebhaft bedauern, wenn die deutschen Ultramontanen auch dieser Rektifizierung ungeachtet auf dem bisherigen Wege beharren, oder wenn gar deren Protektoren in Rom die Stärkeren sein sollten.

Die deutsche Reichsregierung, welche den Evolutionen der klerikalen Fraktion mit einer gewissen Zurückhaltung gegenüber gestanden hat, dürfte sich nicht in der Lage befinden, einer fortdauernden Aggression gegenüber sich auf die Defensive zu beschränken. Sie wird sich vielmehr, und zwar schon in der nächsten Zeit, entschließen müssen, einer ferneren Aggression auch ihrerseits mit Aggression, und zwar gleichmäßig nach außen wie nach innen, zu begegnen, eine Entwicklung, in Bezug auf welche sich selbst die ultramontane Partei nicht verhehlen sollte, daß sie schwerlich zugunsten der römischen Kirche ausschlagen dürfte.

War schon vor dreihundert Jahren in Deutschland das Deutschtum stärker als das Römertum, um wieviel mehr heute, wo Rom nicht mehr die Hauptstadt der Welt, sondern beinah die Hauptstadt Italiens ist, und wo die deutsche Kaiserkrone nicht auf dem Haupte eines Spaniers, sondern eines deutschen Fürsten ruht.

12. Schreiben des Preußischen Staatsministeriums an König Wilhelm I., 30. Juni 1871, in: Adelheid Constabel, Die Vorgeschichte des Kulturkampfes. Quellenveröffentlichung aus dem Deutschen Zentralarchiv, Berlin 1956, S. 104—107.

WA: Huber, Staat und Kirche, S. 523—525.

Euer Kaiserlichen und Königlichen Majestät ist bekannt, daß in dem Ministerium der geistlichen, Unterrichts- und Medizinal-Angelegenheiten eine besondere Abteilung für die katholischen Angelegenheiten durch die Allerhöchste Order vom 11. Januar 1841 eingerichtet worden ist. Die gedachte Abteilung besteht aus einem Direktor und zwei vortragenden Räten.

Nachdem die preußische Verfassung vom Jahre 1850 inzwischen die katholische Kirche gleich der evangelischen zur selbständigen Ordnung und Verwaltung ihrer Angelegenheiten ermächtigt hat und nachdem später der Direktor der katholischen Abteilung Aulike gestorben war, kam schon im Jahre 1865 im Staatsministerium die Frage zur Beratung, ob die im Jahre 1841 getroffene Maßregel der Einrichtung einer besonderen Abteilung für die katholischen Kirchenangelegenheiten nicht wieder aufzuheben sei. Das Staatsministerium verneinte damals in seiner Majorität mit fünf gegen drei Stimmen die Frage. Die Gründe für diesen Beschluß sind Euer Majestät in dem alleruntertänigsten Berichte des ehrfurchtsvoll unterzeichneten Ministers der geistlichen, Unterrichts- und Medizinal-Angelegenheiten vom 31. Dezember 1865 vorgetragen, und Euer Majestät haben damals geruht, einen neuen Direktor der gedachten Abteilung in der Person des jetzigen W. G. O. R. R. Dr. Kraetzig zu berufen. Seit dieser Zeit sind indes neue Erscheinungen hervorgetreten, welche das Staatsministerium nötigen, die obige Frage in wiederholte Erwägung zu nehmen.

Das im vorigen Jahre publizierte Dogma der Infallibilität ruft in der katholischen Bevölkerung Spaltungen hervor, unter Laien und auch unter den Geistlichen, deren Verlauf sich noch nicht übersehen läßt, deren Folgen sich aber bereits in mehrfachen praktischen Fällen der Beziehung zwischen den katholischen Bischöfen und der Staatsregierung geltend machen, namentlich bei Behandlung von antiinfallibeln Lehrern an den unter Staatsaufsicht stehenden katholischen Gymnasien, bei Entziehung des aus Staatsfonds fließenden Gehaltes gegen einen das neue Dogma bekämpfenden Domherrn und dgl. Die Gegner des neuen Dogmas, unter denen sich zahlreiche ernste, patriotisch gesinnte und in der theologischen Wissenschaft ausgezeichnete Männer finden, nennen sich Altkatholiken, bestreiten die kanonische Gültigkeit des letzten Konzils und machen den deutschen Bischöfen, welche sich trotz ihres anfänglichen Widerspruches jetzt dem Konzilsbeschluß fügen, den Vorwurf staatsgefährlicher Neuerung; sie meinen Anspruch auf Schutz des Staates in ihren Stellen und Rechten zu haben, wenn sie denjenigen Lehren der katholischen Kirche treu bleiben, auf welche sie bei der Anstellung verpflichtet wurden. Dagegen wird einem katholischen Religionslehrer, welcher das neue Dogma nicht anerkennt, von dem Bischof die missio canonica entzogen und an die Staatsregierung das Verlangen gestellt, einem solchen Lehrer den Religionsunterricht, ja womöglich auch seine Funktion in anderen Unterrichtsfächern eines katholischen Gymnasiums zu entziehen.

Sollte die Bewegung der Altkatholiken eine feste Gestalt annehmen, so kann sie zu einem Schisma führen und die Staatsregierung vor die Frage stellen, welche katholische Kirche als berechtigt zur Disposition über das Kirchengut, die Besetzung geistlicher Stellen pp. anerkannt werden soll. Wenn aber auch die Bewegung nicht so große Dimensionen annimmt, so kann die Staatsregierung nach unserer alleruntertänigsten Meinung nur dadurch eine feste Richtschnur für ihr Verfahren finden, wenn sie sich unparteiisch auf den juristischen, staatsrechtlichen Standpunkt stellt und demgemäß die einzelnen Fälle des Konfliktes behandelt. Eine solche Haltung ist nicht bloß durch die Vorschriften der preußischen Verfassung, Art. 15/16, sondern auch durch die Regeln der politischen Klugheit gegenüber einer beginnenden Bewegung von unabsehbarer Tragweite geboten.

Um die Absicht der Staatsregierung, sich in kirchlichen Fragen unparteiisch streng auf rechtlichem Boden zu halten, auch äußerlich zu dokumentieren, erachten wir es unter den gegebenen Umständen für zulässig und zweckmäßig, in dem Ministerium der geistlichen pp. Angelegenheiten die jetzt bestehende dualistische Gestalt der Aufsichtsinstanz für die kirchlichen Angelegenheiten zu beseitigen, also unter Aufhebung der getrennten Abteilungen für die evangelischen und für die katholischen Angelegenheiten nur eine Abteilung für die geistlichen Angelegenheiten zu bilden und solchergestalt zu der älteren, vor dem Jahre 1841 bestehenden Einrichtung zurückzukehren. Die Staatsregierung bekundet dadurch, daß sie gesonnen ist, beide bestehenden Hauptreligionsgenossenschaften unparteiisch, gerecht, dem Staatsrechte entsprechend zu behandeln, das Interesse des Staates aber auch mit gleicher Kraft der katholischen wie der evangelischen Kirche gegenüber zu wahren. Wir glauben, daß die große Mehrzahl der patriotisch gesinnten Katholiken im preußischen Staate die Maßregel billigen wird als ein Zeichen der Unabhängigkeit der Regierung von den Bestrebungen der ultramontanen Partei. Die materielle sorgsame Erwägung der Fragen des katholischen Kirchenrechtes wird bei der veränderten Einrichtung nicht leiden. Es wird nach wie vor dafür gesorgt werden, daß in der Abteilung für die geistlichen Angelegenheiten mehrere katholische, im Kirchenrecht erfahrene Räte fungieren, und es wird dem Minister unbenommen sein, diesen Räten vorzugsweise die Bearbeitung der katholischen Kirchensachen anzuvertrauen. Die katholischen Räte werden sich wieder daran zu gewöhnen haben, sich als Vertreter der Interessen des Staates zu fühlen, während jetzt die Mitglieder der Abteilung für die katholischen Angelegenheiten sich mehr als Vertreter der katholischen Kirche gegenüber dem Staate betrachten und diese Anschauung nicht ohne Einfluß auf die Haltung dieser Beamten in ihrer dienstlichen Tätigkeit bleibt. Die Folge davon war bisher, daß der Minister genötigt war, vertrauliche Korrespondenzen über Angelegenheiten der katholischen Kirche, namentlich die Korrespondenzen mit dem Auswärtigen Amte über den diplomatischen Verkehr mit Rom, der Kenntnis der Mitglieder der katholischen Abteilung zu entziehen und solche Sachen ausschließlich im Zentralbüro zu bearbeiten.

Die ultramontane Partei hat in der jetzt beendigten Session des ersten Deutschen Reichstages zu einer Zeit des höchsten patriotischen Aufschwunges der Nation deutlich gezeigt, daß die Herrschaft des unfehlbaren Papstes und des blind gehorchenden Klerus ihr entschiedenes Ziel ist, daß sie die Regierung bekämpft, wenn sie sich nicht jener Herrschaft beugt, daß sie das Deutsche Reich unter einem evangelischen Kaiser als eine Institution ansieht, zu deren Bekämpfung das Bündnis mit den revolutionären Elementen nicht zu verschmähen ist. Alle Wohltaten, deren sich anerkanntermaßen die katholische Kirche in Euer Majestät Staaten in höherem Grade als selbst unter katholischen Fürsten erfreut, hindern jene Partei nicht, sich mit Feinden der Regierung aus den verschiedensten Lagern zu verbinden. Die bisherige nachgiebige und rein defensive Haltung der Regierung solchen Tendenzen gegenüber hat die Kühnheit der Partei nur vermehrt. Die Mitglieder derselben vertreten bei weitem nicht die Majorität der Katholiken im Lande, sonst müßte die Fraktion des sogenannten Zentrums im Reichstage mehr als doppelt so stark sein. Der Umstand, daß die Kandidaten der Partei trotz der angestrengten und zum Teil mit unlauteren Mitteln betriebenen Wahlagitation in einer großen Zahl katholischer Wahlkreise nicht die Majorität erlangt haben, beweist, daß unter den deutschen Katholiken noch viel gesunder patriotischer Sinn herrscht. Wir glauben, daß in der jetzigen Zeit, wo das Verhalten der ultramontanen Partei schon den anderen politischen Parteien im Reichstage die Notwendigkeit des Zusammenhaltens nahegelegt hat, die Regierung nicht zögern darf, auch außerhalb des Reichstages zu dokumentieren, daß sie die Tendenzen der ultramontanen Partei bekämpft, und je früher die Regierung das tut, desto eher darf sie hoffen, daß die Führer jener Partei zu einer besonnenen Haltung zurückkehren werden.

Wenn Euer Majestät diese Gesichtspunkte billigen und die Verschmelzung der beiden Abteilungen für die evangelischen und katholischen Kirchensachen zu einer geistlichen Abteilung genehmigen sollten, so würde es notwendig werden, den Min. Dir. Dr. Kraetzig zur Disposition zu stellen, vorbehaltlich seiner Wiederverwendung in einer geeigneten Stellung, sobald eine solche sich findet.

Es folgen Ausführungen über die Wartegeldregelung für Dr. Kraetzig. Für die Leitung der neuen Abteilung behält sich das Ministerium für die geistlichen pp. Angelegenheiten Vorschläge vor. Der vom König erbetene Erlaß über die Aufhebung der besonderen Abteilungen für die evangelischen und katholischen Kirchenangelegenheiten soll in der Gesetzessammlung publiziert werden, obwohl die Kabinettsorder vom 11. Januar 1841 nicht publiziert worden ist. Das Schreiben ist von allen acht Ministern unterzeichnet.

13. ADOLF WAGNER, Rede über die soziale Frage. Gehalten auf der freien kirchlichen Versammlung evangelischer Männer ... zu Berlin am 12. Oktober 1871, Separatdruck aus den ›Verhandlungen der kirchlichen Oktober-Versammlung in Berlin‹, Berlin 1872, Auszug, S. 12—14.

Für die Staatspolitik gegenüber der sozialen Frage kann weder das Prinzip der Passivität noch dasjenige der Einmischung unbedingt maßgebend sein. Es ist von Fall zu Fall zu entscheiden.

Für eine richtige und erfolgreiche Staatspolitik in der sozialen Frage ist ferner wieder an die höheren Klassen eine wichtige Anforderung als Vorbedingung gerade aus dem Gesichtspunkte der ethischen Auffassung voranzustellen: durch ein willfähriges Entgegenkommen dieser Klassen wird die Aufgabe des Staats, bestehe sie in gesetzgeberischen, auch in Besteuerungsreformen oder in positiven eigenen Maßregeln, immer außerordentlich erleichtert, ja oftmals, besonders wenn diese Klassen in den Parlamenten bei der Gesetzgebung mitwirken, erst ermöglicht. Namentlich hängt es so häufig von dem eigenen freien sittlichen Wollen der höheren Klassen ab, daß der Staat rechtzeitig die Bahn der Reformen betrete, weil ihn diese Klassen dazu drängen. Ich brauche nicht erst darauf hinzuweisen, wie sehr eine solche Entwicklung der Dinge auch im Interesse dieser Klassen und der Gesamtheit zu liegen pflegt. Die Geschichte beweist, daß die rechtzeitige und genügende Erfüllung berechtigter Forderungen der unteren Klassen oft genug das einzige Mittel ist, um Krisen zu vermeiden, unter denen alle am meisten leiden. Aber nicht nur an das Interesse, auch an die sittliche Pflicht der höheren Klassen,

Staatsreformen den Weg zu bahnen, möchte ich appellieren, handelt es sich doch immer darum, den unteren Klassen mögliche Erleichterungen zu verschaffen, die ihnen wahrlich nicht vorenthalten werden dürfen. Um gleich den Hauptpunkt zu nennen, wo meiner festen Überzeugung nach selbst sehr weitgehende Forderungen der niederen Klassen, der Arbeiterparteien und der Sozialisten großenteils gerechtfertigt sind, so ist dies das Gebiet der Besteuerung: die bessere Verteilung der Steuerlast. Ohne das willfährige Entgegenkommen der höheren, wohlhabenderen Klassen, das mir als sittliche, als Ehrenpflicht und als Maxime der einfachsten politischen Klugheit erscheint, ist aber eine Reform der Steuergesetzgebung kaum möglich. Die hierbei immer — wenigstens noch auf lange hinaus — unvermeidlichen staatlichen Zwangsmaßregeln müssen durch eine gesunde und von sittlichem Geist getragene öffentliche Meinung sanktioniert sein, dann haben sie auch aus dem Gesichtspunkt der Rücksicht auf die Individualfreiheit kein Bedenken. Noch aber ist die öffentliche Meinung in solchen Punkten sehr wenig aufgeklärt, die öffentliche und die Privatmoral geradezu noch unverantwortlich lax. Die Folge ist keine andere, als daß die sozialistischen Arbeiteragitatoren aus den Mängeln und ungerechten Härten der jetzigen Besteuerung ihre schärfsten Waffen für den Kampf gegen die bestehende Wirtschafts- und Gesellschaftsordnung und gegen das Kapital schmieden. — —

Ich habe Ihnen hiermit, meine Herren, die Konsequenzen einer mehr ethischen Auffassung der wirtschaftlichen Beziehungen in großen und allgemeinen Zügen vorgeführt. Meine Erörterung wird mir vielleicht auch von manchem von Ihnen den Vorwurf zuziehen, daß ich stillschweigend die Klagen und selbst die Anklagen der Arbeiterparteien billigte oder wenigstens zu viel Zugeständnisse machte. Suchen wir uns hierüber zu verständigen, was am Ende nicht so schwer sein wird.

Ich habe bereits meine Überzeugung dahin ausgesprochen, daß die sozialistische Kritik in ihrer Aufdeckung der Übelstände unseres bestehenden Wirtschaftssystems in vielen Punkten sehr treffend sei. Wie man darüber aber auch denke: jedenfalls bilden diese Übelstände mit mehr oder weniger Recht den Ausgangspunkt der Klagen unserer Arbeiter und unserer unteren Klassen überhaupt und dienen den Agitatoren mindestens zum Vorwand. Da gebietet es denn schon die Klugheit und das eigene Interesse, wiederum aber, behaupte ich, ebenso sehr die sittliche Pflicht der höheren Klassen, die Berechtigung der Klagen unbefangen zu prüfen und innerhalb unseres Wirtschaftssystems diesen Klagen nach Möglichkeit durch Beseitigung oder Einschränkung der Übelstände den Boden zu entziehen. Gerade wer davon überzeugt ist, daß ein großer Teil der Wünsche der unteren Klassen auf Verbesserung und Gleichstellung ihrer

Lage mit jener der höheren Klassen vermutlich für immer unerfüllbar ist, weil sich die harte Realität der Dinge dagegen stemmt, der muß um so eifriger verlangen, daß das Erreichbare geschehe und daß auf das sorgfältigste geprüft werde, was eben erreichbar sei. Kurzweg über die Klagen der unteren Klassen als unerfüllbar, über die Kritik und die einzelnen Forderungen des Sozialismus hinweggehen, weil das alles ‚sozialistisch' und ‚in Widerspruch mit den Naturgesetzen und richtigen Grundsätzen der Volkswirtschaft' sei, ist ebenso unklug als ungerecht gehandelt, ganz abgesehen davon, daß so manche der 'Volkswirte' in der Bestimmung dessen, was ‚volkswirtschaftlich' sei, nur in ihren eigenen Augen unfehlbar sind. Ferner wird gerade der, welcher unser Wirtschaftssystem im großen und ganzen einer raschen Umgestaltung für unfähig hält, weil es teils in der Tat auf natürlich gegebenen, teils auf geschichtlich gewordenen, nur allmählich eine Veränderung gestattenden Grundlagen beruht, um so dringender verlangen müssen, daß jede mögliche Reform innerhalb dieses Systems vorgenommen und sorgfältig untersucht werde, was in dieser Hinsicht möglich sei.

Auch auf die Gefahr hin, mit manchem andern meiner Fachgenossen zu den ‚verschämten Sozialisten' von einseitigen Manchestermännern geworfen zu werden, scheue ich es daher nicht, eine unbefangene Prüfung der sozialistischen Kritik und die Anerkennung des in den sozialistischen Forderungen enthaltenen richtigen Kerns als unumgängliche Aufgabe und Pflicht der höheren Klassen und des Staates selbst zu bezeichnen.

Entkleiden wir nun die sozialistische Kritik von allen Übertreibungen ehrlicher Schwärmer und von allen boshaften Gehässigkeiten gewissenloser Agitatoren, so bleibt als Kern etwa folgendes übrig: Das heutige Wirtschaftssystem auf der Grundlage der freien Konkurrenz und des geltenden Privatvermögensrechts schließt neben seinen unleugbaren großartigen Vorteilen für die Steigerung der Güterproduktion mindestens die Tendenz in sich, die bestehenden Vermögens- und Einkommensungleichheiten noch zu vergrößern. Die Arbeitslast und der Genuß der Produkte — nicht der Arbeit allein, wie die Sozialisten übertreibend behaupten, aber doch der unter wesentlicher Mitwirkung der Arbeit entstandenen Produkte — verteilt sich zu ungleich unter die bei der Produktion beteiligten Personen. Die Vorteile der technischen Fortschritte in der Produktion kommen wenigstens in höherem Maße den Kapitalisten und Unternehmern als den Arbeitern zugute, namentlich in der Industrie im engeren Sinne. Dadurch verschlechtert sich die Klassenlage der Arbeiter relativ, selbst wenn sich ihre absolute Lage, wie im allgemeinen nicht zu leugnen ist, verbessert, und die Kluft zwischen ihnen und den höheren Klassen wird größer. Infolgedessen, bei der maßgebenden Bedeutung des

Maschinenwesens, der Arbeitsteilung und beider Wirkung: der Vorzüge des Großbetriebes, geraten die Arbeiter, vor allem wiederum in der Industrie, in steigende Abhängigkeit von den Kapitalisten, die Besitzlosen überhaupt von den Besitzenden. Daraus ergibt sich aber eine wachsende Schwierigkeit, die sich in den meisten Fällen bis zur praktischen Unmöglichkeit steigert, aus der Arbeiterklasse in eine höhere Klasse emporzusteigen. Die theoretische Möglichkeit dazu hat der Arbeiter nach den Grundsätzen der Gewerbefreiheit und freier Berufswahl allerdings, aber nicht mehr als der französische gemeine Soldat, von dem man sagt, er trage den Marschallstab im Tornister. Die unendliche Mehrzahl läßt ihn ruhig darin und verliert den Tornister obendrein. Nicht leichter und nicht häufiger erlangt unser Arbeiter den industriellen Marschallstab.

14. Abgeordneter BEBEL im Deutschen Reichstag über Verfassungsfragen, 17. Sitzung, 8. November 1871, Sten. Ber. RT, 1. Leg. Per., 2. Session, Bd. 1, S. 183—185 (Bd. 22 der Gesamtreihe), Auszug, S. 183 f.

Meine Herren! Ich bin heute in der Lage, mit den Herren von der Rechten und im Zentrum gegen den Antrag zu stimmen, *(Heiterkeit)* allerdings aus anderen Gründen, was selbstverständlich das Organ des Herrn Reichskanzlers, die Norddeutsche Allgemeine Zeitung, nicht abhalten wird, in seiner morgigen politischen Übersicht zu erklären, daß durch die heutige Abstimmung aufs neue bestätigt sei die Kooperation der Schwarzen mit den Roten. *(Heiterkeit.)* Meine Herren, es sind von jener Seite wesentliche Bedenken wegen der Kompetenzerweiterung der Reichsgewalt, welche die Ausführung des vorliegenden Antrags bedinge, aufgetreten, welche die Herren veranlaßt haben, gegen den gestellten Antrag zu sprechen. Es gab eine Zeit, wo auch wir uns sehr energisch gegen die Kompetenzerweiterung im Norddeutschen Bunde rührten, und zwar nicht deshalb, weil wir etwa so sonderlich für die Existenz der Kleinstaaten eingenommen waren, — Gott behüte, meine Herren, sondern aus dem einfachen Grunde, weil wir uns sagten, daß gegenüber den absolutistisch-militaristischen Gelüsten Preußens in den Kleinstaaten — trotz der Äußerung des Herrn Reichskanzlers, daß sie im Liberalismus noch weit hinter Preußen zurück seien — in den Kleinstaaten das konstitutionelle Leben doch weiter ausgebildet sei und im allgemeinen wenigstens eine etwas freiere Bewegung einer Oppositionspartei gestatte. Indessen, meine Herren, dieser Zustand hat sich im Laufe der letzten Jahre, und ganz besonders im letzten Jahre, sehr bedeutend vermindert. Mit Gründung des Norddeutschen Bundes bereits war jedes selbständige

Handeln und jedes selbständige Wirken der Kleinstaaten vernichtet, und mit der Gründung des Deutschen Reiches ‚der Gottesfurcht und frommen Sitte' wurden auch die süddeutschen Staaten in dieses Nichtkönnen hineingezogen, und mit ihrem selbständigen Wirken war es zuende. Heute, meine Herren, tun — wir, die Sozialdemokraten haben das in den letzten Jahren ja genugsam erfahren — die Kleinstaaten nichts weiter als spielen die Polizeibüttel für Preußen. *(Heiterkeit.)*

Die Verfolgungen, denen unsere Partei in Sachsen ausgesetzt worden ist, wo man die schon ohnedies reaktionären Gesetze in willkürlichster, reaktionärster Weise in Bezug auf das Versammlungs-, in Bezug auf das Vereinsrecht, in Bezug auf die Preßfreiheit gegen uns ausbeutete, die haben uns gezeigt, daß aus den Kleinstaaten die früheren liberalen Anwandlungen vollständig verschwunden sind, und daß sie nicht mehr in der Lage sind, dem Drücker, der von Berlin aus auf sie wirkt, irgendwie zu widerstehen. Daher, meine Herren, ist es uns heute vollständig gleichgültig, ob die Existenz der kleineren Staaten auch nur noch einen Tag aufrechterhalten wird oder nicht. Wenn es dem Fürsten Bismarck einfallen sollte, morgen sie samt und sonders in die Tasche zu stecken, werden wir zwar nichts dafür tun, wir werden aber auch nicht dagegen sein. *(Große Heiterkeit.)* Und zwar nicht, weil wir glaubten, daß wir unter der preußischen Fuchtel uns in besseren Zuständen befänden — bewahre; sondern aus dem einfachen Grunde, weil sich die Widerstandskraft, welche sich jetzt gegen einige Dutzend Regierungen zersplittert, alsdann auf den einen Hauptgegner konzentriert, weil all der Haß und Zorn, der bei unseren faulen politischen und sozialen Zuständen von Tag zu Tage im Volke mehr anwächst, gegen einen sich konzentriert, und damit die Möglichkeit geschaffen wird, eines Tages mit dem einen ebenfalls tabula rasa zu machen. *(Gelächter.)* Meine Herren, Sie sehen, ich bin sehr offen. *(Gelächter.)* Aber, meine Herren, das ist der Grund, der mich veranlaßt, heute und künftig alle Kompetenzbedenken fallen zu lassen.

Die Kompetenzbedenken sind es denn auch nicht, welche mich veranlassen, gegen den vorliegenden Antrag zu stimmen, sondern es sind andere Gründe, meine Herren, prinzipielle und materielle Gründe. Der Artikel wie er hier beantragt ist, lautet: „In jedem Bundesstaate muß eine aus Wahlen der Bevölkerung hervorgehende Vertretung bestehen." Dieser Antrag ist so vage gefaßt, daß man faktisch alles Mögliche hineinlegen kann. Es ist nicht gesagt, auf welcher Grundlage diese Verfassung beruhen soll, ob bestimmte Grundrechte mit darin enthalten sind, nach welchem Wahlgesetze diese Volksvertretung zusammengerufen werden soll, ob eine Erste Kammer, ein Herrenhaus, oder wie Sie diese reaktionären Versammlungen sonst nennen wollen, bestehen soll oder nicht.

Meine Herren! Freilich das Letztere ist ganz selbstverständlich, denn in Deutschland bestehen diese Institute überall, und Sie werden nicht glauben, vorausgesetzt, daß Ihr Antrag wirklich beim Bundesrate guten Boden findet, was ich noch sehr bezweifle, Sie werden nicht glauben, daß die mecklenburgische Rgierung alsdann, nachdem der Antrag angenommen ist, im Liberalismus anderen Regierungen vorausgeht. Meine Herren, wenn die Mecklenburger nun eine sogenannte ‚moderne' konstitutionelle Verfassung nach echt deutschem, preußischem, kleinstaatlichem Zuschnitte haben, sind sie denn wirklich um so viel Schritte in die Kultur weiter hineingerissen? Meiner Überzeugung nach sind sie um kein Haar weiter gekommen, — denn, meine Herren, wenn Sie eine Erste Kammer schaffen, wenn Sie ein Wahlgesetz kreieren, ungefähr wie das Dreiklassen-Wahlgesetz Preußens, was nach der Äußerung des Reichskanzlers in der ersten Sitzung des Konstituierenden Reichstags das miserabelste, elendeste Wahlgesetz ist, was es gibt, — meine Herren, womit sind die Mecklenburger dann gebessert? Wer wird nach einem solchen Wahlgesetz vertreten? Die Bourgeoisie, die besitzende Klasse; das Volk ist von den Wahlen ohne weiteres vollständig ausgeschlossen. Der Reichskanzler hat damals im Reichstage den Ausdruck das 'miserabelste, elendeste Wahlgesetz' gebraucht, er wirtschaftet aber schon fünf Jahre mit diesem Wahlgesetze, er hat noch kein neues eingebracht, und den Herren von der Linken, die den vorliegenden Antrag mitgestellt haben, ist es auch nicht eingefallen, einen Antrag auf ein Gesetz, wodurch allgemeine direkte und geheime Wahlen eingeführt würden, in den preußischen Kammern einzubringen.

Bebel rechnet dann vor, daß unter dem sächsischen Zensuswahlrecht nur etwa $^1/_3$ der erwachsenen männlichen Bevölkerung wahlberechtigt ist, während nur wenige Tausend wählbar sind. Die Wahlbeteiligung ist deshalb gering, so daß die sächsische Volksvertretung nur von 4 bis 5 % der Bevölkerung gewählt ist.

Diese 4—5 Prozent machen Gesetze für das Volk, sprechen im Namen des Volks, und das soll eine Volksvertretung sein. Nein, meine Herren, nun und nimmermehr, das ist Schwindel, wenn auf diese Weise das Volk vertreten und Gesetze gemacht werden sollen. *(Große Unruhe und Gelächter.)*

Meine Herren, wie steht es nun aber mit der Macht dieser sogenannten Volksvertretung überhaupt? Ich habe das schon in meiner letzten Rede über den Militäretat hinlänglich ausgeführt, und es freut mich sehr, daß der Herr Abgeordnete von Treitschke bei der ersten und zweiten Beratung des vorliegenden Antrags meinen Worten, die einige Tage vorher gesprochen waren, vollständig recht gegeben. Der Abgeordnete von Treitschke sagte unter anderem, wenigstens dem Sinne nach: meine Herren, beharren wir bei unserer konservativen Politik, fassen wir nicht Beschlüsse, von denen wir im voraus überzeugt sein können, daß sie nicht die Zustimmung des Bundesrates finden.[1] Nun ja, das ist das ganze Geheimnis: das heißt deutlicher ausgedrückt: tun wir dem Volke gegenüber, als hätten wir wer weiß was für Macht, und leider Gottes gibt es Millionen und Millionen im Volke, die auf die Einflüsterungen der liberalen Presse hin glauben, eine solche parlamentarische Versammlung sei allmächtig, sie brauche nur zu beschließen, und dann sei es gemacht. Und natürlich, meine Herren, hat der Liberalismus ein großes Interesse daran, diesen Glauben an die Allmacht des Parlamentarismus nicht zu zerstören; denn sonst wären wir mit dem ganzen Parlamentarismus und mit dem Staatssystem, das der Liberalismus aufrecht zu halten sucht, sehr rasch zuende. Also heißt es nach dem Abgeordneten von Treitschke, fassen wir keine Beschlüsse, die nicht die Zustimmung des Bundesrats finden, blamieren wir uns selbst nicht, zeigen wir um Gotteswillen dem Volke nicht, daß wir keine Macht haben und daß unsere Macht, an die es glaubt, eine Illusion ist. Das ist der Grundgedanke seiner Rede gewesen, und kann es anders mit dem Parlamentarismus sein? Seit dem Jahre 1848 haben wir, mit Ausnahme des kleinen Mecklenburg, den Parlamentarismus in Deutschland überall; die Macht, die der Parlamentarismus, der Konstitutionalismus in Deutschland gehabt hat, hat er nur bekommen durch die Bewegung der Jahre 1848 und 49. Bis zum Jahre 1866 hat der Liberalismus, soweit es überhaupt bei seiner Natur zu verlangen ist, auch ehrliche Anstrengungen gemacht, die in den Verfassungen liegenden Keime freiheitlich auszubauen. Meine Herren, seit 1866 hat das vollständig aufgehört, seit dieser Zeit ist der Liberalismus aus der Initiative, die er vorher hatte, von der Offensive, die er vor 1866 öfter ergriff, vollständig in die Defensive gedrängt; heute handelt es sich nicht mehr darum, neue Rechte zu erobern, sondern nur die Scheinrechte, die er hat, zu verteidigen. Und warum, meine Herren? Weil seit 1866 die Macht der Regierungen und speziell der preußischen, die so schon groß war, der Volksvertretung vollständig über den Kopf gewachsen ist. Das ist eine neue Illustration zu der neulichten Äußerung des Herrn Lasker, daß eine kräftige Regierung der Freiheit nicht feindselig zu sein brauche und unter einer starken Regierung die Freiheit am besten gedeihe. Nein, gerade das Gegenteil ist der Fall. Wenn die Regierung stark ist, leidet die Freiheit darunter; die Interessen

[1] Treitschke sagte am 2. 11. 1871, Sten. Ber. RT, Bd. 22, S. 102; „Ich bin immer dagegen gewesen, daß der Reichstag leichtsinnig Beschlüsse faßt, welche vergessen, daß ein anderes Haus uns gegenübersteht: das Ansehen des Reichstages kann unter der Wiederholung solcher Beschlüsse leiden."

der Regierungen und der Völker sind Gegensätze. Meine Herren, das Volk ist nicht der Regierung wegen da, sondern die Regierung des Volkes wegen; die Regierung soll den Willen des Volkes ausführen, sie soll nichts weiter sein als die vollziehende Gewalt. Wie steht es aber in Wahrheit? Die Regierungen haben die Macht, die Regierungen haben den Willen, und die Volksvertretung hat einfach ja zu sagen und zu gehorchen, und wenn sie das nicht tut, so gibt man ihr moralische Fußtritte, wie sie dieselben schon so oft bekommen hat. Wir haben das ja erlebt in der vorigen Session, beispielsweise bei der Beratung über die Annexion von Elsaß, wo der Reichskanzler brüsk wie in der schönsten Konfliktszeit aufgetreten ist. Es fällt mir ein anderes Beispiel für die Machtlosigkeit des Parlamentarismus da ein. Der Herr Reichskanzler äußerte in den letzten Tagen, er glaube nach jedem Kriege konstitutioneller geworden zu sein. Ja, meine Herren, auf den ersten Blick könnte das allerdings so scheinen, und jedenfalls der Glaube an die Richtigkeit dieser Ansicht ist es, die den Abgeordneten Lasker neulich zu seinem berühmten Ausspruche veranlaßt hat. Wie steht es in Wahrheit, meine Herren? Nicht der Reichskanzler ist seit dem Jahre 1866 konstitutioneller geworden, sondern die liberalen Parteien, die parlamentarischen Versammlungen sind nachgiebiger geworden, das ist des Pudels Kern. *(Große Unruhe.)*

Sie treten nicht mehr mit den Forderungen heraus, welche sie noch vor dem Jahre 1866 aufgestellt haben. Sie haben dem Reichskanzler eine Verfassung gegeben, die deutsche Reichsverfassung, wie sie reaktionärer gar nicht gedacht werden kann. *(Gelächter.)* Meine Herren, mit einer solchen Verfassung kann allerdings ein jeder Minister regieren, das ist keine Verfassung für das Volk, das ist weiter nichts als der Scheinkonstitutionalismus in rohester Form, das ist der nackte Cäsarismus. Das ist ein Cäsarismus, der die parlamentarische Form gebraucht, weil die öffentliche Meinung sie für notwendig hält, der auf Grund einer solchen Verfassung scheinbar konstitutionell regieren kann.

Der Redner wird hier und im weiteren Verlauf seiner Ausführungen vom Präsidenten unterbrochen und darauf aufmerksam gemacht, daß er so in dieser Versammlung nicht über die deutsche Verfassung reden dürfe. Da der Redner auf seinen Ausführungen beharrt, wird ihm das Wort entzogen.

15. Reichskanzler FÜRST BISMARCK an Staatsminister v. Itzenplitz über die Bekämpfung der sozialistischen Bewegung, 17. November 1871, in: Aktenstücke zur Wirtschaftspolitik des Fürsten Bismarck, hrsg. von Heinrich v. Poschinger, Bd. 1, Berlin 1890, S. 164—167.
WA: WiA, Bd. 5, S. 122—124.

Eurer Exzellenz beehre ich mich auf das Schreiben von 3. d. M., betreffend die sogenannte Internationale und die durch diese hervorgerufenen sozialistischen Arbeiterbewegungen, ganz ergebenst zu erwidern, daß ich bei vollem Anerkenntnis alles dessen, was auf dem fraglichen Gebiete seitens der preußischen und der deutschen Reichsregierung geschehen ist, doch meine Bitte erneuere, mir zur Vorbereitung der weiter zu treffenden Maßregeln nach Maßgabe meines Schreibens vom 21. v. M. Ihre Mitwirkung nicht zu versagen.

Die Bedenken, welche Ew. Exzellenz dagegen geltend machen, vermag ich, so sehr ich auch das Gewicht derselben anerkenne, meinerseits als ausschlaggebend nicht anzuerkennen und scheinen mir dieselben teilweise auf einem Mißverständnis zu beruhen. Die neuere sozialistische Doktrin, insoweit sie namentlich mit der sogenannten Internationalen in Verbindung steht, rechnet überhaupt mit den jetzigen Staaten weder in ihrer nationalen, noch in ihrer prinzipiellen Bedeutung. Sie weist deshalb auch jede Unterstützung und Kooperation der bestehenden Regierungen auf das entschiedenste zurück und stellt an die Spitze ihres Programms die Umformung der bestehenden Staaten in den sozialistischen Volksstaat.

Eine Einmischung der bestehenden Staaten in die sozialistische Bewegung ist deshalb so wenig gleichbedeutend mit dem Siege der sozialistischen Doktrin, daß mir vielmehr die Aktion der gegenwärtig herrschenden Staatsgewalt als das einzige Mittel erscheint, der sozialistischen Bewegung in ihrer gegenwärtigen Verirrung Halt zu gebieten und dieselbe insbesondere dadurch in heilsamere Wege zu leiten, daß man realisiert, was in den sozialistischen Forderungen als berechtigt erscheint und in dem Rahmen der gegenwärtigen Staats- und Gesellschaftsordnung verwirklicht werden kann.

Vorausgesetzt wird dabei natürlich — und hierin stimme ich Ew. Exzellenz bei —, daß dies in der rechten Weise und dem rechten Sinne geschieht, wobei ich freilich darin abweiche, als ob eine bloße Klarlegung und Diskussion der sozialistischen Forderungen dieselben erst recht eigentlich in die Öffentlichkeit einführen und damit die Gefahren heraufbeschwören werde, die man vermeiden wolle.

Soweit mir das Tatsächliche der Bewegung bekannt geworden ist, wird bis dahin die sozialistische Bewegung von der Internationalen durchaus noch nicht in der von dieser erstrebten Weise beherrscht, vielmehr ist namentlich in Preußen dieselbe der Internationalen eher feindlich, wie dies in dem Gegensatze der Lassalleanischen Partei gegen die mit der Internationalen in Verbindung stehende Bebel-Liebknechtsche hervortritt. Hier ist nicht allein eine sachliche Verständigung noch möglich, sondern es wird beim rechten Eingreifen des Staates zurzeit auch noch gelingen, die Mehrzahl der Arbeiter mit der bestehenden Staatsordnung auszusöhnen und die Interessen von Arbeitern und Arbeitgebern wiederum in Harmonie zu bringen. Im übrigen sind aber die sozialistischen Theorien und Postulate bereits so tief und breit in die Massen eingedrungen, daß es als ein vergebliches Bemühen erscheint, dieselben ignorieren oder die Gefahren derselben durch Stillschweigen beschwören zu wollen. Im Gegenteil erscheint es mir als dringend geboten, dieselben so laut und so öffentlich als möglich zu erörtern, damit die irregeleiteten Massen nicht immer lediglich die Stimme der Agitatoren vernehmen, sondern aus dem Für und Wider lernen, was an ihren Forderungen berechtigt und unberechtigt, möglich und unmöglich ist.

Daß hierbei die brennendsten Fragen von Arbeitszeit und Arbeitslohn, Wohnungsnot u. dgl. nicht ausgeschlossen werden dürfen, betrachte ich als selbstverständlich, umsomehr, als Ew. Exzellenz in den Schieds- und Einigungsämtern selbst Institute vorschlagen, welche recht eigentlich auf die Regulierung der beiden ersten Fragen berechnet sind und es als ein vergebliches Bestreben erscheint, die Agitationen zu beschwören, wenn man den Agitatoren ihre besten Agitationsmittel beläßt.

Wenn Ew. Exzellenz dabei den Wunsch aussprechen, die ins Auge zu fassenden Ziele und die zu stellenden Aufgaben schon jetzt näher bezeichnet zu sehen, so erlaube ich mir ganz ergebenst darauf hinzuweisen, daß es sich nach Maßgabe meines Schreibens vom 21. v. M. zunächst nur um eine vorbereitende Maßregel handelt und daß es mir eben darauf ankommt, von Ew. Exzellenz dasjenige Material und diejenigen Vorschläge unterbreitet zu erhalten, welche Hochdenselben nach Ihrer Auffassung der Sachlage und nach dem, was bis dahin in Preußen bereits geschehen ist, als angezeigt erscheinen, um demnächst bei der in Aussicht genommenen kommissarischen Beratung seitens der preußischen und deutschen Reichsregierung vertreten zu werden.

Hierfür aber scheint mir ebensowohl die österreichische Denkschrift als wie Ew. Exzellenz eigenes Schreiben den erforderlichen Anhalt in ausreichender Weise zu gewähren.

Bei dem lebhaften Interesse, welches Se. Majestät der Kaiser von Österreich persönlich dieser Angelegenheit zuwendet, ist es für das Auswärtige Amt untunlich, sich der beabsichtigten gemeinschaftlichen Erörterung zu entziehen, und wenn dieselbe auch nicht so fruchtbar werden sollte, wie man auf der anderen Seite zu erwarten scheint, so wird die Vorarbeit dazu, deren ich bedarf und für welche ich die Hilfe Ew. Exzellenz erbitte, abgesehen von dem Werte, den sie in sich trägt, ein Bedürfnis unserer auswärtigen Politik befriedigen helfen.

16. Reichstagsdebatte über das Gesetz betr. Ergänzung des Strafgesetzbuches, § 130 a (sog. Kanzelparagraph), 1. Lesung, 28. Sitzung, 23. November 1871, Sten. Ber. RT, 1. Leg. Per., 2. Session, Bd. 1, S. 463—486, Auszüge (Bd. 22 der Gesamtreihe).

a) Bundesbevollmächtigter Staatsminister v. Lutz, S. 464—467, Auszug, S. 464 f.

Wenn ich zur Hauptsache selbst übergehen will, so bezeichne ich den Kern der Sache, um den es sich handelt, damit, daß es sich fragt, wer Herr im Staate sein soll, die Regierung oder die römische Kirche. *(Hört! Sehr gut! — Nicht wahr! im Zentrum.)* Ich habe gesagt die Regierung. Ich meine damit nicht irgendein absolutes Regiment, ich meine damit nicht irgendein bestimmtes Ministerium, welches ein Interesse daran hätte, daß die Herrschaft seines Systems nicht gebrochen wird, nicht ein Ministerium — um es populärer und trivialer auszudrücken, — das die Portefeuilles in seinen Händen gern erhalten sähe, nein! die Regierung ist in dem vorliegenden Falles alles, was zu den Organen des Staatsregimentes gehört, vom Monarchen angefangen bis zu den Vertretern des Volkes, einerlei, welches System sich jeweilig in Geltung befindet. Diese Behauptung erlauben Sie mir mit folgendem zu begründen. Kein Staatswesen hat Bestand, in welchem zwei Regierungen nebeneinander bestehen, noch viel weniger dann, wenn die beiden Regierungen sich untereinander bekriegen, wenn die eine Regierung Dinge empfiehlt und durchzuführen sucht, welche die andere Regierung als verwerflich bezeichnet.

In einem solchen Staatswesen muß notwendig alle Autorität zu Grunde gehen. Die Achtung vor dem Gesetze wird verschwinden, das Ansehen der Verwaltung aufhören, alle Grundlagen der öffentlichen Ordnung werden erschüttert. Besser keine Regierung in einem Lande als deren zwei! *(Sehr wahr!)* Ein solcher Zustand, wie derjenige ist, von dem ich mir soeben zu sprechen erlaubt habe, findet sich aber sehr leicht in denjenigen Staaten, deren Bevölkerung der Mehrheit nach, wenn auch nur vorübergehend, den Einflüssen der römischen Kirche preisgegeben ist. *(Bravo!)* In solchen Staaten bestehen in Wahrheit zwei Regierungen nebeneinander, und wenn die weltliche Regierung der kirchlichen sich nicht einfach unterwirft, stehen sie gegeneinander. So ist es nicht bloß dann, wenn eine Regierung kirchenfeindlich, wenn sie religionsfeindlich zu Werke geht, o nein! auch dann, wenn sie trotz der größten Achtung vor der wahren Religion, trotz offenkundiger Religionsfreundlichkeit nur danach strebt, den Rechten verschiedener Konfessionen Geltung zu verschaffen. Das Gegeneinander der Regierungen wird nicht ausbleiben, ich wiederhole es, wenn sich die weltliche Regierung nicht einfach dem Kirchenregimente unterwirft. Nur unter dieser Bedingung ist die Herstellung eines einheitlichen Regimentes denkbar. Sie verlangen den Nachweis dieser Behauptungen, und nichts finde ich begreiflicher. Liegt ja doch die Behauptung sehr nahe, daß das weltliche und das kirchliche Regiment jedes sein Gebiet für sich habe und daß beide, insoferne sie sich auf ihr Gebiet beschränken wollten, sehr wohl im Frieden nebeneinander zu bestehen vermögen.

Vielerwärts, ich gebe es zu, und auch zu verschiedenen Zeiten ist es auch wirklich so gewesen. Tatsächlich ja, meine Herren, aber ein rechtlich gesicherter Zustand ist dies niemals gewesen. Daß jedes Regiment sein Gebiet für sich habe, das hat die Kirche niemals von Rechtswegen zugegeben, sie hat von jeher andere Theorien vertreten, und wenn sie dieselben ja einmal nicht praktisch vollzogen hat, so hat sie es gewiß nicht aus dem Grunde getan, weil sie den bestehenden Zustand für den berechtigten hielt, sondern weil sie, wie dies vielfach geäußert worden ist, die Zeiten für zu schlecht gehalten hat. *(Sehr gut!)* Die Kirche vindiziert sich, als ihre eigenen Gebiete, die des Glaubens und der Sitte. Von dem Gebiet des Glaubens in diesem Augenblick zu sprechen ist keine Veranlassung. Was aber das Gebiet der Sitte betrifft, so legt die Kirche ihre Berechtigung dahin aus, daß in dieses Gebiet alle Beziehungen der Menschen zueinander gehören. Es ist keine Materie denkbar, welche man als Staatsangelegenheit bezeichnen könnte und welche nicht auch von der Kirche mindestens unter Umständen als etwas bezeichnet wird, was ihrem Regimente anheimfällt.

Nach längeren Ausführungen über diesen Gedanken erklärt Lutz:

Der Staat muß sich selbst treu bleiben, auch wo er seine Gegner bekämpft. Der moderne Staat schreibt auf seine Fahne die Gewissensfreiheit. Daraus folgt, daß kein Kultusminister das religiöse Glaubensbekenntnis irgendeiner Religionsgesellschaft orthopädisch behandeln kann. *(Sehr gut!)* Daraus folgt, daß kein Kultusminister bestimmen kann, wer als Mitglied einer Kirchengemeinde anzuerkennen ist und wer nicht. Daraus folgt, daß kein Kultusminister bestimmen kann, wer geistliche Funktionen vornehmen darf und wer nicht. *(Sehr richtig!)* Das gebe ich alles zu.

Auch hier bekenne ich mich, wie ich es bereits an einem anderen Orte getan, zu dem Satze, daß der Kirche jene Freiheit eingeräumt werden muß, welche die Konsequenz der modernen Staatstheorien ist und welche sie im Kampfe gegen die Institution des placetum regium verlangt hat.

Aber eine Folge ziehe ich daraus —, die, daß auch dem Staate seine Freiheit werden muß. Es ist undenkbar, daß der Staat der Kirche als Schemel diene zu ihrer Erhebung über Gesetz und Recht. Es ist undenkbar, daß der Staat das Vollzugsorgan derjenigen Kirche sei, die sich vollständig unabhängig von ihm gestellt hat. Es ist undenkbar, daß der Staat auf seinem Gebiete der Kirche als solcher ein Wort mitzusprechen gestatte. Er muß sein Gebiet abgrenzen, er muß es schützen. Das kann nun freilich nicht geschehen durch einen förmlichen Abschluß, durch Hinderung alles Verkehrs. — Gewiß nicht! — aber es kann geschehen durch Aufrichtung eines Systems von Bollwerken gegen jeden feindlichen Angriff. Ein solches Bollwerk, meine Herren, ist nach unserer Anschauung das vorgeschlagene Gesetz [1].

b) Abgeordneter Heinrich v. Treitschke, S. 467—469, Auszug, S. 467 und S. 468.

Meine Herren, kaum jemals, so oft ich in diesem hohen Hause gesprochen, habe ich mich einer so undankbaren Aufgabe gegenüber befunden als heute. Ich sehe in dem Gesetzentwurf einen Schritt, der notwendig ist im Interesse der Freiheit: dieser Gesetzentwurf ist nötig, um zu wahren die Souveränität des Staates und damit die Voraussetzung aller politischen Freiheit; er ist ferner nötig, um unseren politischen Kämpfen jene maßvollen Formen zu sichern, welche für das Dasein der Freiheit unentbehrlich sind. Aber dieses im höchsten Maße freie Gesetz erscheint in der gehässigen Form eines Strafgesetzes. Und wenn die Herren im Zentrum — was ich freilich nicht weiß — gesonnen sein sollten, die Sache tragisch zu nehmen, so würden selbst geringere dialektische Talente als sie den Herren Abgeordneten von Meppen und Tauberbischofsheim [2] zu

[1] Der § 130 a StGB sollte lauten: „Ein Geistlicher oder anderer Religionsdiener, welcher in Ausübung oder in Veranlassung der Ausübung seines Berufes öffentlich vor einer Menschenmenge oder welcher in einer Kirche oder an einem anderen zu religiösen Versammlungen bestimmten Ort vor mehreren Angelegenheiten des Staates in einer Weise, welche den öffentlichen Frieden zu stören geeignet erscheint, zum Gegenstande einer Verkündigung oder Erörterung macht, wird mit Gefängnis bis zu zwei Jahren bestraft."

[2] Ludwig Windthorst und Wilhelm Emmanuel v. Ketteler.

Gebote stehen, hinreichen, um eine Fülle des Spottes über die scheinbaren Schwächen dieses Gesetzes zu ergießen. — Es ist so leicht, zu fragen: ist das die Freiheit, die mit dem Zwange beginnt?

Ich werde, meine Herren, so ungleich Luft und Sonne in diesem Kampfe verteilt sind, doch versuchen, hier Schein und Wahrheit auseinander zu halten. Ich begrüße zunächst dies Gesetz und namentlich die Begründung, welche ihm von Seiten des Herrn Ministers v. Lutz zu Teil geworden ist, als ein erfreuliches Zeichen der patriotischen Gesinnung des Königreichs Bayern. *(Lebhaftes Bravo.)* Um es gerad heraus zu sagen: obgleich die Übelstände, um die es sich handelt, ganz Deutschland berühren, — die Frage brennt doch am heftigsten in Bayern, und der Gesetzentwurf sagt in erster Linie: wir Bayern brauchen euch, wir Bayern rufen das Reich an, daß es uns unterstütze. Ich freue mich, meine Herren, daß dies von der Krone Bayern so offen und redlich ausgesprochen ist; es ist das ein Zeichen, daß die deutschen Dinge seit dem Norddeutschen Bunde sich zum Heile verwandelt haben.

Treitschke sieht den Gesetzentwurf als einen ersten, freilich bescheidenen Versuch des Reiches an, eine festere Stellung einzunehmen gegenüber den kirchlichen Wirren, welche das katholische Deutschland erfüllen. Er warnt aber davor, allzu große Hoffnungen auf das Gesetz zu setzen.

Will man der Kirche überhaupt verbieten, über Politik zu reden, so fordert man den Unsinn. Solche Gesetze sind undurchführbar, denn das Wesen der Religion berührt alle Höhe und Tiefen des menschlichen Lebens. Es geht nicht anders, der Geistliche darf und soll sich auch einen maßvollen Tadel gegen das, was er im Staate für Unrecht hält, erlauben. Das wäre eine marklose, entgeistigte Kirche, die auf dieses edle Recht, sittigend einzuwirken auf das Gemeinwesen der Menschen, verzichten wollte. Mir kommt ein solcher Versuch, der Kirche die Politik ganz zu verbieten, vor wie die Behauptung schlechter Ästhetiker, daß es eine politische Poesie nicht geben dürfe. Nein, wie die echte Kunst, so soll auch die Religion alle Gebiete der Menschensitte in den Bereich ihres Schaffens ziehen. Man kommt hier nicht aus, meine Herren, mit dem so oft mißverstandenen Bibelworte: Mein Reich ist nicht von dieser Welt. Dazu hat ein großer Theologe einmal die treffende Erklärung gegeben: das bedeutet, non est hinc, sed est hic. Das heißt, sie ist nicht irdischen Ursprungs, aber sie lebt und wirkt in dieser Welt und darf daher auch die politische Frage des Gemeinwesens erörtern. Aber wenn es gilt zu reden vor der versammelten Gemeinde, dann soll der Geistliche den Frieden des Staates, der ihn schützt, wahren. In diesen Worten des Gesetzes, daß der öffentliche Friede nicht gestört werden solle, liegt nach meiner Meinung die Sicherheit, daß das Gesetz nicht gemißbraucht wird zur Unterdrückung der Kirche. Ich bedaure schmerzlich, meine Herren, daß diese Worte bestimmter und klarer sich nicht formulieren ließen.

c) Abgeordneter Peter Reichensperger, S. 469—474, Auszug, S. 471 f.

Das Strafgesetzbuch wendet sich in einer ganzen Reihe von Paragraphen — 110, 126, 130, 131 — gegen indirekte Angriffe. Der beabsichtigte § 130 a ist deshalb überflüssig.

Die Störung des öffentlichen Friedens hat schlechterdings nichts gemein mit der Störung der öffentlichen Ordnung, wie die von mir bereits zitierten Paragraphen selbst deutlich zeigen. Ich will darum den § 126, der nur 2 Linien enthält, einfach verlesen. § 126 sagt: „Wer durch Androhung eines gemeingefährlichen Verbrechens den öffentlichen Frieden stört, wird mit Gefängnis bis zu einem Jahre bestraft." Meine Herren, aus diesem Artikel schon können Sie ersehen, — und jeder, der in der Straftheorie bekannt ist, der je einen Kommentar zur Hand gehabt hat, der weiß es — daß die Störung des öffentlichen Friedens nichts anderes bedeutet als die Störung der Rechtszuversicht und der Rechtsgewißheit im Innern der Menschen gegenüber von Androhungen von Verbrechen, und gegenüber etwaigen Aufreizungen zu Gewalttätigkeiten. Das ist der Begriff des öffentlichen Friedens; dieser öffentliche Frieden gilt als gestört, wenn in dem Innern, in der Anschauung des Menschen eine Unsicherheit entsteht, ob die staatliche Ordnung auch stark genug sei, sie gegen mögliche gemeingefährliche Verbrechen sicher zu stellen und zu beschützen. Diese sogenannte Gefährdung des öffentlichen Friedens, oder richtiger der Friedenszuversicht im Innern des Menschen ist immer ein berechtigtes Objekt der Strafgesetzgebung. Allein sie ist doch nur so geartet, daß unsere bisherigen Strafgesetze einen Einbruch in diese innere Rechtssphäre nur dann für strafbar erklärt haben, wenn sie unter Androhung von Verbrechen oder Aufreizung ganzer Standesklassen zu Gewalttätigkeiten herbeigeführt worden ist. Eine andere Störung dieser Friedenszuversicht hat bisheran die Strafgesetzgebung nicht als ein Objekt ihrer Vorsorge angesehen. Wollen Sie aber gar mit dem § 130a beschließen: „Ein Geistlicher, welcher über Staatsangelegenheiten in einer Weise sich ausläßt, daß der öffentliche Friede gestört erscheint," — dann, meine Herren, werden Sie sich doch wohl sagen müssen, daß Sie damit etwas so Arbiträres, so sehr über die Grenzlinie, die Herr von Treitschke als notwendig einzuhalten bezeichnet hat, Hinausgehendes aufstellen, daß in der Tat ein Unikum damit geschaffen werden würde, welches bisheran noch in keiner Gesetzgebung sich findet; — Sie werden damit ganz einfach ein Damoklesschwert über den Häuptern der bezeichneten Standesklasse aufgehängt haben, und zwar derjenigen Standesklasse, die der Herr Bundeskommissarius so emphatisch hinsichtlich ihrer hohen Stellung dem Volke gegenüber geschildert hat. Ich meine, meine Herren, es liege doch sehr nahe, daß gerade durch eine derartige maß- und schrankenlose Strafbestimmung der öffentliche Friede in den weitesten Kreisen sehr viel stärker gefährdet werden muß, als durch alle Äußerungen einzelner Religionsdiener, die möglicherweise zur Ungebühr erfolgt sein mögen und nach den bisherigen Strafgesetzen nicht strafbar sind.

d) Abgeordneter Wilhelm Loewe, S. 483—485, Auszug, S. 484.

Vor allem aber, meine Herren, haben wir das größte Interesse daran, daß wir uns unseren Weg vollkommen frei erhalten von allen theologischen Kämpfen, denn wir dürfen niemals vergessen, daß wir heute bei der Aufrichtung des Reiches die kirchliche Bewegung sich wieder erheben sehen, wie wir sie beim Untergang desselben gesehen haben. Damals hat sie den Untergang des Reiches herbeigeführt, hat die Jahrhunderte lange Niederlage unserer Nation verschuldet, *(hört!)* und zwar nur deshalb, weil der Staat mit der Kirche regieren wollte, und weil die Kirche durch den Staat regieren wollte. Weil man diese Verbindung zu Anfang des 16. Jahrhunderts durchaus nicht zu lösen vermochte, sind unsere Religionskämpfe zum Verderben des Reiches geworden.

Deshalb, meine Herren, müssen wir ein Gesetz, wie es uns jetzt beschäftigt, wo möglich so einrichten, daß es zugleich auch der Anfang der Trennung der Kirche vom Staate ist. Ich beklage es tief, daß wir an diesen großen Gegenstand gerade zuerst mit einem Strafgesetz herantreten sollen, darin teile ich vollkommen die Empfindungen, die schon mehrfach ausgesprochen sind, ja niemandem kann es antipathischer sein, als es mir ist. Aber haben Sie uns denn die Möglichkeit gewährt, mit etwas anderem zu beginnen, unsere Kompetenz anders zu machen? Konnten wir auf irgend einem anderen Punkte die Kompetenz finden? Ich hätte gewünscht, daß wir Schritt für Schritt mit der Trennung vorgegangen wären, daß wir die Zivilstandsregister, daß wir die Ehegesetzgebung von der Kirche vollkommen getrennt hätten, daß wir den Unterricht von der Kirche getrennt hätten, daß wir die staatlichen Gewalten nicht mehr dazu gebrauchen, der Kirche die Steuern einzutreiben. *(Sehr richtig!)* Sie benutzen den Staat überall. Sie wollen ihn überall zur Verfügung haben, und wenn der Staat sich in Ihrer Kirche schützen will, so sagen Sie: „Das ist unser Eigentum, da hat niemand etwas zu sagen."

Wenn Sie von der religiösen Freiheit sprechen, so sprechen Sie immer nur von der Freiheit der Kirche, nie von der Freiheit des Individuums, nur von der Kirche als solcher. Wir haben die Pflicht, und der Staat hat sie unbestreitbar, das Individuum in seiner Freiheit gegen den Mißbrauch der Gewalt der Kirche zu schützen, *(sehr gut!)* dieser Pflicht müssen wir genügen auf jedem Gebiete der Gesetzgebung, wir müssen sie zur Geltung bringen bei der Begründung einer Wohnstätte, bei der Begründung der Familie durch die Ehe, bei der Erziehung der Kinder, ja, wir müssen auch darin für die Gewissensfreiheit und Glaubensfreiheit sorgen, daß niemand durch die Staatsgewalt gezwungen wird, zu einer Kirche mittelst Steuern beizutragen, die er nicht mehr als die seinige anerkennt. An alle diese Aufgaben müssen wir herantreten. Denn täuschen Sie sich nicht, meine Herren, darüber, daß wir in einer großen Bewegung leben, die Sie vielleicht mißachten, weil sie klein begonnen hat und langsam fortschreitet, in der aber doch alle diese Fragen nicht bloß zur Verhandlung, sondern hoffentlich auch zur Entscheidung gebracht werden. Ich, meine Herren, freue mich sogar über diese scheinbare Langsamkeit in der Bewegung, weil ich daraus sehe, daß dieselbe weniger an den Glaubensfanatismus als an den politischen Sinn sich wendet, und ich deshalb die Hoffnung daran knüpfen kann, daß mit ihr die Trennung der Kirche vom Staate herbeigeführt werden wird und zwar in einer Weise, daß wir dann allen Konflikten auf diesem Gebiete mit ruhigem Auge entgegensehen können.

17. Schreiben der katholischen Bischöfe Preußens an das Staatsministerium, Fulda, 11. April 1872, in: Nikolaus Siegfried (= P. Victor Cathrein SJ), Actenstücke betreffend den preußischen Culturkampf nebst einer geschichtlichen Einleitung, Freiburg 1882, S. 96 f.

WA: Adelheid Constabel (Hrsg.), Die Vorgeschichte des Kulturkampfes. Quellenveröffentlichung aus dem Deutschen Zentralarchiv, Berlin 1956, S. 226 f.

Als von der hohen Staatsregierung ein die bisherigen Bestimmungen über Beaufsichtigung der Unterrichts- und Erziehungsanstalten wesentlich verändernder Gesetzentwurf der Landesvertretung zur Beratung und Beschlußfassung vorgelegt war, haben die unterzeichneten Bischöfe Preußens in motivierten Vorstellungen sich teils an beide Häuser des Landtages, teils an den höchsten Landesherrn gewendet, um zu verhüten, daß der fragliche Entwurf zum Gesetze erhoben würde. Bei diesen unseren Bemühungen, das Zustandekommen dieses Gesetzes zu verhindern, wurden wir einzig geleitet von dem Bewußtsein einer uns obliegenden, klar erkannten Pflicht. Wir waren von der innigsten Überzeugung durchdrungen, daß der organische Verband, welcher zwischen Volksschule und Kirche mehr denn ein Jahrtausend bestanden und welcher durch dies Gesetz im Prinzip verletzt ist, ohne eine Schmälerung der Rechte der Kirche und ohne eine schwere Beeinträchtigung der wahren Interessen der kirchlichen und der bürgerlichen Gesellschaft nicht gelöst werden könne. Jener organische Zusammenhang der Volksschule mit der Kirche stützt sich nicht allein auf ein geschichtlich überliefertes Herkommen, welches auch durch Gesetze und Verordnungen des Staates vielfach anerkannt und verbürgt war, sondern auch auf ein der Kirche eingeborenes göttliches Recht, dessen sie sich, selbst wenn sie wollte, nicht entäußern könnte, da es ihr nur zur Erfüllung einer unerläßlichen Pflicht, des christlichen Unterrichts und der Erziehung der Jugend, von ihrem göttlichen Stifter übertragen worden ist.

Unsere Bemühungen waren vergeblich, das Gesetz ist zustande gekommen, unsere Überzeugung aber ist dieselbe geblieben. Daher fühlen wir uns gedrungen, der hohen Staatsregierung feierlich zu erklären, daß wir durch dies Gesetz das unveräußerliche, heilige Recht der Kirche auf die Volksschule beeinträchtigt erkennen und daß wir von diesem Gesetz verderbliche Folgen für die Kirche wie für den Staat sicher voraussehen.

Dem allen gegenüber aber werden wir fortfahren, unsere Pflicht zu erfüllen, unsere Pflicht in Beziehung auf die Wahrung des Friedens zwischen Kirche und Staat, soviel an uns liegt, aber auch unsere Pflicht gegen die unserer Hirtensorge anvertrauten Gläubigen, insbesondere gegen die Kinder, welche Gott zu christlichem Unterricht und zu christlicher Erziehung in Haus und Schule der Kirche überwiesen hat.

Möge das hohe Staatsministerium diese uns durch Amt und Pflicht abgenötigte feierliche Erklärung wohlwollend entgegennehmen in geneigter Berücksichtigung, daß die katholischen Bischöfe ihre Überzeugungen nicht von den wandelbaren Meinungen des Tages abhängig machen, sondern sich lediglich von den unwandelbaren Prinzipien der ewigen Wahrheit leiten lassen.

18. KARL LUDWIG AEGIDI an Heinrich v. Treitschke, Berlin, 14. Mai 1872, in: Wentzcke, S. 51 f.

Es war aber ein harter Tag gestern; ich kam nicht vor Mitternacht vom Büro hinweg. Du siehst daraus, daß ich hergestellt bin — wenigstens palliativ.

Ja 'palliativ' — möchte es nur nicht so mit den Jesuiten gemacht werden. Sondern radicitus. Man muß am Rhein gelebt haben, um diese Pest zu kennen. Nimm diese Zentnerlast von der Brust der katholischen Kirche und niemand wird Dir inniger danken, als der freigewordene Pfarrer, der jetzt nicht zu atmen wagt, und auch nicht atmen kann. In Baden? Nun, treibe den Orden aus Preußen und Du sollst sehen, wie anders es in Baden sich alles gestaltet.

Ich höre von abschwächenden Amendements und bin darüber in Sorgen. An Gneists Antrag gefällt mir auch nicht alles. Aber sein Vorzug ist, daß er energischer ist als alles andere. Ein weiter gehender Antrag wäre mir lieber.

Die Jesuitensache ist eine solche, die man nicht anfassen darf, wenn man sie nicht gleich töten will. Das Schlimmste ist, sie anregen und dann nichts dagegen oder so gut wie nichts tun.

In diesen Fehler soll die Regierung nicht verfallen. Entweder — oder. Aut Caesar aut nihil.

Vom Reichstag hängt alles ab, das Entweder und das Oder. Faßt er schwächliche Beschlüsse, so geschieht nichts. Denn ihn überbieten kann in dieser Sache keine Regierung. Und halbes tun wird die Regierung nicht; da ist es doch besser, nichts zu tun und die Jesuiten zu protegieren.

Wie oft möchte ein Parlament Macht haben. Nun kommt der Moment. An ihm liegt alles. Da schiebt das hohe Haus die Last von sich — freilich Ehre und Macht sind Bürden!

Wenn der Reichstag will, ganz will, dann werden wir das Gift los.

19. Aus der Reichstagsdebatte über die Kaiserliche Marine, 29. Sitzung, 27. Mai 1872, Sten. Ber. RT, 1. Leg. Per., 3. Session, Bd. 1, S. 555 ff. (Bd. 24 der Gesamtreihe).

a) Abgeordneter Friedrich Harkort, Auszug, S. 555—556.

Meine Herren! Die Marineverwaltung hat seit Jahren sowohl im Preußischen Abgeordnetenhause als hier im Reichstage viele Warnungen erhalten, allein nicht befolgt; sie ist auf dem betretenen Wege geblieben, die Mittel zu zersplittern und so kein festes Ziel zu erreichen. Wenn Sie den Flotten-Gründungsplan von 1867 zur Hand nehmen und gleichzeitig sich erinnern, daß der Kommissar der Regierung noch 1871 sagte, der ganze Flottenplan sei durchführbar innerhalb der Grenzen der bewilligten Fonds, und ziehen nun die Denkschrift in Betracht, die einige Monate später ein Defizit von 35 Millionen Talern nachweist, dann glaube ich doch, daß Ihr Vertrauen auf die Versicherung der Verwaltung den tiefsten

Punkt wird erreicht haben. Sie werden dann finden, daß es doch wohl sehr nötig gewesen wäre, daß das Reich einen wahrhaft verantwortlichen und scharf zu kontrollierenden Finanzminister erhielte.

Der nächste Zweck einer aufkeimenden Kriegsmarine ist doch wohl: die Handelsmarine zu schützen. Unsere Handelsmarine umfaßt 5.000 Schiffe mit 1.300.000 Tonnen; 400 von diesen allein sind in den ostindischen Gewässern, im chinesischen Meere beschäftigt. Dort ist die Seeräuberei vollständig zu Hause; wir haben erlebt, daß binnen einem Monat im Hafen von Hongkong 14 Schiffe genommen und vollständig ausgeplündert worden sind. England hat dort 40 Schiffe; wir haben acht Monate ein einziges da gehabt. Es kommt noch dazu, daß unsere Schiffe gar nicht geeignet sind für die Verfolgung der Seeräuber, weil sie nicht die Geschwindigkeit haben und weil sie zu tief gehen. Es wäre also zunächst nötig, daran zu denken, leichte und schnelle Schiffe zu bauen, um diesen Zweck zu erreichen.

Wir haben an den ganzen Küsten von Ostafrika vom Port Natal bis zur äußersten Spitze der Bai von Aden keinen einzigen Konsul und keinen Kreuzer, und das ist eine Strecke von 600 Meilen! Wenn mir im vorigen Jahre der Regierungskommissar erwiderte, es lohnte nicht, es sei dort zu wenig Handel, dann bedauere ich, daß König Salomo vor 2.000 Jahren schon klüger war, denn der schickte seine Handelsflotte dorthin, um Geschäfte zu treiben. Sansibar ist ein sehr bedeutender Handelshafen. Im Februar dieses Jahres sind 150 Schiffe durch Orkane dort zerstört. Es sind Hamburger Häuser dort etabliert. Gehen Sie an das Festland und die Mündungen des Sambesi, so finden Sie dort Quilimane, was ein sehr bedeutender Ein- und Ausfuhrhafen ist. Höher hinauf ist Tete, da sind allein 40 europäische Agenturen. Die portugiesische Regierung hat zwei Dampfer auf dem Sambesi gehen. Die Delagoabai ist der Ein- und Ausfuhrhafen der Republiken Oranjestaat und Transvaal, sie haben die Straße von Lindenburg gebaut, um an das Meer zu kommen, und mit großen Feierlichkeiten eingeweiht. Ich glaube doch wirklich, daß dieser Gegenstand wohl geeignet wäre, daß die Reichsregierung einen Wahlkonsul dort ernennte und einen Kreuzer fahren ließe. Ich habe schon bemerkt, daß zum Kreuzen leichte, schnelle, nicht tiefgehende Schiffe nötig sind.

Die Engländer haben das eingesehen; sie bauen diese Sorte Schiffe schon.

Wir sind übereilt dazu übergegangen, uns auf die Panzerschiffe zu werfen, wir haben das getan, ehe wir abgewartet haben, wie der Kampf der Artillerie und des Schiffbaus sich gestalten würde; dadurch haben wir nun erlangt, daß wir fünf Panzerschiffe besitzen sehr zweifelhaften Wertes, denn keines von ihnen ist schußfest gepanzert, denn selbst der

Panzer des „König Wilhelm" ist schon im Jahre 1868 in England durchschossen worden durch die neunzölligen Kanonen. Was sollen nun diese Panzerschiffe? Sie sind nicht geeignet, um weit geschickt zu werden, weil sie nur höchstens für eine Woche Kohlenbedarf einnehmen können, weil sie schlechte Segler sind und weil sie ihr Tiefgang z. B. in der Ostsee völlig unbrauchbar macht. Also auf die Panzerschiffe haben wir uns sehr voreilig geworfen, wir hätten ruhig abwarten sollen, wie jener Kampf sich entscheidet, und daß wir z. B. im Winter 1871, wo wir wußten, daß wir ein Defizit hatten, dennoch in England Abschlüsse machten von zwei Panzerfregatten, während England aufhörte Panzerschiffe zu bauen, war auch nicht in der Ordnung.

Im zweiten Teil seiner Rede übt Harkort massive Kritik am Ausbau des Jadehafens und faßt dann zusammen, daß der ganze Flottengründungsplan unpraktisch sei. Man soll die Gelder, die bewilligt sind, bestehen lassen, aber sich hüten, mit höheren Summen in die Sache einzugehen.

b) Marineminister und Chef der Kaiserlichen Admiralität Albrecht v. Stosch, S. 559.

Es ist der Denkschrift der Vorwurf gemacht worden der Unklarheit; das veranlaßt mich zunächst im Namen der Regierung hier zu sprechen. Die Denkschrift wurde gefordert als eine Ausführung des Flottengründungsplans im vorigen Jahre; ich selbst wurde im vorigen Jahre aus Frankreich zurückgerufen, um das Marineministerium zu übernehmen. Im Monat Februar bereits mußte die Denkschrift bearbeitet werden, damit sie im März vorgelegt werden konnte; sie ist im Monat Februar gemacht und schloß sich daher einfach an die Bestimmungen des Flottengründungsplans an; es war meine Aufgabe keinenfalls, meine Ansicht in diese Denkschrift hineinzubringen, das wagte ich nicht, dazu fehlten mir die Kenntnisse, sie fehlen mir heute noch, um mich positiv auszusprechen: ich will die deutsche Kriegsmarine so und so entwickeln. Ich kann nur sagen, daß ich das Vergangene mit warmer Liebe angefaßt habe und auf Grund der Vergangenheit vorwärts gebaut habe und daß deswegen die Denkschrift eben nichts als das Vergangene enthält. Meine eigene Ansicht zu der Sache will ich aber dahin geben, daß ich — als Soldat, mag sein, — den Hauptakzent der deutschen Macht auf die Landarmee lege und daß ich nicht glaube, daß wir berufen sind, mit unserer Armee große Seeschlachten zu schlagen und mit denjenigen Staaten zu konkurrieren, die bis jetzt große Flotten entwickelt haben; *(Hört! Hört!)* ich glaube nicht, daß wir imstande sind, uns auf dem Meere mit Frankreich und England, den beiden einzigen Staaten, die dabei in Betracht kommen können, zu messen. Ich glaube, daß es unsere Aufgabe allein ist, eine Verteidigung der Küsten in der Art zu führen, daß die Meere, die an unsere Küsten grenzen, frei bleiben, daß wir uns deshalb nicht beschränken auf Stromsperren und Torpedos, sondern daß wir in den Häfen solche Flotten zur Disposition haben, mit denen wir Ausfälle machen und die Schwächen des Feindes benutzen können. Wir brauchen deshalb an der Nordsee eben solche Schiffe, wie diese größeren Marinen an unsere Küsten führen können, um unsere Küsten zu blockieren; wir brauchen eine größere Ausfallflotte von Panzerschiffen an der Nordsee; wir brauchen außerdem an der Ostsee solche Schiffe, wie der dort uns entgegentretende Feind uns vorführen kann, das sind flachgehende Panzerschiffe mit großer Artilleriemacht und ordentlichem Panzer, aber den dortigen Küsten entsprechend. Ich glaube deswegen, daß der Flottengründungsplan, der diesen Standpunkt nicht hat, sondern nur eine sogenannte Schlachtenflotte im Auge hat, außerdem zwanzig Korvetten, nach der anderen Richtung hin einer Ausdehnung oder Variation bedarf. Darin also, daß über die volle Ausführung der Zukunft in der Denkschrift noch nichts gesagt ist, darin könnte eine Unsicherheit sein; welche Schiffe zu bauen sind, weiß ich eben noch nicht. Die Russen haben gewisse Modelle gegeben, das sind Sachen der Zukunft. Die Resolution, welche hier unter den Anträgen vorliegt und welche also den Flottengründungsplan gewissermaßen beschränkt oder vorweg bestimmen will, hat meiner Ansicht nach wenig Bedeutung, und es kommt nicht darauf an, ob Sie in dem Schlußpassus die fünf Panzerschiffe fortnehmen, oder ob sie fehlen; denn die finanziellen Mittel sind unmöglich dazu bereit, um in den nächsten Jahren etwas anderes zu tun, als das, was eben angefangen ist. Ob der Zusatz über die fünf Panzerschiffe dort steht oder nicht, — die Mittel sind nicht vorhanden, neue Schiffe in Angriff zu nehmen. Ich befinde mich also mit den im Hohen Hause ausgesprochenen Ansichten dem vorhandenen Flottengründungsplan gegenüber und bei meiner Unkenntnis in der Marine selbst in der Lage, daß ich sagen kann, ich habe noch ein bis zwei Jahre Zeit, ehe überhaupt von dem Neubau irgendeines Schiffes, von einer weiteren Entwicklung in der Richtung des alten Flottengründungsplans oder eines neuen die Rede sein kann. Ich glaube also, daß ich den Herren den Vorschlag machen kann, die Resolution ohne den Schlußpassus anzunehmen und anheimzustellen, in ein bis zwei Jahren von der Regierung zu fordern, daß sie sich ausspricht, ob eine Änderung des Flottengründungsplans notwendig ist oder nicht.

Was nun die übrigen Bedürfnisse einer Flotte anbetrifft, von denen die Rede ist, von denen ich bis jetzt nur die Verteidigung der Küsten berührt habe, in ihrem offensiven Elemente — die Monitors und Torpedos sind ja ein notwendig defensives Element — so fehlt uns noch das Zweite, das ist der Schutz unseres Handels, zu dessen Bedürfnis die Korvetten im Flottengründungsplan vorgesehen sind. In der Beziehung ist geschehen, was der Flottengründungsplan angedeutet hat, und es wird weiter gebaut. Ich glaube, daß wir in der Richtung allen Bedürfnissen der Güte und Schnelligkeit solcher Schiffe voll entsprechen. Wir haben nämlich in der allerneuesten Zeit noch die Satisfaktion gehabt, daß eine auswärtige Regierung sich an uns gewandt hat nach einem Modell eines unserer letzten Schiffe, da sich dasselbe so außerordentlich in den verschiedenen fremden Häfen bewährt und gezeigt hat. Es fehlt uns nur noch an kleineren Schiffen, die der Herr Abgeordnete Harkort fordert, zur Verteidigung unserer Schiffe in den ostasiatischen Gewässern gegen Seeräuber. Dort bedarf es weniger schnellsegelnder, als flacher Schiffe, die in die einzelnen kleinen Häfen eindringen können; und in der Richtung hin ist eine dritte Art von Schiffen, die wir bauen und die langsam in Gang kommen.

Ich glaube also den Herren einfach empfehlen zu können, diesmal den Etat der Marine, wie er vorliegt, in den Details anzunehmen und über die Zukunft der Marine im nächsten oder in zwei Jahren volle Entscheidung zu treffen.

20. KARL BIEDERMANN an Eduard Lasker, Leipzig, 12. Juni 1872, in: Wentzcke, S. 53 f.

... Das Jesuitengesetz, wie es nun vorliegt, zwingt mich dazu. Ich mag es ansehen und überdenken, wie ich will, ich finde es eine so unselige Maßregel als nur möglich. Es ist ein Ausnahmegesetz im allerschlimmsten Sinne, denn es verstößt direkt gegen § 1, § 12 des Freizügigkeitsgesetzes, § 38, § 39 des Strafgesetzbuches, es ist ein Ausnahmegesetz mit dem ganzen Odium, direkt gegen eine bestimmte Klasse von Personen gerichtet zu sein (als wenn man z. B. seiner Zeit versucht hätte, [daß] jedes Mitglied des Nationalvereins aus jedem Teil Deutschlands gewiesen werde), endlich wird es in seiner Ausführung der partikularistischen Handhabung durch die Einzelregierungen preisgegeben, vorbehaltlich einer Zentralpolizeitätigkeit des Bundesrates (§ 2). Von der Wirkung gerade eines so gehässigen Ausnahmegesetzes auf eine ganze große konfessionelle große Gruppe der Nation, von den peinlichen Inquisitionen, wer Jesuit sei, endlich von der dennoch wahrscheinlichen Erfolglosigkeit im großen und ganzen gar nicht zu reden.

Sie haben meines Wissens sogar gegen den Notstrafgesetzparagraphen (wegen der Predigten) im vorigen Jahre gestimmt, für die ich auch und mit schwerem Herzen stimmte. Ich kann mir kaum denken, daß Sie diesem Gesetz sollten zustimmen können. Ich kann es unbedingt nicht; ja meine Überzeugung von der — ich sage nicht rechtlichen oder liberalen Bedenklichkeit des Gesetzes aber von der verhängnisvollen schiefen Ebene, auf welche damit die Reichsgewalt und der Reichstag sich begibt, steht so fest und ist eine für mich so überwältigende, daß ich, wofern ich nicht noch eines anderen belehrt werde, was schwerlich geschehen wird — mich nicht einmal damit begnügen zu dürfen meine, nicht für das Gesetz zu stimmen, sondern es für meine Pflicht halte, gegen das Gesetz zu stimmen, freilich auf die Gefahr hin, mit der Nationalliberalen Fraktion, wenn diese dafür ist, wie ich annehme, auch in direkten Zwiespalt zu kommen, wie ich denn auch glaube, daß meine Wähler (denen gegen die Jesuiten das Ärgste nicht arg genug ist) mir es schwerlich danken werden und möglicherweise ich mich veranlaßt sehen kann, mein Mandat niederzulegen. Es ist hart, wegen einer Sache, in der man ja natürlich au fonds ganz einig ist, wegen der Mittel und Wege in einen solchen Konflikt zu geraten. Aber was wäre Überzeugungstreue, wenn man Fragen von so ungeheurer Konsequenz wie die der Ausnahmegesetze anders oder leichter behandeln wollte, weil es gerade gegen Jesuiten, nicht gegen Liberale oder Nationale geht.

Allerdings bin auch ich der Meinung, daß, nachdem einmal Reichsregierung und Bundesrat die Initiative zu einer direkten Aktion gegen die Jesuiten ergriffen haben (ich hätte andere Maßregeln für richtiger und wirksamer gehalten), der Reichstag durch eine bloße Ablehnung des Gesetzentwurfes deren Autorität schädigen und den Gegnern erwünschten Vorschub leisten würde. Ich glaube daher, der Reichstag sollte durch eine Amendierung, die freilich die ganze Tendenz des Gesetzes ändern müßte, diesem eine Wendung geben, welche das Gehässige und in der Tat Gewalttätige daran (als Ausnahmegesetz der schlimmsten Art) beseitigte, gleichwohl den Zweck selbst, einen Schlag gegen die Jesuiten, auf andere Weise unbedenklich machte. (Ich denke z. B. an einen Zusatz zu § 128 des Strafgesetzbuches, welcher die Mitgliedschaft an einer geheimen Verbindung mit auswärtigen Obern neben der dort schon vorgesehenen Freiheitsstrafe mit dem Verlust der bürgerlichen Ehrenrechte (§ 32 ff.), auch wohl mit der Stellung unter Polizeiaufsicht (§ 38) bedrohen könnte. Das schlösse vom Wahlrecht, von Ämtern usw. aus!) Wäre zu hoffen, daß in unserer Fraktion, die ja wie die Macht so auch den Beruf dazu vor allen hätte, ein solcher Gedanke Platz greift (und wenn jemand, so könnten Sie ihm dort Geltung verschaffen), so würde ich (wie sehr auch hier festgehalten teils durch Berufsgeschäfte, teils durch Familiennot, die noch immer nicht ganz beseitigt ist) den Beratungen in der Fraktion über den Gesetzentwurf gern beiwohnen. Wäre dies nicht und würde es sich einfach um ein Ja oder Nein zum Gesetzentwurf im Plenum handeln, so würde ich mit mir zu Rate gehen, ob ich zur Abstimmung nach Berlin gehen sollte, führe aber nur, um mit Nein zu stimmen.

Sie kennen jedenfalls die ganze Situation besser als irgendeiner. Sie kennen hiermit auch meinen Standpunkt in der Sache. Sie würden mich nun sehr verbinden, wenn Sie nur in wenig Worten aber umgehend oder andeutungsweise in einem Telegramm mich darüber vergewisserten, ob ich schon zur Fraktionsberatung darüber, die, wie ich mir denke, morgen abend sein wird (wenn sie nicht schon heute ist), hinkommen soll, oder ob dies keinen Zweck haben wird.

Die ganze Angelegenheit hat mich so ergriffen, daß ich mich ordentlich unwohl fühle. Selten habe ich so entschieden das Gefühl gehabt, daß etwas nicht geschehen sollte, und daß es leider dennoch geschehen werde.

21. ALFRED KRUPP, An die Arbeiter der Gußstahlfabrik, Essen, den 24. Juni 1872, in: Alfred Krupps Briefe 1826—1887. Im Auftrage der Familie und der Firma Krupp hrsg. von Wilhelm Berdrow, Berlin 1928, S. 279 f.

Vor 45 Jahren stand ich in den ursprünglichen Trümmern dieser Fabrik, dem väterlichen Erbe, mit wenigen Arbeitern in einer Reihe. Der Tagelohn für Schmiede und Schmelzer war damals von 18 Stüber auf 7½ Sgr. erhöht, der ganze Wochenlohn betrug ein Taler 15 Sgr. Fünfzehn Jahre lang habe ich gerade so viel erworben, um den Arbeitern ihren Lohn ausbezahlen zu können, für meine eigene Arbeit und Sorgen hatte ich weiter nichts als das Bewußtsein der Pflichterfüllung. Bei dem Wechsel der allgemeinen Verhältnisse und dem fortschreitenden Gedeihen der Fabrik erhöhte ich allmählich die Löhne, als Regel immer freiwillig, jeder Erinnerung zuvorkommend, und diese Regel soll in Kraft verbleiben. Eine nützliche Einrichtung nach der anderen ist getroffen, und viele stehen noch bevor, die äußersten Kräfte sind bis heute angespannt worden im Interesse der Arbeiter, die in Angriff genommenen neuen Wohnungen gehen in die Tausende. Wenn bei Verkehrsstockungen alle Industrien darniederlagen, wenn Bestellungen fehlten, so habe ich dennoch arbeiten lassen, niemals einen treuen Arbeiter entlassen. Es sind noch viele Alte da, die dies bezeugen können. Fraget sie, was im Jahre 1848 für die Arbeiter geschehen ist. Die späteren Opfer der Kriegsjahre sind übrigens allen bekannt. Wer berechnet die Opfer der jetzigen Kohlennot?

Gegenseitige Treue hat das Werk so groß gemacht. Ich weiß es, daß ich Euer Vertrauen verdiene und besitze, und darum will ich diese Worte an

Euch richten. Ich warne, bevor ich Anlaß habe, über Untreue und Widerstreben mich zu beklagen, vor dem Lose, welches herumtreibende Aufwiegler und Zeitschriften unter dem Scheine des Wohlwollens und unter Mißbrauch von religiösen und sittlichen Denksprüchen dem großen Arbeiterstande zu bereiten bestrebt sind. Ihre Ernte wird beginnen, wenn sie durch falsche Verlockung unwiederbringlich die Existenz Eures Standes untergraben haben werden; sie wollen den allgemeinen Untergang, um dann mit ihrem Einfluß im Trüben zu fischen.

Man erkundige sich nach der Vergangenheit dieser Apostel, nach ihrem häuslichen und sittlichen Lebenslauf. Die Geldbeiträge der Arbeiter für mündlichen und schriftlichen Skandal sind ihnen eine bequemere, angenehmere Beute, als reelle Arbeit sie bietet. Die 'Essener Blätter' unter anderen bestreben sich, durch Erfindungen aller Art den Charakter der Verwaltung meiner Fabrik zu verdächtigen, und bringen zum Zweck des Aufhetzens gestern die Nachricht, daß die Konferenz gezwungenermaßen für eine Gattung Feuerarbeiter eine bedeutende Lohnerhöhung bewilligt habe. An diese und ähnliche plumpe Lügen böser Gegner knüpfe ich nun folgende warnende Versicherung. Nichts, keine Folge der Ereignisse wird mich veranlassen, mir irgend etwas abtrotzen zu lassen. Die Verwaltung wird mit dem bisherigen als Gesetz bestandenen Wohlwollen fortfahren, die Fabrik zu führen im Geiste meiner Grundsätze, und so lang für meine Rechnung, als ich die Arbeiter nach wie vor in bewährter Treue als die Angehörigen des Etablissements betrachten werde. Daß ich täglich meine Stellung an andere übertragen kann, und daß irgend welche Gesellschaft von Kapitalisten an Wohlwollen und Opferwilligkeit mich nicht übertreffen würde, unterliegt wohl keinem Zweifel. Es wird wohl niemand glauben, daß ich aus Durst nach Gewinn der Mühe und Arbeit mich unterziehe, welche mit der Verwaltung eines solchen Geschäfts für eigene Rechnung verbunden ist. Jedermann weiß, wie ich seit jeher den Arbeiter und die Arbeit geschätzt habe, jedermann möge aber auch versichert sein, daß eine Verkennung meiner Gesinnung die eingewurzelte Vorliebe für sie auszurotten imstande sein würde. Jedermann sei überzeugt, daß ich in meinen Beschlüssen nicht wanke, daß ich wie bisher nichts verheiße ohne Erfüllung. Ich warne daher nochmals vor den Verlockungen einer Verschwörung gegen Ruhe und Frieden. Es ist im Kreise meiner Unternehmungen dem braven ordentlichen Arbeiter die Gelegenheit geboten, nach einer mäßigen Arbeitsfrist im eigenen Hause seine Pension zu verzehren — in einem so günstigen Maße, wie nirgendwo anders in der Welt. Ich erwarte und verlange volles Vertrauen, lehne jedes Eingehen auf ungerechtfertigte Anforderungen ab, werde, wie bisher, jedem gerechten Verlangen zuvorkommen; fordere daher alle diejenigen, welche damit sich nicht begnügen wollen, hiermit auf, je eher, desto lieber zu kündigen, um meiner Kündigung zuvorzukommen, und so in gesetzlicher Weise das Etablissement zu verlassen, um anderen Platz zu machen, mit der Versicherung, daß ich in meinem Hause, wie auf meinem Boden Herr sein und bleiben will.

22. An die Katholiken Deutschlands, Aufruf des Vereins der deutschen Katholiken, Mainz, 8. Juli 1872, in: Emil Friedberg (Hrsg.), Aktenstücke, die altkatholische Bewegung betreffend, mit einem Grundriß der Geschichte derselben, Tübingen 1876, S. 85—88.

WA: Nikolaus Siegfried (= P. Victor Cathrein SJ), Actenstücke betreffend den preußischen Culturkampf nebst einer geschichtlichen Einleitung, Freiburg 1882, S. 151—153.

Die Lage der deutschen Katholiken ist unverkennbar eine sehr ernste geworden. Wer sich darüber bis jetzt einer Täuschung hingeben konnte, den müssen die jüngsten Ereignisse endlich belehren. Tage sind über das katholische Deutschland hereingebrochen, wie sie von den treuen Söhnen der Kirche, welche in den Schlachten des letzten Krieges für das Vaterland bluteten, nicht geahnt werden konnten; Erfahrungen haben die Katholiken gemacht, welche einen beklagenswerten Mißton in den Siegesjubel des neuen deutschen Reiches bringen mußten. Wir leben in Zuständen, welche man Verfolgung der Kirche zu nennen berechtigt ist, selbst wenn die kirchenfeindlichen Blätter nicht täglich von dem 'Vernichtungskampfe' sprächen, welcher gegen die Kirche geführt werden soll.

Man begünstigt Spaltung und Abfall in der katholischen Kirche, selbst auf die Gefahr hin, dem gläubigen Volke schwer zu sühnendes Ärgernis zu geben und Sakrilegien gleichsam zu autorisieren, welche die bereits drohenden Strafgerichte Gottes noch schrecklicher herausfordern. Man mischt sich von Staats wegen in die lehramtliche Tätigkeit der Kirche und maßt sich die Befugnis an, über den wesentlichen Inhalt der katholischen Lehre zu entscheiden: man bezeichnet einen Glaubenssatz, welchen wir Katholiken als göttlich geoffenbarte und von der Kirche auf ökumenischem Konzil feierlich verkündete Wahrheit festhalten, als im Widerspruch mit dem menschlichen Rechte, den Forderungen der Zeit und den Staatsgesetzen stehend, und deshalb als staatsgefährlich. Die Bischöfe, welche solchem Vorangehen der Staatsgewalt mit apostolischem Mute widerstehen, behandelt man als Übertreter des Gesetzes, sucht die Wirkungen ihrer richterlichen Gewalt zu vereiteln oder wenigstens zu schwächen, und stellt ihnen, als angeblich unbotmäßigen Untertanen,

Prozeß und Temporaliensperre in Aussicht. Man verkehrt in solcher Weise die dem christlichen Staate obliegende Pflicht, die Kirche zu schützen, in die absolute Gewalt über die Kirche.

Damit wir aber über die Tragweite der kirchenfeindlichen Anstrengungen nicht länger im Unklaren bleiben, entzieht man der Kirche ihr heiliges tausendjähriges Recht auf die Schule, deren Gründerin sie ist; man tastet sogar ihre göttliche Mission auf die Erziehung überhaupt an. Daneben werden Ausnahmegesetze gegen den Klerus erlassen. Auf dem Reichstage selber ruft man die gerechte Entrüstung von Millionen Katholiken wach, indem man zur wahren Schmach des Jahrhunderts und zum Hohne alles Rechts die ehrwürdigen Orden der katholischen Kirche verfolgt; insbesondere aber die segensreich wirkende Gesellschaft Jesu durch längst widerlegte Verleumdungen aufs neue verdächtigt, dem ungerechtesten Hasse preisgibt und mit Hintansetzung alles Billigkeitsgefühls darauf ausgeht, die gefeierten Prediger der Wahrheit, die trefflichen Erzieher der Jugend, die gründlich gebildeten Gelehrten, die fleckenlos reinen Priester, die barmherzigen Samariter des jüngsten Krieges, als gefährlichen Auswurf der Gesellschaft vom deutschen Boden zu verjagen.

Dabei wird die kirchenfeindliche Presse zum Kampfe gegen uns öffentlich organisiert; ihr läßt man den zügellosesten Spielraum, die Katholiken zu verdächtigen, zu verleumden, ihr Oberhaupt zu verhöhnen, die ehrwürdigsten Institutionen der Kirche zu beschimpfen, Spott zu treiben mit allem, was uns heilig ist!

So müssen wir es uns denn von Tag zu Tag bewußter werden, selbst wenn es uns die Gegner nicht von der Tribüne des Parlamentes zuriefen und in fanatischen Tageblättern unaufhörlich wiederholten, daß der Kampf der Gegenwart gegen die Existenz der katholischen Kirche in Deutschland überhaupt gerichtet ist.

Der Staat, das heißt jener Staat, wie ihn die Gegner der geoffenbarten Religion und der Kirche sich mit Willkür konstruieren und mit Leidenschaft zur Geltung zu bringen suchen, leidet keine günstige Macht in seinem irdischen Bereiche, welche ihm die Wahrheit sagt, wenn er irrt, sein Unrecht rügt, wenn er frevelt.

Wir dagegen stehen fest in unseren kirchlich-politischen Grundsätzen, welche uns Vernunft und Glauben lehren. Wir halten daran, daß es auf Erden zwei Gewalten gebe, die von Gott zum Heile des Menschengeschlechts bestellt sind; daß es aber der Wille Gottes ist, dessen Fügung die irdische Ordnung im Staate ihr Dasein verdankt, und dessen Gnade die Heilsordnung in der Kirche gestiftet hat, beide Ordnungen nicht getrennt zu sehen, sondern vereint zur Herstellung des großen christlichen Gemeinwesens, welches über den ganzen Erdkreis sich zu erstrecken bestimmt ist. Das richtige Verhältnis von Staat und Kirche aber erkennen wir aus den Zielen, welche beiden gesteckt sind: Dort ein Ziel in der Irdischkeit, das sich notwendigerweise dem höheren ewigen Ziele des Menschen unterordnet, hier dieses ewige Ziel, das unendlich weit über dieses endliche Dasein hinausreicht und zu welchem sich jenes verhält wie das Mittel zum Zweck. Darum halten wir fest an der Weisung des göttlichen Stifters unserer heiligen Religion, dem Kaiser zu geben, was des Kaisers, und Gott, was Gottes ist. Und wie wir uns bewußt sind, daß der Glaube die sichere Leuchte der Handlungen jedes einzelnen sei, so verehren wir auch in dem apostolischen Lehramte der Kirche jene Autorität, welche die Völker und die Fürsten in der Wahrheit des christlichen Sittengesetzes unterweist und uns mahnt und stärkt, mit den Aposteln zu sprechen: Man muß Gott mehr gehorchen als den Menschen.

Erkennt man dort, wo die Zügel der irdischen Gewalt ruhen, diese Grundsätze, das wahre Fundament aller bürgerlichen und staatlichen Ordnung, nicht mehr an, so müssen wir um so mehr mit allen uns gesetzlich zu Gebote stehenden Mitteln Anerkennung zu erringen bestrebt sein: einerseits, um der Kirche die ihr von Gott verliehene Freiheit und Selbständigkeit und damit den Wirkungskreis ihrer göttlichen Mission zu wahren, andererseits, um nach Kräften dazu beizutragen, daß der Auflösung und Zersetzung der bürgerlichen Ordnung, welche bei der Herrschaft der entgegengesetzten Grundsätze unausbleiblich eintreten werden, ein Damm entgegengestellt werde.

'Für Gott und Vaterland' soll unser Wahlspruch sein in dem Kampfe, zu dem wir uns in diesem ernsten Augenblick erheben.

Aber nur durch Einigkeit können wir zu siegen hoffen; deswegen müssen die katholischen Männer Deutschlands sich über die Grundsätze verständigen, welche ihr öffentliches Wirken zu leiten haben. Sie müssen sich zu gemeinsamem Handeln vereinigen, um auf das politische Leben gebührenden Einfluß zu üben.

Nur durch eine feste und umfassende Organisation sind wir imstande, unsere Presse gegen die Übermacht der Gegner zu stützen, bei den politischen Wahlen unsere Stimme zur Geltung zu bringen und unseren Interessen bei den Regierungen Gehör zu verschaffen.

Um eine solche Einigung aller deutschen Katholiken zu schaffen, ist jüngst in Mainz ein Verein gegründet worden, dessen Statuten der unterzeichnete Vorstand veröffentlicht. Alle katholischen Männer Deutschlands, denen die Freiheit der Kirche nicht minder als die Wohlfahrt des Vaterlandes am Herzen liegt, werden zum Beitritt eingeladen.

Die heiligsten Güter sind in Gefahr. Erheben wir uns also als treue Söhne der Kirche und des Vaterlandes. Kämpfen wir unermüdlich, unerschrocken für Recht und Wahrheit. Recht muß Recht bleiben, und der endliche Sieg ist der Wahrheit.

Mainz, den 8. Juli 1872. Der Vorstand des Vereins der deutschen Katholiken; Freiherr Felix von Loë in Terporten bei Goch, Präsident, *und 20 weitere Unterschriften.*

23. JOHANN NEPOMUK SEPP, Deutschland und der Vatikan. Staats- und Volksmännern, sowie Kirchenobern zur ernsten Erwägung, München 1872, Auszug, S. 251—254.

Die Infallibilität ist durch die ganze Kirchengeschichte gerichtet, ein greifbarer Widerspruch mit den Tatsachen, und die impertinenteste Lüge, wie einer solchen nur die Welschen zu ihrem Vorteile fähig sind. Die Scheingründe für das abgeschmackte Dogma und Konzil reichen nicht zur Verteidigung, geschweige zum Angriff hin, das ganze Aufgebot gleicht den ausgestopften Elefanten der Semiramis, die Inder mochten noch so viele Pfeile gegen sie abschießen, sie fielen nicht um.

Leben und Lehre der Päpste beglaubigen die Unfehlbarkeit am allerwenigsten. Darum sollen neue Lehrstühle der Kirchengeschichte errichtet werden. Wer kennt nicht die gelehrten Ordensväter, welche sich die Aufgabe stellten, die Ausgabe der alten Klassiker zu korrigieren. Ebenso soll in Zukunft die Geschichte behandelt werden, damit die angehenden Theologen nicht hinter die Wahrheit kommen und die Lehre von päpstlicher Vollkommenheit und Untrüglichkeit, einmal eingeschmuggelt, fortan Glauben finde. Lasse man den welschen Lug und Trug nicht überhand nehmen.

Zur Wiederherstellung des Kirchenfriedens ist ein vom Staate ausgehendes Verbot aller Kanzelreden in Sachen der Unfehlbarkeit unerläßlich, nicht nur den Altkatholiken zur Genugtuung, die in dem vorgeschützten Dogma den Ausdruck überspannter päpstlicher Willkür und abscheulicher Ketzerei sehen, sondern weil sie materiell falsch und formell gesetzwidrig, ja ein Akt der Beleidigung ist. „Kein einziger Mann in großen katholischen Pfarrdörfern glaubt an das Unfehlbarkeitsdogma, weil es noch nicht gepredigt worden ist", schreibt ein gegen den Bischof Reismann von Würzburg sich beschwerender Korrespondent vom Main (B. Vaterl, März 1872). — Gott sei Dank! So sollen sie die neue Irrlehre auch nicht zu hören bekommen. Wenn zwei Augen jenseits der Alpen sich schließen, wir wiederholen es, so kräht kein Hahn mehr nach der Infallibilität, es sei der Hahn des ersten Petrus über die souveräne Eitelkeit des zweiten.

Die Gegner der Neulehre bleiben vollberechtigte Glieder der kath. Kirche, auch verordnen die Ordinariate bereits nach dem Grundsatze, daß die innere Trennung vom vatikanischen Glauben die Zugehörigkeit nicht aufhebe. Am besten half sich jener Pfarrer, welcher die Päpste einteilte in solche, die geirrt haben, und in solche, welche nicht irren können. (Rh. M. 7. Ap. 72)

Die hochwürdigen Bischöfe sind abgewichen von dem Glauben, den sie in Rom bis zuletzt bezeugt haben, nicht ihre Gläubigen, die zugleich loyale Untertanen bleiben wollen. Wie sie jetzt wieder trauen, kommunizieren, kirchlich bestatten, so sollten sie auch die gegen die vatikanische Lüge renitenten Priester fortzelebrieren lassen. Nur die blinde Erziehung im Autoritätsglauben ließ die Kirchenobern zu weit gehen, Rom hat durch Überraschung gesiegt, aber die Zerstreuten werden sich wieder zusammenfinden. Der eifrigste Hetzer zum Erlasse des fatalen Dogma, L. Veuillot, hat soeben vom Papste seine Abfertigung erhalten, der Mohr hat seine Schuldigkeit getan, mehr als seinem Auftraggeber lieb ist. Die Warner vor der ungeheuerlichsten Torheit des Jahrhunderts werden wieder zu Ehren kommen. Das längst in sich gespaltene Kardinalskollegium wird wissen, was bei der nächsten Papstwahl zu tun ist. Nicht der Papismus, sondern ganz andere Tatsachen werden Anerkennung finden.

Vielleicht trägt die Abnahme des Peterspfennigs zu diesem neuesten Gesinnungswechsel Pius IX. bei. Deutschland trägt einen erklecklichen Teil zum Peterspfennige bei, welcher seit 1860 jährlich im Durchschnitt vierzehn Millionen abwarf. So lange Rom auf seinem anmaßenden Dogma besteht, wäre es durch ein Verbot der öffentlichen Sammlungen empfindlich gestraft; doch hat die Maßregel etwas so polizeilich Widerwärtiges, daß nur der äußerste Notfall sie entschuldigen würde.

24. GUSTAV SCHMOLLER, Eröffnungsrede, in: Verhandlungen der Eisenacher Versammlung zur Besprechung der sozialen Frage am 6. und 7. Oktober 1872. Auf Grund der stenographischen Niederschrift von Heinrich Koller in Berlin hrsg. vom Ständigen Ausschuß, Leipzig 1873, S. 1—6.

In der ersten Sitzung am Sonntag, dem 6. Oktober, führt Schmoller nach der Begrüßung der Anwesenden aus:

Wir haben uns zu rechtfertigen, daß wir — meist Gelehrte, die sonst dem öffentlichen Leben ferne stehen — es gewagt haben, eine solch stattliche, ehrenwerte Versammlung zu berufen, in der Hoffnung, hier eine Basis zu finden für die Reform unserer sozialen Verhältnisse, allgemeine

Zustimmung zu erwerben für Gedanken, die da und dort längst vorhanden, doch in der öffentlichen Meinung noch nicht zur Herrschaft gelangt sind.

Der tiefe Zwiespalt, der durch unsere gesellschaftlichen Zustände geht, der Kampf welcher heute Unternehmer und Arbeiter, besitzende und nicht besitzende Klassen trennt, die mögliche Gefahr einer uns zwar bis jetzt nur von ferne, aber doch deutlich genug drohenden sozialen Revolution, haben seit einer Reihe von Jahren auch in weiteren Kreisen Zweifel erregt, ob die auf dem Markt des Tages unbedingt herrschenden volkswirtschaftlichen Doktrinen, die in dem Volkswirtschaftlichen Kongresse ihren Ausdruck fanden, immer die Herrschaft behalten werden, ob mit Einführung der Gewerbefreiheit, mit der Beseitigung der ganzen veralteten mittelalterlichen Gewerbegesetzgebung in der Tat die vollkommenen wirtschaftlichen Zustände eintreten werden, welche die Heißsporne jener Richtung prophezeien.

In der Wissenschaft der deutschen Nationalökonomie zeigten sich längst abweichende Richtungen von großer Bedeutung; eine historische, eine philosophische, eine statistische Schule entstand, die auf anderen Grundlagen bauten, andere Methoden anwandten, als die an die englische Manchesterschule sich anlehnende deutsche volkswirtschaftliche Agitationspartei. Aber in den zunächst auf der Tagesordnung stehenden praktischen Fragen war man doch einig. Auch diese Schulen verlangten eine Reform des Zolltarifs, verlangten die Gewerbefreiheit; sie waren den damaligen konservativen Forderungen, welche die Erhaltung des Zunftwesens und die Beibehaltung feudaler Einrichtungen im Auge hatten, ferner stehend als den Zielen des Volkswirtschaftlichen Kongresses.

Nachdem aber diese Ziele erreicht, nachdem das Prinzip unbedingter, volkswirtschaftlicher Freiheit bis zur letzten Konsequenz verfolgt war, mußte der innere Gegensatz sich zeigen. Er trat schnell umso schroffer zu Tage, als die soziale Frage, täglich an Bedeutung wachsend, am allerwenigsten geeignet war, nur mit dem Prinzip der Nichtintervention des Staates, nur mit dem Dogma, den Egoismus des einzelnen walten zu lassen, gelöst zu werden. Auch unser politisches Leben war unterdessen ein anderes geworden; in der Zeit der Kleinstaaterei und des preußischen Verfassungskonfliktes war es verständlich, daß man jede staatliche Tätigkeit mit Mißtrauen ansah, jede Reform lieber den einzelnen und Vereinen als der Gesetzgebung überlassen wollte. Der großartige Aufschwung des Deutschen Reiches seit 1866 und 1870, die Versöhnung von Volk und Regierung, Parlament und Staatsgewalt, warf auch auf volkswirtschaftliche Fragen ein neues Licht. In der Bank-, in der Versicherungs-, in der Eisenbahnfrage sprach der Handelsstand sich in einer Weise aus, die vor

6—8 Jahren undenkbar gewesen wäre. Aus dem Arbeiterstande und seinen erprobten Führern entwickelten sich Bildungen, von denen die Doktrinäre der Manchesterschule nur mit Achselzucken oder Erbitterung sprachen.

Eine Anzahl zwar der regelmäßigen Besucher des Volkswirtschaftlichen Kongresses verschloß sich dem großen Umschwung der Verhältnisse und Ansichten nicht. Andere gehörten diesem Kreise mehr durch persönliche Beziehungen als durch ihre Prinzipien an. Die eigentlichen Führer aber verhielten sich umso schroffer gegen alle Reformpläne, die nicht unbedingt mit ihren einseitig doktrinären Prinzipien im Einklang waren. Es gebe gar keine Arbeiterfrage, — so hieß es — es sei eine Gedankenverwirrung oder demagogische Hetzerei, von einer solchen zu sprechen; der Arbeiterstand habe jetzt alles, was er brauche; wer nicht vorwärts komme, sei persönlich selbst daran schuld; selbst das Genossenschaftswesen wurde von einzelnen scheel angesehen, die Beteiligung des Arbeiters am Gewinn wurde als ein Eingriff in den Unternehmergewinn verurteilt, die Gewerkvereine wurden angegriffen, weil man neue Zunftgedanken in ihnen witterte, überhaupt jede korporative Gliederung haßte; der Fabrikgesetzgebung, dem Fabrikinspektorate wurde so ziemlich jede Berechtigung für unsere deutschen Verhältnisse abgesprochen. Über Schiedsgerichte und Einigungsämter hielt man ein verwerfendes Ketzergericht in der Berliner volkswirtschaftlichen Gesellschaft. Es nahm jetzt fast den Anschein, als ob die Partei, die früher im Namen der Menschenrechte die Erlösung der nicht privilegierten Klassen vom harten Drucke gefordert, jetzt nur noch Sinn und Interesse für den einseitigen Klassenstandpunkt der Unternehmer hätte, als ob sie unter volkswirtschaftlicher Freiheit jetzt nur noch Freiheit für die großen Unternehmer und Kapitalbesitzer, für die großen Gesellschaften verstände, das Publikum auszubeuten.

Eine dieser entgegengesetzte Richtung konnte von einem Auftreten auf dem Volkswirtschaftlichen Kongreß nichts erwarten; es galt auch hier, nicht den neuen Wein in alte Schläuche zu fassen, selbständig vorzugehen und für die Anschauungen, die in den verschiedensten politischen und wissenschaftlichen Kreisen längst Wurzel gefaßt hatten, eine einheitliche Sammlung, eine praktische Organisation zu schaffen. Denn nur dadurch konnte man hoffen, eindringlicher auf die öffentliche Meinung und Gesetzgebung zu wirken. So entstand der Plan zu der heutigen Versammlung, als im Juli dieses Jahres eine kleinere Anzahl Beamte, Abgeordnete, Professoren und Journalisten zur Besprechung dessen, was zu tun sei, sich in Halle versammelt hatte.

Man verhehlte sich dabei die Schwierigkeit nicht, eine Einigung zu erzielen unter all denen, die als Gegner der sogenannten Manchesterpartei bekannt sind; die Schwierigkeit liegt darin, daß dieselben so verschiedenen politischen Parteien angehören. Die Professoren und Gelehrten dieser Richtung, die von ihren Gegnern sogenannten Kathedersozialisten, zwar gehören fast alle den sich nahestehenden Parteien der politischen Mitte an, aber sie beherrschen mit ihren volkswirtschaftlichen Ansichten nicht diese Parteien, die gesellschaftlich auf den Unternehmerstand sich stützen und im Kampfe dieses Standes mit den Arbeitern diesen sozialen Ursprung schwer ganz verleugnen können. Dieselben mußten, als sie diese Versammlung beriefen, sich klar sein, daß sie sowohl im fortschrittlichen als im konservativen Lager sich Stützen suchen mußten; oder vielmehr, daß sie alle volkswirtschaftlichen Gesinnungsgenossen ohne jede Rücksicht auf politische Parteistellung zu gemeinsamer Beratung einladen mußten, wie es nunmehr geschehen. Wir haben absichtlich auch gemäßigte Sozialisten und Mitglieder der Zentrumspartei eingeladen.

Durch diese Zusammensetzung war es geboten, hier nicht über Prinzipien zu diskutieren, sondern sogleich in mediam rem zu gehen.

Treten wir aber auch so ohne allgemeines Programm vor die Versammlung, das glaube ich zum Schlusse meiner Einleitung doch aussprechen zu sollen, — die Mehrzahl derer, welche die Versammlung berufen und die Einladung unterzeichnet haben — die Männer, welche auf den deutschen Universitäten Nationalökonomie, Geschichte und Jurisprudenz lehren und die ersten statistischen Büros leiten, stehen auf dem Boden einer durchaus einheitlichen prinzipiellen Überzeugung und haben gerade von ihr getragen diesen Schritt getan.

Sie kommen überein in einer Auffassung des Staates, die gleich weit von der naturrechtlichen Verherrlichung des Individuums und seiner Willkür wie von der absolutistischen Theorie einer alles verschlingenden Staatsgewalt ist. Indem sie den Staat in den Fluß des historischen Werdens stellen, geben sie zu, daß seine Aufgaben je nach den Kulturverhältnissen bald engere, bald weitere sind; niemals aber betrachten sie ihn, wie das Naturrecht und die Manchesterschule, als ein notwendiges, möglichst zu beschränkendes Übel; immer ist ihnen der Staat das großartigste sittliche Institut zur Erziehung des Menschengeschlechts. Aufrichtig dem konstitutionellen System ergeben, wollen sie doch nicht eine wechselnde Klassenherrschaft der verschiedenen einander bekämpfenden wirtschaftlichen Klassen; sie wollen eine starke Staatsgewalt, welche über den egoistischen Klasseninteressen stehend, die Gesetze gebe, mit gerechter Hand die Verwaltung leite, die Schwachen schütze, die untern Klassen hebe; sie sehen in dem 200jährigen Kampfe, den das preußische Beamtentum und das preußische Königtum für Rechtsgleichheit, für Beseitigung aller Privilegien und Vorrechte der höheren Klassen, für Emanzipation und Hebung der unteren Klassen siegreich gekämpft, das beste Erbteil unseres deutschen Staatswesens, dem wir niemals untreu werden dürfen.

In Beurteilung unserer volkswirtschaftlichen Zustände leugnen sie entfernt nicht die glänzenden unerhörten Fortschritte unserer Zeit in Technik und Produktion, in Handel und Verkehr, aber sie erkennen auch offen die tiefen Mißstände an, die steigende Ungleichheit des Einkommens und Vermögens, das unreelle Treiben, die mangelnde Solidität in einzelnen Kreisen des Handels, die Roheit und Zügellosigkeit, die sich als Folge allgemeiner Ursachen in einem Teil der unteren Klassen in steigendem Maße zeigt. Als Hauptursache davon sehen sie den Umstand an, daß man in letzter Zeit bei allen Fortschritten der Arbeitsteilung, bei allen Neubildungen des Betriebs, der Geschäftseinrichtung, der Arbeitsverträge wie der Gesetzgebung über diese Dinge, stets nur fragte, wird im Augenblicke dadurch die Produktion gesteigert und nicht die ebenso wichtige Frage stellte, welche Wirkung wird das auf die Menschen haben? Gibt diese neue Organisation den genügenden Anhalt für Erzeugung der moralischen Faktoren, ohne welche die Gesellschaft nicht bestehen kann? Erzieht sie die jugendlichen Elemente genügend? Wirkt sie bei den Erwachsenen so auf Fleiß, Sparsamkeit, Ehrbarkeit, Familienleben, daß auch hier Fortschritte neben den volkswirtschaftlichen wahrscheinlich sind? Sie sind überzeugt, daß das Übersehen dieses psychologischen Zusammenhangs zwischen den Organisationsformen der Volkswirtschaft und dem ganzen sittlichen Zustand einer Nation der Kernpunkt des Übels ist, daß von der Erkenntnis dieses Zusammenhangs die Reform auszugehen hat.

Ihr Urteil über die Arbeiterfrage gründet sich auf diese Anschauungen. Sie geben zu, daß die Arbeiter sich heute etwas besser kleiden und nähren, daß vielleicht nicht so viele Tausende heute eines langsamen Hungertodes sterben wie in vergangenen Jahrhunderten. Aber es scheint das ihnen ein geringer Trost. Sie fragen in erster Linie, ob die Lebensbedingungen, unter denen die meisten Arbeiter heute leben, ihren sittlichen und wirtschaftlichen Fortschritt wahrscheinlich machen, und sie müssen das wenigstens für einen großen Teil der Arbeiter verneinen. Statt dessen sehen sie dieselben mit den besitzenden und gebildeten Klassen in immer schrofferen Gegensatz treten und dabei scheint ihnen nicht der Gegensatz der wirtschaftlichen Lage, sondern die Kluft in Gesittung, Bildung, Anschauungen und Idealen als das gefährlichere. Sie erinnern sich aus der Geschichte, daß alle höhere Kultur wie die der Griechen, der Römer und anderer Völker an ähnlichen Gegensätzen, an sozialen Klassenkämpfen und Revolutionen, an der Unfähigkeit, eine Versöhnung zwischen den höheren und den unteren Klassen zu finden, — zugrunde gegangen ist. Wenn auch noch in weiter Ferne, sehen sie ähnliche Gefahren für unsere Kultur, wenn es nicht gelingt, auf Grund unserer Rechtsgleichheit, unserer allgemeinen Schul- und Wehrpflicht sowie auf Grund all der weiteren Reformen, an denen die Gegenwart arbeitet, die unteren Klassen soweit zu heben, zu bilden, zu versöhnen, daß sie in Harmonie und Frieden sich in den Organismus der Gesellschaft und des Staates einfügen.

Nicht eine Nivellierung im sozialistischen Sinn ist unser Gesellschaftsideal; wir halten die Gesellschaft für die normalste und gesündeste, die eine Stufenleiter verschiedener Existenzen, aber mit leichtem Übergang von einer Sprosse zur anderen darstellt; unsere heutige Gesellschaft aber droht mehr und mehr einer Leiter zu gleichen, die nach unten und oben rapide wächst, an der aber die mittleren Sprossen mehr und mehr ausbrechen, an der nur noch ganz oben und ganz unten ein Halt ist.

Unzufrieden mit unseren bestehenden sozialen Verhältnissen, erfüllt von der Notwendigkeit der Reform predigen wir doch keine Umkehr der Wissenschaft, keinen Umsturz aller bestehenden Verhältnisse, wir protestieren gegen alle sozialistischen Experimente. Wir wissen, daß die großen Fortschritte der Geschichte nur das Resultat jahrhundertelanger Arbeit sind, wir wissen, daß stets das Bestehende dem Neuen einen fast unüberwindlichen zähen Widerstand entgegensetzt, weil eben das Bestehende in den Überzeugungen und Lebensgewohnheiten der Masse wurzelt. Wir erkennen nach allen Seiten das Bestehende, die bestehende volkswirtschaftliche Geestzgebung, die bestehenden Formen der Produktion, die bestehenden Bildungs- und psychologischen Verhältnisse der verschiedenen gesellschaftlichen Klassen als die Basis der Reform, als den Ausgangspunkt unserer Tätigkeit an, aber wir verzichten darum nicht auf die Reform, auf den Kampf für eine Besserung der Verhältnisse. Wir wollen keine Aufhebung der Gewerbefreiheit, keine Aufhebung des Lohnverhältnisses, aber wir wollen nicht einem doktrinären Prinzip zuliebe die grellsten Mißstände dulden und wachsen lassen; wir treten für eine maßvolle, aber mit fester Hand durchgeführte Fabrikgesetzgebung auf, wir verlangen, daß nicht ein sogenannter freier Arbeitsvertrag in Wahrheit zur Ausbeutung des Arbeiters führe, wir verlangen die vollste Freiheit für den Arbeiter, bei Feststellung des Arbeitsvertrags mitzureden, selbst wenn er da Ansprüche erheben sollte, die scheinbar mit dem alten Zunftwesen eine gewisse Analogie haben. Wir verlangen, daß die Freiheit überall durch die Öffentlichkeit kontrolliert werde und daß, wo die Öffentlichkeit tatsächlich fehlt, der Staat untersuchend eintrete und ohne in die Unternehmungen sich zu mischen, das Resultat publiziere. Wir verlangen von diesem Standpunkt ein Fabrikinspektorat, ein Bank- ein Versicherungskontrollamt, wir fordern von diesem Standpunkt aus hauptsächlich Enquêten in Bezug auf die soziale Frage. Wir verlangen nicht, daß der

Staat den unteren Klassen Geld zu verfehlten Experimenten gebe, aber wir verlangen, daß er ganz anders als bisher für ihre Erziehung und Bildung eintrete, wir verlangen, daß er sich darum kümmere, ob der Arbeiterstand unter Wohnungsverhältnissen, unter Arbeitsbedingungen lebt, die ihn notwendig noch tiefer herabdrücken.

Wir glauben, daß eine zu große Ungleichheit der Vermögens- und Einkommensverteilung, daß ein zu erbitterter Klassenkampf mit der Zeit auch alle freien politischen Institutionen vernichten muß und uns wieder der Gefahr einer absolutistischen Regierung entgegenführt. Schon darum glauben wir, daß der Staat einer solchen Entwicklung nicht gleichgültig zusehen dürfe.

Wir verlangen vom Staate wie von der ganzen Gesellschaft und jedem einzelnen, der an den Aufgaben der Zeit mitarbeiten will, daß sie von einem großen Ideale getragen seien. Und dieses Ideal darf und soll kein anderes sein, als das, einen immer größeren Teil unseres Volkes zur Teilnahme an allen höheren Gütern der Kultur, an Bildung und Wohlstand zu berufen, das soll und muß die große, im besten Sinn des Wortes demokratische Aufgabe unserer Entwicklung sein, wie sie das große Ziel der Weltgeschichte überhaupt zu sein scheint.

Doch genug. Wir wollen ja nicht von den großen prinzipiellen Fragen heute sprechen, sondern einzelnen praktischen Problemen näher treten. Es schien nur zweckmäßig, ehe wir in die Debatte eintreten, wenigstens den prinzipiellen Standpunkt derer, welche hauptsächlich die Versammlung veranlaßt haben, loyal und offen darzulegen. *(Beifall).*

25. [Ernst Ludwig v. Gerlach] Kaiser und Papst. Vom Verfasser der Rundschauen, Berlin 1872, Auszug, S. 77—80.

Zum Schluß noch ein Blick auf das Reich im Ganzen nach der Aktion gegen Jesuiten, Schulbrüder und Schulschwestern. Das Reich ist hervorgegangen aus strahlenden Siegen. Und doch ist Deutschland seit mehr als zweihundert Jahren nicht so zerrissen gewesen als jetzt.

Man gibt den deutschen Katholiken Schuld, daß sie hinüberschielen nach Frankreich — wir dürfen hoffen: mit Unrecht. Keine Spur davon hat sich im Kriege gezeigt. Was wäre wohl Verlockendes für die deutschen Katholiken in der republikanischen oder in der orleanistischen oder in der bonapartistischen Periode Frankreichs — und diese Perioden umfassen den bei weitem größten Teil der französischen Geschichte seit mehr als achtzig Jahren — bis hinab auf Thiers und die heutigen kläglichen Zustände! Der Verfasser dieser Schrift hat im Umgange mit vielen deutschen Katholiken während seines langen Lebens niemals einen Anklang dahin auch nur bei einem von ihnen gefunden. Vielmehr sind es die Nationalliberalen, welche jetzt Stück für Stück deutsches Wesen, als feudal, abtun, (— denn Deutschland ist in seinem Grundbau feudal, vorzüglich seine Fürsten- und Königshäuser —) und Franzosentum an die Stelle setzen, von den Maßen und Gewichten und deren barbarischen Namen an bis zur Entweihung der Ehe und des Staates und vom allgemeinen Stimmrecht an bis zur Kreisordnung.

Wahr aber ist es, daß, als nach 1866 die Annexionspolitik Süddeutschland bedrohte, daselbst die Frage sich aufdrängte, aber nicht bloß den Katholiken, sondern ebenso den Protestanten Süddeutschlands; von Preußen verschlungen oder von Frankreich gerettet? Wer aber veranlaßte diese Frage als eben die Annexionspolitik? Wahr ist es auch, daß für den Fall eines neuen Krieges die heutige Reichs-Kirchen-Politik das Reich mit schweren Gefahren bedroht. Ein Drittel der Reichsuntertanen verletzt in ihren teuersten Interessen und Gefühlen — das ist kein günstiges Terrain für einen deutschen Krieg, und mitten im Kampfe ist es schwer, eine sich darbietende Allianz abzuweisen. Als die deutschen Protestanten bedroht waren in ihrer Religion, haben sie zweimal französische Hilfe gesucht und gefunden, 1552 unter Kurfürst Moritz von Sachsen und 1634 bis 1648 Hand in Hand mit Schweden, beidemal gegen den Kaiser. Das erstemal gingen Metz, Toul und Verdun verloren, das zweitemal der Elsaß, beidemal an Frankreich als Lohn seiner Hilfe. Wer heutzutage Deutschland spaltet um der Religion willen, der wird auch nach dieser Seite hin eine schwere Verantwortung zu tragen haben.

Und wenn nun zum auswärtigen Kriege im Deutschen Reiche innere Zustände wie die von 1848—49 hinzuträten — —

Doch betrachten wir weiter die schon heute vorhandene innere Zerrissenheit von Deutschland.

Ein Viertel definitiv abgerissen — rechtmäßige Fürstenhäuser ihres Besitzes entsetzt ohne Friedensschluß und ohne Sühne — die blutende Treue im Verdacht der Untreue — das Reichsparlament begründet auf die Kopfzahl, die selbst unorganisch, alles Organische immer wieder neu desorganisiert — politischer Parteihader, in welchem, formell voll- und gleichberechtigt und weit verbreitet, mächtige Parteien auftreten, die rücksichtslos alles Recht und alle Religion anfeinden, vom Privat-Eigentum an bis zum lebendigen Gott — das Christentum frech verleugnet von getauften Tausenden und bedroht in Ehe, Schule, Staat und Kirche — die Obrigkeiten der Neutralität in Religionssachen sich befleißigend und befördernd eine immer weiter fressende, auflösende und religionslose 'Neugestaltung', die immer entschiedener auf die Wege

Frankreichs tritt und Frankreichs Zielen uns entgegenführt, wie das Jahr 1871 sie uns angedeutet hat — — dies alles schon seit Jahren, aber nun seit einem Jahre von reichswegen eine Verfolgung der katholischen Orden, die praktisch übergeht in eine Verfolgung der katholischen Kirche — das Oberhaupt der katholischen Kirche noch immer im Stich gelassen und blockiert in seiner Residenz durch einen revolutionären Usurpator — daher erbitterter Religionsstreit, wie in Deutschland kein Lebender ihn je gesehen oder auch nur als möglich noch vor zwei Jahren geahnt hat, und dieser Streit sich ergießend in eine zügellose Presse, die täglich mit feindseligen Leidenschaften und mit schamloser Gottlosigkeit jeden Winkel des Reiches erfüllt, endlich die evangelische Kirche gründlich in sich zerrüttet und machtlos über ihre eigenen Glieder — —.

Aber — sollen wir verzagen? — Nein, hoffen wir wider Hoffnung! Trauen wir auf unsern Gott, der Wunder tut! Und seien wir gewiß: Fallen im tapferen Streit in Seiner Sache ist unverdiente Ehre und reicher Lohn. Nach der Zeit kommt die Ewigkeit.

Doch welches sind nun die nächsten Schritte? Die Antwort hierauf sei das letzte Wort dieser Schrift:

Bekennen mit allen christlichen Reichsuntertanen den gemeinsamen Glauben der gesamten Kirche Gottes — glauben, was wir bekennen lebendig, tatkräftig und gemeinsam — handeln aus diesem Glauben als Glieder hangend an dem Einen Haupte, gemeinsam wirkend, gemeinsam hoffend — und nicht verzagen am Reiche! Geschrieben im September 1872.

26. Preußisches Abgeordnetenhaus, Debatte über das Gesetz über die Vorbildung und Anstellung der Geistlichen, 28. Sitzung, 17. Januar 1873, Sten. Ber. Preuß. AH 1872/73, Bd. 1, Auszüge.

a) Abgeordneter Rudolf Virchow, S. 631 und S. 635.

Nach und nach ist es durch diese Tätigkeit der humanen Kirche, durch die Klöster, durch die Klosterschulen, durch die Geistlichen, die Weltgeistlichen und die Kirchengeistlichen dahin gekommen, daß eine größere Menge von Personen an dem Wissen teilnahm, daß die Laien als gleichberechtigte Träger der Kultur sich erheben konnten, und, meine Herren, von dem Augenblicke an beginnt nicht bloß die Ketzerei, sondern eben auch die einseitig dogmatische Entwicklung der Kirche und des Papsttums. *(Ruf: Arius!)* Ja, meine Herren, der eine oder andere Ketzer war schon früher da, das will ich zugestehen, allein, die alte Ketzerei, das war in der Tat eine andere als die neue. Wir wollen ja hier nicht auf große

Konzilien-Verhandlungen eingehen, aber, meine Herren, das liegt auf der Hand, daß die moderne Ketzerei, gegen welche Sie kämpfen und in deren konsequenter Ausbildung die Weltgeschichte den Gang genommen hat, den sie jetzt einhält und aus dem schließlich auch die neuesten politischen Gestaltungen hervorgegangen sind, der italienische und dann der französische Krieg, diese Ketzerei ist späteren Datums, die datiert von dem Augenblicke, wo das wissenschaftliche Laientum mit der Kirche in Konflikt geriet.

Dieses wissenschaftliche Laientum hat bekanntlich seinen erhabensten Ausdruck gefunden in einem der größten Herrscher-Geschlechter Deutschlands, in dem der Hohenstaufen. Es war der große Kaiser Friedrich II., der es versucht hat, in staatlichen Formen den humanen Charakter zu fixieren. Die Hohenstaufen sind in den blutigsten Kämpfen unterlegen, die Hierarchie hat triumphiert, sie hat dann ihre weitere Entwicklung gemacht, und sie hat sich mehr und mehr in diesen spezifisch dogmatischen Stil hineingelebt. Aber, meine Herren, sie hat zugleich von der Zeit an mehr und mehr den absonderlichen Charakter des Ultramontanismus angenommen, indem sie allmählich immer ausschließlicher das Kardinalskollegium aus Italienern zusammensetzte, die Päpste immer mehr ausschließlich bloß aus italienischen Bischöfen hervorgingen und das Papsttum als solches sich mehr und mehr als eine eigentlich italienische Kirchengewalt darstellte. Das werden Sie doch nicht bestreiten! *(Widerspruch im Zentrum.)* So? Das ist aber die historische Entwicklung. So fassen wir die Sache auf, meine Herren, und ich sage Ihnen das nicht bloß, um hier mit einem kleinen Stück Gelehrsamkeit zu glänzen, sondern weil ich die Überzeugung habe, es handelt sich hier um einen großen Kulturkampf. Von diesem Standpunkt aus trete ich auch an die Beurteilung dieses Gesetzes heran. Es ist für mich nicht ein Gesetz von heute auf morgen, sondern es ist ein Gesetz aus der großen Entwicklung der Jahrtausende. *(Widerspruch im Zentrum.)* Daß es nicht der würdigste Ausdruck dafür ist, darüber will ich nicht streiten, aber ein Ausdruck ist es.

Nun, meine Herren, dieses italienische Papsttum, aus welchem der Ultramontanismus in seiner modernen Form hervorgegangen ist, dieses ultramontane Papsttum hat, indem es in den vatikanischen Beschlüssen eine bis dahin ganz neue, ganz unerhörte Form gewonnen hat, allerdings die Basen der Verhandlung auch zwischen dem allerwohlwollendsten Staate und der Kirche verrückt. *(Widerspruch im Zentrum.)* Ja, meine Herren, wohlwollender konnte wirklich kein Staat gegen den Katholizismus sein, als Preußen gewesen ist. *(Widerspruch im Zentrum.)* Meine Herren, in diesem Augenblicke bestreiten Sie alles; man kann sagen, was man will, so sagen Sie — „Nein!“

Am Schluß seiner Rede erklärt Virchow:

Wir haben hier den Gesichtspunkt der deutschen Entwicklung und die Rücksicht, in wie weit das, was wir beschließen, unserer Gesamtentwicklung zuträglich ist, und, meine Herren, da sage ich, die Art von Lehranstalten, welche die Regierung gegenwärtig vorschlägt, obwohl sie als Staatsanstalten mir durchaus nicht sympathisch sind, ziehe ich bei weitem vor der speziell klerikalen Organisation, die gegenwärtig besteht. Da ich das Gesetz nicht beurteilen darf nach dem absolut Besten, was etwa zu erstreben ist, sondern nur nach dem relativ Besten, was ich im Augenblick haben kann, so gehe ich über meine weitergehenden Wünsche zur Tagesordnung über und unterstütze die Regierung in einem Bestreben, von dem ich anerkennen muß, daß es geeignet ist, ihr zu helfen, aus den Fallstricken der Kirche allmählich herauszukommen. Was diese Gesetze verfolgen, und zwar ehrlich, offen, ausdrücklich verfolgen, das ist die Emanzipation des Staates. Diese Emanzipation des Staates, meine Herren, diese wirkliche Verweltlichung des Staates in allen seinen Richtungen, das ist das, was ich freudig begrüße und was ich offen und mit allen meinen Kräften unterstützen werde. *(Lebhaftes Bravo! links.)*

b) Abgeordneter Ludwig Windthorst, S. 638 f.

Meine Herren, der Herr Kultusminister [1] hat dann seine Rede angefangen mit einer ganzen Reihe von Verzichten: er verzichtete auf die Verständigung mit aller Welt, nur nicht mit den Nationalliberalen — *(Heiterkeit.)* und mit dem Herrn Grafen Bethusy. *(Heiterkeit.)* Ich setze also voraus, daß die Herren auch über den „Urgott" zu einer Einigung kommen werden. *(Große anhaltende Heiterkeit.)* Der Herr Minister verzichtete, weil doch jeder in seiner Individualität sich entwickelt habe und seine abgeschlossene Meinung besitze. Meine Herren, dieses Wort ist von ungeheurer Wichtigkeit. Was bedeutet es? Wenn das ganze Erziehungswesen des katholischen und evangelischen Klerus in schließlicher Instanz in die Hände des Kultusministers gelegt wird, so soll sie also geführt werden nach der individualisierten Persönlichkeit des Ministers, *(Beifall im Zentrum, Widerspruch links.)* denn, wenn der Herr Minister sagt, er könne sich nicht vereinigen, weil die Individualität in ihrer festen Entwicklung gegeben sei, so wird er auch gar keine Vorstellung von irgendwelcher Seite annehmen können. Er wird nur von seiner feststehenden Individualität aus handeln können. Sehen Sie, meine Herren,

[1] Adalbert Falk.

da haben Sie den unfehlbaren Kultusminister Preußens! *(Andauernde Heiterkeit.)*

Dann ist als staatsgefährlich von dem Herrn Kollegen Virchow hingestellt worden, daß die Entwicklung des italienischen Papsttums und der Papstgedanken eine absolute Verneinung des Staates sei. Den Beweis dafür ist der geehrte Herr schuldig geblieben. Wir erkennen zunächst absolut nicht an, daß es ein italienisches Papsttum gibt. Das Papsttum ist eine universelle Institution, und der Zutritt zum Papsttum ist jeder Nationalität vorbehalten. Es ist keine davon ausgeschlossen. Und wenn irgendeine Institution der Welt sich ablösen kann und ablöst von dem spezifisch Nationalen, dann ist es gerade das Papsttum, und deshalb ist von einem italienischen Papsttum zu sprechen meiner Meinung nach ein Beweis von der Unkenntnis der Geschichte des Papsttums. Es ist keineswegs feindselig irgendwelcher Nationalität gegenüber, sondern die ganze Geschichte hat es bewiesen, daß in allen Nationen es gleichmäßig entwickelnd und erziehend gewirkt hat. Und die Herren haben ja auch die Gerechtigkeit gehabt, anzuerkennen, daß unsere Erziehung und Kultur durch das Papsttum geworden sei. *(Widerspruch links.)* — Ich wollte, ich könnte hören, was die Herren dort sagen. — Es ist durchaus so gesagt worden! Aber der Herr Abgeordnete Duncker fügt hinzu: ich erkenne das an, aber wenn der Sohn mündig ist, so kann er sich nicht mehr nach der Mutter richten, ja, er begräbt sie. Ich antworte dem Herrn Duncker: doch erst dann, wenn sie tot ist, *(Sehr gut! und Heiterkeit.)* und tot ist die Kirche zu unserer aller Glück nicht; *(Sehr gut!)* wir können sie also nicht begraben wollen.

Staatsgefährlich sollen sodann sein der Syllabus und die Dekrete des vatikanischen Konzils. Meine Herren, es ist mir höchst merkwürdig, und ich habe das auch schon an einer anderen Stelle gesagt, daß der Syllabus und die Encyklika erst und mit einem Mal im Jahre 1871 ungeheuer bedenklich wurden, obwohl sie seit 1864 publiziert waren. Kein Mensch hatte vorher etwas davon gehört. *(Widerspruch.)* Daß man von verschiedenen Seiten die darin aufgestellten theoretischen Sätze nicht billigte, das ist gewiß, aber von irgendeiner Staatsgefährlichkeit habe ich nichts gehört. Außerdem ist es durchaus richtig, daß diese beiden Schriftstücke gar nichts enthalten, als eine Zusammenstellung von Sätzen, die zu den verschiedensten Zeiten durch die verschiedenen Jahrhunderte hin von den Päpsten ausgesprochen worden sind. Wenn nun während aller dieser Jahrhunderte, wo diese Aussprüche erfolgten, gar nichts Staatsgefährliches darin gesehen worden ist, so weiß ich gar nicht, wie die Staatsgefährlichkeit mit einem Mal im Jahre 1871 eingetreten sein kann. Auf die einzelnen Sätze hier einzugehen, würde zu weit führen, aber das möchte ich dem

Herrn Abgeordneten Virchow doch sagen, von einem unzweifelhaften Manne der Freiheit, dem Abgeordneten Keller aus dem Elsaß, können Sie eine Abhandlung darüber lesen, die Sie befriedigen wird [2]. *(Ruf links: Wo denn?)* Sie steht zu Gebot!

Dann, meine Herren, ist heute von dem Herrn Abgeordneten Virchow gesagt worden, die Kirche und die Katholiken seien gefährlich, weil sie in den Franzosen Hoffnungen erregt, die dem Deutschen Reiche schädlich seien. Er hat sich in der Hinsicht auf eine Äußerung Dupanloups berufen. Wenn alle seine Ausführungen so falsch sind wie diese, dann hat er nicht viel Richtiges gebracht. Dupanloup hat zur französischen Nationalversammlung gesagt: Wenn ihr nicht eine tüchtige christliche Erziehung dem Volke gebt, — und das ist für Frankreich, wo die überwiegende Masse des Volkes katholisch ist, die christliche Erziehung nach der Lehre der katholischen Kirche, — dann werdet ihr nie wieder zurecht kommen, keine tüchtige Nation werden und keine Kraft haben.[3] — Wer von uns wird es leugnen, daß gerade darin die Zerrüttung Frankreichs liegt, daß es von Gott abgefallen war? Und Frankreich wird nicht eher wieder Kraft bekommen, als bis es voll und ganz zu Gott zurückgekehrt ist. *(Sehr richtig! im Zentrum.)*

27. WILHELM EMMANUEL FRHR. VON KETTELER, Die Katholiken im Deutschen Reiche. Entwurf zu einem politischen Programm, Mainz 1873, Auszug, S. 6—8 und S. 16—18.

Programm

I. Rückhaltlose Anerkennung der deutschen Reichsgewalt innerhalb der Grenzen ihres jetzigen Rechtsbestandes.

II. Festes nationales Bündnis mit Österreich, dem deutschen Ost-Reiche.

III. Redliche Anerkennung der Selbständigkeit der zum Deutschen Reiche gehörigen Einzelländer, soweit es die notwendige Einheit des Reiches zuläßt, und nach Maßgabe der Reichsgesetze.

IV. Die christliche Religion ist sowohl im Reiche als in den einzelnen

[2] Gemeint ist vermutlich Emile Keller, L'Encyclique et les principes de 1789, 1865.

[3] Virchow hatte Sten. Ber. 632, Dupanloup mit der Bemerkung zitiert, „wenn man nicht das ganze Unterrichtswesen Frankreichs unter die Ultramontanen stellte, dann würde es nicht gelingen, Deutschland zu schlagen".

Staaten bei allen Einrichtungen, welche mit der Religionsübung im Zusammenhang stehen, unbeschadet der Religionsfreiheit, zu Grunde zu legen.

V. Die anerkannten christlichen Konfessionen ordnen und verwalten ihre Angelegenheiten selbständig und verbleiben im Besitze und Genuß der für ihre Kultus-, Unterrichts- und Wohltätigkeitszwecke gestifteten Anstalten und Fonds.

VI. Ein deutsches Reich fordert vor allem deutsches Recht und deutsche Freiheit im Sinne eines gesicherten Rechtsgebietes für die individuelle und genossenschaftliche Freiheit und im Gegensatz zu der lügenhaften Freiheit des Absolutismus und Liberalismus, welche die Freiheit des Individuums und der Genossenschaft vernichten.

VII. Damit verbunden Freiheit des höheren, des mittleren und des niederen Unterrichts, unter gesetzlich geregelter Staatsaufsicht, und Einrichtung der Staatsschule nicht nach der Willkür der Staatsbehörden, sondern nach den realen, religiösen, geistigen und sittlichen Verhältnissen des Volkes.

VIII. Ein deutsches Reich fordert deutsche Verfassungsformen auf allen Gebieten, nicht nur der Reichs- und Landesverfassung, sondern auch der ganzen gesellschaftlichen Verfassung des Volkes für alle seine Bedürfnisse; Korporative Organisation, im Gegensatz zu den mechanischen Verfassungsformen des Liberalismus, Selbstverwaltung im Gegensatz zur reinen Beamtenherrschaft.

IX. Insbesondere eine diesen Grundsätzen entsprechende innere Landes-, Gemeinde- und Kreisverfassung.

X. Ausbau der Reichsverfassung: 1. durch ein Oberhaus, 2. durch ein oberstes Reichsgericht als unantastbares Bollwerk des gesamten deutschen Rechtszustandes, als Bollwerk des öffentlichen Rechtes und als Rechtskontrolle für die Reichs- und Landesverwaltung.

XI. Ordnung des Staatsschuldenwesens, Verminderung der Staatslasten, Ausgleichung der Steuern. Als Mittel dazu: 1. Einführung der Börsensteuer, 2. Einführung der Einkommensteuer für die Gründungs- und Aktiengesellschaften, 3. Betrieb der Eisenbahnen auf Staatskosten, 4. Minderung der Militärlast, 5. Wegfall der Steuer auf die notwendigsten Lebensbedürfnisse.

XII. Korporative Reorganisation des Arbeiterstandes und des Handwerkerstandes; gesetzlicher Schutz der Arbeiterkinder und der Arbeiterfrauen gegen die Ausbeutung der Geldmacht; Schutz der Arbeiterkraft durch Gesetze über Arbeitszeit und die Sonntagsruhe; gesetzlicher Schutz der Gesundheit und Sittlichkeit der Arbeiter bezüglich der Arbeitslokale; Aufstellung von Inspektoren zur Kontrolle der zum Schutze des Arbeiterstandes erlassenen Gesetze.

XIII. Gesetzliches Verbot aller geheimen Gesellschaften, insbesondere des Freimaurerordens als Geheimbund.

Erläuterung und Begründung des Programms, II. Verhältnis des Deutschen Reiches zu Österreich.

Der zweite Satz fordert dann für dieses Deutsche Reich den innigsten Anschluß an Österreich. Zwischen beiden Ländern muß ein so festes Bündnis bestehen, daß es mehr einen nationalen als internationalen Charakter hat.

Das fordert die Natur der Dinge.

Mag man das eine Land „Deutsches Reich", das andere Österreich nennen, so kann der Name die Wahrheit nicht aufheben, daß auch Österreich seiner Geschichte, seinem Fürstenhause und seinen besten Volksstämmen nach zu Deutschland gehört, und daß diese Länder deutsche Länder sind und bleiben. Ich habe schon im Jahre 1866 die Ansicht ausgesprochen *, daß die Verwirklichung des großdeutschen Gedankens, nämlich eines großen deutschen Reiches mit allen Ländern, die zu Österreich und Preußen gehören, jetzt nicht mehr möglich sei; daß dagegen unter den nunmehr denkbaren Wegen: erstens der Zweiteilung Deutschlands durch die Maingrenze, zweitens der Dreiteilung in einen Nordbund, einen Südbund und Österreich und endlich drittens der Vereinigung des gesamten nicht-österreichischen Deutschlands unter Preußen, der letzte den Vorzug verdiene, jedoch unter der doppelten Bedingung, daß die beiden Brudervölker Österreich und Deutschland durch das innigste Band verbunden und daß die einzelnen Länder wieder mit Preußen in der Art vereinigt würden, daß Preußen auf die Verwirklichung des Einheitsstaates vollständig verzichte und die wohlberechtigte Eigentümlichkeit der einzelnen deutschen Länder, soweit sie die Einheit des Reiches nicht hindere, redlich anerkenne.

Dieses enge Bündnis zwischen dem Deutschen Reiche und Österreich fordert aber auch das wohlverstandene Interesse des Deutschen Reiches selbst.

Nur dann, wenn diese Verbindung so innig und fest ist, daß beide Reiche allen anderen Mächten gegenüber wie ein großes Gesamtreich dastehen, kann das neue Deutsche Reich vor schweren Erschütterungen, die seine Existenz bedrohen, bewahrt werden. Der nächste Krieg wird Frankreich ganz anders gerüstet finden wie der eben abgelaufene. Alle

* Siehe meine Schrift: Deutschland nach dem Kriege von 1866, S. 76 ff.

Länder um uns herum werden sich bemühen, das Beispiel Preußens in ihrer Militärorganisation so pünktlich, so genau, so massenhaft nachzuahmen, wie sie es irgend vermögen. So günstige Verhältnisse wie bei diesem Kriege findet Deutschland voraussichtlich nie wieder. Mit solchem Aberwitz wie Napoleon werden sich nie wieder europäische Völker mit Deutschland in einen Krieg einlassen.

Wer kann ohne Verblendung die Gefahren der möglichen Allianzen gegen Deutschland verkennen? Wenn Frankreich nach fünf Jahren nur einen Verbündeten findet, z. B. Rußland oder England mit Dänemark und Schweden, so ist bei allem Heldenmute des deutschen Volkes unsere Existenz bedroht. Nur durch die innigste Verbindung mit Österreich werden alle Gefahren leicht und sicher abgewendet. Nur durch sie wird auch einigermaßen das erreicht, was jene erstrebten, die zur großdeutschen Partei gehörten.

28. Reichskanzler FÜRST BISMARCK, Rede im Preußischen Herrenhaus über seine Politik gegenüber der katholischen Kirche, 25. Sitzung des Herrenhauses, 24. 4. 1873, Sten. Ber. HH 1873, S. 443 ff.

WA: Böhm, Bd. 6, S. 219—226; Kohl, Bd. 5, S. 398—403; GW, Bd. 11, S. 295—298; WiA, Bd. 5, S. 331—337.

Nach einigen Sätzen, die sich auf die Ausführungen seines unmittelbaren Vorredners, Graf Krassow, beziehen, erklärt Bismarck:

Bevor ich eintrat, hat ein Mitglied[1] gesprochen, aus dessen früherer Zugehörigkeit zum Auswärtigen Amte falsche Schlüsse gezogen werden könnten. Man könnte glauben, daß dieses verehrte Mitglied mit unserer Politik und mit den Tendenzen unserer auswärtigen Politik bekannter wäre, als es ist, und man könnte die Schlüsse, die er zieht, für richtiger und zutreffender halten, als sie nach meinem durch langjährigen Verkehr gebildeten Urteil sein können.

Der Herr Redner hat sehr richtig angegeben, daß in dem Verhalten der auswärtigen Politik namentlich und der Staatsregierung im ganzen mit dem Jahre 1870 bis 1871 — ich weiß nicht, welche Epoche — eine ziemlich auffällige Änderung eingetreten sei. Er hat aber daraus, wenn ich recht berichtet bin, die ganz verkehrte Schlußfolge gezogen, nämlich diejenige: weil die Staatsregierung einen unerwartet neuen Feldzugsplan gefaßt habe, so müsse dieser Plan längst fertig und vorbereitet gewesen sein. Aus

[1] Justus v. Gruner, früher Unterstaatssekretär im Außenministerium, Sohn des Mitarbeiters von Stein und Hardenberg Justus Gruner.

der Plötzlichkeit des Wechsels hat er geschlossen, daß die Absicht, zu wechseln, schon lange vorhanden gewesen ist. Wie man auf eine so verkehrte Schlußfolge kommen kann, begreife ich nicht. Gerade die Plötzlichkeit des Wechsels beweist meines Erachtens für die Friedfertigkeit der Regierung, für den Willen namentlich des Auswärtigen Amtes, in der auswärtigen Politik, soweit sie in Beziehung mit Rom zur Wirkung kommt, den konfessionellen Frieden zu erhalten. Der Wechsel erklärt sich einfach aus dem Prinzip der Notwehr. Wenn ich in einer friedlichen Beschäftigung von einem Gegner, von dem ich gehofft, friedlich mit ihm leben zu können, plötzlich angefallen werde, plötzlich den Staat in seinen Fundamenten bedroht sehe, dann muß ich mich natürlich wehren. Jede Notwehr hat etwas Unvorhergesehenes und Plötzliches, und ich bedaure, daß der Herr Vorredner, von dem ich spreche, in seiner langjährigen Beschäftigung im Auswärtigen Ministerium sich über diese ganz unwiderlegliche Wahrheit nicht Klarheit verschafft oder die Elemente, um sich Klarheit zu verschaffen, nicht gewonnen hat, daß er nicht das Erbe seines Vaters in der Weise angetreten hat, daß er politische Erscheinungen richtig beurteilt. Es ist, glaube ich, bekannt, daß gerade ich in meiner ganzen politischer Behandlung konfessioneller Fragen bis an die äußerste Grenze der staatlich möglichen Versöhnlichkeit gegangen bin.

Ich erinnere Sie an einzelne Symptome, daß beispielsweise in Kommissionsverhandlungen ich der Anklage nicht entging, daß ich die Jesuiten in stärkerem Maße begünstigt, als für einen preußischen Minister zulässig sei. Ich habe das getan — es ist eben die Probe gewesen —, ich habe den Kampf auf diesem Gebiete so lange gescheut und so lange zu vermeiden gesucht, daß ich fürchte, er ist fast zu spät von uns aufgenommen worden, daß ich die Friedfertigkeit, mit der ich verfahren bin, zu der ich geraten habe, zu bereuen in manchen Stunden Grund habe. Es hat niemand gegeben, der von den Würdenträgern der katholischen Kirche in dieser seiner Versöhnlichkeit vertrauensvoller anerkannt worden ist; und diese Herren haben mir die Ehre erzeigt, sehr offen und vertrauensvoll mit mir zu sprechen, und haben dargetan, daß sie mich für einen vollkommen friedliebenden und den konfessionellen Frieden so hoch anschlagenden Staatsmann gehalten haben, daß ich manche Übel, die mit meiner Nachgiebigkeit verbunden waren, darüber nicht achtete. Ich kann mich auf das Zeugnis mancher Herrn Bischöfe selbst berufen, daß es ganz richtig ist, wie es Herr von Gruner gesagt hat, daß von mir sich niemand der Tat versehen kann, ich würde jemals konfessionelle Streitigkeiten vom Zaune brechen. Wenn ich dennoch dazu gekommen bin, so muß es in mir sehr starke Überzeugung gewesen sein, daß durch die Tätigkeit, nicht der katholischen Kirche, sondern der nach weltlicher Priesterherrschaft strebenden Partei innerhalb der katholischen Kirche, eine Politik getrieben wurde, welche die Grundlagen unseres Staates in einer Weise anfaßte, resp. erschütterte oder bedrohte, daß ich als Minister die Verantwortlichkeit für längeres Zuwarten nicht mehr tragen konnte. Weil ich auch in diesem Stadium alles konfessionell Verletzende vermeide, und weil es außerordentlich schwer ist, diese Dinge zu berühren, ohne daß einem stets die Volte geschlagen wird, daß, wenn man eine Partei meinte, man die ganze Institution der katholischen Kirche meinte, ja das Kirchliche überhaupt — es ist das sehr schwer zu unterscheiden, da bei der außerordentlichen Geschlossenheit der katholischen Kirche nur eine sehr genaue Kenntnis und Beobachtung der Verhältnisse für den Nachweis bürgt, daß dort Unterströmungen sind, die mit der christlichen Institution der katholischen Kirche gar nichts zu tun haben — und ich fürchte da verletzend zu wirken. Ich mache nur aufmerksam auf die Tatsache, die Herr von Gruner, ich glaube gegen seinen Willen, zu meiner Freude bezeugte, daß bis zum Jahre 1871, bis zur Bildung der Zentrumspartei und bis zur systematischen Herstellung der hetzenden Kapellanspresse in ganz Deutschland, bis zur Bildung einer polnischen Partei in Schlesien, bis zu dem Mißbrauch der Kirchengewalt zu nationalpolnischen Zwecken unter der Mitwirkung der Geistlichen, daß bis zu dieser Zeit eine wohlwollende, versöhnliche Stimmung geherrscht hat, dies Zeugnis des Herrn von Gruner, über dessen Gegnerschaft ich jedesmal von neuem überrascht bin, wenn sie sich kund tut, nehme ich mit Dank an. Es wird damit zugleich die Behauptung widerlegt, während er umgekehrt damit sie hat stützen wollen, wie es scheint, daß die auswärtige Politik, sobald der Sieg über Frankreich erfochten wäre, eine feindliche Tendenz gegen den Papst und eine freundliche für Italien, eine feindliche für die Unabhängigkeit der päpstlichen Herrschaft zu Rom angenommen hätte. Dies koinzidiert mit einem andern Zeugnis, welches ich gestern abend gelesen habe, mit dem sogenannten Tagebuch der französischen Regierung aus der Kriegs- und Belagerungszeit, wo aus einem, wie ich glaube, unverdächtigem Munde nochmals alle die Lügen widerlegt werden, zu deren Organen sich manche gemacht haben, die es nicht hätten tun sollen, als wäre von deutscher Seite Italien aufgemuntert worden, sich plötzlich Roms zu bemächtigen und gewalttätig gegen die dortige päpstliche Herrschaft einzugreifen.

Wir haben uns absolut enthalten, in den italienischen Angelegenheiten mitzuwirken und mitzureden, und glaubten diese Enthaltung dem deutschen Volke und dem deutschen Interesse, namentlich den Interessen der evangelischen Majorität der deutschen Bevölkerung schuldig zu sein. Wir konnten für die Wünsche unserer katholischen Mitbürger, mochten sie berechtigte oder unberechtigte sein, einen Krieg auf Kosten des Ganzen nicht führen, und sie selbst, wenn sie allein zu entscheiden gehabt hätten, würden ihn auch nicht geführt haben. Ich will das, was in den sogenannten Tagebüchern der französischen Regierung auch wieder hervorgehoben ist, und was ich schon bei anderer Gelegenheit zur Widerlegung dieser Unwahrheiten gesagt habe, wiederholen, daß wir gerade um jene Zeit in Spannung mit der italienischen Regierung waren, weil wir glaubten, sie hätte das Vorgehen Garibaldis mit mehr Energie verhindern können, als sie es in der Tat getan hat, daß wir sehr lange geteilter Ansicht waren, ob Garibaldi als Soldat zu behandeln sei, wenn er in unsere Gewalt geriete. Diese Frage hat keine praktische Entscheidung gefunden, weil es Garibaldi gelungen ist, unserer Einschließung sich zu entziehen, und Sie sehen aus diesem unwiderleglichen Bericht des Feindes, der uns im ganzen billiger beurteilt als alte Freunde, Sie sehen, wie dreist diese Erfindung gewesen ist, wir hätten mit Garibaldi Beziehungen gehabt, um die damalige Stellung des Papstes zu erschüttern. Ich habe das bei anderer Gelegenheit schon dargelegt im andern Hause und auch hier; ich habe aber nicht dieselbe Zeit zu Wiederholungen wie andere. *(Heiterkeit.)*

Ich verweise darauf, wo ich die Genesis meiner Überzeugung, daß zur Notwehr für den gefährdeten Staat die Regierung gezwungen sei, und ferner dargelegt habe, daß die Regierung und Seine Majestät der König mit ihr die Überzeugung haben, daß der Staat in seinen Fundamenten bedroht und gefährdet ist von zwei Parteien, die beide das gemeinsam haben, daß sie ihre Gegnerschaft gegen die nationale Entwicklung in internationaler Weise betätigen, daß sie Nation und nationale Staatenbildung bekämpfen. Gegen diese beiden Parteien müssen meines Erachtens alle diejenigen, denen die Kräftigung des staatlichen Elements, die Wehrhaftigkeit des Staates am Herzen liegen, gegen die, die ihn angreifen und bedrohen, zusammenstehen, und deshalb müssen sich alle Elemente zusammenscharen, die ein Interesse haben an der Erhaltung des Staats und an seiner Verteidigung teils gegen diejenigen, welche offen sagen, was sie an die Stelle des Staates setzen wollen, teils gegen diejenigen, welche einstweilen den Staat untergraben, sich aber noch vorbehalten, was sie an seine Stelle setzen wollen — gegen diese Gegner müssen sich alle treuen Anhänger des Königs, müssen sich alle treuen Anhänger des preußischen Staates, in dem wir leben, zusammenscharen.

Wenn ich mich nicht täusche, so zeigen schon die kommenden Wahlen die Symptome, daß alle Parteien, welche ohne Nebenzwecke, ohne Zorn und ohne Verstimmung den Staat als solchen wollen, sich um uns scharen und von ihrer Phalanx die Parteien ferne halten, von denen sie mit mir überzeugt sind, daß sie mit Wissen und unwissentlich Feinde dieses Staates sind. Daß sich in diesem Kampfe das Herrenhaus auf seiten des Staates und der Regierung befinden wird, das bezweifle ich nicht, aber schmerzlich ist es, wahrzunehmen, in diesem Kampf die Träger so mancher Namen, deren Vorfahren in glorreicher Weise zur festen Begründung unseres Staates beigetragen haben, nicht auf der Seite zu finden, auf der ich sie vermutete, nämlich auf der Seite des preußischen Staates, den wir verteidigen gegen Bedrohungen und Untergrabungen! *(Beifall.)*

29. Abgeordneter MORIZ MOHL über Frauen- und Kinderarbeit, 23. Sitzung, 30. April 1873, Sten. Ber. RT, 1. Leg. Per., IV. Session, Bd. 1, S. 399 bis 402, Auszug, S. 401 f. (Bd. 27 der Gesamtreihe).

Meine Herren! Es ist, meines Wissens, nicht begründet, daß in Deutschland, soweit ich es kenne, eine übertriebene Arbeit stattfindet, und, meine Herren, die Arbeiter, welche ja gegenwärtig die horrendesten Forderungen machen, die Arbeiter hätten schon längst in der Beziehung ganz andere Forderungen gestellt, wenn es wirklich der Fall wäre. Es erinnert mich dies an ein Wort Napoleons I. Als man die Frage von der Sonntagsfeier im französischen Staatsrat erörterte, waren kirchlich gesinnte Männer da, welche darauf drangen, man soll strenge Gesetze gegen die Sonntagsarbeit geben. Da sagte Napoleon: „Meine Herren, solange wir die Menschen sonntags nicht ernähren, solange haben wir kein Recht, ihnen Sonntagsarbeit zu verbieten!“ Und, meine Herren, solange der Staat die Menschen nicht ernährt, solange hat er, nach meiner Ansicht, kein Recht, den Arbeitgebern und Arbeitnehmern zu verbieten, diejenigen Vertragsverhältnisse in dieser Beziehung miteinander einzugehen, welche ihnen beiden konvenieren.

Ich gebe zu, meine Herren, daß in Bezug auf Kinder ein wesentlicher Unterschied zu machen ist, daß auch in Bezug auf Frauen gewisse Rücksichten zu beobachten sind. Was die Kinder betrifft, so haben wir in Deutschland, was man in England und in Frankreich nicht hat, die Schulpflicht, bei uns in Württemberg bis zum 14. Jahre, und es darf kein Kind der Schulpflicht entzogen werden; es darf höchstens ein paar Jahre vor vollendeter Schulzeit einen Teil des Tages zur gewerblichen Arbeit verwendet werden, wenn nachgewiesen wird, daß es die Hälfte des Tages einen vollständig genügenden Schulunterricht erhält. Und, meine Herren, es ist in England bewiesen, namentlich von Dr. Chadwick, einem der ersten Menschenfreunde, auf das merkwürdigste nachgewiesen, daß diejenigen Kinder, welche die Bewegung und praktische Erfahrung bei der Arbeit neben ihrem Schulunterricht haben, mehr lernen und intelligenter sind als diejenigen, die den ganzen Tag faul und geistig ermüdet auf der Schulbank sitzen.

Meine Herren! Wir haben also in Deutschland, was wenige Länder in Europa haben, die Schulpflicht. Dadurch schon ist die Kindheit geschützt.

Man sagt nun, ja, aber die Kinder nach dem 16. Jahre sind durch das Gewerbegesetz nicht mehr geschützt. Ich glaube, meine Herren, wir wollen doch vorher die wenigen Klagen und die sachkundigen Darstellungen von darüber erfahrenen Männern abwarten, ehe wir eingreifen in den Erwerb dieser Kinder, in den Erwerb ihrer Eltern, in die volkswirtschaftlichen Verhältnisse der Gewerbe und in den ganzen Wohlstand des Volkes überhaupt. Meine Herren! Erlauben Sie mir, den Gesichtspunkt hervorzuheben, daß es nichts Gefährlicheres gibt, als wenn man von Obrigkeits wegen in einem so großen Reiche von einem Mittelpunkt aus in das Kaleidoskop des Gewerbewesens, das mit jeder Handumdrehung ein anderes Bild gibt, eingreift; wenn man hier feste Bestimmungen von 12 Stunden, von 11 Stunden, von 10 Stunden gibt, und wenn man dadurch, ohne die Verhältnisse zu kennen, mit eiserner Hand die Fäden zerreißt, von welchen die wirtschaftliche Lage der Arbeitgeber, der Arbeiter und somit im weiteren Umkreise des Volkes abhängt.

Meine Herren! Ich glaube, die Anträge der Kommission [1] sind, so wie sie gestellt sind, nicht so praktisch begründet, daß daraufhin etwas Wesentliches geschehen kann.

Erlauben Sie mir noch ein Wort auf das zu sagen, was ein hochverehrtes Mitglied, das, wenn ich mich nicht irre, selbst Vorstand einer industriellen Anstalt ist, soeben bemerkt hat. Ich glaube, meine Herren, daß es nicht wohlgetan ist, und ich sage dies gewiß nicht ohne allen politischen Hintergrund, ich glaube, daß es nicht wohlgetan ist, allzuweite Kreise in dieser Beziehung zu ziehen. Ich glaube, daß es nicht wohlgetan ist, wenn man die Aufsicht auf die Behandlung der Frauen, die Aufsicht auf die Behandlung der Kinder, die ja ganz wesentlich zusammenhängt mit dem Schulwesen, zentralisiert. Ich glaube, daß allgemeine Grundsätze, wie sie in der Reichs-Gewerbeordnung gegeben sind, hinreichen, und daß es Sache der Einzelstaaten ist, alsdann darauf zu sehen, daß Mißbräuche nicht stattfinden. Meine Herren, es gibt ein russisches Sprichwort: Gott ist groß und der Kaiser ist weit. Ja, meine Herren, wie kann denn die Reichsregierung in den bayerischen Alpen, wie kann sie zugleich an der Nordsee, wie kann sie in Sachsen, wie kann sie in West-

[1] Diejenigen Erhebungen zu veranstalten, die für die Beurteilung der Angemessenheit und Notwendigkeit eines gesetzlichen Schutzes der in Fabriken beschäftigten Frauen und Kinder gegen Sonntagsarbeit erforderlich sind.

falen, am Rhein und überall zugleich ihr Auge haben, um diese Detailverhältnisse zu übersehen und zu ordnen?

Meine Herren! Ich glaube, wir werden der Sache des gesamten deutschen Volkes einen wahren Dienst leisten, wenn wir heute aus Veranlassung dieser pietistischen Eingaben zur Tagesordnung übergehen würden, und wenn wir es weiteren Erwägungen und etwaigen gegründeteren Anträgen überlassen würden, ob und was in dieser Beziehung zu geschehen hätte. *(Lebhaftes Bravo.)*

30. Kollektiveingabe des preußischen Episkopats, dem Königlichen Staatsministerium vorgelegt am 26. Mai 1873, in: Nikolaus Siegfried (= P. Victor Cathrein SJ), Actenstücke betreffend den preußischen Culturkampf nebst einer geschichtlichen Einleitung, Freiburg 1882, S. 188 f.

WA: Huber, Staat und Kirche, S. 612 f.

Hohes Königliches Staatsministerium!

Unter Bezugnahme auf die veröffentlichte bischöfliche Denkschrift vom 20. September v. J. und auf die am 30. Januar d. J. dem hohen Königlichen Staatsministerium vorgelegte Kollektiv-Eingabe[1] sind wir, die unterzeichneten Erzbischöfe und Bischöfe, zu unserem tiefsten Bedauern genötigt, Hochdemselben ganz ergebenst zu erklären, daß wir nicht im Stande sind, zum Vollzuge der am 15. d. M. publizierten Gesetze[2] mitzuwirken.

Diese Gesetze verletzen die Rechte und Freiheiten, welche der Kirche Gottes nach göttlicher Anordnung zustehen. Sie verleugnen gänzlich das

[1] Fuldaer Denkschrift der Erzbischöfe und Bischöfe über die gegenwärtige Lage der katholischen Kirche im Deutschen Reiche, 20. 9. 1872, Siegfried, S. 133 bis 150; Huber, Staat und Kirche, S. 563—579; Denkschrift des gesamten preußischen Episkopats an das Staatsministerium, 30. 1. 1873; Siegfried, S. 163—171; Huber, Staat und Kirche, S. 582—589.

[2] Gesetz über die Vorbildung und Anstellung der Geistlichen. Vom 11. Mai 1873, Preuß. GS 1873, S. 191 ff.; Siegfried, S. 177 ff.; Huber, Staat und Kirche, S. 594 ff. Gesetz über die kirchliche Disziplinargewalt und die Errichtung des Königlichen Gerichtshofes für Kirchliche Angelegenheiten. Vom 12. Mai 1873, Preuß. GS 1873, S. 198 ff.; Siegfried, S. 181 ff.; Huber, Staat und Kirche, S. 602 ff. Gesetz über die Grenzen des Rechts zum Gebrauche kirchlicher Straf- und Zuchtmittel. Vom 13. Mai 1873, Preuß. GS 1873, S. 205 f.; Siegfried, S. 186, Huber, Staat und Kirche; S. 608 f. Gesetz betreffend den Austritt aus der Kirche. Vom 14. Mai 1873, Preuß. GS 1873, S. 207 f.; Siegfried, S. 187 f.; Huber, Staat und Kirche, S. 610 f.

Grundprinzip, nach welchem seit Constantin dem Großen die christlichen Völker in den verschiedenen Staaten das Verhältnis zwischen Staat und Kirche geordnet sahen, das Prinzip, welches im Staate und in der Kirche zwei verschiedene von Gott eingesetzte Gewalten anerkennt, die bei der manchfaltigen Berührung und Verschlingung der Verhältnisse in Bezug auf die Regulierung der Grenzen ihrer Befugnisse darauf angewiesen sind, nicht einseitig vorzugehen und eigenmächtig die Grenzen und Schranken zu setzen, sondern über die zu treffenden Anordnungen und Bestimmungen sich zuvor friedlich zu verständigen.

Die Kirche kann das Prinzip des heidnischen Staates, daß die Staatsgesetze die letzte Quelle alles Rechtes seien und die Kirche nur die Rechte besitze, welche die Gesetzgebung und die Verfassung des Staates ihr verleiht, nicht anerkennen, ohne die Gottheit Christi und die Göttlichkeit seiner Lehre und Stiftung zu leugnen, ohne das Christentum selbst von der Willkür der Menschen abhängig zu machen.

Eine Anerkennung dieser Gesetze wäre daher eine Verwerfung des göttlichen Ursprunges des Christentums, weil sie das unbedingte Recht des Staates einräumen würde, das ganze Gebiet des christlichen Lebens durch Gesetze zu bestimmen.

Eine solche Anerkennung wäre aber auch ein Verzicht auf alle anderen historischen und positiven Rechte der Kirche in Preußen, weil die Gesetzgebung als einzige Quelle des Rechtes sie alle ohne Ausnahme nach Gutdünken einseitig in Zukunft aufheben könnte.

Auch denjenigen einzelnen Bestimmungen der gedachten Gesetze, welche von der Kirche an verschiedene Staaten kraft eines Übereinkommens derselben mit dem Apostolischen Stuhle zugestanden sind, vermögen wir aus diesem Grunde nicht Folge zu geben; sonst würden wir die Kompetenz des Staates, über kirchliche Dinge einseitig zu verfügen, anerkennen.

Es folgen die Namen der Bischöfe.

31. Reichstagsdebatte über die Festlegung der ordentlichen Session auf die Monate Oktober bis Dezember, 51. Sitzung, 13. Juni 1873, Sten. Ber. RT, 1. Leg. Per., IV. Session, Bd. 2, Auszüge, S. 1110 ff. (Bd. 28 der Gesamtreihe).

a) Abgeordneter Leopold Frhr. v. Hoverbeck, S. 1119.

Meine Herren, ich nehme bloß deshalb das Wort, nicht um eine längere Rede im Namen sämtlicher Antragsteller zu halten, sondern weil es die einzige Möglichkeit ist, hier an dieser Stelle noch auf das einzugehen, was der Herr Reichskanzler gesagt hat. Mit vielem von dem, was derselbe gesagt hat, könnte man sich vollständig einverstanden erklären, namentlich war der Schluß seiner Rede, in der er die Priorität der Arbeiten des Reichstages gegenüber denen der Einzellandtage hervorhob, und unsere Berechtigung, dafür eine gebührende Stelle zu verlangen, anerkannte, durchaus meinen Ansichten entsprechend. Um so mehr mußte ich es bedauern, daß er auch eine Ansicht geäußert hat, die ich in jeder Weise für nachteilig halte, — den Rat, welchen er dem Reichstage gab, auf eine Herabsetzung der beschlußfähigen Zahl einzugehen. *(Sehr richtig!)* Nach meiner Meinung wäre ein solcher Beschluß seitens des Reichstages sogut wie eine Bankrotterklärung. *(Lebhafte Bewegung, Widerspruch, Zustimmung.)* Wenn eine gesetzgebende Versammlung von vornherein sich andere Gesetze gegeben hätte, wenn, wie bei dem englischen Parlamente, von jeher derartige Einrichtungen eingeführt wären, wonach eine geringere Zahl beschlußfähig wäre, so wäre ein Beharren bei dieser, wie ich meine, an sich falschen Praxis vielleicht zu entschuldigen. Wenn aber das Deutsche Reich sich gleich so konstituierte, daß es das allgemeine Wahlrecht einführte und nun also eine Versammlung zusammentritt, die den Willen des ganzen Volkes repräsentieren soll, dann, meine ich, ist es eine würdige und richtige Bestimmung, daß bei jeder Beschlußfassung mindestens die Majorität sämtlicher Wahlkreise des ganzen Landes vertreten sei. Wenn man nun aus dem Grunde, daß sich nicht genug Abgeordnete zu den Sitzungen eingefunden hätten, um dieser Bestimmung zu genügen, andere trifft, so wäre das eine Erklärung dahin, daß im deutschen Volke die Männer nicht vorhanden sind, welche notwendig sind zu seiner Vertretung, oder daß man sie nicht da sucht, wo man sie finden kann. Das Letztere ist aber [der] Fall. *(Bravo!)* Diese ganze künstliche Manipulation wäre ganz bestimmt nicht notwendig, wenn man das allgemeine Wahlrecht nur ehrlich zur Wahrheit machen wollte, indem man das passive Wahlrecht von allen Schranken befreite. Dann, meine Herren, wenn man dem armen Manne so gut wie dem reichen den Weg in den Reichstag eröffnete, dann würden wir immer einen beschlußfähigen Reichstag haben. Aus dem Grunde bitte ich Sie, meine Herren, dem verderblichen Gedanken ja auch nicht entfernt Zugang zu ihren Herzen zu gestatten! *(Bravo!)*

b) Abgeordneter Wilhelm Loewe, S. 1119 f.

Dem Herrn Reichskanzler muß ich auf die letzte Bemerkung in Bezug auf das stärkere Fehlen der Wohlhabenderen, die ich auch schon in einem offiziösen Blatte gesehen habe, erwidern, daß diese Tatsache doch nur beweist, daß wir mit der Bevorzugung der reicheren Klasse, die unser System mit sich bringt, nicht die richtigen Klassen gewählt haben, aus denen die Abgeordneten genommen werden müßten. Aber ich muß doch dieser Statistik, so gut wir sie auch für unsere Argumentation gebrauchen können, entgegensetzen, daß es ja doch nur ganz natürlich ist, wenn sich alle Fehlenden auf allen Seiten gleichmäßig verteilt finden, ebenso auf allen Seiten in der großen Mehrzahl wohlhabende Leute sich finden, und daß, da nun die wohlhabenden Leute einmal die Majorität im Hause bilden, es doch auch nicht zu verwundern ist, daß die Majorität der Fehlenden auch wohlhabende Leute sind. Ich bin nun überzeugt, daß wir bei Entschädigung mit Diäten sicher ein beschlußfähiges Haus haben würden; ich muß aber offen gestehen, meine Herren, daß ich nicht glaube, daß wir die Zustände wesentlich bessern mit all den Mitteln, die wir heute hier haben vorschlagen hören. Wir ändern unsere Lage nicht wesentlich dadurch, daß wir einen andern und einen ganz bestimmten Zeitpunkt für den Zusammentritt nehmen, wenn ich auch eine Besserung darin sehe. Aber ein Nachteil, der auf dieser Versammlung ruht, wird doch immer noch bleiben. Dieser Nachteil, meine Herren, — das spreche ich offen aus — ist der Mangel einer parlamentarischen Regierung. Haben wir kein verantwortliches Ministerium, haben wir keinen direkten Einfluß auf das Bestehen dieses Ministeriums, so werden alle diese verschiedenen Mittel, die Sie hier anführen werden, zu der Zeit, in der sie einmal gelten sollen, in der Zeit großer Erschlaffung, nicht ausreichen. In dieser Beziehung weise ich gerade auf das Beispiel von England hin, da es einmal angezogen ist. Ja, in England kann man ganz leicht die beschlußfähige Anzahl auf 40 herabsetzen, weil die Parteien sicher sind, daß nur eine Regierung der Majorität vorhanden ist, und daß die Majorität ihren Willen immer wieder geltend machen kann. In England kann man eine ganze Reihe von anderen Manipulationen machen, weil die Disziplin der Parteien, das Heranziehen der Leute bedingt wird nicht bloß durch das allgemeine politische Interesse an dieser oder jener Maßregel, sondern durch das gebieterische Partei-Interesse, das die Partei in der Macht erhalten oder zur Macht bringen will, durch das Interesse an den spoils, wie in England und Amerika der technische Ausdruck lautet. Die spoils sind es, die den Whipper-in ersetzen, und wenn die spoils nicht wären, d. h. wenn die Herrschaft mit der Befriedigung des Ehrgeizes und anderer Vorteile nicht wären, so würde es auch dort nicht möglich sein, die Geschäfte so zu führen, wie es geschieht. Wir haben außerdem, weil wir keine parlamentarische Regierung haben, weil wir kein aus der Majorität hervorgehendes Ministerium haben, in den Verhandlungen viel mehr zu tun, und zwar viele ermüdende Arbeiten, als wir sonst zu tun hätten. Da ist zuerst die Art von Kontrolle, die im deutschen Parlamentarismus Gewohnheit geworden ist, die viel Zeit und Kräfte in Anspruch nimmt und die doch in unseren Zuständen unerläßlich ist. Und dann, glauben Sie, daß die Menge von Petitionssachen, die Masse von Anträgen, die Fälle von eigener Initiative, die hier dem Hause sozusagen durch die Verhältnisse aufgedrängt wird, um die Entwicklung nur überhaupt in Gang zu erhalten, glauben Sie, daß das alles so wäre, wenn ein Reichsministerium dasäße, aus diesem Hause hervorgegangen oder von diesem Hause beeinflußt? Ich hoffe, wir würden dann nach der historischen Entwicklung der Dinge bei uns weniger von den Nachteilen der parlamentarischen Regierung haben als andere Nationen, aber den Vorteil doch sicherlich, daß die Majorität sicherer wäre, daß die Geschäfte in ihrem Sinne geführt würden und dann auch imstande wären, mit einem kleineren Quorum von Mitgliedern eine Reihe von Geschäften abzumachen. Aber nicht bloß bei uns tritt der Übelstand hervor, selbst die Geschäftsführung des Reichskanzleramtes ist mit der jetzigen Überlastung auf die Dauer nicht durchführbar. Ich bin überzeugt, meine Herren, so gewaltig im Reichskanzleramt gearbeitet wird und so gut im Bundesrat und von so vielen intelligenten Kräften auch gearbeitet wird, — es wird nicht möglich sein, diese Arbeitslast zu bewältigen, wenn man sich nicht entschließen kann, regelmäßige Reichsministerien einzurichten. Nur diese Ministerien sind auch imstande, Garantien zu leisten, daß wir mit vollständigen Vorlagen bei unserem Zusammentritte begrüßt werden; daß wir nicht wochenlang unsere Tagesordnung zusammenstoppeln müssen, um die Beratung im Gang zu erhalten. Wir haben heute viel Kritik an uns selbst geübt; wir haben die Aufmerksamkeit darauf gerichtet, mit welchen großen und kleinen Mitteln wir in dieser Versammlung etwas ändern können. Ich glaube, wenn wirklich geholfen werden soll, so müssen wir die Augen höher richten, d. h. auf die Verfassung und die Institutionen. Denn es sind die Mängel unserer Verfassung, die erst vervollkommnet werden muß, welche diese Übelstände alle herbeigeführt haben. Wir für unsern Teil können die Institutionen, wenigstens in diesem Augenblicke, nicht ändern, wir tun jetzt, was wir können, indem wir sagen: „Alles, was an uns ist, was den gegenwärtigen Zustand bessern kann, wollen wir tun.“ Das ist der Vorschlag, den wir Ihnen in der Schulzeschen Resolution unterbreitet haben, und der weitere, die Session in den Herbst zu verlegen. Mit diesem Schritte haben wir wieder bewiesen, daß es an uns nicht liegen soll, wenn die Geschäfte nicht genügend gefördert werden.

32. Sogenannte Staatskatholikenadresse an den Kaiser, 14. Juni 1873, in: Aufzeichnungen und Erinnerungen aus dem Leben des Botschafters Joseph Maria von Radowitz, hrsg. von Hajo Holborn, Stuttgart 1923 (Neudruck Osnabrück 1967), Bd. 1, 1839—1877, S. 274 f. (Deutsche Geschichtsquellen des 19. Jh., Bd. 15).

Euer Majestät!

Von einer Anzahl katholischer Bischöfe in Deutschland ist unlängst das feierliche Wort ausgesprochen worden: „Wir werden unsere Pflichten gegen die weltliche Obrigkeit, gegen das bürgerliche Gemeinwesen und gegen das Vaterland mit unverbrüchlicher Treue und Gewissenhaftigkeit zu erfüllen fortfahren, indem wir nie vergessen, daß nicht Kampf und Trennung, sondern Friede und Eintracht das Verhältnis ist, das nach Gottes Willen zwischen den beiden von ihm zur Wohlfahrt der menschlichen Gesellschaft angeordneten Gewalten bestehen soll." In dem Augenblicke, wo ein wichtiges Gesetzgebungswerk in Preußen zum Abschlusse gekommen ist, das während seiner Vorbereitung Veranlassung zu Zweifeln, zu Besorgnis und zu leidenschaftlicher Bekämpfung gegeben hat, finden wir katholischen Untertanen Eurer Majestät uns gedrungen, vor Allerhöchstdemselben und unseren Mitbürgern, an die bischöflichen Worte anknüpfend, zu erklären, daß wir diese Ziele des Friedens nicht durch das Auftreten und die Agitationen einer extremen Partei unter uns, welche die konfessionelle Eintracht im Volke tief erschüttert, gestört sehen wollen.

Wir wollen nicht, daß bestehende Gesetze bestritten und mißachtet werden; denn mit der Autorität der Gesetzgebung wird die Grundlage des Staates, der Schutz des Rechtes aller untergraben.

Wir wollen nicht durch Nachgeben an unberechtigte Ansprüche, welche neuerdings erhoben werden, nachdem sie lange Zeit geruht hatten, einen unheilvollen Streit zwischen Staat und Kirche im Deutschen Reiche, dessen segensreiche Fortentwicklung wir als Deutsche mit Hingabe und Aufopferung aller unserer Kräfte erstreben, geschürt und verewigt sehen.

Von der Überzeugung ausgehend, daß die Ziele von Eurer Majestät Regierung nicht gegen die Gewissensfreiheit der Katholiken und gegen deren paritätische Stellung im Staate und gegen die Betätigung des religiösen Lebens der Kirchen des Landes gerichtet sind, stehen wir den Anklagen des Mißverständnisses und der Leidenschaft gegenüber fest zu dem Reiche und der Regierung.

Wir erachten das Gebiet von Staat und Kirche als durch die Natur beider bedingt, aber wir müssen und werden für den Staat stets das Recht in Anspruch nehmen, die Grenzbestimmung zwischen beiden den Bedürfnissen und Verhältnissen der stets wechselnden lebendigen Entwicklung der Gesellschaft entsprechend selbständig zu gestalten. Wir erwarten von dem festen und sicheren Gange einer wohlüberlegten Gesetzgebung, daß diese auch die Billigung und Mitwirkung der kirchlichen Behörden schließlich finden wird.

Wir verwahren uns auf das entschiedenste gegen den allenthalben gemachten Versuch der extremen Partei, sich als alleinige Vertreterin der Katholiken Deutschlands hinzustellen.

Auf Eurer Majestät landesväterlichen Sinn und hohe Gerechtigkeit, welche für alle Reichsangehörigen mit gleichem Maße mißt, auf die Liebe, womit Allerhöchstdieselben alle Glieder der vielgestalteten Staatsgemeinschaft umfassen, zu welcher die deutschen Stämme unter Eurer Majestät glorreich erhabenen Krone verbunden sind, setzen wir unerschütterliches Vertrauen und bestätigen unsererseits das vor zwei Jahren gesprochene Königliche Wort: „Das Vertrauen zwischen Mir und Meinen katholischen Untertanen wird ein gegenseitiges und dauerndes bleiben."

33. Antrittshirtenbrief des altkatholischen Bischofs JOSEPH HUBERT REINKENS, 11. August 1873, in: Emil Friedberg (Hrsg.) Aktenstücke, die altkatholische Bewegung betreffend, mit einem Grundriß der Geschichte derselben, Tübingen 1876, S. 377—390, Auszüge, S. 377 f., S. 379—381 und S. 382 f.

Joseph Hubert Reinkens, katholischer Bischof, den im alten katholischen Glauben verharrenden Priestern und Laien des Deutschen Reiches.

Gruß in dem Herrn!

Mehr als 50.000 Katholiken Deutschlands, denen die Wahrheit noch von unvergleichlichem und unvergänglichem Werte ist, haben durch ihre Delegierten im Vereine mit den glaubenstreuen Priestern mich zu ihrem Bischofe in ungewohnter Art erwählt; aber diese scheinbar neue Weise ist nur die alte, unterdrückte, — die apostolische, wahrhaft kirchliche: indem wir, Geliebte im Herrn, Neues zu tun schienen, sind wir zurückgekehrt zur ursprünglichen Legitimität. Tausend Jahre und länger, ja, wie der Briefwechsel des h. Bernhard v. Clairvaux beweist, noch im zwölften Jahrhunderte galt auch in der abendländischen Kirche vom kirchlichen Standpunkte aus nur diejenige Wahl eines Bischofs als legitim, d. h. als der im Auftrage Jesu Christi von den Aposteln getroffenen Anordnung gemäß, welche durch Klerus und Volk vollzogen war. Doch kamen Störungen und Verletzungen dieser apostolischen Anordnungen schon früher vor. Als das bischöfliche Amt mehr und mehr mit äußerer Würde und mit irdischem Reichtum und Fürstenglanz umgeben wurde, als die nachgeborenen Söhne der Vornehmen anfingen, einen Kaufpreis dafür zu bieten, machten die weltlichen Herrscher, in deren Reihe auch der Papst von Rom getreten war, einen Handel daraus; da raubten sie der Gemeinde, dem gläubigen Volke und dem Klerus die Wahl, und sie usurpierten allmählich das Recht derselben unter verschiedenen Titeln, — der römische Papst seinerseits unter dem Titel der ausschließlichen Statthalterschaft Gottes, da doch schon vorher viele Jahrhunderte hindurch die einzelnen Bischöfe insgesamt (jeder sich selbst und auch alle andern) sich Statthalter Gottes genannt hatten. Nach vielhundertjährigen Kämpfen, unter den schwersten Schädigungen der zeitlichen Wohlfahrt der Völker wie der christlichen Religion selbst, haben wir als Resultat in der abendländischen Kirche die völlige Vernichtung der freien Bischofswahlen und damit auch die Vernichtung der apostolischen Legitimität der Bischöfe.

Durch den jetzigen Papst ist die göttlich geordnete Verfassung definitiv vernichtet worden. Zur Wiederherstellung des Gott mehr als einem Menschen gehorchenden Episkopats mußte auf die apostolische Form der Bischofswahl zurückgegriffen werden. Reinkens hat sich nach eindringlichen Bitten von 20 Priestern und 56 Gemeindedelegierten wählen lassen.

Ich bin nicht vom römischen Papste ernannt, ich habe seine Bestätigung nicht nachgesucht, ihm keinen Eid geschworen. Wäre das kanonische Recht im Bewußtsein der Gläubigen noch in voller Kraft, so würde die Anschauung einzelner sich allgemein Bahn brechen, daß der apostolische Stuhl zu Rom jetzt nicht besetzt sei, da ein in der Irrlehre hartnäckig beharrender Papst als abgesetzt zu erachten sei, ohne daß es eines besonderen Richterspruches bedürfe. Und allerdings hat Pius IX., in schweren Irrtümern befangen, sich gegen die katholische Kirche aufgelehnt, indem er am 18. Juli 1870 sich selbst die kirchliche Allgewalt in dem ordentlichen Universalepiskopat als göttliche Prärogative zugeschrieben, mithin die apostolische Verfassung der Kirche zerstört und zugleich erklärt hat, seine eigenen Kathedralentscheidungen in Glaubens- und Sittenlehren seien aus sich selbst (ex sese) irreformabel (unwandelbar), nicht aber kraft der Zustimmung der Kirche (oder Übereinstimmung mit der Kirche — non autem ex consensu Ecclesiae), d. i. der Mutter, die er also verachtet. Christus, unser Herr und Heiland, der Bräutigam seiner Kirche, hat niemanden im Himmel und auf Erden über seine Braut gestellt. Er hat die Kirche als die höchste Sittenrichterin autorisiert und erklärt, wer ihren Spruch nicht höre, der solle uns sein wie ein Heide und Publican (Matth. 18, 15—17). Aber Pius IX. stellt seinen Spruch höher als den der Kirche und behauptet, er als höchster Sittenrichter brauche sie nicht zu hören. Wie könnte ich da dem Manne, der, dem Herrn widerstehend, sich über das Gericht der Kirche erhebt, durch einen Eid mich verbinden, der mich in seine Schuld verstricken würde? Aber der Mangel eines dem Papste geleisteten Eides schadet auch schon deshalb dem bischöflichen Amte nicht, weil ein solcher Eid für die Bischöfe des Orients nie bestand und für die Bischöfe des Abendlandes erst im späten Mittelalter eingeführt wurde, und weil ferner in demjenigen Eide, welchen nach völliger Entkleidung ihrer apostolischen Würde die unterjochten römischen Bischöfe dem Papste von Rom „als ihrem Herrn“ und absoluten Souverän leisten, mit keiner Silbe der Religion oder der Pflichten gegen die Gläubigen auf eigene Verantwortung vor Gott auch nur Erwähnung geschieht, vielmehr darin die Rede ist von der Sorge für die Vermehrung der päpstlichen Rechte und von Verdemütigungen und Huldigungen und von Verantwortung vor dem Stuhle zu Rom. Die Forderung dieses Eides ist nichts als Usurpation und Sünde gegen die Kirche.

Nicht durch päpstliche Ernennung oder Bestätigung wird der legitim Erwählte wirklicher Bischof, sondern durch die Ordination, durch die Konsekration oder Weihe. Das ist die mehr als tausendjährige Lehre und Praxis der alten Kirche. Und hier hängt die Gültigkeit nicht an der zufälligen Kirchengemeinschaft des weihenden Bischofs mit dem Bischof von Rom, sondern an der Kontinuität der Handauflegung, d. h. der ununterbrochenen Aufeinanderfolge der handauflegenden oder weihenden Bischöfe von der Zeit der Apostel bis auf heute.

In einen solchen lückenlosen Zusammenhang der Handauflegung bin ich nun durch die von dem altkatholischen Bischofe von Deventer, Monseigneur Heykamp, mir erteilte bischöfliche Weihe aufgenommen. Die auf Betrieb der Jesuiten 1700 von der römischen Kurie an der Kirche von Utrecht und überhaupt an der alten Kirche von Holland verübten Ungerechtigkeiten und Gewalttaten, welche man vor mehr als anderthalb Jahrhunderten schon durch die eben so alberne als vermessene Behauptung, der Papst sei der Universalbischof und könne deshalb nach Belieben Bistümer und Kirchen vernichten und wieder aufrichten, zu verteidigen wagte, ferner die im Jahre 1853 erst geschehene gewaltsame Einführung einer neuen, von Rom blind abhängigen Hierarchie in Holland, wodurch der Papst Altar gegen Altar aufstellte und deren Begründung ein so großes Lügengewebe ist, daß der Erzbischof von Santen die Echtheit der sogenannten Epistola Apostolica bezweifeln zu müssen glaubte; endlich die bis heute mit dreister Unwahrhaftigkeit ausgestreute Verleumdung der Utrechter Kirchenprovinz, als sei sie jansenistischen Irrlehren verfallen: alles dies kann hieran nichts ändern.

Für die römisch-katholische Kirche ist eine Zeit der Erneuerung gekommen.

Statt das Volk auf die Weide Jesu Christi zu führen, hat die römische Hierarchie für sich selbst aus dem Volke eine Weide gemacht, und das ist ihr gelungen, indem sie den Gläubigen durch Wort und Schrift die Vorstellung beibrachte, daß sie selber die Kirche sei, und daß alle der Kirche geltenden Rechte, Besitztümer und Verheißungen an die Personen des Papstes und der Bischöfe geknüpft seien. Den Kindern wurde diese Vorstellung anerzogen, die weltlichen Fürsten sanktionierten dieselbe dadurch, daß sie in ihren Konventionen und Konkordaten sich um die Kirche nicht kümmerten, sondern einzig und allein mit dem Papste Vereinbarungen trafen und diesem dann Klerus und Volk gefesselt vor seinen Thron legten.

So gelang es den Hierarchen, sich mit einem unberechtigten, göttlichen Nimbus zu umgeben, für dessen Symbolisierung nur eine dreifache Krone mit vermessenen Beziehungen auszureichen schien. Mit diesem Nimbus haben sie die Gesetzesgerechtigkeit verbunden, und so ist derselbe wieder zu dem Gal. 3, 1 beschriebenen Zauber geworden, der viele von der Wahrheit abwendig gemacht hat. Gold und Ehre empfangen sie von dem Volke, welches sie überherrschen und unablässig mit der Forderung beunruhigen, ihre politische Macht zu mehren und den Papst zum Könige von dieser Welt mit dem höchsten Range eines Souveräns der Souveräne zu machen. Und der Papst flieht nicht vor dieser Huldigung, wie einst Jesus (Joh. 6, 15), sondern er sucht sie. Und was empfängt das Volk?

Von dem Evangelium erfahren die Gläubigen der römischen Kirche wenig mehr. Statt des Wortes Gottes hören sie Streitreden von den Kanzeln: statt Christus wird der Papst gepredigt, statt der Wahrheit und Gnade erfundene Wundergeschichten, nicht Nächstenliebe, sondern Haß und Fluch statt des Segens. Und wer unbefriedigt nach einer wahren Predigt des göttlichen Wortes verlangt oder eine Schrift zu lesen wünscht, die ihm dasselbe erschließen könnte, der wird beunruhigt mit dem Vorgeben: eine Todsünde begehe, wer anderes höre oder lese als das von den römischen Bischöfen und Priestern Dargebotene. Die Losung ist: Prüfet nichts!

Eine ausschweifende Ablaßpraxis, verbunden mit dem gröbsten Aberglauben in Bezug auf die Macht des Papstes über das Fegfeuer, überwuchert und erstickt das Leben in Gerechtigkeit und Heiligkeit nach der Wahrheit, wie es der Apostel verlangt (Ephes. 5, 24). Nicht der Glaube, sondern die Unterwerfung wird als die Wurzel der Rechtfertigung angepriesen. Daß das Gesetz der Kindschaft Gottes und der Liebe der Weg zum Himmel sei, wird gegen Christi ausdrückliches Wort geleugnet, ja, in frivoler Weise wird die Liebe geschmäht.

Des weiteren erläutert Reinkens, wie er sein Amt versteht: nicht als Herrscheramt, sondern als Dienst für alle Gläubigen durch Verkündigung und Ausspendung des Geheimnisses Gottes und Befestigung der Religion Jesu Christi im Geist und den Herzen der Gläubigen.

34. Wahlaufruf des Nationalliberalen Wahl-Komitees für Landau-Neustadt, Flugblatt, Neustadt a. d. H. 1874.

Mitbürger!

In wenigen Tagen habt Ihr an die Wahlurne zu treten, um einen Abgeordneten für den zweiten deutschen Reichstag zu wählen.

Frisch in unser aller Gedächtnis sind noch die bangen Tage, wo unsere schöne Pfalz die Beute eines räuberischen Überfalls zu werden drohte. Aber ebenso lebendig ist uns noch das Dankesgefühl, das uns erfüllte, als die tapferen deutschen Armeen den Feind niederwarfen und uns als schönste Siegesbeute das „geeinte deutsche Reich" zurückbrachten.

Das deutsche Reich ist und soll uns sein ein sicheres Bollwerk gegen die Bedrohungen, denen unser häuslicher Herd, unsere Pfalz von Seiten eines übermütigen Nachbarn stets ausgesetzt war. Das deutsche Reich soll uns aber auch sein ein Bollwerk für eine freiheitliche innere Entwicklung zugunsten nationaler Wohlfahrt und Gesittung.

Zur Erfüllung dieser doppelten Aufgabe kann jeder von uns beitragen durch die Wahl eines Mannes zu dem Reichstage, der treu zu Kaiser und Reich steht, der einen festen Sinn für Freiheit, Recht und Gesetz hat und auch den inneren Feinden des Reiches mutig die Spitze bietet.

Diese inneren Feinde haben wir hauptsächlich unter denen zu suchen, die unter dem Deckmantel der Religion das Reich in Wort und Schrift verfolgen, den konfessionellen Frieden stören, sich offen gegen die Staatsgesetze auflehnen und so bestrebt sind, unsere nationale Existenz zu untergraben, um das alsdann politisch wieder ohnmächtig gemachte deutsche Volk geistig und leiblich knechten zu können.

Einen Mann, der allen jenen Anforderungen, die wir an einen Reichstagsabgeordneten stellen, entspricht, haben wir in unserem Wahlkreise in der Person unseres seitherigen Abgeordneten, des Herrn Jordan von Deidesheim.

Derselbe hat nicht nur schon zu Zeiten, wo mancher an der Durchführung der deutschen Einheits-Idee glaubte verzweifeln zu müssen, die nationale Fahne hochgehalten, sondern auch durch sein Auftreten im ersten Reichstage sowie durch seine langjährige politische und außerpolitische Wirksamkeit bewiesen, daß man seinem Glauben ergeben und doch treu zur nationalen und liberalen Sache stehen kann.

Geben wir diesem Manne bei den bevorstehenden Wahlen unsere Stimmen und liefern wir so den Beweis, daß wir alle ein mächtiges, einiges deutsches Reich wollen, das uns sei nach außen ein starker Schirm, nach innen aber ein Hort der Freiheit auf Grundlage der Achtung aller vor dem Gesetze!

Neustadt, im Januar 1874.

Es folgen 40 Unterschriften von Honoratioren des Wahlkreises.

35. Protesterklärung der Abgeordneten von Elsaß-Lothringen im Reichstag, 7. Sitzung, 18. Februar 1874, Sten. Ber. RT, 2. Leg. Per., 1. Session, Bd. 1, S. 99—102 (Bd. 31 der Gesamtreihe).

Abg. Teutsch: Den Antrag, von dem soeben die Rede war, habe ich nicht für meine eigene Person gemacht; ich machte ihn in Interesse einiger lothringer Kollegen, welche die deutsche Sprache nicht sprechen und nicht verstehen [1]. Diese Kollegen und wir selbst, alle Abgeordneten von Elsaß-Lothringen, glaubten, da Deutschland zum ersten Male sich ein französisches Volk, das nicht deutsch spricht, *(Oho, Oho!)* annektiert hat, daß der Reichstag zum wenigsten heute ausnahmsweise gestatten würde *(Glocke des Präsidenten; Präsident: Ich erlaube mir, den Herrn Redner zu unterbrechen. Der Antrag, der vorhin verlesen worden ist, wird nicht diskutiert nach der Geschäftsordnung; die Geschäftsordnung muß ich aufrecht erhalten, wie ich bereits erklärt habe, und ich bitte, jetzt zur Sache und zu dem vorliegenden Antrage [2] zu sprechen.)* Es handelt sich, meine Herren, von dem Antrage, den am 16. dieses Monats 15 Abgeordnete von Elsaß-Lothringen gestellt haben. Diesen Antrag werde ich die Ehre haben, jetzt zu begründen [3]. Da die deutsche Sprache nicht meine Muttersprache ist, *(Oho! Gelächter. Ruf: Sie sprechen es ja!)* ich lese, spreche und schreibe deutsch, ich improvisiere es aber nicht — *(Unruhe)* — meine Herren, so erbitte ich mir einige Nachsicht — *(Abgeordneter Freiherr Nordeck zur Rabenau: Zur Geschäftsordnung! Präsident: Der Herr Redner hat das Wort!)* so erbitte ich mir einige Nachsicht, die Form meines Vortrages betreffend. *(Oho! Gelächter. Ruf: Er spricht ja deutsch!)* Ich lese deutsch,

[1] Der Antrag wollte, daß diejenigen Abgeordneten aus Elsaß-Lothringen, denen die deutsche Sprache unbekannt war, sich in dieser Sitzung des Französischen bedienen durften. Die Beratung wurde infolge Einspruchs durch den Abgeordneten Braun vertagt.

[2] In Elsaß-Lothringen eine Abstimmung über die Einverleibung in Deutschland abzuhalten.

[3] Der Text der Erklärung stammte von dem französischen Politiker Gambetta, die Übersetzung von dem demokratischen Publizisten Leopold Sonnemann in Frankfurt. Vgl. August Schneegans 1835—1889, Memoiren. Ein Beitrag zur Geschichte des Elsasses in der Übergangszeit, Berlin 1904, S. 230.

ich schreibe es, aber nicht einmal ohne einige Mühe. Ich lese Ihnen eine Übersetzung.

Die Einwohner von Elsaß-Lothringen, die wir im Reichstage vertreten, — *(Unterbrechungen.)* — ich bitte um einige Geduld, es wird nicht lange dauern — *(große Heiterkeit.)* — haben uns einen ganz besonderen, äußerst wichtigen Auftrag gegeben, dessen wir uns heute zu entledigen wünschen. Wir haben die Aufgabe, Ihnen die Gesinnung unserer Wähler über jenen Vertrag auszudrücken, durch welchen sie nach dem letzten Kriege mit Frankreich ihrer Nationalität gewaltsam beraubt worden sind. Es ist im Interesse Deutschlands, uns anzuhören, und wir erbitten uns die Erlaubnis, Ihre Aufmerksamkeit einige Augenblicke in Anspruch nehmen zu dürfen. Nach dem Erfolge Ihres letzten Krieges hatte Ihre Nation unstreitig das Recht, eine Entschädigung zu verlangen. Deutschland aber hat die Grenzen des Rechtes einer gebildeten Nation überschritten, *(Oho! Murren. Abgeordneter Freiherr Nordeck zur Rabenau: Keine Insulten! Glocke des Präsidenten)* — meine Herren, ein wenig Geduld nur, ich werde Sie nicht lange belästigen — Deutschland aber hat die Grenzen des Rechtes einer gebildeten Nation überschritten, *(Glocke des Präsidenten. Lautes Murren. Ruf: Keine Insulten!)* da es dem besiegten Frankreich . . .

Der Präsident erteilt dem Redner einen Ordnungsruf und erhält dafür stürmischen Beifall.

Abgeordneter Teutsch: Erlauben Sie mir eine Erklärung. Es ist in meiner Absicht keine Beleidigung; *(Gelächter)* ich will mich bloß auf mein Recht stützen. Da ich die deutsche Sprache, wie ich Ihnen eben gesagt habe, nicht hinreichend kenne, um meine Worte vollkommen zu wägen, so bitte ich um einige Entschuldigung; aber eine Beleidigung liegt nicht in meiner Absicht. Ich muß mich natürlich auf Sachen stützen, die zu hören Ihnen nicht angenehm ist; beleidigen will ich aber niemanden, ich werde sogar in meiner Rede — das zeige ich gleich an — die Brüderschaft zwischen den Völkern anrufen; ich werde niemanden, Sie am wenigsten, absichtlich beleidigen! *(Große Heiterkeit! Präsident: Ich bitte das Haus um Ruhe. Wir wollen erwarten, daß der Herr Redner seine Rede wahr macht.)* Also Deutschland hat die Grenzen des Rechts überschritten, da es dem besiegten Frankreich das schmerzliche Opfer auferlegte, anderthalb Millionen seiner Kinder von sich lostrennen sehen zu müssen. Im Namen der durch den Friedensschluß von Frankfurt preisgegebenen Elsaß-Lothringer sind wir gekommen, gegen den an unserem Lande verübten Mißbrauch der Gewalt zu protestieren.

Ist in früheren und minder gebildeten — Sie zwingen mich, meine Worte zu ändern — ist in anderen Zeiten bisweilen der Fall vorgekommen, daß die Eroberung eines Landes dessen Unterjochung nach sich gezogen hat, würde man sogar heute noch ein solches Betragen entschuldigen, wenn es sich um unwissende und wilde Völker handelt, so kann ein solches Verfahren unmöglich an Elsaß-Lothringen in Anwendung gebracht werden. Am Ende eines Jahrhunderts, welches als eine Zeit der Aufklärung und des Fortschritts mit Recht gelten kann, will Deutschland uns erobern, ja in Sklaverei bringen, — *(Gelächter)* denn ist dies nicht eine moralische Sklaverei, wenn ein Volk gegen seinen Willen an ein anderes Land übertragen wird? — Und doch steht dieses Volk keinem anderen in Europa nach an Bildung und guter Sitte; ja, vielleicht hat sich bei keinem anderen Volke das verletzte Rechts- und Ehrgefühl so lebhaft erwiesen. *(Oho!)* Ich danke Ihnen, meine Herren! Ihre Unterbrechung ehrt mich. *(Ruf rechts: Nicht Ursache!)* Sollte man die jetzigen Verhältnisse damit rechfertigen wollen, daß das Land mit seinen Bewohnern durch einen regelmäßigen Vertrag abgetreten worden ist, so antworten wir, daß ein solcher Vertrag sowohl der Vernunft als den allgemeinen Grundsätzen des Rechts auf das Förmlichste widerspricht. Intelligente Wesen können nie gleich unvernünftigen und leblosen Dingen behandelt und entäußert werden, und Verträge, die etwa solches zum Gegenstande haben, sind offenbar dem Rechte zuwider.

Und sollte man sogar in Frankreich das Recht anerkennen, uns an Deutschland abzutreten — was wir jedoch nie annehmen werden — so kann ein solcher Vertrag schon deswegen keine Geltung haben, weil er ohne die freie Einwilligung eines der beiden Kontrahenten abgeschlossen worden ist. Denn es kann niemand in den Sinn kommen, daß das nach Ihren Siegen noch blutende und erschöpfte Frankreich mit freiem Willen unser Land preisgegeben hat. *(Gelächter)* Nein, Frankreich hat nicht aus freiem Willen, sondern unter dem Druck der materiellen Übermacht eines Eroberers gehandelt, und laut den in unserem Lande üblichen Gesetzen macht eine Gewalttat immer einen Vertrag ungültig. Wollten Sie wirklich der Abtretung von Elsaß-Lothringen an Deutschland den Anschein des Rechtes geben, so hätten Sie zum wenigsten die Wünsche und Gesinnungen des abgetretenen Volkes in Betracht nehmen müssen.

Auch Prof. Bluntschli in Heidelberg macht in seinem ›Völkerrecht‹ (Art. 286) die Zustimmung der Bevölkerung zur unabdingbaren Voraussetzung für die Gültigkeit eines Besitzwechsels.

Jener despotische Beherrscher sogar, dessen unsinnige Politik wir heute so schmerzlich büßen müssen und den Sie an liberalen Gesinnungen weit zu übertreffen sich rühmen, Napoleon III., wollte nie eine Bevölkerung annektieren, bevor sie ihren Wünschen Ausdruck gegeben hatte! *(Stürmisches, lange anhaltendes Gelächter; Rufe: lächerlich! köstlich! Das war bloß Schein!)* In Realität waren jene Konsultationen des Volkes unwürdig, aber wenigstens wurde doch der Schein gerettet, was bei Ihnen nicht einmal der Fall ist. *(Stürmisches, anhaltendes Gelächter; Rufe: Sehr richtig! köstlich! Nichts wie Schein!)* Hieraus können Sie schließen, meine Herren, daß unsere Annexion an Deutschland sich weder durch die Grundsätze der Moral, noch durch jene der Gerechtigkeit rechtfertigen läßt. Nein, dieses Verfahren werden wir nie billigen können; unsere Vernunft sowohl als unser Herz empört sich dagegen. Im Innersten unseres Herzens fühlen wir uns unwiderstehlich zu unserem Vaterlande hingezogen, und wir wären Ihrer Achtung nicht würdig, wenn wir nicht so fühlten. *(Oho!)* Nachdem man zwei Jahrhunderte hindurch in gemeinsamem Denken, Streben und Wirken zusammen gelebt hat, sind die Bande dermaßen stark geworden, daß all Ihre Gründe und viel weniger noch die brutale Gewalt sie zu zerreißen vermögen.

Unser Gegner bemühen sich vielfältig in der Presse, und vielleicht sogar in diesem Hause, die Meinung auszubreiten, daß den letzten Wahlen Elsaß und Lothringens überhaupt keine national-französische, sondern eine rein religiöse und katholische Manifestation zu Grunde gelegen ist. Wir leugnen zwar nicht, daß die harten Drückungen, die in letzter Zeit den Klerus in Preußen getroffen und bei den Katholiken Elsaß-Lothringens eine innige Teilnahme erregt, viel dazu beigetragen haben, in den Reichstag eine so große Zahl ehrenwerter Geistlicher zu bringen, die sich sowohl durch ihren Patriotismus als durch ihren festen Glauben ausgezeichnet haben. Aber wir legen dennoch förmlichen Protest ein gegen die besagte Meinung, als seien die Wahlen lediglich vom katholisch klerikalen Standpunkte ausgegangen.

Eine solche Auslegung ist ganz der Wahrheit zuwider und würde namentlich bei jenen unserer Abgeordneten, die, wie ich selbst, dem liberalen Protestantismus und der republikanischen Partei angehören, nur ein verächtliches Achselzucken erregen, wenn wir nicht darin jene perfiden Kunstgriffe erkennten, die einigen Ihrer Politiker eigen sind und die man nicht mit Stillschweigen übergehen kann.

Wir alle sind durch unsere Wähler in dieses Haus geschickt worden, um Ihnen unsere Anhänglichkeit an das französische Vaterland kundzugeben, sowie auch unser Recht, über unsere Geschicke ohne fremde Einmischung entscheiden zu dürfen.

Wie können Sie nun vor der ganzen zivilisierten Welt Ihr Verfahren gegen uns rechtfertigen, ein Verfahren, das in den Herzen von anderthalb Millionen Menschen die peinlichsten Gefühle hervorrufen muß? Die Gründe auf welche sich Deutschland stützt, um uns so zu behandeln, welche sind sie? Erlauben Sie mir, diese Gründe in einigen Worten zu erinnern: Erstens: „Ihr seid Glieder der deutschen Familie, Ihr seid unsere

Brüder!" so ruft man uns zu! Ist dies nur bitterer Scherz oder ist es Ihnen ernst, wenn Sie das behaupten? Was uns betrifft, können wir dergleichen Familienbande nicht anerkennen. Wir tragen zwar keinen Anstand, den Grundsatz des Brudersinns zwischen den Völkern aufrecht zu erhalten. Ja, wir hatten bisher, vielleicht mehr als es geziemte, gegen Deutschland uns freundlich gezeigt. Allein heute, nach jener Gewalttat, die uns von unserm wahren Vaterlande losreißt, können wir Sie nicht als Brüder erkennen. Zweitens: Als man uns annektierte, hat Deutschland nur, so sagt man weiter, von dem Kriegsrechte Gebrauch gemacht. Wir sind besiegt, und es soll uns nicht wundern, von dem Sieger Gesetze zu empfangen. Es ist wahr (wir haben es schon oben erwähnt), dies war das Kriegsrecht in früheren Zeiten, kann aber in unserem Zeitalter vor der jetzigen Zivilisation nicht bestehen. Drittens endlich sagt man uns: Deutschland bedürfe unseres Landes, um seine Grenzen gegen einen Angriff von Seiten Frankreichs zu sichern. War es aber notwendig hierzu, Frankreich in Stücke zu zerreißen? Konnte man diesen Zweck nicht erreichen, indem man den besiegten Feind nötigte, die Festungen in Elsaß-Lothringen zu zerstören?

Die wahren Gründe, warum Sie uns heute zu Vasallen Ihres Kaiserreichs machen wollen, die wahre, ja die einzige Ursache müssen wir also in Ihrem Triumphe selbst suchen, der so unerwartet groß geworden: Sie waren siegestrunken. Und auf diesem Wege ist Deutschland so weit gekommen, daß es den größten politischen Fehler beging, der je in seiner Geschichte aufgezeichnet worden. Nach jenen unerhörten Siegen konnte Deutschland sich durch eine großmütige Handlungsweise nicht nur die Bewunderung der ganzen Welt, sondern auch noch die Sympathien des besiegten Feindes, namentlich die unsrigen, ich sage die der Einwohner Elsaß-Lothringens, unwiderstehlich erwerben. Von Deutschland allein hing es ab, eine Entwaffnung Europas zu vermitteln und für lange Zeiten, ja vielleicht für immer den blutigen Kriegen zwischen Nachbarvölkern, die sich lieben sollten, ein Ende zu machen. Es genügte hierzu, jeden Gedanken einer Territorialvergrößerung zu beseitigen und die Grenzen Frankreichs unberührt zu lassen. Hätte Deutschland getan, was man doch von einem gebildeten — *(sich verbessernd)* liberalen Volke mit Recht erwarten konnte, so wäre Ihre Nation in der Achtung aller Völker bis aufs höchste gestiegen und würde jetzt für die edelste und großmütigste Nation Europas erkannt werden. *(Große Heiterkeit.)* Weil Sie aber im Jahre 1871 alle Ratschläge der Mäßigung rücksichtslos mißachtet haben, was haben Sie nun geerntet? Alle Völker Europas setzen Mißtrauen auf diese neue, immer weiter um sich greifende Machtgröße und vermehren ihre Waffenrüstungen. Um seinen kriegerischen Ruhm zu sichern — der jedoch zum wahren Glücke der Völker nicht beitragen kann — hat Deutschland alles aufgeboten, ungeheure Summen verschwendet, und will jetzt seine schon so große Armee noch vergrößern. Und was, meine Herren, bringt Ihnen die nächste Zukunft? Anstatt dieser Aera des Friedens und der Einigung unter den Völkern, die Sie so leicht im Jahre 1871 eingeführt hätten, haben Sie — wir sagen dies mit Schrecken und Bedauern — nichts anderes zu erwarten als neue Kriege, das ist neue Ruinen und neue Opfer, die der Tod in Ihren Familien fordern wird. *(Große Unruhe.)*

Wir erlauben uns, Ihnen heute den Rat zu geben, von dieser Politik abzustehen, die zwar uns ein sicheres Verderben, aber auch Ihnen eine unheilvolle Zukunft bereitet. Sie sind heute stark und mächtig und können uns deshalb Befriedigung verleihen, ohne von der Ehre Ihres Volkes auch nur das Geringste opfern zu müssen. Lassen Sie uns unserem Antrage gemäß über unsere Zukunft selbst verfügen.

Es war bisher Sitte in diesem Hause, daß, wenn irgend ein edles Herz seine Stimme erhob zugunsten der Völker, die Sie unterjocht haben, man sogleich diesem Ehrenmann den Mund stopfen und ihn als einen Verräter des Vaterlandes brandmarken wollte. *(Oh! Oh!)* Wenn Ihnen heute derselbe Vorwurf wieder gemacht würde, wir bitten Sie, meine Herren, lassen Sie sich durch denselben nicht abschrecken. Verräter Ihres Vaterlandes sind jene, deren unheilvolles Streben nach materieller Größe, alles Recht und Gerechtigkeit zu Füßen tretend, dadurch ihrem eigenen Lande ein unvermeidliches Verderben bereitet; aber nicht jene edlen mutigen Männer, die das Unrecht, wo es auch sein mag, erkennen und sich nicht fürchten, ihre Meinung darüber öffentlich auszusprechen. Lassen Sie uns heute Gerechtigkeit widerfahren, und wir wollen gerne alles vergessen, *(Heiterkeit)* was wir in diesen letzten drei Jahren gelitten haben, um nur noch an das zu denken, was Sie uns in der letzten Stunde edelmütig verleihen. Von diesem Tage an können und wollen wir dann mit Ihnen verbunden sein durch die Bande der wahren Freundschaft und Bruderliebe, der einzigen, die fest und dauerhaft sein kann, weil sie aus inniger Achtung entspringt.

In der Diskussion ergreift als einziger der Straßburger Bischof Raeß das Wort und erklärt namens seiner Glaubensgenossen, daß sie den Frankfurter Frieden nicht in Frage stellen wollten. Bei der Abstimmung enthalten sich die Elsaß-Lothringer unter allgemeiner Heiterkeit der Stimme. Der Antrag wird abgelehnt.

36. AUGUST REICHENSPERGER, Tagebucheintragung vom 22. März 1874, in: Ludwig Pastor, August Reichensperger. 1808—1895. Sein Leben und sein Wirken, Bd. 2, Freiburg 1899, S. 120 f.

Von 1/22 Uhr an hatte ich ungefähr während zwei Stunden mit Herrn v. Varnbüler auf dessen Wunsch eine Unterredung über die Situation gehabt. Fast zu oft wiederholte er seine frühere Versicherung, daß er keinerlei Auftrag habe, sondern lediglich aus eigenem Antriebe sich mit mir zu verständigen suche, und zwar insbesondere über die 'Taktik' der Zentrumsfraktion, welche er für falsch, unserem eigenen Interesse zuwiderlaufend halte. In fine zeigte sich, daß er mich und durch mich wenigstens einen Teil der Zentrumsfraktion, entgegen der von Mallinckrodt und den übrigen Zentrumsmitgliedern in der Militärkommission eingenommenen Stellung, für den Regierungsentwurf zu gewinnen suchte. Er meinte unter anderem, unser Zusammengehen mit der Fortschrittspartei und den 'Sozialdemokraten' werde auch die konservative Partei zu schroffem Vorgehen gegen uns Katholiken auf dem kirchlich-politischen Gebiete veranlassen. Ich erwiderte, daß in meinen Augen eine konservative Partei in den preußischen Kammern nicht existiere, seit 1866 sei sie tot; auf irgendeinen Dank der Regierung zu rechnen, sei töricht nach den Erfahrungen, welche wir Katholiken nach 1848, nach der Konfliktszeit und nach den letzten Kriegen gemacht hätten. Das ganze Vorgehen der Reichsregierung resp. des Fürsten Bismarck nach dem letzten Krieg (Aufhebung der katholischen Abteilung im Kultusministerium, Kanzelparagraph, Schulgesetze, Jesuitenvertreibung, Maigesetze unter den frivolsten, meist sich einander widersprechenden Vorwänden) zeige, daß man es unter Beihilfe der Altkatholiken auf eine Zerstörung der katholischen Kirche zunächst in Deutschland abgesehen habe. Dazu komme noch die Gemeinheit in der Art der Kirchenverfolgung, z. B. Vertreibung der Nonnen, der Jesuiten, die Schmähungen der aus dem Reptilienfonds bedachten Blätter; der 'Kladderadatsch', die 'Wespen', der 'Ulk' bewerfen alles, was den Katholiken heilig ist, unausgesetzt mit Kot, ohne daß der Staatsanwalt sich rührte. Die preußischen Bischöfe, der Erzbischof von Köln an der Spitze, hätten dem Könige ihre Huldigung zu Neujahr dargebracht und seien ihre Schreiben zufolge königlichen Befehls durch den Kultusminister Falk mit einem Wischer über ihr Verhalten beantwortet worden, während der altkatholische 'Bischof' Reinkens ein überaus gnädiges königliches Handschreiben mit den besten Wünschen erhalten habe. Noch gestern sei uns als Angebinde zu dem heutigen Feste [1] der

[1] Der Geburtstag des Kaisers.

Gesetzentwurf betreffend die Verhinderung der unbefugten Ausübung von Kirchenämtern durch Internierung und Verbannung der Geistlichen ins Haus geschickt worden u.s.w. In den obersten Regionen könne man sofort den kirchlichen Frieden herstellen durch Trennung der Kirche vom Staat, etwa wie in Holland; aber man wolle eben den Frieden nicht, sondern die absolute Unterjochung der Kirche durch den Staat. Was das Militärbudget insbesondere betreffe, so sei ein Angriff der Franzosen auf uns weit weniger zu erwarten, als daß Fürst Bismarck wie im Jahre 1866 die Armee zur Durchführung seines Programms nutzbar zu machen suchen werde — mittelst Anlehnung an Italien, insbesondere die Papstfrage lasse sich sehr leicht zu einem casus belli mit Frankreich zurechtmachen, desgleichen die orientalische Frage gegen Österreich. Überdies aber forderten auch die Steuerzahler endlich, nachdem die fünf Milliarden dahin seien, eine gewisse Erleichterung oder doch keine Zunahme der Belastung.

Herr v. Varnbüler machte nach meiner Darlegung keinen weitern Versuch, mich zu gewinnen; über Falk sprach er sich sehr tadelnd aus, über Bismarck mit großer Zurückhaltung; er versicherte, auch ihm sei viel Undank zuteil geworden u.s.w. Schließlich bat ich ihn, in 'seinen Kreisen' die gegen uns 'Ultramontane' herrschenden Vorurteile zu bekämpfen, überhaupt die Wahrheit in denselben zur Anerkennung zu bringen. Ich erwarte nicht, daß er dieser Bitte entspricht, zumal da er von den Württembergern, die ihn näher kennen (z. B. Probst, Graf Bissingen), als ein durchaus unzuverlässiger, kalter Egoist charakterisiert wird, wofür ich ihn im Jahre 1848 nicht hielt.

Fürst Bismarck liegt eben krank an der Gicht danieder; es verlautet, daß das Militärgesetz etc. erst nach seiner Wiederherstellung zur Verhandlung komme, was Lasker sogar für erforderlich erklärte — welche Lücke, wenn er fehlt! Ich bemerkte dem Herrn v. Varnbüler noch, daß die Regierung den Einfluß der Sozialdemokraten in demselben Maße mehre und stärke, in welchem sie den der katholischen Priester beseitige.

37. [Edmund Jörg], Zeitläufe. Rückblick auf die heutige Sedan-Feier, in: Historisch-Politische Blätter für das katholische Deutschland, Bd. 74, 1874, S. 547—561, Auszug, S. 551—555 (24. 9. 1874).

Er [1] hat unterm 7. September 1867 bei allen Kabinetten herum beteuern lassen, seine Politik wolle nichts 'überstürzen', 'nicht aufregen, sondern

[1] Bismarck.

beruhigen', 'nicht zerstörend, sondern befruchtend' solle sie wirken. Von allem dem ist das Gegenteil eingetreten und mußte das Gegenteil eintreten, sobald die Entwicklung des neugegründeten Reiches nach den Rezepten des Nationalliberalismus vor sich ging, mit einem Worte: sobald das Reich zum 'Parteireich' wurde. Die Geschichtsphilosophie mag dereinst die interessante Frage lösen, ob es so in der inneren Wesenheit und politischen Notwendigkeit des siegreichen Kleindeutschtums gelegen gewesen sei, oder ob es in der freien Wahl eines gewaltigen Staatsmannes gestanden hätte, der Entwicklung des Reichs eine andere und wahrhaft nationale Wendung zu geben, wie das ja alle die offiziellen Worte von Berlin bis über den französischen Krieg hinaus wiederholt in Aussicht gestellt hatten. Wir unsererseits haben stets ersteres geglaubt. Aber es ist Tatsache, daß die Meinungen auch unter unseren heutigen politischen Freunden damals sehr geteilt waren, und daß aus den Reihen der sogenannten Ultramontanen der Exodus 'zum Kaiser' in hellen Haufen stattgefunden hatte. Sie glaubten wirklich an ein 'neues Reich der deutschen Nation'.

Mit brutaler Gewalt sind sie alle seitdem davon- und zurückgejagt worden. Die Probe hierüber hat soeben die neu eingeführte Sedan-Feier geliefert. Ärger konnten die Dinge nicht kommen, als sie dadurch gekommen sind, daß gerade der Herr Bischof von Mainz in flammenden Worten die Teilnahme eines ehrlichen deutschen Katholiken an der Sedan-Feier als eine moralische Unmöglichkeit erklären mußte. Aus dem einfachen Grunde, weil eine solche Feier im 'Parteireich' auch nichts anderes sein kann als eine Parteifeier, wie sie denn auch wirklich an giftgeschwollenen Redensarten in Prosa und Versen die kühnsten Erwartungen übertroffen hat. Der Vergleich wäre näherer Erwägung wert, warum denn die Jahresfeier der Völkerschlacht bei Leipzig nie zu so feindseliger Trennung und zu so abstoßenden Erscheinungen Anlaß gegeben hat. Doch reden wir nicht weiter davon. Der erste Versuch, den 2. September als einen allgemeinen National-Festtag auf die Bahn zu bringen, steht nun als Denkmal der tiefinnersten Zerrüttung innerhalb der deutschen Nation in der Geschichte; diese Sedan-Feier erzählt allen Völkern der zivilisierten Welt, daß das neue Reich sein inneres Sedan erlitten hat und ein großer Teil des Volkes den Krieg der gesetzlichen Notwehr gegen die Unterdrücker führen muß. Man rühmt sich der neu errungenen Nationaleinheit, während man die Dinge dahin gebracht hat, daß ein allgemein deutsches National-Fest gar nicht mehr möglich erscheint. Wie zwei wildfremde Völker steht man sich in derselben Nation Masse gegen Masse gegenüber und zwar — was das Traurigste ist — unter religiösen und konfessionellen Abzeichen und Feldrufen. So hat die Politik Bismarck das alte

Bundestags-Deutschland verbessert. Damals wäre jeder, der eine Wiederkehr der Ära der Religionskriege in Deutschland hätte voraussagen wollen, für geisteskrank erklärt worden; bei der jüngsten Sedan-Feier hat weiter nichts gefehlt als die Mobilmachungs-Ordre, und das unparteiische Ausland hat sich längst mit dem Gedanken eines wirklichen 'deutschen Religionskrieges' befreundet.

Aber gerade so mußte es kommen, nachdem nun einmal der Mensch denkt, Gott aber lenkt. Und vielleicht irrt man nicht, wenn man annimmt, daß die 'wunderbaren Wendungen' über kurz oder lang für uns eintreten, und daß sie eben von der ersten Sedan-Feier datieren werden. Unsererseits haben wir nie bezweifelt, daß die Vernichtung der napoleonischen Macht nicht nur eine Gotteshilfe für die deutschen Völker, sondern ganz insbesondere für die katholische Kirche, und nicht am wenigsten für die katholische Kirche in Deutschland gewesen sei. Die Pläne Louis Napoleons gegenüber dem Konzil sind längst kein Geheimnis mehr; als Sieger in Deutschland hätte er den 'Kulturkampf' aufgenommen, und die tiefste Erniedrigung der Nation hätte diejenigen nicht gehindert, dem französischen Kulturkämpfer zuzujubeln, welche jetzt dem preußischen Kulturkämpfer zujubeln. Der 'Erbfeind' wäre so rasch wie am Anfange des Jahrhunderts der eigentliche Erbfreund geworden. Mit der furchtbaren Lage aber, die dann über die katholische Sache in Deutschland gekommen wäre, hält die Verfolgung unter der Aegide einer protestantischen Diplomatie keinen Vergleich aus. Die Berliner 'Germania' hat ganz mit Recht gesagt: „Wir feiern ihn doch!“ Nur daß wir anders feiern als die anderen.

Nicht so aber haben wir den preußischen 'Kulturkampf' an uns herankommen lassen. Es war nicht einer im katholischen Deutschland, der diesen Kelch freiwillig an die Lippen gesetzt hätte. Die geistlichen und weltlichen Vertreter des katholischen Volkes, jene zu Fulda und diese in den Parlamenten zu Berlin, haben alle Menschenkraft aufgeboten, um den bittern Kelch abzuwenden. Gestehen wir es nur: wir haben selbst nicht gewußt, wie stark wir sind im Bewußtsein des katholischen Volkes. Wir haben gezittert und gezagt, bis hinter dem ersten katholischen Bischof sich die Kerkertüre geschlossen hatte. Es ist auch kein Zweifel, daß der Kelch von unsern heldenmütigen Bekennern geleert werden muß bis auf die Hefe. Flectere si nequeo superos, Acheronta movebo: so hat Fürst Bismarck einst dem versammelten Parlament zugerufen [2]. Aber gerade diese Prüfung mußte über uns verhängt werden um unserer Selbsterkenntnis willen und zur endlichen Orientierung im eigenen Hause. Allmählich

[2] Kann ich die Götter mir nicht erweichen, so lock' ich die Hölle, Aeneis, 7, 312.

kommen auch die Gegner zur Einsicht, daß der Fürst, indem er sich zum Werkzeug des nationalliberalen Kirchenhasses gebrauchen ließ, für die Klärung, Stärkung und Popularisierung der katholischen Sache im Reich, ja überall in der Welt, mehr getan hat, als die zweihundert Jesuiten, die er geächtet hat, mit ihren besten Kräften in fünfzig Jahren hätte leisten können. Er hat eine welthistorische Kur vorgenommen, deren Unkosten gegen das Endresultat auf unserer Seite gar nicht in Betracht kommen; denn die Hauptkosten muß das 'Reich' mit seinen Schildhaltern tragen.

Wer seine geheimen Gedanken auf den Ruf des Fürsten offenbar werden ließ, der kann nun äußerlich in Freuden leben; wer ihm widersteht, der hat Übles zu befahren, sitzt im Kerker oder ißt das Brot der Verbannung. Aber sonderbar, gerade jene Herren, welche die Hoffnungen des preußischen 'Kulturkampfes' auf sich gründen ließen und in ihren Organen alle die gesetzlichen und administrativen Verfolgungsmaßregeln zuerst vorgeschlagen, ja stürmisch provoziert haben, gerade die erblicken nun in unbewachten Momenten die Sieger in den Verfolgten. So hat wenigstens der Mann sich jüngst geäußert, dem sie mit dem Führer-Namen schmeicheln, und er hat damit mehr praktischen Blick verraten, als unter den Umständen zu erwarten war. Er hat die Verfolgung in Preußen als ein wesentliches Hindernis für die Ausbreitung des 'Altkatholizismus' bezeichnet, dem man in Berlin gerade durch die Gesetze des 'Kulturkampfes' eingestandenermaßen hilfreich beispringen wollte. Er hat ferner diese ganze Politik als eine verfehlte dargestellt, die den gewünschten Erfolg nicht haben könne, nachdem ebenso die erste Hoffnung und Berechnung, den niederen Klerus gegen seine kirchlichen Obern aufzubringen, als die zweite Hoffnung und Berechnung, das katholische Volk von seinen standhaften Priestern zu trennen, getäuscht und fehlgeschlagen hat. In der Tat gilt unser Mitleid weniger den vor Gott lobwürdigen Opfern der preußischen Maigesetze als der preußischen Justiz, die das heilige Schwert der Gerechtigkeit in einer solchen Gesetzes-Wache abzunützen die Aufgabe hat, bloß weil ein Gesetz es so verlangt, das Fürst Bismarck mit seinen parlamentarischen Mehrheiten heute oder morgen wieder anders machen kann. Der gewisseste Erfolg des Kampfes dürfte denn auch darin bestehen, daß in Preußen tatsächlich bewiesen wird, wie der formale Legalismus der Tod der wahren Gerechtigkeit sei.

38. HEINRICH VON TREITSCHKE, Politik. Vorlesungen gehalten an der Universität zu Berlin, hrsg. von Max Cornelicus, 2 Bde., Leipzig 1897, Bd. 1, Auszug, S. 147—154.

Diese öffentliche Meinung tritt nun aber der Regel nach nicht als Einheit kompakt hervor, sie ergibt sich erst aus dem Hin und Wider, Für und Gegen der Parteien. Der Wert und die Bedeutung der Parteien ist sehr verschieden, bald zu gering, viel häufiger zu hoch im Guten wie im Schlimmen angeschlagen worden. Baco von Verulam, der ja leider als Charakter ebenso tief wie als Denker hoch steht, hat behauptet, nur der niedrige Mann müsse einer Partei angehören, um von ihr gehoben zu werden, der Starke bedürfe ihrer nicht mehr. Er sieht also verächtlich auf die Parteien herab und verkennt ihre politische Bedeutung vollständig. Dagegen erblickte die Seelenangst der alten Polizei des Deutschen Bundes in jeder Partei schon ein Werk des Übels. Als Heinrich von Gagern im Jahre 1834 in der Darmstädter Kammer von einer Partei der Regierung sprach, fand die Regierung diese Äußerung so beleidigend, daß sie den Landtag deshalb auflöste*. Wiederum der Radikalismus hat einen tollen Kultus mit dem Parteiwesen getrieben, in jenen Tagen, da Herwegh sang: „Und meinen Lorbeer flechte die Partei.“ Das war eine beklagenswerte Verblendung, ja für einen Dichter, der über den Parteien stehen sollte, eine förmliche Raserei.

Aus einer unbefangenen geschichtlichen Betrachtung ergibt sich klar, daß die Parteien eine politische Notwendigkeit sind für freie Völker. Durch das Parteileben fassen sich die unzähligen Meinungen aller einzelnen zusammen zu einer Durchschnittsmeinung, die das unklare Urteil des einzelnen nach einer bestimmten Richtung festigt. Wenn für manche Naturen der Zwang, Farbe zu bekennen, heilsam sein kann als eine Aufrüttelung, so wirkt freilich der Terrorismus des Parteiwesens auch verderblich. Denn es ist klar, daß jede Partei einseitig ist und sein muß. Eine nationale Partei schlechthin kann es nur geben etwa in Völkern, die noch um die Unabhängigkeit kämpfen, um die Befreiung von einer antinationalen Macht. So hat eine Einigung aller Parteien in Piemont 1859 unter Cavours Einfluß stattgefunden. Damals hat dieser große Mann alle Parteien des Staates mit sich fortgerissen; alle Gegensätze verstummten vor der gemeinsamen Aufgabe der nationalen Einigung Italiens. In einem wohlgeordneten, selbständigen Staat wird es keine nationale Partei geben. Der Name: nationalliberal ist meisterhaft erfunden, so wohllautend, daß er eigentlich jedem gefällt, aber es ist bloß ein Name.

* (Heinrich v. Treitschke) Deutsche Geschichte, IV, 617 f.

Jede Partei muß einseitig sein und kurzlebig im Vergleich zur Universalität und Dauer des Staates. Es ist eine Schrulle, wenn man Parteien konstruieren will, die durch die ganze Weltgeschichte dauern. Das schönste Schicksal für eine Partei ist doch unterzugehen, nachdem sie ihre Ziele erreicht hat. Umgekehrt der schimpflichste Tod für eine Partei ist der, wenn sie stirbt, weil die Tatsachen der Geschichte den Unsinn ihrer Bestrebungen offen gezeigt haben. Die kleine Erbkaiserpartei der Paulskirche, die viel verhöhnt und verlacht worden war, sie verschwand im Jahre 1866 mit dem Momente, wo ihr Traum in Erfüllung ging. Die vielgepriesene Partei der Großdeutschen hingegen, welche mit ihrem bloßen Namen so viele gewonnen, verschwand zu gleicher Zeit nach einer tödlichen Niederlage, nachdem der Erfolg gezeigt hatte, daß ihre Ziele widersinnig und unhaltbar waren. Die großdeutsche Sache wurde bei Königgrätz so in die Pfanne gehauen, daß es heute nur noch versteckte Großdeutsche geben kann. Was lebensfähig war an dem großdeutschen Ideal, lebt heute in der ultramontanen Partei fort. Hier sind die Neigungen für Österreich versteckt noch vorhanden, aber im allgemeinen hat sie doch ein kirchenpolitisches Programm.

Es ist also eine Überhebung der Theorie, wenn man von prinzipiellen Parteien redet, die dauern sollen bis in alle Ewigkeit. Hier hat namentlich in England Macaulay gesündigt mit der Behauptung, daß sich durch alle Parteiung der Geschichte immer derselbe Gegensatz ziehe. Es gebe immer Parteien, die für 'Freiheit und Fortschritt' einträten, und ihnen gegenüber solche, die von der Pietät für 'Autorität und Altertum' geleitet würden; so sei überall derselbe Gegensatz von Whigs und Tories zu finden. Und da nun zu jener Zeit unter den Liberalen des Kontinents eine starke Anglomanie herrschte, so haben deutsche und italienische Gelehrte den Unsinn nachgeschrieben. An Macaulay knüpft eine neumodische deutsche Lehre an, die völlig verkehrt ist, von dem verstorbenen Friedrich Rohmer, der eine so seltsame Rolle in der deutschen Geschichte gespielt hat. Er hatte eine wunderbare Gabe, sein Pumpgenie zu entfalten; trotzdem hatte er einen großen Kreis von nicht unbedeutenden Menschen um sich, der mit ihm durch dick und dünn ging. Rohmer schrieb das seltsame Buch von den vier Parteien; ein törichtes Spiel mit Bildern, das ganz wertlos ist. Hier werden die Radikalen als die politischen Knaben, die Liberalen als die Jünglinge, die Konservativen als Männer und die Reaktionäre als Greise hingestellt. Hinter solchen Prinzipien- und Bilderspielereien steckt nichts als die Selbstberäucherung der Mittelparteien, die zu dieser Eitelkeit der Natur der Sache nach leichter geneigt sind. Nicht das idem sentire de republica führt Parteien zusammen, sondern das idem velle. Ihr Wesen besteht nicht darin, ob sie ändern oder erhalten wollen, sondern was sie ändern oder erhalten wollen. Überdies sind 'Freiheit' und 'Autorität' nicht Gegensätze, sondern Korrelate. Denn die Freiheit beruht auf vernunftgemäßen Gesetzen und deren Befolgung; zur politischen Freiheit ist demgemäß die Autorität der Gesetze vollständig unentbehrlich. Der Kampf der beiden großen altenglischen Parteien ist nie, wie Macaulay behauptet, ein Prinzipienkampf gewesen, sondern drehte sich immer darum, wer die Herrschaft im Staate ausüben solle. Beide, Whigs und Tories, sind Adelsparteien gewesen und haben, je nachdem sie ins oder outs, drinnen oder draußen waren, für und wider alles gestimmt. Und die großen Änderungen im englischen Staatsleben sind meistens durch die Tories gemacht worden. Also wird man ganz und gar nicht sagen können, daß diese beiden Adelsparteien, die beide die Herrschaft des Parlaments über die Krone wollten, durch einen tiefen Prinzipiengegensatz getrennt gewesen seien. Gerade bei ihnen wird man ganz deutlich gewahr: es ist der Kampf um die Macht, der Parteien zusammenschart.

Treitschke erörtert den altenglischen Parteiengegensatz jetzt im einzelnen.

So ist die englische Parteiherrschaft in ihrer alten Form bewunderungswürdig, aber doch nur unter bestimmten historischen Verhältnissen; ein Vorbild für uns kann sie nicht sein. So albern die Katzbalgereien unserer Fraktionen auch sein mögen, wir müssen doch gestehen, daß alle parlamentarischen Parteien ihren Rückhalt haben in den Parteien des Landes. Es ist rein unmöglich, in dieses Durcheinander des Parteigewoges irgend ein festes Prinzip zu bringen, und vor allen Dingen muß man sich hüten vor der Selbstbespiegelung moderner Menschen, daß die Parteien durch die zunehmende Bildung sich veredlen, daß sie im Laufe der Geschichte sich über ihren Zweck und über ihre Natur immer klarer würden. Gut oder schlecht wie die Parteien von jeher waren, werden sie auch in Zukunft sein. Das hat der welterfahrene alte Wachsmuth in seiner Geschichte der Parteien mit Recht ausgesprochen. Wenn der Staat der Welt des Handelns angehört, so müssen Parteien durch gemeinsamen Willen und nicht durch gemeinsame Doktrinen zusammengehalten werden.

Betrachten wir die Dinge unbefangen, so sind die Anlässe zur Parteibildung die denkbar mannigfaltigsten. Wie der Sand der Dünen weht, so bilden sich neue Parteien. Sie sind die Eintagsgebilde des freien politischen Lebens, hervorgehend aus der Fülle von Gegensätzen sozialen, nationalen, religiösen Charakters. Sie sind notwendig in einem freien Volke, um aus den vielen Einzelwillen den Durchschnittswillen zu bilden, aber sie zu überschätzen, ist immer ein Zeichen geistiger Dürftigkeit gewesen. Völlig aufzugehen in seiner Partei heißt sich absichtlich bornieren, und wirklich freie Naturen haben immer eine gewisse Abneigung gehabt gegen die Einseitigkeit des Parteisinns.

Von jeder Art von Partei kann man sagen, daß sie unter Umständen zerstörend wirkt. Soziale Parteien können zum Bürgerkrieg führen, weil sie geleitet sind von den niedrigsten Leidenschaften. Unermeßlich ist die Macht des Neides gerade in freien, demokratisierten Nationen; die Vorstellung der Gleichheit wird krampfhaft festgehalten, eben weil sie nicht wahr ist, weil die Ungleichheit der Personen als solcher uns überall entgegentritt. So wird hier eine Empfindung des Neides erweckt, von deren ungeheurer Stärke die unerfahrene Jugend sich kaum einen Begriff macht. Wird man älter und kann man auf einiges zurückblicken, was man getan hat und was andere nicht zustande gebracht haben, dann vermag man erst die unermeßliche Kraft des Neides zu begreifen. Ganze Institutionen der Demokratie sind auf die Befriedigung dieser niedrigen Leidenschaft berechnet, so der Ostrakismus im alten Athen. Andererseits können nationale Gegensätze im Inneren zum völligen Zerfall des Staates führen, wie die Geschichte Schleswig-Holsteins und Dänemarks zeigt. Wie wiederum religiöse Parteien das Volksgemüt verwüsten können, das lehrt die grauenhafte Geschichte des Dreißigjährigen Krieges.

Soziale Interessen sind in der Parteibildung immer das erste Motiv. Es wirken aber noch viele andere Gegensätze mit, und man kann hier nur aussprechen, daß starke trennende Kräfte innerhalb einer Nation das Recht und die Pflicht haben, parteibildend zu wirken.

39. FRIEDRICH ENGELS an August Bebel, London, 18./28. März 1875, in: August Bebel, Aus meinem Leben, 2. Teil, Stuttgart 1911, S. 318—324.
WA: MEW, Bd. 19, Berlin 1962, S. 3—9.

Lieber Bebel!

Ich habe Ihren Brief vom 23. Februar erhalten und freue mich, daß es Ihnen körperlich so gut geht.

Sie fragen mich, was wir von der Einigungsgeschichte halten? Leider ist es uns ganz gegangen wie Ihnen. Weder Liebknecht noch sonst jemand hat uns irgendwelche Mitteilung gemacht, und auch wir wissen daher nur, was in den Blättern steht, und da stand nichts, bis vor circa acht Tagen der Programmentwurf kam. Der hat uns allerdings nicht wenig in Erstaunen gesetzt.

Unsre Partei hatte so oft den Lassalleanern die Hand zur Versöhnung oder doch wenigstens zum Kartell geboten und war von den Hasenclever, Hasselmann und Tölckes so oft und so schnöde zurückgewiesen worden, daß daraus jedes Kind den Schluß ziehen mußte: Wenn diese Herren jetzt selbst kommen und Versöhnung bieten, so müssen sie in einer verdammten Klemme sein. Bei dem wohlbekannten Charakter dieser Leute ist es aber unsre Schuldigkeit, diese Klemme zu benutzen, um uns alle und jede mögliche Garantien auszubedingen, damit nicht jene Leute auf Kosten unsrer Partei in der öffentlichen Arbeitermeinung ihre erschütterte Stellung wieder befestigen. Man mußte sie äußerst kühl und mißtrauisch empfangen, die Vereinigung abhängig machen von dem Grade ihrer Bereitwilligkeit, ihre Sektenstichworte und ihre Staatshilfe fallenzulassen und im wesentlichen das Eisenacher Programm von 1869 oder eine für den heutigen Zeitpunkt angemessene verbesserte Ausgabe desselben anzunehmen. Unsre Partei hätte von den Lassalleanern in theoretischer Beziehung, also in dem, was fürs Programm entscheidend ist, absolut nichts zu lernen, die Lassalleaner aber wohl von ihr; die erste Bedingung der Vereinigung war, daß sie aufhörten, Sektierer, Lassalleaner zu sein, daß sie also vor allem das Allerweltsheilmittel der Staatshilfe wo nicht ganz aufgaben, doch als eine untergeordnete Übergangsmaßregel unter und neben vielen möglichen andren anerkannten. Der Programmentwurf beweist, daß unsre Leute theoretisch den Lassalleanerführern hundertmal überlegen — ihnen an politischer Schlauheit ebensowenig gewachsen sind; die 'Ehrlichen' sind einmal wieder von den Nichtehrlichen grausam über den Löffel barbiert.

Zuerst nimmt man die großtönende, aber historisch falsche Lassallesche Phrase an: Gegenüber der Arbeiterklasse seien alle andren Klassen nur eine reaktionäre Masse. Dieser Satz ist nur in einzelnen Ausnahmefällen wahr, z. B. in einer Revolution des Proletariats, wie die Kommune, oder in einem Land, wo nicht nur die Bourgeoisie Staat und Gesellschaft nach ihrem Bilde gestaltet hat, sondern auch schon nach ihr das demokratische Kleinbürgertum diese Umbildung bis auf ihre letzten Konsequenzen durchgeführt hat. Wenn z. B. in Deutschland das demokratische Kleinbürgertum zu dieser reaktionären Masse gehörte, wie konnte da die Sozialdemokratische Arbeiterpartei jahrelang mit ihm, mit der Volkspartei Hand in Hand gehen? Wie kann der 'Volksstaat' fast seinen ganzen politischen Inhalt aus der kleinbürgerlich-demokratischen 'Frankfurter Zeitung' nehmen? Und wie kann man nicht weniger als sieben Forderungen in dies selbe Programm aufnehmen, die direkt und wörtlich übereinstimmen mit dem Programm der Volkspartei und kleinbürgerlichen Demokratie? Ich meine die sieben politischen Forderungen 1 bis 5 und 1 bis 2, von denen keine einzige, die nicht bürgerlich-demokratisch.

Zweitens wird das Prinzip der Internationalität der Arbeiterbewegung praktisch für die Gegenwart vollständig verleugnet, und das von den Leuten, die fünf Jahre lang und unter den schwierigsten Umständen dies Prinzip auf die ruhmvollste Weise hochgehalten. Die Stellung der deutschen Arbeiter an der Spitze der europäischen Bewegung beruht wesentlich auf ihrer echt internationalen Haltung während des Kriegs; kein andres Proletariat hätte sich so gut benommen. Und jetzt soll dieses Prinzip von ihnen verleugnet werden im Moment, wo überall im Ausland die Arbeiter es in demselben Maß betonen, in dem die Regierungen jeden Versuch seiner Betätigung in einer Organisation zu unterdrücken streben! Und was bleibt allein vom Internationalismus der Arbeiterbewegung übrig? Die blasse Aussicht — nicht einmal auf ein spätres Zusammenwirken der europäischen Arbeiter zu ihrer Befreiung — nein, auf eine künftige 'internationale Völkerverbrüderung' — auf die 'Vereinigten Staaten von Europa' der Bourgeois von der Friedensliga.

Es war natürlich gar nicht nötig, von der Internationale als solche zu sprechen. Aber das mindeste war doch, keinen Rückschritt gegen das Programm von 1869 zu tun und etwa zu sagen: Obgleich die deutsche Arbeiterpartei zunächst innerhalb der ihr gesetzten Staatsgrenzen wirkt (sie hat kein Recht, im Namen des europäischen Proletariats zu sprechen, besonders nicht, etwas Falsches zu sagen), so ist sie sich ihrer Solidarität bewußt mit den Arbeitern aller Länder und wird stets bereit sein, wie bisher auch fernerhin die ihr durch diese Solidarität auferlegten Verpflichtungen zu erfüllen. Derartige Verpflichtungen bestehen, auch ohne daß man gerade sich als Teil der 'Internationale' proklamiert oder ansieht, z. B. Hilfe, Abhalten von Zuzug bei Streiks, Sorge dafür, daß die Parteiorgane die deutschen Arbeiter von der ausländischen Bewegung unterrichtet halten, Agitation gegen drohende oder ausbrechende Kabinettskriege, Verhalten während solcher, wie 1870 und 1871 mustergültig durchgeführt, usw.

Drittens haben sich unsere Leute das Lassallesche 'eherne Lohngesetz' aufoktroyieren lassen, das auf einer ganz veralteten ökonomischen Ansicht beruht, nämlich daß der Arbeiter im Durchschnitt nur das Minimum des Arbeitslohnes erhält, und zwar deshalb, weil nach Malthusscher Bevölkerungstheorie immer zuviel Arbeiter da sind (dies war Lassalles Beweisführung). Nun hat Marx im 'Kapital' ausführlich nachgewiesen, daß die Gesetze, die den Arbeitslohn regulieren, sehr kompliziert sind, daß je nach den Verhältnissen bald dieses, bald jenes vorwiegt, daß sie also keineswegs ehern, sondern im Gegenteil sehr elastisch sind und daß die Sache gar nicht so mit ein paar Worten abzumachen ist, wie Lassalle sich einbildete. Die Malthussche Begründung des von Lassalle ihm und Ricardo (unter Verfälschung des letzteren) abgeschriebenen Gesetzes, wie sie sich z. B. 'Arbeiterlesebuch', Seite 5, aus einer andern Broschüre Lassalles zitiert findet, ist von Marx in dem Abschnitt über 'Akkumulationsprozeß des Kapitals' ausführlich widerlegt. Man bekennt sich also durch

Adoptierung des Lassalleschen 'ehernen Gesetzes' zu einem falschen Satz und einer falschen Begründung desselben.

Viertens stellt das Programm als einzige soziale Forderung auf — die Lassallesche Staatshilfe in ihrer nacktesten Gestalt, wie Lassalle sie von Buchez gestohlen hatte. Und das, nachdem Bracke diese Forderung sehr gut in ihrer ganzen Nichtigkeit aufgewiesen; nachdem fast alle, wo nicht alle Redner unsrer Partei im Kampfe mit den Lassalleanern genötigt gewesen sind, gegen diese 'Staatshilfe' aufzutreten! Tiefer konnte unsere Partei sich nicht demütigen. Der Internationalismus heruntergekommen auf Amand Goegg, der Sozialismus auf den Bourgeoisrepublikaner Buchez, der diese Forderung gegenüber den Sozialisten stellte, um sie auszustechen!

Im besten Falle aber ist die 'Staatshilfe' im Lassalleschen Sinne doch nur eine einzige Maßregel unter vielen anderen, um das Ziel zu erreichen, was hier mit den lahmen Worten bezeichnet wird: „um die Lösung der sozialen Frage anzubahnen“, als ob es für uns noch eine theoretisch ungelöste soziale Frage gäbe! Wenn man also sagt: Die deutsche Arbeiterpartei erstrebt die Abschaffung der Lohnarbeit und damit der Klassenunterschiede vermittelst Durchführung der genossenschaftlichen Produktion in Industrie und Ackerbau und auf nationalem Maßstab; sie tritt ein für jede Maßregel, welche geeignet ist, dieses Ziel zu erreichen! — so kann kein Lassalleaner etwas dagegen haben.

Fünftens ist von der Organisation der Arbeiterklasse als Klasse vermittelst der Gewerksgenossenschaften gar keine Rede. Und das ist ein sehr wesentlicher Punkt, denn dies ist die eigentliche Klassenorganisation des Proletariats, in der es seine täglichen Kämpfe mit dem Kapital durchficht, in der es sich schult und die heutzutage bei der schlimmsten Reaktion (wie jetzt in Paris) platterdings nicht mehr kaputtzumachen ist. Bei der Wichtigkeit, die diese Organisation auch in Deutschland erreicht, wäre es unserer Ansicht nach unbedingt notwendig, ihrer im Programm zu gedenken und ihr womöglich einen Platz in der Organisation der Partei offenzulassen.

Das alles haben unsere Leute den Lassalleanern zu Gefallen getan. Und was haben die andern nachgegeben? Daß ein Haufen ziemlich verworrener rein demokratischer Forderungen im Programm figurieren, von denen manche reine Modesache sind, wie z. B. die 'Gesetzgebung durch das Volk', die in der Schweiz besteht und mehr Schaden als Nutzen anrichtet, wenn sie überhaupt was anrichtet. Verwaltung durch das Volk. Das wäre noch etwas. Ebenso fehlt die erste Bedingung aller Freiheit: daß alle Beamten für alle ihre Amtshandlungen jedem Bürger gegenüber vor den gewöhnlichen Gerichten und nach gemeinem Recht verantwortlich sind. Davon, daß solche Forderungen wie: Freiheit der Wissenschaft, Gewissensfreiheit in jedem liberalen Bourgeoisprogramm figurieren und sich hier etwas befremdend ausnehmen, davon will ich weiter nicht sprechen.

Der freie Volksstaat ist in den freien Staat verwandelt. Grammatikalisch genommen ist ein freier Staat ein solcher, wo der Staat frei gegenüber seinen Bürgern ist, also ein Staat mit despotischer Regierung. Man sollte das ganze Gerede vom Staat fallenlassen, besonders seit der Kommune, die schon kein Staat im eigentlichen Sinne mehr war. Der Volksstaat ist uns von den Anarchisten bis zum Überdruß in die Zähne geworfen worden, obwohl schon die Schrift Marx' gegen Proudhon und nachher das 'Kommunistische Manifest' direkt sagen, daß mit Einführung der sozialistischen Gesellschaftsordnung der Staat sich von selbst auflöst und verschwindet. Da nun der Staat doch nur eine vorübergehende Einrichtung ist, deren man sich im Kampf, in der Revolution bedient, um seine Gegner gewaltsam niederzuhalten, so ist es purer Unsinn, vom freien Volksstaat zu sprechen: Solange das Proletariat den Staat noch gebraucht, gebraucht es ihn nicht im Interesse der Freiheit, sondern der Niederhaltung seiner Gegner, und sobald von Freiheit die Rede sein kann, hört der Staat als solcher auf zu bestehen. Wir würden daher vorschlagen, überall statt Staat 'Gemeinwesen' zu setzen, ein gutes altes deutsches Wort, das das französische 'Kommune' sehr gut vertreten kann.

„Beseitigung aller sozialen und politischen Ungleichheit" ist auch eine sehr bedenkliche Phrase statt: „Aufhebung aller Klassenunterschiede". Von Land zu Land, von Provinz zu Provinz, von Ort zu Ort sogar wird immer eine gewisse Ungleichheit der Lebensbedingungen bestehen, die man auf ein Minimum reduzieren, aber nie ganz beseitigen können wird. Alpenbewohner werden immer andere Lebensbedingungen haben als Leute des flachen Landes. Die Vorstellung der sozialistischen Gesellschaft als des Reiches der Gleichheit ist eine einseitige französische Vorstellung, anlehnend an das alte „Freiheit, Gleichheit, Brüderlichkeit", eine Vorstellung, die als Entwicklungsstufe ihrer Zeit und ihres Ortes berechtigt war, die aber, wie alle die Einseitigkeiten der früheren sozialistischen Schulen, jetzt überwunden sein sollten, da sie nur Verwirrung in den Köpfen anrichten und präzisere Darstellungsweisen der Sache gefunden sind.

Ich höre auf, obwohl fast jedes Wort in diesem dabei saft- und kraftlos redigierten Programm zu kritisieren wäre. Es ist derart, daß, falls es angenommen wird, Marx und ich uns nie zu der auf dieser Grundlage errichteten neuen Partei bekennen können und uns sehr ernstlich werden überlegen müssen, welche Stellung wir — auch öffentlich — ihr gegenüber zu nehmen haben. Bedenken Sie, daß man uns im Auslande für alle und jede Äußerungen und Handlungen der deutschen Sozialdemokratischen Arbeiterpartei verantwortlich macht. So Bakunin in seiner Schrift 'Politik und Anarchie', wo wir einstehen müssen für jedes unüberlegte Wort, das Liebknecht seit Stiftung des 'Demokratischen Wochenblattes' gesagt und geschrieben. Die Leute bilden sich eben ein, wir kommandierten von hier aus die ganze Geschichte, während Sie so gut wie ich wissen, daß wir uns fast nie im geringsten in die inneren Parteiangelegenheiten gemischt, und auch dann nur, um Böcke, die nach unserer Ansicht geschossen worden, und zwar nur theoretische, wieder nach Möglichkeit gutzumachen.

Eine gemeinsame Partei auf dieser Basis kann nicht lange halten. Aber nach der Trennung werden die Lassalleaner stärker sein als zuvor.

Freundlichst Ihr F. E.

40. KARL MARX, Randglossen zum Programm der deutschen Arbeiterpartei, April/Mai 1875, in: Die Neue Zeit, 9. Jg. 1890/91, Auszug, S. 572—574.
WA: MEW, Bd. 19, Berlin 1962, S. 15—32.

Ich komme jetzt zum demokratischen Abschnitt.

A. „Freiheitliche Grundlage des Staats."

Zunächst nach II erstrebt die deutsche Arbeiterpartei „den freien Staat". Freier Staat — was ist das?

Es ist keineswegs Zweck der Arbeiter, die den beschränkten Untertanenverstand losgeworden, den Staat „frei" zu machen. Im Deutschen Reich ist der „Staat" fast so „frei" als in Rußland. Die Freiheit besteht darin, den Staat aus einem der Gesellschaft übergeordneten in ein ihr durchaus untergeordnetes Organ zu verwandeln, und auch heutig sind die Staatsformen freier oder unfreier im Maß, worin sie die „Freiheit des Staats" beschränken.

Die deutsche Arbeiterpartei — wenigstens, wenn sie das Programm zu dem ihrigen macht — zeigt, wie ihr die sozialistischen Ideen nicht einmal hauttief sitzen, indem sie, statt die bestehende Gesellschaft (und das gilt von jeder künftigen) als Grundlage des bestehenden Staats (oder künftigen, für künftige Gesellschaft) zu behandeln, den Staat vielmehr als ein selbständiges Wesen behandelt, das seine eignen „geistigen, sittlichen, freiheitlichen Grundlagen" besitzt.

Und nun gar der wüste Mißbrauch, den das Programm mit den Worten „heutiger Staat", „heutige Gesellschaft" treibt, und den noch wüsteren

Mißverstand, den es über den Staat anrichtet, an den es seine Forderungen richtet!

Die „heutige Gesellschaft" ist die kapitalistische Gesellschaft, die in allen Kulturländern existiert, mehr oder weniger frei von mittelaltrigem Beisatz, mehr oder weniger durch die besondre geschichtliche Entwicklung jedes Landes modifiziert, mehr oder weniger entwickelt. Dagegen der „heutige Staat" wechselt mit der Landesgrenze. Er ist ein andrer im preußisch-deutschen Reich als in der Schweiz, ein andrer in England als in den Vereinigten Staaten. „Der heutige Staat" ist also eine Fiktion.

Jedoch haben die verschiednen Staaten der verschiednen Kulturländer, trotz ihrer bunten Formverschiedenheit, alle das gemein, daß sie auf dem Boden der modernen bürgerlichen Gesellschaft stehn, nur einer mehr oder minder kapitalistisch entwickelten. Sie haben daher auch gewisse wesentliche Charaktere gemein. In diesem Sinn kann man von „heutigem Staatswesen" sprechen, im Gegensatz zur Zukunft, worin seine jetzige Wurzel, die bürgerliche Gesellschaft, abgestorben ist.

Es fragt sich dann: Welche Umwandlung wird das Staatswesen in einer kommunistischen Gesellschaft erleiden? In andern Worten, welche gesellschaftlichen Funktionen bleiben dort übrig, die jetzigen Staatsfunktionen analog sind? Diese Frage ist nur wissenschaftlich zu beantworten, und man kommt dem Problem durch tausendfache Zusammensetzung des Worts Volk mit dem Wort Staat auch nicht um einen Flohsprung näher.

Zwischen der kapitalistischen und der kommunistischen Gesellschaft liegt die Periode der revolutionären Umwandlung der einen in die andre. Der entspricht auch eine politische Übergangsperiode, deren Staat nichts andres sein kann als die revolutionäre Diktatur des Proletariats.

Das Programm nun hat es weder mit letzterer zu tun, noch mit dem zukünftigen Staatswesen der kommunistischen Gesellschaft.

Seine politischen Forderungen enthalten nichts, außer der aller Welt bekannten demokratischen Litanei: allgemeines Wahlrecht, direkte Gesetzgebung, Volksrecht, Volkswehr etc. Sie sind bloßes Echo der bürgerlichen Volkspartei, des Friedens- und Freiheitsbundes. Es sind lauter Forderungen, die, soweit nicht in phantastischer Vorstellung übertrieben, bereits realisiert sind. Nur liegt der Staat, dem sie angehören, nicht innerhalb der deutschen Reichsgrenze, sondern in der Schweiz, den Vereinigten Staaten etc. Diese Sorte „Zukunftsstaat" ist heutiger Staat, obgleich außerhalb „des Rahmens" des Deutschen Reichs existierend.

Aber man hat eins vergessen. Da die deutsche Arbeiterpartei ausdrücklich erklärt, sich innerhalb „des heutigen nationalen Staats", also ihres Staats, des preußisch-deutschen Reichs, zu bewegen — ihre Forderungen wären ja sonst auch großenteils sinnlos, da man nur fordert, was man nicht hat —, so durfte sie die Hauptsache nicht vergessen, nämlich daß alle jene schönen Sächelchen auf der Anerkennung der sog. Volkssouveränität beruhn, daß sie daher nur in einer demokratischen Republik am Platze sind.

Da man nicht in der Lage ist — und weislich, denn die Verhältnisse gebieten Vorsicht —, die demokratische Republik zu verlangen, wie es die französischen Arbeiterprogramme unter Louis Philippe und unter Louis Napoleon taten — so hätte man auch nicht zu der (weder 'ehrlichen' noch würdigen) Finte flüchten sollen, Dinge, die nur in einer demokratischen Republik Sinn haben, von einem Staat zu verlangen, der nichts andres als ein mit parlamentarischen Formen verbrämter, mit feudalem Beisatz vermischter schon von der Bourgeoisie beeinflußter, bürokratisch gezimmerter, polizeilich gehüteter Militärdespotismus ist (und diesem Staat obendrein noch zu beteuern, daß man ihm dergleichen „mit gesetzlichen Mitteln“ aufdringen zu können wähnt!)

Selbst die vulgäre Demokratie, die in der demokratischen Republik das Tausendjährige Reich sieht und keine Ahnung davon hat, daß grade in dieser letzten Staatsform der bürgerlichen Gesellschaft der Klassenkampf definitiv auszufechten ist — selbst sie steht noch berghoch über solcherart Demokratentum innerhalb der Grenzen des polizeilich Erlaubten und logisch Unerlaubten.

Daß man in der Tat unter 'Staat' die Regierungsmaschine versteht oder den Staat, soweit er einen durch Teilung der Arbeit von der Gesellschaft besonderten, eignen Organismus bildet, zeigen schon die Worte: „Die deutsche Arbeiterpartei verlangt als wirtschaftliche Grundlage des Staats: eine einzige progressive Einkommensteuer etc.“ Die Steuern sind die wirtschaftliche Grundlage der Regierungsmaschinerie und von sonst nichts. In dem in der Schweiz existierenden Zukunftsstaat ist diese Forderung ziemlich erfüllt. Einkommensteuer setzt die verschiednen Einkommenquellen der verschiednen gesellschaftlichen Klassen voraus, also die kapitalistische Gesellschaft. Es ist also nichts Auffälliges, daß die Financial Reformers von Liverpool — Bourgeois mit Gladstones Bruder an der Spitze — dieselbe Forderung stellen wie das Programm.

41. Gothaer Programm der Sozialistischen Arbeiterpartei Deutschlands, Mai 1875, in: Protokoll des Vereinigungs-Kongresses der Sozialdemokraten Deutschlands, abgehalten zu Gotha vom 22. bis 27. Mai 1875, Leipzig 1875, S. 78 f.

WA: Salomon, S. 23—25; Mommsen, S. 313—315; Treue, S. 76 f.; Hohlfeld, S. 350 f.; D. Dowe/K. Klotzbach, Programmatische Kundgebungen der deutschen Sozialdemokratie, Berlin/Bonn 1973, S. 172 f.

I. Die Arbeit ist die Quelle alles Reichtums und aller Kultur, und da allgemein nutzbringende Arbeit nur durch die Gesellschaft möglich ist, so gehört der Gesellschaft, das heißt allen ihren Gliedern, das gesamte Arbeitsprodukt, bei allgemeiner Arbeitspflicht, nach gleichem Recht, jedem nach seinen vernunftgemäßen Bedürfnissen.

In der heutigen Gesellschaft sind die Arbeitsmittel Monopol der Kapitalistenklasse, die hierdurch bedingte Abhängigkeit der Arbeiterklasse ist die Ursache des Elends und der Knechtschaft in allen Formen.

Die Befreiung der Arbeit erfordert die Verwandlung der Arbeitsmittel in Gemeingut der Gesellschaft und die genossenschaftliche Regelung der Gesamtarbeit mit gemeinnütziger Verwendung und gerechter Verteilung des Arbeitsertrages.

Die Befreiung der Arbeit muß das Werk der Arbeiterklasse sein, der gegenüber alle anderen Klassen nur eine reaktionäre Masse sind.

II. Von diesen Grundsätzen ausgehend, erstrebt die Sozialistische Arbeiterpartei Deutschlands mit allen gesetzlichen Mitteln den freien Staat und die sozialistische Gesellschaft, die Zerbrechung des ehernen Lohngesetzes durch Abschaffung des Systems der Lohnarbeit, die Aufhebung der Ausbeutung in jeder Gestalt, die Beseitigung aller sozialen und politischen Ungleichheit.

Die Sozialistische Arbeiterpartei Deutschlands, obgleich zunächst im nationalen Rahmen wirkend, ist sich des internationalen Charakters der Arbeiterbewegung bewußt und entschlossen, alle Pflichten, welche derselbe den Arbeitern auferlegt, zu erfüllen, um die Verbrüderung der Menschen zur Wahrheit zu machen.

Die Sozialistische Arbeiterpartei Deutschlands fordert, um die Lösung der sozialen Frage anzubahnen, die Errichtung von sozialistischen Produktivgenossenschaften mit Staatshilfe unter der demokratischen Kontrolle des arbeitenden Volkes. Die Produktivgenossenschaften sind für Industrie und Ackerbau in solchem Umfange ins Leben zu rufen, daß aus ihnen die sozialistische Organisation der Gesamtarbeit entsteht.

Die Sozialistische Arbeiterpartei Deutschlands fordert als Grundlage des Staates:

1. Allgemeines, gleiches, direktes Wahl- und Stimmrecht mit geheimer und obligatorischer Stimmabgabe aller Staatsangehörigen vom zwanzigsten Lebensjahre an für alle Wahlen und Abstimmungen in Staat und Gemeinde. Der Wahl- oder Abstimmungstag muß ein Sonntag oder Feiertag sein.

2. Direkte Gesetzgebung durch das Volk. Entscheidung über Krieg und Frieden durch das Volk.

3. Allgemeine Wehrhaftigkeit. Volkswehr an Stelle der stehenden Heere.

4. Abschaffung aller Ausnahmegesetze, namentlich der Preß-, Vereins- und Versammlungsgesetze; überhaupt aller Gesetze, welche die freie Meinungsäußerung, das freie Denken und Forschen beschränken.

5. Rechtsprechung durch das Volk. Unentgeltliche Rechtspflege.

6. Allgemeine und gleiche Volkserziehung durch den Staat. Allgemeine Schulpflicht. Unentgeltlicher Unterricht in allen Bildungsanstalten. Erklärung der Religion zur Privatsache.

Die Sozialistische Arbeiterpartei Deutschlands fordert innerhalb der heutigen Gesellschaft:

1. Möglichste Ausdehnung der politischen Rechte und Freiheiten im Sinne der obigen Forderungen.

2. Eine einzige progressive Einkommensteuer für Staat und Gemeinde, anstatt aller bestehenden, insbesondere der das Volk belastenden indirekten Steuern.

3. Unbeschränktes Koalitionsrecht.

4. Einen den Gesellschaftsbedürfnissen entsprechenden Normalarbeitstag. Verbot der Sonntagsarbeit.

5. Verbot der Kinderarbeit und aller die Gesundheit und Sittlichkeit schädigenden Frauenarbeit.

6. Schutzgesetze für Leben und Gesundheit der Arbeiter. Sanitätliche Kontrolle der Arbeiterwohnungen, Überwachung der Bergwerke, der Fabrik-, Werkstatt- und Hausindustrie durch von den Arbeitern gewählte Beamte. Ein wirksames Haftpflichtgesetz.

7. Regelung der Gefängnisarbeit.

8. Volle Selbstverwaltung für alle Arbeits- und Unterstützungskassen.

42. W. (= Wilhelm Wehrenpfennig), Politische Korrespondenz, in: Preußische Jahrbücher, Bd. 35, 1875, S. 684—691, Auszug, S. 687—690, 9. Juni 1875.

Wer sich ein Urteil über die Bedeutung des — nach der obigen Darlegung — nunmehr durchgeführten Kadresgesetzes bilden will, dem empfehlen wir dringend, doch selbst einen Blick in das durch den Buchhandel jetzt leicht zugängliche Gesetz samt den angehängten Tableaux zu werfen. Er wird dann finden, daß bei den Linienregimentern der Bestand an Mannschaften möglichst gering, der Bestand an Offizieren und Unteroffizieren möglichst hoch gehalten ist. Eine französische Kompanie zählt an Soldaten im Friedensstande nur noch 66 Mann; die deutsche Kompanie zählt 119 Mann. Die Kopfstärke eines deutschen Bataillons ist mit Ausschluß der Unteroffiziere und Spielleute 491 Mann, die Kopfstärke eines französischen im Friedensstande nur 264 Mann. In dieser Abschwächung kann das Bataillon seine Aufgabe, eine Schule für die Ausbildung der neu eintretenden Rekruten zu sein, nur sehr schwer erfüllen, manche Zweige des Dienstes, besonders die Feldübungen, sind kaum noch auszuführen. Die französischen Militärs sehen diese Mängel so gut ein wie die deutschen; warum haben sie gleichwohl die Mannschaft eines Regiments statt in drei in vier Teile zerlegt und dadurch jene Schwächung herbeigeführt? Weil ihnen weniger an der guten Ausbildung der jetzt noch eintretenden Rekruten als an dem Besitz einer möglichst großen Zahl von Kadres — Offizieren und Unteroffizieren — liegt, in welche sie die Massen kriegsgeübter Soldaten, die ihnen infolge der kolossalen Aushebungen von 1870 und 1871 zu Gebot stehen, einreihen können. Denn es ist kein Zweifel, daß sie die Kriegsstärke des Bataillons auf die höchste zulässige Zahl von 1000 Mann bringen wollen. Darum ist im Friedensstand das französische Regiment an Mannschaft viel kleiner als das deutsche; aber während dieses nur 57 Offiziere und 172 Unteroffiziere zählt, steigt in jenem die Zahl der Offiziere auf 73, die der Unteroffiziere auf 252. Eine solche Organisation mit sehr starken Kadres und sehr schwacher Mannschaft würde die französische Militärverwaltung als dauernde Einrichtung niemals schaffen, als Maßregel ad hoc aber, deren Schaden man ein oder zwei Jahre erträgt, um sofort die festen Rahmen für die Einfügung aller waffengeübten Männer bereit zu haben, ist sie zweckmäßig und wohl ersonnen.

Die Hauptursache unserer Beunruhigung ist also unverändert — zu diesem Ergebnis gelangen wir, wenn wir unsern Verstand und nicht unsere Wünsche fragen. War nun die deutsche Regierung nicht im Recht, in diesem Frühjahr die Mächte auf die unverkennbare Absicht der Franzosen hinzuweisen? Wäre sie nicht im Recht gewesen, wenn sie vor den befreundeten Mächten hinzugefügt hätte, wolle der Gegner einmal schlagen, so werde sie nicht warten, bis ihm Zeit und Umstände am gelegensten schienen; — wenn sie erklärt hätte, ohne eine beträchtliche Reduktion der französischen Armee werde der Friede nicht gesichert sein? Lord Derby hat im englischen Oberhaus — nach dem glaubwürdigen telegraphischen Bericht — am 31. Mai versichert, daß der deutsche Botschafter sich wiederholt in diesem Sinne ausgesprochen habe. Der englische Minister mag die Situation zu schwarz gemalt haben, um seine mit höflichem Dank zurückgewiesene Friedensmediation zu illustrieren. Aber jene Tatsache konnte er doch nicht fälschen. Und wenn sie richtig war, so folgte daraus noch keineswegs, daß man in Berlin zum Krieg schon entschlossen war, daß man die Umstände hier schon so dringlich hielt, um in Paris die Entwaffnungsfrage zu stellen. Man konnte zunächst nur die Absicht haben, zur Rechtfertigung für die Zukunft das Ausland auf den wirklichen Quell aller Unsicherheit hinzuweisen, indirekt auf Frankreich zu wirken oder die Stellung zu prüfen, welche die verschiedenen Mächte den gerechtfertigten Sorgen Deutschlands gegenüber einnehmen würden. Da scheint nun durch die Zwischenaktion „von Persönlichkeiten von höchstem Ansehen", wie Lord Derby sich ausdrückte, die Vorstellung in London erzeugt zu sein, als ob der Krieg beschlossene Sache sei; und man scheint jener Vorstellung von dort aus auch nach Petersburg hin den Weg gebahnt zu haben. In Folge davon erhob sich Anfang Mai in der englisch-französischen Presse das tobende Geschrei, daß wir unter nichtigem Vorwand, wie der Wolf das Lamm, Frankreich überfallen, es zerstückeln, vernichten wollten. Man spielte in Paris die Rolle des unschuldigen Opfers recht gut, und in London tat man so, als glaube man daran. Jetzt wurde unsere sorgenvolle Achtsamkeit zur wilden Beutegier, unser berechtigtes Mißtrauen zum frivolen Vorwand. Natürlich wußten diese unverschämten Schreier ganz genau, daß in Wahrheit Deutschland den Frieden und Frankreich die Rache will, aber das hinderte sie nicht, von uns Stillhalten zu verlangen, bis unser Gegner die Stunde der Rache für gekommen erachte. Der Schock der brutalsten Angriffe, die nun folgten und deren reeller Hintergrund die Eifersucht über die deutschen Erfolge und das Mißtrauen über das russische Bündnis ist, machte einen solchen Eindruck auf unsere offiziöse Presse, daß sie sich völlig auf den Kopf stellte. Jetzt plötzlich sollte gar nichts vorgefallen sein; den ganzen Lärm habe die Presse verschuldet, Ultramontane und Baissiers von der Börse wurden als Übeltäter zu Hilfe genommen; seit 1870, so hieß es am 12. Mai, sei der Verkehr mit der französischen Regierung amtlich nie freundlicher und zufriedenstellender gewesen als in den letzten Wochen. Durch solche Erklärungen wurde auch unser deutsches Publikum gereizt. So viel Schrekken, so viel Unsicherheit für Industrie und Handel, so viel Verluste an der Börse und alles um bloßes Zeitungsgerede! Warum sei man dem nicht früher entgegengetreten, warum habe das Regierungsblatt am 10. April selbst den beunruhigenden Charakter des französischen Kadresgesetzes signalisiert! Der schmähsüchtige Teil der Journalisten heuchelte sittliche Entrüstung gegen die Blätter, welche im April die Verhältnisse ernst aufgefaßt hatten [1].

Später kam dann durch die freilich auch gefärbten Enthüllungen im englischen Parlament heraus, daß ihr Auge doch wohl das schärfere gewesen war. Aber nun entstand der Eindruck, als ob man in Berlin eine durchkreuzte Absicht zu verhüllen gehabt habe, und die Gesamtwirkung war übler, als hätte man die Kontinuität mit der Äußerung vom 10. April stets festgehalten und nur die übertriebenen Folgerungen abgewehrt. Die schroffen Übergänge von schwarz zu weiß haben das Publikum nur verwirrt und erbittert. Es weiß zwar, daß eine Regierung ihm nicht alles sagen kann, aber es verlangt, daß was offiziös gesagt wird, ohne Widersprüche sei.

„Alle ehrlichen Leute in der Welt", — so stand in unserm Bericht vom April — „müssen uns bezeugen, daß wir den Krieg mit Frankreich heute so wenig suchen als 1870. Wir würden in Verlegenheit sein, welchen Preis wir nach einem zweiten glücklichen Feldzug verlangen sollten. Aber die Hände in den Schoß legen, bis der Gegner marschiert, können wir unmöglich." Daß dieser selbstverständliche Satz im Ausland böswillig mißdeutet wurde, überraschte uns nicht, in Deutschland kam es uns unerwartet. Wir hatten zwei Bedingungen für die Aktion hingestellt — nicht bloß „das Anwachsen der französischen Armee", sondern auch „sich vorbereitende Allianzen". Wir erläuterten dies noch weiter durch das Beispiel Friedrichs des Großen, der zwar auch den Krieg lange vorausgesehen habe, aber doch nicht eher losgebrochen sei, „als bis das Netz der europäischen Verschwörung nicht mehr anders zu zerreißen war". Jeder klare Kopf wird uns die sittliche und patriotische Berechtigung dieses Gedankens zugeben, denn nicht wer den Krieg beginnt, sondern wer ihn notwendig macht, ist der wirkliche Angreifer. Aber zu den trügerischen Vorstellungen, durch welche man die öffentliche Meinung zu verwirren sucht, gehören auch die von einer preußischen Militär- oder Kulturkampfpartei, welche sich nach Krieg sehne. In Preußen hat der avancementslustige Leutnant auch in den schlimmsten Zeiten nicht über Krieg und Frieden entschieden, ebensowenig

[1] In einer längeren Anmerkung polemisiert Wehrenpfennig gegen die ›Breslauer Zeitung‹, die den Preußischen Jahrbüchern vorgeworfen hatte, sie hätten die Krise erst entfesselt.

der Major und selbst nicht der General. Unsere Feldmarschälle und Heerführer, die durch Kriege ohnegleichen mit Lorbeeren überhäuft sind, — wie könnten sie bei einiger menschlicher Demut in einem neuen Feldzug ein ebenso wunderbares, kaum durch einen Mißfall getrübtes Waffenglück erwarten? Aber auch eine Militärpartei in dem Sinne, daß nicht ihr persönlicher Ehrgeiz, sondern ihre technischen Erwägungen die letzte Entscheidung geben, existiert bei uns nicht, sonst hätten wir im August 1866 unsere Armeen nach dem Rhein marschieren lassen und im Frühjahr 1867 den Kampf wegen Luxemburg aufgenommen. Die militärischen Beweggründe sind stets der staatsmännischen Würdigung der gesamten politischen Situation untergeordnet gewesen, wenigstens so lange, als es sich nicht nachweisbar um die Existenz der Nation handelte. Und die Diversion im Kulturkampf, nach welcher der Reichskanzler sich angeblich sehnen soll, weil es mit der Unterwerfung der Schwarzen nicht rasch genug gehe oder die internationale Verständigung zwischen den europäischen Mächten gegen das Papsttum nicht gelungen sei? Wer hetzt und schürt denn am meisten zum Krieg? Doch wohl die Ultramontanen. Selbst wo die Chancen des Erfolges für sie noch so zweifelhaft sind, suchen sie die Gegensätze zum gewaltsamen Losbruch zu treiben. Und sie haben von ihrem Standpunkt aus recht. Denn große und schwere Leiden der Völker steigern mit dem religiösen Sinn zugleich den Wahnglauben und befestigen daher die Herrschaft des Priestertums über die unverständige Masse.

43. FRANZ PERROT, Die Aera Bleichröder-Delbrück-Camphausen und die neudeutsche Wirtschaftspolitik, in: Neue Preußische (Kreuz)Zeitung, 29. Juni bis 1. Juli 1875, erster und zweiter Artikel, 29. und 30. Juni 1875. WA: L. Feldmüller-Perrot (Hrsg.), Bismarck und die Juden. 'Papierpest' und 'Aera-Artikel von 1875', Berlin 1931, S. 271—275.

I.

Selten, vielleicht niemals in der Weltgeschichte, ist eine Zeitperiode für eine großartig angelegte National-Wirtschaftspolitik günstiger gewesen, als die Zeit nach dem Kriege von 1870/71 es für Deutschland gewesen ist.

Vielleicht niemals vorher in der deutschen Geschichte war ein Zeitpunkt mehr darauf angelegt, für die bleibende Wohlfahrt der Nation großartig Schöpferisches zu leisten, als seit den letzten vier Jahren, und vielleicht niemals ein großer staatswirtschaftlicher Moment kläglicher frustriert, bedauerlicher verkümmert, vollständiger verpfuscht worden, als die Zeit der französischen Milliardenzahlungen in Deutschland.

Das unsterbliche Verdienst, diese allerdings äußerst hervorragenden

Resultate unserer neuesten deutschen National-Wirtschaftspolitik erzielt zu haben, dürfte allerdings den Herren Delbrück und Camphausen beizumessen sein.

In der kürzlich stattgehabten 77. Sitzung des preußischen Abgeordnetenhauses hat Herr Camphausen freilich dem Herrn v. Kardorff repliziert, daß er „seinem Freunde Delbrück gegenüber“ darauf verzichte, „für den intellektuellen Urheber unserer ganzen Wirtschaftspolitik“ angesehen zu werden. Wir sind jedoch nicht völlig gewiß, ob nicht auch für Herrn Delbrück der Zeitpunkt eintreten wird, wo er die Ehre dieser „intellektuellen Urheberschaft“ gerne von sich ablehnen möchte — und nach unserer Kenntnis der Verhältnisse dürfte die Ehre dieser „intellektuellen Urheberschaft“ allerdings auch Herrn Delbrück kaum völlig, ja wohl nicht einmal in der Hauptsache zur Last gelegt werden können, — diese Ehre wird doch wohl in letzter Instanz von dem großen finanziell-nationalwirtschaftlichen spiritus familiaris des neudeutschen Reiches, dem Herrn v. Bleichröder in Anspruch genommen werden müssen. Es erscheint durchaus notwendig, das deutsche Publikum möglichst vollständig über die enormen Verdienste des Herrn G. v. Bleichröder aufzuklären, da er in ungemein richtig berechneter Bescheidenheit äußerst sorgfältig vermeidet, seine außerordentlichen Verdienste um die neudeutsche Nationalwirtschaft und die möglichst spurlose Verduftung der Milliarden an das Licht der Öffentlichkeit treten zu lassen. Und da die große sog. ‘national-liberale’ Presse sich vorzugsweise in Händen seiner Glaubensgenossen oder von ihnen mehr oder minder direkt oder indirekt abhängiger Leute befindet, so ist die Absicht seiner Bescheidenheit bisher durchaus von Erfolg gekrönt worden.

Herr G. v. Bleichröder ist nämlich, wie wir in Parenthese hinzufügen, mosaischen Glaubens und regierender Bankier, welches erstere übrigens nahezu von selbst aus letzterem folgt, da z. B. 1861 in Preußen von 642 Bankiers nur 92 Christen, die übrigen 550 dagegen Juden gewesen sind. Dies jedoch, wie gesagt, in Parenthese.

Wenn die Finanz- und Wirtschaftspolitik des neuen Deutschen Reiches und bzw. auch schon des Norddeutschen Bundes auf unbefangene Beurteiler beständig den Eindruck reiner Bankier-Politik, d. h. einer Politik von und für Bankiers machte, so konnte dies nach den Verhältnissen der in diesen Dingen leitenden Persönlichkeiten durchaus nicht Wunder nehmen, denn Herr G. v. Bleichröder ist selbst Bankier, Herr Delbrück ist Verwandter eines Bankhauses — Delbrück, Leo & Co. — und Herr Camphausen ist der Bruder eines Bankhauses — Camphausen & Comp.

Wenn zugleich die Geld- und Wirtschaftspolitik des Deutschen Reiches immer den Eindruck von Judenpolitik, d. h. von und für Juden betriebener Politik und Gesetzgebung machte, so ist dies ebenfalls sehr erklärlich, da der intellektuelle Urheber dieser Politik, Herr G. v. Bleichröder, selbst Jude ist und die von christlichen Eigentümern betriebene Minorität der Bankgeschäfte überhaupt nur die Politik der Bank-Majorität treibt und treiben kann, wie denn in jeder Beziehung die Leitung und Führung auf diesem Gebiet vollkommen in den Händen unserer Mitbürger mosaischen Glaubens sich befindet. Dazu kommt, daß unsere Mitbürger semitischer Rasse und mosaischen Glaubens zugleich die intellektuelle Führung der Gesetzgebung in unseren Vertretungskörpern — mit Ausnahme natürlich des Herrenhauses — übernommen haben. Die Herren Lasker, Bamberger und der beiden engbefreundete, freilich erst neuerdings in den Reichstag gelangte Herr H. B. Oppenheim sind ja Juden und sind die eigentlichen Führer der sog. 'nationalliberalen' Majorität des Reichstages und der preußischen zweiten Kammer. Herr Miquel repräsentiert dabei die christliche Minorität des Bankiers-Liberalismus, welcher mit der semitischen Führung durch dick und dünn geht. Was auf diese Weise an neudeutscher Gesetzgebung zugunsten unserer deutschen Bankgeschäfte, welche, wie gesagt, ganz überwiegend in Händen von Juden sind, in den regierenden Bankierkreisen und mit Unterstützung der jüdischen Leiter unserer Parlamentspolitik gewünscht und geplant wird, das unterstützt, propagiert und fördert mit nie ermüdendem Eifer und vielfach großem Geschick die, wenigstens in ihren meisten leitenden Organen von unseren Mitbürgern mosaischen Glaubens teils abhängige, teils beeinflußte sog. 'national-liberale' Presse in tausendstimmigen Echo durch ganz Deutschland hin.

Der Ausdruck 'Judenpolitik', welchen wir oben gebrauchten, ist dem deutschen Publikum nicht geläufig, erscheint demselben großenteils sogar als unstatthaft. Das hat seine sehr naheliegenden Gründe. Wir werden ja z. Z. von den Juden eigentlich regiert. In durchaus richtiger Würdigung der Umstände wünschen dieselben jedoch nicht, daß das von ihnen regierte deutsche Publikum christlicher Religion die hinter den Kulissen hergehenden goldenen Drahtseile bemerke, mittels welcher der sehr geschickt angelegte Mechanismus der bestehenden Geldregierung gehandhabt wird. Überhaupt soll auch das Publikum christlicher Religion und deutscher Nationalität jene Regierung als das, was sie ist, so lange als möglich gar nicht erkennen und kennen lernen. Denn in dem Momente, in welchem die christliche deutsche Bevölkerung sich darüber klar wird, daß die Juden in Deutschland wie allerwärts systematisch und planmäßig eine umfassend und höchst geschickt angelegte Politik betreiben, welche fast ausschließlich auf den Vorteil unserer Mitbürger mosaischen Glaubens und jüdischer Nationalität angelegt ist, in demselben Momente, sagen wir, in welchem die christliche deutsche Bevölkerung sich hierüber klar wird, muß natürlich auch eine Reaktion gegen die überaus fein und schlau kombinierte Börsenpolitik eintreten, und es kann alsdann die Stellung der Juden in unserem Staatsleben hiervon nicht unberührt bleiben.

Da aber unsere sog. 'nationalliberale', im Grunde jedoch durch und durch jüdisch-börsenpolitische Presse jede derartige Aufklärung dem deutschen Publikum christlicher Religion durchaus nach aller Möglichkeit fern zu halten sucht, so werden wir, um unsererseits nicht als unverständige Zeloten oder unchristlich-intolerante Hepp-Hepp-Rufer angesehen zu werden, an der Hand der Tatsachen wohl noch deutlicher werden müssen, wie wir bis dahin in diesen kurzen Andeutungen sein konnten.

II.

Wenn in einem Lande so bedeutende Wandlungen vor sich gehen, wie 1866 und 1871 in Deutschland, so pflegen die Kreise der hohen Finanz, welche, wie wir sahen, zu mehr als fünf Sechsteln aus Juden bestehen, solchen Wandlungen nicht nur passiv mit dem gespanntesten Interesse zu folgen, sondern sie suchen auch aktiv ihren Einfluß so weit als möglich geltend zu machen, um in die entscheidenden Stellen solche Männer hineinzubringen, welche eine dem jüdischen Bankgeschäfte und Börsenbetriebe möglichst günstige Haltung einzunehmen versprechen. Es ist den regierenden Bankgeschäften nicht gleichgültig, wer Präsident des Reichskanzleramtes und wer preußisch-deutscher Finanzminister ist. Ja, die Klugheit und Voraussicht der regierenden jüdischen Bankgeschäfte geht so weit, daß sie nicht nur die Staaten als solche durch Darlehen möglichst von sich abhängig zu machen suchen, sondern sie suchen auch grundsätzlich, d. h. aus Gründen der bezeichneten Geldherrschaftspolitik, mit den leitenden Staatsmännern möglichst viele persönlich-finanzielle Berührungspunkte zu gewinnen.

Es folgt ein Abschnitt über die Finanzverhältnisse des vormaligen österreichischen Reichskanzlers Beust.

Auch mit dem Fürsten Bismarck sollen, schon ehe er Minister in Preußen wurde, hochfinanzielle Kreise in Berührung getreten sein. Die intimen Beziehungen des Herrn v. Bleichröder zum Fürsten dürften, mindestens indirekt, schon an die vorministerielle Zeit des Fürsten anknüpfen, als derselbe, um mit spärlichem preußischen Gesandtengehalte und ohne erhebliches Vermögen seinen Souverän in Petersburg, Paris und Frankfurt repräsentieren zu können, allerdings guten Rat in finanziellen Dingen haben mußte.

Es ist nun eine sehr naheliegende Konjektur, daß damals, als es sich darum handelte, die so bedeutsame Stellung eines Präsidenten des Bundeskanzleramtes zu besetzen, der schon früher bewährt gefundene Rat gewiegter Freunde aus den Finanzkreisen sich unschwer zu insinuieren wußte, um die Wahl auf einen Mann zu lenken, welcher nicht nur die hervorragende Befähigung des Herrn Delbrück besitzt, sondern auch als Vetter des Bankhauses Delbrück, Leo & Co. mit voraussichtlich größerem Verständnis für die Interessen der Bank- und Börsenkreise ausgerüstet war, worüber an den gedachten Stellen jedenfalls die erforderliche Information nicht fehlte.

Die von Herrn Delbrück inaugurierte Wirtschaftspolitik unterstützt diese Konjektur mehr als genügend. Ein Minister und Reichskanzleramtspräsident, welcher imstande ist, von der Tribüne des Reichstages herunter zu proklamieren, das Geheimnis unserer Zeit bestehe darin, „keine Zinsen zu verlieren", dürfte, schon allein hiernach zu schließen, sich in Auffassungen bewegen, welche unseren Finanzkreisen nicht erwünschter sein können. Auch der Verkehr Sr. Exzellenz mit diesen Kreisen im sog. Millionärklub in der Behrenstraße in Berlin deutet wohl nicht auf große Differenz der Anschauungen. Bekanntlich ist Herr Delbrück schon seit länger mit Herrn Camphausen näher befreundet, und diese Freundschaft der beiden Junggesellen, so wie die Gleichartigkeit der finanziellen und wirtschaftlichen Anschauungen dürfte seinerzeit nicht unwirksam gewesen sein, um Herrn Camphausen für die Stellung als Finanzminister in Preußen und so gewissermaßen auch für Deutschland zu empfehlen.

44. Adresse der bayerischen Kammer der Abgeordneten an König Ludwig II., 14. Oktober 1875, in: Verhandlungen der Kammer der Abgeordneten des Bayerischen Landtags im Jahre 1875/76, Beilagen-Bd. II, Beilage 12, S. 15.

Allerdurchlauchtigster Gnädigster König!

Allergnädigster König und Herr!

Indem die neugewählte Kammer der Abgeordneten Allerhöchstihrem Throne naht, um ihre Huldigung darzubringen, obliegt ihr vor allem die traurige Pflicht, Eurer Königlichen Majestät den Ausdruck des tiefsten Beileids mit den schmerzlichen Verlusten allerehrfurchtsvollst darzubringen, die das Königliche Haus in kurzer Frist Schlag auf Schlag erlitten hat.

In guten wie in schlimmen Tagen mit dem Lande innig verwachsen, haben die hingeschiedenen erlauchten Mitglieder des Königlichen Hauses Sich ein dankbares Andenken begründet, das nie erlöschen wird.

Das bayerische Volk hat den Augenblick ersehnt, wo es seinen Vertretern wieder gegönnt sein würde, ihre Bitten und Anliegen unmittelbar zu den Füßen des Königlichen Thrones niederzulegen.

In jeder Bedrängnis erwartet dieses Volk Hilfe und Rettung nur von seinem König und Herrn. Heute aber richtet es mehr als je seine bittenden Blicke allerehrfurchtsvollst auf Euer Königliche Majestät. Denn mehr als je fühlt sich das bayerische Volk bedrängt durch die friedlose Lage der Gegenwart und geängstigt durch die drohenden Gefahren einer ungewissen Zukunft.

Daher sind im ganzen Lande die jüngsten Landtags-Neuwahlen als ein Moment von entscheidender Wichtigkeit betrachtet worden.

Aber die gegenwärtige Regierung wollte nicht, daß der Hilferuf des treuen bayerischen Volkes an Euer Königliche Majestät gelange. Mit allen erfindbaren Mitteln, gegen den Geist und den unbefangen interpretierten Buchstaben des Gesetzes, hat sie das Zustandekommen einer Kammer der Abgeordneten zu verhindern gesucht, wie eine solche bei unparteiischem Vollzug der Wahlen sich ergeben haben würde.

Die Neuwahlen sind auf Grund einer Wahlkreis-Einteilung vorgenommen worden, bei welcher nicht Recht und Gerechtigkeit die Hand geführt hat, sondern die Absicht, die wahre Meinung und Gesinnung der großen Mehrheit des bayerischen Volkes zu unterdrücken, desjenigen Volkes, welches unter allen Umständen seine Treue und Anhänglichkeit bewährt hat.

Wie das Beispiel der obersten Behörde durch untergeordnete Organe bei der Anordnung der Urwahlen nachgeahmt worden ist, davon werden die uns obliegenden Wahlprüfungen ein getreues Bild ergeben.

Wenn das gegenwärtige Ministerium das Vertrauen des Landes zu besitzen gemeint hätte, dann wäre es nicht auf Auskunftsmittel verfallen, die selbst der Erfolg nicht zu beschönigen vermöchte. Nachdem aber der Versuch nicht einmal von dem gewünschten Erfolg begleitet war, so hätte die neugewählte Kammer wohl erwarten dürfen, daß das Ministerium durch seinen Rücktritt ihr die unliebe Notwendigkeit erspart hätte, mit einer alleruntertänigsten Beschwerde Euer Königliche Majestät zu behelligen.

Das Land bedarf und ersehnt den Frieden und ein vertrauensvolles Zusammenwirken der Regierung und seiner Vertreter. Den hingeschwundenen Frieden wird aber weder eine Partei-Regierung noch eine Regierung zu bieten vermögen, welche die eine Seite des Hauses gegen die andere verwendet, ohne jemals die aufrichtige Unterstützung von der einen oder der andern Seite gewinnen zu können.

Das Land ruft nach einer bayerischen Regierung, die sich, Recht und Gerechtigkeit zum alleinigen Leitstern nehmend, weder scheut noch sich zu scheuen Ursache hat, an die Stelle eines erkünstelten Gleichgewichts durch allseitig freie Wahlen den wahren Ausdruck der Meinung und Gesinnung des bayerischen Volkes zu setzen.

Nur eine solche Regierung wird, von der Volksvertretung nicht nur nicht behindert, sondern eifrig unterstützt, die erlahmende Regierungstätigkeit neu beleben können.

Nur eine solche Regierung wird auch in dem höchsten Kollegium des Reiches jenes Ansehen genießen, das ihr reichsverfassungsmäßig gestattet und das auch unumgänglich notwendig ist, wenn nicht wie bisher ein Stück nach dem andern von den bayerischen Kron- und Landesrechten dahinfallen soll, in einem Interesse, das sehr weit entfernt ist, das allgemein deutsche zu sein.

Im Geiste unwandelbarer Treue gegen Eure Königliche Majestät und der opferwilligen Hingebung an unser geliebtes bayerisches Vaterland bringen wir unsere alleruntertänigste Vorstellung an den Königlichen Thron und bitten Eure Königliche Majestät allerehrfurchtsvollst, Allerhöchst Ihre getreuen Untertanen abermals das erhabene königliche Wort vernehmen lassen zu wollen: „Ich will Friede haben mit Meinem Volke."

In tiefster Ehrfurcht erstirbt Euer Königlichen Majestät alleruntertänigst treugehorsamste Kammer der Abgeordneten.

45. WILHELM VON KARDORFF, Gegen den Strom. Eine Kritik der Handelspolitik des Deutschen Reiches an der Hand der Carey'schen Forschungen, Berlin 1875, Auszug, S. 40—45.

Nach den gewaltigen napoleonischen Kriegen im Beginne des Jahrhunderts wurde es als eine auffallende Erscheinung betrachtet, daß der langersehnte Frieden die wirtschaftlichen Kalamitäten des Landes nicht nur nicht zu heilen vermochte, sondern daß im Gegenteil die Manufaktur- und Fabriktätigkeit, welche unter dem Schutze der Kontinentalsperre sich zu entwickeln vermocht hatte, bei dem Wiederbeginn des englischen Importes völlig abzusterben drohte. Es ist zweifellos, daß diese Beobachtungen den ersten Anlaß zu der Herstellung von Zollschranken und somit zu der Bildung des Zollvereins gaben. Man wollte kein Prohibitiv-System einrichten, aber doch die inländische Industrie vor dem Untergange bewahren, der ihr zu drohen schien, nachdem man in England sich ganz offen darüber ausgesprochen hatte, die kontinentale Industrie müsse, wenn auch mit Opfern, im Keime erstickt werden.

Eine Durchsicht der Zollsätze der damaligen Zeit für Eisen- und Textilindustrie-Produkte und ein Vergleich derselben mit den Sätzen, zu denen der Zollverein in späteren Zeiten gekommen ist, wird jedem die Überzeugung geben, daß bis in die jüngste Zeit hinein ein ziemlich scharfes protektionistisches System in Deutschland regierte.

Während dieser Periode hat Deutschland und insonderheit Preußen es vermocht:

die drückenden Kriegsschulden zu tilgen,

den nationalen Wohlstand zu einer früher nicht gekannten Blüte zu entwickeln,

einen deutschen Kapitalbesitz im Auslande, der nicht unbeträchtlich ist, zu erwerben,

das Land mit einem Netze von Chausseen und dann von Eisenbahnen zu überziehen,

die landwirtschaftlichen Erträge und mit ihnen den Wert des Grund und Bodens zu steigern,

die Arbeitslöhne stetig wachsen, den Zinsfuß sinken zu lassen.

Selbst die industriearmen Provinzen des Ostens, in denen der englische Import die Oberhand behielt, vermochten sich zu erholen, da sie noch bis in die jüngste Zeit hinein die Kornkammer Englands bildeten.

Eine blühende Textil- und Eisenindustrie entstand in der Mark, in Schlesien, Westfalen und am Rhein. Deutsche Wollen-, Baumwollen- und Leinenwaren vermochten nicht nur den inländischen Bedarf zu decken, sondern auch auf auswärtigen Märkten Absatz zu gewinnen, wo die Sorgfalt der Regierungen ihnen durch Handelsverträge Importvergünstigungen zu verschaffen wußte.

Es war eine praktische Verwirklichung des Colbert'schen Systems, die in Deutschland Platz gegriffen hatte, des Systems, dessen volle Übereinstimmung mit den Grundlehren von Adam Smith durch Carey überall schlagend nachgewiesen wird, des Systems, welches nicht auf den auswärtigen Handel, sondern auf die Entwicklung des inneren Verkehrs das Hauptgewicht legt, den Produzenten überall in unmittelbare Berührung mit dem Konsumenten zu bringen sucht, die willkürliche Verschiebung des natürlichen Marktes hindert und der Klasse der Zwischenhändler eine möglichst geringe Erwerbstätigkeit zuweist.

Heute herrscht die entgegengesetzte Strömung; nicht auf den inneren Verkehr, sondern auf den auswärtigen Handel soll das Hauptgewicht gelegt werden; der Export wird als die Lebensfrage für jede Industrie betrachtet, der Markt wird künstlich nach den großen Handelsplätzen zentralisiert, der Lokalverkehr möglichst belastet; der Klasse der Zwischenhändler wird die Hauptrolle im Verkehr zugewiesen. Nach den Stimmungen, welche heute in den maßgebenden Faktoren die Oberhand gewonnen haben, muß das ganze alte System ein fortgesetzter Fehler gewesen sein; die Handelsverträge sind ein überwundener Standpunkt, und die Grundsätze des Freihandels, d. h. nach den falschen Interpretationen der Manchester-Schule, für die der alte Adam Smith sich bedanken würde, sollen mit Dampf verwirklicht werden, mag die deutsche Industrie auch darüber zu Grunde gehen.

Nun hat Deutschland die Hinneigung zum Freihandel, welche schon längst die alten Grundsätze des Zollvereins wesentlich alteriert hatte, ertragen können, so lange unsere Nachbarstaaten mit wenig entwickelter Industrie, wie namentlich Österreich, Italien und Rußland (nicht zu ihrem Vorteile) ähnlichen Handelsprinzipien huldigten, so lange der amerikanische Markt ein lohnendes Absatzgebiet für deutsche Produkte blieb und Frankreich durch Handelsverträge verhindert war, seine Zölle in dem Grade zu Prohibitivzöllen zu gestalten, wie es dies heute getan. Aber alle diese Dinge haben sich geändert, der nordamerikanische, der russische, der französische Markt sind durch die Prohibitivsysteme dieser Länder zum größten Teil für uns verschlossen; auf dem österreichischen und italienischen Markte schlägt uns die englische Konkurrenz allmählich ebenso aus dem Felde wie auf den außereuropäischen Märkten, auf denen unsere Ware Eingang gefunden hatte — und der eigene innere Markt ist, wie ich oben nachgewiesen, für unsere Textilindustrie heute schon großenteils verloren, und für die Eisenindustrie steht dasselbe bevor.

Erwägt man dabei, daß Deutschland eine Reihe von Produkten braucht, die Lebensbedürfnisse der Nation geworden sind, wie Kaffee, Tee, Reis, Baumwolle, Seide, Edelmetalle, und die es selbst gar nicht oder nur in verschwindend kleinen Quantitäten hervorzubringen vermag, umgekehrt aber kein einziges Produkt liefert, das von anderen Ländern notwendig gebraucht würde, so wird man sich schwerlich wundern können, die Handelsbilanzen dauernd ungünstig für uns ausfallen zu sehen, so lange wir alles dazu tun, um auch die Produkte, welche wir selbst erzeugen könnten, vom Auslande beziehen zu müssen.

Wenn diesen wirtschaftlichen Zuständen bislang weniger Aufmerksamkeit zugewendet worden ist als man voraussetzen sollte, so scheint mir, liegt die Schuld wesentlich an der Gewöhnung der vergangenen Jahre, den Zollverein mehr in seiner politischen Bedeutung als Einigungsband der deutschen Stämme zu betrachten. Man konnte sich ja vielfach mit Recht sagen, daß die Partikularinteressen und Eifersüchteleien der Einzelstaaten auf seine Wirtschaftspolitik von größerem Einfluß waren als die wirtschaftlichen Bedürfnisse der Nation, und so entwöhnte sich diese mehr und mehr, praktisch in die Gestaltung ihres wirtschaftlichen Lebens einzugreifen und wurde mehr und mehr geneigt, Doktrinen und Theorien als unfehlbar anzusehen, die sie bei hergebrachter unmittelbarer Beteiligung an der Bildung einer bestimmten Handelspolitik, meiner Überzeugung nach, längst als praktisch unausführbar und verderblich verworfen haben würde.

Auch wird niemand leugnen, daß die Regierungen ihrerseits ernstlich bemüht waren, durch Handelsverträge den deutschen Waren Eingang in andern Ländern zu verschaffen und so den Import fremder Fabrikate auszugleichen, während heute die Reichsregierung in dem verhängnisvollen Irrtum befangen ist, daß das Deutsche Reich, inmitten schutzzöllnerischer Staaten belegen, der Handelsverträge entbehren und sich eine auf eigenen Füßen stehende Freihandelspolitik einrichten könne.

Diese Wirtschaftspolitik wird die Freude aller Zwischenhändler sein, deren Einfluß, Reichtum und Macht in eminenter Weise durch sie wachsen muß, und kann allerdings das Resultat herbeiführen, daß Deutschland vielleicht eins der billigsten Länder der Welt wird, woran wiederum alle diejenigen, die als Beamte, Rentiers etc. eine unwandelbare Geldrente beziehen, ein sehr lebhaftes Interesse haben werden (und diese Klasse der Bevölkerung ist ja gerade in den parlamentarischen Körperschaften sehr stark vertreten). Aber die große Masse der Nation, welche produziert und deren Einkommen von der Einträglichkeit dieser Produktion abhängt — mögen es Arbeiter, Unternehmer oder Kapitalisten, Industrielle oder Landwirte sein — hat allerdings das durchaus entgegengesetzte Interesse. Für diese ist die möglichst hohe Verwertung der Produktion, eine Verwertung, die mindestens annähernd der Verwertung entspricht, welche die gleiche Produktion in anderen zivilisierten Ländern hat, eine Lebensfrage.

Nicht die Billigkeit der Rohprodukte eines Landes ist das Zeichen seiner Zivilisation und seines Wohlstandes — wie Minister Camphausen zu wähnen scheint — sondern die möglichste Annäherung der Preise der Fabrikate und der Rohprodukte. Je mehr der Preis der Backware, wie sie zum menschlichen Konsum dient, sich dem des rohen Getreides nähert, je mehr der Preis der Eisen- oder Stahlwaren, wie sie zum unmittelbaren Gebrauche dienen, sich dem des rohen Eisenerzes nähert: um so sicherer kann man den Rückschluß ziehen auf den wachsenden Reichtum der Nation; denn diese Annäherung hängt wiederum nicht ab von der Billigkeit der Arbeitslöhne, sondern wesentlich von der Stärke der Nachfrage nach den Rohprodukten, von der maschinellen Vervollkommnung ihrer Verarbeitung, von der Lebendigkeit des inneren Verkehrs, der Schnelligkeit und Häufigkeit des Umsatzes, die ihrerseits wiederum bedingt werden durch möglichst unmittelbare Annäherung der Produzenten und Konsumenten, vorzügliche Verkehrsstraßen und diejenige intellektuelle Ausbildung der Nation, welche nicht allein auf guten Schulen, sondern ebensosehr auf der Mannigfaltigkeit und Vielseitigkeit ihrer Produktion beruht.

Wer für Deutschland eine Handelspolitik befürwortet, die diese Ziele verfolgt, braucht nicht dazu zu gelangen, ein Prohibitivsystem gleich dem amerikanischen, französischen oder russischen herbeizuwünschen, das in Deutschland gerade wegen unserer geographischen Lage im Herzen Europas mutmaßlich ganz andere Resultate haben würde als dort: sondern er kann (mit dem Minister Camphausen) mäßige Schutzzölle für dasjenige System erachten, welches sich für unser Vaterland vorzugsweise eignet. Aber wenn diese Schutzzölle überhaupt einen Sinn haben sollen, werden sie allerdings so gestaltet sein müssen, daß die deutsche Industrie auf dem einheimischen Markte einen gewissen — wenn auch geringen — Vorzug zu behaupten imstande ist.

Will man dies nicht gelten lassen, so möge man es immerhin einmal mit dem radikalen Freihandel versuchen. Besser ein Ende mit Schrecken als ein Schrecken ohne Ende! Wenige Jahre eines solchen Versuches werden meiner Überzeugung nach genügen, das Land über seine wahren Interessen aufzuklären und das Übergewicht zu vernichten, welches heute die Stimmen der Seehandelsplätze, der Zwischenhändler und der verblendeten Agrarier in den maßgebenden Faktoren für den radikalen Freihandel in die Waagschale werfen.

Deutschland ist reich genug, um ein solches Experiment ertragen zu können, das sicher in kürzester Frist zu einer gesunden Handelspolitik zurückführt, aber nicht reich genug, eine Handels- und Finanzpolitik dauernd zu behalten, welche wie eine schleichende Krankheit langsam das Mark des Volkes verzehrt.

Mit gerechtem Stolze haben wir es 1866 wie 1870 empfunden, daß nicht — um mit des alten Blüchers Worten zu reden — die Federn der Diplomaten die Erfolge deutscher Schwerter zunichte gemacht haben, sondern daß die Weisheit und Energie des Fürsten Bismarck dem deutschen Volke die Früchte seiner Siege unverkümmert erhalten hat. Aber möge die deutsche Nation darauf achten, daß ihr nicht auf wirtschaftlichem Gebiete die Kraft entzogen wird, jene politische Machtstellung zu behaupten, welche die einige Vaterlandsliebe und Tapferkeit der deutschen Stämme in heißem Kampfe errang, und welche das Genie des großen Staatsmannes, dem die Leitung unserer äußeren Politik anvertraut ist, so glücklich und vielverheißend zu gestalten vermochte. Möge sie dessen eingedenk bleiben, daß eine falsche Wirtschaftspolitik nicht allein die Verarmung, sondern auch die Wehrlosigkeit Deutschlands zur notwendigen Folge haben muß, und sich der ernsten Prüfung nicht entziehen, ob die Bahnen unserer heutigen nach den Grundsätzen der Manchester-Schule geleiteten Handelspolitik heilbringende oder verderbliche sind.

46. HEINRICH VON TREITSCHKE an Gustav Freytag, 19. Dezember 1875, in: Gustav Freytag und Heinrich v. Treitschke im Briefwechsel, Leipzig 1900, S. 171—175, Auszug, S. 174 f.

Das hohe Haus lasse ich möglichst links liegen; die gewöhnliche Etat-Kalkulatorenarbeit besorgen andere besser als ich; nur wenn die Lage gefährlich wird, gehe ich wieder ins Zeug. Augenblicklich will die Regierung unzweifelhaft Frieden mit dem Reichstage, denn sie braucht ihn für das große Werk des Ankaufs der Eisenbahnen. Wäre unser Bahnnetz nicht zum größten Teile schon fertig, so würde ich gegen eine solche Reichs-Allmacht manche Bedenken haben. Aber es handelt sich heute fast allein um den Betrieb der vorhandenen Bahnen; da scheinen mir doch die ungeheuren politischen Vorteile des Reichseisenbahnwesens überwiegend. Es ist der sichere Weg zum Einheitsstaate. Ich glaube auch deshalb an leidlichen inneren Frieden, weil die orientalischen Dinge offenbar langsam der Entscheidung entgegenreifen. Es ist doch mit allen seinen Sünden ein glorreiches Jahrhundert: ganz verfaulte Zustände erträgt die neue Welt nicht mehr; der Großtürke wird noch bei unseren Lebzeiten über den Bosporus wandern, und auch den Zusammenbruch der englischen Seeherrschaft, die offenbar dem vergangenen Jahrhundert angehört, hoffe ich noch zu erleben.

47. Otto Glagau, Der Börsen- und Gründungsschwindel in Berlin. Gesammelte und stark vermehrte Artikel der ›Gartenlaube‹, Leipzig 1876, Auszug, S. XXX—XXXIII.

Besonders die Juden fühlten sich durch meine Artikel getroffen. Noch ehe ich's ausgesprochen, daß hauptsächlich ihnen der Börsen- und Gründungsschwindel zur Last fällt, trieb sie ihr böses Gewissen, gegen mich zu agitieren. Erst infolge der Anfeindungen und Machinationen, die meine Aufsätze erfuhren, um dieselben vollends zu rechtfertigen und noch besser zu begründen, zugleich aber auch, um zu zeigen, daß ich mich nicht einschüchtern lasse, habe ich jetzt bei der Buch-Ausgabe in Betreff der Juden verschiedene Zusätze gemacht, wie sie sich namentlich S. 148 ff. und in den Nachträgen (S. 342 ff.) finden.

Um ehrlichen Mißverständnissen vorzubeugen, unehrlichen Verdächtigungen und Denunziationen zu begegnen, erkläre ich aber ausdrücklich, indem ich eine Redewendung des Abgeordneten Windthorst-Meppen variiere: Ich will die Juden nicht umbringen oder abschlachten, sie auch nicht aus dem Lande vertreiben, ich will ihnen nichts nehmen von dem, was sie einmal besitzen, aber ich will sie revidieren, und zwar funditus revidieren. Nicht länger dürfen falsche Toleranz und Sentimentalität, leidige Schwäche und Furcht uns Christen abhalten, gegen die Auswüchse, Ausschreitungen und Anmaßungen der Judenschaft vorzugehen. Nicht länger dürfen wir's dulden, daß die Juden sich überall in den Vordergrund, an die Spitze drängen, überall die Führung, das große Wort an sich reißen. Sie schieben uns Christen stets bei Seite, sie drücken uns an die Wand, sie benehmen uns die Luft und den Atem. Sie führen tatsächlich die Herrschaft über uns, sie besitzen eine gefährliche Übermacht und sie üben einen höchst unheilvollen Einfluß. Seit vielen Jahrhunderten ist es wieder zum ersten Mal, daß ein fremder, an Zahl so kleiner Stamm die große eigentliche Nation beherrscht. Die ganze Weltgeschichte kennt kein zweites Beispiel, daß ein heimatloses Volk, eine physisch wie psychisch entschieden degenerierte Rasse, bloß durch List und Schlauheit, durch Wucher und Schacher, über den Erdkreis gebietet.

Von den Juden können wir lernen. Vom getauften Minister bis zum polnischen Schnorrer bilden sie eine einzige Kette, machen sie, fest geschlossen, bei jeder Gelegenheit, Front gegen die Christen. Fürst Bismarck ist, wie seine zahlreichen Strafanträge lehren, sehr empfindlicher Natur und gewiß ein gewaltiger Mann. Aber ihr dürft zehnmal eher den Reichskanzler beleidigen als den schäbigsten Juden. Seht einen Trödeljuden nur schief an, und sofort erschallt von Gumbinnen bis Lindau, von Meseritz bis Bamberg und Oppenheim der Ruf: Israel ist in Gefahr! Mendel Frenkel, in einem galizischen Nest wegen Betrugs oder Diebstahls eingesperrt, verlangt im Gefängnis koschere Kost, und da er sie nicht erhält, schreit die ganze europäische Presse über Justizmord!

Ein Jude sorgt und kämpft stets für den andern; sie machen ununterbrochen für einander die wütendste Reklame. Ihre Schriftsteller und Künstler, ihre Wissenschaftler und Politiker sind in aller Leute Mund, paradieren täglich in den Zeitungen, werden mit Ehre und Lohn überschüttet. Hätte ein Christ die Laskerschen 'Enthüllungen' gemacht, sie wären wenig beachtet, schnell vergessen worden. So aber hoben die Juden den kleinen Lasker auf ein Piedestal von der Höhe des Montblanc, priesen und feierten ihn als die Uneigennützigkeit und Tapferkeit in Person, machten aus ihm einen jüdischen Heiligen. Auch Herr Lasker lebt nicht von der Luft, sondern von einer Sinekure, die er beim Städtischen Pfandbriefamt inne hat. Und vorher, als er nur unbesoldeter Assessor war, bezog er von der 'National-Zeitung' einen hübschen Redakteur-Gehalt. Ob er ihn noch bezieht, weiß ich nicht. Auch Eduard Lasker ist, ebensowenig wie die liebe Sonne, ohne Flecken. Ein solcher Fleck ist z. B. die Verbindung mit Herrn Pelckmann, der seinen Brotherrn, Geheimrat Wagener, verriet, um Lasker das Material zu den 'Enthüllungen' zu liefern, und der jetzt wegen Unterschlagung im Gefängnis sitzt. Ein solcher Fleck ist auch Laskers unbezähmbare Eitelkeit, die er freilich mit seinem ganzen Volke teilt. Unmittelbar nach den 'Enthüllungen' ließ er die 'Erlebnisse einer Mannesseele' erscheinen, worin er seine zahlreichen Liebesabenteuer (!) erzählt, und von denen der Herausgeber, Berthold Auerbach, sagt: „Gedrungen und knapp in der Form, edel und reif im Gehalt, werden diese Blätter, nach meiner Überzeugung, von dauerndem Wert in der deutschen Literatur sein." Trotzdem wurde die ganze Auflage zurückgekauft, mit 5 bis 8 Taler pro Exemplar bezahlt, weil Herr Lasker merkte, daß er sich, und verschiedene Familien dazu, arg kompromittiert hatte. In der Reichs-Justiz-Kommission suchte Herr Lasker sich durch einen so wunderbaren Antrag bemerklich zu machen, daß er hinterher „wegen Überbürdung mit Arbeiten" seinen Austritt nehmen mußte. Neuerdings ist er, ziemlich unbemerkt, wieder eingetreten.

Der 'Kulturkampf' war den Juden ein gefundenes Fressen, und sie können davon nicht genug bekommen. Der 'Kulturkampf' soll den Börsen- und Gründungsschwindel vergessen lassen, über die schwere Krisis und den allgemeinen Notstand täuschen. Wenn die Katholiken so klug wären, mit der Staatsregierung ihren Frieden zu machen — und es scheint jetzt, als ob die Geneigtheit dazu auf beiden Seiten vorhanden ist — würde man bald den gemeinsamen Feind erkennen; die wahren Reichsfeinde, welche den Ruf des deutschen Volkes so arg geschädigt, den Glanz des jungen Reiches so schnell getrübt haben. Darum ist die 'National-Zeitung' voll Sorge und Unruhe, und sie ruft: Kein Ausgleich! Wir verlangen die unbedingte Unterwerfung der Klerikalen! Selbst das Wort 'Frieden' ist ihr anstößig, und sie schalt die 'Provinzial-Korrespondenz', die es gebraucht hatte. Als man im Reichstag Miene machte, sich nach gewissen fragwürdigen Eisenbahn-Prioritäten zu erkundigen, die dem Reichsinvalidenfonds angeschmiert sind, drohte die 'National-Zeitung' dem Zentrum wie einem kleinen Kinde mit der „großen und schreckhaft aussehenden schwarzen Mappe" des Reichskanzlers, welche über die Katholiken neue Kirchengesetze ausschütten werde, und um solch unliebsame Erkundigungen möglichst zu beschwichtigen, um den 'Skandal' zu beschwören, begann sie ihrem gefürchteten Gegner, Herrn Windthorst, zu schmeicheln, und sie schmeichelte sogar Herrn Bebel. Zu Anfang der Reichstagssession schwebte sie in größter Angst, daß die Regierung sich von der Manchester-Politik lossagen werde, bis ein Artikel der 'Provinzial-Korrespondenz' sie wieder aufatmen ließ. „Es bleibt beim alten!" jubelte sie, und lobte begeistert plötzlich den „ernsten getragenen Stil" des offiziösen Organs. Aber die Strafrechts-Novelle brachte sie wieder in Verlegenheit, und sie wußte nicht, wie sie sich drehen und wenden sollte. Einerseits zog sie Fürst Bismarck, andererseits schämte sie sich doch vor der Nation, fürchtete sie die bevorstehenden neuen Wahlen. „Alle Strafrechtsparagraphen der Welt können den Schaden nicht wieder gutmachen, wenn die Einigkeit zwischen Regierung und Reichstagsmehrheit in Frage gestellt wird!" jammerte sie, und sie war dann auch wirklich wieder zu einem Kompromiß bereit. Beim Jahresschluß weist sie sich an die Brust und deklamiert: „Fürst Bismarck ist eine in sich geschlossene Persönlichkeit, und die Nationalliberalen sind noch viel unwandelbarer." (!!) Nun, wir werden sehen! Wir wollen abwarten, was die Nationalliberalen und die Manchesterleute, um sich am Ruder zu erhalten, noch für Sprünge vollführen werden, und was bei den nächsten Wahlen von ihnen übrig bleiben wird.

48. Bericht über die Verhandlungen der Vereinigung der Steuer- und Wirtschaftsreformer zu Berlin am 22., 23., 24. Februar 1876, erstattet vom Büro des Ausschusses, Berlin 1876.

a) Begrüßungsansprache von Udo Graf zu Stolberg-Wernigerode, S. 3 f.

Meine Herren! Die wichtigste Frage für unser Staatsleben ist die soziale. Der Sozialismus ist eine unleugbare Gefahr für den Bestand unseres Staates und unserer ganzen Kultur. Die Rede, die der Herr Minister Graf Eulenburg neulich im Reichstage gehalten hat, liefert den erfreulichen Beweis, daß die Regierung die Gefahr in ihrem ganzen Umfange erkannt hat. Nur die Partei wird in Zukunft regierungsfähig sein, welche die soziale Frage in einer befriedigenden Weise zu lösen vermag. Wir müssen uns nun zunächst über die Natur und die Entstehungsursachen des Sozialismus Klarheit zu verschaffen suchen. Die sozialistische Bewegung unserer Tage ist nicht etwas Zufälliges, sondern sie ist das Resultat gegebener Prämissen. Der Sozialismus hat eine Doppelnatur; er geht hervor aus zwei Ursachen, einer geistigen und einer materiellen. Die geistige Ursache ist in dem Umstande zu suchen, daß die Lehre vom Atheismus, vom Materialismus — die naturalistische Weltanschauung —, daß diese Lehren und Anschauungen, die ursprünglich in den Köpfen der

Gelehrten entstanden sind, allmählich die breiteren Schichten des Volkes durchdrungen haben, und daß die unbemittelten Klassen nun diese Lehren in die Praxis zu übersetzen suchen. Derartige Versuche sind den Erfindern dieser Lehren natürlich sehr unbequem, aber sie sind vollkommen logisch. Auf diesem Gebiete hat die Omnipotenz des Staates ihre Grenzen — dieser Teil der sozialen Frage schließt nicht nur eine politische, sondern auch eine sittliche, eine kirchliche Frage in sich. Diesen Teil der sozialen Frage werden wir hier einer Erörterung nicht unterziehen. Die andere, die materielle Entstehungsursache des Sozialismus ist zu suchen in unseren ungesunden wirtschaftlichen Zuständen. Diese lassen sich charakterisieren als die Omnipotenz des großen mobilen Geldkapitals. Die natürliche Reaktion dagegen ist der Sozialismus. Mit dieser Seite der sozialen Frage wollen wir uns hier beschäftigen und eine glückliche Lösung der gespannten Verhältnisse zu ermitteln suchen. Es wäre vergeblich und töricht, wenn man versuchen wollte, die sozialistische Bewegung mit den Paragraphen des Strafgesetzes allein zu ersticken; es wäre töricht und verbrecherisch, wenn wir mit dem Sozialismus zu liebäugeln und denselben auf das privilegierte Geldkapital zu hetzen suchten. Wenn wir den Sozialismus mit Erfolg bekämpfen wollen, so müssen wir ihm den Boden unter den Füßen fortziehen, d. h. wir müssen suchen, auf dem Wege der Gesetzgebung unsere ungesunden Verhältnisse in gesunde zu verwandeln. Über diese Aufgabe wollen wir hier beraten.

b) Erläuterung von J. v. Treskow-Grocholin zu § 2 der Satzung, S. 7.

Meine Herren! Es bedarf wohl keines besonderen Nachweises, daß der Ausdruck 'Doppelbesteuerung' gerechtfertigt ist. Ich will nur anführen: es wird zunächst unser Vermögen besteuert, das nennt man Einkommensteuer. Dann wird unser Grund und Boden zu der Grundsteuer herangezogen, unser Handwerkszeug wird durch die Gebäudesteuer getroffen, und dazu kommt noch, daß für alle diejenigen Akte, die bei dem Grundbuchamte stattfinden, wieder eine direkte Besteuerung eintritt. Das mobile Kapital dagegen hat für den doch sehr bedeutenden Umsatz gar keine Steuern zu zahlen. Der Kapitalist zahlt 3 % Einkommensteuer, damit ist er fertig. Der Hausbesitzer in der Stadt bezahlt 3 % Grundsteuer und 4 % Gebäudesteuer, während der Grundbesitzer auf dem Lande 3 % Einkommensteuer, 9 % Grundsteuer und 2 % Gebäudesteuer zahlt, also zusam-14 %. Nun gebe ich zu, daß die Grundsteuer, wie sie im allgemeinen festgesetzt ist, nicht der vollen Rente unserer Güter und Wirtschaften entspricht, denn man würde jetzt nicht für den zwanzigfachen Betrag der

Grundsteuer die Güter kaufen können; andererseits liegt aber darin auch die Besteuerung unserer Schulden, denn man kann annehmen, daß sämtliche Grundstücke mehr als zur Hälfte verschuldet sind. Es stehen also hier gut und gern an 14 % gegenüber den 3 % Einkommensteuer, welche der Kapitalist zahlt. Meine Herren! Unser Streben muß daher darauf gerichtet sein, daß wir als monarchisch gesinnte treue Leute die Störung der allgemeinen Wohlfahrt, die durch die semitische Gesetzgebung entstanden ist, wieder zu beseitigen suchen. Wir müssen den sachlichen Zielen zustreben, und da haben wir grade in der Steuergesetzgebung ein großes Feld vor uns, denn die Errungenschaft dieser Gesetzgebung können wir auch bei dem besten Willen nicht konservieren.

c) Statut der Steuer- und Wirtschaftsreformer, § 2, Zweck der Vereinigung, S. 55 f.

Die Vereinigung hat den Zweck, die Ideen und Grundsätze einer gemeinnützigen, auf christlichen Grundlagen beruhenden Volkswirtschaft im Volke zu verbreiten und in der Gesetzgebung zum Ausdruck zu bringen. Diese Ideen und Grundsätze sind in dem folgenden Programm zusammengefaßt.

1. Es ist auf eine gleichmäßige Verteilung aller Steuern hinzuwirken, damit der bis jetzt überbürdete Grundbesitz und die redliche Arbeit in allen Berufszweigen entlastet werde.

2. Die Doppelbesteuerung, welche in der Grund-, Gebäude- und Gewerbesteuer liegt, ist zu beseitigen. Das Renten-Einkommen ist höher zu besteuern als das Arbeits-Einkommen. Gegen die Steuerumgehungen des Geldkapitals sind wirksame Sicherheitsmaßregeln zu schaffen.

3. Auf der Grundlage des Freihandels stehend, sind wir Gegner der Schutzzölle, behandeln jedoch die Eingangszölle und Konsumtionssteuern als eine offene Frage. Bei allen Finanzzöllen und indirekten Steuern ist stets darauf Bedacht zu nehmen, daß sie nicht besonders schädlich auf einzelne Distrikte und Bevölkerungsschichten einwirken. Die Einführung einer Börsenumsatz-Steuer nach dem Werte sowie eine Besteuerung der ausländischen Wertpapiere sind dringend geboten. Die Stempel- und Tax-Gesetzgebung ist einer Revision zu unterziehen behufs Lasten-Ausgleichung zwischen Grundbesitz und beweglicher Habe.

4. Im Eisenbahnwesen ist es notwendig, daß an die Stelle des Aktienbetriebes ein billiger, lebenssicherer Staatsbetrieb mit Beseitigung aller Differentialtarife tritt, ohne daß der Besitzstand der einzelnen Staaten berührt wird.

5. Papiergeld auszugeben gebührt allein den gesetzgebenden Faktoren des Reiches. Die Banknoten-Privilegien sind zu beseitigen.

6. Das Aktiengesetz vom 11. Juni 1870 bedarf einer durchgreifenden Reform. Insbesondere sind Schutzmaßregeln zu treffen gegen die sittlichen und wirtschaftlichen Gefahren, welche die unzureichende Verantwortlichkeit der Gründer und Vorstände nach sich zieht.

7. Die Gewerbeordnung und das Unterstützungswohnsitz-Gesetz bedürfen dringend der Revision.

8. Den Verträgen zwischen ländlichen Arbeitgebern und Arbeitnehmern ist durch Gesetz eine Form anzuweisen, welche für beide Teile einen wirksamen Rechtsschutz im beschleunigten Verfahren mit vorläufiger ortspolizeilicher Entscheidung gewährt.

9. Bezüglich der Gerichtsorganisation ist die Einführung von Schöffengerichten in Erwägung zu ziehen. Der ländliche Grundbesitz ist von dem Zwange des Römischen Rechtes zu befreien. Insbesondere ist ihm eine seiner Natur entsprechende Verschuldungsform und ein den deutschen Sitten entsprechendes Erbrecht zu gewähren.

49. Aufruf zur Gründung einer deutschen konservativen Partei, 12. Juli 1876; Flugblatt, sowie in: Ludolf Parisius, Deutschlands politische Parteien und das Ministerium Bismarck, Berlin 1878, S. 219 f.

WA: Schultheß, 17. Jg. 1876, S. 162—164; Salomon, S. 7—9; Mommsen, S. 67—69; Treue, S. 74—76.

Wir wenden uns an die konservativen Elemente des Deutschen Reiches mit dem Aufrufe zu vereinter Arbeit für die großen gemeinsamen Ziele:

1. Wir wollen die für unser Vaterland gewonnene Einheit auf dem Boden der Reichsverfassung in nationalem Sinne stärken und ausbauen. Wir wollen, daß innerhalb dieser Einheit die berechtigte Selbständigkeit und Eigenart der einzelnen Staaten, Provinzen und Stämme gewahrt werde.

2. Wir können nur eine solche Weiterbildung unseres öffentlichen und privaten Rechts als segensreich anerkennen, welche auf den realen und geschichtlich gegebenen Grundlagen fußend, den Bedürfnissen der Gegenwart gerecht wird und damit die Stetigkeit unserer gesamten politischen, sozialen und geistigen Entwicklung sichert.

3. Wir legen auf politischem Gebiete entscheidendes Gewicht auf die monarchischen Grundlagen unseres Staatslebens und eine kräftige obrigkeitliche Gewalt. Wir wollen ein volles, gesetzlich gesichertes Maß bürgerlicher Freiheit für alle und eine wirksame Beteiligung der Nation an

der Gesetzgebung. Wir wollen in Provinz, Kreis und Gemeinde eine Selbstverwaltung, gegründet nicht auf das allgemeine Wahlrecht, sondern auf die natürlichen Gruppen und organischen Gliederungen des Volkes.

4. Das religiöse Leben unseres Volkes, die Erhaltung und Wiedererstarkung der christlichen und kirchlichen Einrichtungen, die seine Träger sind, — vor allem die konfessionelle christliche Volksschule erachten wir für die Grundlage jeder gesunden Entwicklung und für die wichtigste Bürgschaft gegen die zunehmende Verwilderung der Massen und die fortschreitende Auflösung aller gesellschaftlichen Bande. Wir betrachten den kirchenpolitischen Streit, der als Kulturkampf vom Liberalismus zum Kampfe gegen das Christentum ausgebeutet wird, als ein Unglück für Reich und Volk und sind bereit, zu dessen Beendigung mitzuwirken. Wir erkennen einerseits dem Staate das Recht zu, kraft seiner Souveränität sein Verhältnis zur Kirche zu ordnen, und werden die Staatsgewalt den entgegenstehenden Ansprüchen der römischen Kurie gegenüber unterstützen. Andererseits wollen wir keinen Gewissenszwang und deshalb kein Übergreifen der staatlichen Gesetzgebung auf das Gebiet des inneren kirchlichen Lebens. In diesem Sinne sind wir zu einer Revision der im Laufe des Kampfes erlassenen Gesetze bereit. In diesem Sinne werden wir auch für das gute Recht der evangelischen Kirche auf selbständige Regelung ihrer inneren Einrichtungen eintreten.

5. Gegenüber der schrankenlosen Freiheit nach liberaler Theorie wollen wir im Erwerbs- und Verkehrsleben eine geordnete wirtschaftliche Freiheit. Wir verlangen von der wirtschaftlichen Gesetzgebung gleichmäßige Berücksichtigung aller Erwerbstätigkeiten und gerechte Würdigung der zur Zeit nicht ausreichend berücksichtigten Interessen von Grundbesitz, Industrie und Handwerk. Wir fordern demgemäß die schrittweise Beseitigung der Bevorzugungen des großen Geldkapitals. Wir fordern die Hebung der schweren Schäden, welche die übertriebene wirtschaftliche Zentralisation und der Mangel fester Ordnungen für Landwirtschaft und Kleingewerbe zur Folge gehabt hat. Insbesondere fordern wir die durch Erfahrung gebotene Revision des Gesetzes über den Unterstützungswohnsitz und die Gewerbe-Ordnung.

6. Wir erachten es für Pflicht, den Ausschreitungen der sozialistischen Irrlehren entgegenzutreten, welche einen wachsenden Teil unseres Volkes in feindseligen Gegensatz zu der gesamten bestehenden Ordnung bringen. Wir sind überzeugt, daß die bloße Entfesselung der individuellen Kräfte zu einer gesunden wirtschaftlichen Entwicklung nicht führen kann, daß der Staat vielmehr die Aufgabe nicht abweisen darf, die redliche Erwerbsarbeit gegen das Überwuchern der Spekulation und des Aktienunwesens zu schützen und durch eine wirksame Fabrikgesetzgebung die sittliche und

wirtschaftliche Lage der Lohnarbeiter sowie das friedliche Zusammenwirken von Arbeitgebern und Arbeitnehmern zu sichern und zu fördern.

Alle, welche diesen Grundsätzen zustimmen und gewillt sind, dieselben, unabhängig nach oben wie nach unten, zu vertreten, fordern wir auf, sich zu einer festgeschlossenen Partei der Deutschen Konservativen zu vereinigen.

50. FRANZ VON ROGGENBACH an Kaiserin Augusta, 22. Oktober 1876, in: Im Ring der Gegner Bismarcks. Denkschriften und politischer Briefwechsel Franz v. Roggenbachs mit Kaiserin Augusta und Albrecht v. Stosch 1865—1896, hrsg. von Julius Heyderhoff, Leipzig 1943 (Deutsche Geschichtsquellen des 19. Jh., Bd. 35), S. 124—128.

Der Verfasser spricht zunächst über seine Reisepläne.

Auf die bedrohliche Weltlage zurückkommend, so muß bemerkt werden, daß eine Nötigung zu einem allgemeinen die bestehenden Allianzen von Grund aus verrückenden Konflikte in dem Auflösungsprozesse der Türkei nicht notwendig gegeben ist. Es ließe sich sehr wohl denken, daß verständig geleitete Kabinette sich über einen Modus verständigen könnten, wie mit den Gebieten nördlich des Balkans verfahren werden solle, und daß das Resultat dieser Verständigung der Pforte auferlegt würde. Warum sollte England gegen eine wohlgeordnete Autonomie dieser Länder Einsprache erheben und die Chancen eines großen Krieges wagen, wenn diese neuen Staatengebilde dauernd gegen russische Vergewaltigung sichergestellt würden? Warum sollte nicht auch Rußland die Erreichung eines so wichtigen Resultates seiner orientalischen Politik nicht den Wechselfällen eines Kampfes vorziehen, der doch nur wieder seine große politische und militärische Schwäche an den Tag bringen würde? Österreich vollends hat nur Interesse, einer Eventualität zu entgehen, die seiner politischen Existenz gefährlich werden könnte und auf alle Fälle seine wirtschaftliche Genesung ins Endlose verschiebt.

Es liegt die Frage nahe, warum bei so einfacher Sachlage die Dinge sich so verwickelt haben, daß ein allgemeiner Krieg in fast greifbare Nähe gerückt scheint? Leider muß dieselbe dahin beantwortet werden, daß weniger einfache Hintergedanken aller Mitspielenden die Betretung der zu diesem Friedensresultate hinführenden Wege verhindern.

In Österreich gibt es eine mächtige Partei, welche nur auf den Augenblick paßt, mit Rußland abzurechnen. Sie stützt sich auf die gesamte polnische Aristokratie, die im 'Vaterlande' vertretenen Kreise, endlich auf die Ungarn und einen großen Teil der jüdischen Presse der Hauptstadt.

Sie ficht unter der Fahne, keine Verstärkung der slawischen Elemente zuzulassen, worunter wesentlich orthodox slawische Stammesverbrüderungen verstanden sind. Kaum hält dieser Partei die kleine Hofpartei das Gegengewicht, die, den Kaiser und Erzherzog Albrecht voran, die Slawen nicht so sehr fürchten und in Erinnerung an die Dienste Jellachichs und der russischen Allianz gegen Ungarn eher geneigt wären, mit Rußland einen Teilungsplan der Donauländer zu verhandeln als sich gegenseitig blutig zu bekämpfen.

England seinerseits, statt einfach mit dem Schutz der Meerenge des Bosporus, der Selbständigkeit von Konstantinopel und deren Voraussetzung, der Fernhaltung Rußlands von den Donaumündungen, sich zu beschäftigen, steht unter der fixen Idee russischer Annexionspläne, mit denen es je früher je besser abrechnen müsse, und ist in die Anschauung festgerannt, daß absolut nur die Erhaltung der türkischen Macht dieses Resultat der Abwehr Rußlands bewirken könne. Italien, von jeher mit Rußland in engster Interessenverbindung, sieht in einem Krieg nur Vorteil. Ich spreche nicht von den immer lebendigen Tendenzen nach dem Trentinischen Kreise. Kaum eine Idee ist aber in ganz Italien lebendiger als daß der Besitz der dalmatinischen und albanesischen Küsten und zahllosen Inseln, wie seinerzeit die Grundlage zur Größe Venedigs, so heute die Voraussetzung italienischer Staatsmacht sei. Die Adria zu einem italienischen Binnenmeer zu machen, muß jedem italienischen Staatsmanne als nächstes Ziel vorschweben. Was schließlich riskiert Italien bei einem orientalischen Kriege? Ich weiß zufällig, daß man sich ernstlich mit dem Gedanken trägt, dem Prinzen Thomas auf der Balkanhalbinsel eine Sekundogenitur zu verschaffen. Unzweifelhaft wäre ein italienischer Prinz, auch in Athen, als künftiger Erbe von Konstantinopel mehr am Platze als die gegenwärtige, entwurzelte, kindliche Dynastie. Frankreich seinerseits kann eine Verwicklung ohne Zweifel nur mit Freuden sehen, die ihm gerade das gewährt, was es bisher stets vergeblich gesucht, eine sichere Allianz. Entweder England oder Rußland. Welche Wendung konnte glücklicher für dasselbe sein und etwaige Rachegelüste! Bleiben Rußland und Deutschland — denn der dänischen Hoffnungen auf Wiedergewinnung von Nordschleswig sei hier nur im Vorübergehen gedacht, so laut solche sich auch in Kopenhagen, insbesondere im Kreise der Königlichen Familie, äußern.

Rußland ist in der eigentümlichen Lage, diesesmal in der Tat besser zu sein als die Meinung, die Europa hegt in betreff seiner augenblicklichen Annexionsgelüste. Es will entschieden weder Konstantinopel, nicht einmal Bulgarien oder die Donaumündungen. Es genügt ihm zunächst die Autonomie der Balkanstaaten, ein wesentlicher Schritt zur Erreichung einer tausendjährigen Politik, ja schon die Vermeidung einer politischen Niederlage, wie solche seit dem Mai dieses Jahres drohte.

Es ist eine traurige Folge der Rivalität der auf dem Konstantinopeler Terrain intrigierenden Persönlichkeiten, wenn man in England ein im Augenblick ungerechtfertigtes Mißtrauen nicht überwindet, und es wird ein geschichtlich unauslöschlicher Vorwurf für Disraeli bleiben, daß derselbe seine semitischen Instinkte zugunsten der Türken nicht überwinden [konnte] und ernsthaft in Gemeinschaft mit Rußland nicht auf die unausführbaren Reformen des Berliner Memorandums, wohl aber auf die Autonomie pure et simple der Provinzen nördlich vom Balkan hinarbeitete.

Betrachtet man schließlich die Haltung Deutschlands, so sprechen für seine Enthaltung einmal die Besorgnis, es möchte Frankreich, so wie Deutschland sich ausgesprochen, sofort die Gegenseite ergreifen. Dann kann eine nicht weitsichtige Politik schon in der Verwicklung Rußlands in das Chaos orientalischer Kriegsläufte einen nicht unwillkommenen Zwischenfall erkennen.

Unerwünscht wäre freilich, wenn der Vorwurf laut werden sollte, Deutschland, ohne dessen Einwilligung kein Kanonenschuß in Europa sollte abgefeuert werden, hat nichts getan, einen endlosen Krieg zu verhindern. Schlimmer noch, wenn gesagt werden könnte, Deutschland hat indirekt stets so viel getan, den einen oder den andern Teil durch seine Unterstützung bei einem folgenreichen Schritte zu ermuntern und dadurch geholfen, den Knoten zu schürzen. So im Monat Mai nach Teilnahme am Memorandum durch Induzierung Englands zur Enthaltung. Bei Gelegenheit der Reichstadter Begegnung durch Induzierung Rußlands, an Österreichs Unterstützung zu glauben. Nun wieder durch Induzierung Rußlands, indem es die englische Aufforderung, Farbe zu bekennen, abweist, was in Rußland als eine Unterstüzung eigenen Vorgehens aufgefaßt wurde und werden mußte. Keinesfalls wurde[n] durch die Aktive Deutschlands England wie Rußland auf die Wege geleitet, wo sie sich verständigen konnten, und das offizielle Programm, welches die politische Aufgabe Deutschlands scheinbar in die Vermittlung der Gegensätze von Rußland und Österreich legt, wird sich des Vorwurfs nicht erwehren können, daß damit nichts getan ist, um den eigentlich gefährlichen Gegensatz, den Gegensatz Englands und Rußlands auszugleichen. Darauf kam es allein an.

Ohne positive Vorschläge und ohne fruchtbare Gedanken gibt es auf dem diplomatischen und politischen Gebiete eben keine Erfolge. Es wäre wünschenswert gewesen, daß das Deutsche Reich, das zum ersten Male, seit es besteht, nun die Probe abzulegen hatte, was es in Europa gilt, irgendeinen Erfolg aufzuweisen gehabt hätte, nicht ein Schauspiel absoluter Machtlosigkeit gegeben hätte, die schlecht genug durch die falsche Redensart „Deutschland hat im Orient nichts zu suchen" verdeckt werden soll. Es ist zunächst nicht wahr, daß für Deutschland gleichgültig ist, was auf der Balkanhalbinsel geschieht. Noch weniger, ob die Donaumündung in russische Hände fällt. Am wenigsten, wer der Nachbar im Rücken des österreichischen Nachbarn sein wird. Auch die Frage der Kultur und Menschlichkeit sollte nicht gleichgültig sein, am wenigsten für Deutschland.

Es bleibt unter den traurigen Verhältnissen, welche zur Zeit die deutsche Politik bestimmen, somit nichts übrig als um so lebhafter zu wünschen, daß eine glücklichere Inspiration andere Mächte bestimmen möge, die friedlichen Wege zu wandern, die zu bereiten leider nicht unser Ruhm geworden ist, und daß in letzter Stunde eine kriegerische Wendung vermieden werde, deren Eintritt eine Kalamität für die europäische Welt, für uns außerdem, den anspruchsvollen Regulator europäischer Geschicke, aber eine demütigende, unsere Ohnmacht bezeugende Niederlage bedeuten würde.

Es folgen die Schlußfloskeln.

51. Erklärung von AUGUST SCHNEEGANS zur Reichstagswahl 1877, Anfang Dezember 1876, in: August Schneegans, 1835—1898. Memoiren. Ein Beitrag zur Geschichte des Elsasses in der Übergangszeit. Aus dem Nachlasse herausgegeben von Heinrich Schneegans, Berlin 1904, S. 295 f.

Liebe Mitbürger! Eine große Anzahl von Wahlmännern aus dem Kreise Zabern hat einen Aufruf an meine elsässische Vaterlandsliebe gerichtet und mich gebeten, Eure Rechte und Eure Interessen im Reichstage zu verteidigen.

Ich wäre meiner Pflichten nicht eingedenk, wenn ich diese Kandidatur ausschlagen würde.

Nicht ein einziger unter uns hat den Krieg und die Annexion herbeigewünscht; wir haben alle zusammen seinerzeit gegen die Gewalt, die uns angetan wurde, protestiert. Jetzt ist es aber nicht mehr an der Zeit, Abstentionspolitik zu treiben, oder mit andern Worten, uns nicht um unsere Angelegenheiten zu bekümmern. Es ist im Gegenteil hohe Zeit, daß wir tatkräftig diese unsere Geschäfte selbst besorgen und daß wir sie mit Energie und Ausdauer besorgen. Wenn wir uns nicht damit abgeben, so bleibt die Verwaltung ganz allein Herr und Meister in unserem Land.

Sie wird schalten und walten können, wie es ihr beliebt, und wer wird darunter leiden? Wir und unser Land!

Es ist also heilige Pflicht für alle wahrhaftigen und kernigen alten elsässischen Patrioten, sich um die Fahne unseres Vaterlandes, des Elsasses, zu scharen, und Deputierte in den Reichstag zu schicken, die versprechen, sich auf ihren Posten zu begeben wie treue Soldaten, und ihre Mitbürger nicht im Stiche zu lassen.

Seit den letzten drei Jahren haben wir ja klar sehen können, wohin wir mit der Abstentionspolitik kommen und wohin es uns führt, die Hände in den Schoß zu legen und alles gehen zu lassen. Unsere nächsten Interessen werden dadurch gefährdet, und am Ende geht unser ganzes Land moralisch und materiell zu Grunde.

Jetzt kommen gewisse Leute und sagen Euch: „Ach was! Es ist ja doch alles unnütz! Wir werden doch nichts erhalten!"

Wie kann man das wissen?

Haben wir nicht gesehen und erlebt, daß man im Landesausschuß, wo unsere Vertreter mit Patriotismus und Hingebung unsere Geschäfte besprochen, nicht zu unterschätzende Erfolge errungen hat, was doch beweist, daß es nicht so unnütz ist, sich mit den Landesangelegenheiten abzugeben.

Was der Landesausschuß in Straßburg getan, das sollten aber auch die Deputierten in Berlin tun, wo sie mehr Freiheit der Rede und Bewegung haben als unsere Conseillers généraux im Landesausschuß. Diese Deputierten sollen für das Elsaß alle diejenigen Rechte verlangen, die jedem zivilisierten Lande gehören, vor allem das Recht, unsere Geschäfte selbst zu besorgen, eine elsaß-lothringische Deputiertenkammer zu bekommen und die eigentliche höchste Verwaltung im Lande selbst zu haben.

Um diese so notwendigen Reformen zu erhalten, heißt es aber für unsere Deputierten nicht zu Hause zu bleiben und zu trotzen; so erlangt und erobert man nichts. Nach getaner Arbeit ist gut ruhen, heißt es im Sprichwort; aber zuerst muß gearbeitet werden. Um zu ernten, muß man säen.

Wenn Ihr, liebe Mitbürger, mir die Ehre erweist, mich in den Reichstag zu wählen, so verspreche ich Euch, Eure Interessen tätig und energisch in die Hand zu nehmen und sie zu verteidigen, so viel es nur möglich sein wird. Als ehrlicher und gewissenhafter Elsässer werde ich das Ehrenmandat, das Ihr mir anvertraut haben werdet, erfüllen, und, wird dann unsere gemeinsame Arbeit wider Erwarten nicht mit Erfolg gekrönt, nun, so können wir doch, alle zusammen, mit gutem Gewissen sagen: Wir haben getreulich unsere Pflicht erfüllt, und niemand kann uns einen Vorwurf machen.

52. Wahlaufruf der Nationalliberalen Partei zu den Reichstagswahlen 1877, 28. Dezember 1876, in: Nationalzeitung, Nr. 665, 29. Dezember 1876. WA: Salomon, S. 18—21; Schultheß, 17. Jg. 1876, S. 229—231.

Erst ein Jahrzehnt ist seit der Begründung des Norddeutschen Bundes, der ersten unerschütterlichen Grundlage für die Wiederaufrichtung des Deutschen Reiches, verflossen, und heute umschlingt ein gemeinsames Verfassungsband alle Glieder der Nation.

Von Jahr zu Jahr ist die Macht und das Ansehen des Deutschen Reiches gewachsen. Je weiter sich in Europa das Bewußtsein von der Stärke des deutschen Staates verbreitete, desto mehr hob sich zugleich das Vertrauen zu dem friedlichen Beruf der deutschen Nation.

Nach außen stark und geachtet, hat das Deutsche Reich zugleich nach innen seine reformatorische und befreiende Tätigkeit bewährt.

Gewaltige Umgestaltungen der inneren Verhältnisse waren erforderlich, um dem neuen Staatswesen Raum zu schaffen innerhalb der seit Jahrhunderten zerrissenen Nation.

Es galt Eine Vertretung nach außen, Ein Heerwesen, Ein Verkehrsgebiet, gleiche Bedingungen für die freie Bewegung und die freie Arbeit herzustellen. Es galt, Gewicht, Maß und Münze gleichmäßig zu ordnen. Es galt, die bürgerliche Ehe nach denselben Normen zu regeln. Es galt die zur Erleichterung des Verkehrs und zur Förderung des Handels notwendigen Institutionen zu entwickeln und zu gemeinsamen Einrichtungen des Reiches umzugestalten.

Solche tiefgreifenden Änderungen führten selbstverständlich auch Unzuträglichkeiten und schwierige Übergänge herbei. Noch sind nicht alle Früchte der Arbeit reif. Lücken sind auszufüllen, Mängel, welche die Erfahrung gezeigt hat, sind zu beseitigen.

Viele Aufgaben bleiben dem nächsten Reichstag vorbehalten. Neben den notwendigen Ergänzungen der Justizgesetze wird auf dem Gebiet des Verkehrslebens unser Verhältnis zu anderen Nationen durch Erneuerung von Handelsverträgen zu ordnen sein. Die Revision des Aktien- und Genossenschafts-Rechts wird den Reichstag beschäftigen. Der in den Gesetzen der letzten Legislaturperiode der Kunst und den Gewerben gewährte Schutz ist durch den Erlaß eines Patentgesetzes zu vervollständigen. Die Organisation der Behörden des Reiches muß vollendet werden. Mit dem wachsenden Umfang und der steigenden Ausdehnung der Reichsgewalt wird das Bedürfnis nach Einsetzung verantwortlicher Träger der einzelnen Zweige der Gesetzgebung und Verwaltung des Reiches immer dringender.

Mit den Erfolgen wachsen die Pflichten. Die Nation ist dessen eingedenk, nicht minder muß es auch ihre Vertretung sein.

Unsere Partei hat einen guten Teil an den unter schwierigen Verhältnissen errungenen Erfolgen. Sie hat die Verfassung des Norddeutschen Bundes mitbegründet, fruchtbare Keime freiheitlicher Entwicklung in sie hineingetragen und sie gegen die vereinten Angriffe der Gegner geschützt. Sie hat mit ihrer Initiative eingegriffen und die Reichsregierung unterstützt, wo es darauf ankam, unerläßliche einheitliche Institutionen zu begründen und den inneren Ausbau des Reiches zu fördern. Überall strebte sie nach den Bedingungen der einheitlichen Neugestaltung die freiheitlichen Forderungen zu wahren.

In voller Freiheit prüfte sie alle Maßregeln der Reichsregierung. Sie suchte nicht mutwillig Konflikte, wo eine die Volksrechte wahrende Verständigung möglich war, sie widerstand aber ebenso entschieden den nach ihrer Überzeugung unberechtigten Anforderungen der Regierungen.

Dies Verhalten unserer Partei hat, wie die Wahlen der Vergangenheit beweisen, im deutschen Volke wachsende Zustimmung gefunden und hat dem Vaterlande zum Heil gereicht.

Auch die eben abgelaufene Legislaturperiode legt hiervon Zeugnis ab. Als im Beginn derselben ein Konflikt mit der Reichsregierung über das Militärgesetz drohte, haben wir die Rechte der Volksvertretung bei der Feststellung der Militärausgaben und gleichzeitig den Frieden mit der Regierung zu wahren gewußt gegen ein Opfer, welches im Verhältnis zu dem erzielten Preis nicht zu hoch bemessen war. Der vieljährige Streit um die Organisation des Heeres und die verfassungsmäßige Behandlung des Militärbudgets wurde endgültig beigelegt und als erstem unter allen Staaten des Kontinents wurde Deutschland eine vollständige Kriegsverfassung zuteil, in welcher die Pflichten und Leistungen jedes Bürgers gesetzlich geregelt sind.

Bei der Revision des Strafgesetzbuches haben wir das anerkannte Bedürfnis befriedigt, weitergehende Ansprüche aber abgelehnt. Die Forderung neuer Steuern haben wir als durch die Lage der Finanzen nicht gerechtfertigt abgewiesen.

Am Schluß der Legislaturperiode war es uns beschieden, durch eine unter den schwierigsten Verhältnissen erreichte Verständigung über die Justizgesetze die Rechtseinheit, die unerläßlichste Bedingung unseres nationalen Lebens, zu sichern, und damit dem Volk das idealste Gut der Einheit sowohl wie der Freiheit zu schaffen.

Ein verständiges Eingehen auf den Kern und Inhalt der Justizgesetze wird die Wahrheit dieser Behauptungen dartun und wird dem Volke zeigen, daß die, mit Rücksicht auf die verfassungsmäßige Stellung der Regierungen gebotene Vertagung einzelner Forderungen bezüglich der

Presse die hohe Bedeutung der nationalen und freiheitlichen Errungenschaft nicht abzuschwächen vermag.

Das junge Deutsche Reich bedarf der Anspannung aller Kräfte, des Zusammenwirkens der Reichsregierung und des Reichstages. Es widerspricht der Würde des Reichstags nicht, dies Einverständnis auf den der Einheit und Freiheit günstigen Grundlagen zu suchen und zu fördern. Noch hat das Deutsche Reich der äußeren Feinde und der inneren Hindernisse genug! Noch bedarf das Deutsche Reich mehr als ein anderer Staat Europas der aus der gegenseitigen Verständigung aller seiner Freunde erwachsenden Kräftigung.

So war unser bisheriges Verhalten, so wird es auch in Zukunft sein. Unserer Pflicht und unserer Verantwortlichkeit, für das Reich schaffend zu wirken, waren und bleiben wir uns bewußt. Wir erwarten mit Ruhe den Spruch des deutschen Volkes zwischen uns und unseren Gegnern!

53. RUDOLF MEYER, Politische Gründer und die Korruption in Deutschland, Leipzig 1877, Auszug, S. 201—204.

Es gibt keinen Minister irgendeines europäischen Staates, der in so freundschaftlichen Beziehungen zu einem Upstart des Geldprotzentums stände, wie der Fürst Bismarck zu seinem Hausjuden Bleichröder.

Man würde Unrecht haben, wenn man sagen wollte, daß unser Zeitalter, unser Land so faul und korrumpiert sei wie das Frankreich Ludwigs des Fünfzehnten. Aber das wollen wir sagen und dafür wollen wir einstehen, daß die Korruption unerhörte Dimensionen angenommen hat in Deutschland, seit das System Bismarck daselbst herrscht.

Dieses System ist dafür verantwortlich, daß die deutsche Nation sich der großen Geschicke nicht würdig gezeigt hat, zu denen sie nach den Kriegen von 1866 und 1870 berufen schien. Die glücklichen Kriege, welche Kaiser Wilhelm und seine Generale geführt haben, sind nicht der Anfang einer neuen Kulturepoche, sondern das Ende der christlichen Zivilisation, deren Träger wir zu sein wähnten. Das System, welches auf uns lastet wie ein Alp, trägt vom Christentum keine Spur. Überall nur ein Gott, vor dem sich alles beugt und alle: Gott Mammon und seine schmutzigen Priester. Alle, nur die Armee nicht und der Kriegsherr!

Sadowa und Sedan sind nicht Glanzpunkte einer höheren, sich fortsetzenden Bewegung, sondern das Resultat der vom Kaiser mit väterlichen Sorgfalt geförderten militärischen Vortrefflichkeit.

Das Deutsche Reich in seiner heutigen Gestalt ist nicht der Gesamtausdruck aller in der Nation schlummernden Kräfte. Diese werden vielmehr unterdrückt und an der Entfaltung gehindert durch den furchtbaren Druck, den der Kapitalismus auf uns übt, eine Kapitalherrschaft, die ihre Entstehung allein dem Umstande dankt, daß Fürst Bismarck ihr seinen gewaltigen Arm lieh. Und wer sich dagegen auflehnt, der ist ein Reichsfeind, der wird geächtet, zermalmt. Unter dem Schutz dieses Armes gedeiht und blüht sie, die Geldtyrannei und der jüdisch-christliche Schwindel, und sie wieder erzeugen diese ekelhafte, lackierte, geschmacklose Barbarei, welche auf ihren Plattfüßen die Staffage vom Mühlendamm durch die Straßen unserer großen Städte trägt, und, wo sie sich im Auslande neben die Vertreter weniger genial bewirtschafteter Nationen als Mitbewerber zu stellen wagt, verächtlich zurückgestoßen wird.

Nachweisbar ist, daß der Fürst Bismarck die Verantwortlichkeit für diese unerhörte Mißwirtschaft nicht von seinen Schultern auf andere Schultern abladen kann oder will. Er mußte es tun, wenn er es tun wollte oder konnte, als die Plünderung derjenigen Fonds zur öffentlichen Kognition kam, in denen der blutige Ehrensold unserer Tapferen sicher hätte ruhen sollen wie in einem Gotteskasten. Ihm lag der Schutz und Hort über diesem Gotteskasten ob, und als es herauskam, daß er angetastet war, da hat der Fürst nicht die Plünderer mit dem Tritt seines schweren Fußes in den verdienten Abgrund der Schande und Strafe hinabgetreten, sondern er hat ihn erhoben gegen die wenigen armen Männer, welche den Mut hatten, den Raubtieren die Beute entreißen zu wollen; erhoben hat er diesen Fuß, und wer weiß, wie bald er niedertreten wird auf die, welche nichts ihm entgegenzuhalten haben wie reine Hände und ein Herz voll Ehre und Vaterlandsliebe. Da er sie nicht fahren lassen wollte, welche plünderten, was nicht sein, was unser war, so müssen wir uns von ihm wenden.

Er hat von seiner Macht einen so rücksichtslosen Gebrauch gemacht, daß wir uns in einem Zustande des Servilismus befinden, der auf der zivilisierten Welt keine Analogie und in der Geschichte nur eine Parallele findet; und selbst diese einzige Parallele ist — eine Fabel, die Fabel von Geßlers Hut!

Ein Berliner Gerichtshof erklärt den Fürsten für den Mann, der an der Spitze des Staates steht, ein Flugblatt der angeblichen Konservativen erzählt, daß der Fürst die Minister entläßt, und doch ist er nicht unser Monarch! Die deutsche Presse schweigt über ihn, wo sie nicht schmeicheln kann, denn die Kritik ist gefährlich und der Staatsanwalt vertritt mit Erfolg vor Gericht den Satz, daß der Fürst, weil mehr als ein Durchschnittsmensch, bereits hypothetisch beleidigt werden könne.

Schon sind wir ein unbegriffenes Schauspiel dem Auslande. In Amerika schreibt man: „Die jetzige deutsche Regierung ist eine der absolutesten, welche je die Welt gesehen hat. Es hat Autokratien gegeben, aber nie gab es eine so gründliche und systematische Herrschaft des Staates über das Individuum. Das Deutsche Reich ist die Verkörperung des Bevormundungssystems. Der Staat ist alles, der Bürger nichts. Es ist das Prinzip der universellen Beaufsichtigung. Die politische Unwissenheit des Volkes ist beinahe unfaßbar. Das Volk gewöhnt sich an das Bevormundungssystem und liebt es sogar auf Kosten der persönlichen Freiheit."

Der 'Staat', das 'Reich', die 'Regierung' alle diese Begriffe, sie sind immer nur die Umschreibung eines Begriffes, des 'Säkularmenschen Bismarck'!

Wer so alles an sich reißt, ist auch verantwortlich für alles! Den Ruhm, den alle erstritten, hat er für sich allein geerntet. Quod multorum fuit unus habet. Den Reichtum, der allen gehört, haben seine Freunde, die Gründer, verteilt. Mit zorniger Gewalt verlangt er Gesetze, welche die Autorität schützen sollen, und — das Parlament bewilligt ihm Gesetze, indem es vergißt, wessen Autorität es schützt, wessen Sünden es gutheißt, was aus der Autorität geworden ist. Sogar die Gesetze der Nachbarstaaten verwirft er, verlangt ihre Verschärfung und drückt den Bismarckstempel in den Code pénal der Belgier.

Es ist ein arges Regiment, unter dem wir leben. Sein Name aber ist Bismarck.

Nicht ohne mitleidiges Lächeln können wir dem naiven Streben der schwächlichen sogenannten Konservativen zusehen, welche sich abmühen, den Inhaber solcher Macht in den Netzen ihrer inhaltslosen Programme zu fangen.

Euch wird er fangen, Ihr Schwächlinge!

Auf Euren Nacken wird er seinen schweren Fuß setzen und Euch nicht wieder aufstehen lassen als bis Euer demütiges Antlitz die Spuren des Stempels seiner Sohlen trägt.

In uns liegt die Frage anders.

Wir wissen jetzt bestimmt, daß mit dem Fürsten Bismarck die Einkehr in gesundere Zustände nicht mehr möglich ist. Vergebens haben ihn die ältesten Freunde, Freunde seiner Jugend und seiner besten Jahre gewarnt, gebeten, ihn zu trennen gesucht von Menschen, deren Hauch verpestet, die nur seine starke Hand vor dem Staatsanwalt mühsam noch schützt. Er hat die Zeit der Gnade ungenutzt verstreichen lassen.

Wir wissen, daß, wenn die Regierung des Landes anderen Händen seit 1871 anvertraut gewesen wäre, wenn einfache schlichte Männer in des Königs Rat gesessen hätten, keine einzige der entsetzlichen Gründungen, welche den Kurszettel der Berliner Börse schänden, existieren würde. Wir wissen, daß der 'Kulturkampf' die deutsche Nation nicht zerklüften, die

Not nicht in Palästen und Hütten wohnen würde. Solange der Fürst Bismarck das allein mächtige Idol bleibt, wird die deutsche Nation dem Reich, das Reich dem Kanzler geopfert werden, und der Kanzler — gehört den Juden und Gründern. Daher gibt es für unsere Politik nur eine gebundene Marschroute: Beseitigung des jetzigen Systems und seines Trägers.

54. Antrag GRAF VON GALEN und Genossen zur Sozialpolitik, 19. März 1877, in: Sten. Ber. RT, 3. Leg. Per., 1. Session 1877, Bd. 3, Anlagen, S. 274.
WA: Mommsen, S. 227—229.

Der Reichstag wolle beschließen: den Herrn Reichskanzler aufzufordern:
noch im Laufe dieses Jahres die bereits unternommene Enquête über die Lage des Handwerker- und Arbeiterstandes unter Mitwirkung freigewählter Vertreter desselben in der Richtung der sub I. bis III. aufgeführten Punkte zu vervollständigen und auf der Grundlage des gewonnenen Materials

I. dem Reichstage in der nächsten Session den Entwurf eines Gesetzes betreffend die Abänderung der Gewerbeordnung vom 21. Juni 1869 unter Berücksichtigung folgender Punkte vorzulegen:

a) Wirksamer Schutz des religiös-sittlichen Lebens der gesamten arbeitenden Bevölkerung (Sonntagsruhe).

b) Schutz und Hebung des Handwerkerstandes durch Einschränkung der Gewerbefreiheit; Regelung des Verhältnisses der Gesellen und Lehrlinge zu den Meistern.

Förderung korporativer Verbände.

c) Erweiterung der gesetzlichen Bestimmungen zum Schutze der in Fabriken arbeitenden Personen; Normativbestimmungen für die Fabrikordnungen; Verbot der Beschäftigung jugendlicher Arbeiter unter 14 Jahren in Fabriken; Schutz der Familie durch Beschränkung der Frauenarbeit in Fabriken.

d) Einführung gewerblicher Schiedsgerichte unter Mitwirkung freigewählter Vertreter der Arbeiter.

e) Anderweitige Regelung der gesetzlichen Bestimmungen über die konzessionspflichtigen Gewerbe, insbesondere den Betrieb von Gast- und Schankwirtschaften;

II. eine Revision der gesetzlichen Bestimmungen betreffend die Freizügigkeit, sowie

III. des Gesetzes betreffend die Verbindlichkeit zum Schadenersatz etc.

vom 7. Juni 1871 in Bezug auf den Betrieb von Bergwerken und gewerblichen Anlagen zu veranlassen.

Motive

Die traurige wirtschaftliche Lage der arbeitenden Bevölkerung erfordert dringend Abhilfe.

Die Notlage ist nicht so sehr nur ein Resultat der allgemein herrschenden wirtschaftlichen Kalamität als vielmehr einer falschen Wirtschaftspolitik und der aus derselben hervorgegangenen Gesetzgebung. Die Folgen dieser letzteren treten bei der obwaltenden Krisis deutlich und erschreckend in die Erscheinung. Demgegenüber ist die Haltung der Regierung, soweit sie überhaupt noch erkennbar, eine nach allen Seiten schwankende. Bei halber Einsicht, daß die bisherigen Zustände unhaltbar sind, fehlt die klare Erkenntnis dessen, was zu tun ist.

Um schweres Unrecht wieder gut zu machen, eine große Gefahr abzuwenden, die Quelle alles Wohlstandes, die Arbeit, wieder zu Ehren zu bringen, ist die Umkehr von dem bisher eingeschlagenen Wege notwendig; sie ist um so dringender geboten, je begründeter die Klagen über einen allgemeinen Rückgang der deutschen Industrie sind.

Die Richtung der legislatorischen Maßregeln anzudeuten, welche hierzu erforderlich sind, ist der Zweck des vorliegenden Antrags. Zunächst ist auf dem Wege der Enquête das Material zu vervollständigen; es sind namentlich, mehr als dies bisher geschehen, Vertreter des Arbeiterstandes über die innerhalb desselben hervorgetretenen Mißstände sowie über die Mittel zur Abhilfe zu hören. Es sind sodann einzelne Punkte hervorgehoben, an denen eine Abänderung der bestehenden Gesetzgebung dringend notwendig erscheint.

Die schrankenlose Gewerbefreiheit hat eine fortschreitende Absorbierung des kleinen Handwerks durch den Großbetrieb zur Folge gehabt. Daß eine bessere Regelung des Lehrlingswesens notwendig sei, ist wiederholt und von den verschiedensten Seiten her anerkannt worden. Nur die Ausbildung korporativer Verbände mit genauer Feststellung der gegenseitigen Rechte und Pflichten von Meistern, Gesellen und Lehrlingen ist geeignet, in dieser Richtung einen wirklichen Erfolg zu erzielen.

Schleuniger Abhilfe bedarf sodann die Lage der in Fabriken arbeitenden Bevölkerung. Gegenüber den Anforderungen des Großbetriebs und der Ausbeutung durch das Kapital ist das Heiligtum der Familie und das Wohl der heranwachsenden Generation durch gesetzliche Schranken zu sichern.

55. Diktat des Reichskanzlers FÜRST BISMARCK, z. Z. in Kissingen, 15. Juni 1877 (sog. Kissinger Diktat), in: Die Große Politik der Europäischen Kabinette 1871—1914. Sammlung der Diplomatischen Akten des Auswärtigen Amtes, im Auftrage des Auswärtigen Amtes hrsg. von Johannes Lepsius, Albrecht Mendelssohn-Bartholdy, Friedrich Thimme, Bd. 2, Berlin 1922, S. 153 f.
WA: WiA, Bd. 6, S. 51 f.

Ich wünsche, daß wir, ohne es zu auffällig zu machen, doch die Engländer ermutigen, wenn sie Absichten auf Ägypten haben: ich halte es in unserem Interesse und für unsere Zukunft [für] eine nützliche Gestaltung, einen Ausgleich zwischen England und Rußland zu fördern, der ähnlich gute Beziehungen zwischen beiden, wie im Beginn dieses Jahrhunderts, und demnächst Freundschaft beider mit uns in Aussicht stellt. Ein solches Ziel bleibt vielleicht unerreicht, aber wissen kann man das auch nicht. Wenn England und Rußland auf der Basis, daß ersteres Ägypten, letzteres das Schwarze Meer hat, einig würden, so wären beide in der Lage, auf lange Zeit mit Erhaltung des status quo zufrieden zu sein, und doch wieder in ihren größten Interessen auf eine Rivalität angewiesen, die sie zur Teilnahme an Koalitionen gegen uns, abgesehn von den inneren Schwierigkeiten Englands für dergleichen, kaum fähig macht.

Ein französisches Blatt sagte neulich von mir, ich hätte „le cauchemar des coalitions"; diese Art Alp wird für einen deutschen Minister noch lange, und vielleicht immer, ein sehr berechtigter bleiben. Koalitionen gegen uns können auf westmächtlicher Basis mit Zutritt Österreichs sich bilden, gefährlicher vielleicht noch auf russisch-österreichisch-französischer; eine große Intimität zwischen zweien der 3 letztgenannten Mächte würde der dritten unter ihnen jederzeit das Mittel zu einem sehr empfindlichen Drucke auf uns bieten. In der Sorge vor diesen Eventualitäten, nicht sofort, aber im Lauf der Jahre, würde ich als wünschenswerte Ergebnisse der orientalischen Krisis für uns ansehn: 1. Gravitierung der russischen und der österreichischen Interessen und gegenseitigen Rivalitäten nach Osten hin, 2. der Anlaß für Rußland, eine starke Defensivstellung im Orient und an seinen Küsten zu nehmen, und unseres Bündnisses zu bedürfen, 3. für England und Rußland ein befriedigender status quo, der ihnen dasselbe Interesse an Erhaltung des Bestehenden gibt, welches wir haben, 4. Loslösung Englands von dem uns feindlich bleibenden Frankreich wegen Ägyptens und des Mittelmeers, 5. Beziehungen zwischen Rußland und Österreich, welche es beiden schwierig machen, die antideutsche Konspiration gegen uns gemeinsam herzustellen, zu welcher zentralistische oder klerikale Elemente in Österreich etwa geneigt sein möchten. Wenn ich arbeitsfähig wäre, könnte ich das Bild vervollständigen und feiner ausarbeiten, welches mir vorschwebt: nicht das irgendeines Ländererwerbs, sondern das einer politischen Gesamtsituation, in welcher alle Mächte außer Frankreich unsrer bedürfen, und von Koalitionen gegen uns durch ihre Beziehungen zueinander nach Möglichkeit abgehalten werden. —

Die Okkupation Ägyptens würde nach Englands Ansicht nicht hinreichen, um die Schwierigkeit wegen der Dardanellen zu heben: Das System des Doppelverschlusses mit den Dardanellen für England und den Bosporus für Rußland hat für England die Gefahr, daß seine Dardanellenbefestigungen unter Umständen durch Landtruppen leichter genommen als verteidigt werden können; das wird auch wohl die russische Mentalreservation dabei sein, und für ein Menschenalter sind sie vielleicht mit dem Schluß des Schwarzen Meeres zufrieden. Diese Frage bleibt Sache der Verhandlungen, und das Gesamtergebnis, wie es mir vorschwebt, könnte sich ebenso gut nach, wie vor den entscheidenden Schlachten dieses Krieges ausbilden. Ich würde es für uns als ein so wertvolles ansehn, daß es die damit wahrscheinlich verbundene Schädigung unserer Pontusinteressen überwiegen würde, abgesehen von der möglichen Sicherung der letzteren durch die Verträge. Auch wenn ein englisch-russischer Krieg sich nicht sollte verhüten lassen, würde meiner Meinung nach unser Ziel dasselbe bleiben, d. h. die Vermittlung eines beide auf Kosten der Türkei befriedigenden Friedens. pp.

56. RUDOLF VON BENNIGSEN an seine Mutter, Berlin, 22. Oktober 1877, in: Hermann Oncken, Rudolf von Bennigsen. Ein deutscher liberaler Politiker. Nach seinen Briefen und hinterlassenen Papieren, Bd. 2, Von 1867 bis 1902, Stuttgart 1910, S. 320 f.

Persönliches. Reichstagseröffnung.

Graf Eulenburg, welcher der Geschäfte schon lange müde war und sehr elend von seiner Badereise zurückkam, hat infolge erneuerter unerfreulicher Differenzen mit Bismarck seine Entlassung bestimmt gefordert und besteht auch auf derselben. Da eine Verständigung über und mit dem Nachfolger so rasch nicht möglich sein wird, so tritt formell voraussichtlich auf längere Zeit eine Beurlaubung ein, in welcher dem landwirtschaftlichen Minister Friedenthal, der schon lange sein Ressort mit dem weit einflußreicheren des Innern oder der Finanzen zu vertauschen wünscht, die Vertretung übertragen werden wird. Bismarck hat dreien meiner politischen Freunde und auch seiner Umgebung gesagt, ich würde der Nachfolger Eulenburgs werden. Ohne den gleichzeitigen Eintritt noch eines Liberalen, am besten Forckenbecks, ist aber die Position für mich allein, namentlich als Neupreußen, nicht haltbar, und eine feste Unterstützung für mich und das Ministerium seitens der gesamten Nationalliberalen Partei nicht zu erwarten. Auch eine Verständigung über die notwendigen Reformen in Preußen und im Reich würde einem einzelnen nicht gelingen. Da der Kaiser für Forckenbeck viel Sympathie hat, so bin ich auch überzeugt, daß es Bismarck leichter möglich sein wird, den Kaiser zu bewegen, Forckenbeck und mich gemeinsam, als mich allein, zu Ministern zu nehmen. Voraussichtlich wird unter diesen Umständen die Krisis noch eine Weile fortdauern bis zur Rückkehr Bismarcks, über welche noch nichts bestimmt ist. Inzwischen werden freilich die politischen Zustände hier immer unerträglicher und die Situation für die Nachfolger der austretenden Minister immer schwieriger. Neugierig bin ich, was der Kaiser — und ob er irgend etwas — sagen wird über die Lage, wenn er uns als Präsidenten empfängt. Vielleicht empfängt er uns gar nicht offiziell und ladet uns nur zum Diner ein.

57. Tagebuch des Fürsten CHLODWIG ZU HOHENLOHE-SCHILLINGSFÜRST, Berlin, 22. Oktober 1877, in: Denkwürdigkeiten des Fürsten Chlodwig zu Hohenlohe-Schillingsfürst, hrsg. von Friedrich Curtius, Bd. 2, Stuttgart 1907, S. 221—223.

Heute hatte ich Audienz bei dem Kaiser. Er kam sofort auf die französischen Zustände zu sprechen, und ich konnte bemerken, daß er unter einem fremden Einflusse stand, in seinem Urteil von fremden und fremdartigen Einflüssen geleitet war. Er rühmte die Konsequenz und die Energie des Marschalls [1], lobte dessen Bestreben, dem Radikalismus entgegenzutreten, betonte ganz besonders seinen Abscheu vor Gambetta, der jedenfalls, wenn er Präsident werden sollte, Krieg mit Deutschland anfangen würde, und erging sich überhaupt in Betrachtungen, die man sonst in den Organen des Elysée und des Duc de Broglie zu lesen gewohnt ist. Er beklagte die Ausschreitungen der deutschen Presse, selbst der offiziösen, gegen die französische Regierung und gab der Befürchtung Ausdruck, solche fortdauernden Nadelstiche könnten mit der Zeit die Geduld der Franzosen ermüden und ihnen Grund zu einem Kriege mit Deutschland geben, wo dann das Unrecht auf unsrer Seite sein werde. Ich erlaubte mir, dieser Befürchtung entgegenzutreten. Ferner bemerkte ich unter anderm, ich könne nicht glauben, daß die Republik Gambettas den Krieg

[1] MacMahon.

gegen Deutschland unternehmen werde. Zum Krieg gehöre innere Kraft und Einigkeit und Allianzen. Gambetta werde genötigt sein, den Kampf mit der klerikalen Partei aufzunehmen, und werde dadurch einen Konflikt hervorrufen, der viel weiter greifen werde als unser Kulturkampf. Er werde im Innern zu viel zu tun finden, um an Krieg mit uns auch nur zu denken. Mit Gambetta werde schwerlich eine fremde Macht eine Allianz gegen uns eingehen u.s.w. Der Kaiser hörte meinen Ausführungen aufmerksam zu, schien aber dadurch nicht überzeugt zu sein.

Wir kamen dann auf die innere Politik. Der Kaiser meinte, es sei jetzt Zeit, mit dem Liberalisieren einzuhalten. Er habe viele Konzessionen gemacht. Aber jetzt sei es genug. Der Reichskanzler sei in dieser Beziehung mit ihm einverstanden. Er knüpfte daran Bemerkungen über die Städteordnung und über Eulenburgs Rücktritt. Frappiert hat mich, daß er auf den glänzenden Empfang hinwies, der ihm überall zuteil geworden sei, und daraus den Schluß zog, daß die Hingebung des Volks an seine Person so groß sei, daß deshalb weitere Konzessionen an den Liberalismus nicht erforderlich schienen. Ich hielt es nicht für erlaubt, ihm zu sagen: „Ja, wie würden Eure Majestät empfangen worden sein, wenn Sie reaktionäre Politik getrieben hätten?" Eine Äußerung meinerseits mußte um so mehr unterbleiben, als mir die Gesetze und Gesetzentwürfe, um die es sich handelte, nicht genügend oder gar nicht bekannt waren. Es scheint mir, als wenn die Jesuiten den Kaiser auf eine reaktionäre Bahn treiben wollten. Damit würden sie ihr Ziel sehr bald erreichen. Die schon bestehende Mißstimmung würde hier und insbesondere in Süddeutschland einen ganz bedenklichen Grad erreichen, und es brauchte dann nur noch einer bald herbeigeführten äußeren Verwicklung, um das mühsam zustande gebrachte Werk in Frage zu stellen. Das liberale deutsche Bürgertum ist nicht so exzessiv in seinen Anschauungen, daß sich eine monarchische Regierung nicht mit ihm verständigen könnte. Wenn man es aber, wie Mac Mahon in Frankreich tut, mit Demokraten und Sozialdemokraten in einen Topf wirft, dann verschmilzt es mit den übrigen, ihm eigentlich fremden Elementen zu einer schwer zu bewältigenden revolutionären Masse. Ich hoffe, daß der Kaiser, wenn er eine Zeitlang dem Einflusse fernbleibt, der ihn jetzt beherrscht, wieder ruhiger werden wird. Die russischen Niederlagen beschäftigen ihn sehr. Er sieht darin Ohrfeigen, die allen christlichen Mächten erteilt worden seien.

58. ADOLF STÖCKER, Zur Begründung einer christlich-sozialen Arbeiterpartei. Rede in der Volksversammlung vom 3. Januar 1878 im Eiskeller zu Berlin, in: Adolf Stöcker, Christlich-Sozial. Reden und Aufsätze (2. Aufl.), Berlin 1890 (1. Aufl. 1884) S. 3—6.

Meine Herren! Nicht darin, wie der Herr Vorredner gesprochen hat, sondern darin, daß er gesprochen hat, liegt für mich seine Bedeutung. Er war ein sozialdemokratischer Agitator und hat der Sozialdemokratie den Rücken gekehrt, weil er darin keine Befriedigung fand. Und er ist nicht der einzige, der so gehandelt hat. Zilowsky in Stettin ist von Ihnen abgefallen, Klinkhardt, an dessen Kranken- und Sterbebett ich gestanden habe, ist von Ihnen gegangen und zum Glauben zurückgekehrt. Diese Tatsachen sind bedeutend; sie geben uns den Mut, vor einer sozialdemokratischen Versammlung über die Gründung einer christlich-sozialen Arbeiterpartei zu reden. Sie haben vorher gefragt, wer denn eigentlich das Komitee bilde, welches die Versammlung berufen habe. Meine Herren, ich bin ein Mitglied dieses Komitees. Ich bin ein Prediger und bitte Sie, mir das zugute zu halten. Mein Stand wird in Ihren Blättern, die ich allezeit mit großer Aufmerksamkeit gelesen habe, auf das heftigste angegriffen, geschmäht, beleidigt. Ich habe oft gefragt, warum. Wir tun Ihnen nichts Böses. Wie irgend ein andrer Stand tragen wir die Last unsers Jahrhunderts. Sie sagen, wir seien die Bundesgenossen des Kapitals; das ist nicht wahr. Wir haben den ehrenwerten Arbeiterstand von Herzen lieb; es gibt unter uns genug, die geben, wenn es sein muß, für Sie den letzten Blutstropfen und den letzten Groschen. Wenn Ihre Agitatoren behaupten, daß wir es nicht ehrlich mit Ihnen meinen, so lügen sie.

Ich bin ein Hofprediger, und Sie denken vielleicht, daß ich auf den Höhen des Lebens stehe und Ihre Not nicht kenne. Meine Herren, ich stamme aus Ihren Kreisen. Mein Vater, ehe er Soldat und Beamter wurde, war ein Schmied; die Brüder meiner Mutter waren Handwerker; noch heute habe ich Vettern, die Arbeiter sind. Ich weiß sehr genau, wo den Arbeitsmann der Schuh drückt, und in meinem Amte, das mich zu mancher Arbeiterfamilie in das Haus führt, lerne ich Ihre Verhältnisse in der Residenz kennen. Unsre Domgemeinde hat Tausende von Arbeitern, und ich versichere Sie, wir haben ein gutes Vertrauen zueinander. Ich kenne wirklich das Elend und die Not, die Sorgen und Mühen der kleinen Leute; aber ich weiß es aus meinem elterlichen Hause, daß auch unter der gegenwärtigen Wirtschaftsordnung durch Fleiß und Ordnung, durch Sparsamkeit und Genügsamkeit eine Familie zu einem guten Gedeihen, zu Wohlstand und Zufriedenheit kommen kann. So weit von mir, und nun zur Sache.

Wenn ich Ihre Schriften studiere, so ist es mir immer, als müßte ich den Inhalt derselben in drei Abschnitte teilen. Der erste enthält Ihr sozialistisches System; der zweite die Forderungen, welche sich Ihnen aus der Kritik der gegenwärtigen Zustände ergeben; der dritte das schlechte Beiwerk, den Haß gegen das Vaterland — ja, meine Herren, ich kann nicht anders sagen, als Haß, obwohl es mich in tiefster Seele schmerzt — und den Haß gegen das Christentum.

Ihr System fordert die Verwandlung des gesamten Privateigentums an Produktionsmitteln in Sozialeigentum und den vollen Arbeitsertrag. Darüber kann man ja theoretisch miteinander diskutieren, und wir scheuen uns nicht davor. Aber zu solchen Diskussionen ist der heutige Abend nicht geeignet. Ich bin ein praktischer Mann, und ich sage Ihnen: Sie können Ihr Ziel nicht anders erreichen als durch eine blutige Sozialrevolution. Was dabei herauskommt, hat die Kommune von Paris gezeigt. Darunter bluten alle, die Besitzenden wie die Arbeiter. Auch würden Sie nie, wie man Ihnen vorredet, alle Ihre Forderungen durchsetzen können. Es wäre das erste Mal in der Geschichte, daß eine menschliche Idee in ihrer ganzen Kraft zu Stand und Wesen käme. Sie würden immer, auch durch die Schrecknisse einer Revolution, nur Bruchstücke gewinnen können. Und, meine Herren, Sie werden sehr lange warten müssen, bis Sie überhaupt etwas gewinnen. Ihre Agitatoren machen uns Predigern immer den Vorwurf, wir stellten Wechsel auf den Himmel aus und ließen Sie auf Erden verhungern. Aber was sie Ihnen versprechen, ist erst recht ein Wechsel auf eine unabsehbare Zukunft. Sparen Sie Ihr Geld dafür; es ist weggeworfen und trägt Ihnen nichts ein. Ja, während Sie auf den geträumten Volksstaat warten, der nicht kommt, vernachlässigen Sie die nächstliegenden praktischen Reformen.

Das führt mich zu dem zweiten Punkte. Sie sind mit dem jetzigen Wirtschaftssystem nicht zufrieden; ich auch nicht. Diese Herrschaft der schrankenlosen Konkurrenz und des krassesten Egoismus führt von Krisis zu Krisis. Vor vier Jahren schwammen die Arbeiter im Überfluß, heute nagen Tausende am Hungertuch, fallen Hunderte in Selbstmord. Zu meiner Gemeinde gehört ein alter Fabrikarbeiter, ein Veteran seines Berufs. Fünfunddreißig Jahre lang hatte er an derselben Stelle gearbeitet; da ging die Fabrik ein, sie war eine Aktiengesellschaft geworden und konnte nicht mehr bestehen. Es ist wahr, man hat den alten Mann nicht hart behandelt, man hat ihm ein kleines Kapital mitgegeben; aber diese Summe ist längst aufgezehrt, und Arbeit findet sich nicht wieder. Das darf natürlich so nicht bleiben. Die Existenz der Arbeiter muß gesicherter werden. Ebenso wie die Soldaten im Feuer des Schlachtfeldes, stehen die Arbeiter im Feuer der Essen; auch ihre Invaliden müssen versorgt sein, auch ihre Witwen und Waisen sollen Brot haben. Ich halte diese Sicherheit der Arbeiterexistenz für das Wichtigste und Notwendigste in ihrer Lage. Aber es sind noch außerdem genug Schäden zu heilen: die Frauenarbeit ist zu beschränken, die Sonntagsarbeit zu verbieten, ein Arbeitsrecht zu schaffen, und was solche berechtigte Forderungen mehr sind. In all diesen Dingen lassen sich zweckmäßige Reformen schon heute durchsetzen. Ich denke dabei an eine friedliche Organisation der Arbeit und der Arbeiter; ist diese geschaffen, dann kann man gemeinsam beraten und erstreben, was not tut. Aber das ist Ihr Unglück, meine Herren. Sie haben Ihren Sozialstaat im Kopfe. Und wenn man Ihnen die Hand bietet zu Verbesserungen, wenn man Ihnen helfen will, dann weisen Sie das höhnisch zurück und sagen: Wir sind mit nichts zufriedenzustellen, wir wollen den Sozialstaat. Damit verfeinden Sie sich die andern Klassen, und der Haß verdirbt alles.

Ja, meine Herren, Sie hassen Ihr Vaterland. Aus Ihrer Presse glüht dieser Haß schrecklich heraus. Und das ist schlecht; das Vaterland hassen, das ist, wie wenn einer seine Mutter haßt. Auch haben Sie dazu keinen Grund. Gewiß ist auch bei uns nicht alles, wie es sein sollte; wir sind eben auf der Erde und nicht im Himmel. Aber dazu hat Ihnen das Deutsche Reich das allgemeine Stimmrecht aus freien Stücken gegeben, damit Sie in Frieden mit den andern beraten und beschließen, was zum Besten dient. Nicht dazu dürfen Sie Ihr Recht mißbrauchen, daß Sie auf Zertrümmerung Ihres Vaterlandes sinnen, das ist unvernünftig und undankbar.

Aber Sie hassen auch das Christentum. Sie hassen das Evangelium von der Gnade Gottes. Man predigt Ihnen den Unglauben, man lehrt Sie den Atheismus, und Sie trauen den falschen Propheten. O, wie das weh tut, wenn deutsche christliche Menschen nicht mehr an Gott und an den Geist glauben, wenn sich an ihnen das Wort erfüllt: Gott verloren, alles verloren! Was man mit den fünf Sinnen nicht begreifen, mit den fünf Fingern nicht betasten kann — so heißt es in Ihren Versammlungen —, das ist auch nicht wahr, es stammt alles aus der Materie. Es ist durchaus töricht, so zu reden. Wenn Ihnen das Gewissen in der Brust schlägt und Sie um Ihre Sünden straft — und ich glaube, Sie kennen diese Stimme noch — das stammt nicht aus der Materie. Wenn Sie sich umsehen in der großen Schöpfung und fragen: Woher kommt das alles? — es ist leicht gesagt, daß alles aus sich selbst geworden ist, aber das ist ein Unsinn. Es gibt einen Gott, der die Welt geschaffen hat und der die Menschen selig macht. Und wer nur will, der kann's auch mit Augen sehen. Meine Herren, ich habe schon am Sterbebette vieler Arbeiter gestanden und habe den schweren Kampf mit dem Tode gesehen. Aber wenn ich die Heilige Schrift aufschlug, ihnen Gottes Wort vorlas und mit ihnen betete, dann wurde der

Kampf leichter. Sie können mir glauben, das habe ich erfahren. Ich bin schon manchmal zu einem schlechten Menschen gekommen, den nichts von seiner Sünde befreien konnte. Aber die Liebe Christi hat ihn frei gemacht. Sie können mir glauben, das ist wahr. Warum wollen Sie das Christentum hassen, das doch so reich an Trost und an Kraft und Gewißheit ist? Wenn ich Sie frage um das, was Ihrer Seele das liebste Losungswort ist, nicht wahr, es ist das Wort: Freiheit, Gleichheit, Brüderlichkeit? Nun gibt es freilich eine Freiheit ohne Zucht; eine Gleichheit, bei der nach dem Worte eines geistreichen Mannes alles darauf hinausläuft, daß sich alle ganz egal sind; eine Brüderlichkeit, die doch voll Haß ist gegen die andern Klassen. Aber wenn Sie jene drei Worte in ihrem wahren Sinne nehmen, als die Freiheit des Gewissens, als die Gleichheit vor Gott und als die Brüderlichkeit in der Liebe zu allen: dann stammen alle drei aus dem Evangelium, von Christo. O meine Herren, es ist einer großen Partei unwürdig, Vaterland und Christentum zu hassen. Wollen Sie als Arbeiterpartei wirklich eine geschichtliche Bedeutung gewinnen, dann dürfen Sie das Edelste, was bisher in der Brust des Menschen gelebt hat, die Liebe zu Gott und die Liebe zum Vaterland, nicht totschlagen; das dürfen Sie wahrhaftig nicht. Eins aber erbitte ich zum Schluß von Ihnen. Wenn Sie in Ihren Blättern wieder die schnöde Rede von Pfaffen lesen, die das Volk nicht lieb haben, dann glauben Sie der Lüge nicht. Ich meine es treu, ehrlich und gut mit dem Arbeiterstande, so wahr mir Gott helfe.

59. Reichstagsdebatte über die orientalische Frage, 6. Sitzung, 19. Februar 1878, Sten. Ber. RT, 3. Leg. Per., 2. Session, Bd. 1, Auszüge, S. 91—116.

a) Abgeordneter Rudolf von Bennigsen, S. 93.

Auch die Stellung des Reichstags und die Haltung desselben zu diesen Verwirrungen im Orient ist keineswegs ohne Verantwortlichkeit. Meine Herren, in den beiden von mir erwähnten Thronreden ist mit Recht darauf hingewiesen, daß Deutschland an den Vorgängen im Orient weniger unmittelbar beteiligt sei, als andere europäische Mächte. Wir, meine Herren, wir haben allerdings ein unmittelbares Interesse in Deutschland auch daran, daß die Freiheit des Handels und der Schiffahrt im Schwarzen Meere erhalten bleibt. Im übrigen sind alle Beziehungen Deutschlands zu den Verhältnissen im Orient, die Verwicklungen, die daraus hervorgehen können, weit mehr indirekte wie direkte. Durch den Fortgang von Verwicklungen, durch die Kriege, welche aus den orientalischen Wirren zwischen anderen europäischen Mächten entstehen können, können wir allerdings und müssen es besorgen, daß mit der Zeit auch Deutschland in Mitleidenschaft gezogen wird. An der Erhaltung des Friedens unter den europäischen Mächten, trotz dieser orientalischen Wirren, haben wir ein sehr starkes Interesse, insofern mittelbar auch ein starkes Interesse an der richtigen und dauernden Regelung der Dinge im Orient. Nicht minder haben wir ein Interesse daran, daß die glückliche Entwicklung der europäischen Verhältnisse und die Stellung der einzelnen Mächte zueinander, speziell die Stellung Deutschlands in seinen friedlichen Beziehungen zu den übrigen europäischen Staaten seit dem französischen Kriege nicht wesentlich alteriert werde. Unsere Politik ist seitdem, mehr und mehr anerkannt auch von den andern Mächten, eine durchaus friedliebende gewesen. Den Frieden aufrecht zu erhalten, ist uns gelungen seit dem französischen Kriege. Wesentlich ist dies uns gelungen durch das Dreikaiserbündnis, die Stellung, welche Deutschland in demselben einnimmt, und den Einfluß, welchen das Dreikaiserbündnis auf die Erhaltung des Friedens in Europa ausgeübt hat. Wir können im ganzen gewiß nur wünschen — ich glaube, daß dies die Auffassung der großen Mehrzahl der Vertreter des Reichstags ist, daß im wesentlichen dieses Verhältnis nicht alteriert aus den orientalischen Wirren und deren endlicher Lösung hervorgehe. Vor allen Dingen, möchte ich hinzufügen, haben wir in Deutschland daran ein Interesse, und das würde uns am stärksten treffen, daß nicht etwa der Verlauf der Wirren im Orient, die friedliche oder kriegerische Lösung derselben die Interessen Österreichs wesentlich alteriere und schädige, *(Hört! Bravo!)* oder gar zu einer erheblichen Schwächung von Österreich führe. *(Sehr gut!)*

b) Reichskanzler Fürst Bismarck, S. 97 f. und S. 99.
WA: Schultheß, 19. Jg. 1878, Auszüge, S. 53—57; Böhm, Bd. 9, S. 50—69; Kohl, Bd. 7, S. 80—97; GW, Bd. 11, S. 520—529; Hohlfeld, S. 362—365; WiA, Bd. 6, S. 117—135.

Ich komme zu dem schwierigsten Teil — ich bitte um Verzeihung, wenn ich einen Augenblick sitzend fortfahre — ich komme zu dem schwierigsten Teil der mir gestellten Aufgabe, zu der Darlegung, soweit es möglich ist, der von Deutschland auf der Konferenz einzunehmenden Stellung. Sie werden da von mir nichts anderes erwarten als allgemeine Gesichtspunkte unserer Politik, deren Programm Herr von Bennigsen klar und ausführlich, fast ausführlicher, als es mir in diesem Moment meine Kräfte noch erlauben würden, wiedergegeben hat.

Wenn von vielen Seiten an uns die Zumutung gekommen ist — aber von keiner Regierung, sondern nur von Stimmen in der Presse und sonstige wohlgemeinte Ratschläge —, wir sollten von Hause aus unsere Politik festlegen und sie anderen aufdrängen in irgend einer Form, so muß ich sagen, daß ich das doch mehr für Preßpolitik als für Staatenpolitik halte. *(Heiterkeit.)* Ich will hier gleich die Schwierigkeit und Unmöglichkeit davon mehr motivieren. Nehmen Sie an, daß wir jetzt auch nur ein festes Programm aussprechen, an das uns zu halten wir, wenn wir es hier von amtlicher Stelle öffentlich, nicht nur vor Ihnen, sondern vor Europa, verkündigen, gebunden sein würden, so würden wir dadurch bei allen denen, die es für sich günstig finden, eine gewisse Prämie auf ihre Unverträglichkeit setzen. *(Sehr wahr! Heiterkeit.)* Wir würden ferner uns die Rolle der Vermittlung in der Konferenz, auf die ich den allerhöchsten Wert lege, fast unmöglich machen, weil jeder mit dem menu der deutschen Politik in der Hand uns sagen könnte: so weit kann die deutsche Vermittlung gehen, das kann sie tun, das kann sie nicht tun. Die freie Hand, welche Deutschland sich erhalten hat, die Ungewißheit über Deutschlands Entschließungen mögen nicht ganz ohne Mitwirkung in der bisherigen Erhaltung des Friedens sein. Spielen Sie die deutsche Karte aus, werfen Sie sie auf den Tisch — und jeder weiß, wie er sich danach einzurichten oder sie zu umgehen hat. Es ist das nicht praktisch, wenn man den Frieden vermitteln will. Die Vermittlung des Friedens denke ich mir nicht so, daß wir nun bei divergierenden Ansichten den Schiedsrichter spielen und sagen: so soll es sein, und dahinter steht die Macht des Deutschen Reichs, *(sehr gut!)* sondern ich denke sie mir bescheidener, ja — ohne Vergleich im übrigen stehe ich nicht an, Ihnen etwas aus dem gemeinen Leben zu zitieren — mehr die eines ehrlichen Maklers, der das Geschäft wirklich zustande bringen will. *(Heiterkeit.)* Wir sind in der Lage also, einer Macht, die geheime Wünsche hat, die Verlegenheit zu ersparen, bei ihrem, ich will einmal Kongreßgegner sagen, sich entweder einen Korb oder eine unangenehme Antwort zu holen. Wenn wir mit beiden gleich befreundet sind, können wir zuvor sondieren und dem anderen sagen: tue das nicht, versuche es so und so anzubringen. Das sind geschäftliche Hilfsmittel, die sehr zu schätzen sind.

Zum Schluß seiner Rede erklärt Bismarck:

Die Freundschaft, die uns glücklicherweise mit mehreren europäischen Staaten, ja mit allen wohl in diesem Augenblicke verbindet, — denn es sind die Parteien nicht am Ruder, denen diese Freundschaft ein Dorn im Auge ist — *(hört!)* diese Freundschaft deshalb aufs Spiel zu setzen mit dem einen Freunde, um einem anderen in Fragen, an welchen wir Deutsche ein direktes Interesse nicht haben, gefällig zu sein, mit unserem eigenen Frieden den Frieden anderer zu erkaufen, selbst gewissermaßen als Substitut auf der Mensur, um mich eines Universitätsausdrucks zu bedienen, *(Heiterkeit)* für den Freund einzutreten — das kann ich wohl, wo ich nichts als meine Person in die Schanze schlage, ich kann es aber nicht, wenn ich die Politik eines großen, mitten in Europa gelegenen Reiches von 40 Millionen Seiner Majestät dem Kaiser gegenüber zu beraten habe, und deshalb erlaube ich mir hier, auf der Tribüne, allen diesen Stimmen und Zumutungen eine offene Absage zu erklären, daß ich mich darauf unter keinen Umständen einlassen würde, und daß keine Regierung, keine der am meisten interessierten uns eine Zumutung derart gestellt hat. Deutschland ist, wie der Herr Vorredner [1] bemerkte, durch seine Erstarkung auch zu neuen Verpflichtungen herangewachsen. Aber wenn wir eine große Anzahl Bewaffneter in die Waagschale der europäischen Politik werfen können, so halte ich doch niemanden dazu berechtigt, der Nation und dem Kaiser, den Fürsten, die im Bundesrat zu beschließen haben, wenn wir Angriffskriege führen wollten, den Rat zum Appell an die erprobte Bereitwilligkeit der Nation zur Hingabe von Blut und Vermögen für einen Krieg zu erteilen. Nur für den Schutz unser Unabhängigkeit nach außen, unserer Einigkeit unter uns und für diejenigen Interessen, die so klar sind, daß, wenn wir für sie eintreten, nicht bloß das einstimmige notwendige Votum des Bundesrats, sondern auch die volle Überzeugung, die volle Begeisterung der deutschen Nation uns trägt, — nur einen solchen Krieg bin ich bereit, dem Kaiser anzuraten. *(Lebhaftes Bravo.)*

c) Abgeordneter Albert Hänel, S. 99 und S. 101.

Ich will hier vor allen Dingen den Schluß der Rede des Herrn Reichskanzlers nochmals akzentuieren. Er hat mit Energie es zurückgewiesen, daß man uns Deutsche in irgend welche kriegerische Politik hineinnötige oder hineinschmeichle, welche nicht durch das Lebensinteresse des Deutschen Reichs bedingt wäre. Er hat mit Nachdruck jedwedes Schiedsrichteramt, jedwedes Schulmeistertum, wie er sich in seiner feinen Ironie ausdrückte und welches nur napoleonische Traditionen in Europa erneuern könnte, zurückgewiesen.

Meine Herren, diese entschiedene Zurückweisung, ich habe sie lediglich mit Befriedigung abermals gehört, aber ich kann nicht sagen, daß ich dadurch überrascht worden bin. Ich glaube, diese Eröffnungen, wenn ich sie so bezeichnen darf, entsprechen durchaus dem Charakter der deutschen

[1] Bennigsen.

Nation und entsprechen denjenigen nationalen Erwartungen, die wir an die Gründung des Deutschen Reichs geknüpft haben. Es ist von hoher Stelle, es ist aus kaiserlichem Munde zu wiederholten Malen gesagt worden, die Begründung der deutschen Nation in dem Deutschen Reich, sie soll sein eine Bürgschaft des Friedens und der Freiheit, sie soll nirgends anknüpfen an die Tradition, welche einst das römische Reich deutscher Nation in Europa gepflegt hatte. In diesem Sinne ist in der Tat die Politik Deutschlands, so weit wir sie verfolgen können, seit 1870 geleitet worden. Wenn sie in diesem Sinne fortfährt, wenn sie verzichtet auf Vorherrschaft, wenn sie den Charakter eminenter Friedfertigkeit an sich trägt, dann bin ich, und ich darf es hier aussprechen im Namen nicht nur meiner Fraktion, überzeugt, daß der Beifall der Nation der Leitung dieser Politik gewiß ist.

In seiner folgenden Analyse der Balkanfrage führt Hänel aus, daß man besser ganze Arbeit machen als halbselbständige Staaten schaffen solle. Hinsichtlich Österreichs erklärt er:

Ich zweifle nicht, daß gerade das Interesse Österreichs, welches von Herrn von Bennigsen bereits so scharf hervorgehoben ist, auch von deutscher Seite diejenige Berücksichtigung, diejenige Betonung finden wird, die ihm gebührt. Wir haben die Auseinandersetzung mit den Deutschen in Österreich vornehmen müssen, um zu einer eigenen und selbständigen nationalen Gestaltung zu gelangen. Aber wir haben nie verkannt, daß die Sprengung dieser Verbindung ein Opfer für uns war, ein Opfer, welches wir gebracht haben, weil wir annahmen, daß die Deutschen in Österreich das wesentliche und, soviel Cisleithanien betrifft, das herrschende Element bildeten für den Gesamtstaat Österreich. Meine Herren, in dem Augenblick, wo vitale Interessen dieses Gesamtösterreichs berührt werden, wo eine panslawistische Tendenz in der europäischen Politik eine Zersetzung dieses Staats anbahnen würde, in diesem Augenblick würde auch das Deutsche Reich vor Perspektiven stehen, vor deren Durchdenkung wir uns in diesem Augenblick scheuen; es würden an uns dann wahrscheinlich Pflichten herantreten, die nur unter schweren Erschütterungen des europäischen Friedens und unseres eigenen Friedens würden erfüllt werden können. Deshalb, meine Herren, ist es, daß wir das lebhafteste Interesse für die Wahrung der österreichischen Interessen bei der Lösung der orientalischen Frage hegen. Die Politik, welche der Herr Reichskanzler als die seinige gekennzeichnet hat, gibt uns die Garantie, daß, soweit es unsere Interessen gestatten, soweit es mit dem Ausgleich der Interessen anderer befreundeter Mächte verträglich ist, diese Gesichtspunkte der Rücksicht auf Österreich verfolgt werden werden.

d) Abgeordneter Ludwig Windthorst, S. 101 f. und S. 102 f.

Meine Herren, zunächst kann ich eine große Befriedigung darüber konstatieren, daß dieses Mal über die auswärtigen Angelegenheiten eine Interpellation eingereicht ist von denjenigen Parteien, welche bisher gewohnt waren, zu behaupten, daß die auswärtigen Angelegenheiten ein noli me tangere seien. *(Oho!)* Meine Herren, ich habe wohl erwartet, daß Sie bei dieser Konstatierung irgendeinen abwehrenden Laut von sich geben würden. *(Heiterkeit.)* Es ist immer so: wenn eine Wunde berührt wird, pflegt der Patient sich zu äußern. *(Heiterkeit.)* Diejenigen Herren, welche meine obige Behauptung bestreiten, verweise ich auf die Reden, die namentlich aus der Nationalliberalen Partei gehalten worden sind, wenn aus unserer Mitte über die auswärtigen Angelegenheiten und in specie über die orientalische Frage gesprochen wurde, und ich verweise ganz insbesondere auf die von dem Beifall seiner Partei begleiteten Äußerungen des Herrn Abgeordneten Lasker, der leider heute nicht hier ist.

Genug: mit Befriedigung konstatiere ich diesen Fortschritt, der freilich noch ein recht zahmer ist, denn ich habe für mich nicht überhört, daß der Herr von Bennigsen es für nötig gefunden hat, besonders zu betonen, daß die Interpellation nicht zunächst von seinen Freunden ausgegangen sei. Daneben bin ich auch der Meinung, daß diese Interpellation nicht eingebracht ist ohne vorherige Genehmigung. *(Bewegung.)* Ich konstatiere das letztere, weil auch darin ein großer Fortschritt liegt: alle Parteien des Hauses und die maßgebende Stelle sind jetzt darüber einverstanden, daß im deutschen Parlament auch die auswärtigen Angelegenheiten traktiert werden dürfen. Meine Herren, von dem also jetzt anerkannten Recht werde ich zu jeder gelegenen Stunde nunmehr den ausgiebigsten Gebrauch machen. *(Heiterkeit.)* Ich werde das tun, ohne gerade mir den Konsens der anderen Parteien [zu] erbitten, und ohne eine höhere Erlaubnis vorher einzuholen, die dann allerdings mir auch wahrscheinlich nicht erteilt werden würde. *(Heiterkeit. Ruf im Zentrum: Sehr richtig!)*

Zur Sache sich wendend, bringt auch Windthorst zum Ausdruck, daß seine Partei Anhängerin einer Politik sei, die den Frieden wolle. Man müsse aber eine Politik, die augenblicklich den Frieden erhält, unterscheiden von der, die dauernd den Frieden bringt.

Nun bin ich zwar ganz gewiß der Meinung, daß Deutschland seine Autorität — ich spreche gar nicht einmal von den Waffen unmittelbar — nur interponieren soll für die eigentlich deutschen Interessen. Und das führt mich denn auf die Frage, ob der Interessenkreis Deutschlands in der orientalischen Frage wirklich ein so beschränkter ist, wie das in den Darlegungen von heute angenommen zu sein scheint. Meine Herren, nach meinem Dafürhalten handelt es sich in diesen orientalischen Fragen um die große und für alle Zukunft bedeutungsvolle Frage, ob das germanische Element oder das slawische Element das die Welt beherrschende sein soll, *(Unruhe. — Sehr wahr! im Zentrum)* und ich fürchte, daß durch das Vorgehen der Russen — welches notorisch wesentlich getrieben worden ist von den panslawistischen Ideen, die in Rußland herrschen, und keineswegs vorzugsweise aus den Ideen der eigentlich gouvernementalen Kreise daselbst —, daß durch dieses Vorgehen den slawischen Elementen bereits ein Vorsprung gegeben ist, welchen die germanischen Völkerschaften kaum noch werden einholen können.

Der Herr Reichskanzler sagt, die Dardanellen seien von Wichtigkeit besonders im Kriege, es komme aber doch am Ende besonders darauf an, wer den Schlüssel zu diesen Dardanellen hat, und solange eine Veränderung in der Hand dieses Schlüsselhalters nicht in Frage stehe, sei eigentlich das Interesse an der Dardanellenfrage schwach für uns. Ich erlaube mir zu sagen, daß der Besitz von Konstantinopel und der Besitz des Dardanellenschlosses nach meiner Auffassung die Vorbedingung der Herrschaft der Welt sind. Ich kann dafür eine Autorität anführen, die auch etwas von den Dingen gewußt hat, nämlich die Autorität Napoleons des Ersten. Und wenn sonst noch Autoritäten für diese Behauptung nötig waren, so ist eine solche Autorität in erster Linie der Instinkt, der die Völker immer getrieben hat, sich in den Besitz dieser Positionen zu bringen, ein Instinkt, der in neuerer Zeit am meisten ausgesprochen ist in dem russischen Volke. Und Rußland hat dieses Ziel, die bezeichneten Positionen zu gewinnen, dem gedachten Instinkt folgend konsequent durch alle Jahrhunderte verfolgt, so daß man ja von der Wahrheit oder von der Fabel eines russischen Testaments spricht, welches den Besitz Konstantinopels als das Ziel aller russischen Politik hinstellt. Und, meine Herren, wer kann leugnen, daß auf diesem Wege ungeheure Erfolge Schritt für Schritt, aber um so sicherer, erreicht sind? Jetzt sehen wir, daß Rußland vor allem dasjenige zurückverlangt, was im Pariser Frieden von Bessarabien ihm genommen ist, und was für die Donaumündungen von der allergrößten Wichtigkeit erscheint. Außerdem aber ist Rußland recht besorgt für seine Vasallenstaaten, für Rumänien, für Serbien, für Montenegro, und es ist nunmehr auch im Begriff, sich einen derartigen Vasallenstaat in Bulgarien zu bilden. Heute findet man es schon in der Ordnung, daß ohne weiteres Rumänien vergrößert und Serbien und Montenegro, mit besseren Grenzen versehen, unabhängig gemacht werden. Vielleicht dauert es keine 10 Jahre, so wird der neuzuschaffende bulgarische Staat ebenfalls unabhängig, d. h. von der Türkei unabhängig, um so abhängiger von Rußland zu sein. Diese neuen Staaten sind in der Lage zu Rußland, wie gewisse Staaten Deutschlands es zur Zeit des Rheinbunds zu Frankreich waren. Haben wir doch schon jetzt gesehen, wie diese Staaten ganz nach dem Geheiß der russischen Regierung entweder zum Krieg oder zum Frieden bereit waren. Diese Staaten sind und werden in der Tat gar nichts anderes sein als russische Provinzen unter anscheinend erblichen Souveränen.

Meinesteils nun bin ich der Meinung, daß das germanische Interesse entschieden verlangt, daß wir diese wichtigen Positionen in dieser Art dem Andrang der russischen Welt nicht preisgeben; zudem wird, wenn Österreich sich nicht stark genug fühlt, die Auslieferung der fraglichen Positionen an Rußland abzuwenden, dasselbe darum freilich nicht gerade schon morgen und übermorgen zusammenfallen, aber der Keim zu seiner Auflösung ist nach meinem Dafürhalten dann unwiederbringlich gelegt. Sehen Sie sich doch die Karte an und überlegen Sie sich, was es heißt, wenn Rußland die Positionen dauernd inne hat, die es jetzt in Bulgarien für sich eingenommen hat und die es bewahren will, sei es direkt oder indirekt durch seine Vasallen: behält Rußland diese Positionen, dann ist Österreich in seinem Besitz für immer bedroht, dann ist für immer jeglicher Widerstand des Besitzers von Konstantinopel, mag er Türke oder anders heißen, Rußland gegenüber gebrochen, und es ist den Russen für immer freigestellt, an welchem Tage sie in Konstantinopel einrücken wollen. Die Sache liegt mithin so, daß der Schlüssel zu den Dardanellen, daß diese Position in Wirklichkeit in die Hände Rußlands übergeht, da die schwache Macht, die jetzt noch den Türken in Konstantinopel gelassen werden soll, nicht ausreichen wird, irgend etwas gegen die Wünsche Rußlands zu tun. Es liegt mithin die vom Herrn Reichskanzler selbst als bedenklich zugegebene Veränderung in dem Besitz des Schlüssels zu den Dardanellen schon jetzt vor, wenn Rußland mit seinen Plänen durchdringt.

e) Abgeordneter Eduard Graf von Bethusy-Huc, S. 107.

Im übrigen aber meine ich, daß es nicht die Aufgabe des germanischen Stammes sein wird, seinerseits die Weltherrschaft über irgend eine andere zu erstreben, sondern er wird sich zu befriedigen haben damit, unter anderen Stämmen frei und unabhängig sein eigenes politisches Dasein fortzuführen und in derjenigen Stellung, die er, Gott sei Dank, jetzt errungen hat, und die ihm nichts mehr zu wünschen übrig läßt, was ihm von außen her geboten werden könnte.

Meine Herren, ich werde auf die Details der Frage einzugehen aus diesen Gründen unterlassen, ich werde mich lediglich darauf beschränken, gewissen allgemeinen Gesichtspunkten Ausdruck zu geben, von denen ich glaube, daß die große Mehrheit der deutschen Nation sie teilt. In diesem Sinne, glaube ich, darf ich aussprechen, daß wir kein Interesse haben an der Erhaltung des türkischen Staats in Europa, welchen ich für einen absolut unkulturfähigen halte, nachdem er durch vier Jahrhunderte seiner Herrschaft in Europa sich als einen solchen erwiesen hat. Die Ursache liegt in einem einfachen Grunde, aus welchem alles andere herfließt: in dem Mangel an Familienleben, aus welchem wiederum der Mangel an dem Erkennen der Gemeinsamkeit der Interessen des einzelnen über das Dasein des Individuums mit denen der Gesamtheit hinaus, hervorgeht, in der daraus folgenden Unsicherheit des Eigentums und des Erbrechts. Wenn ich auch zugeben muß, daß andere christliche, auf der Balkanhalbinsel lebende Nationen bezüglich ihrer Bildung zur Zeit ebenso rückständig sind wie die Türken, so würde ich es doch für hart und unbillig halten, die Kulturfähigkeit eines herrschenden Volks zu vergleichen mit der eines seit vielen Jahrhunderten aufs nichtsnutzigste getretenen und unterdrückten Volks. Dieser Druck muß eine Zerrüttung aller ethischen Begriffe und eine Unterbrechung der Intelligenz hervorbringen, woraus eine Erhebung nur langsam möglich ist. Die Kulturfähigkeit aber ist in diesen Ländern vorhanden, und es wird an uns sein, ihnen diejenigen Elemente zuzuführen, welche ihnen zur Zeit noch fehlen.

Sodann, meine Herren, bekenne ich, daß wir teilen die alten Sympathien der neuen deutschen Dynastie zu dem Kaiser von Rußland und seinen reformatorischen Ideen, daß wir teilen in vollem Maße die Sympathien unserer Regierung zu dem russischen Staat, daß wir nicht mit dem verflossenen Fürsten Schwarzenberg die Dankbarkeit zu denjenigen Dingen zählen, welche bei politischen Erwägungen auszuscheiden haben — sie ist vielmehr nicht bloß ein Gebot der Ethik, sondern auch ein Gebot der Staatsklugheit — und wir erinnern uns gern an diejenige freundliche Stellung, welche Rußland 1870—71 der deutschen Nation gegenüber eingenommen hat, und welche uns in den Stand gesetzt hat, den Kampf zu isolieren und weitere Mühe uns zu ersparen. Wohl aber, meine Herren, finden diese Sympathien, zu denen wir uns bekennen, ihre Grenze in dem eigenen Interesse unseres deutschen Vaterlands und in den Sympathien zu anderen befreundeten Stämmen.

f) Abgeordneter Roman von Komierowski, S. 109.

Wollen Sie nun, meine Herren, auf dem bevorstehenden Kongreß oder der Konferenz — der Reichskanzler hat es Konferenz genannt — wirklich diesen zivilisatorischen Aufgaben näher treten, dann, meine Herren, tritt an Sie auch die Notwendigkeit, den Grundsatz zur Geltung zu bringen, daß in Bezug auf den Staat ein unsittliches Mittel, weder als Zweck von der Politik gewollt, noch als Mittel eines an sich zulässigen Zwecks gebraucht werden darf, und falls Sie zu dieser Entscheidung kommen und zu dieser Entscheidung kommen müssen, falls Sie diese zivilisatorische Aufgabe wirklich im Auge behalten, dann tritt an ganz Europa, besonders aber an die Teilungsmächte, die Notwendigkeit der Wiederherstellung Polens heran. Solange aber die europäischen Großmächte das bisher von den Türken beherrschte Gebiet nur als einen Beuteanteil zu betrachten geneigt sind, von dem jeder für sich den größten Anteil auf der bevorstehenden Konferenz wo möglich zu bekommen trachten wird, dann wird ebenso wie bei der Teilung Polens den Samen der Zwietracht, der schon so reichlich in Europa vorhanden ist, diese neue Teilung nur vermehren und diese Teilung wird ebenso wie die Teilung Polens der Fluch Europas bleiben und dem Mißbehagen der europäischen Verhältnisse wird in dieser Weise keine Rechnung getragen.

g) Abgeordneter Wilhelm Liebknecht, S. 114.

Ich habe ausgeführt, daß die deutsche Neutralität nicht eine solche gewesen ist, wie sie nach dem gewöhnlichen Begriff unter dem Wort Neutralität verstanden wird. Die deutsche Neutralität war und ist eine einseitige, eine russenfreundliche, sie ist ausschließlich Rußland zugute gekommen, während von Seiten der deutschen Regierung sowohl als anderer Regierungen alles aufgeboten worden ist, um die Türkei in der Aktion zu hemmen. Das ist nun geschehen, und für den Augenblick, glaube ich, ist da nichts mehr gut zu machen. Aber eins, meine Herren, und das ist vielleicht der einzige Vorteil, den die Greuel des letzten Jahres mit sich gebracht — eins haben wir wenigstens profitiert: die Völker haben einmal gelernt, mit wie wenig Weisheit die Welt regiert wird, und wie kläglich es eigentlich mit der Staatsweisheit unserer Staatsmänner von Fach bestellt ist! Wofür haben wir Staatsmänner und Regierungen, als um den Völkern Ordnung und Freiheit zu sichern, den Frieden zu erhalten, damit sie den Wohlstand pflegen können. Stattdessen hat man die Dinge gehen lassen, wie sie wollten, die verwickelte Lage noch mehr verwickelt und eine Katastrophe hereinbrechen lassen, wie sie grauenhafter nicht gedacht werden kann. Tritt etwa in dieser Katastrophe als Frucht der russischen Erfolge ein sittliches Element, ein Kulturelement hervor? Glauben Sie, daß von Rußland für die Völker, die da angeblich befreit sind, auch nur der geringste Vorteil in politischer oder ökonomischer Hinsicht geschaffen wird? Das glauben Sie selbst nicht, denn ein Blick auf Rußland zeigt Ihnen die Eitelkeit einer solchen Hoffnung! So bleibt also für die Völker keine Errungenschaft übrig als der vollständige Bankrott der gesamten europäischen Staatsmannschaft, und das ist eine große Lehre für die Völker und ein großer Gewinn, wenn Sie diese Lehre begreifen. Und jetzt ist sie fürwahr so eindringlich gegeben, daß ich hoffe, alle Völker der Erde werden sie begreifen. Sie mögen sich gegen die Wahrheit sträuben, wie Sie wollen, aber Sie werden die Kriege nicht eher beseitigen können, als bis, wie ich vorhin sagte, sich die Reiche der Welt auf die Gerechtigkeit gründen, bis die Völker ein neues Völkerrecht geschaffen haben, ein wahres Völker- und Menschenrecht, welches das gleiche Recht jedes einzelnen anerkennt. Dann erst, vorher nicht, wird der Weltfriede möglich sein.

60. Abg. EDUARD STEPHANI an Rudolf von Bennigsen, Dresden, 14. Juli 1878, in: Hermann Oncken (Hrsg.), Rudolf von Bennigsen. Ein deutscher liberaler Politiker. Nach seinen Briefen und hinterlassenen Papieren, Bd. II, Von 1867 bis 1902, Stuttgart 1910, S. 378—380.

Verzeihen Sie, wenn zu den vielen Wahlqualen, denen Sie ausgesetzt sein werden, ich auch noch mit einem Bedenken und einer Bitte komme. Das Bedenken ist mir entstanden durch die scharfe, aggressiv oppositionelle Tendenz, die jetzt in manchen Kundgebungen unsrer autoritativen Parteipresse in Berlin an den Tag tritt, ich meine namentlich die drei Flugblätter und mehrere Artikel der 'Nationalliberalen Korrespondenz'. In dem ersten Entwurf zu unserm Wahlaufruf, den mir Lasker in Berlin vorlegte, war eine ähnliche oppositionelle Tendenz, aber ungleich weniger scharf, enthalten. Ich bat Lasker dringend, dies zu unterlassen, Stauffenberg war derselben Ansicht, und andern Tags bei der Feststellung ist ja, wie ich höre, namentlich durch Miquels Redaktion diese Tendenz auch völlig verschwunden, und der Aufruf hat eine mir ganz zusagende Gestalt gewonnen. An diesem Standpunkt müssen wir nach meiner Ansicht streng festhalten, aber die neueren Preßäußerungen aus Berlin sind leider mehr und mehr in eine ganz andre Bahn geraten, sie verhalten sich nicht nur abwehrend gegen die Angriffe auf uns, sondern sie haben eine aggressive Opposition eröffnet gegen die Regierung, gegen Bismarck persönlich. Das halte ich für einen verderblichen Weg, ganz geeignet, unsre Partei zu sprengen und starke Sezessionen zu veranlassen. Wenn unsre Partei, die ohnehin an Zahl geringer in den neuen Reichstag eintreten wird, außerdem auch noch an innerer Spaltung leiden, vielleicht gar sich auch äußerlich in zwei Teile zerlegen sollte, dann hat Bismarck sein frevelhaftes Spiel gewonnen. Wir sind nur stark, wenn wir alle bisherigen Elemente in derselben Geschlossenheit zusammenhalten. Sie sind der einzige, der diesen Zusammenhalt bewirken kann, der aber verloren geht, wenn von Berlin aus im Namen der Partei fortgesetzt so entschieden die Oppositionstrompete geblasen wird. Und deswegen meine dringende Bitte an Sie, daß Sie dem Einhalt tun wollen. Ich habe eben auch an Lasker in dem gleichen Sinne mit dringender Bitte geschrieben und habe ihn erinnert an ein recht schönes Wort, das er in seiner Saalfelder Rede Seite 37 gesprochen, daß nur gemeine Naturen das Unglück benutzen, um Streit anzufangen u.s.w. u.s.w. Das ist ein recht schönes Motto für den jetzigen Wahlkampf, das soll man wahr machen. Ich habe in meinen Kreisen hier überall den Gedanken gepredigt, daß wir die Auflösung und den Wahlkampf nur auffassen sollen als eine gemeinsame Abwehr aller Ordnungsparteien gegen die revolutionäre Sozialdemokratie, nicht als einen Kampf der Ordnungsparteien untereinander, nicht als einen Kampf zwischen Regierung und Liberalismus. Inmitten der heillosen Verwilderung, die Bismarck durch seine frivole Auflösung hervorgerufen hat, würde die Nation in wüstem Parteikampf sich selbst zerfleischen, wenn wir sie nicht konzentrieren auf ein greifbares, verständliches Ziel, gemeinsame Abwehr gegen die Sozialdemokraten. Dazu gehört Zusammenwirken von Regierung und Reichstag; wir bieten dazu die Hand, wir kommen der Regierung entgegen und wollen sie unterstützen genau so wie bisher, allerdings festhaltend an unsern bisherigen Grundsätzen und an unsrer bisherigen Stellung einer unabhängigen und selbständigen Unterstützung der Regierung. Einen Systemwechsel, eine Schwenkung vollziehen wir nicht, deshalb treten wir auch nicht in die offene Opposition, solange nicht die Regierung durch ihre späteren Vorlagen dazu zwingt. Jetzt dürfen wir uns nicht ins offene Oppositionslager der Fortschrittspartei treiben lassen, mit der wir ja jetzt natürlich äußere Fühlung suchen müssen, aber doch schlechterdings uns nicht identifizieren dürfen. Es ist wahr, sehr schwer wird es uns gemacht, diese besonnene Stellung zu behaupten, aber es kommt eben darauf an, daß wir diese harte Probe bestehen, daß wir besonnener sind als Bismarck. Die Provokationen von seiten Bismarcks und der Konservativen sind ja zum Teil unerträglich, wir müssen sie abwehren, aber nicht, wie jetzt teilweise die nationalliberale Presse tut, zu einer aggressiven Opposition übergehen. Je toller jetzt Bismarck ist, um so fester und besonnener müssen wir sein. Wenn wir, wie das jetzt hier und da erklingt, dem Wahlkampf die persönliche Färbung geben: Lasker kontra Bismarck, da haben wir die Nation nicht hinter uns, da machen wir schmählich

Fiasko. Ich fühle das jetzt schon heraus aus dringenden mir zugekommenen Beschwerden, Mahnungen. In einer Versammlung in Leipzig ward ich vor ein paar Tagen bitter deshalb interpelliert. Die stark konservative Strömung in Leipzig, die sich wieder etwas beruhigt hatte, hat durch diese Haltung unsrer Presse wieder neue Nahrung gewonnen. Wird diese Haltung fortgesetzt, so verlieren wir damit nicht nur einige Wahlkreise, wir schwächen auch den inneren Zusammenhang unsrer Partei und führen vielleicht sogar eine wirkliche Trennung herbei. Welcher Triumph für Bismarck, der ja jetzt ohnedies durch den Kongreßerfolg neue Kraft gewonnen hat, obwohl in meinen Augen (mit Ausnahme dessen, daß er für jetzt die Allianzen gegen Deutschland zerstört hat, weil Bismarck alle Mächte wie die Hunde über den Knochen aneinander gehetzt und des weiteren, daß er nun Österreich noch entschiedener die Frontrichtung gegen Osten und von Deutschland abgelenkt gegeben hat) der ganze Kongreßerfolg doch noch sehr zweifelhafter Natur ist und daher in die Kategorie der vorübergehenden Erfolge eines gewaltigen Intriganten gehören dürfte. Aber für den Augenblick hat sicher Bismarcks Autorität und Popularität hierdurch mächtig gewonnen, und wenn wir gerade in diesem Augenblick dem Wahlkampf einen so prononciert persönlichen Charakter gegen Bismarck geben wollen, so antwortet uns ein Hohngelächter aus der Nation, wir unterliegen schmählich und bewirken damit, daß auf unbestimmte Zeit hinaus die gemäßigten Mittelparteien die Führung in Deutschland verlieren und unbekannte Größen in ewigem Schwanken und Wechsel sich ablösen werden. Deshalb, bitte, erheben Sie Ihre Stimme und gebieten Sie Einhalt der falschen Kampfesweise, die man jetzt zum Teil in Berlin angenommen hat.

61. ADALBERT FALK, Tagebuch zum 30. August 1878, in: Erich Förster, Adalbert Falk. Sein Leben und Wirken als Preußischer Kultusminister dargestellt auf Grund des Nachlasses unter Beihilfe des Generals d. I. Adalbert von Falk, Gotha 1927, S. 489—492.

Bismarck erwartet im Reichstag eine sichere Gegnerschaft von 170 Stimmen gegen das Sozialistengesetz.

Wenn die Vorlage gegen die Sozialisten verworfen werde, lege er sein Amt nieder. Wolle der Kaiser, daß er es wieder aufnehme, so gehe er nur darauf ein, wenn dieser den Reichstag abermals auflöse und eine Proklamation erlasse des Inhaltes, er tue dies, weil der Reichstag ihm Gesetze verweigere, die sein Leben schützten. Werde die Proklamation gut gefaßt, dann würden die widerstrebenden Nationalliberalen wiederum vierzig Sitze verlieren. Wenn die Auflösung wieder keinen Erfolg habe, dann sei ein juristischer Staatsstreich nötig. Deutschland könne dann eben nicht reiten. Der Bündnisvertrag müsse gelöst werden und damit die Verfassung umgeworfen werden. Auf meine mit Gründen unterstützte Äußerung, daß so etwas unmöglich sei, entgegnete Bismarck, die Regierungen würden schon zusammenhalten. Rheinbundszeiten seien vorüber. Selbst Sachsen sehe ein, daß Anschluß an den Stärksten, Preußen, das beste Erhaltungsmittel sei. Wolle Bayern europäische Politik treiben, so sei es in fünf Jahren zwischen Preußen und Österreich geteilt. Drei oder vier Regierungen würden widersprechen, aber durch Bedrohung mit dem Schicksal Nassaus und Hessens eingeschüchtert werden. Feldmarschall Manteuffel möchte diesen Staatsstreich sehr gern ausführen, er würde es aber ungeschickt tun, und darum sei er, Bismarck, dazu erbötig, er würde Konfliktsmut wieder bekommen. Wolle der Kaiser das nicht, dann möge er ein Ministerium Windthorst-Seydewitz nehmen. Es sei besser, daß diese Leute mit Rom Frieden machten, als daß ein anderes Ministerium oder er, Bismarck, dafür Verantwortung trage. Wäre der Kronprinz an der Regierung, so nehme er vielleicht Bennigsen oder Hänel. Ein Jahr würden die ganz gut regieren, aber vom Kapital der Regierungskraft, wegen Rücksichtnahme auf die Laskerei.

Das Gespräch wendet sich dann den Nationalliberalen zu.

Ich fand Bismarck tief erbittert gegen die Nationalliberalen, die ihn verfolgten und verließen, wie früher die Konservativen. Bennigsen habe gemeint, die nationalliberale Fraktion werde ihm unbedingt zu Willen sein, wenn er in das Ministerium trete. Als er sich vom Gegenteil überzeugt, als Lasker sogar geäußert hatte, die Nationalliberalen dürften nicht mit Bismarck in demselben Ministerium sein, sondern sollten nach ihm in ein solches treten — dies wollte Bismarck sicher aus nationalliberalen Kreisen haben —, da habe Bennigsen einen Vorwand gesucht, um von Bismarck loszukommen und ihn in brüsker Weise in Bismarcks Erklärung gefunden, daß das Tabakmonopol sein Ideal sei. Das weitere Verhalten der Nationalliberalen sei gewaltsamer Anlauf gegen die Türen des Ministeriums. So der Beschluß wegen des Tabakmonopols, die Verwerfung des Sozialistengesetzes ohne Prüfung, die Bennigsensche Rede, worin er dem Ministerium ein Mißtrauensvotum gegeben, die Artikel der Kölnischen, National-, Magdeburger Zeitung über seine, Bismarcks, Imbezillität und sein Unverständnis in inneren Fragen. Einen Finanzminister zu gewinnen hätten die Nationalliberalen ihm erschwert. Jeder, der zur Annahme geneigt gewesen, sei von ihnen davon wieder abgebracht worden. Selbst Hobrecht habe Bennigsen erklärt, daß er bereit sei, wieder zurückzutreten, wenn die Verhältnisse Bennigsens Eintritt gestatteten. Als er zugegeben, daß die 'Norddeutsche Zeitung' und andere Blätter ihn verteidigt hätten, habe man ein Reaktionsgeschrei eröffnet. Als ob ihm nicht Reaktion und Fraktion gleichgültig seien und es ihm immer nur auf die Sache ankomme. Vor mehreren Jahren habe er auch dies Geschrei gehört, als er die Notwendigkeit der indirekten Steuern betont hätte, und jetzt seien beinahe alle darüber einig. Wenn er Reaktion gewollt, so hätte er sie wiederholt sehr leicht haben können. 1866 habe er mit Mühe und Not den Kaiser zur Einschlagung des Indemnitätsweges bestimmt, gegen den Kaiser selbst und eine Deputation der Altkonservativen, Kleist-Retzow usw., die nach Prag kamen. Mit der Bundesverfassung hätte er auch Reaktion treiben können. Weil er mit den Konservativen gebrochen, habe er die meisten seiner persönlichen Freunde verloren und sei im Alter ein einsamer Mann geworden.

Einwände Falks will Bismarck nicht anerkennen. Er meint, daß es Falk doch leicht sein müsse, durch Wehrenpfennig zu erfahren, warum ihn die Nationalliberalen so verfolgten.

62. Erste Beratung des Gesetzentwurfes gegen die gemeingefährlichen Bestrebungen der Sozialdemokratie, Auszüge aus der Debatte, 4. und 5. Sitzung, 16./17. September 1878, Sten. Ber. RT, 4. Leg. Per., 1. Session 1878, Bd. 1, S. 29 ff.

a) Stellvertreter des Reichskanzlers, Staatsminister Graf zu Stolberg-Wernigerode, S. 30 (16. September).
WA: Schultheß, 19. Jg. 1878, S. 137 f.

Meine Herren, es ist nicht meine Absicht, Ihnen eine ausführliche Darlegung zu geben von den Ansichten der verbündeten Regierungen in Bezug auf die Zurückweisung der gemeingefährlichen Bestrebungen der Sozialdemokratie, wie der vorliegende Entwurf sie enthält. Ich glaube in der Tat, daß jeder, der den öffentlichen Verhältnissen der letzten Monate gefolgt ist, vollständig im klaren darüber sein wird, welche Stellung zu dieser bewegenden Frage die Regierungen einnehmen. Zudem ist der Gesetzentwurf, der Ihnen vorliegt, von so ausführlichen und eingehenden Motiven begleitet, er enthält so genau die Darlegung der Erwägungen, aus welchen die verbündeten Regierungen ein gesetzliches Einschreiten für notwendig halten, daß es auf eine Wiederholung dieser Darlegungen hinauskommen würde, wenn ich Ihnen gegenüber im einzelnen diese Bestimmungen hier vertreten wollte. Es wird sich ja auch in den weiteren Stadien der Beratung Gelegenheit finden, die Stellung der Bundesregierungen zu vertreten. Das Eine will ich aber hier schon jetzt mit voller Bestimmtheit erklären, daß die verbündeten Regierungen von der Notwendigkeit durchdrungen sind, Waffen der Art, wie der Entwurf sie vorschlägt und in Anspruch nimmt, zu erhalten, wenn anders sie in der Lage sein sollen, den Gefahren energisch und mit Erfolg entgegenzutreten, mit welchen die sozialdemokratische Bewegung Staat und Gesellschaft bedroht. Daß diese Gefahren bestehen, davon werden Sie, meine Herren, mit wenigen Ausnahmen alle wohl überzeugt sein.

Ich möchte hierbei gleich der Annahme im voraus entgegentreten, als ob die verbündeten Regierungen sich in der Illusion befänden, daß die vorgeschlagenen Maßregeln allein ausreichen könnten und würden, der Bewegung mit Erfolg entgegenzutreten und sie zu beseitigen. Nein, meine Herren, die schwierigste Arbeit wird auf anderen Gebieten liegen. Es wird darauf ankommen und wird Pflicht sein für den Staat wie für freie Vereinigungen, für die öffentlichen Korporationen wie für die einzelnen, darauf hinzuwirken, daß Gottesfurcht, Treue, Fleiß, Sparsamkeit, Zuverlässigkeit in Handel und Wandel gekräftigt werden, daß die Verführungen der Sozialdemokratie auf diese Weise nicht mehr so festen Boden gewinnen, daß die Truggebilde, welche in den verbreiteten Theorien liegen, beseitigt werden und daß dafür gesorgt wird, daß nicht diese Agitation unter irgend einem Schein von Gesetzlichkeit künftig betrieben werden könne. *(Bravo! rechts.)* Diese letztere Tätigkeit, meine Herren, ist durchaus notwendig, wenn es gelingen soll, der Bewegung mit Schärfe und mit Erfolg entgegenzutreten. Wenn der Staat solche wirksamen und scharfen Mittel in Anwendung bringt, dann handelt er meines Erachtens nicht allein im Interesse seiner Selbsterhaltung, sondern zugleich im Interesse der Bevölkerung selbst, namentlich der arbeitenden Bevölkerung, die jetzt vor allem den Verführungen der sozialdemokratischen Bewegung ausgesetzt ist. *(Bravo! rechts.)* Ich beschränke mich auf diese wenigen Worte, aber die eine Bitte möchte ich noch an Sie richten: wenn Sie davon überzeugt sind oder im Laufe der Verhandlung die Überzeugung gewinnen sollten, daß es außerordentlicher Maßregeln bedarf, dann bitte ich Sie, gewähren Sie uns scharfe und wirksame Waffen; mit halben Maßregeln wird mehr geschadet als genützt. *(Bravo! rechts.)*

b) Abgeordneter Peter Reichensperger, S. 34 f. (16. September).

Meine Herren, ich resumiere mich dahin, daß ich die Gefahren der Sozialdemokratie so hoch wie immer möglich anschlage, und daß ich jedes Rettungsmittel, welches den von mir oben bezeichneten Charakter an sich trägt, mit Bereitwilligkeit ergreifen werde; ich kann aber leider nicht sagen, daß das hier Vorgeschlagene nach irgendeiner Richtung hin diesen Voraussetzungen entspricht. Ich glaube allerdings auch, daß es nicht angezeigt sei, mit einer reinen Negation diesen Vorschlägen entgegen zu treten. Ich halte aber den vorliegenden Gesetzentwurf für ebenso unamendierbar wie unannehmbar, und zwar unamendierbar, weil es nicht bloß nach der Vorlage, sondern meiner Überzeugung nach kraft der Natur der Sache sogar an der Möglichkeit fehlt, eine wirklich präzise Definierung des berechtigtermaßen zu Reprimierenden zu treffen. Dagegen bin ich allerdings der Meinung, daß nach mehr als einer Richtung hin unser Strafgesetzbuch einer Änderung und einer Erweiterung bedarf. Ich bin der Meinung, daß es nicht genügend ist, wenn in den §§ 81 bis 86 des Strafgesetzbuchs nur der wirkliche oder versuchte Umsturz der großen Staatsinstitutionen mit Strafe bedroht wird, ich bin der Meinung, daß diesen großen Instituten und den vorliegenden Gefahren gegenüber auch die bloß theoretische Doktrin, welche das Recht der Revolution behauptet, mit dem Strafgesetz reprimiert werden müsse. Ich bin ebenso der Meinung, daß die Vergehen gegen die Religion nicht ausreichend formuliert sind, daß vielmehr auch der Glaube an das Dasein Gottes als ein Fundamentalaxiom der ganzen menschlichen Gesellschaft im Strafgesetzbuch zu schützen sei, weil damit das Prinzip der Verantwortlichkeit des Menschen steht und fällt und weil ohne dieses Prinzip Proudhon Recht bekommen würde. *(Bravo!)* Ähnlich verhält es sich mit dem Institut der Ehe und des Eigentums. Ich beabsichtige daher, mit meinen Freunden den Versuch zu machen, nach dieser Seite hin eine dem gemeinen Recht entsprechende Abänderung des Strafgesetzbuches zu proponieren. Aber, meine Herren, zu den weiteren Anträgen des Bundesrats können wir uns nicht bereit finden lassen. Wir können und wollten nicht die schwer errungenen Freiheitsrechte der ganzen Nation unter dem Titel Ausnahmegesetz gegen die Sozialdemokratie preisgeben, weil keine Sicherheit geboten werden kann, daß dieselben nicht gegen die berechtigsten Interessen gebraucht oder mißbraucht werden.

c) Abgeordneter Otto von Helldorff-Bedra, S. 36 f. (16. September).

In dem deutschen Charakter liegt ein tiefer Zug von Humanität, ein hoher Idealismus; zugleich damit vielleicht auch die Neigung, praktische Rücksichten außer Ansatz zu lassen. Nur so erklärt es sich, daß man fortgesetzt die humanen Bestrebungen zur Besserung der Lage der arbeitenden Klasse, daß man fortgesetzt alle Bestrebungen zur Lösung der sogenannten sozialen Fragen, für die wir alle ein Interesse haben, verwechseln kann mit der deutschen Sozialdemokratie, mit dem internationalen Kommunistenbund; das sind doch durchaus grundverschiedene Dinge. Ist denn etwa diese Agitation in Deutschland hervorgegangen und angeregt worden von Leuten, die in mühevoller Arbeit für das Wohl des Volkes ihr Leben verbracht haben? Nein! Ich sage ganz offen, an der Wiege der deutschen Sozialdemokratie hat der unbefriedigte Ehrgeiz und der Haß der Demagogen gestanden. *(Sehr richtig!)* Von allen Ausführungen, die der Herr Vorredner gebracht hat, hat gewiß eine mich und meine Freunde auf das allerwärmste berührt; das ist nämlich die, daß schließlich die Überwindung der Sozialdemokratie nur auf dem Boden der Religion möglich sei. Ich möchte aber auch sagen, es ist dies fast die einzige sachliche Ausführung gewesen, der ich mich anschließen kann. Ich bin wie er überzeugt, daß nur die religiöse Auffassung von Beruf und Arbeit, nur die christliche Humanität die Sozialdemokratie innerlich überwinden kann; aber daraus die Folgerung zu ziehen, daß ein Präventivgesetz, wie wir es wollen, unwirksam und unmöglich sei, ist meines Erachtens nicht richtig. Alle erziehenden Mittel können nur wirken, wenn die verwildernde Agitation vorher beseitigt ist, und das ist der Endzweck und die ganz präzis gestellte Aufgabe dieses Gesetzes. Freilich, meine Herren, müssen wir uns sagen, zur Beseitigung dieser Verwilderung gehören noch verschiedene Forderungen auf anderem Gebiete; da liegen noch große Aufgaben vor uns: ich erinnere nur an die Fragen der Sittenpolizei, an das Schankwesen, an die Skandaltheater, jene Schmutzpresse, die wirklich den Geist unseres Volkes vergiften; das sind Dinge, die gleichzeitig mit angegriffen werden müssen. *(Hört!)* Wir dürfen ferner nicht außer acht lassen, daß der Klassenhaß, auf den die Sozialdemokratie wesentlich ihre Hoffnung baut, daß die ganze feindliche Stellung der Gesellschaftsklassen, die sich innerhalb der Nation entwickelt hat, auch ihren materiellen Hintergrund und materielle Ursachen hat. Wer kann es leugnen, daß ein gewisses einseitiges Bestreben seit langen Zeiten die Geister beherrscht hat, eine einseitige Begünstigung der Individualisierung auf geistigem wie auf materiellem Gebiet? Wir dürfen uns nicht wundern, daß jetzt die Zeit gekommen ist, wo, im Gegensatz zu jener Einseitigkeit der Bestrebungen, die Notwendigkeit hervortritt, das Interesse der Gesamtheit in gerechtem Maße wieder geltend zu machen. Im tiefsten innern Zusammenhang mit der ganzen Frage steht unsere Steuer- und Handelspolitik. Die Unzufriedenheit werden Sie nur tilgen, wenn Sie wieder gesunde wirtschaftliche Zustände herbeigeführt haben. *(Bravo! rechts.)* Und mehr noch als das, meine Herren, wir müssen vor allem das Gebiet kultivieren, was ich das Gebiet der Sozialpolitik nennen möchte. Sie haben bei den Debatten der Gewerbeordnung es gehört, es ist wiederholt ausgesprochen worden: die große Aufgabe der Zeit ist wieder die vernünftige Organisation der Arbeit, die Organisation der Arbeit für die zwei Drittel unserer deutschen Gewerbetreibenden, die dem Kleinbetrieb angehören, in denen wesentlich die Masse der Gewerbetreibenden erzogen wird.

d) Abgeordneter August Bebel, S. 39 und S. 45.

Um so notwendiger ist aber, daß endlich einmal nicht bloß vor dem Reichstag, sondern vor der gesamten deutschen Nation, ja vor der gesamten zivilisierten Welt, die in der lebhaftesten Weise an diesen Ereignissen Anteil genommen hat und bis heute nimmt, konstatiert wird, was an allen diesen wochen- und monatelang hinausgeschleuderten Beschuldigungen Wahres ist. Man hat uns in einer Weise verfolgt, die an die dunkelsten Zeiten des Mittelalters erinnert. Wie man im Mittelalter religiös Andersgläubige, Juden, Hugenotten, Protestanten verfolgte, so hat man im letzten Viertel des neunzehnten Jahrhunderts einen allgemeinen Hetzkrieg gegen die Sozialdemokraten als politisch Andersgläubige, an dem sich fast alle Parteien beteiligt haben, in Szene gesetzt. Man hat die Männer sozialdemokratischer Gesinnung aus Arbeit und Brot geworfen und ihnen die Existenz abzuschneiden versucht, man hat sie beschimpft und verleumdet, für ehr- und rechtlos erklärt. Man hat offenbar alles dies aufgeboten, um Unruhen zu provozieren; man wollte uns aufs äußerste reizen, damit wir zu Gewaltschritten irgend einer Art uns verleiten ließen. Man hatte augenscheinlich nicht genug an den Attentaten. Man hätte sich in gewissen Kreisen zweifelsohne gefreut, wenn wir uns durch diese Hetzereien zu Gewaltschritten hätten verleiten lassen, um dann um so reichlicheres und gewichtigeres Material gegen uns zum schärfsten Einschreiten zu besitzen. Nie hat wohl eine Partei in einer solch schwierigen und gefährlichen Situation sich befunden wie die unsere, und nie hat wohl eine Partei mehr gezeigt wie die unsere, daß sie sich ruhig und friedlich entwickeln will, daß sie nicht gewillt ist, auf Provokationen irgendeiner Art einzugehen, zu unbesonnenen Schritten sich verleiten zu lassen. Ich glaube, daß dies die Sozialdemokratie sowohl in den Monate währenden unausgesetzten Hetzereien wie in dem verflossenen Wahlkampf für jeden bemerkbar gezeigt hat. Aber ich wiederhole: wir verlangen, daß endlich diesen unbegründeten Hetzereien und Verdächtigungen ein Ende gemacht wird, daß endlich einmal die Protokolle[1] zu Tage gefördert werden, daß

[1] der Vernehmungen des Attentäters Dr. Nobiling.

dem Reichstag und speziell der Kommission, welche diesen Gesetzentwurf zu prüfen hat, dieselben im Druck vorgelegt werden.

Der größte Teil der Rede Bebels befaßt sich mit den Beziehungen von Bismarck und Lassalle im Jahre 1863. Der Redner beschäftigt sich dann mit den Auswirkungen des Gesetzes und sagt u. a.:

Es würde ferner auch dahin kommen, daß unser gesamtes öffentliches und privates Leben beunruhigt oder vergiftet, daß auch der ruhigste und friedlichste Bürger mit diesen Zuständen unzufrieden würde. Für uns unterliegt es keinem Zweifel, daß dies ganz unzweifelhaft der Erfolg dieses Gesetzes sein wird, und daß es schließlich der Sozialdemokratie nur nützen kann — das ist unsere ausgesprochene Meinung. *(Verschiedenartige Zurufe.)* Meine Herren, Sie wollen vielleicht sagen: 'ja, dann stimmt doch für das Gesetz!' *(Ja, wohl! rechts.)* Meine Herren, wenn wir ein Unrecht, wie es hier begangen werden soll, gut heißen könnten, dann würden wir es vielleicht tun. Ich kann Ihnen bestimmt versichern, daß ich sehr tüchtige unserer Parteigenossen habe äußern hören: ich wünschte, das Gesetz ginge durch! Sie könnten uns gar nicht besser nützen als durch Annahme des Gesetzes, denn Tausende und aber Tausende, die heute noch keine Sozialdemokraten sind, werden es dann sicher werden. Wir sind in wenigen Jahren stärker als je zuvor. *(Sehr richtig!)*

e) Abgeordneter Ludwig Bamberger, S. 57 (16. September).

Was nun die Garantien betrifft, die im übrigen in das Gesetz eingefügt werden sollen, wird es wesentlich Aufgabe der Kommission sein, hier zunächst die Zeitbeschränkung einzuführen. Ich glaube, das ist schon durch die frühere Gesetzgebung, durch eine Reihe von Andeutungen, welche in den Motiven selbst mit Leichtigkeit herauszulesen sind, so nahe gelegt, daß der Herr Abgeordnete von Helldorff, der die Sache auch nicht mit seiner gewöhnlichen Stärke verteidigt hat, gewiß in diesem Punkte überstimmt werden wird. Wenn ich eine Zeitbeschränkung verlange und mich deswegen auf das frühere Gesetz berufe, so geschieht es nicht, weil ich mir die Motive der Regierung in dem Sinne aneigne, mit dem sie in dem früheren Gesetze die Zeitbeschränkung rechtfertigte. Sie glaubte nämlich damals, daß nach drei Jahren wirklich das Übel so ziemlich unterdrückt sein könnte, und sie wollte uns in dieser Beziehung eine Zeitbeschränkung plausibel machen. Aus diesem Grunde würde ich es nie und nimmer! Meine Herren, das gegenwärtige Gesetz, — das wollen wir uns nur deutlich machen, — wird hauptsächlich die Aufgabe haben — und das findet sich auch in den Motiven einmal ausgesprochen, — nicht so sehr bei denen, die bereits von dem Virus dieser Irrtümer ergriffen sind, dieselben auszurotten, als vielmehr die weitere Ausbreitung zu verhindern. Ich halte es für äußerst schwer, wenn nicht unmöglich, da, wo einmal diese verkehrten Gedanken Platz gegriffen haben, dieselben wieder wegzubringen, wenn es nicht durch eigene Erlebnisse in Form einer Katastrophe bewirkt wird. Was wir können, das ist, das Weitergreifen dieser Verirrungen vielleicht einigermaßen einzuschränken, und daß dies in drei oder in zwei Jahren oder in einem Jahr so weit geglückt sein sollte, daß wir uns nunmehr wieder der früheren Sicherheit übergeben können, das will mir nie und nimmer einleuchten.

Wenn ich für eine Zeitbeschränkung eintrete und dieselbe für eine der unerläßlichsten Bedingungen eines künftigen Gesetzes für meine Person erkläre, so geschieht es deshalb, weil ich sage, allerdings wenn auch nicht gegen Personen, so doch der Sache nach liegt hier etwas wie Ausnahmegesetz vor, außerordentliche Vollmachten, welche auch in anderen Ländern, wo dergleichen geschehen ist, immer nur transitorischerweise gegeben werden. Diese außerordentlichen Vollmachten für immer herzugeben, das wäre unverantwortlich, ja ich möchte beinahe sagen, es wäre an sich null und nichtig; wir können deshalb diese Vollmachten nur auf eine beschränkte Zeit geben. Andererseits müssen wir uns damit nicht begnügen. Meine Herren, es wäre sehr falsch, zu glauben, daß, weil wir eine Zeitgrenze eingeführt haben, wir nun auch in der Sache selbst jede mögliche Lizenz der Polizeiadministrationsgewalt überlassen könnten, damit sie nach Belieben wirtschafte. Was wir jetzt tun — wir verheimlichen es uns gar nicht — es ist abgerungen durch die Größe des Übels, das wir zu bekämpfen haben, und wir entschließen uns nur dazu, weil es heißt: Aux grands maux les grands remèdes! Aber daß wir darin etwas weiteres tun, als unerläßlich ist, das würde ich für unverantwortlich halten, und zu den Aufgaben, die wir hier vor allen Dingen zu lösen haben, gehört auch die, daß selbst unter den Bestimmungen dieses Gesetzes niemand unverdientermaßen getroffen wird.

f) Abgeordneter Albert Hänel, S. 64 (17. September).

Oder nennen Sie mir die Beweise, zeigen Sie die Gründe, daß gegen alles Beispiel und alle Erfahrung grade dieses Gesetz und grade bei uns den erwarteten Erfolg haben werde! Weil ich von diesem tiefen Mißtrauen gegen die Erfolge des Gesetzentwurfs beseelt bin, weil ich nicht glaube an das, was ich vorhin als einzig politisch mögliche Rechtfertigung des Gesetzentwurfes nannte, weil ich nicht an den Erfolg glaube, — schon aus diesem Grunde würde ich, ganz abgesehen von den Grundsätzen, die ich vorhin entwickelt habe, niemals als rechnender Politiker einem derartigen Gesetzentwurf zustimmen.

Meine Herren, damit ist meinerseits nichts weniger als dies gesagt, daß ich mich rein negativ jedem gesetzgeberischen Vorgehen in der gegebenen Veranlassung entgegenstelle. Ich sage ausdrücklich, nicht diesem Gesetzentwurf, sondern jedem gesetzgeberischen Vorgehen. Ich werde mich nicht entgegenstellen einem vollkommen neuen Entwurf, — während jede Amendierung auf der vorliegenden Grundlage nur eine Redensart für meine Auffassung wäre. Aber jeder mir annehmbare Vorschlag würde immer nur der Boden des gemeinen Rechts sein, die Formulierung allgemeiner rechtlicher Kennzeichen, welche unangesehen der Parteistellung und unangesehen des Inhalts des politischen Glaubensbekenntnisses die Ausschreitungen der Rede- und der Schreibfreiheit beseitigen. Dieser Boden des gemeinen Rechts ist für mich positiv gerechtfertigt vor allen Dingen dadurch, daß ich es für unrichtig halte, die sozialdemokratische Bewegung gleichsam loszulösen von allen denjenigen Elementen, die sie begleiten und die sie allein in ihrer Kraft und in ihrer Macht erklären können.

g) Abgeordneter Hans von Kleist-Retzow, S. 72 f. (17. September).

Ich bleibe also dabei, daß die ganze Sozialdemokratie der Weg ist zum Hochverrat, daß sie eine Maulwurfsarbeit übt, eine Untergrabung der Fundamente der Staatsordnung ist — das Wort paßt vortrefflich, das im Gesetz steht, weil sie die Vorarbeit ist für den Umsturz, dieser noch nicht selbst, daß sie eine Schule des Hochverrats für die Arbeiter ist, — daß alle ihre Vereine und ihre ganze Presse diese Tendenz der Verleitung zum Hochverrat haben und darum unter das Strafgesetz als solches fallen. Sind denn die Folgen, sind denn die Dinge, die sie da treiben, die Gesänge, die sie singen, die Schlachtgesänge, die Marseillaise der Zukunft, die sie selbst auf der Straße singen, etwa bloß Kinderspiele, sind sie geringere Vorbereitungen, als wenn jemand Schrot und Pulver kauft? Sie verlangen etwa Tatsachen, die beweisen und dartun sollen, daß diese Gesinnungen und Vorbereitungen so stark sind, daß sie voraussichtlich auch zum Ausbruch führen? Sind denn die beiden Attentate gegen den Kaiser noch nicht starke Tatsachen genug, um das zu beweisen? Sie stellen ja selbst die Gesamtheit der Genossenschaft allenthalben als eine einheitliche dar. Es ist nichts anderes, meine Herren, als wie der Krieg, ein Angriffskrieg gegen denjenigen Feind, von dem wir gewiß sind, daß er uns angreifen wird, wenn ihm die Zeit günstig scheint, als das Recht der Notwehr gerechtfertigt und geboten ist. Wie wenn man weiß, daß der Feind absolut angreift und nur eine günstige Zeit aussucht, seinerseits zum Angriff schreitet, so müssen auch die eigenen Bürger, die diesen inneren und daher um so gefährlicheren Krieg fort und fort vorbereiten und nur die Stimmen nach der Zeitlage wandeln, um der Strafe zu entgehen, die die Zeit abpassen, wo sie ohne Gefahr mit ihrem Schlachtrufe auf die Straße kommen können, von Seiten des Staats, wenn er sich nicht selbst aufgeben will, mit allen Mitteln bekämpft werden, die ihm zu Gebote stehen. Es handelt sich danach um ein Gesetz, in welchem zweierlei gegeben sein muß, einmal eine Instanz, welche auf unparteiische Weise für das ganze Reich zentralisiert, den wichtigen, zunächst politischen Ausspruch tut, dieser Verein, diese Tätigkeit fällt unter den Begriff der Sozialdemokratie, welche durch das Gesetz als Vorbereitung zum Hochverrat anerkannt wird, und zweitens, daß durch dieses Gesetz der Staatsregierung die Mittel gegeben werden, ausreichende Mittel, um diesem Treiben mit Nachdruck entgegenzutreten. Was das letztere betrifft, was ich gleich vorweg nehmen will, so glaube ich, daß, wenn man einmal ein solches Gesetz will, so muß es vor allen Dingen ein wirksames sein und kein halbes, denn nichts ist gefährlicher als halbe Maßregeln zu solchem Zweck. Halbe Maßregeln schlummern ein, sie machen sicher, während unter dem Deckmantel des Gesetzes die Agitation erst recht vor sich geht.

63. Vertraulicher Erlaß des Reichskanzlers Fürsten OTTO VON BISMARCK an die preußischen Gesandten bei den deutschen Höfen, betreffend Vorarbeiten für die Revision des Zolltarifs, 28. Oktober 1878, in: Aktenstücke zur Wirtschaftspolitik des Fürsten Bismarck, hrsg. von Heinrich von Poschinger, Bd. 1, Berlin 1890, S. 287—290.

In der Anlage übersende ich Ew. pp. die Abschrift eines vorbereitenden Antrags auf Revision des Zolltarifs, dessen Einbringung in den Bundesrat ich bei dem Königl. preußischen Staatsministerium angeregt habe. Für die Beratungen des letzteren darüber ist es mir von Wichtigkeit, vor Abschluß derselben über die Auffassungen der verbündeten Regierungen unterrichtet zu sein. Ew. pp. wollen daher den Inhalt der Anlage der dortigen Regierung vertraulich mitteilen und um eine Äußerung bezüglich der Stellung derselben zu der angeregten Frage in meinem Namen bitten.

Ew. pp. ersuche ich, bei dieser Gelegenheit die Aufmerksamkeit der dortigen Regierung gleichzeitig auf die nachstehende Frage zu lenken.

Das Bestreben, einzelne Produktionszweige durch Schutzzölle ohne vorwiegende Rücksicht auf finanzielle Ergebnisse zu fördern, ist ein allen Regierungen dauernd oder vorübergehendes gemeinsames. Die Abneigung, welcher dasselbe in der Regel bei den am Schutzzoll nicht beteiligten Produzenten begegnet, richtet sich wesentlich gegen das Privilegium, welches einzelnen Zweigen der Gesamtproduktion, angeblich auf Kosten der übrigen, dadurch verliehen wird. Dieser Abneigung gegen Privilegien würde ein Zollsystem nicht ausgesetzt sein können, welches gleichmäßige Anwendung auf alle Gegenstände fände, welche überhaupt die Grenze vom Auslande her überschreiten, indem es dieselben ohne Ausnahme einem Wertzolle unterwirft und sich dergestalt in berechtigtem nationalen Egoismus die Aufgabe stellt, der deutschen Produktion in ihrer Gesamtheit und ohne Ausnahme eine etwas günstigere Stellung zu gewähren als der ausländischen. Ein solches System, mit dessen Verwirklichung, soviel ich weiß, bisher nur in der Schweiz seit kurzem begonnen wird, hat meiner Ansicht nach die nachstehenden Vorteile:

1. Das finanzielle Ergebnis der fraglichen Einrichtung wird an sich je nach dem Prozentsatze, welcher die Gesamteinfuhr ad valorem trifft, ein sehr erhebliches sein können, da nach den bisherigen, wenn auch oberflächlichen statistischen Erhebungen jedes einzelne Prozent des Werts der Gesamteinfuhr etwa 36 Millionen Mark betragen würde.

2. Ein Finanzzoll in der angedeuteten Form wird, nach der Breite seiner Grundlage, nach keiner Seite hin drückend erscheinen können, namentlich, da er alle Lebensverhältnisse gleichmäßig trifft, indem jeder wirtschaftlich produzierende Reichsangehörige zugleich Konsument für die anderen Produktionen bleibt, so daß Vorteile und Nachteile der Wirkungen dieses Zolls sich gleichmäßiger verteilen, als bei jedem speziellen Grenzzoll der Fall ist. Nur die kleine Minorität des unproduktiven Teils der Bevölkerung, welche lediglich von Renten, Gehältern und Honoraren lebt, ist in diese Gleichheit nicht vollständig einbegriffen, eine Tatsache, welche allerdings die Schwierigkeiten der Ausführung wesentlich steigert, weil die Mehrheit unserer Gesetzgeber, nicht nur in den Beamtenkreisen der Regierungen, sondern auch in den parlamentarischen Körperschaften, jener Minorität angehört. Den berechtigten Ansprüchen der Beamten wird aber durch Gehaltserhöhungen jederzeit abgeholfen werden können, falls sich in der Tat eine Erhöhung der Preise der Lebensbedürfnisse aus der Ausdehnung der Zollpflichtigkeit auf die Gesamteinfuhr ergeben sollte. Es ist aber nicht wahrscheinlich, daß dies in erheblichem Maße der Fall sein werde.

3. Es wird die zu erzielende Leistung für die Finanzen des Reichs tatsächlich dem inländischen Verbrauch gar nicht oder doch nur zum geringeren Teile zur Last fallen. Sie wird vielmehr nur den Gewinn, welchen

bisher der ausländische Produzent aus unseren Mitteln bezieht, um den Betrag des Zolls vermindern, vielleicht auch den Gewinn des Zwischenhändlers in ähnlicher Weise wie die Aufhebung der Mahl- und Schlachtsteuer in unseren Städten zwar die Einnahmen des Staates und der Gemeinden wesentlich geschädigt, aber weder den Einwohnern der Städte wohlfeileres Fleisch und Brot, noch den Landwirten bessere Preise für ihr Vieh und Korn zu Wege gebracht hat. Daß jeder Zoll den ausländischen Erzeuger wesentlich für das finanzielle Ergebnis heranzieht, geht aus dem Interesse hervor, welches überall das Ausland gegen Erhöhungen des Grenzzolls von Seiten irgend eines Inlandes an den Tag legt. Wenn im praktischen Leben wirklich der inländische Konsument es wäre, dem der erhöhte Zoll zur Last fällt, so würde die Erhöhung dem ausländischen Produzenten gleichgültiger sein. Es ist dies aber nicht der Fall, sondern der Gewinn des ausländischen Importeurs vermindert sich um den Betrag des Zolls, ganz oder teilweis. Das Reich wird also das Einkommen erweiterter Zölle zum großen Teil vom Auslande erheben.

4. Die Erhebungskosten, welche von dem Ertrage jeder indirekten Steuer in viel höherem Maße als von den direkten in Abzug zu bringen sind, werden bei der Erhöhung und Erweiterung der Zollpflicht auf der Grenze äußerst gering sein, da die einmal bestehenden Kontrolleinrichtungen an der Zollinie und im Lande, welche jetzt schon unterhalten werden müssen, auch zur Verzollung aller ihr bisher nicht unterliegenden Gegenstände, welche die Grenze passieren, ausreichen würden. Es würde also der Prozentsatz der Erhebungskosten im Vergleiche mit dem Ertrage sich um so günstiger gestalten und die ohnehin bestehenden Einrichtungen größeren Nutzen abwerfen, je mehr von den Gegenständen, welche die Beamten ohnehin revidieren müssen, zu den zollpflichtigen gehören. Die Kosten der Einrichtung würden nicht mit dem höheren Ertrage steigen, je mehr die bestehenden Zolleinrichtungen für höhere Erträge nutzbar gemacht werden.

Ich habe im Sinne der vorstehenden Erwägungen bisher nach keiner Seite hin Anträge gestellt, und hat diese Mitteilung den Zweck, mich darüber zu vergewissern, ob und wie weit und in welcher Form es für mich als Reichskanzler je nach der dabei zu erwarteten Unterstützung ratsam sein wird, mit solchen Anträgen amtlich vorzugehen.

Ew. pp. wollen daher mit der dortigen Regierung einen vertraulichen Meinungsaustausch herbeiführen und mich von dem Ergebnisse desselben, sobald ein solches vorliegt, in Kenntnis setzen.

64. FRIEDRICH FABRI, Bedarf Deutschland der Kolonien? Eine politisch-ökonomische Betrachtung, Gotha 1879, Auszug, S. 105—108.

Doch zur Gegenwart noch einmal zurückkehrend, so handelt es sich im Blick auf Ackerbau- wie Handels-Kolonien zunächst um einige, wenn auch nur bescheidene Anfänge. Eine deutsche Kolonial-Politik kann naturgemäß ja nur allmählich sich gestalten. Wenn heute England oder Holland in erhabenster Uneigennützigkeit und zur Beschämung des alten und immer neuen politisch-diplomatischen Grundsatzes: Do, ut des — eine ihrer Handels-Kolonien uns schenken wollten, so würde solche Großmut uns zunächst wenigstens in peinliche Verlegenheit bringen. Denn was verstehen wir bis heute von Kolonien und Kolonial-Politik? Wo fänden wir das geeignete Beamten- und Verwaltungspersonal? Unsere Herren Geheimräte, die nicht einmal bei den Annexionen in Deutschland sich im ganzen sonderlichen Ruhm erworben haben, würden, fürchte ich, bei den uneigennützigen Geschenkgebern rasch merkliches Achselzucken hervorrufen. Freilich, der in Deutschland seit lange herrschende Aberglaube, daß ein dreijähriges, zwischen Kneipe und Kolleg oft noch sehr ungleich geteiltes juristisches Studium zu allem Denkbaren befähige, könnte bei dieser Gelegenheit zum ersten Male einen starken Stoß erleiden; und das wäre am Ende wohl wert, eine kleine nationale Verlegenheit bestehen zu müssen. Jedenfalls würden wir, eintretend in die Bahn kolonialer Verwaltung, wohl tun, auch nach dieser Seite England zum Muster zu nehmen, dessen kolonialer Beamtenstand sich im Durchschnitt neben den nötigen Kenntnissen durch Lebenserfahrung und praktisches Geschick, durch Humanität und Selbständigkeit des Charakters vorteilhaft auszeichnet. Doch die bezeichnete Gefahr, beschenkt zu werden, ist vorläufig ganz illusorisch; um so mehr ist zu betonen, daß wir heute in Absicht auf Kolonien uns eben in dem allerersten Vorstadium befinden. Es gilt vor allem noch, das Verständnis für die Bedeutung und Notwendigkeit kolonialer Besitzungen zu wecken und auf Grund desselben den Willen der Nation in dieser Richtung kräftig zu erregen. Kommen wir von da aus unter Überwindung aller Schwierigkeiten und Widerstände zum Anfang wirklichen Handelns, so werden auch die ersten Versuche die von jedem neuen Anfang unzertrennlichen Mühen und Schwierigkeiten bewähren. Aber sollte die deutsche Nation, von Haus aus seetüchtig, gewerblich wie merkantil befähigt, zur agrikulturellen Kolonisation vor anderen geschickt, und mit so reichlichen verfügbaren Arbeitskräften ausgerüstet wie kein anderes der modernen Kulturvölker, nicht auch auf diesem neuen Wege sich erfolgreich Bahn brechen? Wir zweifeln daran um so weniger, je überzeugter wir sind, daß die Kolonial-Frage heute bereits eine Lebensfrage für die Entwicklung Deutschlands geworden ist. Sie wohlüberlegt, doch auch kraftvoll anzufassen, wird von den ersprießlichsten Folgen für unsere wirtschaftliche Lage, für unsere ganze nationale Entwicklung werden. Schon der Umstand, daß hier eine neue Frage vorliegt, deren vielgestaltige Tragweite für das deutsche Volk recht eigentlich ein noch unbetretener jungfräulicher Boden ist, kann nach vielen Seiten heilsam sich erweisen. Es ist im neuen Reiche vieles bereits so verbittert, von unfruchtbarem Parteihader versäuert und vergiftet, daß die Eröffnung einer neuen verheißungsvollen Bahn nationaler Entwicklung wohl auf vieles wie befreiend, weil den Volksgeist nach neuen Seiten mächtig anregend, zu wirken vermöchte. Auch das wäre erfreulich und ein Gewinn. Gewichtiger freilich noch ist die Erwägung, daß ein Volk, das auf die Höhe politischer Machtentwicklung geführt ist, nur so lange seine geschichtliche Stellung mit Erfolg behaupten kann, als es sich als Träger einer Kultur-Mission erkennt und beweist. Dies ist zugleich der einzige Weg, der auch Bestand und Wachstum des nationalen Wohlstandes, die notwendige Grundlage dauernder Machtentfaltung, verbürgt. Die Zeiten, in denen Deutschland fast nur durch intellektuelle und literarische Tätigkeit an den Aufgaben unseres Jahrhunderts mitgearbeitet hat, sind vorüber. Wir sind politisch und sind auch mächtig geworden. Aber die politische Macht, wo sie als Selbstzweck in den Vordergrund der Strebungen einer Nation sich drängt, führt zur Härte, ja zur Barbarei, wenn sie nicht den ideellen, den sittlichen wie ökonomischen Kulturaufgaben ihrer Zeit zu dienen bereit und willig ist. Der französische Nationalökonom Leroy-Beaulieu schließt sein Werk über Kolonisation mit den Worten: „Diejenige Nation ist die größte in der Welt, welche am meisten kolonisiert; wenn sie es heute nicht ist, wird sie es morgen sein.“ [1] Niemand kann in Abrede stellen, daß in dieser Richtung England allen anderen Staaten weit überlegen ist. Man hat freilich, zumal in Deutschland, während des letzten Jahrzehntes oft von „der sinkenden Macht Englands“ reden hören. Wer die Machtstellung eines Staates nur mehr, wie es in unserem eisernen Zeitalter allerdings fast üblich geworden, nach der Zahl seiner kriegsbereiten Heeres-Mannschaft zu schätzen versteht, mag solche Meinung leicht begründet achten. Wer aber über die Erdkugel seine Blicke streifen läßt und den fortwährend sich mehrenden mächtigen Kolonialbesitz Großbritanniens überschaut, wer die Kräfte, die es aus demselben zieht, das Geschick, mit welchem es ihn verwaltet, bedenkt, überhaupt die herrschende Stellung, welche der angelsächsische Stamm in

[1] Paul Leroy-Beaulieu, De la colonisation chez les peuples modernes, Paris 1874 (4. Aufl. 1891), S. 606.

allen überseeischen Ländern einnimmt, beobachtet, dem wird jene Rede wie das Raisonnement eines Spießbürgers erscheinen. Daß aber England seine weltumspannenden Besitzungen, seine über alle Meere dominierende Machtstellung mit einer Truppenzahl aufrecht erhält, welche kaum ein Viertel der Heeresmannschaften einer unserer kontinentalen Militärstaaten ausmacht, ist nicht nur ein großer wirtschaftlicher Vorteil, sondern zugleich der schlagendste Beleg von der soliden Macht, von der kulturellen Kraft Englands. Von kontinentalen Massenkriegen wird sich Großbritannien freilich heute möglichst ferne halten, oder doch nur mit Verbündeten in die Aktion treten, was aber der Machtstellung des insularen Reiches keinerlei Schaden bringen wird. Jedenfalls wäre es gut, wenn wir Deutsche von dem kolonialen Geschick unserer angelsächsischen Vettern zu lernen und in friedlichem Wetteifer ihnen nachzustreben begännen. Als das Deutsche Reich vor Jahrhunderten an der Spitze der Staaten Europas stand, war es die erste Handels- und Seemacht. Will das neue Deutsche Reich seine wieder gewonnene Machtstellung auf längere Zeit begründen und bewahren, so wird es dieselbe als eine Kultur-Mission zu erfassen und dann nicht länger zu zögern haben, auch seinen kolonisatorischen Beruf aufs neue zu betätigen.

65. Erste Beratung des Gesetzentwurfs betreffend den Zolltarif des deutschen Zollgebietes, Auszüge aus der Debatte, 36.—41. Sitzung, 2.—9. Mai 1879, Sten. Ber. RT, 4. Leg. Per., 2. Session 1879, Bd. 2, S. 926—1115.

a) Reichskanzler Fürst Bismarck, S. 930 f. (2. Mai).
WA: Schultheß, 20. Jg. 1879, S. 141 ff.; Böhm, Bd. 10, S. 81—105; Kohl, Bd. 8, S. 11—32; GW, Bd. 12, S. 58—69; WiA, Bd. 6, S. 283—298.

Ich lasse mich hier auf den Streit zwischen Schutzzoll und Freihandel überhaupt nicht ein. Bisher sind wir noch alle Schutzzöllner gewesen, auch die größten Freihändler, die unter uns sind, denn keiner hat bisher noch weiter heruntergehen wollen als der heute zu Recht bestehende Tarif, und dieser Tarif ist noch immer ein mäßig schutzzöllnerischer *(sehr richtig! links)*, und mäßig und schutzzöllnerisch ist auch die Vorlage, die wir Ihnen machen. Einen mäßigen Schutz der einheimischen Arbeit verlangen wir. Wir sind weit entfernt von irgendeinem System der Prohibition, wie es in den meisten Nachbarländern stattfindet, wie es in unserm früheren Hauptabnehmer Amerika stattfindet, Zölle von 60—80 Prozent ad valorem im Durchschnitt. Alles das, was wir Ihnen geben als

Schutzzoll bleibt innerhalb der Grenze der finanziellen Besteuerung, mit Ausnahme derjenigen, wo das Unterlassen eines höheren Schutzes erhebliche augenblickliche Nachteile für zahlreiche Klassen unserer Mitbürger nach sich ziehen würde. Es ist kein tendenziöser Schutztarif, den wir Ihnen vorschlagen, es ist kein prohibitiver, es ist nicht einmal die volle Rückkehr zu dem Maß von Schutzzoll, was wir im Jahr 1864 besaßen. Die vergleichenden Übersichten der Tarife von 1864 und von heute sind in Ihren Händen, und Sie werden wahrscheinlich gleich mir überrascht sein beim ersten Anblick, wenn Sie die Höhe des Abhanges sehen, den wir allmählich herabgegangen sind, daß wir das getan haben und daß ich es mitgetan habe, obschon die Neigung, mich nun in specie für die Gesetzgebung verantwortlich zu machen auf diesem Gebiete, eine stark tendenziöse ist, die ich vollständig ablehnen könnte; ich bin aber nicht schüchtern genug, um irgend eine Verantwortlichkeit, die mir nach dem Buchstaben des Gesetzes obliegt, abzulehnen. Ich glaube auch, die Strömung für minderen Schutz — ich will nicht sagen, für Freihandel, denn so weit ist noch keiner von uns gegangen und kein Staat, vollen Freihandel, lediglich Finanz- und Konsumtionszölle ohne jeglichen Schutz der Industrie zu wollen, so weit ist noch niemand gegangen —, aber die Strömung für allmähliche Verringerung der Schutzzölle war um die 60er Jahre höher unter Führung des damals leitenden Staates in Europa, unter Führung Frankreichs, war eine so starke, daß man wohl glauben konnte, sie werde sich konsolidieren und werde außer England und Frankreich noch andere Staaten mit in ihren Strom ziehen, daß man wohl Bedenken haben konnte, dieser Strömung zu widerstreben, die einem Ziel näher führt, das an sich, wenn es erreichbar wäre in seiner Idealistik, ja ein sehr hohes wäre, daß jedem Lande die Entfaltung der Kräfte, die ihm eigentümlich sind, überlassen werden könnte, und alle Grenzen offen sein müßten denjenigen Produkten, die anderswo brauchbarer und besser hergestellt werden könnten wie bei uns. Das ist ein Ideal, was deutscher, ehrlicher Schwärmerei ganz würdig ist. Es mag auch erreichbar sein in zukünftigen Zeiten, und ich verstehe deshalb vollkommen, daß man Bedenken hatte, einer Strömung, die dem entgegenführte, Opposition zu machen.

b) Abgeordneter Peter Reichensperger, S. 945 (3. Mai).

Man nennt das alles „Freihandel“ oder „Handelsfreiheit“, und das Wort „Freiheit“ spielt denn auch hier eine ominöse Rolle. Allein ich habe die Meinung, daß der sogenannte deutsche Michel trotz seiner bekannten Gutmütigkeit längst dieses Wortspiels müde geworden ist, *(Bravo! Sehr richtig!)* und daß er endlich fordert, daß ihm eine wirkliche gleichberechtigte Freiheit mit allen anderen gewährt werde, und daß anderenfalls wir unsere Geschäfte in unserem Sinne autonom gestalten. Weil dem so ist, meine Herren, darum ist nach meiner Anschauung der Dinge die letzte Thronrede mit so allgemeinem Jubel vom deutschen Volke aufgenommen worden. In dieser Thronrede ist unumwunden erklärt, daß zurückgekehrt werden müsse zu den bewährten Grundsätzen des alten Zollvereins, — daß die Zollpolitik, die seit dem französischen Handelsvertrage von 1865 bei uns zur Geltung gekommen, schlechte Erfolge erzielt hat. Das, meine Herren, ist die Überzeugung der Mehrheit der deutschen Nation; den unerträglichen Druck, der daraus hervorgegangen ist, will das deutsche Volk nicht länger tragen. Es fordert, daß den uns umgebenden schutzzöllnerischen Staaten gegenüber, also Frankreich, Österreich, Belgien gegenüber, auch Italien gegenüber, wenn man das als Nachbarvolk nennen will, und, meine Herren, außerdem gegenüber dem zwar freihändlerischen, aber übermächtigen England ebenfalls Vorsorge getroffen werde, daß unsere Industrie bestehen kann.

Mir will es scheinen, daß der einfachste und nützlichste Ausgangspunkt für die Betrachtung unserer Sachlage gerade darin besteht, daß man einen Augenblick auf England und seiner Geschichte verweilt. Ich denke, daß jeder, der überhaupt in dieser Angelegenheit mitsprechen will, weiß, daß die jetzige englische Übermacht erwachsen ist aus seinem ursprünglich absoluten Prohibitivsystem, das allmählich in ein Protektionssystem und schließlich in ein Freihandelssystem umgewandelt worden ist. England hat seine Emanzipation von der damaligen Übermacht Hollands und Belgiens durch seine Navigationsakte und durch sein Prohibitivsystem errungen. *(Sehr richtig! rechts.)* Es hat große Opfer deshalb gebracht, es hat aber eine Schiffahrt, eine Seeherrschaft und eine Industrieherrschaft errungen, die wahrlich respektabel genug dasteht und zur Nachahmung auffordert. In England ist ja bekanntlich das Freihandelssystem zuerst aufgetreten. Die englischen Staatsmänner haben sich aber wohl gehütet, es sofort in praktische Wahrheit zu übersetzen. *(Zuruf links: Zuerst? Das ist nicht richtig!)* — Nun, oder es ist wenigstens sehr erheblich durch Adam Smith vertreten worden. Ich will nicht streiten, ob und in wie weit Sie an das Merkantilsystem oder an ein anderes oder an Turgot oder an Colbert denken. Das eine steht fest, daß in England diese Prinzipien in sehr autoritativer Weise zur Geltung gebracht worden sind, aber wie gesagt, die praktische Politik hat nichts davon wissen wollen. Noch in den dreißiger Jahren hat der englische Minister Huskisson auf das Andringen der Herren Freihändler geantwortet, dieses Freihandelssystem sei eine sehr schöne, vortreffliche Sache, aber augenblicklich für England nicht zu gebrauchen, — es sei ein trefflicher Ausfuhrartikel nach anderen Ländern, *(hört!)* — die möchten Gebrauch davon machen, England danke noch dafür. Das war der Standpunkt, den Huskisson damals eingenommen hat, obschon er theoretisch ein Freihändler gewesen ist. Erst zu der Zeit, wo England geglaubt hat, den ganzen Weltmarkt zu beherrschen, da ist es freihändlerisch geworden, und das bejubelt man in Deutschland als einen Sieg des Prinzips, während es nichts anderes ist als ein Sieg der Tatsachen, die auf Grund des Protektions- und Prohibitivsystems gegründet worden sind. Ich möchte die Herren Freihändler in der Tat fragen, ob sie etwa diese ihre Grundsätze, die sie auf dem internationalen Gebiete geltend machen wollen, etwa auch in ihrem Privatleben gelten lassen, — ob sie etwa Dritten gegenüber, die in ihrem Hause größere Rechte ausüben wollen, als vice versa ihnen gewährt wird, das gestatten, oder ob sie denen nicht ein recht praktisches Kollegium über die Prinzipien der ausgleichenden Gerechtigkeit halten, ob sie nicht das Hausrecht ihnen gegenüber geltend machen werden. Ich denke, auf dem internationalen Boden ist das noch unendlich notwendiger, denn da, meine Herren, hört die Gemütlichkeit auf, die jeder einzelne in seinem Privatleben üben kann, — auf internationalem Gebiete sind wir unsern Mitbürgern ganz etwas anderes schuldig.

Ich, meine Herren, weiß ja sehr wohl, daß die Perspektive, die ich als aus dem passiven Freihandelssystem der Gegenwart hervorgehend bezeichne, tatsächlich bei uns gottlob noch nicht eingetreten ist. Die tausendfachen Notrufe, die aus den Kreisen unserer Industrie hervordringen, beweisen ja, daß diese Industrie in der Tat noch besteht. Wäre das nicht, so würde Grabesstille herrschen, aber diese Notrufe beweisen weiterhin das eine, daß unsere Industrie durchdrungen ist von der Überzeugung, daß sie sich in einem Existenzkampf befindet, der leicht zu einem Todeskampfe werden kann.

c) Abgeordneter Ludwig Bamberger, S. 951 f. und S. 953 (3. Mai).

Im Augenblick ist die Mehrheit eher schutzzöllnerisch gesinnt. Ich habe das, seitdem wir zusammengekommen sind, immer zugegeben unter Verwahrung meiner Gesinnungsgenossen, die behaupteten, ich gebe zu leicht die Situation preis, weil ich kein Mann der Illusionen bin. Ich weiß nicht bloß, daß jetzt die schutzzöllnerischen Anschauungen namentlich in Deutschland viel mehr als in allen anderen Ländern überhand genommen haben, sondern ich weiß auch sehr gut, aus welchen Gründen sie so stark zugenommen haben, und wir haben uns über diese Frage so oft unterhalten, daß ich Sie auch damit nicht länger aufhalten will. Für mich, meine Herren, gibt es in den beiden großen Problemen, vor die uns die Anträge und Vorschläge der Verbündeten Regierungen gestellt haben, ein Charakteristisches, das ist: es soll auf die mannigfaltigste und reichlichst zusammengesetzte Weise Geld gezogen werden aus den Vorräten der Nation, um damit gewisse Abteilungen, gewisse Schichten, gewisse Interessen der Nation zu befriedigen, und das alles aus dem Grunde, daß man erklärt, die Nation sei jetzt in einem leidenden Zustande, d. h., es mangele ihr an den notwendigen Finanzkräften. Das Gemeinsame aller Probleme, vor die man uns gestellt hat, ist eben das, daß auf der einen Seite behauptet wird, wir seien in großer Not, es fehle uns an den Hilfsquellen unserer Existenz, und daß man damit anfängt, sei es im Wege der Zollpolitik, sei es im Wege der Steuerpolitik, die Taschen der Steuerzahler in viel höherer Weise als früher in Anspruch zu nehmen. *(Sehr richtig!)* Und weil man das rechtfertigen muß, so muß man sich natürlich auch eine Erklärung dazu verschaffen, wie es denn möglich wäre, das Volk so zu beglücken, indem man ihm aus seiner eigenen Tasche, die doch, wie man behauptet, zu leer ist, ‘Geld nimmt, um es von neuem zu verteilen’, und da ist man nun auf die verschiedensten Erklärungen verfallen, die teils als Steuerpolitik vom Reichskanzler vertreten werden, teils als Zollpolitik von dem Reichskanzler und verschiedenen Partei- und Gesinnungsgenossen, die er im Reichstag hat.

Was die Finanzpolitik betrifft, so muß ich gestehen, daß ich hier die Erklärung noch viel ungenügender finde als in der Tarifpolitik. Der Herr Reichskanzler hat uns am 15. Dezember mit einem Brief überrascht, in dem er seine Anschauungen über Steuer- und Finanzpolitik niedergelegt. Ich glaubte damals, da dieser Brief nur ganz aphoristisch einzelne Prinzipien andeutete, wir würden, wenn es zu ernsten Auseinandersetzungen käme, gewiß eine nähere Erklärung, eine ergänzende Erläuterung darüber empfangen, wie es denn gemacht werden soll, daß auf der einen Seite eine Erleichterung in dem weitesten Maßstabe vorgenommen werden solle, und daß auf der anderen Seite die gerade jetzt notleidenden Finanzkräfte des Volks stärker in Anspruch genommen werden. Ich gestehe, daß ich gestern eine große Enttäuschung in dieser Beziehung erlebt habe; die Rede des Herrn Reichskanzlers hat mir an Motiven und Erklärungen für seine neue Politik absolut nichts Neues gebracht gegen das, was in seinen kurzen aphoristischen Erklärungen bereits angedeutet war. Das aber, worin er sich noch mehr als in dem Früheren ergangen hat, besteht hauptsächlich nur in Verheißungen und Versprechungen für künftige Beglükkungen, die aus seiner Politik entstehen sollen. *(Sehr richtig! links)* Das finanzielle System, das uns gestern vorgetragen ist, besteht ganz einfach in einem praktischen Teil, der darauf hinausgeht, indirekte Steuern auf alle Weise aus dem deutschen Volke herauszuziehen, und in einem theoretischen Teil, der sich darauf zuspitzt, mit ganz wenigen Ausnahmen sämtlichen Angehörigen des deutschen Volkes zu verheißen, sie würden aus diesen dem Volk selbst entnommenen Steuern neue ungeheure Reichtümer zur Verteilung erhalten. Das Maß, in dem sich diese Verheißungen ausgedehnt haben, hat für mich in der Tat etwas Erschreckendes, nicht weil ich meine, daß es möglich sein wird, so viel Geld aus den Taschen der Steuerzahler zu ziehen, um auch wieder die fabelhaften Summen, die wir gestern vor unseren Augen defilieren sahen, auszuteilen, sondern weil ich darin die Verfolgung und Stabilierung einer Politik sehe, die für das neue Deutsche Reich gerade unter den jetzigen Weltverhältnissen meines Erachtens eine äußerst verhängnisvolle ist. Meine Herren, ich spreche das Wort nicht leichtsinnig aus; ich werde nicht das Lächeln meiner Herren Kollegen hervorzurufen mich aussetzen, wenn ich davon spreche, daß der Weg, den der Herr Reichskanzler mit dieser seiner neuen Steuerpolitik betritt, für mich persönlich deshalb etwas besonders Betrübendes hat, weil ich ja an ganz bescheidener Stelle bis jetzt das Glück hatte, im großen und ganzen mit der Politik des Herrn Reichskanzlers zu marschieren und, soweit es dem guten Willen möglich war, in einzelnen Materien mich an der unter seiner Führung geschaffenen Gesetzgebung zu beteiligen. Für das deutsche Volk wie für den Herrn Reichskanzler ist es gleichgültig; wenn ich es anführe, so tue ich es nur, um anzudeuten, daß ich nicht leicht zu der Überzeugung gekommen bin und daß, wenn ich mich ihr nicht verschließen kann, es bloß deshalb geschieht, weil die Beweise sich allmählich auf das unwiderleglichste häufen, daß der Herr Reichskanzler auf ein Gebiet von Finanzprojekten tritt, die vor allen Dingen dazu angetan sind, Hoffnungen zu erregen, die im Volk nicht befriedigt werden können. Und, meine Herren, in einer Zeit, wo die ganze Welt von sozialistischen Bestrebungen durchwühlt ist, und wo, wie wir selbst behaupten, Deutschland der Fokus dieser sozialistischen Bestrebungen geworden ist, scheint es mir doppelt bedenklich, auf solche Weise das Gebiet der Hoffnungen zu erweitern, namentlich, wenn es gerade in der Weise geschieht, daß der Staat sich zum Dispensator der Güterverteilung macht, welche den Wählern in Aussicht gestellt wird. Ich weiß nicht, ob der Herr Reichskanzler über die Wirkungen des Sozialistengesetzes bereits so beruhigt ist, daß er in der Tat glaubt, die Keime des sozialistischen Wesens seien in Deutschland unterdrückt und man könne mit Ideen — ich will nicht sagen spielen — mit Ideen verkehren, die eine innere Verwandtschaftsbeziehung zur Sozialdemokratie haben, ohne dem gefährlichen Feinde Nahrung zu geben. *(Sehr richtig!)*

Bamberger erläutert nochmals sein Votum für das Sozialistengesetz und fährt dann fort:

Wenn ich mich von seiner Politik, von dem Wege seiner inneren Politik, die allerdings seit dem Abgang des Ministers Delbrück mir schon bedenklich schien und immer bedenklicher wurde, trenne, so kann ich ihm allerdings die Bewunderung nicht versagen, daß er seine Operationen mit einer Geschicklichkeit, einer Energie durchgeführt hat, die vielleicht alles dasjenige noch weit hinter sich läßt, was er in früher politischer Kombination geleistet hat. Wenn ich bedenke, daß vor sechs Monaten noch, meine Herren, die öffentliche Meinung in Deutschland kaum erwartete, vor die völlige Umkehr unserer Handels- und Zollpolitik gestellt zu werden und daß im Handumdrehen nun ein unwiderstehlicher Sturm durch die Wähler und auch durch den größten Teil dieses Hauses entfesselt worden ist, so muß ich sagen, ich bewundere mehr als je die politische Geschicklichkeit des Mannes, der an der Spitze der deutschen Nation steht, ich bedaure nur, daß die Geschicklichkeit, die die Glorie und das Glück der deutschen Nation begründete, als es sich darum handelte, auswärtige Politik zu machen und Deutschland nach außen abzurunden, daß die jetzt ihre Spitze nach innen kehrt und die verschiedenen Parteien, die in gleich ehrlichem Bewußtsein und gutem Glauben für das Wohl des deutschen Volkes bestrebt sind, nun, sobald sie der Politik des Kanzlers entgegenstehen, in derselben Weise durch politische Kombinationen sich unterwirft, wie es in dem äußeren Kampf geschehen ist.

Es beweist mir das, daß die großen Gaben, die unseren Staatsmann charakterisieren, auf dem Gebiet der äußeren Politik liegen, und für mich ist es eben das Bedenkliche in den Wegen, die wir heute wandeln, daß die Methode dieser äußeren Politik und ihre Zwecke vielleicht auch jetzt auf so zarten, delikaten, empfindlichen Gebieten, wie die der ökonomischen Verfassung der Nation angewandt werden sollen. Ich kann mir ja sehr gut denken, wie verführerisch es für einen Mann von solchen Erfolgen und von solcher Begabung ist, nun sich auch auf das System der protektionistischen Handelspolitik zu stellen, weil es das System der raschen sichtbaren Wirkung ist. Wenn ich heute solche Zölle mache, daß ein neuer Betriebszweig entsteht oder daß ein bestehender sich mehr entfaltet, so geht das vor aller Augen vor und es kann der Schöpfer einer solchen Politik vielleicht eine zeitlang in der schönen Überzeugung leben, daß er in der Tat seinen Landsleuten nützlich gewesen ist. Ganz anders verhält es sich mit denjenigen Zweigen der inneren Ernährung, welche vernichtet werden, die sind in tausend Adern zerstreut, leben in tausend kleinen Existenzen, denen es unendlich schwer wird, nur ihre Rechte geltend zu machen und zu zeigen, wie sehr sie verletzt worden sind. Das ist für mich die Erklärung des Phänomens vor allen Dingen, daß der Herr Reichskanzler jetzt einen zollpolitischen Weg betreten hat, der von seiner Vergangenheit, er möge sagen, was er wolle, sich so gänzlich scheidet.

d) Abgeordneter Eugen Richter (5. Mai), S. 987.

In dem Maß, wie die Einzelstaaten den Schlüssel zu ihrem Steuersäckel verlieren, die Steuern in den Einzelstaaten mit dem direkten Steuersystem zurücktreten, in dem Maß vermindern sich auch die parlamentarischen Befugnisse der Einzelstaaten, die Einzellandtage treten in ihrer Bedeutung zurück: das mag den Finanzministern der Einzelstaaten vielleicht genehm sein, sie mögen sich in diesem Augenblick lieber mit dem Reichskanzler abfinden, als mit ihren parlamentarischen Körperschaften; aber ich bitte Sie, zu bedenken, daß diese Entwicklung sich vollzieht nicht nur unter der Verminderung des parlamentarischen Einflusses der Einzellandtage, sondern unter der Verminderung des Ansehens und der Bedeutung der Einzelstaaten überhaupt. Wir halten die Einzelstaaten, die Mittelstaaten, für ein notwendiges Fundament des Bundesstaats, des staatlichen Wesens, wie es jetzt in Deutschland besteht und wie es erhalten werden muß. Mit einem Worte, die politische Richtung dieser Vorlagen kennzeichnet sich darin, daß sie in Bezug auf die parlamentarischen Machtbefugnisse in der Richtung des Absolutismus liegen und in Bezug auf das Verhältnis zu den Einzelstaaten in der Richtung des Einheitsstaats. Ich sage nicht, diese Vorlagen sind der absolutistische Einheitsstaat; aber ich sage, diese Vorlagen in ihrer Gesamtheit nach ihrer politischen Bedeutung liegen in der Richtung zu dem absolutistischen Einheitsstaate. Meine Herren, eine solche Entwicklung wollen wir nicht in Deutschland, einer solchen Entwicklung wollen wir uns mit allen Kräften entgegenstellen.

e) Abgeordneter Helmut von Maltzahn-Gültz, S. 1014 (6. Mai).

Ich bezweifle sehr, meine Herren, ob irgendwo auf der Welt ein so isolierter Staat existiert, daß es das Wohl dieses Staates rechtfertigen könnte, ihn in seinen wirtschaftlichen Beziehungen vom Auslande zu isolieren, gegen außen abzuschließen. Für einen Staat aber, wie das Deutsche Reich, mit einer Küste von Memel bis Emden, gibt es meiner Meinung nach nichts Falscheres als eine konsequent durchgeführte Schutzzollpolitik. Alle die weiten Landstriche an unseren Küsten sind nun einmal durch die Natur mit ihren wirtschaftlichen Interessen auf die See und auf den überseeischen Verkehr hingewiesen. Uns liegt, darin muß ich dem Herrn Abgeordneten Löwe entschieden widersprechen, tatsächlich Schweden und England näher als Augsburg und Saarbrücken, und zwar nicht nur geographisch, sondern unseren wirtschaftlichen Interessen nach näher. Und wenn der Herr Abgeordnete Löwe uns demgegenüber darauf hingewiesen hat, daß dies allerdings eine geographische Wahrheit sei, daß aber dem der Umstand gegenüberstehe, daß die Küstengebiete des Ostens und Nordens zum Deutschen Reiche gehören und daß demzufolge sie mitleiden müßten, wenn andere Teile des Landes litten, so erwidere ich ihm: ich bitte ihn, diesen Spieß umzukehren und uns nicht leiden zu lassen, um auf unsere Kosten anderen Teilen des Landes Vorteile zuzuführen. *(Sehr gut!)* Also, meine Herren, ich behaupte, unsere Küstenländer sind auf den überseeischen Verkehr hingewiesen, und es ist wahrlich nicht das schlechteste Stück nationaler Arbeit, welches im Laufe der Jahrhunderte sich damit beschäftigt hat, diese überseeischen Beziehungen auszubauen, dies Geschenk der Natur, das wir in dem freien Meere haben, uns dienstbar zu machen. *(Sehr gut!)* Also, meine Herren, verargen Sie uns nicht zu sehr, wenn wir auch heute noch an unserem freien Meere hängen, verargen Sie es uns nicht, wenn wir dem neuen Evangelium, daß alles wirtschaftliche Heil vom Inlande komme, noch nicht völlig zustimmen, verargen Sie es mir nicht, meine Herren, wenn ich mich zu der Höhe der nationalen Gesinnung noch nicht habe aufschwingen können, daß ich es für einen wirtschaftlichen Verrat am Vaterlande halte, wenn ich mir eine amerikanische Mähmaschine, wenn ich mir eine englische Lokomobile kaufe, wenn ich mir ein Haus aus schwedischem Holze baue, weil ich diese Dinge vermöge des freien Meeres billiger und vielleicht besser bekommen kann als aus dem Inlande.

f) Abgeordneter Rudolf von Bennigsen, S. 1035 f. (6. Mai).

Nun, meine Herren, komme ich zuletzt zu der Frage, die ja für den Reichstag eine nicht unwesentliche Bedeutung hat. Wenn wir so bedeutende Summen durch die Zollreform bewilligen, Summen, die möglicherweise die Matrikularsummen des jetzigen Etats von 90 Millionen überschreiten, wenn man dazu kommt, dann sind meiner Meinung nach doch diejenigen Rechte genau zu untersuchen, die der Reichstag jetzt hat, und es ist meiner Meinung nach in dieser Beziehung — das werden Sie uns auf der liberalen Seite nicht zumuten, das werden die Herren vom Zentrum nicht wollen, und können Sie auf der konservativen Seite nicht verantworten, daß man in demselben Augenblick, wo man so bedeutende Summen, wie ich sie erwähnt habe, neu bewilligt, die Rechte, welche der Reichstag hinsichtlich der verfassungsmäßigen Bewilligung der Einnahmen hat, verringert. Nein, meine Herren, im Gegenteil, wenn man so bedeutende Summen neu bewilligt, dann kann vielmehr die Frage entstehen, ob nicht ein größerer Einfluß des Reichstags zu erstreben ist, wo man so große Opfer dem Lande neu auferlegt.

Nun, meine Herren, was das Einnahmebewilligungsrecht im Reich anlangt, so existiert ein solches Recht in dem Sinne, wie es in vielen Verfassungen enthalten ist, nicht. Denn die indirekten Zölle und Steuern beruhen auf Gesetz, sie werden in den Etat eingestellt auf Grund gesetzlicher Verpflichtung und entziehen sich insofern der jährlichen Bewilligung; es ist nur die betreffende Zahl einzurücken, die dem zu erwartenden Erträgnis entspricht. Wir haben aber das Recht, meine Herren, die Matrikularbeiträge zu bewilligen. Nachdem wir die Ausgaben bewilligt haben, ergeben sich nicht etwa die Matrikularbeiträge von selbst, so daß der Reichskanzler sie ausschreiben kann, — nein, die Matrikularbeiträge können nur erhoben werden, soweit wie sie wirklich mit Zustimmung des Reichstags und Bundesrates in den Etat des einzelnen Jahres eingesetzt sind.

Nun appelliere ich an alle diejenigen, die mit mir in den letzten Jahren an den Arbeiten der Budgetkommission teilgenommen haben, ob nicht gerade dieses Bewilligungsrecht der Matrikularbeiträge dem Reichstage einen wesentlichen Einfluß gestattet hat auf die Einrichtung eines sparsamen Haushalts, *(sehr richtig! links.)* eine Einwirkung, die wirklich nicht unbedeutend gewesen ist, wenn man die Vorlagen der Verbündeten Regierungen an Ausgaben in den letzten sechs Jahren mit demjenigen vergleicht, was schließlich wirklich im Etat Gesetz geworden ist.

Der Reichstag hat so eine sehr segensreiche Tätigkeit ausgeübt.

Es muß also ein Weg gefunden werden, und ich behaupte geradezu, daß eine Mehrheit hier im Reichstage nicht für die Geldbewilligung zu erlangen ist, wenn nicht ein solcher Weg gefunden ist, der unsere Rechte sichert. Ich kann mir auch nicht denken, daß eine solche Absicht auf ernste Schwierigkeiten stoßen sollte, so begründet ist der Anspruch. Man muß also etwas finden, was die Gerechtsame des Reichstags nicht schlechter und unwirksamer stellt, als sie jetzt sind. Man kann sogar weiter gehen und bei der Gelegenheit — es ist dies kein unbilliges Verlangen — versuchen, ob es nicht in Übereinstimmung mit der Regierung möglich ist, noch wirksamere Rechte des Reichstags herbeizuführen. Das ist gewiß im einzelnen in der Generaldiskussion nicht zu erledigen. Ich führe nur im allgemeinen an, dafür gibt es verschiedene Wege: Man kann eine Anzahl von Steuern und Zöllen aussondern und in dem Etat einer jährlichen Bewilligung unterwerfen, man kann eine Anzahl Steuern und Zölle aussondern und sie vorweg den einzelnen Ländern überweisen, während die Matrikularbeiträge bestehen bleiben, man kann diese beiden Wege in angemessener Form kombinieren.

g) Abgeordneter Udo Graf zu Stolberg-Wernigerode, S. 1094 f. (9. Mai).

Der Herr Abgeordnete von Bennigsen hat hervorgehoben und der Herr Abgeordnete Dr. Windthorst hat das bestätigt, daß viele von denen, die in jener Zeit für die Aufhebung der Eisenzölle gestimmt haben, wohl nicht recht gewußt haben, was sie taten, sich über die weiteren Folgen ihrer Handlungsweise nicht recht klar gewesen sein mögen. Meine Herren, die Eisenzölle sind beseitigt worden durch eine Koalition von liberalen Freihändlern und von Agrariern. Nun mag es ja sein, daß von Seiten der liberalen Freihändler manche vielleicht nicht übersehen haben, welches die Folgen dieser Maßregeln sein würden; soviel kann ich Ihnen aber sagen, daß wir von agrarischer Seite sehr genau wußten, was wir taten. Wir sagten uns, die Eisenzölle sind diejenigen, unter denen die Landwirtschaft am meisten zu leiden hat; beseitigen wir daher in erster Linie die Eisenzölle, dann wird sich ja zeigen, was die Folge sein wird. Bewährt sich das Prinzip des Freihandels, dann werden wir natürlich mit Beseitigung der Eisenzölle nicht zufrieden sein, sondern dann werden wir die Garnzölle bekämpfen usw., bis wir bei dem englischen Tarif angekommen sind. Bewährt sich die Sache nicht, beweisen uns die Tatsachen, daß die freihändlerische Doktrin nicht richtig ist, dann werden wir umkehren müssen. Dann befinden wir uns aber in der Lage, daß wenn wir der Industrie neue Zölle bewilligen sollen, wir auch Zölle für uns in Anspruch nehmen können.

Ich glaube, daß der Erfolg dieser Politik uns zur Seite gestanden hat. Es ist dadurch die Koalition zwischen Industrie und Landwirtschaft zustande gekommen, die ich nicht für eine unnatürliche halte, die ich im Gegenteil für segensreich halte, von der ich segensreiche Folgen erwarte, nicht bloß auf dem handelspolitischen Gebiet, sondern auch auf anderen Gebieten. Der Herr Abgeordnete Richter hat sodann mit einem eigentümlichen Argument die Vieh- und Fleischzölle bekämpft. Er hat uns darauf hingewiesen, im ersten Quartal d. J. habe der Fleischkonsum in Berlin abgenommen, und nun sei es doch sehr bedenklich, jetzt gerade Fleischzölle einzuführen. Ja, dies Argument spricht doch entschieden gegen den Herrn Abgeordneten Richter. Der Fleischkonsum hat abgenommen beim Freihandel, beim billigen Fleisch, aus dem einfachen Grunde, weil die

Leute keine Arbeit hatten, *(sehr richtig! rechts.)* und das ist für mich gerade ein Beweis, daß wir das System ändern müssen. Meine Herren, Sie gehen dabei immer von einer falschen Ansicht aus, Sie verwechseln den Arbeiter mit dem Rentier. Der Rentier ißt und trinkt zuerst, und dann schneidet er von seinen Coupons so viel ab, als er zur Bezahlung braucht; der Arbeiter muß erst arbeiten, um das bezahlen zu können, was er nachher ißt und trinkt. *(Sehr gut! rechts.)*

Der Redner betont sodann, daß seiner Auffassung nach das Tabakmonopol das Ideal einer Konsumtionssteuer sei.

Der Herr Abgeordnete Richter faßt schließlich das Programm seiner Freunde dahin zusammen, daß er sagt, wir sind unabhängige charakterfeste Männer, wir sind entschlossen, möge kommen, was da wolle, wir sagen zu allem nein. Ja, meine Herren, ich glaube, das wird die Folge haben, daß die Nation Ihnen auch einmal nein sagt.

Ich wende mich nun zu dem Herrn Abgeordneten Dr. Bamberger, der als die Seele der Freihandelspartei in Deutschland zu betrachten ist. Ich sehe ihn zu meinem Bedauern nicht an seinem Platz. — Ich komme da zunächst zu seinen Ausführungen über die direkten Steuern. Der Herr Abgeordnete Bamberger hat gesagt, es sei ja doch eigentlich gar nicht erwiesen, warum indirekte Steuern vorteilhafter wären als direkte; man sage das immer so, aber einen Grund wisse man darüber nicht anzugeben. Er hat dann des näheren ausgeführt, es komme auf dasselbe heraus, ob man durch indirekte Besteuerung dem Arbeiter jeden Tag einen Silbergroschen nehme, oder ihm am Ende des Monats einen Taler nehme. Ja, meine Herren, das ist nicht egal. Der Herr Abgeordnete Bamberger geht dabei wieder von dem Gesichtspunkt aus, der für Leute maßgebend ist, die sich in einer so guten Situation befinden, daß sie bei dem Bankier ein laufendes Konto haben. Für die gut situierte Klasse ist es allerdings, das gebe ich dem Herrn Bamberger zu, vollkommen gleichgültig, ob er jeden Tag einen Taler oder am Ende des Monats 30 Taler oder am Ende des Jahres 365 Taler zu zahlen hat. Für den Arbeiter aber ist das nicht gleichgültig. Es handelt sich um den Unterschied von Barwirtschaft und Wirtschaft auf Kredit, und dieser Unterschied ist für den Arbeiter von großer Tragweite.

Meine Herren, wenn Sie den Arbeiter zwingen, vermittelst der indirekten Steuer jeden Tag einen Groschen zu bezahlen, so bleibt sein Budget im Gleichgewicht, er hat zwar am Ende der Woche und des Monats sich vielleicht nichts gespart, er hat aber keine Steuer mehr abzuführen; tun Sie das aber nicht, so gibt der Arbeiter den einen Groschen für den Tag doch aus, er geht ins Wirtshaus und bringt ihn dort unter, und wenn dann der Monatsschluß herankommt, dann kommt die Steuerquittung, und der

Mann kann sie nicht bezahlen, dann fängt das Elend an und endigt natürlich damit, daß er Sozialdemokrat wird. Nach meiner Meinung liegt darin ein ganz gewaltiger Unterschied; durch das System der indirekten Besteuerung erziehen Sie den Arbeiter, ohne daß er selbst es merkt, zur Ordentlichkeit und Sparsamkeit, durch das System der direkten Besteuerung erleichtern Sie ihm einen unordentlichen, verschwenderischen Lebenswandel. *(Heiterkeit links.)*

66. ERNST VON WEBER, Die Erweiterung des deutschen Wirtschaftsgebietes und die Grundlegung zu überseeischen deutschen Staaten, Leipzig 1879, Auszug, S. 6—8, S. 12 f. und S. 73 f.

(S. 6 ff.) Ich erwähnte zu Anfang, daß die fortwährend in so großem Maßstabe vorschreitende Übervölkerung Deutschlands ein Hauptgrund für die Notwendigkeit einer massenhaften Auswanderung sei. Niemandem kann wohl die Bedenklichkeit des Umstandes entgehen, daß die riesige alljährliche Zunahme unserer Bevölkerung leider ungleich weniger die vermögenden Volksklassen als vielmehr die vermögenslosen betrifft. Die Zahl unserer Arbeiter wächst unaufhörlich, ohne daß die Arbeitskapitalien und die Ernährungsmöglichkeit in gleichem Verhältnisse zunehmen könnten. Der Arbeitsmarkt wird dadurch immer mehr und mehr überfüllt und fortdauernd von allen möglichen zufälligen Stockungen abhängig gemacht, was einen niedrigen, zur Ernährung einer Familie vollständig unzureichenden Arbeitslohn und bei jeder politischen Störung sofort eintretenden Arbeitsmangel zur natürlichen Folge hat. Aus dieser elenden und unsicheren Lage unseres überfüllten Arbeiterstandes folgen selbstverständlich schlechte Ernährung, Körperschwäche und Siechtum, Laster und Krankheiten, Immoralität, Verbrechen und frühzeitiges Sterben *; auch sichert ein solcher materieller und moralischer Sumpfboden den Giftpflanzen der sozialistischen Wühlereien das üppigste Gedeihen. Der Mangel an hinreichenden ausländischen Absatzmärkten für die deutsche Arbeit wird immer fühlbarer, die Konkurrenz mit englischer, amerikanischer, französischer Arbeit für uns immer schwieriger. Je mehr aber unsere Volkszahl wächst, desto weniger kann sie ihr Brot durch den heimischen Ackerbau allein finden, sondern muß sich der Industrie zuwenden. Werden nicht sowohl für unseren alljährlich so ungeheuern Bevölkerungszuwachs wie für die Überproduktion der deutschen Arbeit

* Siehe Pastor Stursberg, Über die Zunahme der Verbrechen in Deutschland (5. Aufl.), Düsseldorf 1879.

regelmäßige weite Abzugskanäle geschaffen, so treiben wir mit Riesenschritten einer Revolution entgegen, die dem Nationalwohlstande auf lange Zeit die tiefsten Wunden schlagen wird. Die sozialistische Gärung in den Köpfen unserer im Denken ungeübten vermögenslosen Massen wird umso gefährlicher, je mehr sie fortdauernd Zuwachs von intelligenten Elementen aus den gebildeten Ständen erhält, die infolge der allgemeinen schlechten wirtschaftlichen Lage immer zahlreicher ihre Reihen verstärken werden.

Um dem deutschen Staatsorganismus eine gesunde Blutzirkulation zurückzuführen und die Auswanderung als Sicherheitsventil für alle die bösen Gase und Dämpfe wirken zu lassen, die den Mechanismus unserer Staaten mit Zersprengen bedrohen, müßten alljährlich wenigstens 200 000, noch besser 300 000 Menschen auswandern. Denn unser Bevölkerungszuwachs beträgt ja jetzt alljährlich zwischen 5 und 600 000! Und zwar müßte die ungeheure Mehrzahl dieser Auswanderer aus unsern Proletariern gebildet werden! Nur eine in so großem Maßstabe organisierte Auswanderung wird unseren übervölkerten und vom trostlosesten Pauperismus bedrohten Provinzen eine wesentliche Erleichterung schaffen können, denn eine nur in gewöhnlichem Verhältnisse stattfindende Auswanderung ist als Heilmittel gegen Übervölkerung und Arbeitsmangel ungefähr dasselbe, als es ein Versuch sein würde, bei dem Über-die-Ufer-Treten eines angeschwollenen großen Stromes die flutenden Wassermassen durch einen engen Mühlgraben abzuleiten.

(S. 12 f.) Wenn wir aber im Geiste zusammenrechnen, was für einen ungeheuren nationalökonomischen Verlust uns bisher diese deutsche Massenauswanderung gebracht hat, und zwar nur deshalb, weil sie uns wirtschaftlich mit ihrem gesamten Eigentum, ihrer gesamten Produktions- und Konsumtionskraft absolut verloren gegangen ist, da möchte ein patriotisches Herz in lautes Wehklagen ausbrechen! Denn man kann nicht umhin, daran zu denken, was sich mit einer solchen riesigen Summe von Menschen- und Kapitalskraft hätte ausrichten lassen, wenn die gesamten ausgewanderten Teile unseres Volkes hätten in eigenen nationalen Kolonien zusammengehalten werden können **! Wären diese unserer Nation ver-

** Man bedenke auch noch, daß es meist lauter kräftige, unternehmenslustige und in den besten Jahren stehende Leute zu sein pflegen, welche auswandern, während alle Krüppel, Kränklichen und Schwächlinge, alle Bettler und Pflegebedürftigen im Vaterlande zurückbleiben müssen. Es ist daher die bisherige deutsche Auswanderung sehr passend mit der jährlichen Aussendung eines Heeres von 100 000 kräftigen und vollständig ausgerüsteten Soldaten verglichen worden, das nach dem Überschreiten der Grenze für immer dem Vaterlande den Rücken wendet und zu fremden Armeen übergeht.

loren gegangenen endlosen Auswandererzüge z. B. sämtlich von Anfang an nach Südamerika gerichtet und dort konzentriert worden, so würde dort ganz sicher heute ein mächtiges deutsches Reich bestehen, das wahrscheinlich den Namen der Vereinigten Staaten von Südamerika führen würde. Die mächtige Wasserbahn des königlichen La-Plata-Stromes würde zu einem mit zahlreichen Segeln und Dampfern durchkreuzten südamerikanischen Rhein, die Städte Buenos Aires und Montevideo würden zu prächtigen deutschen Kriegshäfen geworden sein. Und nun denke man sich, welche Rückwirkung ein solches Neudeutschland in Südamerika auf das alte Mutterland haben würde! Es gibt für ein Land kein produktiveres Geschäft als die gemeinschaftliche Übersiedlung von Kapitalien und Arbeitern nach einer Kolonie, die mit dem Mutterlande wirtschaftlich verbunden bleibt. Diese wirtschaftliche Verbindung, nicht die politische, ist das Wesentliche. Der gegenseitige Austausch von Rohprodukten und Fabrikaten, die rege, befruchtende Wechselwirkung von Produktion und Konsumtion, das Schaffen immenser neuer Werte in der Kolonie durch den stetig fortschreitenden Bodenanbau und das fortdauernde Eröffnen neuer Erwerbsquellen durch Benutzung neuerschlossener Naturschätze haben die natürliche Wirkung, sowohl das Mutterland wie die Kolonie stetig und anhaltend zu bereichern. Wir sehen diese Folgen so in die Augen springend an England und Holland, daß man wirklich blind sein müßte, um den Segen eines ausgedehnten Kolonialbesitzes für das Mutterland leugnen zu wollen.

(S. 73 f.) Gegenüber der immer zunehmenden Bedenklichkeit der Nachbarschaft der russischen Riesenmacht, für deren dauernd freundliche Haltung zu Deutschland doch keine ewigen Garantien vorliegen, ist mir daher die Idee der Gründung eines sicher gelegenen, großen, kompakten und expansionsfähigen Neudeutschland jenseits der Meere geradezu ein patriotisches Bedürfnis, da dasselbe der deutschen Nationalität für alle Zeiten einen mächtigen Stützpunkt gewähren und außerdem unserm Volke eine fortdauernd sich steigernde Vermehrung seines Nationalreichtums zuführen würde.

Würde baldigst der Grund zu einem oder zwei deutschen Tochterstaaten auf der südlichen Halbkugel gelegt und alle unsere Auswanderung dorthin konzentriert, so würde nach 50 Jahren die deutschredende Bevölkerung des Erdballs, die heute 61½ Millionen Köpfe zählt, auch wenigstens ihre 100 Millionen betragen; nach 100 Jahren aber würde sie nicht unter 200 Millionen zählen und dann also diejenige des russischen Reiches, bei beiderseitigem verhältnismäßigen Zuwachse, noch übertreffen, während sie etwa ein Fünftel der bis dahin wahrscheinlich verelffachten angelsächsischen Bevölkerungen ausmachen würde. Bleibts aber beim alten, so wird das deutsche Volk von Jahrzehnt zu Jahrzehnt in der politischen Waagschale leichter werden, in dem umgekehrten Verhältnisse als die slawisch-russische und die angelsächsischen Bevölkerungen fortwährend an Kopfzahl und daher auch an politischer Bedeutung zunehmen. Würde ein solches allmähliches notwendiges Herabsteigen unsers Vaterlandes von seinem jetzigen europäischem Ehrenplatze den Hoffnungen entsprechen, welche die politische Wiederauferstehung unseres Deutschen Reiches im Jahre 1871 in den Herzen unserer Patrioten erregt hat?

Möchten also doch durch die eigene Initiative des deutschen Volkes Maßregeln getroffen werden, um durch eine Organisation und Zentralisation unserer Massenauswanderung den anhaltenden Kräfteabfluß, der aus der bisherigen jammervollen Verzettelung und Zerstreuung derselben für uns resultierte, in einen anhaltenden Kräftezufluß für unser Land und Volk umzuwandeln. Unser kolossaler, die Fruchtbarkeit aller nichtgermanischer Nationen so weit hinter sich lassender alljährlicher Bevölkerungszuwachs (siehe den Anhang) sollte und müßte durch eine Ableitung in produktive Bahnen für uns eine Quelle großartigen Nationalreichtums werden, während derselbe bis jetzt nur zu unserer Verarmung beitrug. Geht die Nation selbst in der geeigneten Richtung vor, folgt sie dem unter unseren angelsächsischen Stammesbrüdern herrschenden Grundsatze: 'Help yourself', so wird unsere einsichtsvolle Regierung ganz bestimmt später sich veranlaßt sehen, solche Bestrebungen mit aller Kraft zu unterstützen. Möge sich denn also endlich die bis heute noch 'kinderlose' deutsche Eiche eine hoffnungsreiche kleine Familie schaffen — dann wird der deutsche Eichenkranz auf beiden Halbkugeln des Erdballs ewig grünen.

67. ERNST VON EYNERN an Heinrich von Treitschke, Barmen, 3. August 1879, in: Wentzcke, S. 263—265, Auszug, S. 263 f.

Was die politische Lage anbetrifft, so hat diese einen so eigentümlichen Zuschnitt bekommen, daß man ein richtiges Urteil über dieselbe vielleicht erst nach Jahren durch den dann erst möglichen historischen Rückblick gewinnen kann. Gegenüber den Tatsachen, daß Bismarck eine schutzzöllnerische Mehrheit binnen wenigen Monaten aus einer bisher den Freihandel als Prinzip reitenden Versammlung gewinnt; daß ehrbare und achtbare Abgeordnete wie Mosle, Bauer usw., trotzdem sie Deutsche sind, offen einen politischen und volkswirtschaftlichen Umschwung bekommen und ohne in Stücke zerrissen zu werden, vor einer radikalen Wählerschaft vertreten können; daß inmitten einer bis zum Übermaß künstlich aufgebauschten sozialen Erregung ein auf Grund des allgemeinen, gleichen und direkten Wahlrechts erwählter Reichstag den Mut hat, Getreidezölle usw. zu bewilligen; daß eine bisher jedenfalls unnatürlicherweise außerhalb unseres Staatslebens stehende große Partei an der Befestigung desselben plötzlich mitwirkt, indem sie die allerunpopulärsten Zölle auflegt, alles das sind Erscheinungen, gegenüber welchen der Zwist im nationalliberalen Lager eigentlich ohne große Bedeutung erscheint. Ich gehöre zu den Gegnern der Zoll- und Handelsmaßregeln, welche beschlossen sind, aber daß diejenigen, welche diese Maßregeln für erforderlich, gut und nützlich für das Reich hielten, sie rückhaltlos gegenüber den revolutionären und nach unten kokettierenden Elementen durchsetzten, gibt mir die Gewähr der nachhaltigen Kraft gesicherter konservativer Gesinnung und damit der Befestigung des Deutschen Reichs. Die Nationalliberale Partei hat die ihr in reichem Maße vorzuwerfenden Fehler stets durch ihre nach links gerichteten Blicke gemacht. Daß Sie es so lange dabei ausgehalten, hat mich oft nach Ihrer allgemeinen politischen Stellung gewundert. Nach meiner Stellung zu den wirtschaftlichen Fragen würde ich nolens volens, nachdem Bennigsen einmal seine Böcke geschossen, mit ihr durchgehalten haben. Die veränderte Zoll- und Handelspolitik mit den Finanzzöllen, als diese allein nicht zu haben waren, in unlösliche Verbindung zu bringen, war von demjenigen, der beides wollte, ein höchst geschickter Schachzug. Ich würde aber nur die letzteren gewollt haben, und ich hätte mit aller Sicherheit Nein gesagt, in der Überzeugung, daß die bisherige Form und Aufbringung der Matrikularbeiträge für 1—2 Jahre weiter keinen großen Schaden angerichtet haben würde. — Enfin — wenn ich es auch in dieser Frage nicht getan hätte, einmal mußte man sich von dieser Laskerei emanzipieren und den vordrängerischen Juden auf seine eigene Eitelkeit und Rabulisterei stellen. Ich bin überzeugt, daß mit Ihrem Schritt[1] die Partei zerfallen ist und daß es nicht lange dauern wird, und das Gros derselben steht bei Ihnen. Dann wird wohl endlich die Vereinigung mit den Freikonservativen die Mittelpartei bilden, die alle zur Galerie sprechenden Elemente beiseite schiebt.

[1] Dem Austritt Treitschkes aus der Nationalliberalen Fraktion am 11. 7. 1879.

68. ERNST ADOLF MÜLLER an Franz von Stauffenberg, Gotha, 7. August 1879, in: Wentzcke, S. 267—272, Auszug, S. 269—271.

Die Zeiten der Kompromisse, wie sie von Bennigsen seither betrieb, sind meines Erachtens für die Liberale Partei vorüber, wenn nicht eine vollständige allgemeine Korruption und Verworrenheit eintreten soll; Ansichten wie er (den ich als Patriot sehr verehre und der meine ganze persönliche Sympathie besitzt) in seiner letzten Rede aussprach, über Schutzzölle, über Hebung des Bauernstandes durch Einführung des Majorats usw., bekunden eine stattgehabte Loslösung von den liberalen Grundsätzen, die mir seinen Entschluß, sich von dem öffentlichen Leben ganz zurückzuziehen, als das allein Richtige erscheinen lassen. Dagegen vermag ich absolut nicht einzusehen, was den linken Flügel der Nationalliberalen grundsätzlich von der Fortschrittspartei trennt, und persönliche Antipathien dürfen doch wahrhaftig nicht maßgebend sein, wo es sich um das Wohl und Wehe der Nation handelt, das gewiß, nach unserer aller Überzeugung, von dem Fortbestehen einer mächtigen liberalen Mittelpartei abhängig ist.

Die Fortschrittspartei hat öfters mehr der Konsequenz als der Klugheit gehuldigt, mehr aber als das hat ihr das zu scharfe Auftreten Richters gegen den Reichskanzler, dessen Verdienste man wohl mit Recht wenigstens in der Form anerkannt haben wollte, geschadet, übrigens ist auch Lasker in dieser Beziehung nicht ganz frei zu sprechen. Wo nun die Verhältnisse nicht so wie hier in Gotha liegen, wo die Parteien sich bekämpft und die meine [?] unterlag, hat man sich daran gewöhnt, sich gegenseitig mit Vorwürfen zu überhäufen. Die Presse hat leider den Gegensatz fortwährend geschärft, und ich glaube nicht, daß in solchen Verhältnissen auch nur die Richtersche Parole 'getrennt marschieren und vereint schlagen' auf großen, sicheren und dauernden Erfolg rechnen kann. Ich glaube vielmehr, daß selbst im Reichstage das vereinte Schlagen vielfachen Hindernissen und Störungen ausgesetzt sein würde, weil den bei größter grundsätzlicher Übereinstimmung nicht fehlenden Verschiedenheiten der Auffassung im einzelnen beim getrennten Marschieren keine Gelegenheit zur Ausgleichung vor den Plenarverhandlungen geboten wird. Die größte Masse der Indifferenten ist aber, wenn es überhaupt gelingt, sie ausnahmsweise wieder zur Beteiligung zu bewegen, ein sehr unzuverlässiges wertloses Hilfskorps. In unserer Trennung können wir schon wegen der Spaltung, und wenn wir noch so gleichmäßige Grundsätze haben, mindestens nicht für längere Zeit nicht darauf rechnen, eine mächtige einflußreiche Partei zu sein.

Nach Einfluß muß aber jede Partei streben, damit sie in ihrem Sinn für das Beste des Volks Positives schaffen kann. Es ist dies aber ganz besonders notwendig, solange Bismarck an der Spitze steht, der zwar prinzipiell nie eine Majoritätsregierung anerkennen, den tatsächlichen Verhältnissen aber immer die gebührende, weil durch die Klugheit gebotene Rechnung tragen wird.

Hätte das Volk bei den letzten Wahlen entschieden liberal gewählt, so würde er auch ganz andere Probleme aufgestellt und andere Mittel zur Durchführung seiner praktischen Ziele (Füllung der Reichskasse usw.) angewandt haben. Kein Volk wird im allgemeinen und wir werden speziell auch unter Bismarck nicht schlechter regiert werden, als wir verdienen.

Der Reichstag ist seiner Mehrheit nach reaktionär, und Bismarck ist berechtigt, dies als den Ausdruck des Volkswillens anzusehen, formell geht es ihn nichts an, daß dieses Resultat auf Korruption, teilweise auf Erschleichung unter liberaler Maske usw. beruht. Unsere Aufgabe ist es, dieses Verhältnis umzugestalten. Dies kann meines Erachtens nur durch Bildung einer einzigen, kompakten, aus nationalliberalen und fortschrittlichen Elementen bestehenden neuen Partei erreicht werden. Die Vorwürfe, zu denen die Vergangenheit beider Parteien berechtigt, müssen dadurch abgeschnitten, jedem, der sich mit ihm grundsätzlich Nahestehenden verfeindet hat, muß Gelegenheit gegeben werden, sich, ohne den gehässigen Parteiwechsel zu vollziehen, ohne das odium des Renegatentums auf sich zu nehmen, mit ihnen zu versöhnen.

Der Gedanke von Forckenbecks, eine neue Partei des liberalen Bürgertums (letzteres im weitesten Sinne) zu gründen, hat in allen entschieden liberalen, in nationalliberalen sowie in fortschrittlichen Kreisen das lauteste Echo gefunden, namentlich haben alle fortschrittlichen Zeitungen (mir ist wenigstens keine Ausnahme bekannt) ihn mit der größten Freude begrüßt. Obgleich wir für unsere Parteiinteressen von der Zukunft eher mehr als weniger zu erwarten haben, so sind wir doch mit verschwindender Ausnahme der Überzeugung, daß das große Interesse der liberalen und nationalen Entwicklung, weit über allem Parteiinteresse, über allem persönlichen Hader, über allen persönlichen Antipathien steht. Es war traurig für die gute Sache, daß Herr von Forckenbeck, Rickert und Braun dem geflügelten Worte, das so gewaltigen Anklang fand, nicht sofort Folge gaben, es würde verhängnisvoll für Ihre Freunde werden, wenn sich im Volke die Ansicht verbreitete, daß sie nur Worte, aber keine Taten hätten. Die Fortschrittspartei kann, wie jetzt die Sachen liegen, die Initiative nicht ergreifen; solange wie die Hoffnung noch besteht, daß Herr von Forckenbeck seinen Worten auch eine Folge gibt, nicht, weil es unpassend sein würde, ihm vorzugreifen, weil er und seine Freunde den

Gedanken fallen lassen, überhaupt die Aussicht auf Erfolg so gering ist, daß man sich fragen muß, ob das mühsam Erhaltene aufgegeben werden darf um einer zweifelhaften Sache willen.

Die neue Partei muß in der Sache ebenso entschieden freisinnig, namentlich auch auf wirtschaftlichem Gebiete, wie in der Form maßvoll sein, und ebensoviel, unter Umständen noch mehr Wert auf die Tätigkeit außerhalb, wie auf die Tätigkeit im Reichstage legen.

Was erreichen wir durch eine solche Partei?

Indem wir eine starke volkstümliche Mittelpartei bilden, wenden wir das größte Unglück ab, das eine Nation treffen kann, daß sie sich in zwei extreme Lager spaltet, die sich tödlich hassen, sich bis aufs Messer bekämpfen: Zustände, wie sie Frankreich in Erfahrung gebracht, wo zeitweilige kurze Ruhepausen nur dadurch zu erreichen waren, daß die eine Partei die andere im blutigen Kampfe niederwirft, bis Haß und Rache bei den Unterdrückten die Kräfte so anschwellen läßt, daß sie an dem Sieger Vergeltung üben können. Eine solche mächtige Mittelpartei würde uns den größten Segen für jede Nation, eine stetige sichere Entwicklung, mit möglichst geringen Rückflutungen, gewähren, würde das sicherste Mittel gegen das Anwachsen der destruktiven Elemente sein. Je schwächer und zersplitterter sich die Mittelparteien zeigen, desto mehr werden sie nach rechts und links hin verlieren. Die neue Partei wird nötigen, mit ihr zu rechnen, der kluge Staatsmann wird dies aus freien Stücken tun, der unkluge wird ihr auf die Dauer weichen müssen.

69. Rückblicke auf die sozialistische Bewegung in Deutschland. Kritische Aphorismen von * * * [= Karl Höchberg, Karl Flesch, C. A. Schramm und Eduard Bernstein] in: Ludwig Richter [= Karl Höchberg] (Hrsg.), Jahrbuch für Sozialwissenschaft und Sozialpolitik, 1. Jg., 1. Hälfte, Zürich 1879, S. 75—96, Auszüge, S. 80 f., S. 82 f., S. 87 f., S. 91 und S. 96.

(S. 80 f.) Es mag spekulativen Köpfen Befriedigung gewähren, sich und anderen die in zukünftigen Zeiten mögliche Form der Gesellschaft in den glänzendsten Farben auszumalen, zu zeigen, wie angenehm das Leben in großen, prächtig und bequem eingerichteten kommunistischen Städten und Häusern sein wird, nachzuweisen, durch welche Umformungen sich allmählich eine neue, in der Zukunft allein Geltung habende Weltsprache entwickeln wird und dgl. — für das praktische Leben, für die Gewinnung neuer Anhänger, für die Erreichung besserer Zustände für die heute lebende Arbeiter-Generation ist damit aber nur wenig getan. Außerdem lenkt die unausbleiblich an derartige Zukunftsbilder sich anknüpfende und durch sie provozierte Debatte die Tätigkeit der besten Köpfe auf ein Gebiet, dessen Bearbeitung mit Fug und Recht unseren Nachkommen überlassen bleiben kann, und verhindert sie dadurch, ihre ganze Energie und Tatkraft Bestrebungen zuzuwenden, deren Realisierung schon in nächster Zeit möglich ist, der heute lebenden Generation zugute kommt und als eine Etappe auf dem Wege zu dem endlichen Ziele angesehen werden kann.

Die ungemeinen Erfolge, welche z. B. in Bezug auf Vermehrung der Abonnenten und Leser vieler Parteiblätter bei den Streiks und vornehmlich bei den Wahlagitationen erzielt worden sind, liefern unseres Erachtens den Beweis, daß sich viel mehr Menschen für ein nahe liegendes, ihnen als wünschenswert erscheinendes Ziel erwärmen, als sich durch den schönen, aber ohne greifbare Erfolge arbeitenden Idealismus für einen in der Ferne schimmernden Zukunftsstaat begeistern lassen. Die Aussicht, durch festes Zusammenhalten eine Lohnerhöhung durchzusetzen, eine Verringerung der Arbeitszeit herbeizuführen, eine bestimmte Person bei der Wahl durchzubringen, hat der Partei immer starken Zulauf verschafft. In solchen Momenten sind fast alle Agitatoren, fast alle Redaktionen energisch für den nächstliegenden, gerade in Frage stehenden Zweck ins Feuer gegangen, haben ihre ganze Kraft auf diesen einen Punkt konzentriert und sich keinen Augenblick besonnen, die ferneren Projekte und Wünsche der Partei vorläufig auf sich beruhen zu lassen; sie haben damit, vielleicht ohne sich über die Motive vollständig klar zu sein, durch die Tat zugestanden, daß es leichter ist, Bundesgenossen zur Eroberung eines allen Arbeitern und vielen Kleinmeistern wünschenswerten Rechtes zu erlangen, als Anhänger und Freunde für unsere letzten Zwecke und die zur Erreichung derselben in ferner Zukunft notwendig werdenden Mittel zu erwerben.

Man mißverstehe uns jedoch nicht. Wir wünschen nicht, daß unsere Partei ihren Gesichtskreis und ihre Pläne nicht weiter erstrecke, als es etwa die Fortschrittspartei in politischer und die Gewerkschaftsbewegung in wirtschaftlicher Beziehung tut. Abgesehen davon, daß es doch bei vielen unserer Anhänger aus den höheren Ständen und selbst aus den gedrückten Klassen gerade das Bild des Zukunftsstaates ist, welcher die eigentliche Begeisterung hervorruft, muß dies Bild in seinen ungefähren Umrissen schon deshalb dargestellt und die Möglichkeit seiner Realisierung — wozu immerhin Eingehen auf die Details gehört — dargelegt werden, um einerseits alle Reformen des Augenblicks mit Rücksicht auf und in der Richtung nach dem Zukunftsstaat auszuführen, und andererseits, um zu zeigen, daß der so eingeschlagene Weg, konsequent fortgesetzt, nicht in eine Sackgasse führt oder in einen Abgrund, sondern auf geebnete sichere Pfade.

(S. 82 f.) Es liegt eine gewisse Wahrheit in dem Wort, welches der frühere Abgeordnete, jetzige Geheime Regierungsrat Michaelis seinen Freunden im Abgeordnetenhause gegenüber einmal getan hat: daß nämlich die Dinge ganz anders aussähen, wenn man hinter dem Regierungstisch, als wenn man vor demselben sitze. Wir glauben der Zustimmung aller Parteigenossen sicher zu sein, welche mit der Leitung eines Geschäftes, einer genossenschaftlichen Druckerei oder dgl. betraut waren, wenn wir behaupten, daß sie dadurch ein anderes Urteil über die Stellung und die Leistungen der Unternehmer bekommen haben, als sie es früher gehabt und oft energisch ausgesprochen hatten. Ganz so muß und wird sich das Urteil über viele Maßregeln, welche die heute funktionierenden Behörden treffen, bedeutend modifizieren und gerechter werden, sobald von dem Vertrauen der Parteigenossen da hineingestellte Männer es nicht besser zu machen, die Sachen nicht anders zu handhaben verstehen und dann die Gründe dafür öffentlich darlegen.

Es liegt aber auch im direkten Interesse der Partei, daß Parteigenossen in recht vielen Kommunal-Vertretungen Sitz und Stimme haben. Da die Verhandlungen dieser Körperschaften öffentlich sind, ist damit die Gelegenheit zur öffentlichen Kritik des jetzigen Verwaltungssystems geboten; es ist die Möglichkeit gegeben, Anträge zu stellen, welche schrittweise auf die Durchführung unserer Ideen hinarbeiten, diese Anträge zu verteidigen und die Gegner zur öffentlichen Klarlegung ihrer Einwände zu zwingen.

Gerade in den Großstädten, welche ja die Herde der Demokratie sind, bietet sich in dieser Hinsicht ein weites, bisher beinahe unbenutzt gelassenes Feld für die sozialistische Propaganda.

(S. 87 f.) Machen wir uns doch keine Illusionen! Der Nihilismus in Rußland besteht, wie man aus seinen Taten sehen kann, aus einer kleinen Schar von gebildeten, fanatisierten Leuten, gewissermaßen aus Offizieren ohne Armee, die zu allerhand persönlichen Gewaltmitteln greifen, weil die Masse der arbeitenden Klassen nicht hinter ihnen steht. Im direkten Gegensatz hat der deutsche Sozialismus zu viel Wert auf die Gewinnung der Massen gelegt und dabei versäumt, in den sogenannten 'oberen Schichten' der Gesellschaft energische Propaganda zu machen. Erst in den letzten Jahren ist hierfür etwas mehr getan worden.

Das Eindringen sozialistischer Ideen in die Kreise der Gebildeten und Wohlhabenden ist zum Glück auch in Deutschland eine freilich nicht mehr abzuleugnende Tatsache. Alle Studenten, welche Dühring, Schäffle und Ad. Wagner gehört oder gelesen haben, sind mehr oder minder schon von dem sozialistischen 'Gift' infiziert. Das Auftreten der Pastoren Stöcker und Todt, ja das Verhalten des Fürsten Bismarck zu so entschieden sozialistisch, wenn auch nicht sozialdemokratisch gesinnten Personen wie Geheimrat Wagener und Lothar Bucher zeigt evident, daß die neue Wahrheit unwiderstehlich die Gemüter gefangen nimmt, wenn auch persönliche Interessen, alt eingesogene Vorurteile und Rücksichtsnahme auf die bestehenden Verhältnisse zum Drehen und Deuteln, zur Modifizierung und Abschwächung der Konsequenzen verführt.

Die Partei zeigt gerade jetzt unter dem Druck des Sozialistengesetzes, daß sie nicht gewillt ist, den Weg der gewaltsamen, blutigen Revolution zu gehen, sondern entschlossen ist, trotz mancher früheren Ungehörigkeiten und Ausschreitungen, die sie sich wie alle übrigen Parteien in ihrer Jugend hat zu Schulden kommen lassen, den Weg der Gesetzlichkeit, d. h. der Reform, zu beschreiten. Je ruhiger, sachlicher, überlegter sie also in ihrer Kritik der bestehenden Zustände und in ihren Vorschlägen zur Abänderung derselben auftritt, um so weniger kann der jetzt wieder gelungene Schachzug wiederholt werden, mit dem die bewußte Reaktion das Bürgertum durch die Furcht vor dem roten Gespenst in's Bockshorn gejagt hat. Um so weniger werden sich alle unabhängigen Menschen scheuen, mit den Proletariern Hand in Hand zu gehen, und sie werden sich nicht mehr irre führen lassen durch jene Verleumdungen, welche uns zu einer Bande 'verrückter Schwärmer', 'verbrecherischer Toren' und barrikadensüchtiger Lumpe machen.

Man verstehe uns wohl, wir plädieren nicht für ein Aufgeben unseres Programms und unserer Partei, wir meinen aber, daß wir für Jahre hinaus genug zu tun haben, wenn wir unsere ganze Kraft, unsere ganze Energie auf Erreichung gewisser naheliegender Ziele richten, welche unter allen Umständen errungen sein müssen, bevor an eine Realisierung der weitergehenden Bestrebungen gedacht werden kann.

(S. 91) Die einer falsch aufgefaßten Gerechtigkeitstheorie entsprungene doktrinäre Ansicht, nach welcher alle Menschen gleichbegabt sind und jeder verstehen kann, was der andere versteht, hat seit den Tagen ihrer Entstehung aus der 'Egalité' der ersten französischen Revolution viel Unheil angerichtet und besonders die Überhebung der halbgebildeten Schichten stark gefördert.

Es muß offen gesagt werden: die Gerechtigkeit fordert es weder, noch ist es durchzusetzen imstande, daß alle auf derselben Stufe der Bildung stehen. So schön und aus mancherlei Gründen wünschenswert das wäre, so unmöglich ist es infolge der großen Verschiedenheit in der Veranlagung. Darin besteht aber auch keineswegs die Gerechtigkeit, deren Ideal schon erreicht ist, wenn sich alle in gleichem Maße ihres Lebens freuen.

... Doch wir kommen von unserem Thema ab. Wir wollten hervorheben, daß die Halbbildung und das von ihr gepflegte vorlaute Mitsprechen über die schwierigsten Dinge auch diesem Vorurteil mit ihre Entstehung schuldet, wonach es keine Dinge geben dürfe, die nicht alle lernen und begreifen könnten. Jeder Psycholog, jeder Pädagog und auch jeder Reisende, welcher niedrig stehende Volksstämme studiert hat, weiß aus der Praxis das Gegenteil.

(S. 96) Wir sind mit unserer Kritik zu Ende. Sie entsprang aus der Überlegung, daß jetzt oder nie der geeignete Zeitpunkt sei, zu untersuchen, ob die Partei nicht selbst einige Schuld daran trägt, daß sie die Schlacht vom 21. Oktober 1878 verloren hat. Wir müssen bekennen: ja! sie ist nicht ganz ohne Schuld an dem Zustandekommen des Oktobergesetzes, denn sie hat den Haß der Bourgeoisie in unnötiger Weise vermehrt — allein mit diesem Zugeständnis ist natürlich noch kein Buchstabe des Gesetzes gegen die 'gemeingefährlichen Bestrebungen der Sozialdemokratie' moralisch gerechtfertigt. Wir sind überzeugt, daß die Partei auf dem besten Wege war, sich in manchen Beziehungen zu reformieren und daß sie die oben gerügten kleinen Schwächen bald durch eigene Initiative und Energie überwunden hätte — wenn ihr freies Wirken nicht beschränkt worden wäre. Wir können das mit vollkommener Sicherheit aussprechen, denn schon auf dem für den Sommer 1878 in Gotha projektierten Parteikongreß (welcher durch ein behördliches Verbot verhindert wurde) wären unzweifelhaft einige Hauptmißstände zur Sprache gekommen und würden Mittel gefunden worden sein, dieselben zu beseitigen.

70. Reichskanzler FÜRST BISMARCK an Kaiser Wilhelm I., Gastein, 31. August 1879, in: GP, Bd. 3, S. 26—36, Auszug, S. 27—31.
WA: WiA, Bd. 6, S. 347—357.

Die Sicherheit, welche wir in der Person des Kaisers Alexander früher zu finden glaubten, ist durch den letzten Brief Seiner Majestät und durch des Kaisers drohende Äußerungen gegen den Botschafter [1], auch der Form nach zerstört; sie läßt sich in der Art, wie sie früher bestand, nicht wiederherstellen. So gut wie der Kaiser Alexander dazu gebracht werden kann, wegen bulgarischer Lappalien nicht nur dem amtlichen Botschafter gegenüber, sondern in eigenhändigem Schreiben an Euere Majestät mit Krieg

[1] Der sogenannte Ohrfeigenbrief des Zaren an Kaiser Wilhelm I. vom 15. August 1879, GP 3, S. 14—16; die Äußerungen zum Botschafter von Schweinitz, ebda., S. 9 ff.

zu drohen, so gut wird er auch, und noch viel leichter, unter Fortsetzung der persönlichen Freundschaftsversicherungen diesen Krieg führen. Meines alleruntertänigsten Dafürhaltens mußte das Niederschreiben dieser Drohung gegen den nächsten Blutsverwandten und ältesten Freund mehr Überwindung kosten, als der etwaige Befehl, noch mehr russische Regimenter an der preußischen Grenze anzusammeln, als dort bisher schon stehen. Ich muß nach Pflicht und Gewissen Euerer Majestät versichern, daß ich als Euerer Majestät amtlich berufener Rat an die Zuverlässigkeit des Kaisers Alexander für Euere Majestät nicht mehr glaube, und daß ich es als meine unabweisliche Pflicht ansehe, bei Euerer Majestät auf die Herstellung einer gesicherten Anlehnung mit Österreich ehrfurchtsvoll anzutragen. Der Gedanke, daß ein Defensivbündnis mit Österreich als Ersatz der Garantien, welche früher der Deutsche Bund gewährte, den Abschluß der deutschen Politik Euerer Majestät zu bilden haben werde, ist für mich kein neuer. Ich habe schon bei den Friedensverhandlungen in Nikolsburg 1866 der tausendjährigen Gemeinsamkeit der gesamtdeutschen Geschichte gegenüber das Gefühl gehabt, daß für die Verbindung, welche damals zur Reform der deutschen Verfassung zerstört werden mußte, früher oder später ein Ersatz von uns zu beschaffen sein werde. Ich habe diesen Gedanken zurückgehalten, solange in der Person des Kaisers Alexander eine Bürgschaft dafür vorhanden zu sein schien, daß einstweilen auch die dem Herzen Euerer Majestät näherstehenden Beziehungen zu Rußland ausreichen würden, um Deutschland gegen die Gefahr europäischer Isolierung zu decken. In diesem Sinne habe ich in den letzten beiden Jahren mit aller Anstrengung und unter großer Schwierigkeit zu verhüten gesucht, daß Euere Majestät in die Lage kämen, zwischen Österreich und Rußland wählen zu sollen, weil ich wußte, wie peinlich Euerer Majestät der Entschluß dazu notwendig sein muß. Wenn ich auch seit Jahren sah, daß der Kaiser Alexander unser einziger Freund in Rußland war, so stand doch zu hoffen, daß Höchstderselbe nach seinen Jahren ebenso lange wie Euere Majestät noch regieren werde, und daß Allerhöchstdenselben das Erlebnis einer Trennung von der russischen Politik erspart sein werde, wenn auch für spätere Zeit Deutschland auf die Sympathie des russischen Thronfolgers sich keine Aussicht machen durfte.

Ich habe vor dem türkischen Kriege im November 1876 bei dem Fürsten Gortschakow den Versuch einer Sondierung gemacht, ob Rußland gegen wirksamere Unterstützung seiner orientalischen Politik durch Euere Majestät bereit sein werde, einen Garantievertrag für Elsaß-Lothringen mit Euerer Majestät abzuschließen. Der Fürst Gortschakow hat diesen meinen Versuch von Hause aus zurückgewiesen. Wenn mir diese damalige Ablehnung schon bedenklich war, so hat der feindliche Undank, mit welchem

Rußland Euerer Majestät freundliche und hilfreiche Neutralität während des Krieges, namentlich aber die wesentlichen und in der Geschichte ganz ungewöhnlichen Dienste aufnahm, welche Euere Majestät Rußland auf dem Kongreß leisteten, mich überzeugt, daß der Kaiser Alexander mit Bewußtsein sein Ohr der Wahrheit verschließt, und daß die öffentliche Verhetzung der russischen Stimmung gegen Deutschland mit dem Wissen Seiner Majestät erfolgt.

Nach den Erscheinungen der letzten Wochen aber halte ich es nicht mehr für möglich, eine Sicherstellung unserer Zukunft aufzuschieben. Ich würde auf eine einmalige Aufwallung noch nicht das Gewicht legen; eine solche ist auch bei dem Kaiser Alexander I. gelegentlich vorgekommen, und das Bündnis doch im ganzen zuverlässig geblieben, wenn auch vorwiegend im russischen Interesse gehandhabt. Heute aber liegt die Tatsache vor, daß der Kaiser Alexander schon seit zwei Jahren, teils selbst, teils durch den Fürsten Gortschakow Forderungen an Euere Majestät hat stellen lassen, die unabhängige Mächte sonst einander nicht zumuten, und in einer Tonart, wie sie zwischen solchen nicht üblich ist. Herr von Bülow wird Euerer Majestät aus unseren Archiven die Beweise dafür liefern können. Seit mehr als einem Jahre hat Seine Majestät sich en parti pris jeder wahren und gerechten Darlegung der Dienste verschlossen, welche Rußland vor und auf dem Kongreß durch Deutschland erwiesen sind. Vielmehr durfte seit dem Kongreß die offiziöse, ja sogar die amtliche russische Presse ('Correspondance russe', Poggenpohl, ein kaiserlicher Beamter) unter den Augen Seiner Majestät des Kaisers die aufregenden Verleumdungen gegen Deutschland verbreiten, welche wie eine bewußte Anbahnung zum Friedensbruch aussahen. Diese Erscheinungen sind dem Kaiser Alexander nicht unbekannt gewesen; Graf Schuwalow, Minister Walujew, Saburow und andere hohe Beamte und Diplomaten haben Seine Majestät unter Darlegung der bedenklichen Folgen auf diese Dinge aufmerksam gemacht, die Äußerungen des Kaisers gegen Euerer Majestät Botschafter stimmen auch mit denen der Presse, dem sachlichen Inhalte und der Tragweite nach, überein. Wird auf diese Weise wirklich die Verbitterung des unwissenden russischen Volkes gegen Deutschland vorbereitet, so geben die Miljutinschen Aufstellungen an der Grenze den Beweis, daß diese Vorbereitungen wenigstens bei diesem gegenwärtig einflußreichsten Minister ernstlich gemeint sind. Nach russischen Einrichtungen kostet es ein einziges kaiserliches Wort, nur eine Unterschrift, ohne Motive, ohne Verantwortlichkeit, und der Krieg ist da, die Weichselarmee kann sofort bei uns einrücken. Den Glauben, daß der Kaiser Alexander niemals durch dieselben Einflüsse, welche seit Jahr und Tag seine Entschließungen beherrschen, bewogen werden könnte, jene eine Unterschrift zu geben, diesen Glauben kann ich nach dem jüngsten Verhalten Seiner Majestät nicht mehr aufrechthalten, ohne mit meinem amtlichen Pflichtgefühl in Konflikt zu kommen. Ich halte einen Krieg mit Rußland für das größte Übel, welches uns auf diesem Gebiete widerfahren kann, schon weil er für uns kein Kampfziel hat, als nur die Abwehr eines barbarischen Angriffs. Aber wenn wir uns fragen, wie wir den Eintritt dieses Übels verhüten können, so kann ich das wahrscheinlichste Mittel dazu nicht mehr in der Gesinnung des Kaisers Alexander suchen.

Selbst wenn der Zar öffentlich anerkennen würde, daß Deutschland sich die vollste Dankbarkeit aller Russen erworben habe, kann das doch das Vertrauen nicht festhalten, daß der Kaiser unabhängig genug sei, um auf die Dauer den sich gleichbleibenden Einflüssen der Feinde Deutschlands Widerstand zu leisten.

Das einzige wirksame Mittel, unseren Frieden sicherzustellen, sehe ich in einem Defensivbündnis zur Wahrung desselben. Es mag vom russischen Standpunkte aus leicht erscheinen, von Warschau aus entweder Preußen oder Österreich anzugreifen, und Polen ist, solange beide deutsche Mächte getrennt sind, eine mächtige Angriffsposition gegen jede von ihnen. Sind sie aber einig und wehren sich gleichzeitig, so wird die Stellung mehr zu einer Sackgasse für Rußland. Meine amtliche Überzeugung geht dahin, daß wir das Bündnis nur zu schließen brauchen, um den Krieg zu verhindern. Rußland wird Frieden halten, wenn es die deutschen Mächte ohne aggressive Tendenz zur Abwehr geeinigt weiß: es wird aber in absehbarer Frist den Frieden brechen, wenn diese Einigung unterbleibt. Wenn Österreich also zu dieser Einigung, ohne daß Deutschland weitere Pflichten übernimmt, bereit ist, so würde ich es mit meinen amtlichen Pflichten und mit meinem Gewissen nicht in Übereinstimmung bringen können, wenn diese Gelegenheit, Deutschland und seinen Frieden zu decken, versäumt würde. Für Rußland könnte eine solche Defensivallianz nichts Verletzendes haben, da ihr jede Absicht und jede Möglichkeit zum Angriff fehlt, und da ein ähnliches Assekuranzbündnis zwischen Preußen und Österreich in Gestalt des früheren Deutschen Bundes 50 Jahre lang in völkerrechtlicher Wirksamkeit war, ohne jemals von Rußland als eine Bedrohung oder Verletzung empfunden zu werden. Ähnlich wie damals würde auch künftig Rußland jederzeit der Dritte in diesem Bunde der beiden deutschen Mächte wiederum werden können, wenn es sich nur entschließen kann, ebenso wie zur Zeit des Deutschen Bundes auf seiner Westgrenze Frieden zu halten. Eine aggressive oder bedrohliche Tendenz gegen Rußland würde unser Bündnis niemals haben, und wenn Österreich Rußland angreifen wollte, so würde es das ebensogut, wie zur Zeit des Deutschen Bundes, auf eigene Gefahr und ohne uns tun müssen. Dadurch würde auch Rußland gegenüber jede aggressive Tendenz des neuen westmächtlich-österreichischen Bündnisses, welches in der Bildung begriffen ist, gehemmt werden.

Damit komme ich zu einer anderen Seite der Frage.

Bei der Enthaltung Deutschlands haben die Interessen der Mächte, ohne besonderen Plan und Berechnung, schon jetzt zu derselben Gruppierung Rußland gegenüber geführt wie 1854. Die beiden Westmächte und Österreich stimmen in allen orientalischen Fragen geschlossen und ohne Ausnahme gegen Rußland, und in meinen Verhandlungen mit Grafen Andrássy habe ich die Überzeugung gewonnen, daß Österreich sowohl wie Frankreich sich England gegenüber durch Versprechungen für diese Haltung gebunden haben, ein Verhältnis, welches bei längerer Dauer mit großer Wahrscheinlichkeit zu engerer Anlehnung zwischen Österreich und Frankreich führen muß. Die Wahl des Botschafters Haymerle zum Nachfolger Andrássys und insbesondere des Unterstaatssekretärs Kállay deuten darauf hin, daß Österreich sich die Annäherung an Frankreich offen halten will; es ist in diesem Sinne sogar von der Kandidatur des Fürsten Metternich als Nachfolger Andrásssys die Rede gewesen. Wenn Österreich bei Deutschland keinen Schutz gegen unberechenbare Entschließungen Rußlands findet, so wird es dem Bedürfnis, bei Frankreich Anlehnung zu suchen, auf die Dauer nicht widerstehen, denn England kann ihm auf dem Kontinente nicht hinreichenden Beistand leisten; es wird also in dem westmächtlichen Bunde Österreich in seiner vorgeschobenen Stellung auf die Länge mehr von Frankreich als von England abhängig werden. Eine österreichisch-französische Intimität birgt aber für Deutschland dieselben Gefahren, wie eine österreichisch-russische; wie die letztere durch Frankreich, so kann die erstere jederzeit durch die launenhaften Entschließungen der russischen Politik zu einer erdrückenden Tripelallianz gegen Deutschland werden. Ein dauerndes Friedensbündnis zwischen Österreich und Deutschland würde allein die Möglichkeit der Herstellung jener bedrohlichen Tripelallianz aus dem 7jährigen Kriege verhindern können. An dieses Bündnis der beiden mitteleuropäischen Kaiserreiche würde England dann sehr gern eine feste Anlehnung nehmen.

Die einstweilen zunächst liegende Gefahr einer russisch-französischen Allianz gegen uns würde damit auch, soweit menschliche Kräfte reichen, beschworen sein. Das jetzige Frankreich würde sich jedenfalls zu einem Kriege gegen uns nur sehr schwer entschließen, wenn es befürchten müßte, England unter seinen Gegnern zu finden. Dennoch aber würde, wenn den französischen Chauvins die günstige Gelegenheit sich böte, daß Deutschland von Rußland angegriffen würde, die französische Regierung vielleicht nicht stark genug sein, die Revanche-Gelüste der Nation im Zaume zu halten, namentlich, solange wir isoliert sind. Sind wir aber mit Österreich verbündet, so glaube ich, daß in erster Linie der russische Angriff überhaupt unterbleibt, und fände er dennoch statt, daß dann England uns mit Österreich zusammen stark genug findet, um sich uns beiden anzuschließen. Dann würde ein russischer Angriffskrieg vielleicht doch nicht auf Teilnahme Frankreichs rechnen können.

71. HEINRICH VON TREITSCHKE, Unsere Aussichten, in: Preußische Jahrbücher, Bd. 44, 1879, S. 559—576, Auszug, S. 565 ff.
WA: Heinrich von Treitschke, Zehn Jahre deutscher Kämpfe. Schriften zur Tagespolitik. Zweite Auflage fortgeführt bis zum Jahre 1879, Berlin 1879, S. 828—845, Auszug, S. 833 und S. 838—842.

Treitschke bespricht zunächst die orientalische Frage und die Entwicklung des deutsch-russischen Verhältnisses.

Das Schutz- und Trutzbündnis mit Österreich schob den Gefahren, die von Osten her drohten, einen Riegel vor; der russische Kanzler empfing die Lehre, daß unser Reich nicht mehr das Preußen Friedrich Wilhelms IV. ist, und schon jetzt läßt sich erkennen, daß unser leitender Staatsmann den östlichen Nachbarn ganz richtig behandelt hat. Das Petersburger Kabinett beginnt offenbar einzulenken, und es hat guten Grund dazu, denn der blinde Eifer der Panslawisten ist für Rußland selbst kaum minder bedenklich als für Deutschland; käme diese Partei je an's Ruder, so würde sie den Staat nach außen in eine abenteuerliche Politik verwickeln, im Innern die Gefahren der Anarchie heraufbeschwören. Trotz der Rede des Grafen Salisbury und der perfiden Prahlereien der englischen Presse wird man in Petersburg sehr wohl wissen, daß weder der Berliner noch der Wiener Hof gesonnen ist, britische Politik zu treiben und etwa die kleinasiatischen Pläne Lord Beaconsfields zu unterstützen. Die neue Allianz bezweckt lediglich ehrliche Ausführung des Berliner Vertrags, der die Verhältnisse Zyperns und Kleinasiens nicht berührt, Sicherung des Besitzstandes und vielleicht auch ein gemeinsames Vorgehen der Verbündeten in Sachen der aegyptischen Staatsgläubiger, aber sicherlich nichts, was dem russischen Interesse zu nahe träte. Einer Wiederannäherung der drei Kaisermächte steht nichts im Wege. In der Tat hat die russische Presse bereits den Befehl erhalten, sich zu mäßigen; man bemüht sich in Petersburg, wieder in das alte Geleise zurückzukehren. Doch leider hinterlassen so ernste Zerwürfnisse, wie sie in den jüngsten Monaten sich abspielten, immer tiefe Spuren. Der neue glänzende Erfolg der deutschen Friedenspolitik hat die Zahl unserer geheimen Neider an der Newa gewiß nicht vermindert, und wir wissen jetzt aus Erfahrung, wie schnell dort der Wind umschlagen kann: solange der geheimnisvolle Dualismus innerhalb der russischen Regierungskreise fortbesteht, wird das alte Vertrauen schwerlich wiederkehren.

In den folgenden Abschnitten werden Österreichs Balkan-Interessen besprochen.

Nicht bloß die Franzosen, die hinter jedem Schritte der deutschen Politik teuflische Pläne wittern, nicht bloß die Italiener, die leider bei allen Wandlungen der Weltlage sogleich begehrlich an Triest und das Trentino denken, sondern auch unbefangene Fremde, ja wohl die meisten Ausländer hegen den stillen Verdacht, der große deutsche Versucher habe den Nachbarstaat absichtlich in die dornigen Pfade der orientalischen Politik gedrängt, um späterhin desto sicherer die deutsch-österreichischen Lande an sich zu reißen. Wir Deutschen können zu solcher Überklugheit nur lächeln. Niemand auf der Welt hat besseren Grund als wir, den Bestand des Gesamtstaates Österreich ehrlich zu wünschen. Eben jetzt geht ja die alte einst von den Großdeutschen verhöhnte Weissagung der Gothaer in Erfüllung: die Interessengemeinschaft zwischen den beiden Mächten ist nach der vollzogenen politischen Trennung inniger denn je zuvor; eine feste wirtschaftliche Verbindung wird nun erst möglich, nachdem das Haus Lothringen die Herrschaft über uns verloren hat. Doch wir dürfen auch nicht übersehen, daß sich der Staatskunst Österreichs heute eine ganz neue Welt voll schwierigen Aufgaben eröffnet hat: lockende Ziele, furchtbare Gefahren, unberechenbare Schicksalswechsel liegen auf dieser Bahn. Für jetzt sind wir der guten Bundesgenossenschaft sicher. Immerhin bleibt es befremdlich, daß unser treuester Freund in Österreich, Graf Andrassy, soeben gefallen ist. In dem endlosen Wechsel der politischen Systeme, der Österreichs jüngste Geschichte füllt, stand bisher nur die eine Regel fest: daß ein gestürztes System niemals wiederkehrte.

Wohin wir auch blicken, überall erweckt die schwerste der europäischen Fragen, nun sie einmal in's Rollen kam, das Gefühl der Unsicherheit. Was wir in solcher Lage vor allem brauchen, ist eine starke Regierung, treue Eintracht zwischen der Krone und dem Volke. Die preußische Wählerschaft hat diese Notwendigkeit begriffen. Wir wollen Frieden mit der Regierung — das war der Sinn der jüngsten Wahlen. Nicht ein künstlicher Druck von oben her, sondern der freie Wille der Wähler hat die Reihen der konservativen Parteien im Landtag verstärkt, ja die konservative Strömung ist im Volke sogar noch stärker, als sie nach dem Ausfall der Wahlen erscheint; manche liberalen Abgeordneten verdanken die Behauptung ihres Mandats nur persönlicher Achtung oder alter Gewohnheit oder auch der Schwierigkeit neuer Parteigruppierungen im Wahlbezirke. Die Nation ist des Gezänks ihrer Parlamente bis zum Ekel überdrüssig; selbst die Gegner der neuen Wirtschaftspolitik scheinen in ihrer großen Mehrheit entschlossen, den Erfolg der Reformen gelassen abzuwarten und nach den Tatsachen zu urteilen. Die Fortschrittspartei sieht sich auf einige große Städte und wenige zerstreute Wahlkreise beschränkt. Innerhalb der nationalliberalen Fraktion räumten die Wähler rücksichtslos auf. Die Verehrer der bekannten 'großen liberalen Partei' sind bis auf wenige verschwunden, obgleich sie die Wahlbewegung fast ausschließlich leiteten; das Volk will sich nicht mehr von Coterien gängeln lassen. Die Fraktion zeigt im Landtage ein durchaus anderes Gesicht als auf dem letzten Reichstage, ihre gemäßigten Elemente behaupten entschieden die Oberhand. Seit dem Beginne der Verhandlungen hat die Fortschrittspartei keine Gelegenheit versäumt, der Regierung leichte Triumphe zu bereiten; und mag auch noch mancher heiße Tag bevorstehen, so scheint doch die Hauptaufgabe der Session, die Verständigung über das Staatseisenbahngesetz, gesichert — ein neuer Schritt vorwärts zur Kräftigung der Reichsgewalt.

Unterdessen arbeitet in den Tiefen unseres Volkslebens eine wunderbare, mächtige Erregung. Es ist als ob die Nation sich auf sich selber besänne, unbarmherzig mit sich in's Gericht ginge. Wer, wie der Schreiber dieser Zeilen, die letzten Monate im Auslande verlebte und nun plötzlich wieder eintritt in die stürmische deutsche Welt, der erschrickt fast vor diesem Erwachen des Volksgewissens, vor diesen tausend Stimmen, die sich unter einander entschuldigen oder verklagen. Der Hergang ist umso erstaunlicher, da er sich fast ganz unabhängig von der Presse vollzieht; denn noch nie sind unsere Zeitungen so wenig ein treues Spiegelbild der öffentlichen Meinung gewesen. Wenn man die Mehrzahl der deutschen Blätter durchmustert, so sollte man meinen, die liberalen Wunschzettel der sechziger Jahre und der naive Glaube an die unfehlbare sittliche Macht der 'Bildung' beherrschten noch immer unser Volk. In Wahrheit steht es anders. Die wirtschaftliche Not, die Erinnerung an so viele getäuschte Hoffnungen und an die Sünden der Gründerzeiten, der Anblick der zunehmenden Verwilderung der Massen, die mit der Verbreitung der Geheimkünste des Lesens und Schreibens mindestens gleichen Schritt hält, und nicht zuletzt das Gedächtnis jener Greueltage vom Frühjahr 1878 — das alles hat Tausende zum Nachdenken über den Wert unserer Humanität und Aufklärung gezwungen. Tausende fühlen, daß wir Gefahr laufen, über unserem Bildungsdünkel den sittlichen Halt des Menschenlebens ganz zu vergessen. Während breite Schichten unseres Volks einem wüsten Unglauben verfallen, ist in anderen der religiöse Ernst, der kirchliche Sinn unverkennbar wieder erstarkt. Auf der evangelischen Generalsynode fiel manches häßliche zelotische Wort; die alte Theologensünde, die Gleichgültigkeit gegen das positive Recht des weltlichen Staates, verriet sich in einzelnen unerfreulichen Beschlüssen; der hoffentlich unausführbare Versuch, die theologischen Fakultäten der kirchlichen Parteiherrschaft zu unterwerfen, erregte gerechtes Befremden; aber eines haben diese Verhandlungen auch den Gegnern bewiesen: daß diese Kirche noch lebt, daß sie eine wirksame Macht ist, festgewurzelt im Volke, voll sittlichen Ernstes und keineswegs arm an geistigen Kräften.

Das erwachte Gewissen des Volks wendet sich vornehmlich gegen die weichliche Philantropie unseres Zeitalters. Recht als ein Zeichen der Zeit erschien in den letzten Wochen die Schrift von O. Mittelstädt 'Gegen die Freiheitsstrafen' — ein kräftiger Protest wider jene Verhätschelung und Verzärtelung der Verbrecher, welche unsere Zuchthäuser übervölkert hat und zur Grausamkeit gegen die rechtschaffenen Leute wird. Warum ist diese streng sachlich gehaltene Schrift bereits durch Entrüstungsmeetings und grimmige Verachtungsresolutionen der radikalen Parteien beantwortet worden? Weil die Helden der philantropischen Phrase im Stillen fühlen, daß der tapfere Verfasser, obwohl seine Sätze im einzelnen sich vielfach bestreiten lassen, im wesentlichen doch nur ausspricht, was Hunderttausende denken. Der ganze Zug der Zeit drängt dahin, daß die unerbittlich strenge Majestät des Rechts in unseren Gesetzen wie in ihrer Handhabung wieder zur vollen Anerkennung gelangen muß.

Unter den Symptomen der tiefen Umstimmung, welche durch unser Volk geht, erscheint keines so befremdend wie die leidenschaftliche Bewegung gegen das Judentum. Vor wenigen Monaten herrschte in Deutschland noch das berufene „umgekehrte Hep Hep Geschrei". Über die Nationalfehler der Deutschen, der Franzosen und aller anderen Völker durfte jedermann ungescheut das Härteste sagen; wer sich aber unterstand, über irgend eine unleugbare Schwäche des jüdischen Charakters gerecht und maßvoll zu reden, ward sofort fast von der gesamten Presse als Barbar und Religionsverfolger gebrandmarkt. Heute sind wir bereits so weit, daß die Mehrheit der Breslauer Wähler — offenbar nicht in wilder Aufregung, sondern mit ruhigem Vorbedacht — sich verschwor, unter keinen Umständen einen Juden in den Landtag zu wählen; Antisemitenvereine treten zusammen, in erregten Versammlungen wird die 'Judenfrage' erörtert, eine Flut von judenfeindlichen Libellen überschwemmt den Büchermarkt. Es ist des Schmutzes und der Roheit nur allzu viel in diesem Treiben, und man kann sich des Ekels nicht erwehren, wenn man bemerkt, daß manche jener Brandschriften offenbar aus jüdischen Federn stammen; bekanntlich sind seit Pfefferkorn und Eisenmenger die geborenen Juden unter den fanatischen Judenfressern immer stark vertreten gewesen. Aber verbirgt sich hinter diesem lärmenden Treiben wirklich nur Pöbelroheit und Geschäftsneid? Sind diese Ausbrüche eines tiefen, lang verhaltenen Zornes wirklich nur eine flüchtige Aufwallung, so hohl und grundlos wie einst die teutonische Judenhetze des Jahres 1819? Nein, der Instinkt der Massen hat in der Tat eine schwere Gefahr, einen hochbedenklichen Schaden des neuen deutschen Lebens richtig erkannt; es ist keine leere Redensart, wenn man heute von einer deutschen Judenfrage spricht.

Wenn Engländer und Franzosen mit einiger Geringschätzung von dem Vorurteil der Deutschen gegen die Juden reden, so müssen wir antworten: Ihr kennt uns nicht; Ihr lebt in glücklicheren Verhältnissen, welche das Aufkommen solcher 'Vorurteile' unmöglich machen. Die Zahl der Juden in Westeuropa ist so gering, daß sie einen fühlbaren Einfluß auf die nationale Gesittung nicht ausüben können; über unsere Ostgrenze aber dringt Jahr für Jahr aus der unerschöpflichen polnischen Wiege eine Schar strebsamer hosenverkaufender Jünglinge herein, deren Kinder und Kindeskinder dereinst Deutschlands Börsen und Zeitungen beherrschen sollen; die Einwanderung wächst zusehends, und immer ernster wird die Frage, wie wir dies fremde Volkstum mit dem unseren verschmelzen können. Die Israeliten des Westens und des Südens gehören zumeist dem spanischen Judenstamme an, der auf eine vergleichsweise stolze Geschichte zurückblickt und sich der abendländischen Weise immer ziemlich leicht eingefügt hat; sie sind in der Tat in ihrer großen Mehrzahl gute Franzosen, Engländer, Italiener geworden — soweit sich dies billigerweise erwarten läßt von einem Volke mit so reinem Blute und so ausgesprochener Eigentümlichkeit. Wir Deutschen aber haben mit jenem polnischen Judenstamme zu tun, dem die Narben vielhundertjähriger christlicher Tyrannei sehr tief eingeprägt sind; er steht erfahrungsgemäß dem europäischen und namentlich dem germanischen Wesen ungleich fremder gegenüber.

Was wir von unseren israelitischen Mitbürgern zu fordern haben, ist einfach: sie sollen Deutsche werden, sich schlicht und recht als Deutsche fühlen — unbeschadet ihres Glaubens und ihrer alten heiligen Erinnerungen, die uns allen ehrwürdig sind; denn wir wollen nicht, daß auf die Jahrtausende germanischer Gesittung ein Zeitalter deutsch-jüdischer Mischkultur folge. Es wäre sündlich, zu vergessen, daß sehr viele Juden, getaufte und ungetaufte, Felix Mendelssohn, Veit, Rießer u. a. — um der Lebenden zu geschweigen — deutsche Männer waren im besten Sinne, Männer, in denen wir die edlen und guten Züge deutschen Geistes verehren. Es bleibt aber ebenso unleugbar, daß zahlreiche und mächtige Kreise unseres Judentums den guten Willen, schlechtweg Deutsche zu werden, durchaus nicht hegen. Peinlich genug, über diese Dinge zu reden; selbst das versöhnliche Wort wird hier leicht mißverstanden. Ich glaube jedoch, mancher meiner jüdischen Freunde wird mir mit tiefem Bedauern Recht geben, wenn ich behaupte, daß in neuester Zeit ein gefährlicher Geist der Überhebung in jüdischen Kreisen erwacht ist, daß die Einwirkung des Judentums auf unser nationales Leben, die in früheren Tagen manches Gute schuf, sich neuerdings vielfach schädlich zeigt.

72. FRANZ HITZE, Die Quintessenz der sozialen Frage, Paderborn: Bonifacius-Druckerei 1880, Auszug, S. 24—32.

Der 'Sozialismus' will alles total egalisieren und mechanisieren. Der Staat soll Alles sein, die ganze Produktion und Verteilung ausschließlich in die Hand nehmen. Da ist der Sozialismus auf die Spitze getrieben. Dieser ist weder als Ideal zu rechtfertigen, noch der Gerechtigkeit (dem bestehenden Eigentumsrecht) entsprechend, noch praktisch durchführbar, noch endlich in den faktischen Voraussetzungen — allgemein herrschender Großbetrieb — zutreffend.

Sozialismus muß sein weil und soweit die Produktionsweise sozialistisch ist. Nicht alle Produktionszweige sind gleich sozialistisch, deshalb auch der einzuführende rechtliche Sozialismus nicht. Daraus folgt schon, ganz nach 'sozialistischen' Prinzipien, daß der Sozialismus sich an die besonderen großen Produktionszweige anschließen muß. Mit anderen Worten: der Sozialismus kann bloß ständische Form annehmen.

Sozialistische Organisation der Stände: das erscheint uns als die Lösung der sozialen Frage. Dieselbe ist nichts neues: das Mittelalter hatte sie. Die Zünfte waren sozialistische Organisationen, deren Sozialismus gegenüber der persönlichen Freiheit und dem persönlichen Eigentums- und Arbeitsrecht oft sogar (in der späteren Periode) viel zu weit ging, ebenso gut, wie nach der anderen Seite hin der Liberalismus mit seiner absoluten persönlichen Freiheit, seinem absoluten persönlichen Eigentums- und Arbeitsrecht zu weit geht. Aber ihrem Wesen nach waren die Zünfte ein Muster der Organisation von Eigentum und Arbeit. Solche zünftige Organisationen aller unserer Stände: das erscheint uns als das Ziel der Zukunft, als der einzige Weg, die Übermacht des Kapitals und der Maschine zu brechen, die Fortschritte der Produktion für das Ganze dienstbar zu machen. Natürlich, um es nochmals zu sagen: auf erweiterter wirtschaftlicher und demokratischer Grundlage.

Für das Handwerk hat man eine solch' zünftig-sozialistische Reorganisation schon längst verlangt. Freilich macht man noch wenig ernst damit. Immer möchte man noch die 'freie Innung' einschmuggeln. Als wenn nicht der Zwang gerade das Wesen der Zunft ausmachte! Eine Innung ohne

Zwang ist ein Messer ohne Klinge. Die Übermacht des Kapitals wird man damit nicht beschneiden. Und das ist doch unser Zweck. Eine Arbeits-Ordnung (im Gesellen-Lehrlingswesen etc.) wird damit auch nicht gesichert; denn Ordnung erfordert Zwang. Alle Versuche gemeinsamer Unternehmungen zur Aneignung der Vorteile der kapitalistischen Betriebsweise werden an dem Widerstande kapitalstarker Genossen scheitern, da sie sich selbst genügen, die Vorteile lieber für sich behalten. Wozu die Innung, wenn eine Fabrik, ein Magazin die ganze Innung aus den Angeln heben kann? Das Handwerk fordert Zwangs-Innung, wirklich zünftige Organisation, mit umfassender Gewalt ausgestattet, sein 'Arbeitsrecht' zu wahren, alle wirtschaftlichen Veranstaltungen, für welche die 'individuelle Selbsthilfe' nicht ausreicht, von Zunftwegen, gemeinsam ins Leben zu rufen. Und solche 'zünftige' Organisation fordern wir auch für den Bauernstand, für die Groß-Industrie und den Groß-Grundbesitz, für Groß- und Kleinhandel, für den Stand der Lohnarbeiter.

Um diese Reorganisation zu ermöglichen, müssen vor allem 'Organe' geschaffen werden, von denen diese Reorganisation auszugehen hat, resp. an die sie sich anschließen kann. Das beste und nächste Mittel dazu scheint uns ständische Interessenvertretung. Auch dieser Vorschlag ist nicht neu, nur betonen wir nicht so sehr die politische, als die sozial-wirtschaftliche Bedeutung, die sie in ihrer Weiterentwicklung für die Zukunft haben könnte und müßte.

Es gibt berechtigte ständische Interessen. Diese müssen aber auch im Recht ihren Ausdruck finden. Das führt zu einem ständischen Rechte. Das Recht soll geschaffen werden unter Mitwirkung der Beteiligten. So forderts das natürliche Recht, so anerkennt's auch unsere — demokratische — Zeit. Ständisches Recht fordert also auch ständische Vertretung zur Schaffung dieses Rechts. Da müssen also die einzelnen Glieder der einzelnen Stände in Gemeinde, Provinz, Staat, Vertreter, Ausschüsse wählen, um, sei es in der 'volkswirtschaftlichen', sei es in der politischen Kammer, ihre ständischen Interessen zu beraten und ihnen gesetzgeberischen Ausdruck zu geben. Wir lassen unentschieden, ob diese ständische Vertretung neben unsere heutigen politischen Kammern zu stellen wäre oder ob diese Kammern einfach in ständische zu verwandeln wären *. Die Hauptsache ist:

* Das ständische Wahlsystem scheint uns die einzig richtige Vermittlung zwischen dem Zensus- und dem demokratischen Wahlsystem. 'Gleichberechtigung der Berufsstände' ist das demokratische, 'nur in und mit dem Stande' ist das konservative, echt soziale Element. Die jetzigen Wahlsysteme führen zur Herrschaft der 'Klasse' — der Bourgeoisie oder des Proletariats. Die gesellschaftlichen Unterschiede und Gegensätze werden sich auch stets in der Politik geltend machen. Warum das nicht offen anerkennen, nicht gleich mit in die Rechnung aufnehmen?

Wir hätten wieder 'Vertreter des Volkes', wie es leibt und lebt und arbeitet, wir hätten geeignete Organe zur Schaffung eines ständischen Rechts zum Schutz nach außen, gegenüber den anderen Ständen, zum Schutze nach innen, gegenüber böswilligen, eigensüchtigen Genossen, Organe, die ihre Tätigkeit immer mehr befestigt im öffentlichen Vertrauen, nach unten wie nach oben, denen auch bald Gerichtsbarkeit und Verwaltung zufallen würde. Es müßten ihnen umfassende Rechte auch zu gemeinsamen wirtschaftlichen Reformen in die Hand gelegt werden. Kurz, es müßte der Anstoß zu einer Bewegung werden, deren Endziel wir gar nicht absehen.

Gerade die Großindustrie bedarf der Organisation und der gesetzlichen Schützung dieser Organisation am dringendsten. Die 'Anarchie der Produktion' kann nur durch eine über- und durchgreifende — autoritative — Organisation gehoben werden. Ordnung der Produktion so, wie es der gesellschaftliche Bedarf erfordert: Das ist eine absolute Forderung, auf der Gesellschaft und Staat wie auch der einzelne Produzent, der ja dabei seine eigene Haut zu Markte trägt, um jeden Preis bestehen müssen. Nichts beweist mehr den unpraktischen blinden Doktrinarismus 'des gebildeten Bürgertums', als daß es in dieser Beziehung noch nichts gelernt, noch nichts getan hat. Die stets wachsenden Krisen werden ihm schon 'Dialektik einpauken'.

Wenden wir uns zum Gegenpol — den Lohnarbeitern. Die Notwendigkeit ständischer Organisation hat die Gewerkvereine ins Leben gerufen. Leider sind sie einerseits politische Parteischöpfungen, anderseits entbehren sie des festen Gefüges, dessen sie bedürfen und das ihnen nur die Gesetzgebung sichern kann. Wollen und sollen die Arbeiter aber eine Besserung ihrer Lage erreichen, wollen sie aus ihrer proletarischen Existenz heraus, dann müssen sie sich organisieren. Die Fabrikarbeiter erfreuen sich schon einer ständischen (Schutz-)Gesetzgebung, aber diese bedarf noch einer bedeutenden Ausdehnung. Soll dieselbe durchgreifend und praktisch

Der Kampf der Interessen besteht; man kann ihn ignorieren, aber nicht aus der Welt schaffen. Warum nicht mit offenem Visier kämpfen? Warum nicht legitime Organe schaffen, zum Ausgleich der Interessen? Kampf ist Leben, der Kampf ist noch kein Unglück. Aber er muß legitim geführt werden, die Zentralgewalt muß stark genug sein, ihn in Schranken zu halten. So kann auch die Zentralgewalt ('Monarchie') nur gewinnen, weil alle Beteiligten für ihre Erhaltung interessiert sind. Denn den Kampf bis zum Umsturz will kein Stand — höchstens das Proletariat. Eine 'Partei' ist dazu leicht bereit, weil persönliche Anschauungen und Interessen sie beherrschen; ein 'Stand' oder gar die Mehrzahl der Stände nicht, weil da das Individuum zurücktritt, persönlicher Ehrgeiz und Leidenschaft durch den Stand in Schach gehalten werden.

werden, so muß sie von den Arbeitern selbst in die Hand genommen werden, und das erfordert Organisation. Noch bedeutsamer wird diese, wenn wir das Ziel der Zukunft: Brechung des reinen Lohnsystems — Verwandlung desselben in feste Besoldung — ins Auge fassen. Daß das Verhältnis von Unternehmer und Arbeiter mehr Stetigkeit, mehr Gegenseitigkeit annehmen muß, dem kann doch unser 'humanes' und 'demokratisches' Zeitalter sich nicht auf die Dauer verschließen. Der Lohnarbeiter ist mehr als eine 'Ware', die bloß gekauft wird, wo und soweit es Profit einbringt. Der Arbeiterstand hat ein 'Recht auf Arbeit', auf den Mitgenuß des (nationalen) Kapitals und seiner Früchte, mag dieses Recht auch noch so ideal, abstrakt und allgemein sein. Daraus folgt aber auch sein Mit-Recht zur Ordnung der Produktion.

Am meisten individualistisch erscheint der Bauernstand. Bauernstolz und Bauerneigensinn wollen noch wenig wissen von 'zünftiger' genossenschaftlicher, ständischer Organisation. Aber die zunehmend industrielle Gestaltung der Produktionsweise, die wachsende Bedeutung der Wissenschaft, der Maschine (Agriculturchemie) und des Kapitals zwingt den Bauer, will anders er sich gegenüber dem Großbetrieb behaupten, sich sozialistisch zu organisieren. Gemeinsame Anlegung von landwirtschaftlichen Schulen, Versuchsstationen, industriellen Anlagen (zur Beschäftigung der Arbeiter im Winter, zur Erhaltung des Abfalles der Fabrikationsgüter, zur besseren Verwertung seiner Produkte auf dem Markte), gemeinsame Verwendung von Maschinen, gemeinsame Meliorationen (Wiesenbau, Dränierung etc.), Konsolidierung der Güter, gemeinsamer Einkauf und Absatz, gemeinsame Bauten (Wege, Remisen etc.) — alles das fordert feste Organisierung, kann, wie der Bauer nun einmal ist, nur zwangsgenossenschaftlich erreicht werden. Dieses aber auch wieder um so leichter, als alle diese Unternehmungen nicht über die (ländliche) Gemeinde hinausgreifen.

Die Notwendigkeit ständischer Gesetzgebung für den Bauernstand wird schon anerkannt. Wucherfreiheit, Wechselrecht und gleiche Erbteilung eignen sich für ihn nicht. Die Ordnung des Erbrechts und des Hypothekenrechts sind wirklich eine Lebensfrage für unsere Bauern. Und doch, eine allgemeine schablonenhafte Behandlung ist hier rein unmöglich; sie muß sich den lokalen, ja den persönlichen Verhältnissen anlehnen. Die Frage der Verschuldung wie die Frage der Erbteilung kann nur von den jedesmaligen Standesgenossen nach den jedesmaligen konkreten Verhältnissen entschieden werden. Wenn eine Ordnung in dieser Beziehung stattfinden, geschaffen werden soll, — und das muß geschehen — dann müssen erst Organe da sein, denen die Ausführung in die Hand gegeben werden kann: der Bauernstand muß sich organisieren.

Überhaupt, bei Lösung aller sozialen Fragen ist die ständische Gliederung die Grundvoraussetzung. Nehmen wir z. B. die Frage des Kredits: soll der Zentralisation, der Verschleuderung desselben an betrügerische, unrentable Unternehmungen, soll der Überwucherung und Absorbierung der Selbständigkeit ein Ende gemacht werden, soll derselbe eine wirklich soziale und mehr demokratische Form annehmen, 'organisiert' werden, dann kann das nur im Anschluß an die ständische Organisation geschehen. Mittelst der ständischen Organe wird das Leihkapital sich in alle Glieder des gesellschaftlichen Organismus verbreiten, so wirklich eine soziale Mission erfüllen **. Nehmen wir einen andern Punkt: Betrug und Fälschung. Auch hier können nur die Berufsgenossen sich gegenseitig wirksam überwachen. Sie haben selbst das größte Interesse daran. Man gebe ihnen mit umfassenden Rechten ausgestattete Selbstverwaltungsorgane, und sie werden schon sorgen. Diese Organe werden über die geschäftliche Ehre wachen, und auch den Sinn für die 'Ehre' im weiteren Sinne, die sittliche Ehre wieder wecken ('Ehrengericht'). Ständische Organisation wird auch wieder die ständische Sitte beleben, und das ist ein herrlicher Gewinn.

Nicht minder hoch schlagen wir die Wirkungen ständischer Organisation in politischer Beziehung an. Nicht die 'Phrase', nicht die 'Partei', sondern die realen Bedürfnisse des Lebens kämen wieder zur Geltung. Wir würden wieder konservativ in unserer Politik werden. Der ernste Berufsmann, geschult im praktischen Leben, in der Schule der Selbstverwaltung, käme wieder zu Wort, unsere Berufspolitiker wären lahmgelegt. Dann könnte auch von Freiheit und Selbstverwaltung gesprochen werden, wäre es aus mit der Tyrannei des Bürokratismus. Dann hätten wir ein wirksames Gegengewicht gegen die politischen Zentralisationstendenzen und den Despotismus von Partei und Fürstengewalt. Dann wären auch Garantien gewonnen für Ausdehnung des Staats- und Gemeinde-Sozialismus. Es gibt eine ganze Reihe von Produktionsgebieten, die dem Staate, noch mehr, die der Gemeinde zugewiesen werden sollten, sowohl im Interesse der Produktion, als besonders im Interesse der Verteilung — damit sie allen zugute kommt —, allein politische Bedenken und der Mangel geeigneter Verwaltungsorgane mahnt zur Vorsicht. Organisierte Stände würden diese Schwierigkeiten heben.

Die faktisch bestehende und sich stets ausdehnende sozialistische Produktionsweise erfordert ihren Ausdruck im Recht, eine mehr oder weniger sozialistische Rechtsordnung. Der bisher herrschende Individualismus, Liberalismus, ist nur versteckter Despotismus, genügt weder den Bedürf-

** Ähnliches gilt für die Reorganisation der Armenpflege und die Steuer-Reform, das Versicherungswesen usw.

nissen der Gemeinschaft, noch den Interessen der Produktion. Der Sozialismus wird kommen, entweder der absolute, sozialdemokratische des Staates, oder aber der relative, konservative, gesunde der Stände. Sozialistische Organisation der Stände: das ist die Lösung der sozialen Frage.

73. ALBERT GRÖNING an Franz von Stauffenberg, Bremen, 18. März 1880, in: Wentzcke, S. 304 f.

... Die Herren in Berlin, die ich nannte [1], sagten mir, sie beabsichtigten im Verein mit Ihnen und vielleicht noch einem und dem andern (Braun hoffte auf 12 im ganzen) während der Vertagung des Reichstages aus der Fraktion auszutreten, nicht aus Anlaß der Militärvorlage, sondern mit einer allgemein gehaltenen, die politische und wirtschaftliche Freiheit betonenden Erklärung, deren Wortlaut Sie ja ohne Zweifel bereits kennen werden. Das schien mir sehr zweckmäßig, und ich glaube, daß es nicht schwer halten würde, den hiesigen Reichsverein zu einer Zustimmung dazu zu veranlassen. Nun lese ich wieder in der Zeitung, Herr von Forckenbeck habe erklärt, daß er in der Fraktion bleiben wolle, in welchem Falle dann also wohl die Aktion noch vertagt wäre. Wie ich Ihnen neulich schon schrieb, bin ich der Ansicht, daß nur die Herren im Reichstage selbst ermessen können, wann der rechte Zeitpunkt für den unvermeidlichen offenen Bruch gekommen ist. Wir im Lande bereiten uns inzwischen nach Kräften vor, um Ihnen alsdann wirksam beistehen zu können. Bis zu den nächsten Wahlen muß die Spaltung ja wohl notwendig erfolgen; denn ein von Ihnen, Forckenbeck, Bamberger, Braun einerseits, Bennigsen, Miquel und Genossen andererseits gemeinschaftlich unterzeichnetes Wahlprogramm scheint mir doch eine bare Unmöglichkeit zu sein, nach dem, was 1879 vorgegangen ist. Übrigens ist meiner Überzeugung nach, sobald auch nur Sie vier Herren aus der Fraktion austreten, die Fraktion und die Partei so gut wie gesprengt. Mögen die übrigen Freihändler auch unentschlossen einstweilen noch drinbleiben, auf die Dauer können sie doch nicht unter Bennigsens Führung bleiben, während Sie draußen sind, zumal Bennigsen dann ohne Zweifel immer mehr nach rechts gedrängt und gezogen werden wird. Im Lande aber kann ich mir für die nächsten Wahlen kaum eine andere Parole denken, als individuelle Freiheit auf der einen, Staatseinmischung auf der anderen Seite, — soweit nicht Ultramontanismus, Partikularismus und Sozialismus eine Rolle spielen, und soweit nicht die Wahlkämpfe rein persönlicher Natur sind. Vielleicht sehe

[1] Forckenbeck, Bamberger und Karl Braun.

ich das zu sanguin an, vielleicht werden die nächsten Wahlen noch eine große Anzahl unentschiedener Elemente, die sich liberal nennen und doch eigentlich viel eher konservativ zu heißen verdienten, in den Reichstag bringen; aber das scheint mir gewiß: die Zukunft gehört nicht Männern wie Bennigsen, sondern solchen, die wissen, was sie wollen, und klare, wahrhaft volkstümliche Ziele verfolgen, die das Volk auch schließlich verstehen und würdigen wird. Ich glaube, unsere Zeit ist nicht vorbei, wie Sie fürchten, sondern sie ist nur noch nicht gekommen, und wir müssen deshalb trotz der trostlosen gegenwärtigen Erfolglosigkeit unverdrossen und rücksichtslos nach rechts und links daran arbeiten, eine bessere Zeit herbeiführen zu helfen. Wie lange kann es denn am Ende noch dauern, daß Bismarck am Ruder ist? Scheidet er aber aus, so hinterläßt er als seine Erbschaft das Chaos, das voraussichtlich rasch alle die verschlingen wird, die die Erbschaft anzutreten versuchen werden. Er ist nun einmal im Besitz der ungeheuren Popularität, die alles deckt, und gegen die wir vergeblich ankämpfen. Wer aber ist denn unter den anderen, der geschickt und energisch und populär genug wäre, die jetzige ungeheuerliche Wirtschaft aufrecht zu erhalten. Ich bin fest überzeugt, nach seinem Abgange wird das jetzige Regierungssystem in kurzer Zeit rettungslos zusammenbrechen; dann aber kommt es, wie mir scheint, ganz darauf an, daß sich vorher wenigstens der feste Kern einer Partei gebildet hat, die einerseits fest entschlossen ist, das liberale Prinzip konsequent überall durchzuführen, andererseits weder mit dem Partikularismus, noch mit fortschrittsparteilicher Nörgelei und unfruchtbarer Negation etwas gemein hat; ist ein solcher Kern dann sichtbar vorhanden, so wird sich bald eine große Partei um ihn herumkristallisieren, während andernfalls, wie ich fürchte, die Nation vorwiegend in Partikularisten und Radikale auseinanderfallen würde, die beide nichts leisten können, abgesehen natürlich von Klerikalen und Sozialisten, deren Weizen dann auch vermutlich blühen würde.

Alles in allem genommen, dünkt mich doch, so trostlos die Dinge augenblicklich auch aussehen, daß wir doch schon Zeiten erlebt haben, die noch viel hoffnungsloser aussahen und doch rasch vorübergingen. Gegen die fünfziger Jahre sind wir doch in jeder Hinsicht, nicht nur in nationaler, sondern auch in liberaler Beziehung unendlich weiter gekommen. Daher sehe ich doch auch die Zukunft vertrauensvoller an als Sie, verehrter Herr, in Ihrem Briefe es tun, so vollkommen ich auch Ihre Stimmung begreife, und ich wage zu hoffen, daß auch Sie selbst, wenn Sie hoffentlich bald genesen sind, wieder bessere Hoffnung gewinnen werden. Es ist ja für uns, die wir uns hier vorzugsweise unter Parteigenossen bewegen, viel leichter, den Kopf über Wasser zu halten, als für Sie im jetzigen Reichstage; aber gerade Sie, unsere Führer im jetzigen und künftigen Kampfe, dürfen um alles den Mut nicht sinken lassen, sonst sind wir alle auf lange hinaus verloren.

74. Austrittserklärung der 'Sezession', Berlin, 30. August 1880, in: Wentzcke, S. 356 f., Schultheß, 21. Jg. 1880, S. 214 f.
WA: Staatsarchiv, 40. Jg. 1882, S. 41; Salomon, S. 29 f.; Hohlfeld, S. 392 f.; Mommsen, S. 156 f.

Die Erfahrungen der letzten zwei Jahre haben in steigendem Maße uns die Überzeugung aufgedrängt, daß die Nationalliberale Partei gegenüber den wesentlich veränderten Verhältnissen nicht mehr von der Einheit politischer Denkart getragen wird, auf der allein ihre Berechtigung und ihr Einfluß beruhten.

In dieser Überzeugung erklären die Unterzeichneten hiermit ihren Austritt aus der Nationalliberalen Partei.

Eine in sicheren Bahnen ruhig fortschreitende Entwicklung unserer in Kaiser und Reichsverfassung ruhenden Einigkeit wird nur aus der Wirksamkeit eines wahrhaft konstitutionellen Systems hervorgehen, wie es die deutsche liberale Partei seit ihrer Existenz unverrückt erstrebt hat. Das einige Zusammengehen der liberalen Partei in den wesentlichsten Fragen, das Aufhören verwirrender und aufreibender Kämpfe verschiedener liberaler Fraktionen erscheint uns aber als die unerläßliche Voraussetzung für das erstrebte Ziel.

Fester Widerstand gegen die rückschrittliche Bewegung, Festhalten unserer nicht leicht errungenen politischen Freiheit ist die gemeinschaftliche Aufgabe der gesamten liberalen Partei. Mit der politischen Freiheit ist die wirtschaftliche eng verbunden; nur auf der gesicherten Grundlage wirtschaftlicher Freiheit ist die materielle Wohlfahrt der Nation dauernd verbürgt.

Nur unter Wahrung der konstitutionellen Rechte, unter Abweisung aller unnötigen Belastungen des Volkes und aller indirekten Abgaben und Zölle, welche die Steuerlast vorwiegend zum Nachteil der ärmeren Klassen verschieben, darf die Reform der Reichssteuern erfolgen.

Mehr wie für jedes andere Land ist für Deutschland die kirchliche und religiöse Freiheit die Grundbedingung des inneren Friedens. Dieselbe muß aber durch eine selbständige Staatsgesetzgebung verbürgt und geordnet sein. Ihre Durchführung darf nicht von politischen Nebenzwecken abhängig gemacht werden. Die unveräußerlichen Staatsrechte müssen gewahrt und die Schule darf nicht der kirchlichen Autorität untergeordnet werden. Wir sind bereit, einer Einigung auf dieser Grundlage zuzustimmen. Für uns aber als Mitglieder der liberalen Partei werden unter allen Umständen diese Anschauungen die leitenden sein.

75. Walther (= Georg v. Vollmar), An die Sozialisten und sozialistischen Vereine im Ausland, Aufruf der Auswärtigen Verkehrsstelle, 14. 9. 1880 (Flugblatt); Wiedergabe in 25. Sitzung, 30. 3. 1881, Sten. Ber. RT, 4. Leg. Per., 4. Session 1881, Bd. 1, S. 634—636.

Sozialistische Arbeiterpartei Deutschlands! An die Bruderparteien und Vereinigungen von Gesinnungsgenossen aller Länder, welche an den jüngsten Kongreß der deutschen Sozialdemokratie Begrüßungs- und Zustimmungsschreiben gerichtet haben:

Genossen! Brüder! Die auf dem Kongreß zu Wyden versammelt gewesenen Vertreter der sozialistischen Arbeiter Deutschlands danken Euch herzlich für Eure brüderlichen Wünsche und Zustimmungsbezeugungen und geben Euch die Versicherung, daß die deutsche Sozialdemokratie wie seit ihrem Beginn so auch ferner unverändert und unwandelbar auf ihrem Posten im Vordertreffen der Kämpfer für die Befreiung des unterdrückten und ausgebeuteten Volkes ausharren und mit Tatkraft, Besonnenheit und Ausdauer den Vernichtungskampf gegen die wahnsinnige, verbrecherische, heutige Staats- und Gesellschaftsordnung führen wird. Die Beratungen zu Wyden und deren nächste und weitere Folgen werden Euch überzeugen, daß die deutsche Sozialdemokratie ungebeugt von den Verfolgungen einer infamen Regierung und einer nicht minder infamen Bourgeoisie und ihnen zum Trotz die alte geblieben ist, die alte, wie an Umfang und Einfluß, so auch an Prinzipientreue und revolutionärer Tatkraft.

Der Kongreß hat die Liquidation der alten durch schändliche Ausnahmegesetze zerstörten Parteiorganisation beendigt, die durch die brutale Faust der Polizei teilweise zerrissenen Fäden zum größten Teil wieder angeknüpft, die im ersten Ansturm der Reaktionswillkür unter der gewaltigen Wucht der durch den Attentatswahn irregeleiteten Volksmeinung erlittenen Verluste wieder ausgeglichen gefunden. Er fand zu seiner Freude die alte bewährte, durch den Abgang einer Handvoll Abtrünniger und Unzuverlässiger nur gestärkte und durch viele Neugeworbene vergrößerte Kämpferschar wieder wohlgeordnet, gesammelt und in ihr die alte opferwillige Hingebung für die Sache und das ungeduldige Verlangen nach Wiederaufnahme einer kräftigen Offensive gegen den durch seine Mißerfolge erschreckten und an seiner Allmacht irre gewordenen Feind.

Zugleich fand er auch die Umstände einer Wiederaufnahme des Angriffs überaus günstig: den Fäulnisprozeß der alten Gesellschaft, die Abwirtschaftung der alten Parteien mächtig fortgeschritten, und die Stimmung des ernüchterten, über seine Irreführung empörten und in seinem wachsenden Elend an der Möglichkeit einer Hilfe durch die alte 'Ordnung' mehr und mehr verzweifelnden Volkes wesentlich zu unseren Gunsten umgeschlagen.

Angesichts dieser Tatsachen konnte der Entscheid der Vertreter der Partei nicht zweifelhaft sein. Ihrer Pflicht und dem Willen ihrer Auftraggeber getreu entschieden sie für energische Wiederaufnahme der aktiven Parteitätigkeit auf allen Gebieten, und da dieselbe unter dem heutigen Willkürsystem 'ungesetzlich' ist und um der von unseren Unterdrückern gegen uns geschleuderte schamlose Acht- und Rechtloserklärung die entsprechende Antwort zu geben, hat der Kongreß aus dem Gothaer Programm die Stelle, welche davon spricht, daß wir unsere Ziele „mit allen gesetzlichen Mitteln" verfolgen, einstimmig gestrichen.

Nicht zwar, als ob durch diesen Beschluß in der Partei eine neue, von der alten abweichende Lehre eingeführt würde. Denn die erdrückende Mehrzahl der deutschen Sozialdemokraten hat sich niemals dem Wahne hingegeben, daß sie ihre Grundsätze in aller Friedlichkeit auf dem rein 'gesetzlichen' Wege würde durchsetzen können, das heißt, daß die bevorrechteten Klassen freiwillig und ohne Zwang ihre bevorrechtete Stellung aufgeben würden. Wir haben vielmehr jenen Satz stets in dem Sinne verstanden, daß wir einerseits für Anwendung aller vorhandenen gesetzlichen Mittel und, wenn auch noch so kleine 'Rechte' zur Förderung unserer Zwecke, das heißt gegen jede politische Abstraktion, als ein ungeschicktes Beiseitewerfen brauchbarer Waffen, sind; und daß wir andererseits zu einer friedlichen 'gesetzlichen' Lösung der sozialen Frage durch Unterhandlung zwischen den beiden einander entgegenstehenden Klassen und dadurch ermöglichte allmähliche organische Entwicklung bereit sind, weil wir unseren Lehren die Kraft zutrauen, auch bei nur einiger Bewegungsfreiheit im geistigen Kampf den Sieg zu erringen. Daran aber, daß wir, wenn uns die herrschenden Klassen jeden 'gesetzlichen' Weg abschneiden, deshalb auf die Durchführung unserer Grundsätze verzichten würden, — daran hat noch kein deutscher Sozialdemokrat je gedacht, und es galt von jeher selbstverständlich, daß uns in diesem — nach den Erfahrungen der Geschichte voraussichtlichen — Fall jedes Mittel recht sein müsse.

Will es nicht biegen von oben herab, so muß es brechen von unten hinauf.

In diesem Falle befinden wir uns nun heute in Deutschland. Unsere Gegner, Regierung und Bourgeoisie, sind verblendet genug, jede Möglichkeit einer friedlichen Entwicklung radikal auszuschließen und dadurch die Dinge notwendig und unausbleiblich einem gewaltsamen Ende entgegenzutreiben. Die heutigen politischen und wirtschaftlichen Herrscher Deutschlands wollen keine Unterhandlung, keine Verhandlung, sondern den Krieg, den Vernichtungskampf! Gut, wenn sie ihn wollen, sollen sie ihn haben, und voll und ganz haben, die Verantwortung auf ihre Häupter.

Deshalb war es unsere Pflicht, vor aller Welt die Erklärung abzugeben, daß die deutsche Sozialdemokratie, die zwingende Folge aus der Handlungsweise ihrer Gegner ziehend, sich an die Faust-'Gesetze' ihrer Unterdrücker nicht kehren und zu ihrer und der ganzen heutigen Unterdrückungs- und Ausbeutungs-'Ordnung' Beseitigung jedes verfügbare, den wechselnden Umständen angemessene und zur Förderung ihrer Ziele geeignete Mittel ergreifen wird.

Das bisherige besonnene, zielbewußte Vorgehen unserer Partei bürgt dafür, daß sie niemals in eine ebenso kindische als verbrecherische Revolutionsspielerei und Revolutionsmacherei verfallen wird, welche bei der heute noch völlig mangelnden Vorbereitung des Volkes auf eine Umwälzung unsere Sache aufs Tiefste schädigen und ihren Durchbruch auf Jahrzehnte zurückwerfen müßte und das teuere Blut des Volkes auf das gewissenloseste, frevelhafteste vergeuden würde.

Die deutsche Sozialdemokratie hält es vielmehr für die unumgängliche Vorbedingung einer siegreichen Revolution und deshalb für die erste Pflicht jedes echten Revolutionärs, durch Ausbreitung unserer Grundsätze im Volk und immer weitergreifende Hereinziehung desselben in unsere Bewegung — rege und ausgebreitete Agitation, Propaganda — durch Erhöhung der Wehrhaftigkeit und Aktionsfähigkeit der zur Führung im bevorstehenden Kampfe berufenen Partei — einheitliche stramme Organisation — und durch Schwächung der Gegner und Parierung ihrer gegen uns geführten Streiche — die kommende, welterschütternde Umwälzung samt deren gewaltsamen Äußerungsform mit allen Kräften vorzubereiten. Kommt es dann in unaufhaltsamem Gange schließlich zum Äußersten — nun, so werden die deutschen Sozialdemokraten zeigen, daß sie auch da ihre Schuldigkeit zu tun wissen, und sie werden dann nicht dem bloßen Zufall vertrauen müssen, sondern wohlgerüstet und mit der Aussicht auf Sieg in den Kampf gehen.

In diesem Sinne sind die Beschlüsse unseres Kongresses gefaßt.

Es wurde eine den veränderten Umständen entsprechende Organisation geschaffen, welche eine wirksame Zusammenfassung aller in der Partei vorhandenen Kräfte bewirkt und deren schnelle Verwendung an jedem Ort ermöglicht.

Der Verfasser äußert sich dann zum Ausschluß von Most und Hasselmann.

Als hervorragendes Agitationsmittel, namentlich in der jetzigen Zeit, wo alle übrige offene Agitation abgeschnitten ist, wurden — wie seit Bestehen unserer Partei — die Wahlen erkannt und deshalb der Partei die Teilnahme an allen (irgenwelche Aussicht bietenden) Wahlen zu Reichstag, Landtag und Gemeinde und namentlich die allgemeinste und entschiedenste Mitwirkung bei den nächstjährigen Reichstagswahlen aus agitatorischen und propagandistischen Rücksichten empfohlen. Zur Reinhaltung des Prinzips und um unsere vollständige Trennung von allen übrigen Parteien auf das entschiedenste zu betonen, wurden alle Wahlkompromisse verboten. Man betrachtete es als selbstverständlich, daß die sozialdemokratischen Abgeordneten im Parlament jederzeit in energischster Weise für unsere Grundsätze und gegen die herrschende Staats- und Gesellschaftsordnung aufzutreten und die Rednertribüne als Ersatz für die geschlossenen Versammlungen und Vereine zur wirksamen Propaganda im Volk zu benutzen haben.

Als Mittel zur Herstellung der geistigen Verbindung der Parteigenossen, als Vertreter der Partei in der Presse, als Sprechsaal zur prinzipiellen Festigung und Klärung, als Ausgeber des Losungswortes und als Vermittler des geistigen Verkehrs der deutschen Bewegung mit der Bewegung in allen anderen Ländern, kurz als offizielles Parteiorgan wurde einstimmig der bis dahin provisorisch als solches wirkende 'Sozialdemokrat' in Zürich erklärt.

Über all diesen inneren Angelegenheiten der Partei aber wurde auch des Zusammenhangs mit den Bruderparteien der anderen Länder und Sprachen, der Solidarität des sozialistischen Proletariats der ganzen Welt, keinen Augenblick vergessen. Die erhebenden Begrüßungs- und Zustimmungsschreiben voll Sympathie und heißen Wünschen für unsere gemeinsame Sache, welche Ihr, Genossen aus Frankreich und Belgien, aus der Schweiz und aus Ungarn, Ihr niederländischen, italienischen, portugiesischen, polnischen und russischen Brüder sandtet, sie wurden mit Begeisterung aufgenommen. Und um die von der deutschen Sozialdemokratie stets bekannte und geübte Internationalität der sozialistischen Bewegungen aufs neue und stärker denn je zu betonen und eine regelmäßige und ununterbrochene Verbindung zwischen unserer Partei und den Bruderparteien aller Länder und Sprachen herzustellen, wurde eine auswärtige Verkehrsstelle, die sich Euch hiermit vorstellt und mit Euch in innigen und dauernden Verkehr zu treten begehrt, geschaffen, welche zugleich mit dieser Aufgabe auch den Verkehr der Partei mit den außerhalb Deutschlands befindlichen deutschen Genossen wahrzunehmen hat.

Vor allem aber erklärt der Kongreß, in der Erwägung, daß die Befreiung der Arbeiterklasse, das Werk der vereinigten Proletarier aller Länder sein muß und daß es zur erfolgverheißenden Führung des von diesen unternommenen Kampfes gegen die alten Mächte der Unterdrückung, dem starken internationalen Bund der Reaktion und des Kapitalismus gegenüber unbedingt eines internationalen Bundes des Proletariats, des Sozialismus bedarf, welcher ein Hand-in-Hand-Gehen aller Sozialisten ohne Unterschied der Sprache und der verschiedenen Schulmeinungen gegenüber unseren gemeinsamen Feinden ermöglicht, einstimmig seine volle Zustimmung mit der Einberufung eines sozialistischen Weltkongresses und beschloß dessen Beschickung.

Genossen! Brüder!

Erwäget diese Ergebnisse des Kongresses und prüfet seine Wirksamkeit auf Grund des allerdings notwendig sehr summarischen Protokolls genau, und Ihr werdet die hohe Bedeutung dieses ersten geheimen Kongresses der deutschen Sozialdemokratie erkennen und gleich uns mit seinen Ergebnissen für die gemeinsame Sache zufrieden sein.

Dessen seid auf alle Fälle gewiß: Wo immer es für die Befreiung des arbeitenden Volkes aus politischer und sozialer Knechtschaft zu kämpfen gilt, da werdet Ihr auch die deutsche Sozialdemokratie auf dem Platze finden, mit Rat und Tat, mit Sympathie und werktätiger Hilfe, kampfesmutig und kampfbereit. Hoch der internationale Sozialismus.

Mit sozialdemokratischem Gruß.

76. Louis Baare, Notizen über die wegen des Haftpflichtgesetzes stattgehabten Besprechungen, Friedrichsruh, 18. September 1880, in: Henry Axel Bueck, Der Centralverband Deutscher Industrieller 1876—1901, Bd. 2, Berlin 1905, S. 83 f.

1. Im ersten Absatz meiner Denkschrift ist zu ergänzen, daß es sich einstweilen um alle gewerblichen, im Dienste anderer durch Unfall getöteten oder beschädigten und dadurch invalide resp. halbinvalide gewordenen Arbeiter handeln soll. Der Fürst Reichskanzler war der Ansicht, daß zeitweise Erwerbsunfähigkeit erst nach Ablauf eines Monats (ich hatte ziemlich übereinstimmend vier Wochen vorgeschlagen) Gegenstand der Versicherung sein soll und daß zwischenzeitlich die bestehenden Krankenkassen einzutreten hätten.

2. Die gesetzlich bestehende Haftpflicht soll in Bezug auf die Höhe der Entschädigung verringert, dagegen in Bezug auf die Anwendung erweitert werden, entweder durch Versicherungszwang, der alle Unfälle einschließen soll, oder durch gänzlichen Wegfall bezw. Erleichterung der bestehenden Haftpflicht für diejenigen Arbeitgeber, welche ihre Arbeiter gegen alle Unfälle freiwillig versichern. Der gänzliche Wegfall der Haft-

pflicht würde von einer gewissen Höhe der Versicherungssumme abhängig sein müssen.

3. Wird in der ad 2 gedachten Weise ein direkter oder indirekter Versicherungszwang unter Abänderung des jetzigen Haftpflichtgesetzes geübt, so erheischt die Pflicht der Staatsregierung, für Sicherstellung der betreffenden Abfindungs-Kapitalien oder Renten zu sorgen, und da weder die auf Gegenseitigkeit begründeten Privatversicherungsanstalten, noch die spekulativen Aktiengesellschaften auf lange Zeitdauer genügende Sicherheit gewähren, so bleibt, nach Ansicht des Herrn Reichskanzlers, nur der Eintritt des Staats, also gewissermaßen eine Staatsversicherung, übrig, welche ganz kostenfrei oder doch äußerst billig verwaltet werden müßte. Hierbei soll die Begründung von kleineren Verbänden bis zu Provinzialverbänden oder von Verbänden gleichartiger bezw. gleichgefährlicher Arbeitszweige nicht ausgeschlossen sein, hinter denselben aber zu Gunsten der versicherten Arbeiter der Staat stehen.

4. In Ermangelung einer namentlich für ein solches Zukunftsprojekt maßgebenden Statistik müssen interimistisch die Erfahrungssätze einer gut geleiteten, auf Gegenseitigkeit beruhenden Versicherungsanstalt, z. B. der Leipziger Unfallbank resp. Genossenschaftsbank, zum Anhalt genommen werden. Nach Ablauf einer gewissen Versuchszeit würden etwa sich ergebende Ausfälle für die Zukunft durch richtige Normierung der Prämiensätze zu vermeiden, für die Vergangenheit aber durch 'Abschreibungen' zu decken sein. Hierbei bemerke ich, daß zuerst von einem eventuellen Ersatz aus Staatsmitteln die Rede war, hinterher aber von Seiten des Fürsten das Wort 'Abschreibungen' betont wurde, ohne daß über die Art der Abschreibungen ein Einverständnis herbeigeführt wurde. Es blieb in dieser Hinsicht Unklarheit, und würde m. E. in Aussicht zu nehmen sein, daß in solchen Fällen entweder eine Prämiennachzahlung oder eine Verminderung der Leistungen stattfinden müßte, wenn der Staat mit seinen Mitteln nicht eintreten soll.

5. Der Fürst Reichskanzler erkennt zweifellos an, daß die von den Arbeitern zu der Versicherungsprämie zu leistenden Beiträge dem Arbeitgeber als Lohnerhöhungen zur Last fallen werden. Er ist deshalb um so mehr der Ansicht, daß die Kommunen, indem ihr Armen-Budget erleichtert wird, etwa mit einem Drittel zu den Versicherungsprämien heranzuziehen sind, in welchem Falle dem Arbeitgeber, wenn ihm ein Drittel und dem Arbeiter ein Drittel zufiele, immer noch der größte Teil zur Last fallen würde. Letzteres würde nach übereinstimmender Auffassung nicht der Fall sein, wenn es möglich wäre, eine gleichartige internationale Gesetzgebung herbeizuführen, oder aber, wenn Produktion und Konsum im eigenen Lande sich deckten, was aber beides einstweilen unerreichbar ist.

Im letzteren Falle würde natürlich die Versicherungsprämie von dem ganzen konsumierenden Publikum getragen werden. Ich habe Wert darauf gelegt, diese Auffassung klarzustellen.

6. Der Fürst Reichskanzler wünscht die Ausarbeitung einer Vorlage, zunächst für das Königliche Handelsministerium, und hat mich ersucht, unter Zuziehung anderer geeigneter Sachverständiger, eine solche Vorlage ihm tunlichst bald zu unterbreiten. Sollte inzwischen die Absicht des Herrn Reichskanzlers, einen Beirat von Sachverständigen verschiedener Erwerbsgruppen infolge Königlicher Verordnung zu konstituieren, sich erfüllen, so würde die gewünschte Vorlage diesem zur vorherigen Prüfung und Genehmigung zuzuweisen sein.

Vorstehend habe ich in der Kürze das Resumé der Verhandlungen gegeben, und ist dasselbe vom Fürst Reichskanzler als zutreffend anerkannt worden.

77. Kolonisation und Auswanderung, Verhandlungen des 19. Kongresses Deutscher Volkswirte in Berlin am 22. Oktober 1880, in: Bericht über die Verhandlungen des 19. Kongresses Deutscher Volkswirte in Berlin am 21., 22. und 23. Oktober 1880, hrsg. von M. Broemel, Berlin 1880, S. 110—149.

a) Bericht des Referenten Dr. Kapp, Auszug, S. 129 f.

Ich komme jetzt auf einen Punkt, den unsere Kolonial-Chauvinisten nicht gern in den Vordergrund stellen. Sie entschuldigen sich gewissermaßen damit, daß sie sagen: wir wollen uns ja nur so sachte in's Kolonialwesen hineinschieben und uns erst allmählich festsetzen. Selbst die Engländer werden ein Einsehen haben, und weil sie wissen, daß wir brave Leute sind, uns ruhig gewähren lassen. Nein, meine Herren, das geht nicht so, zu diesem paradiesischen Zustande gehören zwei: Einer, der es sagt, und ein anderer, der es glaubt; aber glauben tut uns das niemand. Die ganze Welt betrachtet uns mit Mißtrauen, und die Engländer erst recht. Überhaupt kann sich wohl ein Privatmann da, wo er eine günstige Gelegenheit erspäht, in eine neue und größere Stellung hineindrücken; ein Staat, eine Großmacht aber muß mit allen ihren Machtmitteln eintreten, wenn sie eine neue Position erringen und behaupten will. Es darf ihr dann selbst auf einen Krieg nicht ankommen, und wenn sie ihn nicht will, so wird er ihr von ihren mißgünstigen Nachbarn schon aufgedrängt werden. Aber diese sich ganz von selbst verstehende Perspektive schweigen unsere would-be-Kolonisatoren wohlweislich tot. Sie denken, erst drücken wir unsere Wünsche durch, und dann mögen die anderen weiter sehen. Ich will diesem Verhalten gegenüber offen meine Überzeugung dahin aussprechen, daß wir, ohne stets auf Krieg gerüstet zu sein, und zwar auch auf einen Seekrieg, den wir möglicherweise Tausende von Meilen von der Heimat zu führen haben, nie eine Kolonie gründen, geschweige denn behaupten können. Und wenn wir in einem solchen Kriege unglücklich sind, wird dann etwa das Mutterland nicht in Mitleidenschaft gezogen werden?

Ich kenne schon im voraus die Antwort, die mir auf diese bescheidene Frage zuteil werden wird. Sie überhaupt nur stellen, heißt in den Augen unserer Kolonial-Chauvinisten soviel als schlechter Deutscher, Zweifler an unserem nationalen Berufe, Verkleinerer unseres Volkes, wenn nicht gar Reichsfeind sein. Derartige persönliche Anklagen mögen füglich unerwidert bleiben, da sie keine sachlichen Widerlegungen sind. Wir Deutschen aber haben viel wichtigere und dringendere Aufgaben zu erfüllen, als uns unnötigerweise Verlegenheiten auf den Hals zu laden, als mit fremden Weltteilen anzubinden und Abenteuer zu suchen, die leicht mit ganz überflüssigen Kriegen enden können. Alles, was wir in fremden Weltteilen brauchen, sind Kohlen- und Flottenstationen zum Schutze unseres Handels; was darüber ist, ist vom Übel.

b) Beschluß des Kongresses in der Frage der Kolonisation und Auswanderung, S. 147 f.

Der XIX. Kongreß deutscher Volkswirte erklärt:

I.

Die Auswanderung ist eine jener großen, Jahrtausende alten Erscheinungen im Völkerleben, welche ihre hinreichende Erklärung finden in dem wirklichen oder vermeintlichen Gegensatze der leiblichen Bedürfnisse und politischen oder geistigen Ziele des einzelnen zur jeweiligen wirtschaftlichen, intellektuellen und staatlichen Lage der Allgemeinheit; sie entspringt einem Triebe, welcher den Segen der Kultur über unangebaute Weltteile ausgebreitet und den Fortschritt der Menschheit mächtig gefördert hat.

Diese zu Zeiten starke, zu Zeiten minder starke Bewegung läßt sich, ob bequem oder unbequem, durch Polizei, Zwang oder Erschwerung weder eindämmen noch verhindern. Es gibt nur einen Weg, ihr vorzubeugen: Durch Gewährung eines möglichst unbeschränkten Raumes für die Entfaltung der geistigen und wirtschaftlichen Kräfte des einzelnen muß diesem das Vaterland so lieb und teuer gemacht werden, daß er seine Blicke und Schritte nicht mehr in die Fremde zu lenken braucht.

II.

Die Kolonisation ist angesichts des im Laufe des letzten Jahrhunderts aus engen nationalen Schranken zu grossen internationalen Beziehungen erwachsenen Weltverkehrs, angesichts der in Folge der amerikanischen Befreiungskriege jetzt fast ganz aufgehobenen Handels- und Kolonial-Monopole und angesichts des nunmehr freien Welthandels ein Anachronismus, in den zu fallen weder augenblickliche Notstände, noch die Interessen der Arbeit nötigen.

Heutzutage bietet die fernere Ausbildung des Systems der Handelsverträge für die Angehörigen der vertragschließenden Staaten das zweckmäßigste Mittel, sich die Vorteile und Wohltaten zu sichern, welche man in früheren Zeiten durch die Kolonisation zu erreichen suchte.

Während der Reichsregierung die Pflicht obliegt, die Auswanderung auf Grund bestehender Gesetze unbehelligt zu lassen, sie aber vor Ausbeutung und Bedrückung zu schützen, hält es der volkswirtschaftliche Kongreß für nicht zulässig, daß auf Kosten der Gesamtheit und zu Gunsten einzelner Klassen teuere und aussichtslose, wenn auch wohlgemeinte Versuche mit Errichtung irgendwelcher Art von Kolonien angestellt werden.

78. Erklärung von 75 Notabeln gegen den Antisemitismus, 12. November 1880, in: Post, 12. November 1880.
WA: Schultheß, 21. Jg. 1880, S. 241, Walter Boehlich (Hrsg.), Der Berliner Antisemitismusstreit, Frankfurt a. M. 1965, S. 202—204.

Heiße Kämpfe haben unser Vaterland geeint zu einem mächtig aufstrebenden Reiche. Diese Einheit ist errungen worden dadurch, daß im Volksbewußtsein der Deutschen das Gefühl der notwendigen Zusammengehörigkeit den Sieg über die Stammes- und Glaubensgegensätze davontrug, die unsere Nation wie keine andere zerklüftet hatten. Solche Unterschiede den einzelnen Mitgliedern entgelten zu lassen, ist ungerecht und unedel und trifft vor allem diejenigen, welche ehrlich und ernstlich bemüht sind, in treuem Zusammengehen mit der Nation die Sonderart abzuwerfen. Von ihnen wird es als ein Treubruch derer empfunden, mit denen sie nach gleichen Zwecken zu streben bewußt sind, und es wird dadurch verhindert, was das gemeinsame Ziel ist und bleibt: Die Ausgleichung aller innerhalb der deutschen Nation noch von früher nachwirkenden Gegensätze.

In unerwarteter und tief beschämender Weise wird jetzt an verschiedenen Orten, zumal den größten Städten des Reichs, der Rassenhaß und der Fanatismus des Mittelalters wieder ins Leben gerufen und gegen unsere jüdischen Mitbürger gerichtet. Vergessen wird, wie viele derselben durch Fleiß und Begabung in Gewerbe und Handel, in Kunst und Wissenschaften dem Vaterlande Nutzen und Ehre gebracht haben. Gebrochen wird die Vorschrift des Gesetzes wie die Vorschrift der Ehre, daß alle Deutschen in Rechten und Pflichten gleich sind. Die Durchführung dieser Gleichheit steht nicht allein bei den Tribunalen, sondern bei dem Gewissen jedes einzelnen Bürgers.

Wie eine ansteckende Seuche droht die Wiederbelebung eines alten Wahnes die Verhältnisse zu vergiften, die in Staat und Gemeinde, in Gesellschaft und Familie Christen und Juden auf dem Boden der Toleranz verbunden haben. Wenn jetzt von den Führern dieser Bewegung der Neid und die Mißgunst nur abstrakt gepredigt werden, so wird die Masse nicht säumen, aus jenem Gerede die praktischen Konsequenzen zu ziehen. An dem Vermächtnis Lessings rütteln Männer, die auf der Kanzel und dem Katheder verkünden sollten, daß unsere Kultur die Isolierung desjenigen Stammes überwunden hat, welcher einst der Welt die Verehrung des einigen Gottes gab. Schon hört man den Ruf nach Ausnahmegesetzen und Ausschließung der Juden von diesem oder jenem Beruf und Erwerb, von Auszeichnungen und Vertrauensstellungen. Wie lange wird es währen, bis der Haufen auch in diesen einstimmt?

Noch ist es Zeit, der Verwirrung entgegenzutreten und nationale Schmach abzuwenden; noch kann die künstlich angefachte Leidenschaft der Menge gebrochen werden durch den Widerstand besonnener Männer. Unser Ruf geht an die Christen aller Parteien, denen die Religion die frohe Botschaft vom Frieden ist; unser Ruf ergeht an alle Deutschen, welchen das ideale Erbe ihrer großen Fürsten, Denker und Dichter am Herzen liegt. Verteidiget in öffentlicher Erklärung und ruhiger Belehrung den Boden unseres gemeinsamen Lebens: Achtung jedes Bekenntnisses, gleiches Recht, gleiche Sonne im Wettkampf, gleiche Anerkennung tüchtigen Strebens für Christen und Juden.

Berlin, den 12. November 1880

Es folgen 75 Namen, darunter die von Droysen, Forckenbeck, Gneist, Mommsen und Virchow.

79. EUGEN DÜHRING, Die Judenfrage als Racen-, Sitten- und Culturfrage. Mit einer weltgeschichtlichen Antwort. (2. verbesserte Auflage), Karlsruhe 1881, Auszug, S. 110—115.

Was den inzwischen erforderlichen modus vivendi betrifft, so ist auf dem Fuße der Gleichheit kein andauerndes Zusammenleben mit den Juden möglich, weil der fragliche Stamm von Natur auf einer ungleichen und zwar erheblich tiefern Stufe der Begabung und Moralität steht. Hier kann auch kein geistiges Prinzip helfen; denn der Fehler ist physiologischer Art und liegt im Naturcharakter selbst. Mit Lamarckschen Umwandlungen der Tierarten könnte man, selbst wenn dieses bessere Stück des zoologischen Metamorphosenzaubers wahr wäre, praktisch nicht rechnen. Die Zeiträume der Abänderung sind zu lang. Die Juden sind seit den geschichtlichen Jahrtausenden im Grundcharakter dieselben geblieben. Kein soziales System und keine Veränderung der Gesellschaft würde dieses Hauptübel wegschaffen. Die Judenselbstsucht würde nur andere Formen annehmen. Schon heute beutet sie den Sozialismus und die der verjudeten Sozialdemokratie folgenden Arbeiter für jüdische Interessen aus, und kämen die sozialdemokratelnden Juden gar zu ihrem kommunistischen Jubeljahr und hiemit an den Staatskasten, so würden sie ihre Leute schon zu plazieren und den Kommunismus auszulegen wissen. Die Habe der Völker würde diesem Kommunismus zufolge jüdisches Gemeingut. Doch ich will hier nicht wiederholen, was ich in der 3. Aufl. meiner 'Geschichte der Nationalökonomie und des Sozialismus' nachgewiesen habe [1]. Hier ist es nur wesentlich, sich über die Unverbesserlichkeit der Stammesnatur nicht irremachen zu lassen. Die aneignenden Kräfte des Kapitals sind wahrlich eine Kleinigkeit im Verhältnis zu dem, was Judenart zu Wege bringt. Gäbe es auch keine Bourgeoisie, so würde das Judentum, welches jetzt seine Geschäfte durch die besitzbürgerlichen Formen begünstigt findet, die hundert andern Wege gehen, auf denen es seit Jahrtausenden heimisch ist, und überdies noch neue Wege einschlagen, die zu mehr als bloßem Ersatz führen. Die Formen sind es nicht, vermöge deren die Selbstsucht besteht, sondern umgekehrt verdirbt die Selbstsucht den Inhalt aller sozialen Formen und mischt sich in jedes System. Der Sozialismus im bisherigen Sinne ist eine zu arge Unklarheit und viel zu ohnmächtig, um der Judenfrage gewachsen zu sein. Mit den Kapitalisten, gegen die sich der beschränkte Sozialismus und Kommunismus verrannt hat, würden die Juden noch nicht verschwinden. Der Jude als Kapitalist ist nur eine der Figuren, von denen die soziale Rolle des Judentums

[1] Leipzig 1879.

gespielt wird. Das Jüdische daran ist nicht die natürliche Wirkung des Kapitals, die sich ja auch bei Personen jedes andern Volkes findet. Der Angelpunkt, um den sich alles dreht, ist die Wahrheit, daß es persönliche Eigenschaften und nicht sachliche Güter sind, die den Juden zum Juden und den Ausbeuter zum Ausbeuter machen. Der Besitz an sich bringt nicht das Schlechte, wohl aber die Schlechtigkeit oft genug die Aufhäufung ungerechten Besitzes mit sich. Auf die Entstehung des Judenreichtums kann nur der das rechte Licht fallen lassen, der auch jene einfachen Wahrheiten bedenkt. Unter allen Umständen müssen wir also die Judennatur als in der Hauptsache unveränderlich zu Grunde legen.

Die Juden sind nicht bloß schlecht ertragbar für andere, sondern auch für sich selbst und unter sich selbst. Der einzelne ist sich mit seiner eigenen Natur mehr oder minder zur Last; die volle innere Ruhe bleibt dem Juden unbekannt. Er fühlt sich fortwährend nicht bloß im Widerspruch mit der bessern Menschheit, sondern auch mit sich selbst. Wo die innere Disharmonie sich etwa nicht vernehmlich genug ihm selbst ankündigt, da hilft der Verkehr mit seinesgleichen nach, und wo er nicht hiedurch die Eigenschaften seines eignen Ebenbilds zu genießen bekommt, da muß er wenigstens die Erinnerung daran in jeglichem Verkehr mit andern Völkern immer wieder von Neuem durchkosten. So verstärkt sich im Juden die natürliche Disharmonie mit dem Menschengeschlecht zu einer geschichtlich angeschwollenen Bosheit, von welcher die Naturmitgift gewaltig übertroffen wird. Nun kehrt aber jede ungerechte Bosheit ihren Stachel auch nach innen gegen den Boshaften selbst. Das Judengemüt — wenn man überhaupt den edlen deutschen Ausdruck Gemüt für so etwas brauchen darf — befindet sich in rastloser Öde und kam beispielsweise nicht einmal bei Spinoza zu einer gehörigen Einigkeit mit sich selbst. Der ewige Jude, der nach dem Höheren und Edleren nicht aufzuschauen vermag und sich im Niedern durch die Weltgeschichte ruhelos treibt, ist das ganze Volk selbst, beladen mit dem Fluche der Natur, alle andern Völker heimzusuchen und selbst nicht sobald zur Ruhe einzugehen. Die Erlösung der Juden von sich selbst ist weltgeschichtlich durch ihren Reformator Christus vermittelst eines geistigen Prinzips versucht worden, aber mißlungen. Das Donnern ihrer früheren Propheten, die über die Juden mehr Wehe gerufen hatten als heute alle Judenverächter zusammengenommen, hatte nichts gefruchtet. Die Propheten waren von den Juden zum Teil getötet worden. Der letzte größte Reformator suchte das Mittel der Erlösung in der Selbstkreuzigung der jüdischen Lüste und Begierden und wurde dafür selbst von den Juden ans Kreuz geschlagen. Wohl wissend, daß sich die Judennatur nicht bessern lasse, ohne sie auszurotten, predigte er ein feindliches Verhalten gegen die Triebe und mutete eine Art Selbstgeißelung der

Natur zu, indem er Paradoxien, wie die Feindesliebe, vorschrieb. So etwas begreift sich nur, wenn die Absicht ist, das Fleisch zu kreuzigen. Es paßte eben aber auch nur gegen die schlechte Judennatur. Andere Völker, die von besserem Fleisch und Blut sind, bedürfen keiner Selbstkreuzigung ihres Wesens durch lauter Kopfstellungen der Natur. Für das Judenfleisch ist aber eine solche Vorschrift nur zu verständlich. Jedoch haben die Juden diesen geistigen Ausweg mit Hohn zurückgewiesen. Die Kreuzigung des Judenfleisches ist von ihnen selbst und im geistigen Sinne nicht einmal versucht worden. Was bleibt also übrig, als daß andere Völker an ihnen mit andern als geistigen Mitteln das vollziehen, was ihr eigener Reformator nicht vermocht hat, nämlich die Welt gründlich von allem Judenwesen zu erlösen. Um zu diesem Ziele zu gelangen, zu welchem der Weg verschiedene Stationen hat, müssen zunächst und auf der ersten Station nachhaltige Einschränkungen vorgenommen werden, durch welche es den Juden unmöglich gemacht wird, ihr schlechtes Wesen allzu ungehindert an den bessern Völkern auszulassen.

Die Mittel werden also politische, wirtschaftliche und gesellschaftliche sein müssen. Selbst ein mächtigeres Geistesprinzip als alle bisherigen Religionen würde als bloß geistige Macht den Judenstamm nicht erheblich zum Bessern verändern. Im Gegenteil würde die Aufnahme von Juden auch der besten Geistesgemeinschaft nur schädlich werden. Aus diesem Grunde haben wir in keiner einzigen Richtung an Besserung der Judenschaft zu denken und müssen mit ihr politisch und sozial als mit etwas wesentlich Unverbesserlichem rechnen. Wer dennoch auf den Besserungsgedanken nicht verzichten wollte, der mag ihn erproben, indem er es den Juden selbst überläßt, sich zu bessern. Diese werden es nicht einmal versuchen. Trotz alles peinigenden Gefühls ihrer Unruhe sind sie doch auch zugleich zu stark vom Größendünkel besessen, um nicht in ihrer schönen Wesenheit fortwuchern zu wollen bis an das Ende der Tage. Sie bleiben eben in ihrer Gesamtheit ein einziger ewiger Jude, der im Hohnsprechen gegen alles Edlere vermöge seiner angestammten Natur beharrt. Darum gibt es gegen sie auch nur eine einzige Politik, nämlich die der äußerlichen Einschränkung, Einpferchung und Abschließung.

Es würde ein Irrtum sein, die zunächst erforderliche Eindämmung der bereits erreichten Judenmacht von rein gesellschaftlichen Mitteln zu gewärtigen. Die gesellschaftliche Initiative hat die moderne Erneuerung der Judenfrage geschaffen und vermag auch weiterhin eine wahre Aufklärung, nämlich die über die Eigenschaften der Judenrasse, zu verbreiten, auf diese Weise manchen Schaden zu verhüten und manche Gegenwehr gegen den jüdischen Einfluß zustande zu bringen. Sie kann den einzelnen in seinen Handlungen bestimmen; aber sie vermag nicht dem einzelnen auch zugleich die Macht zu verleihen, wirksamen Widerstand zu leisten. Die Juden haben mit ihrem Gelde und mit dem Schleichtertum, vermöge dessen sie sich in alle gesellschaftlichen Kanäle einschmuggeln, schon vor ihrer sogenannten Emanzipation eine Menge von Fäden des sozialen Lebens in die Hände bekommen. Später haben sie sogar die gesellschaftlichen und öffentlichen Stellungen, soviel an ihnen war, förmlich überschwemmt und sich in Staat und Gemeinde an allen Ecken eingenistet. Ja, sie haben es in einigen Richtungen zur tatsächlichen Vorherrschaft gebracht. Wie soll da der einzelne, bei dem besten Willen, sich von den Juden zu emanzipieren, sich aus solchen politischen und sozialen Klammern herausziehen? Hier hat sich die Gesellschaft nicht bloß in ihren einzelnen Gliedern als Gesellschaft, sondern sofort als Staat durch Gesetzgebung und Verwaltung zu helfen. Beispielsweise kann das Unleidlichste von allem, daß nämlich Juden Herrschaftsfunktionen über Angehörige moderner Völker vermittelst Bekleidung obrigkeitlicher Ämter ausüben, offenbar nicht durch die bloße Initiative der Gesellschaft fortgeschafft oder verhindert werden. Der erste leitende Grundsatz in der Politik der Judeneinschränkung muß aber der sein, das Judenrecht so zu gestalten, daß kein Rassenjude über einen Deutschen, Franzosen, Engländer, Russen usw. richterliche, verwaltende oder sonst befehlshaberische Funktionen ausübe. Bei öffentlichen Wahlen kann wohl auch schon die bloße Gesellschaft unmittelbar und ohne staatliches Eingreifen einigermaßen dafür sorgen, daß Juden nicht gewählt werden; aber teils genügt dieser Bereich der Wahlen nicht, um den politischen Judeneinfluß wirksam wegzuschaffen, teils setzt die vollständige Durchführung einer solchen tatsächlichen Wahlausschließung bereits eine allverbreitete Propaganda gegen die Juden voraus. Ist letztere aber vorhanden, so läßt sich auch mehr tun, und man braucht der Gesellschaft nicht zuzumuten, immer Wache zu stehen, um bei jeder Wahl ihre Sache gegen zufällige Verkennung oder Überrumpelung zu sichern. Auch wäre es kläglich, die Ämter von Juden durch die Gesetzgebung reinhalten und doch in der Gesetzgebung die Juden grundsätzlich walten lassen zu wollen. Eine solche Inkonsequenz darf auch in andern Richtungen nicht platzgreifen. Es ist daher angezeigt, daß die Gesellschaft überall als Staat handle, wo sie es kann, wenn sie hiebei am kürzesten zum Ziele kommt.

80. Aufruf an die Industriellen und Arbeiterfreunde des katholischen Deutschlands, (3. Aufl.), Köln 1881 = Arbeiterwohl, Organ des Verbandes katholischer Industrieller und Arbeiterfreunde, redigiert vom Generalsekretär Franz Hitze, 1. Jg. 1881, 1. Heft (Januar), Auszug, S. 14—18.

Das 'Arbeiterwohl' will Zusammenfassung der katholischen sozialen Bestrebungen. Nur so kann Einheit und Energie in dieselben kommen. Alle, welche für den sozialen Frieden wirken wollen, sind eingeladen.

Vor allem und zunächst ergeht die Einladung an die katholischen Industriellen. Die Industriellen sind die zunächst Verpflichteten und auch diejenigen, ohne deren Initiative und Beihilfe alle Bestrebungen zugunsten der Arbeiter mehr oder weniger fruchtlos bleiben müssen. Sie haben das Recht, aber auch die Pflicht der Initiative. Auch hier ist 'Recht' und 'Pflicht' unzertrennlich, und nur Erfüllung der Pflicht garantiert die Erhaltung des Rechts.

Die Kluft zwischen Arbeitgeber und Arbeiter besteht bis jetzt in den überwiegend katholischen Kreisen weniger. Der Priester ist es, der zwischen den Parteien Versöhnung und Frieden erhält. Die Seelsorger möchten wir deshalb in zweiter Reihe in unserm Verbande sehen. Sie müssen die Anregungen geben, als beiderseitige Vertrauensmänner vermitteln, Begeisterung und Liebe einflößen, ihre Erfahrungen und Einblicke in die innersten Verhältnisse des Familien- wie des seelischen Lebens des Arbeiters für die Einrichtungen fruchtbar machen, kurz, die religiöse Weihe und die psychologische Einwirkung sichern.

An alle Arbeiterfreunde endlich, an alle, die berufen sind, in die großen Fragen der Zeit einzugreifen, die Interesse und Opfersinn besitzen, für die Lösung derselben zu wirken, — an unsern Adel, an Ärzte, Beamte, Kaufleute, Gutsbesitzer, Lehrer — ergeht unsere Einladung. Sie alle bitten wir um Rat, Unterstützung und Beihilfe. Selbst ihr bloßer Beitritt ist uns wertvoll durch die darin ausgesprochene Teilnahme und Anerkennung für unsere Bestrebungen.

Alle diese, die eine leitende soziale Stellung einnehmen, will das 'Arbeiterwohl' für die Lösung der sozialen Frage öffentlich in Pflicht nehmen. Jedes Mitglied soll mit seiner Unterschrift das Zeugnis ablegen, daß es soziale Mißstände gibt und daß es seinerseits mithelfen will, an deren Beseitigung zu arbeiten. Schon dieses Zeugnis ist von Wert, und das Bestehen des 'Arbeiterwohl' schon geeignet, den Sinn der christlichen Solidarität zu wecken. Dieser versöhnende und sittigende Einfluß wird auch dorthin dringen, wo das 'Arbeiterwohl' direkt und zunächst nicht berufen ist, zu wirken — bis in die letzte Hütte des Bauern und Tagelöhners.

Aber nicht bloß will das 'Arbeiterwohl' anregen, die Gesinnung wekken, in Pflicht nehmen — es will vor allem auch positiv schaffen helfen, konkret die Wege zeichnen, die in der sozialen Betätigung einzuschlagen sind.

Das 'Arbeiterwohl' wird mit den bestehenden, in der Probe des Lebens bestandenen Wohlfahrts-Einrichtungen bekannt machen, zeigen, wie sie entstanden, aus den Verhältnissen naturgemäß 'erwachsen' sind, wie sie wirken, ob und inwieweit sie in der Tat geeignet sind, den Arbeiterstand materiell und geistig wie sittlich zu heben, was sie geleistet für die soziale Zufriedenheit und Annäherung zwischen Arbeitgeber und Arbeitnehmer. Es werden diese Einrichtungen nicht bloß im allgemeinen, auch nicht bloß die eine oder andere 'Muster'-Einrichtung beschrieben werden, sondern sie sollen auch in ihren verschiedenen Nuancierungen, eben im Anschluß an die besondern lokalen und Arbeitsverhältnisse gezeichnet werden; es soll dargelegt werden, wie sie gerade in ihrer Besonderheit wirken, welche spezifische Vorzüge und Gefahren gerade die besondern Formen aufzuweisen haben. Daran schließen sich Anweisungen — wieder durchaus spezialisiert —, wie bei Begründung solcher Einrichtungen zu verfahren ist, welche Klippen zu vermeiden, wie weit die Arbeiter heranzuziehen sind, wie die neuen Einrichtungen mit bestehenden in Verbindung gebracht werden können, welche Einrichtungen sich als erste empfehlen und wie andere daran sich anschließen.

Sehr viel kommt auf die moralische Einwirkung der verschiedenen Institutionen an. Da ist es wieder Aufgabe, die gemachten Erfahrungen zu fruktifizieren, zu zeigen, was in den einzelnen Fällen in dieser Beziehung erreicht worden und wie es erreicht worden ist, wie z. B. die Beiziehung des Geistlichen, des Arztes und vor allem der Arbeiter gewirkt hat. Namentlich ist es Aufgabe, den Einrichtungen den Charakter des Mechanischen, die Schablone fern zu halten; es muß die Einwirkung von Person zu Person, das persönliche Wohlwollen, belebend und individuell ausgleichend gewahrt bleiben. Der erst Berufene ist auch da der Fabrikant, unter Beiziehung der Vertrauensmänner der Arbeiter. Aber auch der Geistliche, der Arzt, der Arbeiterfreund überhaupt, kann da segensreich eingreifen.

Nehmen wir z. B. das Kassenwesen. So eminent christlich der Grundgedanke desselben ist — Solidarität im Unglück —, so kommt dieser doch fast nie zur Auswirkung. Und doch liegt es so nahe, z. B. mit der Krankenkasse einer Fabrik auch eine persönliche Krankenfürsorge sowohl von Seiten des Herrn als auch der Arbeiter unter sich zu verbinden in echt christlichem Sinne: Besuche, Beweise persönlicher Teilnahme, Aushilfe in der Pflege, Unterstützung in der Arbeit und in materieller Not. Wie müßte dies das Gefühl der Solidarität unter sich und mit dem Herrn in den Arbeitern wecken und heben!

Von fernerer Wichtigkeit ist, wie die Institutionen dauernd wirken, ob nicht die Gefahr baldiger Erschlaffung oder Gleichgültigkeit besteht, wie eventuell derselben vorgebeugt oder wie die nötige Frische und Energie wieder gewonnen werden kann, welche Folgen z. B. Aufschwung und Krise jeweilig mit sich bringen. Bei Errichtung von Arbeiterwohnungen, Hospizen, bei Gründung von Invalidenkassen sind letztere Erwägungen von fundamentaler Bedeutung.

Auch der Charakter und Geist der Arbeiterschaft: ob dieselbe zufrieden oder schon sozialistisch angehaucht, ob entgegenkommend oder mißtrauisch, ob mehr ländlich oder schon proletarisch-städtisch, ob stabil oder wechselnd, ob aus Männern oder auch aus jugendlichen und weiblichen Arbeitern bestehend, alles das erfordert Berücksichtigung.

Die Familien-Verhältnisse der Arbeiter bedürfen ebenfalls besonderer Rücksichten; wo das Familienleben noch stark ist, können Einrichtungen von Unheil werden, die bei zerrütteten Familien-Verhältnissen wohltätig wirken. Ebenso das Verhältnis zu den übrigen Ständen: wo dieses noch ein glückliches ist und die Verbindung noch besteht, wäre es gefehlt, durch Organisierung der Arbeiter dieselben zu isolieren.

Verschieden wird sich auch die Sache gestalten für Arbeiter unter katholischen Fabrikherren, die zur Initiative mit ihren Arbeitern bereit sind, und in Bezirken, wo die katholischen Arbeiter isoliert stehen; hier wird die Lösung der Aufgabe so ziemlich allein in der Hand des Arbeiterfreundes, speziell des Geistlichen liegen. Auch da wollen wir dem Geistlichen mit Ratschlägen zur Seite stehen, überhaupt zeigen, wie die pastorale Fürsorge speziell für unsere Arbeiter fruchtbar zu machen sein möchte. Die allgemeine Seelsorge, die Seelsorge in der Kirche, genügt für unsern Arbeiterstand nicht mehr. Die Gefahren für Glauben und Sitte sind für unsere Arbeiter so groß, sind so spezifisch, daß dieselben auch nur durch besondere und spezifizierte Seelsorge paralysiert werden können. Der gute Wille unseres Klerus steht ebenso außer allem Zweifel, als die Schwierigkeiten große sind. Glückliche Griffe sind schon vielfach gemacht, und es gilt nur, die Aktionsweise der betreffenden Männer kennen zu lernen. Das 'Arbeiterwohl' wird mit den Erfahrungen dieser Männer bekannt machen und unsern Klerus in Stand zu setzen suchen, auch für ihre Kreise in gleicher Weise zu wirken.

Das 'Arbeiterwohl' will alle sozialen Kräfte, alle gemachten Erfahrungen sammeln und von der Zentralstelle aus wieder den einzelnen vermitteln, um sie fruchtbar zu machen. Die Erfahrungen und Vorschläge werden zunächst in den Publikationen Stelle finden, zugleich aber auch ihre Ergänzung erhalten durch persönlichen Verkehr und Korrespondenzen des General-Sekretärs — Besorgung von Statuten, Jahresberichten, literarischen Hilfsmitteln, Bekanntmachung mit bestehenden Einrichtungen, eventuell Vermittlung einer direkten Verbindung mit den leitenden Persönlichkeiten derselben etc. —, durch lokale und General-Versammlungen usw. Überhaupt wird auch der direkte gegenseitige Gedanken-Austausch und Verkehr der Mitglieder durch das 'Arbeiterwohl' leicht gefunden werden. So wird z. B. gleich in einer Art 'Sprechsaal' in dem Rahmen der Publikationen der Ort zu solchem gegenseitigen Austausch gegeben sein. Auch für umfassendere gemeinsame Unternehmungen möchte das 'Arbeiterwohl' die Vermittlung schaffen.

Am Beispiel Aachens läßt sich zeigen, daß auf solche Weise etwas zu erreichen ist. Hier war das erste Ergebnis der Beratungen die Errichtung eines Arbeiterinnen-Hospizes.

Das ist ungefähr die Art und Weise, wie das 'Arbeiterwohl' sich seine Wirksamkeit denkt. Der Aufgaben sind genug. Es werden sich auch noch neue finden. Die Schwierigkeiten sind groß. Ein weites Feld der Arbeit liegt vor uns, und es wird immer nur ein verhältnismäßig kleines Stück sein, was in Anbau genommen werden kann. Allein auch das kleinste Stück Land, das der Kultur wieder gewonnen wird, lohnt die getane Arbeit reichlich.

Mit christlichem Mut und Gottvertrauen beginnen wir. Die Sache ist zu gut, als daß Gottes Segen sie nicht begleiten sollte.

Wir appellieren an die so oft und glänzend bewährte Hochherzigkeit der deutschen Katholiken — dieselbe kann uns nicht im Stiche lassen. Es ist ein Appell an den katholischen Glauben. Wer seinen Glauben liebt, der bekenne ihn durch die soziale Tat. Das ist das echte Apostolat des Glaubens, das ist geeignet, auch unsere entchristlichte Welt wieder zu christianisieren. Es ist ein Appell an die katholische Liebe. Wer Christum liebt, dem dürfen seine 'Brüder' nicht gleichgültig sein. Es ist endlich aber auch ein Appell an Pflichtgefühl und Selbstliebe; nur eine energische soziale Betätigung kann uns eine christliche, eine sittlich und technisch tüchtige Arbeiterschaft sichern.

Nur eine allgemeine, kräftige und durchschlagende Initiative kann uns vor den Schrecken der sozialen Revolution retten — wohlan, das katholische Deutschland zeige den Weg!

Es folgen die Unterschriften der Vorstandsmitglieder, Franz Brandts, 1. Vorsitzender, Frhr. v. Hertling, 2. Vorsitzender, und 8 weiterer Herren; Franz Hitze, Generalsekretär.

81. WILHELM HÜBBE-SCHLEIDEN, Deutsche Kolonisation. Eine Replik auf das Referat des Herrn Dr. Friedrich Kapp über Kolonisation und Auswanderung, Hamburg: Friederichsen & Co. 1881, Auszug, S. 36—40.

Was einst, ein Jahrtausend lang, die lateinische Sprache für die Welt und ihre Zivilisation bedeutete, das ist heut das Englische. Ja noch mehr! Wie einst die Sprache Roms das geistige Band war, welches die mittelländischen Völker der alten Welt umschlang, und welches später dem Gedankenfluge aller höheren Kultur als internationaler Wortausdruck diente, so ist heute das Englische diejenige Sprache, welche den höchsten und reifsten Produkten des menschlichen Geistes die weiteste Verbreitung im Kreise der Zivilisation sichert, und zugleich vermittelt es jetzt den Verkehr der verschiedenen Menschenrassen. Wann und wo in der weiten Welt der Europäer und der Chinese, der Araber und der indische Kuli, der Malaye und der Amerikaner, der Neger und der Indianer miteinander in Berührung kommen, fast immer und überall ist das Englische, mehr oder weniger korrekt gesprochen oder geradebrecht, das geistige Band, welches ihnen einen menschlichen Verkehr miteinander ermöglicht. Die alles-überwuchernde Ausdehnung, welche die englische Sprache im Laufe dieses Jahrhunderts gewonnen hat, stellt sich am deutlichsten in folgendem Vergleiche dar. Die offizielle Landessprache war

	im Jahre 1800	und ist 1880
das Englische	für 40 bis 50 Millionen	für 291 Millionen Menschen
das Deutsche	für 38 Millionen	für 70 Millionen Menschen
das Französische	für 34 Millionen	für 43 Millionen Menschen

Während ferner die Zahl derjenigen Menschen, welchen die deutsche Sprache zu ihrer wirtschaftlichen Existenz unentbehrlich ist, sich auf etwa 80 Millionen schätzen läßt, beläuft sich die Zahl der in gleicher Weise vom englischen Idiom Abhängigen auf wenigstens 400 Millionen; ja es ist höchst wahrscheinlich, daß diese letztere Zahl noch bedeutend größer ist. Das Englische übertrifft wohl gegenwärtig schon den Sprachumfang des Chinesischen und wird somit auch über den Kreis der Zivilisation hinaus als die weit verbreitetste Sprache des Menschengeschlechts gelten müssen.

Von dem Gebiete, welches der englische Stamm gegenwärtig beherrscht, bearbeitet und verwertet, hatte derselbe im wesentlichen schon bis kurz nach der Mitte dieses Jahrhunderts wirtschaftlich Besitz genommen und angefangen, sich dort in seiner heutigen Weise einzurichten. Seit den 50er und 60er Jahren hat dann auf diesem Gebiete eine rapide, aber doch stetige Entwicklung stattgefunden. Namentlich in den Vereinigten Staaten und in den britischen Kolonien nahm die englische Kultur einen so gewaltigen Aufschwung, wie die Zivilisation der Menschheit demselben bisher nichts auch nur annähernd Ähnliches an die Seite zu stellen hat.

Dieses riesige Wachsen unseres germanischen Bruderstammes ist die Ursache der in verschiedenen Ländern immer häufiger und stärker hervortretenden Überzeugung, daß die ganze europäische Rasse einer endlichen Anglisierung entgegen gehe. Als typisch hierfür können die Worte gelten, welche der jetzige leitende Staatssekretär des britischen Auswärtigen Amtes, Sir Charles Wentworth Dilke, seiner bedeutendsten schriftstellerischen Arbeit* als Vorwort voranstellte, und denen auch das Motto dieses Abschnitts entnommen ist. Er schreibt dort:

Es folgen längere Zitate aus Dilkes Buch. Der englische Stamm hat Größeres vollbracht als die Kolonisation überseeischer Länder, er hat seine eigenen Kulturformen den Söhnen Deutschlands, Irlands, Skandinaviens, Frankreichs und Spaniens aufgeprägt.

Eine klarere Vorstellung von der Größe der Gefahr, mit welcher die lebende Existenz der deutschen Kultur, sowie die aller romanischen Völker und schließlich auch der Russen bedroht wird, gewährt die nachfolgende Berechnung[1] dieser europäischen Stämme, wie dieselben in 100 Jahren zueinander gestellt sein werden, wenn selbst der englische Stamm von seinem wachsenden Übergewicht keinen anderen Gebrauch als bisher machen sollte, und wenn die Verhältnisse der überseeischen Welt sich organisch und ungestört in demselben Maße, wie in den 25 Jahren seit der Mitte dieses Jahrhunderts fortentwickeln:

Volkszahl	1850	1875	1980
des englischen Stammes	55 817 000	90 564 000	927 000 000
des deutschen Stammes	52 930 000	64 470 000	146 000 000
des niederländ. Stammes	7 500 000	9 202 000	20 500 000
des skandinav. Stammes	6 272 000	8 134 000	24 300 000
des russischen Stammes	63 010 000	83 790 000	275 000 000
des romanischen Stammes	113 142 000	127 588 000	212 200 000
der europäischen Rasse	298 671 000	383 748 000	1 650 000 000

* C. W. Dilke, Greater Britain, London 1868, 2 vols. — Schon seit den 30er Jahren dieses Jahrhunderts fließt dieser Art die Literatur Englands und Amerikas beständig über in dem beseeligenden Gefühle solcher kulturellen Weltbeherrschung, und zwar gleichmäßig in allen Kreisen der sich gegenüberstehenden politischen Parteien. Der Widerhall dieser Stimmung wurde auf dem Kontinent Europas erst viel später gehört; neuerdings aber findet sich die Furcht vor der überlegenen Kulturmacht des englischen Stammes auch in Deutschland und Frankreich häufiger ausgesprochen.

[1] Der Verfasser verweist hier auf eine eingehendere Tabelle im Anhang.

Bei diesen Angaben der Bevölkerungen für das Jahr 1980 ist zu bemerken, daß es hier durchaus nicht auf die absolute Höhe der Ziffern, sondern nur auf das Verhältnis der verschiedenen Zahlen zueinander ankommt; es ist ebenso auch irrelevant, ob diese Volkszahlen etwa erst im Jahre 2000 oder, was wahrscheinlicher ist**, wohl schon um 1950 vorhanden sein werden. Genug, daß im nächsten Jahrhundert die Überlegenheit des englischen Stammes über den deutschen und den romanischen sich mindestens wie 9 : 1½ und 2 verhalten wird. Voraussichtlich aber wird, bei unverändertem Fortwirken der gegenwärtigen Ursachen, sich dieses Verhältnis noch sehr viel mehr zu Gunsten der 'Angelsachsen' gestalten.

Die europäischen Länder der drei erwähnten Stämme sind offenbar nicht imstande, die hier berechneten Volksmassen zu ernähren. Würde sich selbst die Intensität unserer europäischen Wirtschaft auch noch um ein Bedeutendes heben, so ist doch kaum anzunehmen, daß sich die Produktivität derselben im nächsten Jahrhundert so sehr gesteigert haben wird, daß dann

in Deutschland	93,4 Mill. statt wie jetzt 45,0 Mill. Menschen
in Holland u. Belgien	20,5 Mill. statt wie jetzt 9,5 Mill. Menschen
in Österreich	52,6 Mill. statt wie jetzt 22,3 Mill. Menschen

sollten wohnen können. In Deutschland und Deutsch-Österreich zusammen werden doch sicherlich nicht mehr als höchstens 100 Millionen Menschen ihren Unterhalt finden können. Die Ertragsfähigkeit der Länder fremder Erdteile dagegen ist groß genug, um auch noch sehr viel größere Menschenmassen zu ernähren, als sich für die gesamte europäische Rasse im nächsten Jahrhundert ergeben. Die natürliche Folge wird daher sein, daß die überschüssige Bevölkerung, welcher in Europa nicht mehr die Mittel und Wege zu ihrer Ernährung geboten sein werden, nach solchen Gegenden der Welt auswandern wird, wo sie solche Existenzmöglichkeit findet. Der Prozentsatz der überseeischen Auswanderung aus den angeführten Ländern muß also im nächsten Jahrhundert ganz erheblich über den jetzigen Durchschnittssatz steigen. Diejenigen Länder aber, in welchen eine Ernährungsmöglichkeit gegenwärtig noch in fast unbeschränktem Maße gegeben zu sein scheint, so vor allem Nord-Amerika, Süd-Afrika, Australien und Neuseeland, sind bekanntlich im Besitze des englischen Stammes, und jede dort hinfließende Einwanderung wird nur dazu dienen, diesen Stamm noch mehr gegenüber den deutschen und anderen Elementen unserer Rasse zu stärken.

** Einige Gründe dieser Vermutung habe ich in der Anmerkung zur Tabelle 3 des Anhangs zusammengestellt.

Ferner ist außerdem noch eine immer weitere lokale Ausdehnung des englischen Stammes in überseeischen Ländern mindestens nicht unwahrscheinlich. Daß das britische Reich sich noch fortan durch Eroberungen wesentlich mehren sollte, ist freilich nicht zu erwarten; dagegen ist es die ausgesprochene Tendenz der Nord-Amerikaner, soweit es ihnen irgend möglich ist, ihren ganzen Kontinent für sich zu erwerben und damit den einzigen noch nicht englischen Teil der Erde, welcher sonst noch zur Ernährung großer europäischer Volksmassen geeignet ist, Süd-Amerika, auch zu anglisieren.

Bliebe aber Süd-Amerika auch nach wie vor romanisch, so würden dann doch jedenfalls über 1000 Millionen englisch denkende und redende Menschen in den reichsten und bestgelegenen Länderstrecken der Welt leben und in Deutschland und Deutsch-Österreich nur etwa 100 Millionen Deutsche. Ob wir — die bestgehaßte Nationalität der modernen Welt — uns dann gegen solche ungeheure Übermacht einer fremden Kultur noch werden deutsch erhalten können, das muß wohl sehr zweifelhaft erscheinen; eine Kulturmacht aber, ein lebensfähiges Element der Zivilisation kann diese unsere verhältnismäßig kleine Volkszahl dann unmöglich sein.

82. Gesetzentwurf, betreffend die Unfallversicherung der Arbeiter, 1. Lesung, 27.—29. Sitzung, 1.—4. April 1881, Sten. Ber. RT, 4. Leg. Per., 4. Session 1881, Bd. 1, S. 673—756, Auszüge aus der Debatte.

a) Abgeordneter Ludwig Bamberger, S. 677 f. und S. 679 (1. April).

Meine Herren, ich will die Kritik, die ich an dem Gesetze auszuüben habe, nicht weiter fortsetzen, weil es mich drängt, auch noch der prinzipiellen Seite der Frage einige Aufmerksamkeit zu schenken. Wir haben, indem wir uns heute mit dieser Vorlage beschäftigen, einen sehr großen Schritt in der Gesetzgebung getan, und ich füge hinzu, daß wir diesen Schritt schon heute getan haben, gleichviel, ob wir das Gesetz im Sinne der Regierung annehmen oder ablehnen. Das ist für mich sogar das Untergeordnete. Das Wichtige in der Sache ist, daß die Reichsregierung sich zu einem Prinzip bekannt hat, wie es sich hier ausgesprochen findet. Es kann immerhin zwar von Bedeutung sein, ob die Vertretung des Reichs, ob die Nation noch vorläufig Protest einlegt gegen den neuen gesetzgeberischen Boden, auf den die Reichsregierung mit diesem Gesetz getreten ist. Ich bediene mich gern des Worts 'Reichsregierung', weil es neulich ausdrücklich hier sanktioniert worden ist und weder den kollektiven Begriff der Verbündeten Regierungen im Sinne der weitesten moralisch verantwortlichen Initiative bedeutet, noch andererseits dem Ausdruck die Schärfe gibt, welche das Hereinziehen einer Person involviert. Ich sage also, indem die Reichsregierung hier, wie ich gar nicht anstehe auszusprechen, den Boden der sozialistischen Staatsgesetzgebung der Sache und dem Bekenntnis nach betreten hat, hat sie einen großen bezeichnenden Schritt nicht bloß in der geschichtlichen, gesetzgeberischen Entwicklung Deutschlands, sondern vielleicht der ganzen Welt getan, und ob wir das Gesetz annehmen oder nicht, es wird immer bedeutungsvoll bleiben, und man wird sich noch unzähligemal darauf berufen, daß dieses Prinzip hier von der deutschen Reichsregierung stabiliert worden ist.

Meine Herren, der einzelne, der hier zu Wort kommt, kann nichts tun als seine persönliche Verantwortung, seine kleine, unscheinbare, vergängliche Verantwortung wahren, und was mich betrifft, so ist es mir Bedürfnis auszusprechen, ich betrachte es als einen höchst verhängnisvollen Schritt gerade in diesem Augenblick, daß die Reichsregierung uns diese Vorlage gegeben hat, und ich betrachte es als ein sehr merkwürdiges wunderbares Zusammentreffen, daß wir gerade heute diese Vorlage behandeln, nachdem wir gestern uns mit der Frage beschäftigt haben, wie dem sozialen Kriege, dem gewaltsamen sozialen Kriege ein Ende bereitet werden könne. Meine Herren, der Zusammenhang zwischen diesen beiden Dingen ist ein so flagranter, ein so untrennbarer, daß ich aussprechen muß, ich glaube, wenn wir in Zukunft verhängnisvollen Ereignissen in Sachen des sozialen Kampfes entgegensehen müssen, so hat die Reichsregierung, indem sie sich heute ausdrücklich auf den Boden der sozialistischen Theorie gestellt hat, eine große Verantwortlichkeit übernommen. *(Sehr wahr! links.)* Meine Herren, man kann ja über den Gegensatz beider Staatsprinzipien streiten, und ich will mir durchaus die Überhebung nicht zu Schulden kommen lassen, daß ich über das sozialistische Prinzip als Staatsprinzip wegwerfend abspreche. Es spielt eine so gewaltige Rolle in unserer gegenwärtigen Entwicklung, seit 50 Jahren ist es in wachsendem Maße auf der Tagesordnung, daß es an sich schon eine allzu einseitige Auffassung verraten würde, wenn der einzelne trotz seiner wohlreflektierten Überzeugung sich anmaßen wollte zu sagen: hier ist etwas Unmögliches und Ungerechtfertigtes, das ich in jedem Fall verdamme. Ich muß sogar gestehen, für mich hat es etwas Verblüffendes, und wenn mich etwas irre machen könnte in meiner tiefsten wohlbedachten Überzeugung, die ein Produkt eifrigen langjährigen Nachdenkens und Studiums ist, wenn mich etwas irre machen könnte, so wäre es gerade dies, daß ein Mann, der die Geschicke Deutschlands nicht nur, sondern in gewisser Weise auch die Europas mit in seiner Hand hält, daß der allmählich seit drei bis vier Jahren immer mehr auf die schiefe Ebene gelangt ist, die zu dem sozialistischen Bekenntnisse führt. Ich sage mir, es muß vielleicht doch ein Zukunftskeim in diesen Gedanken sein, wenn ein so großer bedeutender Repräsentant der europäischen Staatsentwicklung sich so unwiderstehlich von ihm angezogen fühlt. Deutschland ist vielleicht gerade damit erst recht in die Mitte der europäischen Entwicklung getreten, daß es jetzt eine Tendenz aufnimmt, die seit lange geschlummert hat, wenigstens in der modernen Staatsgesetzgebung.

Der Redner äußert sich sodann zu älteren sozialpolitischen Ansätzen in Frankreich. Er erklärt weiter:

Materiell ebenso wie formal steht der heutige Gesetzentwurf auf dem Boden des Sozialismus; er bekennt sich in seinen Motiven ausdrücklich dazu. Er knüpft daran an, daß zur Zeit, als im Jahre 1878 das Sozialistengesetz gemacht wurde, man darüber einig gewesen, daß man nun andererseits verpflichtet sei, auch Anstalten zu treffen, um die berechtigten Klagen zu beseitigen. Ich weiß nicht, wie weit man konstatieren kann, daß darüber Einigkeit geherrscht habe. Mein Standpunkt war ein ganz anderer. Ich habe dem Sozialistengesetz beigepflichtet wesentlich deshalb, weil man erklärte, gerade den sozialistischen Ideen entgegentreten zu wollen, und hätte mich wohl gehütet, dem Gesetz beizustimmen, wenn die Regierung gesagt hätte, ich will zwar die Sozialisten auf den Kopf schlagen, aber den sozialistischen Staat will ich einführen. Meine Herren, auf diesem Boden ein Sozialistengesetz zu machen, halte ich ganz unzulässig. Wie nahe die gegenwärtige Theorie der Gesetzgebung bereits dem Inhalt des Sozialismus gerückt ist, wird Ihnen nach mir wahrscheinlich ein anderer Redner sehr deutlich illustrieren, nämlich der Herr Abgeordnete Bebel. Herr Bebel hat im Jahre 1878 bei Gelegenheit gerade des Vorschlags, die Unfallversicherungsgesetzgebung zu verbessern, eine Rede gehalten, und er hat in derselben genau die Grundzüge desjenigen Gesetzes entworfen, das Ihnen heute vorliegt. Ich will Herrn Bebel des Vergnügens nicht berauben, die Stelle wörtlich vorzulesen, in der die ganze Ökonomie des Gesetzes auch seiner Ausführung nach enthalten ist; aber das kann ich sagen, nachdem ich die Rede heute morgen noch einmal nachgelesen habe, ist mir der Gedanke gekommen, ich weiß nicht, warum Herr Bebel nicht Vortragender Rat der volkswirtschaftlichen Abteilung in der Reichsregierung ist.

b) Abgeordneter Adolf Frhr. von Marschall, S. 681 (1. April).

Meine Herren, der gegenwärtige Entwurf ist zweifellos von einer sehr weittragenden Bedeutung, und er bedarf einer sehr ernsten und gründlichen Prüfung. Wir stehen alle unter dem tiefen Eindruck der Verhandlungen der beiden letzten Tage[1]; es ist uns von Seiten der Regierungsbank in den denkbar schärfsten Zügen ein wahrhaft erschreckendes Bild gezeigt worden von den Gefahren, die unsere Gesellschaft bedrohen, und der sozialistische Abgeordnete, der den Versuch gemacht hat, dieses Bild zu verwischen, ist nicht herausgekommen aus dem Kreise, den jene Ausführungen seiner Partei gezogen haben: er hat nichts widerlegt, er hat alles bestätigt. Ich hoffe auf der einen Seite, daß die Verhandlungen in dem gesunden Teil unseres Volkes weit mächtiger wirken gegen die Sozialdemokratie als alle Ausnahmegesetze, alle Verbote und Ausweisungen. Aber mit der anderen Seite hat sich doch in noch verstärktem Maße die Überzeugung aufdrängen müssen, daß es endlich an der Zeit ist, alle staatserhaltenden Kräfte zu vereinigen und gemeinschaftlich den Weg der positiven sozialen Reform zu beschreiten. Es ist ja der Grundsatz, daß auch auf dem Gebiet der Arbeiterfrage das trostlose laisser faire und laisser aller walten solle, längst aufgegeben, wir erkennen es als Pflicht des Staats an, auch hier einzutreten mit seiner Hilfe. Manches ist bei uns geschehen, sehr vieles aber ist noch zu tun, und alles das, was wir getan haben, das waren zwar recht wohlmeinende, aber doch recht schüchterne Versuche.

Man mag nun einen Standpunkt dem vorliegenden Entwurf gegenüber einnehmen, welchen man will, man mag es bedenklich finden, daß in diesem Entwurf ein staatssozialistischer Gedanke ist, allein, meine Herren, man wird es auf der anderen Seite doch dem Herrn Reichskanzler zu einem großen Verdienst annehmen müssen, daß er es ist, der den Gedanken einer positiven Maßregel für die arbeitenden Klassen, der so oft ausgesprochen worden ist, aus den unfruchtbaren Gebieten des politischen Schlagwortes auf den Boden verpflanzt hat, wo es allein fruchtbar werden kann, auf den Boden der Gesetzgebung. Auf diesem Boden, meine Herren, muß dieser Gedanke bleiben, wir müssen auf diesem Boden etwas Dauerndes schaffen.

Der gute Kern, der in dem Entwurf liegt, muß deshalb vom Reichstag herausgeschält werden.

c) Abgeordneter Georg Frhr. von Hertling, S. 688 (1. April).

Nachdem ich mich nun so, meine Herren, mit dem Grundgedanken, mit der Ausdehnung der Entschädigungspflicht auf alle Unfälle und mit der

[1] Debatte über eine Denkschrift betr. Anordnungen auf Grund des Sozialistengesetzes.

Einführung des Versicherungszwanges einverstanden erklärt habe, muß ich jetzt noch die Bedenken zur Sprache bringen, die meine politischen Freunde und ich dem Gesetzentwurf gegenüber haben. Ich will dabei nicht zu tief in Einzelheiten eingehen, ich will nur zwei Punkte herausgreifen, die allerdings untereinander in engem Zusammenhang stehen, und ich will sie beleuchten im Sinne der vorausgeschickten allgemeinen Erörterungen und von dem Standpunkt aus, den meine politischen Freunde überhaupt sozialpolitischen Fragen gegenüber einnehmen.

Es sind dies die beiden Punkte, die auch die beiden Herren Vorredner [2] schon zum Mittelpunkt ihrer Ausführungen gemacht haben: die Aufbringung der Prämienanteile durch das Reich und die Einrichtung einer Reichsversicherungsanstalt. Was den ersten Punkt anbetrifft, so kann ich mich kurz fassen, weil der letzte Herr Vorredner schon so schwerwiegende Bedenken gegen die Aufbringung der Prämienanteile durch das Reich vorgebracht hat. Ich kann darauf hinweisen, daß bereits dieselbe Erörterung, die mich dahin geführt hat, den Versicherungszwang anzuerkennen, mich auch dazu führt, eine Beteiligung des Reichs an der Aufbringung der Prämien zu verwerfen. Die Industrie muß für die Unfälle aufkommen, die sich als schwer vermeidliche Konsequenzen ihres Betriebs ergeben haben; wo sie es nicht tut, steigert sie ihren Gewinn auf Kosten unbeteiligter Dritter, dann wälzt sie einen Teil dieser Kosten auf andere Klassen ab, und es ist erfreulich zu sehen, daß diese Anschauung gerade in den beteiligten Kreisen selbst mehr und mehr zur Geltung kommt. Es ist uns ja allen der Bericht der Handelskammer in Leipzig zugeschickt worden, derselbe erklärt in Bezug auf den vorliegenden Punkt ausdrücklich: „Die Tragung der Kosten der Versicherung ist eine innere Angelegenheit der Industrie, jede Einmischung Dritter ist hier vom Übel.“ Ich glaube, daß wir uns auf diesen Standpunkt stellen müssen, es ist eine innere Angelegenheit der Industrie, um die es sich hier handelt, die Industrie ist solidarisch haftbar für die bezeichneten Unfälle, und sie muß daher auch die Kosten tragen. Es kommt noch ein anderer Umstand hinzu, den der Herr Abgeordnete von Marschall bereits geltend gemacht hat. Wenn wir das Reich heranziehen, um einen Teil der Prämien auszuzahlen, dann tragen die Entschädigungen den Charakter einer Armenunterstützung. Nun ist freilich, wenn wir den ursprünglichen Entwurf vergleichen mit dem Entwurfe, der uns jetzt vorliegt, dieser Charakter auf dem Gange durch den Volkswirtschaftsrat und den Bundesrat einigermaßen abgeschwächt worden. Es ist nicht mehr die Rede davon, die Landesarmenverbände heranzuziehen, sondern das Reich. Es ist dem-

[2] Bamberger und Frhr. v. Marschall.

gemäß auch in den Motiven überall der frühere Ausdruck 'von der Armenlast' vertauscht mit dem allgemeineren 'von den öffentlichen Mitteln', aber die Sache ist geblieben. Ja, meine Herren, die Motive bringen ausdrücklich die Entschädigung des verunglückten Arbeiters mit der Armenunterstützung in Verbindung. Das muß ich für durchaus falsch erklären. Ich will nicht, meine Herren, daß der fleißige Arbeiter, der mit Ehren Pensionär der Industrie sein kann, auf eine Stelle gestellt werde mit dem arbeitsscheuen Volke, das den öffentlichen Mitteln zur Last fällt. *(Sehr gut!)* Und, meine Herren, in den Kreisen der Arbeiter ist man hierfür sehr empfindlich, und ich glaube, wir werden gut tun, dieser empfindlichen Stimmung Rechnung zu tragen. Ich kann aber diesen Punkt nicht verlassen, ohne, wenn auch nur im Vorbeigehen, mich gegen die Auffassung zu erklären, die die Motive überhaupt über Armenwesen und Unterstützungpflicht aussprechen. Die Motive sagen, es sei der Staat, welcher durch seine Gesetzgebung das Recht des Bedürftigen auf Unterstützung schafft und trägt, es sei der Staat, der die gemeindeweise Verteilung der daraus erwachsenden Lasten lediglich durch seine Anordnungen, nach den Grundsätzen der Zweckmäßigkeit und Billigkeit bewirke. Meine Herren, das ist eine Auffassung, die den richtigen Sachverhalt prinzipiell und historisch auf den Kopf stellt. *(Sehr wahr!)*

Das Recht des Bedürftigen auf Unterstützung stammt nicht von der Verleihung des Staats, das Recht auf Unterstützung ist abzuleiten aus dem uns sämtlich angeborenen Rechte auf physische Existenz. Dieses Recht richtet sich zunächst gegen diejenigen, die mit dem einzelnen in näherer Beziehung und Verbindung stehen, es richtet sich gegen die Familie, es richtet sich gegen die Gemeinde, und diese ist nicht, wie die Motive zu glauben scheinen, eine bloß zufällige Einrichtung, sie ist naturwüchsiges Gebilde, bei welchem die lokale Zusammengehörigkeit das gemeinsame Interesse erzeugt. Es richtet sich gegen die korporativen Verbände, denen der einzelne als wirksames und tätiges Mitglied angehört. Es richtet sich erst zuletzt gegen den Staat, wenn die Gesamtheit eintreten muß, weil ein direkt und näher Verpflichteter nicht da ist. *(Sehr richtig!)*

Die Reichsversicherungsanstalt lehnt Hertling ab, weil damit der Weg zu einer ertötenden, alle Kräfte absorbierenden Konzentration beschritten werde.

d) Abgeordneter Eugen Richter, S. 699 f. und S. 708 f. (2. April).

Im Jahre 1878, noch bevor die Attentate geschehen waren, noch bevor ein Sozialistengesetz in Frage stand, haben wir zuerst den Antrag hier im

Hause eingebracht, Antrag Dr. Hirsch, eine Reform des Haftpflichtgesetzes auf Grund der inzwischen gesammelten Erfahrungen vorzunehmen. Es haben sich alsbald insbesondere die liberalen Parteien und das Zentrum sehr lebhaft für diese Frage interessiert. Um so mehr ist es zu bedauern, daß die Regierung drei Jahre hat verstreichen lassen, bevor sie ihrerseits jener Anregung eine weitere Folge gab. Wir haben die Frage schon 1878 für so wichtig gehalten, daß wir bei der Revision unseres Parteiprogramms die Erweiterung der Haftpflicht ausdrücklich als einen Gegenstand unseres Programms bezeichneten. Unsere Stellung zu dem vorliegenden Gesetze ist eine zwiefache. Soweit das Gesetz sich mit unseren Bestrebungen, wie wir sie bisher verfolgt haben, deckt, soweit es eine Erweiterung der Haftpflicht, sei es in Bezug auf den Kreis der Unfälle, sei es in Bezug auf den Kreis der Personen beabsichtigt, erachten wir den Gesetzentwurf in den desfallsigen Bestimmungen als eine geeignete Grundlage für weitere Verhandlungen und für weitere Verständigung; auf der anderen Seite aber scheint uns die Notwendigkeit eines Versicherungszwanges nicht nachgewiesen, scheint uns ebensowenig nachgewiesen die Notwendigkeit, öffentlicher Versicherungsanstalten gegen den Unfall, und grundsätzlich verwerfen wir jedes Versicherungsmonopol, verwerfen wir die Reichsversicherungsanstalt und verwerfen wir eine Beitragsleistung aus Staats- oder Reichs- oder Kommunalkassen zur Unfallversicherung selbst.

Meine Herren, wir sind für die Kommissionsberatung, um den Versuch zu machen, ob sich jener Teil des Gesetzes, der, wie ich bezeichnete, unseren eigenen bisherigen Bestrebungen entspricht, aus dem übrigen Gesetz herausschälen läßt. Sollte dieser Versuch nicht gelingen, so nehmen wir keinen Anstand, zu erklären, daß der Gesetzentwurf, wie er vorliegt, auf unseren ganz entschiedenen Widerstand stoßen wird, daß wir diesen Gesetzentwurf im ganzen, obwohl er unter der Maske der Arbeiterfreundlichkeit auftritt, nicht für einen den Arbeitern und ihren Interessen günstigen, sondern nachteiligen halten, daß er nicht vorteilhafte, sondern schädliche Einflüsse auf die Arbeiter hervorbringen wird, daß er nicht dazu dienen wird, unsere sozialen Verhältnisse zu verbessern, sondern zu verschlechtern, nicht aufwärts zu führen, sondern niederwärts.

Richter trägt nun seine Kritik im einzelnen vor und setzt sich dabei entschieden für das Privatversicherungswesen ein. Im Zusammenhang mit dem Beitrag des Reiches erklärt er:

Es ist dieser Teil des Gesetzes als sozialistisches Element bezeichnet. Ich möchte in der Hinsicht die Sachkenntnis des Herrn Abgeordneten Bebel anrufen. Wie ich den Sozialismus verstehe, ist das eigentlich kein Sozialismus, — *(Abgeordneter Bebel: Sehr richtig, es ist keiner! Heiterkeit.)*

nämlich es ist viel schlechter als sozialistisch. Meine Herren, die Sozialisten erkennen den Grundsatz von Leistungen und Gegenleistungen an, wenn sie auch für die Abmessung von Leistung und Gegenleistung einen anderen Maßstab anlegen, wenn sie auch dem Unternehmergewinn, den Kosten des Risikos, nicht diejenige Berechtigung beilegen, die wir ihr beilegen, aber der Sozialismus will die Kosten der Arbeit aus dem Ertrag der Arbeit bestreiten. *(Abgeordneter Bebel: Sehr richtig!)* Ich habe also den Sozialismus richtiger verstanden, wie die Reichsregierung. Die Reichsregierung umgekehrt, sie will die Kosten dieser Versicherung nicht aus dem Ertrage der Industrie erstatten, sondern aus dem allgemeinen Weltsäckel. Meine Herren, das ist nicht sozialistisch, das ist kommunistisch! *(Sehr wahr! links)* Der Grundsatz der Reichsregierung ist ein kommunistisches Element, und weiter noch, es ist ein Kommunismus, so schlecht, wie ihn noch niemand bisher erfunden hat. *(Zustimmung links.)* Meine Herren, wenn man einmal Kommunist sein will, dann soll man sich auf den Standpunkt stellen, daß der Reiche den Armen etwas abgebe, aber wie wird es hier gemacht? Hier geben die Armen den Armen, und zwar womöglich sollen noch die Ärmeren gezwungen werden, den Armen etwas zu geben. Die Subvention soll aus Reichsmitteln schöpfen. Woraus aber schöpft das Reich seine Mittel? Aus indirekten Steuern, und aus indirekten Steuern, die auf Verbrauchsabgaben fallen, auf Verbrauchsabgaben der großen Masse. Diese indirekten Steuern des Reichs — das erklärt ja die preußische Staatsregierung aktenmäßig in ihren Motiven, in ihrem Gesetze — lasten ganz vorzugsweise auf den ärmeren Klassen. Also die Beiträge des Reichs, sie werden vorzugsweise beschafft aus den Mitteln der ärmeren Klassen, und zwar der ärmeren Klassen, die zum Teil noch ärmer sind, wie diejenigen, denen die Mittel zugute gereichen.

e) Reichskanzler Fürst Bismarck, S. 714 f. (2. April).
WA: Schultheß, 22. Jg. 1881, S. 130—143; Böhm, Bd. 11, S. 143—175; Kohl, Bd. 9, S. 11—43; GW, Bd. 12, S. 236—249.

Nun diese Bestrebungen der Regierung, den verunglückten Arbeiter in Zukunft besser und namentlich würdiger zu behandeln wie bisher, seinen noch gesunden Genossen nicht das Beispiel eines sozusagen auf dem Kehricht langsam verhungernden Greises zu gewähren, das kann man doch nicht in dem Sinne als sozialistisch bezeichnen, wie diese Mörderbande uns neulich dargestellt worden ist, und das ist ein ziemlich wohlfeiles Spiel mit dem Schatten an der Wand, wenn man 'sozialistisch' darüber ruft.

Wenn der Herr Abgeordnete Bamberger, der ja an dem Worte 'christlich' keinen Anstoß nahm, für unsere Bestrebungen einen Namen finden wollte, den ich bereitwillig annehme, so ist es der: praktisches Christentum, aber sans phrase, wobei wir die Leute nicht mit Reden und Redensarten bezahlen, sondern wo wir ihnen wirklich etwas gewähren wollen. *(Bravo! rechts.)*

Aber umsonst ist der Tod. Wenn Sie nicht in die Tasche greifen wollen und in die Staatskasse, dann werden Sie nichts fertig bekommen. Die ganze Sache der Industrie aufzubürden, das weiß ich nicht, ob sie das tragen kann. Schwerlich geht das bei allen Industrien. Bei einigen ginge es allerdings; es sind das diejenigen Industriezweige, bei welchen der Arbeitslohn nur ein minimaler Betrag der Gesamtproduktionskosten ist. Ich nenne als solche Produktionszweige chemische Fabriken oder Mühlen, die in der Lage sind, mit einigen 20 Arbeitern bei einem Umsatz von einer oder mehreren Millionen ihr Geschäft zu machen; aber die große Masse der Arbeiter steckt eben nicht in solchen, ich möchte sagen, aristokratischen Betrieben, womit ich aber keinen Klassenhaß erregen will, sondern sie steckt in denen, wo der Arbeitslohn bis zu 80 und 90 Prozent der Kosten beträgt, und ob die dabei bestehen können, weiß ich nicht. Ob man den Beitrag auf die Arbeiter oder die Unternehmer legt, das halte ich für ganz gleichgültig. Die Industrie hat ihn in beiden Fällen zu tragen, und was der Arbeiter beiträgt, das ist doch notwendig schließlich zu Lasten des ganzen Geschäfts. Es wird allgemein geklagt, daß der Lohn der Arbeiter im ganzen keinen Überschuß und keine Ersparnis gestatte. Will man also dem Arbeiter zu dem eben noch ausreichenden Lohn noch eine Last auferlegen, ja dann muß der Unternehmer diese Mittel zulegen, damit der Arbeiter die Last tragen kann, oder der Arbeiter geht zum anderen Geschäft über.

Bismarck äußert sich dann zu Einzelfragen des Staatszuschusses. Im Anschluß daran erklärt er:

Es wundert mich nicht, wenn über einen neuen, so tief in unser Leben eingreifenden und so wenig von der Erfahrung urbar gemachten Gegenstand die Meinungen sehr weit auseinandergehen, und ich bin vollständig darauf gefaßt, daß wir wegen dieser Divergenz der Meinungen in dieser Session einen annehmbaren Gesetzentwurf nicht zustande bringen. Mein Interesse an der ganzen Bearbeitung der Sache wird sehr abgeschwächt, sobald ich erkennen sollte, daß das Prinzip der Unterlassung des Staatszuschusses definitiv zur Annahme käme, daß die Stimmung der Landesgesetzgebung gegen den Staatszuschuß sich ausspräche. Dann würde damit die Sache rein in das Gebiet des freien Verkehrs, sozusagen, gewiesen werden; man würde dann die Versicherer der Privatindustrie vielleicht besser überlassen, als daß man eine staatliche Einrichtung ohne Zwang übt. Denn ich würde nicht den Mut haben, den Zwang auszusprechen, wenn der Staat nicht auch gleichzeitig einen Zuschuß anbietet. Würde der Zwang ausgesprochen, so ist es notwendig, daß das Gesetz zugleich ein Versicherungsinstitut beschafft, was wohlfeiler und sicherer ist wie jedes andere. Man kann nicht den Sparpfennig des Armen dem Konkurse aussetzen, man kann auch nicht zugeben, daß ein Abzug von den Beiträgen als Dividende oder zur Verzinsung von Aktien gezahlt würde. Der Herr Abgeordnete Bamberger hat ja gestern seinen Angriff auf das Gesetz wesentlich mit der Klage über den Ruin der Versicherungsgesellschaften — er hat sich stark ausgedrückt — begründet: daß sie zerdrückt, zermalmt werden würden, und hat gesagt, daß diese Versicherungsgesellschaften sich um die Dankbarkeit ihrer Mitbürger bewürben. Ich habe immer geglaubt, sie bewürben sich um das Geld ihrer Mitbürger. *(Heiterkeit.)*

Wenn sie aber auch dafür die Dankbarkeit noch zu Buch bringen können, so ist das eine geschickte Operation. Daß sie aber als edle Seelen sich für die Arbeiterinteressen bei der Einrichtung ihrer Versicherungsgesellschaften auf Aktien zu opfern bereit waren, habe ich nie geglaubt, ich würde mich auch schwer davon überzeugen. *(Abgeordneter Bebel: Sehr gut!)* Und für solche Privatversicherungsgesellschaften, die in Konkurs geraten können, auch bei guter Verwaltung, durch Konjunkturen, durch große Unglücksfälle, die genötigt sind, ihre Beiträge so einzurichten, daß noch für den, der sein Kapital dazu hergibt, Dividende übrig bleibt, wenigstens eine gute Verzinsung und auch die Hoffnung auf Dividende, zu solchen Versicherungen können wir nach meinem Rechtsgefühl niemand zwingen, und da möchte ich meinen Beistand dazu versagen.

f) Abgeordneter August Bebel, S. 744 und 750 (4. April).
WA: Helmut Hirsch (Hrsg.), August Bebel. Sein Leben in Dokumenten, Reden und Schriften, Köln 1968, S. 163—172.

Ich werde vielmehr, nachdem ich einige persönliche Erörterungen, zu der mich die Rede des Herrn Reichskanzlers vom vorigen Sonnabend veranlaßt, gemacht habe, auf den Entwurf selbst in seinen einzelnen Hauptbestimmungen eingehen und Ihnen darzulegen suchen, wie wir, die Fraktion der Sozialdemokraten, zu diesem Entwurf stehen. Es dürfte dabei allerdings die Tatsache zu Tage treten, daß der Herr Reichskanzler, der am Sonnabend mit einer gewissen Geringschätzung von den eloquenten Strebern gesprochen hat, unter denen er ja uns unzweifelhaft meinte, heute die Erfahrung macht, daß er bei uns für seinen Entwurf bis zu einem gewissen Grade eine Unterstützung findet, die ihm selbst in diesem Falle nicht so unangenehm sein dürfte, umso mehr, meine Herren, da die Verteidigung, die der Herr Reichskanzler am Sonnabend seinem eigenen Entwurf hat zuteil werden lassen, keineswegs eine überzeugende war. Er bedarf dringend einer Unterstützung von anderer Seite, und wir wollen ihm diese, soweit es uns möglich ist, unsererseits angedeihen lassen. Ja, meine Herren, wir wollen ihm und Ihnen sogar nach besten Kräften dazu helfen, die positiven Bestrebungen, die zur Bekämpfung der Sozialdemokratie durch diesen Gesetzentwurf erreicht werden sollen, zu fördern, damit Sie zu einem gedeihlichen Ziel kommen. *(Heiterkeit.)*

Bebel spricht dann zunächst über den Wydener Kongreß und äußert sich im Anschluß daran zu den Hauptbestimmungen des Entwurfs und zu der von den bisherigen Rednern daran geübten Kritik. Zur Frage der Konkurrenzfähigkeit der Industrie erklärt er:

Also, meine Herren, der Herr Reichskanzler soll sich an die Spitze einer Initiative, wie ich sie andeutete, stellen, er soll die Regierungen der verschiedenen Länder, die vorzugsweise hier in Betracht kommen, wie die Schweiz, Frankreich, Belgien, England, Nordamerika, die also besonders unsere Konkurrenzländer sind, auffordern zu einer internationalen Konferenz, in welcher völlig gleichmäßige und gemeinsame Feststellungen in Bezug auf den Schutz der Arbeiter in Industrie, Handel und Gewerbe stipuliert werden. Dann tritt eine vollständige Gleichheit der Konkurrenzbedingungen nach dieser Richtung ein, dann haben Sie die internationale Konkurrenz auf diesem Gebiet nicht mehr zu fürchten und, meine Herren, Sie werden, und das dürfte von Ihnen doch auch wohl sehr zu beachten sein, weit wirksamer den internationalen Sozialismus und den internationalen Nihilismus mit solchen Maßregeln bekämpfen, als mit solchen, wie Ihnen heute noch von den Herren Abgeordneten Windthorst und Genossen zur Beratung vorgelegt werden.[3] *(Sehr richtig! links.)* Das wäre ein Stück Arbeit, des Schweißes der Edlen wert, an dem der Herr Reichskanzler sich versuchen könnte, mit dessen Vollendung er seinen Ruhm in erheblichem Grade vermehrte und dauernder machte als durch vieles andere. Und ein solcher Schritt würde unzweifelhaft von Erfolg sein; denn wenn eine Regierung es wagen wollte, einer derartigen Auf-

[3] Daß Mord und Mordversuch am Staatsoberhaupt, die Verschwörung zu einem solchen Verbrechen und die öffentliche Aufforderung dazu unter allen Umständen gestraft werden solle, ferner, daß jeder Staat solche Strafe androhen soll für die eigenen Untertanen wie für die Ausländer, die sich in seinem Gebiet aufhalten.

forderung des Reichskanzlers gegenüber sich ablehnend zu verhalten, so würde ein allgemeiner Sturm der Entrüstung durch die gesamte Arbeiterwelt des betreffenden Landes gehen, einmütig würden sie für die Bestrebungen des deutschen Reichskanzlers eintreten und ihre eigene Regierung zwingen, Abgesandte zu jener internationalen Konferenz zu schicken, auf der so vorteilhafte, so menschliche Vorschläge zum Heil der Gesamtheit beraten werden sollen.

83. Programm der Konservativen in Berlin, 7. April 1881, in: Max Schön, Die Geschichte der Berliner Bewegung, Leipzig 1889, S. 169—171.[1]

I. Allgemeine Politik.

A. In Bezug auf das Deutsche Reich.

1. Unverbrüchliches Festhalten an Kaiser und Reich und der föderativen Basis der Reichsverfassung.

2. Aufrechterhaltung der allgemeinen Wehrpflicht unter möglichster Schonung der Kräfte des Volkes, ohne indessen die Wehrkraft des Reiches zu beeinträchtigen.

B. In Bezug auf den preußischen Staat.

1. Energisches Eintreten für das Königtum von Gottes Gnaden.

2. Aufrechterhaltung einer starken staatlichen Zentralgewalt.

3. Schutz der verfassungsmäßigen Rechte des Volkes, ohne jedoch einen Parlamentarismus nach englischem oder belgischem Muster zu erstreben. (Sicherung der politischen Unabhängigkeit der Staatsbeamten.)

4. Selbstverwaltung für Provinz, Bezirk, Kreis und Gemeinde entsprechend den historischen und wirtschaftlichen Erfordernissen der einzelnen Gebietsteile in allen rein kommunalen Angelegenheiten. (Sicherung der politischen Unabhängigkeit der Kommunalbeamten.) Demgegenüber enges Zusammenschließen aller Teile der Monarchie nach einer einheitlichen Staatsidee und Zurückweisung jeden Übergriffes der kommunalen Verwaltung in die staatliche Machtsphäre.

5. Preß- und Versammlungsfreiheit unter selbstverständlicher Innehaltung der Grenzen, welche die christliche Moral, die gute Sitte und die Rücksicht auf die Grundlage der öffentlichen Institutionen vorschreiben. (Regelung des Annoncenwesens; Prüfung der Qualifikation zur Ausübung des journalistischen Berufs.)

[1] Den allgemeinen Teil verfaßte J. Cremer, den kirchenpolitischen Diestelkamp, den sozialen und wirtschaftlichen A. Wagner.

6. Ersetzung des Einwohnerbürgerrechts durch das Gemeindebürgerrecht.

7. Revision der Gerichtskostensätze und der Vormundschaftsordnung.

II. Kirchenpolitik.

1. Festhalten an der christlichen Grundlage des Staates und des Volkslebens. (Notwendigkeit der Taufe; christliche Ehe; christlicher Eid; Heiligung des Sonntags.)

2. Konfessionelle Volksschule. (Ausdrückliche Betonung der erziehlichen Seite der Schule; Erteilung des Religionsunterrichtes im Namen und Auftrage der Kirche.)

3. Beilegung des Streites zwischen Staat und Kirche; Anerkennung der geschichtlich gegebenen Stellung der beiden großen Kirchengemeinschaften und dem entsprechende Revision der kirchenpolitischen Gesetzgebung.

4. Eintracht unter den Konfessionen und Garantien für die Gewissensfreiheit.

III. Sozial-, Finanz- und Wirtschaftspolitik.

A. Organische Gestaltung der wirtschaftlichen Gesetzgebung in der Richtung des Schutzes der schwächeren Elemente im Konkurrenzkampfe.

1. Staatshilfe, soweit sie notwendig ist, namentlich in Bezug auf die arbeitenden Klassen.

2. Gesunde Gestaltung der Agrarverfassung unter möglichstem Zurückgreifen auf das deutsche Recht. a) Bäuerliches Erbrecht mit der Tendenz der Erhaltung eines tüchtigen Bauernstandes, b) Verhütung der zu weit gehenden Mobilisierung des ländlichen Grundbesitzes, c) Maßregeln zur zweckmäßigen Umgestaltung des Schuldrechts des Grundbesitzes, d) Wiedereinführung der Erbpacht.

3. Revision der Gewerbeordnung in der Richtung der Erhaltung eines leistungsfähigen Handwerkerstandes. a) Neugestaltung des Innungswesens, b) Möglichste Beschränkung des Hausierhandels und der Wanderlager. (Wechselrecht.)

4. Revision des Aktiengesellschaftsrechts.

5. Schutz der Fabrikarbeiter in sanitärer, sittlicher und ökonomischer Hinsicht. (Arbeiterversicherungswesen; Sonntagsruhe.)

6. Realistische Behandlung der auswärtigen Handelspolitik, d. h. Entscheidung zwischen Schutzzoll und Freihandel nach den gegebenen Verhältnissen.

7. Ausdehnung des staatlichen und kommunalen Wirtschaftsbetriebes,

soweit es technisch und ökonomisch sich bewährt, auf Verkehrsanstalten, Versicherungs-, Bankwesen und ähnliche gemeinnützige Einrichtungen.

B. Gestaltung des Finanz- und Steuerwesens entsprechend den begründeten Bedürfnissen in Reich, Einzelstaaten und Kommunen.

1. Richtiges Verhältnis zwischen direkten und indirekten Steuern.

2. Beseitigung direkter Personalsteuern bis zum Einkommen von etwa 12- bis 1500 Mark.

3. Bei der Einkommensteuer genauere Einschätzung mit Deklarationszwang, soweit letzterer möglich ist, und mäßige Progression der Steuersätze für höheres Einkommen.

4. Angemessene Ausbildung der Erbschaftsbesteuerung und Revision der Stempelgesetzgebung.

5. Besondere Belastung des mobilen Vermögens in Form von Kapitalrentensteuer, Börsensteuer, neben der bereits bestehenden Besteuerung des immobilen Vermögens.

8. Inländische Verbrauchsabgaben und Finanzzölle besonders auf Luxusmassenartikel. (Stärkere Belastung von Branntwein und Tabak.)

Berlin, 7. April 1881 Das konservative Zentral-Komitee.

84. Berliner Erklärung der Nationalliberalen Partei, 29. Mai 1881, in: Schultheß, 22. Jg. 1881, S. 202 f.

WA: Salomon, S. 30—33; Programmatische Kundgebungen der Nationalliberalen Partei 1866—1909, Berlin 1909, S. 26—29; Hermann Oncken, Rudolf von Bennigsen. Ein deutscher liberaler Politiker, Bd. 2, Stuttgart 1910, S. 467—469; Treue, S. 81 f.

Die am 29. Mai in Berlin versammelten, der Nationalliberalen Partei angehörenden Mitglieder des Reichstages und der Volksvertretungen deutscher Einzelstaaten haben beschlossen, die nachstehende Erklärung der Öffentlichkeit zu übergeben:

Die Nationalliberale Partei steht in unverbrüchlicher Treue zu Kaiser und Reich. Bei voller Wahrung der verfassungsmäßigen Rechte der Einzelstaaten wird sie nach wie vor der weiteren Entwicklung der Reichs-Institutionen in nationalem und freiheitlichem Sinne ihre Dienste widmen. Was für diese Entwicklung unter entscheidender Mitwirkung der Partei geschehen ist, bezeugt die Geschichte und die Gesetzgebung des Reichs in den ersten 10 Jahren seines Bestehens. Die Nationalliberale Partei hält es für ihre nächste und wichtigste Aufgabe, das auf diesem Wege Geschaffene in seinen wesentlichen Grundlagen ungeschmälert zu erhalten, ohne der bessernden Abhilfe sich zu versagen, wo einzelne Mängel in der Erfahrung hervorgetreten sind.

Ihr Vertrauen zu der das Ansehen Deutschlands und den Frieden Europas sichernden Leitung unserer auswärtigen Angelegenheiten besteht unerschüttert fort.

Über die veränderte Richtung, welche die innere Politik der Reichsregierung zurzeit verfolgt, gibt sich die Partei ebensowenig einer Täuschung hin wie über die Veränderung, welche ihre eigene Stellung zur Reichsregierung dadurch erfahren hat. Aber die Zurückhaltung, welche hierdurch der Nationalliberalen Partei auferlegt ist, wird sie nicht abhalten, alle Vorlagen der Regierung auch auf dem Gebiete der inneren Gesetzgebung unbefangen und sachlich zu prüfen und dem als nützlich Erkannten ihre Unterstützung zu leihen. Dies gilt namentlich auch von den Vorschlägen, welche für die arbeitenden Klassen die Förderung der Wohlfahrt und den Schutz gegen die Folgen von Unglücksfällen im Auge haben. Getreu der natürlichen und übernommenen Verpflichtung werden wir der sozialistischen Bewegung nicht lediglich durch die Niederhaltung drohender gewaltsamer Ausbrüche, sondern vor allem auch durch positive Maßregeln für das Wohl der arbeitenden Klassen entgegenzutreten bemüht sein.

Alle Bestrebungen, gleichviel von welcher Seite sie kommen, welche auf die Schmälerung der verfassungsmäßigen Rechte der Volksvertretung und auf die Rückkehr zu abgestorbenen Formen unseres wirtschaftlichen Lebens gerichtet sind, wird die Partei mit Entschiedenheit bekämpfen.

Sie ist jederzeit bereit, dazu beizutragen, daß ein friedliches Verhältnis zwischen Staat und Kirche wieder hergestellt und aufrechterhalten wird. Sie weiß auch sehr wohl die große Bedeutung des kirchlichen Lebens für unser Volk zu würdigen. Aber den notwendigen und unveräußerlichen Rechten des Staates gegenüber der Kirche wird sie keinen Abbruch geschehen lassen, namentlich auch nicht auf den Gebieten der Schule und der Ehegesetzgebung, wo Übergriffe kirchlicher Reaktion gerade in Deutschland stets am peinlichsten empfunden sind und am unheilvollsten gewirkt haben.

Entschlossen, die bestehende gewerbliche Gesetzgebung und die auf ihr beruhende wirtschaftliche Freiheit gegen reaktionäre Angriffe zu verteidigen, halten wir an der Überzeugung fest, daß entgegenstehende Meinungen über Schutzzoll und Freihandel nicht zur Grundlage politischer Parteibildung dienen dürfen. Die Verschiedenheit der landschaftlichen Interessen, je nach dem Vorwiegen von Handel und Schiffahrt, von Ackerbau oder von Industrie, erfordert dringend, daß innerhalb unserer Partei abweichenden Anschauungen über Zollfragen Raum gelassen wird.

Ein Aufgeben dieser Freiheit würde eine über ganz Deutschland sich erstreckende Nationalliberale Partei unmöglich machen. Kaum vollständig zurückgedrängte politische Gegensätze von Norden und Süden, von Osten und Westen müßten in unserem noch so jungen Deutschen Reiche auf das gefährlichste immer von neuem hervorbrechen, wenn große wirtschaftliche Interessen zugleich als politische Parteien sich bekämpften.

Die Steigerung der eigenen Einnahmen des Reichs und die ausreichende Befriedigung seiner finanziellen Bedürfnisse gehört zu dem alten Programm der Partei. Sie ist einer entsprechenden Vermehrung der indirekten Reichssteuern zu diesem Zwecke nicht entgegengetreten. Gegen das Projekt des Tabakmonopols hat sie aus wirtschaftlichen wie aus politischen Gründen entschieden Widerspruch erhoben. Vor dem Eingehen auf weitere umfassende Pläne, welche die Steuerkraft des Landes in höherem Maße in Anspruch nehmen, muß zunächst das volle und nachhaltige Ergebnis der vom Reichstage im Jahre 1879 bewilligten Zölle und Verbrauchssteuern abgewartet werden.

In Preußen wird die Partei bei einer Reform der direkten Steuern mitwirken, welche die Entlastung der weniger bemittelten Klassen von einem Teile der ihnen auferlegten direkten Steuern herbeizuführen bestimmt ist. Einer Zerstörung des direkten Steuersystems oder einer wesentlichen Schmälerung seiner Erträge zu Gunsten ungemessener Vermehrung indirekter Steuern werden wir uns widersetzen. Für die Überweisung eines Teils der Grund- und Gebäudesteuer in Preußen an Kommunen und Kommunalverbände — eine alte Forderung der liberalen Partei — werden hoffentlich die im Jahre 1879 bewilligten Reichssteuern in ihren nachhaltigen Erträgen unter normalen wirtschaftlichen Verhältnissen einer umsichtigen Finanzverwaltung die Mittel bieten.

Gegen eine übermäßige Zentralisation der Staatsgewalt werden wir die Selbständigkeit und die Selbstverwaltung der Gemeinden verteidigen und weiter entwickeln.

Nach schmerzlichen Erfahrungen und Prüfungen der Vergangenheit ist die Nationalliberale Partei aus der Überzeugung unseres Volkes hervorgegangen, daß eine über ganz Deutschland ausgebreitete, unabhängige, reaktionären wie radikalen Tendenzen gleichmäßig sich fernhaltende, durch die Unterordnung individueller Ansichten unter die großen gemeinsamen Ziele starke liberale Partei eine Notwendigkeit ist. Ohne eine solche Partei würde ein fortdauernder, die Grundfesten des Staates erschütternder Kampf zwischen extremen Richtungen, an dem andere Völker kranken und nicht zur Ruhe kommen können, unserem Vaterlande nicht erspart bleiben.

An dieser Überzeugung hält die Nationalliberale Partei auch in der heutigen Zeit unerschütterlich fest, wo wirtschaftliche Sorge wie politische Enttäuschung und Verbitterung das ruhige Urteil zu verwirren und die Bevölkerung in großer Zahl dem politischen Leben zu entfremden oder extremen Richtungen nach rechts oder links zuzutreiben drohen.

Für Deutschland ist nach wie vor eine Partei notwendig, welche die weitere Entwicklung unseres Vaterlandes auf den mühsam erkämpften Grundlagen in entschieden freiheitlichem, aber zugleich maßvollem und die realen Verhältnisse beachtendem Sinne erstrebt.

Wir halten fest an der Zuversicht, daß diese Auffassung bei unserem Volke in Stadt und Land noch in weitestem Umfange volle Zustimmung findet.

Unabhängig, in sich geeinigt, frei von Ermüdung wie von Verbitterung, zu ernster Arbeit entschlossen, wird die Nationalliberale Partei auch unter gesteigerten Schwierigkeiten ferner ihre politische Pflicht erfüllen. Parteien, welche gleiche oder ähnliche Ziele verfolgen, werden uns zur Verständigung und zu gemeinsamem Wirken immer bereit finden.

85. JOHANN NEPOMUK SEPP, Die Handwerkerfrage. Zünfte oder Gewerbefreiheit vom bayerischen und deutschen Standpunkt, München 1881, Auszug, S. 31—34.

Die Gewerbefreiheit kann und soll nicht mehr zurückgenommen werden, die Zunftverfassung wird nicht mehr in dem Sinne wie früher aufleben. Ich habe mir den Sachverlauf seit Jahren überlegt, und dies Bekenntnis fällt mir schwer genug; wer es besser versteht, trete hier auf und rede. Also Freiheit im Gewerbe, und daß jeder seine Anlagen und Kräfte entfalte. Aber: was ist Freiheit? Das bildet jetzt die Frage. Heute gibt es keine unumschränkten Monarchen mehr: soll der Proletarier oder Geldmensch allein schrankenlose Freiheit genießen, tun und treiben zu dürfen, was er will, um seinen Mitmenschen zu Grunde zu richten? Andere wollen auch leben und etwas Bürgschaft haben, daß ihre Kinder im Geschäfte ihr Auskommen finden.

Wir gehen nun schrittweise mit unseren billigen Forderungen vor. Davon ist die erste, daß jeder, der ein Handwerk ausüben will, dasselbe auch gelernt haben muß. Der in seinem Fache erfahrene Meister flößt allein den Gesellen Achtung ein, und bei ihm können sie etwas lernen. Wir stellen Punkt für Punkt auf, wie es früher war.

Eine zweite gerechte Forderung ist: jeder darf nur ein Geschäft ausüben, nicht verschiedene Gewerbe nebeneinander treiben. 'Leben und leben lassen' lautet das altdeutsche Sprichwort. Wie hat hier wieder die soziale Gesetzgebung den einzelnen Geldaristokraten alles in die Hand gespielt. Man hat nicht Wort gehalten, sondern genau das Gegenteil erzielt, was das Vorgeben war. Der Wucher gedeiht, der Kleinbürger kann zu Grunde gehen. Virtus post nummos! 'Erst das Geld, dann der tugendhafte Charakter.' Der gemeine Mann muß büßen; wer ohnehin Geld hat, wird noch fetter.

Drittens: Jeder soll dasselbe Geschäft nur an einem Orte einmal ausüben, aber dafür so schwunghaft als möglich betreiben. Er mag nach auswärts, noch besser in's Ausland verschleißen, soviel er kann. Niemand setzt ihm eine Schranke. Niemand setzt ihm auch einen Preis, denn derartige Verständigungen werden von den wenigsten gehalten. Mag die halbe Stadt zu ihm in den Laden kommen, gut für seinen Geldsäckel; aber er darf nicht Läden und Magazine in allen Gassen errichten. Auch die Brotläden, wie wir sie hier im alten Rathaus gehabt, sind nicht nötig. Ich spreche dies aus Erfahrung besonders vom Lande. Da hat sich zu dem einen Bäcker ein zweiter, wo nicht dritter gesellt. Nun führt aber noch jeder Kramladen fremdes Brot — wozu das? Wer am Lande Brot von München will, möge sich's durch Boten oder Post kommen lassen, wer das von Weilheim, Starnberg oder wo sonst her bevorzugt, desgleichen. Das Publikum ist damit nur angeführt, denn der Zwischenhändler verlangt so viel Dareingabe, daß das Brot unmöglich größer und besser sein kann. Es ist wieder eine Spekulation auf eine menschliche Untugend, daß das fremde dem heimischen Produkt vorgezogen wird. Da setzt sich ein Mann mit Familie fest und hat nichts zu tun, denn rechts und links greift ihm ein Unbefugter in's Handwerk: muß das nicht Unzufriedenheit erwecken?

Der vierte Punkt betrifft die Staatswerkstätten, wodurch dem bürgerlichen Erwerbe Eintrag geschieht. Indes ist über selbe bereits in Volkskammern und Parlamenten der Stab gebrochen, es wäre verkehrte Volkswirtschaft, sie wieder aufzunehmen. Eine Ausnahme bilden die Strafarbeitshäuser, wo die Kosten der Anstalt auf das ganze Volk fallen und die Hände der Züchtlinge doch nicht müßig im Schoß liegen sollen. Hier ist in andern Ländern Frondienst, wie Straßenbau, eine Übung. Noch mehr empfiehlt sich die Kultivierung von Moosen und öden Gründen durch Zwangsarbeit, wo die freie Arbeit sich nicht lohnt. Wir haben in Bayern noch Boden, an welchen seit der Sündflut keine Hand angelegt wurde. Bisher ist die Regel getroffen, daß nur niedrige Beschäftigung, Matten, Filzwerk, Strohriegel in Arbeit gegeben werden und zum Nutzen der Strafanstalt, wie zur moralischen Besserung der Insassen, deren Fleiß bezahlt wird, in die Welt hinaus zum Verschleiße kommen. Dagegen ist es grundverkehrt, Militärlieferungen solchen Bewerbern in die Hand zu geben, die nur Großkapital anhäufen, das niemals in allgemeine Zirkulation kommt, weil sie nicht in Gütergemeinschaft mit uns leben, sondern einen Staat im Staate bilden.

Die Bürokratie macht nicht den Staat aus, sondern der Staat beruht im Volke. Dieses darf nicht außer Ordnung gebracht werden, etwa damit die Herren umso mehr darein zu reden und zu richten haben. Die Hochgebildeten glauben die Welt zu regieren, und sie regiert sich selber. Der staatliche Fortbestand ist allein durch den ordentlichen Bürger- und Bauernstand gesichert. Sie sind die Hüter der sittlichen Schätze einer Nation. Um sie muß man sich annehmen, ihre Erhaltung dient zur politischen Selbstrettung. Kein Schwindel, sondern solide Gewerbetätigkeit. Es gilt für den Reichsbestand eine neue Wirtschaftspolitik ins Leben zu rufen: Unser Bauernstand wie unser ehrliches Handwerk müssen wieder eine feste Grundlage erhalten.

86. Die politische Treuepflicht der Beamten

a) Allerhöchster Erlaß vom 4. Januar 1882, in: Reichs- und Staatsanzeiger Nr. 6, 7. Januar 1882.
WA: Schultheß, 23. Jg. 1882, S. 3 f.; Harro-Jürgen Rejewski, Die Pflicht zur politischen Treue im preußischen Beamtenrecht (1850—1918), Berlin 1973, S. 175.

Das Recht des Königs, die Regierung und die Politik Preußens nach Eigenem Ermessen zu leiten, ist durch die Verfassung eingeschränkt, aber nicht aufgehoben. Die Regierungsakte des Königs bedürfen der Gegenzeichnung eines Ministers und sind, wie dies auch vor Erlaß der Verfassung geschah, von den Ministern des Königs zu vertreten, aber sie bleiben Regierungsakte des Königs, aus Dessen Entschließungen sie hervorgehen, und Der Seine Willensmeinung durch sie verfassungsmäßig ausdrückt. Es ist deshalb nicht zulässig und führt zur Verdunkelung der verfassungsmäßigen Königsrechte, wenn deren Ausübung so dargestellt wird, als ob sie von den dafür verantwortlichen jedesmaligen Ministern, und nicht vom Könige Selbst ausginge. Die Verfassung Preußens ist der Ausdruck der monarchischen Tradition dieses Landes, dessen Entwickelung auf den lebendigen Beziehungen seiner Könige zum Volke beruht. Diese Beziehungen lassen sich auf die vom Könige ernannten Minister nicht übertragen, denn sie knüpfen sich an die Person des Königs. Ihre Erhaltung ist eine staatliche Notwendigkeit für Preußen. Es ist deshalb Mein Wille, daß sowohl in Preußen wie in gesetzgebenden Körpern des Reichs über

Mein und Meiner Nachfolger verfassungsmäßiges Recht zur persönlichen Leitung der Politik Meiner Regierung kein Zweifel gelassen und der Meinung stets widersprochen werde, als ob die in Preußen jederzeit bestandene und durch Artikel 43 der Verfassung ausgesprochene Unverletzlichkeit der Person des Königs oder die Notwendigkeit verantwortlicher Gegenzeichnung Meinen Regierungsakten die Natur selbständiger Königlicher Entschließungen benommen hätte. Es ist die Aufgabe Meiner Minister, Meine verfassungsmäßigen Rechte durch Verwahrungen gegen Zweifel und Verdunkelung zu vertreten; das Gleiche erwarte ich von allen Beamten, welche Mir den Amtseid geleistet haben. Mir liegt es fern, die Freiheit der Wahlen zu beeinträchtigen, aber für diejenigen Beamten, welche mit der Ausführung Meiner Regierungsakte betraut sind und deshalb ihres Dienstes nach dem Disziplinargesetze enthoben werden können, erstreckt sich die durch den Diensteid beschworene Pflicht auf Vertretung der Politik Meiner Regierung auch bei den Wahlen. Die treue Erfüllung dieser Pflicht werde ich mit Dank erkennen und von allen Beamten erwarten, daß sie sich im Hinblick auf ihren Eid der Treue von jeder Agitation gegen Meine Regierung auch bei den Wahlen fernhalten.

Berlin, den 4. Januar 1882 Wilhelm
von Bismarck

b) Stellungnahme des Abgeordneten Hänel dazu, Deutscher Reichstag, 33. Sitzung, 24. Januar 1882, Sten. Ber. RT, 5. Leg. Per., 1. Session 1881/82, Bd. 1, S. 888—893, Auszug, S. 892 f.

Ich muß mich hier begnügen, den Sätzen, wie sie hier verschwimmend gefaßt sind, diejenigen präzisen Sätze entgegenzustellen, die wir auf dieser Seite bei der Stellung der Beamten in der Wahlbewegung zu formulieren haben. Diese Sätze sind recht einfach, sie zeichnen sich durch etwas größere Klarheit aus. Wir sagen an erster Stelle, daß kein Beamter, welcher Kategorie er auch angehöre, das Recht hat, irgendwelchen Einfluß mit amtlichen Mitteln oder mit seiner amtlichen Stellung auf einen bestimmten Ausfall der Wahlen auszuüben. *(Sehr richtig! links.)* Wir behaupten, daß jede Art irgendwie amtlicher Tätigkeit, angewandt zur Herbeiführung eines bestimmten Wahlresultats, im Widerspruch steht mit der verfassungsmäßig, mit der gesetzlich garantierten Freiheit der Wahlen. *(Sehr richtig! links.)* Wir behaupten an zweiter Stelle, daß diejenigen Anforderungen, die bei den Wahlen an die Beamten gestellt werden, im Einklang stehen müssen mit den den Beamten verfassungsmäßig und gesetzlich zustehenden staatsbürgerlichen Rechten des aktiven und des passiven Wahlrechts. Keinerlei Anforderung darf an die Beamten gestellt werden, die dieses ihr staatsbürgerliches Recht beeinträchtigt oder schmälert, so lange überhaupt diese Rechte in unserer Verfassung und in unseren Gesetzen anerkannt sind. Und deshalb, meine Herren, sage ich auch: es ist unmöglich, die Beamten schlechthin von jeder Wahlagitation in der verschwimmenden Bedeutung dieses Wortes fernzuhalten. Das ist unmöglich, denn es ist unmöglich insbesondere, daß zum Beispiel ein Beamter sein passives Wahlrecht, sein Recht gewählt zu werden, ausübe, ohne öffentlich sein politisches Programm zu entwickeln, sich zu demselben zu bekennen und dasselbe nötigenfalls gegen Angriffe zu verteidigen. *(Sehr wahr! links.)* Freilich, ich gebe nunmehr auch durchaus — wir haben das stets getan — an dritter Stelle zu, daß es gewisse Grenzen gibt für die Beamten gegenüber und in Bezug auf die Wahlagitation. Diese Grenzen werden gezogen durch diejenigen Pflichten, die das Amt unmittelbar den Beamten auflegt. Keine Art der Wahlagitation kann entschuldigt werden, die mit diesen unmittelbaren Dienstpflichten in irgend welchem Widerspruch steht. Mehr als dies, ich sage: es ist ganz selbstverständlich, daß die Richtung und die Form der Agitation des Beamten es stets vor Augen haben muß, daß der Beamte dasjenige Vertrauen von oben und unten sich bewahren muß, welches erforderlich ist, damit derselbe seine Pflichten, die ihm das konkrete Amt auflegt, unparteiisch und mit Eifer und mit Überzeugung erfülle. Das gebe ich vollständig zu. Meine Herren, an diesem Punkte hebe ich nur hervor, daß diese Grenzen sich nicht im allgemeinen ziehen lassen, sondern daß sie je nach dem konkreten Inhalte der Dienstpflichten und des Amtes verschieden sind. Aber, wenn sie auch verschieden sind je nach diesem verschiedenen Inhalte, so sage ich, sind sie für die verschiedenen Beamtenkategorien ganz gleiche, ganz gleichgültig, ob der betreffende Beamte gegen oder für die Regierung ist. *(Sehr wahr! links.)*

Hänel setzt sich dann mit einem Erlaß des damaligen Innenministers Eulenburg aus dem Jahre 1863 über denselben Gegenstand auseinander. Zum Schluß seiner Ausführungen sagt er:

Meine Herren, glauben Sie nicht, daß dieses Beispiel, welches damals in der Interpretation von Ministerialerlassen gegeben worden ist, eine sehr strebsame Nachachtung finden wird bei Beherzigung dieses Erlasses? *(Sehr richtig! links.)* Nein, seien Sie versichert, dieser königliche Erlaß wird, wie jeder andere, dazu Veranlassung geben, daß man durch das Mittel der Beamtenagitation die Königstreue wiederum zum Motto des Wahlkampfes macht und wiederum die Person des Königs hineinzieht in die Leidenschaften der Wahlagitation. Das, meine Herren, wird der Erfolg sein, mögen Sie ihn auslegen, wie Sie wollen. Und darum wiederum sage ich Ihnen, ich bedaure auch an dieser zweiten Stelle, ich beklage es, daß dieser königliche Erlaß erschienen ist. Ich kann ihn, wie in seinem ersten, so auch in diesem zweiten Teile nicht gerechtfertigt finden. Ich finde dafür keine praktische Veranlassung, ich sage es geradezu heraus. Ich sehe in derartigen Kundgebungen eher eine Gefahr als eine Förderung der königlichen Stellung, der kaiserlichen Stellung in Deutschland und in Preußen. Ich meine, diejenigen, die die Verantwortlichkeit dafür tragen, haben schwer daran zu tragen; sie haben umso schwerer daran zu tragen, als sie sich wohl zu erinnern haben, daß die absolutistischen glorreichen Traditionen der Dynastie Hohenzollern nicht überall die gleiche Wirkung haben in Deutschland und selbst in den neuen Provinzen von Preußen; sie haben sich bei ihrer Verantwortlichkeit überall zu erinnern, daß die Liebe, die Treue, die Anhänglichkeit an das deutsche Kaisertum und an das preußische Königtum in Deutschland und in diesen neuen Provinzen Preußens identisch ist mit der Liebe, mit der Anhänglichkeit und mit der Treue an die konstitutionelle Verfassung dieser Länder. *(Sehr wahr! und Bravo! links.)*

c) Stellungnahme des Reichskanzlers Fürst Bismarck, Deutscher Reichstag, 33. Sitzung, 24. Januar 1882, Sten. Ber. RT, 5. Leg. Per. 1. Session 1881/82, Bd. 1, S. 893—900, Auszug, S. 898 f.

WA: Schultheß, 23. Jg. 1882, S. 23—26; Böhm, Bd. 12, S. 215—248; Kohl, Bd. 9, S. 223—251; GW, Bd. 12, S. 325—338, WiA, Bd. 6, S. 638 bis 657.

Ich komme auf den zweiten Teil des Erlasses, wie der Herr Vorredner ihn nannte, was die Beamten anlangt. Auch die Frage würde, wie ich schon sagte, sehr viel einfacher liegen, wenn man nicht die Figur des Königs aus der Bildfläche zu verdrängen bemüht wäre und ihr die Fiktion unterzuschieben, als wenn das Ministerium Bismarck—Puttkamer u.s.w. einzig die Regierung von Preußen führe, — eine unwahre Fiktion, diese Legende, die darauf berechnet ist, die königliche Gewalt abzuschwächen — vielleicht nicht mit der weiteren Aussicht berechnet, aber sie hat diese Wirkung. Wenn das nicht wäre, wenn die Beamten sich immer bewußt wären, daß sie dem König gegenüberstehen, dem sie den Eid geschworen haben, wenn sie sich klar machen, daß der König, dem sie den Eid der Treue und des Gehorsams geleistet haben, an der Spitze der Politik steht, dann würde auch deren Haltung manchmal eine andere sein. Der König hat den Eindruck gehabt, daß der Eid den Beamten gegenüber zu sehr in den Hintergrund, sozusagen in das Hintertreffen geschoben wird, und hat das Bedürfnis gefühlt, den Beamten den Eid, den sie geleistet haben, in Erinnerung zu bringen. Hat er dazu nicht das Recht? Er tut das in der schonendsten Weise, so daß selbst dem Herrn Vorredner eigentlich ein Objekt seines Zornes mangelte. Er sagte, es sei das unklar gesagt, und wahrscheinlich seien dabei zwei Federn tätig gewesen, wobei er mir vielleicht den unklaren Teil zuschreibt — oder den klaren, ich weiß es nicht. Aber soviel kann ich sagen: der ganze Erlaß ist vom ersten bis zum letzten Buchstaben aus einem Gusse, nach dem Willen des Königs. Die Ansprüche, die der König den Beamten gegenüber stellt, gehen nicht zu weit und durchaus nicht so weit, wie in dem Eulenburgschen Erlasse vom Jahre 1863. Ich weiß nicht, ob ich den, so wie er da steht, gegengezeichnet haben würde. Damals in heißspornigem Kampfeszorn war er möglich, heutzutage nicht, er geht mir zu weit [1]. Daß ein Beamter in seiner eigenen Wahl sich seines Eides erinnern sollte, das wird gar nicht verlangt; seine eigene Wahl, die Ausübung seines Wahlrechtes ist vollständig frei, *(hört! hört! links.)* sie wird nicht berührt, sondern es ist ja ausdrücklich im Erlaß gesagt: „Mir liegt es fern, die Freiheit der Wahlen zu beeinträchtigen". Der Erlaß bezieht sich ja — und ich begreife nicht, wie der Herr Vorredner darin Klarheit vermissen konnte, der Erlaß ist ihm vielleicht nicht übel, nicht bös genug, aber klar ist er vollständig — der Erlaß wendet sich ausdrücklich an die Art der Beamten, außerhalb der eigenen Wahl tätig zu sein, und unterscheidet da zwischen zwei Kategorien der Beamten, den politischen und den unpolitischen. Beiden soll die Freiheit, zu wählen, wie sie wollen, gar nicht beschränkt werden; aber von den politischen Beamten spricht Seine Majestät die Meinung aus, daß ihr Eid der Treue sie verpflichtet, „die Politik Meiner Regierung zu vertreten", nachdem vorher gesagt ist in Bezug auf die Minister, daß „gegen Zweifel, Verdunkelung und Entstellung die Vertretung der königlichen Rechte erwartet wird". Der Herr Vorredner fragte, was unter dieser „Vertretung" verstanden würde. Da ich den Erlaß gegengezeichnet habe, so wird meine Auslegung auch wohl die authentische sein. Ich verstehe darunter, daß ein politischer Beamter bei aller Freiheit der Wahl, wenn er z. B. fortschrittlich wählen wollte, doch der Verpflichtung nicht überhoben wäre, Lügen, was ich vorhin „politische Brunnenvergiftung" nannte, zu widerlegen nach seinem besten Gewissen; und wenn es ein Mann von Ehre ist und von Gewissen, so wird er das wahrscheinlich tun und sagen: ich gehöre nicht zu der Partei der Regierung, ich bin gegen sie, aber das ist nicht wahr, das ist eine Übertreibung. Das ist es, was ich vom politischen Beamten erwarte; und wenn er das nicht einmal leistet, daß er einer notorischen Lüge und Entstellung, wie sie bei den Wahlen so oft vorkommt, entgegentritt, daß er der Wahr-

[1] Der Eulenburgsche Erlaß wollte die politischen Beamten zu „tatkräftiger Unterstützung" der Regierung verpflichten, MBliV 1863, S. 190 f.

heit nicht die Ehre gibt, daß er die Intentionen der Regierung nicht gegen Entstellung, Irrtum und Verleumdung schützt, wenn sie ihm besser bekannt sind, — also ein Oberpräsident zum Beispiel, der in dieser Beziehung fehlte, der wäre viel zu lang Oberpräsident gewesen, der sich nicht angelegen sein ließe, dergleichen Verleumdungen der Regierung zu widerlegen, er mag in seinem Herzen und in seinem verdeckten Stimmzettel sein Votum geben, für wen er will, danach wird nicht gefragt, das erfahren wir auch nicht, denn ein Mann von Bildung wird immer so geschickt sein, das zu verbergen. Das wird also niemals ein Grund sein, nämlich die Ausübung des eigenen Wahlrechtes, gegen einen Beamten einzuschreiten. Man würde sich schon genieren, ihm zu sagen, daß das der Grund sei, und ich würde dazu nie die Hand bieten. Aber von diesen politischen Beamten wird erwartet, daß sie die Wahrheit, soweit sie ihnen bekannt ist, der Unwahrheit gegenüber vertreten. Ist das zuviel? Sollen sie sich der Lüge mitschuldig machen, indem sie dazu schweigen, wenn sie es besser wissen? Sollen sie in bestimmten Wahlkreisen zusehen, ganz ruhig, wie den Anwohnern der königlichen Forsten gesagt wird: der König hat mit den liberalen Abgeordneten einen Vertrag geschlossen, wonach ihr freie Weide in der Forst bekommt, wenn ihr liberal wählt? Soll der Beamte dies ruhig anhören und nicht sagen: Kinder, das ist eine Lüge? Meine Herren, das Gegenteil ist doch gewiß nicht zuviel verlangt! Und von den unpolitischen Beamten verlangt eigentlich Seine Majestät nichts. Der Erlaß erwartet, daß sie sich der Agitation, feindlichen oder nicht, aber der Agitation gegen die Regierung des Königs auch bei den Wahlen enthalten werden. Meine Herren, das ist eine Forderung, ich möchte sagen des Anstandes. Der Erlaß schreibt ja nichts vor, er befiehlt nicht, er droht nicht, er stellt keine Nachteile in Aussicht, er sagt bloß, welche Tragweite der König, dem sie geschworen haben, dem Eide beilegt, er bringt diesen Eid in Erinnerung und überläßt es nun dem Takte und Gewissen des beteiligten Beamten, seinen Weg danach zu finden.

87. Begründung des Abgeordneten DR. ALOIS RITTLER zum Antrag Aichbichler und Genossen, die rechtlichen Verhältnisse der katholischen Kirche und ihrer Angehörigen in Bayern, hier die Tegernseer Erklärung [1] betreffend, in: Verhandlungen der Kammer der Abgeordneten des bayerischen Landtages im Jahre 1882, Sten. Ber., Bd. II, S. 367—372, Auszug, S. 370 f. 52. Sitzung, 7. März 1882.

Man hat gesagt, ja mit dieser Erklärung kann die Parität des bayerischen Staates nicht fortbestehen, aber den Beweis dafür ist man schuldig geblieben. Die Erklärung ist in einem paritätischen Staate entstanden, und sie wahrt die Rechte des paritätischen Staates. Die oberste Pflicht des paritätischen Staates, meine Herren, ist die Durchführung des großen alten Rechtssatzes 'suum cuique', 'Jedem das Seine'. Das, meine Herren, ist das Wesen des paritätischen Rechtsstaates.

Der paritätische Rechtsstaat besteht nicht darin, daß er seine Staatsbürger, seine Angehörigen über einen Kamm schert; er besteht nicht darin, daß er ohne Rücksicht auf ihre natürlichen oder erworbenen Rechte sie nach seiner Schablone behandelt. Seine Pflicht besteht darin, daß er die natürlichen und erworbenen Rechte seiner Staatsbürger anerkenne und schütze. Und was von dem einzelnen Staatsbürger gilt, das gilt in noch höherem Grade, meine Herren, von den im Staate garantierten Körperschaften.

Oder wollen Sie, meine Herren, daß der Staat in das Innere dieser Körperschaften hineinregiere, daß er ihnen die Gesetze ihres Daseins und ihrer Existenzberechtigung diktiere? Wollen Sie, meine Herren, daß der Glaube und das innere Leben der katholischen Kirche sich in Bayern richte nach der Anschauung einer jeweiligen Staatsregierung oder einer jeweiligen am Ruder befindlichen Partei? Wenn ich Ihnen diesen Satz theoretisch vorlege, so sagen Sie alle auf der linken Seite des Hauses: das wollen wir nicht, wir reden der Kirche auf ihrem Gebiete nicht ein, wir beeinträchtigen die Gewissensfreiheit der Katholiken nicht. Aber, meine Herren, wenn es darauf ankommt — und bei diesem Antrage kommt es darauf an — wenn es darauf ankommt, diese Worte und Versicherungen

[1] Die Tegernseer Erklärung des Königs Max Josef vom 15. 9. 1821 bezeichnete das bayerische Konkordat von 1817 als Staatsgesetz, das von allen Staatsbehörden genau zu befolgen sei. Der Verfassungseid der Geistlichen solle niemanden einem Gewissenszwang unterwerfen, er sei nur auf die bürgerlichen Verhältnisse gerichtet und verpflichte die Katholiken zu nichts, was den göttlichen Gesetzen oder den katholischen Kirchensatzungen entgegenstünde. Der Antrag Aichbichler wollte diese Tegernseer Erklärung zur Richtschnur bei der Anwendung aller derjenigen Bestimmungen der II. Verfassungsbeilage machen, die sich auf die Verhältnisse der katholischen Kirche und ihrer Angehörigen beziehen.

in die Tat zu übersetzen, dann werden Sie Ihren eigenen Anschauungen untreu und stimmen nicht für die Freiheit der Kirche auf ihrem eigenen Gebiete, sondern für die staatliche Bevormundung und Vergewaltigung dieser Kirche durch die weltliche Macht. Das, meine Herren, ist ja die Geschichte des großen modernen Kulturkampfes. Auf diesem Boden aber steht der Geber unserer bayerischen Verfassung nicht. Er steht auf dem Boden des Rechtssatzes 'suum cuique', 'Jedem das Seine'.

Ich weiß wohl, meine Herren, heutzutage, in dieser kulturkampfreichen Zeit, in der freilich, wenigstens jetzt, niemand mehr etwas von Kulturkampf wissen will, hat man von der Freiheit, wenn sie sich auf die katholische Kirche bezieht, gar schlimme Ansichten. Man gewährt die Freiheit allen, allen negativen Richtungen. Frei, meine Herren, schreitet einher in ganz Deutschland und ganz Europa der Nationalismus und der Naturalismus, und das ist die Leugnung des Christentums, welches seit 2000 Jahren die Welt beglückt und ihr alle Güter vermittelt hat. Der Naturalismus ist frei. Frei, meine Herren, ist auch der Atheismus, vollständig frei, und zwar nicht bloß frei, insoferne es jedem frei steht, an Gott zu glauben oder es für problematisch zu erklären, daß es einen Gott gibt, oder sich unter dem Worte 'Gott' zu denken, was er mag, sondern frei ist der Atheismus auch insoferne, als er als öffentlicher Lehrmeister der Gesellschaft des neunzehnten Jahrhunderts auftreten und sich hinstellen darf als einen sehr staatsfreundlichen Faktor, auf welchen die herrschenden Parteien unserer Zeit ein gutes Stück halten. Und doch, meine Herren, haben Sie sich auch schon die Konsequenzen überlegt, welche aus einer solchen Freiheit hervorgehen? Wenn es mir freigestellt ist, zu glauben, daß es keinen Gott gibt, — die Schrift sagt, das sei ein Tor —, wenn es freigestellt ist, und wenn es frei gelehrt werden darf, daß der Glaube an Gott noch keineswegs wissenschaftliches Resultat sei, und daß man über diesen Punkt immer noch denken könne was man wolle, dann, meine Herren, frage ich Sie, wohin kommt denn dann das Königtum von Gottes Gnaden? Kein Gott, also auch kein König von Gottes Gnaden! Diese Freiheit führt, wie Sie sehen, zu Konsequenzen schrecklicher Art, zu Konsequenzen, die man in Brüssel und Paris bereits offen anerkennt und die in jedem Freidenker-Kongresse als ausgemachte Weltanschauung auf den Leuchter gestellt werden. Wenn ich aber gegenüber dieser Freiheit die Freiheit der katholischen Kirche betone, der konservativsten Macht der Welt, dann hat man Bedenken, dann spricht man von Herrschsucht, von klerikaler Anmaßung, dann versteht man plötzlich das Wort 'Freiheit' nicht mehr, oder man sagt: Wenn zwei dasselbe sagen, ist es nicht dasselbe, oder auch: Ja Bauer, das ist ganz etwas anderes!

Ich habe Ihnen bereits gesagt, ich mache von dem Antrage, welcher sich auf die Tegernseer Erklärung bezieht, nicht einmal jenen ausgedehnten Gebrauch, den ich davon machen könnte. Ich begnüge mich mit der allerbescheidensten Forderung, mit der Forderung nämlich, daß man diese Erklärung anerkenne, und daß man daraus die Konsequenz ziehe, daß dieselbe in der Praxis beim Vollzuge der Verfassungsbestimmungen jene wirklich wohlwollende Haltung der Regierung im Gefolge habe, welche die Katholiken nicht bloß auf Grund ihrer zweitausendjährigen Geschichte, nicht bloß auf Grund ihrer königstreuen Haltung in Bayern, sondern auf Grund ihres natürlichen, unveräußerlichen Rechtes beanspruchen können und beanspruchen müssen. Wenn ich aber nur diese allerbescheidenste Konsequenz aus der königlichen Erklärung ziehe, mit welchem Rechte, meine Herren, können Sie dann dem Antrage widersprechen, der heute Ihnen zur Beratung vorliegt?

Meine Herren! Ich habe bereits im Ausschusse gesagt und ich wiederhole es hier: Gegen das göttliche Gesetz gibt es kein menschliches Gesetz. Das ist ein vernünftiger Standpunkt, und derjenige Standpunkt, der diesem widerspricht, ist unvernünftig. Nun soll man mir aber nicht sagen, daß dann der Nächstbeste hergehen und sich auf das göttliche Gesetz berufen könnte. Nein, meine Herren: das, was hier göttliches Gesetz genannt wird, das steht fest, das steht fest nicht bloß auf Grund der Autorität, welche maßgebend ist, das steht auch fest auf Grund der verfassungsmäßigen Anerkennung jener Kirche, die hier in Frage kommt. Niemals, meine Herren, kann die Kirche es einer weltlichen Macht oder einer Partei überlassen, die Verkündigung dessen, was sie als göttliches Wort in die Welt hinausstreut, zu hindern, oder von irgend einem menschlichen Gesetze abhängig zu machen. Die Kirche, meine Herren, hat ihr Placet in Bezug auf die Verkündigung der Glaubenslehren schon zweitausend Jahre in der Tasche. Dieses Placet ist auf dem Ölberge erteilt worden, dort, wo die Lehrer des Christentums das Wort vernahmen: Mir ist alle Gewalt gegeben im Himmel und auf Erden, und kraft dieser Gewalt, nicht kraft der Erlaubnis des Pilatus oder kraft der Erlaubnis des römischen Cäsarentums, sondern kraft dieser göttlichen Vollmacht, welche ich besitze, gehet hin und lehret alle Völker! Das ist das Placet des Christentums, und diesem Placet ist jeder Mensch, an den die Lehren des Christentums gerichtet sind, unterworfen. Das, meine Herren, spricht auch der erhabene Geber unserer bayerischen Verfassung aus, wenn er sagt, er wolle keinem seiner katholischen Untertanen in seinem Gewissen Gewalt antun, er wolle, daß das Konkordat, welches Verfassungsgesetz ist, in allen seinen Teilen in volle Ausübung gelange. Sie, meine Herren, geben das freilich nicht zu; aber ich erinnere Sie daran, daß Ihre Vorfahren auf diesem Standpunkte es vor zweitausend Jahren ebenfalls nicht zugegeben haben. *(Heiterkeit.)* Meine Herren! Der göttliche Stifter des Christentums selbst ist als Staatsfeind und als Aufwiegler des Volkes an's Kreuz genagelt worden, und unter der Herrschaft des römischen Cäsarentums, meine Herren, ist das Placet den Christen zur Ausübung ihrer Religion gleichfalls nicht erteilt worden. Wer es aber wagte, ohne Placet an Christus zu glauben oder seine Lehre zu predigen, dem wurde bedeutet, daß die Bestien schon bereit seien, ihn aufzufressen. Jetzt freilich, meine Herren, ist man etwas humaner geworden in der Ausführung solcher Dinge, aber die Grundsätze, die damals nach dem heidnischen Staatsrechte zur Geltung kamen, haben sich seitdem nicht geändert. Die Vertreter des heutigen Staatsabsolutismus, die Vertreter der heutigen Staatsallmacht entwickeln ganz dieselbe 'Toleranz' gegen die katholische Kirche, welche das römische Cäsarentum und die Vollstrecker seiner Befehle gegenüber den Christen bewiesen haben, — genau, meine Herren, dieselbe 'Toleranz'. Sie können sich absolut vom Gedanken nicht trennen, daß der Staat alles in der Welt sei; sie werfen, wenn man von der Freiheit der Kirche, des göttlichen Glaubens spricht, die Frage der Souveränität des Staates auf. Ja, meine Herren, der Staat ist souverän, aber nicht auf allen Gebieten; der Staat ist souverän auf seinem Gebiete. Nach der Weisheit der modernen Staatstheoretiker aber würde der Staat allein souverän sein, und er würde es sein auf allen Gebieten, so daß es neben ihm und außer ihm keine souveräne Macht mehr gäbe. Das, meine Herren, ist ein Irrtum, und aus diesem Irrtum entspringen alle Kämpfe, welche heute die Welt auf geistigem Gebiete in Unruhe versetzen.

88. GEORG FRHR. VON HERTLING, Einige Bemerkungen zu Fr. Hitze's 'Kapital und Arbeit'[1], in: Christlich-Soziale Blätter. Katholisch-soziales Zentral-Organ, 15. Jg. 1882 (2. Juni-Heft), S. 366—379, Auszug, S. 373 bis 379.

WA: Georg Freiherr von Hertling, Aufsätze und Reden sozialpolitischen Inhalts, Freiburg: Herder 1884, S. 27—74, der Auszug S. 36—43.

Wenn ein unrichtiges Verhältnis zwischen Kapital und Arbeit das eigentliche Wesen der in ihrer Totalität erfaßten, in den konkreten Erscheinungen der Gegenwart sich dokumentierenden sozialen Frage ausmacht: gibt es ein durch allgemeine grundsätzliche Erwägungen festzustellendes richtiges Verhältnis dieser beiden Faktoren, welches, die Lösung

[1] F. Hitze, Kapital und Arbeit und die Reorganisation der Gesellschaft, Paderborn 1881.

der sozialen Frage in sich enthaltend, zum Ausgangspunkte einer mit den Machtmitteln des Staates durchzusetzenden Reorganisation der Gesellschaft gemacht werden könnte? Und sodann: läßt sich in irgendeiner Periode der Geschichte eine Form der Gesellschaft aufweisen, in welcher jenes normale Verhältnis tatsächlich realisiert gewesen wäre und eine soziale Frage aus diesem Grunde nicht bestanden hätte?

Die erste dieser Fragen müßte vom Standpunkte des Naturrechts aus verneint werden, und auch auf die zweite kann die Wissenschaft nicht mit einem uneingeschränkten Ja antworten. Die Zunftverfassung des Mittelalters, abgesehen davon, daß sie lediglich die städtischen Handwerker umfaßte, versagte eben da, als mit dem Anwachsen der Bevölkerung, mit dem steigenden Wechselverkehr der aus ihrer Isoliertheit heraustretenden Zentren der Aufschwung der gewerblichen Produktion das Problem an sie stellte. Sie vereinigte Kapital und Arbeit so lange, als diese durch die Natur der Verhältnisse auf die engste Verbindung miteinander angewiesen waren. Daß sie auch nachher noch Zustände unterhielt, welche verglichen mit den heutigen unendlich vorteilhaft erscheinen, soll darum gar nicht geleugnet werden.

Ich glaube, daß die von H. zu Grunde gelegte Begriffsbestimmung der sozialen Frage unrichtig ist.

Der von ihm mit Recht hervorgehobene materialistische Grundzug der sozialistischen Literatur hat ebenso wie der manchesterliche Liberalismus zu einer einseitigen Betonung der wirtschaftlichen Interessen geführt. Um so mehr hat die christliche Sozialpolitik bei der Diagnose wie bei den Vorschlägen zur Heilung an der geistig-leiblichen Natur des Menschen festzuhalten, an seiner Hinordnung zu einem die Erdenwelt überragenden Ziele. Von diesem Standpunkte aus erscheint die Geschichte der wirtschaftlichen Entwicklung als die Geschichte des Problems, dessen Lösung von jedem einzelnen verlangt wird: den Gebrauch der Erdengüter mit den wahren Zielen der Menschheit in Harmonie zu setzen. Nur selten und in einzelnen hervorragenden Individuen stellt die Harmonie sich wirklich dar, und die Geschichte zeigt zu keiner Periode eine allgemeine Form des wirtschaftlichen oder überhaupt des öffentlichen Lebens, welche aus sich für die Lösung jenes Problems aufgekommen wäre.

Es war der beneidenswerte Vorzug des christlich-germanischen Mittelalters, daß damals in der Tat alle Formen und Institutionen des Lebens nach christlichen Ideen geregelt waren. Daß darum das goldene Zeitalter wirklich gekommen und die Menschen alle gut und glücklich gewesen wären, läßt sich aus den Tatsachen nicht bestätigen. Das Ideal einer christlichen Gesellschaftsordnung allerdings bestand und der Versuch wurde gemacht, die vielfachen Äußerungen menschlicher Betätigung in Familie und Staat, in Handel und Gewerbe, in Wissenschaft und Kunst mit den Ideen des Christentums zu erfüllen und durch sie zu einer höheren Würde zu erheben. Verwirklicht aber mußte sie werden durch die Gesinnung und die Tat der einzelnen, und ihr Bestand war davon abhängig, daß bei allen den einzelnen, die sich im Umkreis jener Formen bewegten, oder doch bei denen, die auf die Ordnung des Gemeinwesens einen bestimmenden Einfluß ausübten, die gleiche Gesinnung sich erhielt, daß ihnen also das Christentum kein totes Wort, sondern die Luft und der Nahrungsstoff ihres Lebens war, und daß sie sich zugleich der Beziehung zwischen den Lehren des Christentums und der Gestalt, welche durch sie ihr Leben nach außen erhalten hatte, jederzeit bewußt blieben. Schon aus der uns zu bekannten Schwäche des menschlichen Geschlechtes würden wir schließen müssen, daß jenes Ideal nur selten und in einzelnen flüchtigen Erscheinungen seine Realisierung gefunden haben möge, selbst wenn die Schriften jener Periode, die Predigten der großen Volksredner und die Traktate der Mystiker nicht so voll wären von Klagen und Vorwürfen über die Verderbnisse der Zeit!

Dazu kommt noch ein anderes. Niemals sind es die Ideen, welche für sich allein und gleichsam aus dem Nichts die allgemeinen Institutionen und die Formen des wirtschaftlichen Lebens hervorrufen, immer vielmehr besitzen sie dabei in den realen Verhältnissen der Zeit ihren Stoff und ihre Unterlage. Eben darum kann ein Verlassen bestimmter, historisch gewordener Formen nicht von vornherein und ausschließlich nur als Verrat und Abfall gelten. Man mag die Vorzüge der alten Naturalwirtschaft preisen und mit wehmütiger Sehnsucht auf das Handwerk der guten alten Zeit zurückblicken, ohne darum der Meinung zu sein, daß die heutige Geld- und Kreditwirtschaft lediglich vom Bösen und die Maschine eine Erfindung des Teufels sei. Auch in den Fortschritten der materiellen Zivilisation darf man gottgewollte Ziele erblicken, nur daß freilich hier wie überall in ihre Realisierung durch die Tätigkeit freier Geschöpfe viel Widergöttliches sich einmischt.

Diese Zurückhaltung in der Wertschätzung der wechselnden Formen des gesellschaftlichen Lebens überhaupt und des wirtschaftlichen insbesondere hat aber eine ganz bestimmte Grenze. Wenn keine derselben jemals dem einzelnen Menschen die Sorge abnehmen kann, selbst, durch eigene Betätigung den Zweck seines Daseins zu erfüllen, wenn sie vielmehr nur dazu imstande sind, den einzelnen hierin mehr oder minder zu fördern und zu unterstützen, so dürfen sie doch umgekehrt niemals eine Gestalt annehmen, welche die Erfüllung jenes Zweckes hinderte und unmöglich machte.

Hiermit ist nun meines Erachtens ein Punkt gekommen, von dem aus zuerst volles Licht auf die sozialen Probleme fällt. Denn von hier aus gewinnen wir den Maßstab, an dem sich die Unzulässigkeit gewisser Formen des gesellschaftlichen oder wirtschaftlichen Lebens mit völliger Evidenz herausstellen muß. Von hier aus gesehen erscheint darum auch die 'soziale Frage' keineswegs ausschließlich an eine bestimmte Richtung oder Gestalt des Wirtschaftslebens gebunden. Bei den Völkern des Altertums erreichte sie ihre schärfste Zuspitzung in der Sklavenfrage. Wenn sie im christlichen Mittelalter nicht bestand, so lag dies nicht daran, daß die Zunftverfassung oder irgend eine andere, das normale Verhältnis von Kapital und Arbeit hergestellt hätte. Ich habe auf Grund zuverlässiger Forschungen daran erinnert, daß dies nur für eine relativ kurze Zeit wirklich der Fall war. Ich will auch nicht untersuchen, ob nicht da oder dort die Lage der ländlichen Bevölkerung, ob nicht gewisse Auswüchse des Lehnswesens gegen die Behauptung, das Mittelalter habe keine soziale Frage gehabt, Einsprache erheben könnten. Die Wahrheit ist, daß eine soziale Frage im christlichen Mittelalter nicht bestand, weil und insoweit die Formen des wirtschaftlichen Lebens, selbst in ihrem Verfalle, auch den Minderbegünstigten noch Raum und Luft für menschheitliche Lebensentfaltung gewährten. Umgekehrt erblicke ich dieselbe heute nicht schon darin, daß die moderne Entwicklung in steigender Tendenz dahin geht, große Kapitalien in wenigen Händen zu konzentrieren und ganze Bevölkerungsklassen auf das bloße Arbeitseinkommen zu reduzieren, sondern in bestimmten Konsequenzen, welche sich daraus für die Erfüllung der eigentlichen Menschheitszwecke ergeben können oder tatsächlich ergeben haben.

Die Verherrlichung Gottes, der oberste Zweck, den der Mensch mit der gesamten Schöpfung teilt und für dessen Realisierung ihm, dem vernünftigen Geschöpfe, das Sittengesetz die Richtschnur darbietet, fällt für ihn zusammen mit der Auswirkung seiner Persönlichkeit in den sich erweiternden Kreisen des individuellen Lebens, des Lebens in der Familie und des weiteren Gemeinlebens. Der oberste Zweck umschließt ein System von Einzelzwecken, die sich zu jenem als Mittel verhalten und die, soweit sie als unentbehrliche Voraussetzung seiner Erfüllung gelten müssen, durch unveräußerliche Rechte geschützt sind. Niemand hat ein Recht auf behaglichen Wohlstand oder gar auf Reichtum, jeder aber hat das Maß gottverliehener Rechte, welches den gottgesetzten Pflichten entspricht. Es sind dies, um nur die wichtigsten anzuführen, das Recht auf Leben und Unverletzlichkeit des Leibes, das Recht auf religiös-sittliche Betätigung, das Recht der Eltern auf die Erziehung ihrer Kinder, das Recht der Kinder auf die Segnungen des Familienlebens als der gottgewollten Pflanzschule menschlicher Gesittung. Hier liegen die festen Punkte, welche keinem wirtschaftlichen Einzelinteresse, keiner sozialen Umgestaltung weichen dürfen. Und man sage nicht, daß durch die Wahrung dieser Rechte noch nichts wirklich Bedeutendes erreicht sei. Denn selbstverständlich handelt es sich nicht darum, im einzelnen Falle den freventlichen Eingriff in dieselben abzuwehren, sondern es handelt sich um ein verbundenes System von Maßregeln, welche wirksam und dauernd die Heilighaltung dieser Rechte gewährleisten und damit die Erfüllung jener Pflichten ermöglichen.

In einem inhaltreichen und belehrenden Buche über das Arbeitsverhältnis der gegenwärtigen Wirtschaftsordnung wird befremdlicherweise die Anschauung der katholischen Kirche dahin zusammengefaßt: „Ihre Lösung der Arbeiterfrage ist die Bekehrung der Reichen zum kindlichen Glauben, damit diese durch fromme Stiftungen sie in den Stand setzen, durch Geldspenden und Bettelsuppen die Arbeiterklassen in Anhänglichkeit und Abhängigkeit zu erhalten." So entschieden ich Wert darauf lege, zu den 'Kirchlichgesinnten' gerechnet zu werden, ebenso bestimmt muß ich diese Behauptung zurückweisen. Nichts wäre irriger als die Meinung, daß es in der Konsequenz der kirchlichen Lehre liege, die arbeitende Klasse in gedrückter Lage zu erhalten und sie über den Mangel an Gütern der diesseitigen Zivilisation durch den Hinweis auf einen Ausgleich im Jenseits zu trösten. Wahr ist nur, daß wir in die materialistische Überschätzung dieser Güter nicht einstimmen und die jenseitige Bestimmung als entscheidendes Moment in unseren Gedankenkreis aufnehmen. Wenn wir aber gerade im Interesse jener Bestimmung Raum verlangen für die Entwicklung eines menschenwürdigen Daseins, Schutz für Leben und Gesundheit der Arbeiter, Sonntagsruhe, Beseitigung zu langer Arbeitszeit, Beseitigung der verheirateten Frauen aus den Fabriken, Fürsorge für jugendliche und weibliche Arbeiter nach der physischen wie nach der moralischen Seite, so sind dies ebenso viele Forderungen, deren Verwirklichung auch die materielle Lage der arbeitenden Klassen zu heben geeignet sind, ja welche die unentbehrliche Vorbedingung für eine wirkliche und befriedigende Teilnahme an den Gütern der Zivilisation bilden. Zudem aber ist in ihnen noch keineswegs alles beschlossen, was auch ich von meinem Standpunkte zu Gunsten jener Klassen mit Hilfe der staatlichen Autorität durchgeführt wünschte. Bezeichnen dieselben den Rahmen einer entwickelten Fabrikgesetzgebung, so ist diese letztere weiterhin zu ergänzen durch eine möglichst vollständige Durchführung der Arbeiterversicherung, als dem Mittel, der Arbeiterfamilie diejenige Sicherheit der wirtschaftlichen Existenz zu schaffen, deren sie zur Erfüllung ihrer Aufgaben dringend bedarf. Damit ist indessen bereits eine Maßregel bezeichnet, welche, wie sie nach Form und Beschaffenheit durchaus dem heutigen Wirtschaftsleben angehört, auch nicht ohne weiteres aus jener allgemeinsten prinzipiellen Aufstellung abgeleitet werden kann.

Was ich mit diesen Ausführungen zunächst klarzustellen wünschte, ist dieses. Die soziale Frage ist nicht die Frage, wie durch eine Neugestaltung der Gesellschaft die gestörte Ordnung von Kapital und Arbeit wieder hergestellt werden könne, vielmehr umfaßt der vielgebrauchte Name in der Gegenwart eine Mehrzahl von Problemen, und diese sind von ungleicher Bedeutung. Das erste und wichtigste ist: was muß geschehen, damit auch denjenigen, welche recht eigentlich die Kosten der modernen wirtschaftlichen Entwicklung tragen müssen, die Erfüllung der Menschheitszwecke möglich bleibt, auf welche sie ein unveräußerliches Recht haben? Hiermit ist eine Forderung bezeichnet, der sich kein Staatswesen entziehen darf, bei der es sich nicht um politische Erwägungen und staatliche Ziele handelt, sondern im strengsten Sinne um Recht und Pflicht. Daneben gibt es dann aber allerdings noch weitere sozialpolitische Aufgaben des Staates, bei denen es darum geht, die widerstreitenden Interessen der verschiedenen gesellschaftlichen Bildungen untereinander und mit den Interessen der Gesamtheit auszugleichen, unter Wahrung ebensowohl der staatlichen Ordnung wie der berechtigten Freiheit. Man muß diese verschiedenen Probleme oder die unterschiedlichen Momente, welche die soziale Frage umfaßt, strenge auseinander halten, wenn man Vorschläge oder gar Forderungen zur Lösung jener Frage zur Geltung zu bringen unternimmt, weil naturgemäß auch die Stellung der Faktoren, die man zur Mitarbeit an dieser Lösung aufruft, den verschiedenen gegenüber verschieden ist. Ehe ich indessen näher hierauf eingehe, bedarf es der Besprechung einiger weiterer Punkte, in denen meine Auffassung grundsätzlich von der Hitzeschen abweicht.

89. HEINRICH FREIHERR LANGWERTH VON SIMMERN, Die Deutsch-hannoversche Partei und das Rechtsprinzip. Ein Wort der Abwehr und Erwiderung auf die Schrift des Herrn Kammerrat v. d. Decken-Preten, Hannover 1882, Auszug, S. 12—17.

Herr v. d. Decken sagt, wenn ich ihn recht verstehe: Wir sind Preußen; wir sind verpflichtet, den Verband mit dem preußischen Staate als rechtsgültig anzuerkennen. Wir müssen das nicht bloß äußerlich, sondern auch in unserm Innern und ohne Hintergedanken tun. Ja, wir sind verpflichtet, die Entwicklung des jetzigen preußischen Staatsverbandes zu fördern. Herr v. d. Decken sagt daneben allerdings, daß uns der Schmerz über das uns Widerfahrene nicht verlassen könne, und daß wir den Wunsch, von Preußen wieder getrennt zu werden, festhalten dürften. Auch gestehe ich gern, daß die ganze Tonart seiner Schrift von neuem für die guten und edlen Absichten Zeugnis ablegt, die den verehrten Herrn Verfasser beseelen. Das hannoversche Herz fühlt man überall durchschlagen. Es bleibt aber darum nicht minder wahr, daß der Herr Verfasser von uns verlangt, daß wir uns als Preußen fühlen und den neuen Zustand als einen für uns absolut bindenden Rechtszustand betrachten sollen. Wäre uns dies möglich, so würde, wie ich fest überzeugt bin, gerade dasjenige eintreten, was der Herr Verfasser in dem Eingang seiner Schrift als das zu Vermeidende bezeichnet: das Aufhören, oder wie er es auf S. 4 nennt, das 'allmähliche Verstummen' der hannoverschen Frage.

Der Herr Verfasser verlangt eine, wenn auch schmerzliche, so doch innerliche und darum liebevolle Hingabe an das preußische Staatswesen. D. h. wir sollen erst einmal Preußen werden, und alles übrige der fernsten Zukunft und dem Eingreifen unbekannter Faktoren überlassen. Wer sieht nicht, daß auf diesem Wege die hannoversche Frage und der hannoversche Legitimismus gar bald zu einem frommen Wunsche und schließlich zu einer bloßen Redensart verblassen müssen, welche uns die Preußen gewiß gerne zugute halten werden?

Ich will auch hier noch zunächst von der Rechtsfrage absehen. Der Herr Verfasser verlangt aber offenbar, daß wir uns so gut wir es vermögen, in Preußen umdenken sollen. Damit würden wir unsere altehrwürdige Geschichte verleugnen. Damit müßten wir die Erbschaft der ganzen friderizianischen Politik, so gut wir es eben vermögen, antreten. Wir müßten uns in jene unglückseligen Auffassungen hineindenken und sie uns nach Kräften anzueignen suchen, welche schließlich zum Basler Frieden, zur Hinnahme Hannovers aus Napoleons Hand und zum Jahre 1806 geführt haben und, wie ich hinzusetze, mit Naturnotwendigkeit führen mußten. Denn der Nachweis ist leicht zu erbringen, daß die preußische Politik am Ende des vorigen und am Anfange dieses Jahrhunderts nur die logische Konsequenz von denjenigen Gedanken ist, welche die friderizianische Zeit in die Preußen hineingelegt hatte, und daß diese Gedanken wenigstens zur Zeit des Revolutionskrieges und mithin im Beginne der entscheidenden Epoche von jedem echten Preußen geteilt wurden. Und nicht minder sind es dieselben Gedanken, die durch das Unglück der Franzosenzeit und die dann folgenden glücklichen Jahrzehnte hindurch zur Katastrophe von 1866 geführt haben. Es würde uns wahrscheinlich schwer werden, uns diese Gedanken anzueignen. Aber unsern Kindern würde das, was uns nicht mehr völlig gelingt, als die Frucht unserer Bemühungen gewiß um so eher zu Teil werden. Der Brücken zu der preußischen Geschichtsauffassung gibt es gar viele; und die preußische Geschichtsschreibung hat zahlreiche und wahrlich nicht unbedeutende Vertreter. Wie weit die Rückwirkungen ihres Einflusses reichen, beweist der Herr Verfasser auf S. 7, wenn derselbe die physische Natur des Menschen, wenn er Macht und Interesse ohne weitere Einschränkung und als sei das von jeher so gewesen, als ausschlaggebend bezeichnet oder wenn er der Ansicht ist, daß die höheren Güter des Menschen neben den Interessen erst in zweiter Linie, „vielleicht seltene Ausnahmen abgerechnet“, in Frage kämen. Meines Erachtens greift dieser Satz das Fundament derjenigen Anschauungen an, die von jeher der Ausgangspunkt für unsere Partei gewesen sind. Aber auch historisch genommen halte ich diese Ansicht, so weit es sich um das christliche Europa handelt, nicht für richtig. Es gab seit dem Ende der Völkerwanderung und seit der Christianisierung der germanischen Völker ein christliches Gesamtbewußtsein in Europa und namentlich im Occident. Der Theorie nach herrschte seit Karl dem Großen in diesen weiten Gebieten das Rechtsprinzip. Das Faustrecht des Mittelalters wird man mit Recht nicht hiergegen anführen können, da dasselbe bekanntlich auf einem Rechte des freien Mannes, auf einem partiellen Kriegsrecht des Freigeborenen beruhte. Auch das Faustrecht hat sich im allgemeinen wohl gehütet, an das Recht des Stärkeren zu appellieren, wenn ihm nicht ein Rechtsgrund, ein titulus, zur Seite stand. In noch weit höherem Grade war dies in den Verhältnissen der einzelnen Völker und Staaten der Fall. Höchstens das Italien nach dem Sturze der Hohenstaufen könnte man hiergegen anführen. Dort aber wirkten altrömische Zustände nach; und man vergesse auch nicht, daß es, wie Dante sehr wohl erkannte, ein Zustand der Anarchie war, der dort auf den Zusammenbruch der hohenstaufischen Kaisermacht gefolgt war. Die auch in den weltlichen Verhältnissen des Mittelalters bis zu einem so hohen Punkte tonangebende Kirche hat allezeit den Schutz des Rechts auf die Fahne geschrieben. Und von den kleinen italienischen Staaten etwa abgesehen, wird wohl kein occidentalischer Staat bis zum Ende des vorigen Jahrhunderts ein Recht geltend gemacht haben, wenn ihm nicht ein titulus zur Seite stand: noch die erste Teilung Polens hat sich diesem Grundsatze gefügt; erst die Französische Revolution und in ihrem Gefolge die zweite und dritte Teilung Polens ließen ihn fallen.

Wie aber die Heuchelei nur der Tribut ist, den das Unrecht der Tugend zollt, so liegt in der Wahrung des Rechtstitels, selbst da, wo es nur zum Deckmantel dienen muß, doch immerhin die Anerkennung des Rechtsprinzips, und es ist nicht möglich, daß eine solche Anerkennung Jahrhunderte lang sich behauptet, wenn nicht der Glaube an das Recht und die Verpflichtung durch dasselbe auch für das Völkerleben tief in die Herzen eingegraben ist. Ich wage den Satz, daß es nur sehr wenige Kriege des Occidents gegeben haben wird, wo nicht beide Teile von der Güte ihres Rechtstitels überzeugt waren.

Ganz besonders war diese Anschauungsweise uns Deutschen eigen, weil das Kaisertum als 'römisches Kaisertum deutscher Nation' uns in einem besonderen Maße angehörte. Noch in einer sehr späten Zeit pflegte man alles Recht williglich von dem Kaiser herzuleiten. Noch in sehr später Zeit stand das Reichskammergericht über allen deutschen Verhältnissen als der Wächter der Rechtsidee. Auch sind die Beispiele nicht selten, wo dasselbe selbst noch im vorigen Jahrhunderte tatsächlich in die Entwicklung der allgemeinen deutschen Verhältnisse eingegriffen hat. Die Wiederherstellung eines einmal gebrochenen Rechtszustandes unterblieb häufig, weil es an ausführenden Organen zu fehlen pflegte. Aber verhindert wenigstens sind sehr zahlreiche Rechtsbrüche durch das Reichskammergericht.

Natürlich sind diese Dinge nicht ohne Wirkung auf das Rechtsleben des deutschen Volkes geblieben. Es hat sich dasselbe bis 1806 als eine Rechtseinheit betrachtet. Die Zeit von 1806 bis 1815 konnte diese Anschauung nicht vertilgen; und in dem Deutschland des Bundestages lebte sie auf das Kräftigste. Aber wir haben uns auch immer als das Rechtsvolk par excellence betrachtet, und diese Auffassungsweise ist mitnichten ausgestorben. Sie bildet noch immer das Fundament unserer Volksüberzeugung. Nur das Preußentum geht von andern Auffassungen aus. Ich frage: Sollen wir auch diese uns zu eigen machen? Ohne das werden wir uns niemals in 'gute Preußen' umdenken. Anderseits liegt es auf der Hand, wie verhältnismäßig leicht wir uns auch diese Auffassungen aneignen werden, wenn wir uns dem Preußentum mit Leib und Seele hingeben.

Ich habe mich, ohne es zu wollen, doch schon auf das Gebiet der Rechtsfragen verloren, oder ich stehe doch wenigstens an ihrer Schwelle. Ehe wir wirklich auf den Rechtspunkt eingehen, möchte ich aber doch noch darauf hinweisen, wie wir auch auf jedem andern Gebiete unsere Eigenart innerlich preisgeben werden und müssen, sobald wir uns als Preußen fühlen. Auf ein paar hannoversche Institutionen, die uns der preußische Landtag nehmen könnte, kommt es wahrlich nicht mehr an. Man hat uns schon so viel genommen, daß ein kleines Mehr so viel nicht verschlägt; und man wird uns von unserer Eigenart um so mehr lassen, je starrer, und ich möchte sagen, trotziger unsere Art sich erhält. Darin, daß sich unsere geschichtlich gewordene Stammesart erhält, erfüllt Hannover eben seine Pflicht gegen das gesamte Deutschland. Die Pflichterfüllung wird auch für uns selbst manche Früchte tragen. Aber wir können diese Pflicht nicht mehr erfüllen, wenn wir wirklich und innerlich mit Preußen verschmelzen. Es würde ein solches Festhalten unserer Eigenart auch dann unsere Pflicht sein, wenn Preußen nicht in einem inneren Gegensatze zu dem alten Reich und dem alten Deutschland stände. So aber verteidigen wir auf jedem Gebiete die echten deutschen Traditionen gegen die unechten. Wir

Deutsche alle laufen seit 1866 Gefahr, zu einem ganz andern Volke von Preußen umgestempelt zu werden. Es ist diese Gefahr mitnichten die kleinste von denen, die uns als Deutsche bedrohen; und wir Hannoveraner tun meines Erachtens nicht unsere Pflicht, wenn wir diesem Prozeß dadurch Vorschub leisten, daß wir uns sozusagen als Heloten dem Preußentum hingeben. Auch unser inneres Volksleben steht dabei natürlich in Gefahr, und keine Macht der Erde wird uns wieder erwecken können, wenn wir einmal ein Leichnam geworden sind. Fiele uns die Wiederherstellung trotzdem eines Tages in den Schoß, so würde doch nur eine Galvanisierung des Leichnams, so würden doch nur Zustände davon die Folge sein, die sich bald genug als unhaltbar erweisen dürften.

„Wir haben nichts von unsern Schmerzen,
Als wofür wir uns halten in unsern Herzen."

Nur wenn wir das Gefühl von dem, was wir sind, wenn wir das Gefühl von der Nichtzugehörigkeit zu Preußen festhalten, werden wir uns für den Auferstehungsmorgen frisch erhalten. Es ist dies die einzige loyale und legitime Waffe, die wir der Verpreußung entgegensetzen, die wir zur Wiedererlangung unseres guten Rechts gebrauchen können.

90. Zwei Worte über Kolonial-Weisheit von jemandem, dem dieselbe versagt ist (= Adolf Bastian), Berlin 1883, Auszug, S. 6—9.

Unter den kuriosen Argumentationen über die Kolonialfrage ist man vor keiner Art Querfrage sicher, und so besser gefaßt auf die Entgegnung, daß trotz nomineller Gleichberechtigung, England doch den Löwenanteil im Handel seiner Kolonien davontrage und also, im Nachfolgen seines Beispiels, selbständige Kolonien anzulegen seien. Wenn es noch ein zweites Indien auf dem Globus gäbe, und dieses noch ohne Herren, dann immerhin, wenn man Lust dazu hat. Dafür ist es nun aber einmal zu spät, durch die Macht der Tatsachen. In jener kritischen Periode des Entdeckungsalters, als die Welt vergeben wurde, lag Deutschland machtlos am Boden, während damals grade (XVI. und XVII. Jahrh.) die Nationalitäten in England, Frankreich, Rußland usw. ihren festen Halt gewannen, und so um die neuerschlossenen Welten miteinander rangen, die im Kampfe eroberten als Siegesbeute in Besitz nehmend, so daß jetzt, wo Deutschland fähig wäre, ebenbürtig in den Wettstreit einzutreten, nicht mehr viel der Mühe Lohnendes übrig sein kann. Und seit Grotius' 'liberum mare' auch des Freihandels Schiffe trägt, fällt ohnedem jedes direkte Motiv fort. Unter Englands Staatsmännern selbst, wenn das Für und Wider im Festhalten des indischen Reichs zur Erörterung kam, hat neuerdings wenigstens stets das Ratsame der Beschränkung, in Meidung weiterer Ausdehnung, vorgewogen. Ließe sich in Indien eine lebensfähige, zur Selbstverteidigung ausreichend genügende Regierung auf heimischem Boden schaffen, so wäre es 'profit au clair' für England, in bisheriger Weise fortzuhandeln, minus der kolossalen Verwaltungskosten. Das nun wird allerdings nicht gut angehen, da Indien, wie seine Geschichte beweist, stets der Gnade der asiatischen Eroberungsvölker offen lag, und sobald England also abzöge, etwa Rußland einziehen möchte, oder wem es sont gelüstete, und dann wären keine Garantien gegeben, daß die Freihandelsprinzipien, wie sie in England mit Freigebung des kolonialen Handels (seit 1822) die Macht der Meinung in immer zunehmenden Konzessionen verlangte, auch ferner in Herrschaft blieben. Sobald dies als gesichert betrachtet werden dürfte, so könnte es für England gleichgültig sein, in welchen Händen sich Indien, "a gigantic burden" (nach Jacob Bright)[1] befinden mag, denn daß in jeder Handelskonkurrenz England im großen und ganzen unter seinen europäischen Rivalen stets die Palme davontragen wird, das liegt einem geographischen Auge in der Küstenentwicklung und sonstigen (besonders im Zeitalter des Dampfes, und also der Kohlen) hervortretenden Vorzügen zu deutlich abgezeichnet, als daß es eines weiteren Wortes darüber bedürfte. „England, das unter allen neueren Völkern wirtschaftlich am höchsten steht, verdankt dieses Primat vorzugsweise der geographischen Gunst der Natur“ (s. Roscher).

Allerdings genießt England im Handel mit seinen Kolonien einer noch höheren Rate der Bevorzugung, als sich aus normaler Vergleichung ergeben würde, insofern nämlich, weil aus der jahrhundertjährigen Gewohnheit früheren Monopols sich bestimmte Moderichtungen für die Import-Bedürfnisse gebildet haben, und also aus England naturgemäßest ihre Versorgung erhalten, zumal bei dem Tonangebenden einer für die Regierung hinausgesandten Aristokratie. Dies jedoch ist ebenfalls eine geschichtlich emporgewachsene Frucht, welche unter der Macht der Tatsachen England zugute kommt, und welche von Nationen, denen die Geschichte zu rechter Zeit die Gelegenheit zur Pflanzung von Kolonien versagte (als schon dem Großen Kurfürst beim 'Vorweggenommensein aller wahrhaft kolonisationsfähigen Länder' nichts als Guinea übrig blieb), nicht als spontan aus der Luft fallend erwartet werden kann, ebenso wenig indes auch jetzt etwa noch für die Epigonen groß zu ziehen, solange überhaupt nicht ein derartigen Fruchtertrages fähiger Boden neu geschaffen wäre.

Im übrigen sollte man sich über manch fetten Bissen, der ausschließlich

[1] In einer längeren Anmerkung muß Bastian zugeben, daß Indien England Vorteile bietet, die praktisch nur von Engländern genossen werden können.

in Englands Teller fällt, nicht allzu sehr grämen, denn bei üppigen Mahlen folgen Indigestionen, und an Sorgen hat es in Englands Kolonialgeschichte wahrlich nicht gefehlt.

Im Gegensatz zu dem gesunden Grundsatz der natürlichen Grenzen, verzieht solche der Kolonialbesitz in unbestimmt verschwimmende Umrisse, in Spekulationen zum Fortspekulieren zwingend, unter blendend emporgetriebenem Glanze der Dehors, schon um die Komplikationen der anwachsenden Staatsschulden zu verdecken. Bei wohlgeregelter Ordnung kann auch hier alles kerngesund gelten, sobald dann aber gewaltsamer Eingriff, unvermutet plötzlicher Zwischenfall, die Regulierung in Unordnung stürzt, mag in solchem Sturze gar vielerlei und mancherlei mit fortgerissen werden. Zum Bahnbrechen bedurfte es allerdings der 'merchant adventurers', die, geleitet von dem scharfen Auge des Handels, die neuen Wege erspähten und mit kühner Tatkraft Besitz ergriffen. Wenn nun aber, nach den Zeitweisern früheren Geschäftsgangs, die Übernahme ihrer Errungenschaften und ihres Risikos durch den Staat* angezeigt war, kann sich dieser, unter den jetzigen Verhältnissen des internationalen Verkehrs, im Hintergrunde halten, und wenn nur solchen Rückhaltes sicher bewußt, wird im übrigen dem Kaufmann je weniger Bevormundung je lieber sein und demselben das Gefühl der Freiheit desto ungehinderter bleiben, in Bewegung der Hände, um überall in den Erdteilen das zu packen, was nun gerade jedesmal, im einen oder andern, als lockendstes auftaucht, für Absatz und Umsatz. Der deutsche Handelsmann hat sich bereits denen der höchsten Rangstufe zugesellt, und bei dem von der deutschen Kriegsmarine gewährten Schutz muß es im übrigen dem Urteil der in dieser Sachverständigen überlassen bleiben, wieweit etwa in entfernten Meeren Anlage von Marinestationen als förderlich zu betrachten wäre. Von solchem Gesichtspunkt eben: als Stationen für die Marine, durch welche der Handel zu schützen (dessen Blüte der anzustrebende Zweck). Und da es stets empfehlbar, Halbheiten zu vermeiden, um sich ganz in dem zu konzentrieren, was ganz und voll ausgefüllt werden kann, so wird Deutschland seine Stärke darin fühlen, als Binnenstaat innerhalb naturgemäßer Grenzen gebietend dazustehen, ein 'primus inter pares', statt mit einer untergeordneten Rolle in die Kolonialpolitik eingedrängt

* „Der Staat konnte nicht aushelfen“ (bei Begründung der englischen und niederländischen Kolonien), denn überhaupt „pflegt die erste Anknüpfung eines fernen Welthandels eine so gefährliche und auch im günstigen Falle so lange ausstehende Kapitalanlage zu sein, daß nur sehr große Kaufleute sie wagen könnten, und solche bilden sich erst durch den Welthandel selbst“ (s. Roscher). Morellet (1769) „gibt eine Liste von 55 Monopolgesellschaften für auswärtigen Handel, die sämtlich gescheitert sind“ (und seitdem noch weit mehr).

(in den kostspieligen Wettstreit um den Bau der Panzerschiffe zugleich, bis 20 Millionen pro Stück), vielerlei — und nach dem ersten Beginnen einmal, für das Ende dann unübersehbare — Verwirklichungen herbeizuziehen. „An den Haaren herbeizuziehen", möchte man sagen, da sie fortbleiben könnten, unbeschadet etwaiger Beeinträchtigung des Handels, der nach den jetzt im 'consensus gentium' als gültig anerkannten Gesetzlichkeiten ** unbeschränkter Entwicklung fähig ist, — wenn eben nur beschränkt nicht.

91. FRANZ VON ROGGENBACH an Albrecht von Stosch, 15. Januar 1883, in: Im Ring der Gegner Bismarcks. Denkschriften und politischer Briefwechsel Franz v. Roggenbachs mit Kaiserin Augusta und Albrecht v. Stosch 1865—1896, bearb. und hrsg. von Julius Heyderhoff, Leipzig 1943 (Deutsche Geschichtsquellen des 19. Jh., Bd. 35), S. 218—220.

Glückwünsche zum neuen Jahr.

Die Bilanz der Jahreswende hat sich, soweit ich sehe, für Sie und die großen Interessen, die Sie mit so warmem Eifer und großen Erfolgen pflegen, nicht ungünstig gestellt, und so möge es auch in dem begonnenen Jahre bleiben. Die öffentlichen Angelegenheiten Deutschlands verharren einerseits in der Stagnation, die das hohe Alter des Kaisers bedingt, andererseits leiden sie unter den unregelmäßigen Reibungen, welche die wechselnden und unüberlegten Eingriffe einer nervös erregten, herrschsüchtigen Natur in Regierungsmaschine und Gesetzgebung herbeiführen. Beide Konstellationen sind nicht zu ändern, so wenig als die Konfiguration von Uranus und Saturn, die uns das Wetter trübt. Dieses Sternbild muß erst verschwunden sein, bis Denken, Tun und Leben der Nation wieder beginnt. Einstweilen bleibt uns nur übrig, gelassen und ergeben Nutzen und Schaden, den diese Lage bringt, zu buchen und zu hoffen, daß beim Rechnungsabschluß der Saldo nicht zu sehr zu unsern Ungunsten ausfalle.

Da hat der Jahresabschluß uns denn in Frankreich den Wegfall der Führer gebracht, unter denen eine nicht unbedeutende Minderheit sich

** Charakteristisch für die Handelsfreiheit sind namentlich zwei Bestimmungen: Gleichstellung der Untertanen des andern Teils mit den eigenen hinsichtlich der Schiffsabgaben, Aus- und Einfuhrzölle; Versprechen, daß die Produkte des andern Teils hinsichtlich der Einfuhrzölle gleich denen der meistbegünstigten Nationen behandelt werden sollen (s. Roscher). „Heutzutage würde übrigens in den meisten Fällen die Bevorzugung eines fremden Volkes durch die Vollkommenheit der neuen Kommunikationsmittel leicht eludiert werden" (und so fallen, wie alle Schranken in freier Bewegung, vor allem die der Privilegien aus kolonialen Monopolen).

vorbereitet hatte, die revanche zu versuchen. Es ist nicht unwahrscheinlich, daß unter Begünstigung der Umstände aus dieser Minderheit eine Mehrheit hätte werden können. Wenn es auch wahr ist, daß eine so bewegliche Nation, auch wenn sie des Führers entbehrt, nicht gegen plötzliches Hineintaumeln in einen Kriegsrausch geschützt ist, und wenn es gleichfalls wahr ist, daß Gambetta selbst erheblich konservativer und vorsichtiger in seiner auswärtigen Politik insbesondere Deutschland gegenüber geworden war und bis zu einem gewissen Grad die Unbesonnenheit seiner Landsleute gezügelt hatte, so blieb derselbe doch immer ein unsicherer Kunde. Ich halte dafür, daß die moralische Entmutigung, die sein Tod [1] über den kriegsmutigsten Teil der Franzosen gebracht, die noch gesteigerte Verwirrung der Parteien und die Störung der auf dem europäischen Schachbrett aufgestellten Figuren immerhin eine gute Chance für uns eröffnet hat, deren wir uns freuen wollen. Dabei dauert in Rußland eine Auflösung fort, die nicht nur in sich Gefahren birgt, sondern uns auch früher oder später nötigen kann, zugunsten der Deutschen in den Ostseeprovinzen eine analoge Bewegung zu befördern, wie wir sie in Holstein Ende der 40er Jahre organisierten. Sollen wir die Wendung beklagen, zu welcher diese Prämissen hinführen, sollen wir einen Zusammenstoß der slawischen und germanischen Welt auch ferner so ängstlich aus dem Wege gehen wie die alte Schule preußischer Diplomaten? Ich denke: nein. Einmal muß das Deutsche Reich doch den verhängisvollen Schritt, zu dem Friedrich II. durch seine Isolierung in Europa getrieben wurde, zurücktun und aufhören, die unzuverlässige russische Freundschaft mit dem Aufopfern aller gesunden Entwicklungen im Osten zu erkaufen.

Ich sehe mit Verdruß, wie Rußland versucht, seinen Frieden mit den Polen zu machen, und wie wir immer noch, wie vielleicht deutsche und polnische Gutsnachbarn in bäuerischer Verbissenheit pflegen, den einfältigen Hader mit dem Polonismus weiterspinnen. Abgesehen von solchen im Temperament, dem angeborenen beschränkten märkischen Horizont und der einseitigen Leidenschaftlichkeit begründeten Einzelschnitzern ist mir im Augenblick die Politik des Reichskanzlers verständlicher und auch sympathischer als seit langem.

Daß mit ihm alle übrigen Großmächte ohne Ausnahme so wenig sicher zu sein glaubten wie er mit ihnen, ist die natürliche Folge der versatilen Rohheit, mit der er zynisch den Freund von heute zum Feind von morgen erklärt. Was wunder, daß er dann auch nicht auf sie rechnen kann und von Zeit zu Zeit Schreckschüsse nach rechts und links die Welt und ihre armen Bewohner erzittern machen.

[1] Am 31. 12. 1882 infolge eines Unfalls.

92. Resolution der Generalversammlung der Katholiken Deutschlands in Düsseldorf, 13. September 1883, in: Verhandlungen der XXX. Generalversammlung der Katholiken Deutschlands, Düsseldorf 1883, S. 285 f.
WA: Schultheß, 24. Jg. 1883, S. 126 f.

I. Die Katholiken Deutschlands wenden angesichts der gegenwärtigen Notlage der katholischen Kirche sowie der gesamten zivilisierten Welt ihren Blick in erster Linie nach Rom, dem sichtbaren Lebenszentrum der von Christus gestifteten Kirche. Festhaltend an der Überzeugung, daß die Kirche zur Hebung der wachsenden Schäden, welche in fast allen Schichten der menschlichen Gesellschaft tief gefühlt und beklagt werden, ihre heilige, von Gott empfangene Heilskraft mit voller Wirkung nur einzusetzen vermag, wenn ihr sichtbares Oberhaupt, der römische Papst, nach allen Seiten hin jene Freiheit und Unabhängigkeit besitzt, welche ihm nach göttlicher Anordnung und gemäß geschichtlicher Rechte zukommt, erheben die deutschen Katholiken einmütig und feierlich Protest gegen die fortdauernde Vergewaltigung des römischen Stuhles. Sie werden nicht aufhören zu fordern, daß dem Papste die ihm entrissene weltliche Herrschaft, der ihm geraubte Kirchenstaat, das Eigentum des katholischen Erdkreises zurückgegeben werde. Menschliche Gewalt vermag niemals zu beugen göttliches Recht.

II. Die Katholiken Deutschlands werden nicht nachlassen, bei jeder Gelegenheit und mit allen Kräften dafür einzutreten, daß endlich im deutschen Reiche die Wiederherstellung des religiösen Friedens erfolge; sie werden unermüdlich beten, mahnen und fordern, daß ihre im Exile weilenden Oberhirten den verlassenen Diözesen zurückgegeben werden, daß endlich die Aufhebung aller, die Rechte der katholischen Kirche beeinträtigenden, zerstörenden und die Gewissensfreiheit der Katholiken verletzenden Maßregeln erfolge; sie setzen ihre Hoffnungen zunächst auf Gott den Herrn, dann aber auf die Weisheit des apostolischen Stuhles, dessen Anordnungen sie den bereitwilligsten Gehorsam entgegenbringen; sie werden unablässig in allen Kreisen den Nachweis liefern, welch verderblicher volkswirtschaftlicher, pädagogischer, sittlicher und religiöser Schaden den katholischen Landesteilen und Gemeinden in Preußen und anderen Bundesländern zugefügt worden ist und noch fortwährend zugefügt wird durch die Ausweisung sowie durch die Einschränkung der klösterlichen Genossenschaften.

III. 1. Der Generalversammlung der deutschen Katholiken spricht die Überzeugung aus, daß die soziale Frage nicht bloß eine wirtschaftliche, sondern auch, und zwar an erster Stelle, eine religiös-sittliche und somit deren Lösung ohne das einträchtige Zusammenwirken von Kirche und

Staat unmöglich ist. Sie sieht es daher als die unerläßliche Forderung zur Heilung der gegenwärtigen gesellschaftlichen Schäden an, daß der Kirche und ihren Instituten die volle Freiheit für ihre soziale Wirksamkeit zurückerstattet werde. 2. Zugleich erachtet sie es zur Lösung der sozialen Frage für notwendig, daß auf dem Wege der Gesetzgebung eine den heutigen Verhältnissen angepaßte korporative Organisation der produktiven Arbeit mit Ausschluß aller bürokratischen Bevormundung ins Leben gerufen werde.

Ziffer IV betrifft die Mission im Orient.

93. Gründungsprogramm der Deutschfreisinnigen Partei, 5. März 1884, in: Volkszeitung, Berlin, Nr. 56, 6. März 1884.

WA: W. Kulemann, Zusammenschluß der Liberalen, Dresden 1905, S. 79 f.; Salomon, S. 36 f.; Schultheß, 25. Jg. 1884, S. 28; Mommsen, S. 157 f.; Treue, S. 85.

1. Entwicklung eines wahrhaft konstitutionellen Verfassungslebens in gesichertem Zusammenwirken zwischen Regierung und Volksvertretung und durch gesetzliche Organisation eines verantwortlichen Reichsministeriums. Abwehr aller Angriffe auf die Rechte der Volksvertretung, insbesondere Aufrechterhaltung der einjährigen Finanzperiode, der jährlichen Einnahmebewilligung, der Redefreiheit.

2. Wahrung der Rechte des Volkes: Erhaltung des geheimen, allgemeinen, gleichen und direkten Wahlrechts; Sicherung der Wahlfreiheit, insbesondere auch durch Bewilligung von Diäten; Preß-, Versammlungs-, Vereinsfreiheit; Gleichheit vor dem Gesetz ohne Ansehen der Person und der Partei; volle Gewissens- und Religionsfreiheit; gesetzliche Regelung des Verhältnisses zwischen dem Staate und den Religionsgesellschaften unter gleichem Rechte für alle Bekenntnisse.

3. Förderung der Volkswohlfahrt auf Grund der bestehenden Gesellschaftsordnung. Bei voller Wahrung der Gleichberechtigung der Selbsttätigkeit und des freien Vereinigungswesens der arbeitenden Klassen Eintreten für alle auf Hebung derselben zielenden Bestrebungen. Bekämpfung auch des Staatssozialismus sowie der auf Bevormundung und Fesselung des Erwerbs- und Verkehrslebens, der Gewerbefreiheit und der Freizügigkeit gerichteten Maßregeln.

4. Im Steuersystem Gerechtigkeit und Schonung der Volkskraft; Entlastung der notwendigsten Lebensbedürfnisse; keine Zoll- und Wirtschaftspolitik im Dienste von Sonderinteressen; keine Monopole. Gesetzgebung und wirksame Aufsicht des Reiches im Eisenbahnwesen.

5. Erhaltung der vollen Wehrkraft des Volkes; volle Durchführung der allgemeinen Dienstpflicht bei möglichster Abkürzung der Dienstzeit; Feststellung der Friedenspräsenzstärke innerhalb jeder Legislaturperiode.

Dies alles zur Befestigung der nationalen Einigung Deutschlands, in Treue gegen den Kaiser und auf dem verfassungsmäßigen Boden des Bundesstaates.

94. LEO VON CAPRIVI, Denkschrift, betreffend die weitere Entwicklung der Kaiserlichen Marine, 11. März 1884, in: Sten. Ber. RT, 5. Leg. Per., 4. Session 1884, Bd. 3, Anlagen, S. 433—441 (Anlage Nr. 26), Auszug, S. 434 f.

2. Für die Erfüllung der Aufgaben des diplomatischen und handelspolitischen Dienstes sind die nicht gepanzerten Korvetten, Kanonenboote und Avisos bestimmt. In einem Kriege mit einer europäischen, über Panzerschiffe verfügenden Seemacht würde der Gefechtswert dieser Schiffe ein verhältnismäßig geringer sein. Sie sind geeignet, die deutsche Flagge bei Ausübung der Polizei auf den Meeren zu beteiligen, dieselbe an den Gestaden fremder Weltteile zum Schutz deutscher Interessen, zur Hebung deutschen Nationgefühls zu zeigen und nötigenfalls deren Ehre mit der Waffe zu vertreten. 20 Korvetten, 10 Kanonenboote und einige Avisos haben diesen Aufgaben, auch unter Innehaltung derjenigen Ruhepausen, welche den Schiffen zu größeren Herstellungsarbeiten von Zeit zu Zeit gegeben werden müssen, bisher genügen können und werden denselben voraussichtlich, auch wenn die Anforderungen in dieser Beziehung — wie es die beabsichtigte Einrichtung einer Station in Westafrika, die vermehrten Ansprüche an den Schutz der Fischerei u. dergl. wahrscheinlich machen — noch steigen, für die nächste Zukunft genügen.

Wenn man sich hier und da in Bezug auf Ausübung des politischen Dienstes Beschränkung hat auferlegen müssen, so lag bisher der Grund nicht im Mangel an Schiffen, sondern an Personal zu ihrer Bemannung.

Im Sommer befindet sich beinahe ein Drittel, im Winter nach Entlassung der Reservisten und vor Einstellung der Rekruten über ein Drittel — im Winter 1882/83 war es sogar fast die Hälfte — unserer Seeleute an Bord von Schiffen des Schul- und politischen Dienstes in außerheimischen Gewässern, Zahlen, welche zu Zeiten durch die Monate lang unterwegs befindlichen Ablösungskommandos noch gesteigert werden. In den Chargen der jüngeren Offiziere fordert derselbe Dienst ständig etwa ein Viertel des Bestandes. Anlage 2 erläutert dies für die letzten fünf Jahre. Es kann mithin, auch wenn eine mäßige Personalerhöhung in Aussicht genommen wird, eine erhebliche Steigerung des politischen Dienstes in den nächsten

Jahren nicht vorgenommen werden und wird die Zahl der hierfür zur Zeit verfügbaren Schiffe noch ferner hinreichen. Auch insofern wird man genötigt sein, sich in dieser Beziehung immer eine gewisse Beschränkung aufzuerlegen, als diejenige Rolle, welche jene Schiffe in fremden Meeren während eines europäischen Krieges, an dem Deutschland beteiligt wäre, zu übernehmen befähigt sind, immer nur eine sekundäre sein kann. Es wird auch für unternehmende Schiffskommandanten schwer sein, den Ausfall an Offizieren und Mannschaften, welchen die deutsche, zum Kampf in der Heimat bestimmte Flotte infolge des Fernseins ihres Schiffes von dem entscheidenden Kampfplatz erleidet, durch den Schaden, den sie dem Feinde auf fernen Wasserstraßen zufügen, aufzuwiegen. Allerdings wird auch heute noch der Kreuzerkrieg die Möglichkeit, den Feind zu schädigen, in gewissem Maße geben, und selbst der Mangel an gesicherten Kohlenstationen wird ein Kriegsschiff, das einmal im Auslande ist, nicht abhalten, sich zur Geltung zu bringen. Aber die Entwicklung der Dampfschiffahrt hat eine Höhe erreicht, auf der die Verhältnisse des Kreuzerkrieges für die Kriegsschiffe den Handels- und Passagierdampfern gegenüber immer ungünstiger werden. Die vielseitigen Aufgaben, die der Konstrukteur eines Kriegsschiffes zu erfüllen hat, erlauben ihm nicht, wie es jetzt bei einem Teil der Passagier- etc. Dampfer geschieht, fast ausschließlich auf eine hohe Geschwindigkeit hin zu konstruieren. Während in alten Zeiten das Kriegsschiff vermöge seiner größeren Segelflächen und seiner stärkeren Besatzung an Geschwindigkeit und Manövrierfähigkeit dem Handelsschiffe überlegen zu sein pflegte, kann heutzutage den zum Dienst auf auswärtigen Stationen bestimmten Schiffen nicht eine so hohe Geschwindigkeit gegeben werden, wie sie ein Teil, und gerade der wertvollere, der Handels- und Passagierdampfer zu haben pflegt.

Es wirkt hiernach jede erhöhte Inanspruchnahme der Flotte für den politischen Dienst im Fall eines europäischen Krieges so lange als eine Schwächung unserer maritimen Wehrkraft, als wir für die Bemannung der in der Heimat gebliebenen Schiffe bei Ausbruch des Krieges noch mit Personalmangel zu kämpfen haben. Darüber darf aber nicht vergessen werden, daß dieser Dienst, abgesehen von seiner politischen Notwendigkeit, auch von größtem Wert ist für das Dasein und das Gedeihen unserer Marine, für ihre seemännische Ausbildung, für die Entwicklung der Charaktere und für die durch das Streben nach einem hohen Platz unter den Flotten der Welt wachsende Hingabe an den Beruf.

Ist hiernach eine Vermehrung der in Rede stehenden Schiffsgattung für die nächsten Jahre noch nicht geboten, so wird ebensowenig unter den gegenwärtigen Bestand herunterzugehen als zulässig erscheinen können. Scheiden hier Schiffe aus, weil sie ganz unbrauchbar werden, oder erscheinen sie in Zukunft nur noch lediglich für Schulzwecke brauchbar, so werden die Ersatzbauten nicht aufgeschoben werden dürfen. Schon die Rücksicht auf den Werftbetrieb fordert, daß die Schiffsersatzbauten allmählich und in einem möglichst gleichmäßigen Tempo in die Hand genommen und gefördert werden. Jede größere Arbeiterentlassung auf den Kaiserlichen Werften ist eine Kalamität nicht bloß für die davon betroffenen Arbeiter, und deren Familien, sondern auch für die Marine selbst. Namentlich in Wilhelmshaven, wo der entlassene Arbeiter keinen anderen Verdienst in der Nähe findet und weit zu verziehen genötigt ist, fehlt es, wenn wieder Zeiten mit mehr Arbeit eintreten, an Menschen. Und noch empfindlicher kann ein Arbeitermangel bei Eintritt einer Mobilmachung werden, welche ohnehin eine sehr erhebliche Zahl Dienstpflichtiger den Werkstätten entzieht, und deren schnelle Durchführung doch wesentlich von der Zahl der sofort verfügbaren Werftarbeiter bedingt wird. In den Ersatzbauten von Schiffen liegt im wesentlichen der Regulator für den gleichmäßigen Gang des Werftbetriebes. Wie es aus solchen Gründen wirtschaftlicher Natur das eine Mal geboten sein kann, einen Ersatzbau noch ein Jahr hinauszuschieben, wird es ein anderes Mal nicht bloß rätlich, sondern auch ökonomisch richtig sein, einen an sich noch aufschiebbaren Ersatzbau schon früher zu beginnen. Auf längere Perioden im voraus lassen sich die hierauf bezüglichen Erwägungen nicht anstellen, sie werden bei jeder Etatsaufstellung zu erneuern sein. Es liegt auf der Hand, daß man bestrebt sein muß, bei ferneren Ersatzbauten technische Fortschritte zu machen, und wird es sich bei den für den Ersatz von Schiffen des politischen Dienstes in die Hand zu nehmenden Neukonstruktionen zunächst im wesentlichen darum handeln, den Anforderungen, die der Krieg an diese Schiffe stellen kann, soweit als es ihre übrigen Aufgaben irgend zulassen, mehr gerecht zu werden und ihnen auch in einer künftigen Seeschlacht eine wenn auch bescheidene Mitwirkung zu ermöglichen. Außer der Bauzeit fordert jeder Schritt in einer neuen Richtung auch eine Versuchszeit. Soll unsere Marine nicht entweder geschwächt oder zum technischen Stillstand genötigt werden, so dürfen Ersatzbauten für die ältesten Korvetten, Kanonenboote und Avisos nicht länger aufgeschoben werden.

3. Ohne den Hintergrund von gepanzerten Schlachtschiffen, ohne die Sicherheit, in einer gesammelten, kampfbereiten Hochseeflotte nötigenfalls ausgiebige Unterstützung finden zu können, würde ein der Weltstellung des deutschen Kaiserreiches angemessenes Auftreten jener Schiffe des politischen Dienstes auf die Dauer nicht gewährleistet sein.

Noch immer suchen Panzer und Geschoß einander zu überbieten. Ihr Wettstreit hat sich zu einem schon im Frieden fühlbaren finanziellen

Kampf zwischen den Staaten gesteigert. Man wendet enorme Kosten und Besatzungsstärken an ein einziges Schiff, um Kraftäußerungen zu erzielen, die kein Schiff eines anderen Staates zu überbieten imstande sein soll. Man kommt hierbei zu Verhältnissen, welche dazu nötigen, die Leistung im Gefecht fast nach allen Richtungen hin von Maschinen abhängig zu machen. Eine einzige an sich unbedeutende Störung in den Funktionen eines Maschinenteils kann im entscheidenden Augenblick den ganzen Aufwand an Kraft und Geld erfolglos machen. Das sind Bedenken, die überall empfunden werden, und trotzdem will und kann keine europäische Macht ihre Panzerschiffe entbehren oder verringern. Noch ist kein Mittel gefunden, welches die Chancen eines ungepanzerten Schiffes gegen ein gepanzertes ausgleichen könnte. Auch der Torpedo, so eminent seine Bedeutung für den Küstenkrieg ist, bleibt für das Seegefecht der Schlachtschiffe gegeneinander eine nur sekundäre Waffe. Führt seine ausgedehntere Anwendung mit der Zeit zu einer Beschränkung in den Dimensionen der Schlachtschiffe, so wird er doch voraussichtlich weder den Panzer noch das schwere Geschütz entbehrlich zu machen imstande sein. Das die Seeschlacht entscheidende Kampfmittel bleibt in erster Linie immer die Artillerie. Man mag über die Grenzen, bis zu denen Panzer und Geschoß gesteigert werden sollen, verschieden denken, man mag sich dagegen sträuben, auch die Geschützbedienung von Maschinen abhängig zu machen, man mag eine Anzahl kleinerer Panzerschiffe einem einzigen Koloß vorziehen, aber man kann gepanzerte Schiffe und schwere Artillerie da nicht entbehren, wo um die Beherrschung eines Meeresteils gekämpft werden soll. Solchen Kampf muß indes jede europäische Flotte im Auge haben, für ihn muß sie einen Teil ihrer Streitmittel zurichten, wenn sie überhaupt eine Flotte bleiben will. Eine Marine, die ihren Schwerpunkt auf oder am Lande suchte, verdiente den Namen nicht mehr. Immer mehr hören die Meere auf, die Nationen zu trennen, und immer mehr scheint der Gang der Geschichte darauf hinzuweisen, daß sich ein Staat von der See nicht zurückziehen darf, wenn er auch über die nächste Zukunft hinaus sich eine Stellung in der Welt zu erhalten trachtet. Es ist wahr, Seeschlachten allein entscheiden nur selten über das Schicksal von Staaten, und auf absehbare Zeiten hinaus liegt die Entscheidung jedes Krieges für Deutschland in seinem Landheere. Aber wenn die deutsche Flotte auch nur befähigt sein soll, einer noch unfertigen Staatenbildung jenseits des Ozeans Respekt einzuflößen, oder wenn sie in einem europäischen Kriege auch nur gegen eine der kleinsten Seemächte mit Erfolg auftreten soll, auch nur ein dürftiges Küstenfort anzugreifen, bedarf sie der Panzerschiffe. Und wenn in einem größeren Kriege gegen zur See überlegene Mächte die deutsche Flagge allein sich auf dem Meere nicht behaupten könnte, so würde sie ohne Panzerschiffe für maritime Bundesgenossen keinen Wert haben. Man scheint neuerlich hier und da geneigt, sich eine wirkungsvolle Küstenverteidigung auch ohne gepanzerte Schiffe zu denken. Abgesehen davon, daß die wirksamste Weise der Verteidigung der vaterländischen Küste unter allen Umständen der Sieg in einer Schlacht auf hoher See bleiben wird, würde eine Küstenverteidigung sich immer nur mit dem negativen Vorteil der reinen Abwehr begnügen und auf die Ausnutzung errungener Vorteile verzichten müssen, wenn sie keine Schiffe besäße, die imstande sind, Momente der Schwäche beim Gegner benutzend, ihn anzugreifen.

Es kann mithin darüber kein Zweifel sein, daß gepanzerte Schiffe auch bei den bescheidensten Ansprüchen für die deutsche Flotte nicht zu entbehren sind. Noch jetzt ist die Lücke nicht wieder ausgefüllt, die der Untergang des 'Großen Kurfürsten' in unsere Schlachtschiffe gerissen hat, und ein Ersatz für das Panzerfahrzeug 'Prinz Adalbert' nicht geschaffen. Die in den 60er Jahren erbauten Panzerfregatten 'Kronprinz' und 'Friedrich Karl' zählen dem heutigen Standpunkt gegenüber nicht mehr für voll. Ob es aber vorzuziehen sein wird, statt größerer Schlachtschiffe den Bau gepanzerter Korvetten oder Kanonenboote anzustreben, mag noch unentschieden bleiben, bis ausgedehnte Versuche ein abschließendes Urteil über die schon vorhandenen Korvetten und Kanonenboote gestatten werden. Eine Marine wie die unsere kann sich den Luxus fehlgeschlagener Experimente nicht gewähren; sie darf konstruktiv wenig wagen. Wir werden um so eher auf dem Gebiet der gepanzerten Schiffe vorsichtig vorgehen können, als es noch andere Richtungen gibt, in denen wir mit Sicherheit Erfolge erwarten können und als die Zeit des Abwartens sich für die Heranbildung von Personal ausnutzen läßt.

Anlage 3 enthält eine Übersicht der gepanzerten Schlachtschiffe der größeren europäischen Staaten, aus welcher erhellen dürfte, daß die Kaiserliche Marine sich in dieser Beziehung bisher in engen Grenzen gehalten hat.

95. Heidelberger Erklärung der Nationalliberalen Partei, 23. März 1884, in: Schultheß, 25. Jg. 1884, S. 37 f.

WA: W. Kulemann, Zusammenschluß der Liberalen, Dresden 1905, S. 80 f.; Programmatische Kundgebungen der Nationalliberalen Partei 1866—1909; Berlin 1909, S. 32 f.; Salomon, S. 33—35; Mommsen, S. 158—160; Treue, S. 83 f.

Die am 23. März 1884 in Heidelberg zur Besprechung über die politische Lage versammelten Mitglieder der nationalen und liberalen

Parteien in Baden, der Deutschen Partei in Württemberg, der nationalliberalen Richtung in Bayern diesseits und jenseits des Rheins, der hessischen Fortschrittspartei und der Nationalliberalen Partei der Provinz Hessen-Nassau fanden sich, im Anschluß an das nationalliberale Parteiprogramm vom 29. Mai 1881, durchaus einig in der Beurteilung der allgemeinen Verhältnisse des Deutschen Reiches und der Stellung der nationalliberalen und liberalen Landesparteien Süddeutschlands zu den wichtigsten Tagesfragen. Sie betrachten die Kräftigung des Reiches und die Förderung der gemeinsamen Angelegenheiten des deutschen Volkes auf dem bundesstaatlichen Boden der Reichsverfassung nach wie vor als ihre vornehmste Aufgabe.

Insbesondere werden sie unablässig für die Erhaltung einer starken deutschen Heeresmacht eintreten und kein notwendiges Opfer scheuen, um die Unabhängigkeit des Vaterlandes allen Wechselfällen gegenüber sicherzustellen.

Mit der ganzen Nation teilen sie die hohe Befriedigung über die auswärtige Politik des Deutschen Reiches und die großen Erfolge der Friedensbestrebungen des Reichskanzlers.

Sie billigen die auf eine erhöhte Fürsorge für das Wohl der arbeitenden Klassen gerichteten Bestrebungen des Reichskanzlers und unterstützen, vorbehaltlich einer sorgfältigen Prüfung der einzelnen Maßregeln, die Reichsregierung in ihren Bemühungen, die soziale Lage der arbeitenden Klassen zu verbessern. Sie hoffen, daß das Unfallversicherungsgesetz noch in der gegenwärtigen Session des Reichstags zustande kommt.

Ihren liberalen Traditionen treu, werden sie alle etwaigen Reaktionsversuche bekämpfen und namentlich die Rechte des Reichstages, falls deren Minderung versucht werden sollte, entschieden verteidigen. Für die Aufrechterhaltung des geheimen Stimmrechts werden sie eintreten.

Die Zollsetzgebung des Deutschen Reiches betrachten sie vorerst in ihren wesentlichen Grundlagen als abgeschlossen und halten gegenwärtig eine systematische Anfechtung derselben für nachteilig und gefährlich. Dies schließt jedoch eine durch die Erfahrung begründete Änderung einzelner Zolltarif-Bestimmungen ebensowenig aus, als die Berücksichtigung neu hervortretender Bedürfnisse des Verkehrslebens.

In vollem Maße würdigen sie namentlich die gegenwärtige Lage der deutschen Landwirtschaft und werden unbefangen die aus der Notwendigkeit der Erhaltung dieser wichtigen Grundfeste unseres Volkes hervorgehenden Anforderungen prüfen.

Sie erkennen in der Aufrechterhaltung der Ordnung und eines gesicherten Rechtszustandes die erste Pflicht des Staates, werden bereitwillig der Reichsregierung die zur Abwehr staatsgefährlicher Umtriebe erforderlichen Machtmittel gewähren und erachten deshalb die Verlängerung des Sozialistengesetzes für dringend geboten.

Durch höhere Besteuerung der Börsengeschäfte, durch Erhöhung der Branntweinsteuer unter Wahrung der Interessen besonders der kleineren landwirtschaftlichen Brennereien, sowie durch eine bessere Regelung der Zuckersteuer könnten die Mittel gewonnen werden, um in erster Linie schwerer drückende Steuern anderer Art zu erleichtern.

Das Gesetz über den Unterstützungswohnsitz halten sie in vielen Beziehungen für mangelhaft und eine Revision desselben, unter voller Aufrechterhaltung der Freizügigkeit für geboten.

Eine Verschmelzung mit anderen Parteien ist nach ihrer Ansicht unter den gegenwärtigen Verhältnissen durch die Verschiedenheit der Beurteilung entscheidender Tagesfragen ausgeschlossen. Die liberalen Landesparteien Süddeutschlands werden ihre bisherige unabhängige Stellung als Vertreter der Anschauungen großer Bevölkerungskreise nach allen Seiten hin festhalten.

Es folgen 42 Unterschriften.

96. Erklärung Preußens im Bundesrat gegen die Bestrebungen zur Errichtung eines verantwortlichen Reichsministeriums, 2. April 1884, in: Protokolle über die Verhandlungen des Bundesrats des Deutschen Reiches, § 180/1884 (5. April), und in: Reichs- und Preußischer Staatsanzeiger, 1884, Nr. 83. WA: Schultheß, 25. Jg. 1884, S. 45 f., Annalen des Deutschen Reiches, 1886, S. 351 f.

Indem die königlich preußische Regierung in den von der königlich sächsischen Regierung unterm 24. vor. Mts. angeregten Meinungsaustausch eintritt, teilt sie den prinzipiellen Standpunkt der königlich sächsischen Regierung dahin, daß es sich empfiehlt, keine Zweifel darüber aufkommen zu lassen, daß die Verbündeten Regierungen ohne Ausnahme entschlossen sind, die Verträge, auf welchen unsere Reichsinstitutionen beruhen, in unverbrüchlicher Treue aufrecht zu erhalten und sie in dem Geiste zu handhaben, in welchem sie nach den Worten der Reichsverfassung „zum Schutze des innerhalb des Bundesgebietes gültigen Rechts“ abgeschlossen sind. Jede Verminderung der Zuversicht, mit welcher die Verbündeten Regierungen auf die Festigkeit der unter ihnen geschlossenen Verträge bauen, würde Zweifel über die Zuverlässigkeit der Verträge herbeiführen, auf denen der Bund der deutschen Staaten beruht. Wenn solche Zweifel auch unter friedlichen Verhältnissen vielleicht keine für jedermann erkennbaren Gefahren im Gefolge haben, so würde doch in Zeiten politischer

Krisen jede Abschwächung des Vertrauens auf die Sicherheit der Bundesverträge von bedenklicher Wirkung sein können. Je mehr die Regierung Seiner Majestät des Königs sich bewußt ist, unter schweren Kämpfen und Gefahren erfolgreich dafür eingetreten zu sein, daß dem deutschen Volke das für seine nationale Geltung erforderliche Maß von Einheit gewonnen wurde, um so sorgfältiger ist sie darauf bedacht, zu verhüten, daß dieser Gewinn durch politische Mißgriffe wieder in Frage gestellt werde. Einen solchen Mißgriff würde sie in jeder Überschreitung der Bedürfnisgrenze in unitarischer Richtung erblicken. Die Einrichtung verantwortlicher Ministerien im Deutschen Reiche ist nicht anders möglich, als auf Kosten der Summe von vertragsmäßigen Rechten, welche die Verbündeten Regierungen gegenwärtig im Bundesrat üben. Die wesentlichsten Regierungsrechte der Bundesstaaten würden von einem Reichsministerium absorbiert werden, dessen Tätigkeit durch die Art der ihm auferlegten Verantwortlichkeit dem maßgebenden Einflusse der jedesmaligen Majorität des Reichstags unterliegen müßte. Man wird nicht fehlgehen, wenn man in der von der neuen fortschrittlichen Partei erstrebten Einrichtung eines solchen Ministeriums ein Mittel zur Unterwerfung der Regierungsgewalt im Reich unter die Mehrheitsbeschlüsse des Reichstags erblickt. Die königlich preußische Regierung würde in einer derartigen Verschiebung des Schwerpunkts der Regierungsgewalt eine große Gefahr für die Dauer der neugeborenen Einheit Deutschlands erblicken. Selbst wenn es gelänge, feste Majoritäten aus den heute im Reichstag vorhandenen Parteien zu bilden, würde die königliche Regierung doch die Herstellung eines parlamentarischen Regiments für eine sichere Einleitung zum Verfall und zur Wiederauflösung des Deutschen Reiches halten. Die Regierung eines großen Volkes durch die Mehrheit einer gewählten Versammlung ist untrennbar von all den Schäden und Gefahren, an welchen ein jedes Wahlreich nach den Erfahrungen der Geschichte zu Grunde geht. Die Regierungsgewalt geübt von Parlamenten, welche aus allgemeinen Wahlen hervorgehen, unterliegt derselben Gefahr, die Bedürfnisse des Landes dem Bedürfnisse des Gewähltwerdens unterzuordnen, durch welche bisher jedes Wahlreich seinem Verfall und seinem Untergange entgegengeführt worden ist. Der Gedanke an die Errichtung eines verantwortlichen Reichsministeriums, wie er nicht bloß in Gestalt eines Programms, sondern in den Verhandlungen des Reichstags von den Jahren 1869 und 1878 zu Tage getreten, ist deshalb nach der Überzeugung der Regierung überall da, wo er im Reichstag und bei den Wahlen geltend gemacht wird, im Interesse des Reiches, seiner Verfassung und der Sicherheit seines Fortbestandes zu bekämpfen, einmal, weil er sich nicht verwirklichen läßt, ohne die vertragsmäßigen Rechte der Reichsglieder und das Vertrauen auf die Sicherheit der Bundesverträge zu schädigen, dann aber auch, weil er eines von den Mitteln bildet, durch welche der Schwerpunkt der Reichsregierung in die wechselnden Majoritäten des Reichstags hinübergeleitet werden soll, und weil diese Überleitung, wenn sie gelänge, die Wiederauflösung der deutschen Einheit nach der Überzeugung der Regierung im Gefolge haben würde.

97. LUJO BRENTANO, Über eine zukünftige Handelspolitik des Deutschen Reichs, Vortrag gehalten am 20. Oktober 1884 ... zu Straßburg, in: Jahrbuch für Gesetzgebung, Verwaltung und Volkswirtschaft im Deutschen Reich, 9. Jg. 1885, S. 1—29, Auszug, S. 19—22.

Keinerlei landwirtschaftliche Schutzzölle, dagegen Rückkehr zum Freihandel, damit die deutsche Industrie den Gegner, dem sie schon so viel abgerungen, auf dem Weltmarkte des weiteren bestehe: so rufen die einen. Allein einer derartigen Preisgebung des größten Teils unserer Landwirtschaft stehen die schwersten Bedenken entgegen. Denn noch ist die Zahl der von der Landwirtschaft Lebenden in Deutschland zu groß [1], als daß dies nicht eine Verletzung seiner vitalsten Interessen bedeuten würde. Sodann würde auch der völlige Freihandel nicht ausreichen, unsere Industrie sicher zu stellen, wollte man nicht gleichzeitig auf die weitere Verfolgung der eingeschlagenen sozialpolitischen Bahnen verzichten. Denn wo fänden unsere Industriellen Ersatz für die Steigerung ihrer Kosten, welche ihnen diese Sozialpolitik, wie bemerkt, auferlegt? Von diesen Bahnen zurückzukehren, ist aber jetzt nicht mehr möglich. Endlich und insbesondere aber hieße eine Verweigerung des Schutzes unseres Getreidebaues jene Klassen und Landesteile preisgeben, die am innigsten mit dem Aufkommen des preußischen Staates verwachsen sind, in denen seine Tradition am lebendigsten ist, in denen seine Organisation die wirksamste Stütze findet, auf denen, um es kurz zu sagen, wesentlich seine Stärke beruht. Sie preisgeben hieße so viel wie die Grundlage des preußischen Staates verschieben. Nun bin ich weit entfernt, zu behaupten, daß seine Organisation diese Umwälzung zu ertragen heute absolut nicht imstande sei. Trotzdem läßt sich nicht leugnen: eine so völlige Verschiebung der Machtverteilung unter die verschiedenen Gesellschaftsklassen, wie sie bei Preisgebung unseres Getreidebaues nicht ausbleiben könnte in dem führenden deutschen Staate, wäre so kurz nach der Konsolidierung des Deutschen Reichs nicht ohne sehr ernste Gefahren. Damit aber würde die

[1] Einige Anmerkungen mit nur statistischem Interesse sind weggelassen.

Zentralgewalt, die wir nach jahrhundertjährigem Sehnen in heißem Kampfe errungen, und mit dieser die erste und wichtigste Grundlage unserer wirtschaftlichen und politischen Machtstellung gleichzeitig mit gefährdet.

Als geradezu unmöglich aber erscheint das andere Verlangen, unbekümmert um die Exportfähigkeit unserer Industrie die Kornzölle einfach so weit zu erhöhen, daß unsere Landwirtschaft weiter bestehen kann. Denn von seiner Landwirtschaft kann Deutschland nicht reich werden. Es hieße dies darauf verzichten, daß Deutschland auch vermöge seines Reichtums an die Spitze der Nationen trete, verzichten auf die andere Grundlage, an deren Vorhandensein wir das dauernde Übergewicht der Staaten allezeit geknüpft sehen.

Gäbe es somit keinen anderen Ausweg als den, die Interessen des einen großen Zweigs unserer Volkswirtschaft denen des anderen zu opfern, die Machtstellung Deutschlands wäre in großer Gefahr. Indessen so aussichtslos ist unsere Lage glücklicherweise mitnichten.

Vielmehr gibt es, ohne andere Möglichkeiten ausschließen zu wollen, eine Wirtschaftspolitik, die nach allem, was die Geschichte uns lehrt, vor allen anderen geeignet wäre, sowohl die beiden entgegenstehenden Interessen zu versöhnen, als auch insbesondere die Machtstellung Deutschlands dauernd zu sichern. Sie heißt: Erhöhung der Zölle für landwirtschaftliche Produkte, soweit es die Erhaltung unserer Landwirtschaft notwendig macht, bei gleichzeitiger Garantie eines Absatzgebietes für unsere Industrie, das sie für ihren Verlust auf dem Weltmarkt ausreichend entschädigt.

Wo aber ein solches Absatzgebiet finden?

Viele werden antworten mit einem Hinweis auf Kolonien, die zu erwerben seien. Und wer begrüßte nicht freudig die energischen Schritte, mit denen Deutschland seine Kolonialpolitik eröffnet hat! Allein so unentbehrlich Kolonien für unsere Entwicklung sind, was bis jetzt davon erworben ist oder ernsthaft in Aussicht steht, ist nicht geeignet, der deutschen Industrie ein Absatzgebiet zu sichern, welches für den entgehenden Absatz auf dem Weltmarkte sie zu entschädigen vermöchte, zumal dann nicht, wenn landwirtschaftliche Schutzzölle und sozialpolitische Reformen die industriellen Produktionskosten erhöhen.

Aber noch eine andere Möglichkeit gibt es: Die Erweiterung unseres Wirtschaftsgebiets vermittelst einer Zolleinigung mit anderen Ländern, die, auf verschiedener Wirtschaftsstufe befindlich, von den Gefahren, die uns bedrohen, doch in gleichem Maße bedroht sind: mit anderen Worten eine zollpolitische Einigung mit Österreich-Ungarn und den christlichen Balkanstaaten und Abschließung dieses Zollgebiets durch hohe Schutzzölle auf landwirtschaftliche und industrielle Produkte. Ein solches Bündnis würde von den größten Vorteilen für alle Beteiligten begleitet sein. Ich will gar nicht reden von den Aussichten, über Saloniki einen neuen Zugang zum Handel mit Asien zu erlangen. Denn das wichtigste ist: neben der deutschen Landwirtschaft würde alsdann die Rohproduktion Ungarns und der übrigen Donauländer, in dieser ihr Reichtum und damit die Grundlage ihrer politischen Selbständigkeit geschützt; für Deutschland und Deutsch-Österreich aber würde dies den Schutz ihrer Industrie bedeuten, auf deren Blüte immer mehr ihr Nationalreichtum und vor allem dessen Wachstum beruht.

Schon vor Jahren, als ich noch in Breslau Professor war, habe ich in meinen Vorlesungen eine handelspolitische Einigung von Deutschland, Österreich und den christlichen Balkanstaaten als die wirtschaftlich und politisch wünschenswerteste Zukunft des Deutschen Reichs bezeichnen zu müssen geglaubt* und als ich auf der Reise nach Straßburg im Frühjahr 1882 in Wien mich aufhielt, bemerkte ich mit Freuden den Anklang, den dieser Gedanke dort, auch in den Kreisen liberaler Reichsratsabgeordneter fand. Die Ereignisse seitdem haben mich in der Überzeugung von der Notwendigkeit dieser Entwicklung immer mehr bekräftigt, und mit besonderer Genugtuung begrüßte ich es begreiflicherweise, daß diese Überzeugung auch in der Tagespresse sich Bahn zu brechen beginnt.

98. AUGUST REINSDORF vor dem Reichsgericht in Leipzig am 15. Dezember 1884, in: Johann Most, August Reinsdorf und die Propaganda der Tat, New York 1885, S. 70 f.

Die Pflicht für uns Anarchisten ist, zu erreichen, daß auch der arme Mann auf jene Kulturstufe gehoben wird, die heute der Mann der oberen Klassen einnimmt. Um dazu zu kommen, ist es notwendig, daß die Privatproduktion vollständig abgeschafft wird. An ihre Stelle muß eine anarchistische Produktion gesetzt werden, d. h. die Arbeit muß organisiert werden zu Gunsten der Gesamtheit. Diese Organisation muß von unten her vorgenommen werden, d. h. die Arbeiter müssen sich zunächst in Spezialvereinen organisieren. Diese hatten wir bereits bis zum Erlaß des Sozialistengesetzes, nur mit dem Unterschiede, daß in einer anarchistischen Gesellschaft der Grund und Boden, die Fabriken und die Arbeitswerkzeuge expropriiert werden. Alle diese Hilfsmittel müssen an die Spezialvereine ausgeliefert werden, unter der Bedingung, daß mit ihnen zu

* Vgl. übrigens auch Löhnis, Die europäischen Kolonien, Bonn 1881.

Gunsten der Gesamtheit produziert werde. Alle diese Arbeiterspezialvereine föderieren sich nun untereinander, in Bezirken, Gauen, dann über das ganze Land und darüber hinaus, also eine internationale Föderation von Arbeit, aber ohne jede Zentralisierung. Ebenso müssen Post, Telegraphie und Transportmittel organisiert werden. Es braucht kein Genie, keine Autorität mehr zu geben, denn die Arbeiter haben soviel Verstand, um alles selbst tun zu können. Durch diese Produktion wird in mächtiger Weise die Arbeitskraft erhöht. Es werden nicht mehr unnütze Dinge fabriziert, sondern nur solche, die für die Gesamtheit nützlich sind. Von Polizei und Heer ist keine Spur mehr. Dann braucht der Mensch nur noch höchstens zwei Stunden täglich zu arbeiten. Mit dieser geringen Arbeitsdauer, die dann ausreicht, um jeden zu ernähren, fällt aber auch der Zwang zur Arbeit fort. Jeder Mensch muß von seiner Geburt an wissen, daß er sein ganzes Leben hindurch sorglos leben kann, das ist das Hauptziel der Anarchie. Wenn dies aber erreicht ist, so ist die Folge davon, daß jeder sein Hauptaugenmerk auf geistiges Leben richten kann. Heute wird geteilt. Der Anarchismus kennt keine Teilung, denn niemand besitzt Eigentum, sondern alles gehört der Gesamtheit. Sodann muß nach unserer Lehre aller unnatürliche Zwang abgeschafft werden. Damit ist zugleich dem großen Problem der absoluten Freiheit entsprochen. Die heutige Freiheit kommt nur den Angehörigen der oberen Zehntausend zugute, nicht dem armen Arbeiter, denn die Armut allein ist schon Sklaverei. Sodann müssen alle Autoritäten abgeschafft werden. Alles Elend, das wir jetzt in der Welt haben, ist nur die folgerichtige Konsequenz der jetzigen Eigentumsverhältnisse, so auch alle Laster.

99. Abg. LUDWIG WINDTHORST im Reichstag über Kolonialpolitik, 21. Sitzung, 10. Januar 1885, Sten. Ber. RT, 6. Leg. Per., 1. Session 1884/85, Bd. 1, S. 538 ff., Auszug, S. 538 (Bd. 79 der Gesamtreihe).

Meine Herren, zunächst muß ich mein Bedauern darüber aussprechen, daß, nachdem ich — und da muß ich das ganze Haus und alle, die das, was ich gesagt habe, gehört, zu Zeugen aufrufen — in der ruhigsten, sachlichsten Weise plädiert habe, der Herr Reichskanzler es notwendig gefunden hat, seine Erwiderung wesentlich persönlich zuzuspitzen *(Widerspruch rechts)* und gewissermaßen ironisch über dieses und jenes sich zu äußern. Daß der verehrte Herr alle die Dinge, die in Frage stehen, sehr genau kennt, ist mir nicht zweifelhaft, und habe ich in meinem Vortrage ausdrücklich darauf hingewiesen; aber daraus kann der Herr Reichskanzler nicht das Recht herleiten, darzulegen oder so zu tun, als ob alle anderen

Menschen gar nichts von den Sachen wüßten, und als wenn es ein großes Vermessen sei, wenn man sich erlaubt, in solchen Dingen auch eine Ansicht zu haben. Ein einfacher Abgeordneter hat ganz gewiß nicht alle die Mittel, die dem Herrn Reichskanzler zu Gebote stehen, und namentlich kann ein einzelner Abgeordneter nicht in auswärtigen Angelegenheiten so handelnd auftreten, wie es dem verehrten Herrn möglich ist, der alles sieht und hört und der — und das ist das Wichtigste — die ganze deutsche Macht mit zwei Millionen Soldaten hinter sich hat. Auswärtige Politik mit solchem Boden unter den Füßen zu machen, das ist nicht gerade ein übermäßiges Kunststück. *(Lachen rechts.)* Meine Herren, ich habe sehr genau gewußt, daß Sie das sonderbar finden werden, ich habe es aber absichtlich gesagt; wenn nämlich die auswärtige Politik Deutschlands nur mit ganz großem Übermaße an Geist und Kraft geführt werden könnte, dann würde ich Deutschland bedauern, denn dann würden wir nach dem Fürsten Bismarck in schwere große Bedrängnisse kommen; ich denke aber, daß Deutschland auch dann noch Männer finden wird, die seine auswärtige Politik zu leiten imstande sind. *(Sehr richtig! Links.)* Ich wiederhole: Jedesmal, wenn wir hier diskutieren, muß die Sache persönlich zugespitzt werden. Ich kann nicht anders denken, als daß das geschieht, wenn es an materiellen Gründen gebricht. *(Oh! oh! rechts.)*

Dann hat der Herr Reichskanzler mir einen großen Vorwurf daraus gemacht, daß ich gesagt habe, wir seien von Feinden umgeben und müßten noch fünfzig Jahre gerüstet sein. Ich habe mich ausdrücklich auf eine Autorität berufen, die hoffentlich nicht hier im Hause desavouiert werden wird. Das ist die Autorität des Grafen von Moltke, dessen Wort nicht widerlegt ist. *(Zuruf: Auch nicht bestritten!)* — Auch sonst gar nicht bestritten, nur heute durch den Herrn Reichskanzler, der uns ausdrücklich erklärt hat, wir hätten rund um uns herum nur Freunde. Ich glaube, wir werden daraus Veranlassung nehmen können, zugunsten unserer Flotte und unserer Kolonialpolitik einige Armeekorps zu streichen. *(Sehr richtig!)* Das ist die notwendige Konsequenz. Was übrigens solche Versicherungen bedeuten, davon gibt uns die Geschichte hundert Beispiele, und deshalb habe auch ich trotz aller solcher Versicherungen die volle Überzeugung, daß wir ohne die feste Rüstung, die wir haben, auf einen sicheren und dauerhaften Frieden nicht würden bauen können. *(Sehr richtig!)* Man liebt uns nicht, aber man fürchtet uns, und diese Furcht ist die Basis der Freundschaft, deren Wert nicht hoch anzuschlagen ist, wenn der Grund zur Furcht in Wegfall gekommen sein wird. *(Sehr richtig!)* Das mußte ich auf die Widerlegung antworten, die der Herr Reichskanzler in dieser Beziehung mir hat zuteil werden lassen.

Dann hat der Herr Reichskanzler es auch nötig gefunden, auf den

Beschluß vom 15. Dezember mit allerlei Seitenbemerkungen einzugehen. Ich folge ihm auf dieses Gebiet heute nicht; es wird die Zeit kommen, wo man sich über diesen Punkt ausgiebig äußern kann und äußern wird. Der Herr Reichskanzler hat gesagt, er habe dieses Thema nur berührt, weil ich darauf hingewiesen habe. Ich habe aber mitnichten darauf hingewiesen *(sehr richtig! im Zentrum; Widerspruch rechts)* — und zwar recht absichtlich nicht, weil ich die Diskussion über diesen Punkt nirgend vorweg nehmen und in jeder Hinsicht ihre volle Kraft und Bedeutung aufrecht erhalten will; denn sie wird eine gründliche sein. Wenn ich in meiner ersten Rede angeführt habe, daß durch die auswärtige Politik in Bezug auf die Kolonien auch im Auswärtigen Amte neue Ausgaben vorgesehen wären, so bezog sich das wesentlich auf die Forderungen für Konsulate, die erheblich genug und wesentlich durch die neue Kolonisationspolitik mitbegründet sind. Ferner hat der Herr Reichskanzler mir entgegnet, daß es nicht möglich sei, von dem Herrn Kriegsminister eine beruhigende Versicherung der Art zu erhalten, wie ich sie verlangt habe, *(Zuruf: Marine!)* — oder Marineminister; die Titulatur ist hier ganz gleichgültig; man weiß ja, wen man meint; ich meine den General von Caprivi. Meine Herren, ich glaube, daß durch das Budget für meine Behauptung bereits der Beweis geliefert wird, wie die Kolonialpolitik eine weitere Entwicklung der Marine erforderlich macht; ja, die 5 Millionen, die gefordert werden — so viel ist es ja, glaube ich —, beweisen das mit sprechenden Zahlen, und deshalb werde ich beim Fortgang der Beratung über die Kolonialpolitik allerdings — sei es hier, sei es in einer Kommission — den Herrn Marineminister zu einer Äußerung darüber auffordern, ob nach seiner Anschauung unsere Flotte bei weiterer Ausdehnung unserer Kolonisation dem Bedürfnis genügen wird. Ich habe die Überzeugung, daß dies nicht der Fall ist; denn eine Flotte, wie sie Portugal usw. hat, wird für uns keineswegs ausreichen. Sehen Sie doch, wo die Eifersucht am lebendigsten erwacht ist! das ist in England, und die Stimmen, die von dort uns entgegentönen, und das, was uns eben in Bezug auf die Samoainseln etc. mitgeteilt ist, beweist doch in der Tat, daß die Erregung dort keine kleine ist, so daß ich allerdings der Meinung bin, es könne Fälle geben, wo wir auch England gegenüber uns in Waffen zu zeigen Anlaß haben möchten und zeigen müssen. Es kann ja sein, daß ich mich irre, es kann sein, daß ich zu ernst die Sache nehme; aber ich bin der Überzeugung, wir tun jetzt den ersten Schritt zu einer maritimen Weltstellung, und wenn wir einen solchen Schritt mit Erfolg tun wollen, so werden wir uns einpauken müssen, wie ein jeder sich in diejenigen Verhältnisse, in die er hineingebracht wird, hineinpauken muß. Das ist sicher genug; ich wiederhole deshalb: nach meiner Ansicht müssen wir gründlich erwägen, ob dem deutschen

Lande die Mittel zu Gebote stehen, *(sehr richtig!)* eine solche doppelte Land- und Seemacht aufrecht zu erhalten, wie wir sie dann notwendig haben werden. Nach dem Umfange dieser doppelten Macht wird sich mindestens die Ausdehnung der Kolonisation richten.

Nun sagt der Herr Reichskanzler: so große Ausdehnung wollen wir den Kolonisationsprojekten gar nicht geben. Dies steht aber, wenn wir einmal angefangen haben, in keines Menschen Macht, auch in der des Herrn Reichskanzlers nicht; und, wenn wir sehen, wie groß heute schon die Ausdehnung ist, und uns vergegenwärtigen, wie sie im vorigen Reichstage beschaffen war, so werden wir sehen, daß wir schon ein ganz erhebliches Stück weiter gekommen sind. Das ist auch notwendig, denn für die Bagatelle, um die es sich jetzt erst handelt, solche Aufwendungen zu machen, würde gar nicht gerechtfertigt sein.

Niemand, der redend auftritt, kann sich von seinen Interessen völlig lösen.

Wer nach Hamburg geht, der weiß — und das gilt für jede Handelsstadt —, daß die Behandlung aller solcher Dinge nur von den Interessen, die diese Herren selbst haben [1], wesentlich diktiert werden. Es ist nur wunderbar, daß mit einem Male alle diese 'großen Könige' aus der Erde zu wachsen scheinen, und zwar aus der Sandwüste in Afrika, während wir vorher, ehe die Kolonisationspolitik hier in diesem Umfange sich entwickelt hat, von ihnen gar nichts wußten. *(Sehr richtig! im Zentrum.)*

Ich habe übrigens gar nichts dagegen einzuwenden, daß diese Herren möglichst in ihren Interessen unterstützt werden, denn die Interessen dieser Herren und der Handelsemporien überhaupt sind zugleich die Interessen der Nation. Darüber besteht kein Zweifel: denn ohne einen blühenden tüchtigen Handel würden wir in Deutschland sehr übel daran sein. Für uns bleibt nur immer die Frage zu beantworten übrig, ob man nicht unsere Kräfte in einem zu hohen Maße in Anspruch nimmt oder nehmen will. Ich bin deshalb nach wie vor der Meinung, daß wir sehr vorsichtig sein sollen, und daß wir nicht so ohne weiteres, ohne die eingehendste Prüfung und Überlegung in eine folgenschwere Kolonisationspolitik eingreifen dürften. Je mehr ich mich für die Sache interessiere, desto mehr erkenne ich die Notwendigkeit, vorsichtig zu sein, damit ich mir nachher nicht Vorwürfe darüber machen muß, daß ich aus einer gewissen leidenschaftlich-sympathischen Erregung Voten abgegeben habe, durch welche mein Vaterland für eine Zukunft, die ich nicht in vollem Maße zu überschauen vermag, gebunden wird.

Das Zentrum will alles bewilligen, was notwendig ist, damit in Kamerun die Autorität der deutschen Flagge aufrechterhalten werden kann; darüber hinaus aber will es die Kolonialpolitik in Ruhe bedenken.

[1] Gemeint ist der Reeder Adolph Woermann.

100. EDUARD BERNSTEIN, Über 'prinzipielle Fragen', in: Der Sozialdemokrat. Zentralorgan der deutschen Sozialdemokratie, 5. Februar 1885, S. 1.

Die Tatsache, daß in der Frage der Dampfersubvention die Meinungen unter den Abgeordneten und wohl auch unter den Genossen auseinandergehen, hat verschiedentlich zu Erörterungen darüber geführt, ob wir es hier mit einer prinzipiellen Frage zu tun haben oder nicht, da für den ersteren Fall der Kopenhagener Kongreß den Abgeordneten eine einheitliche Abstimmung zur Pflicht macht.

Es ist nun heute nicht unsere Absicht, über diese spezielle Frage ein Urteil abzugeben, sondern wir wollen lediglich einige allgemeine Betrachtungen darüber anstellen, wann und in welchem Sinne wir überhaupt von Prinzipienfragen zu sprechen haben.

Man kann nämlich in dieser Beziehung die Grenze sowohl sehr weit als auch sehr eng ziehen, und beides mit ganz plausibler Argumentierung. Gerät man aber in dem einen Falle in die Gefahr, jede feste Richtschnur zu verlieren und einer Weitherzigkeit das Wort zu reden, die jeder Charakterlosigkeit Vorschub leistet, so lauert auf der anderen Seite, wie schon ganz richtig hervorgehoben wurde, die Gefahr des Sektierertums oder — wie man es auch nennt — des Doktrinarismus.

Beide Extreme haben etwas ungemein Verführerisches für schwache Geister: beide ersparen die Mühe selbständigen Denkens. Es gehört weder viel Mut noch viel Witz dazu, sich als sittenstrenger Cato in den Mantel des 'Prinzipes' zu hüllen und mit souveräner Verachtung auf die schnöde Welt der 'Reformler' herabzublicken; ebensowenig aber ist es ein Kunststück, bei jeder Frage, wo ein offenes Nein Unannehmlichkeiten herbeiführen könnte, eine 'gute Seite' herauszufinden, die ein bedingtes Ja gestattet, sintemalen eben jedes Ding seine zwei Seiten hat.

Im Vorbeigehen sei bemerkt, daß auch hier das 'Die Extreme berühren sich' seine Anwendung findet. Steigt so ein Cato einmal von der Höhe seiner 'prinzipiellen' Negation herab, so kann man sicher sein, ihn auf der Seite der weitherzigsten Kompromißler zu finden, während diese, sobald sie sich vor die Notwendigkeit gestellt sehen, in einem ernsthaften Konfliktsfall Farbe zu bekennen, sich schleunigst hinter das Prinzip zu verkriechen pflegen.

Uns imponieren daher die einen so wenig als die anderen, und ein ernsthafter Kämpfer ist uns, selbst wo er irrt, zehntausendmal lieber als alle 'Unfehlbaren' des 'Prinzips' und alle Praktiker der Theorie des 'Mitnehmens'. Aus demselben Grunde machen auch die beliebten Schlagworte wie 'radikal und gemäßigt' an sich sehr wenig Eindruck auf uns. Hinter ihnen kann sich alles mögliche verstecken.

Gemäßigt ist schließlich jeder, der in seinem Auftreten bestimmten Normen folgt, anstatt seiner Laune und seinen Einfällen nachzugehen. Gemäßigt sein ist nicht gleichbedeutend mit schwächlich sein, wiewohl sich natürlich oft hinter angeblicher Mäßigung Feigheit und Schwäche verbirgt.

Wir haben das vorausgeschickt, um von vornherein jedes Mißverständnis über den Zweck dieser Erörterungen auszuschließen. Wir wollen nicht Schlagworte ausgeben, sondern solche bekämpfen.

Kommen wir zum Thema selbst. Von einigen Genossen ist die Ansicht ausgesprochen worden, es könne nur da von prinzipiellen Fragen mit bindender Kraft die Rede sein, wo es sich um Sätze unseres Programms handle.

Wir halten diese Auffassungen für durchaus verfehlt. Über unser Programm wird in den gesetzgebenden Körpern nicht verhandelt; es wäre daher, wenn sie allgemein Geltung erhielte, was allerdings nicht zu befürchten ist, von einer sachlichen Garantie für ein einheitliches Vorgehen unserer Vertreter kaum die Rede. Das Mandat erhielte einen persönlichen Charakter.

In den bürgerlichen Parteien ist das ja vielfach der Fall. Ganz abgesehen von den berufsmäßigen Ordnungsmischmaschkandidaten finden wir in allen gesetzgebenden Körpern eine Reihe von ‚Volksvertretern', die weder als Vertreter von Partei-, noch selbst von Gruppeninteressen, sondern lediglich auf Grund ihres persönlichen Einflusses in diesem oder jenem Wahlkreise gewählt worden sind. Dahin gehören die Lokalgötter aller Art, Landräte, Professoren, Großindustrielle, Großgrundbesitzer etc.

Für Parteien, welche den Klassenkampf leugnen, mögen solche Vertreter ganz annehmbar sein, für die Sozialdemokraten sind sie es nicht. Sie muß unter allen Umständen darauf halten, daß ihre Abgeordneten als Vertrauensmänner der Partei gewählt werden und als solche der Disziplin der Partei unterstehen. Das persönliche Moment, das sich allerdings nie ganz ausmerzen lassen wird, muß hinter dem sachlichen zurückstehen.

Wenn nun aber das Programm als Richtschnur für das öffentliche Wirken unserer Partei nicht ausreicht, was dann?

„Wie will man ein für alle Fälle gültiges Merkzeichen finden für das, was eine prinzipielle Frage ist oder nicht?" So schrieb uns jüngst ein Genosse aus dem Reich.

Wir glauben ein solches Merkzeichen angeben zu können. Es ist der Klassencharakter und die durch ihre historische Entwicklung bedingte politische Stellung unserer Partei.

Über den Klassencharakter unserer Partei sind wohl kaum Meinungsverschiedenheiten vorhanden. Wir sind die Vertreter der Interessen der Arbeiterklasse, ihrer Interessen gegenüber den ausbeutenden Klassen. Unsere Partei fußt auf der Erkenntnis des Gegensatzes dieser Interessen, auf der Erkenntnis, daß in demselben Verhältnis, in denen in der bürgerlichen Gesellschaft der Reichtum produziert wird, auch das Elend produziert wird, daß das Anwachsen des sogenannten Nationalreichtums, das heißt des Reichtums der Ausbeuterklasse, zur notwendigen Ergänzung das Anwachsen der Massenarmut hat.

Aber dieser Klassenkampf kann nur richtig beurteilt werden, wenn er als ein Ergebnis der historischen Entwicklung aufgefaßt wird; und aus dieser historischen Entwicklung ergibt sich unsere Stellung all den Fragen gegenüber, in welchen der Klassencharakter der bürgerlichen Gesellschaft nicht offen zu Tage tritt. Historisch betrachtet ist die Arbeiterklasse die Erbin, die Nachfolgerin der Bourgeoisie, und muß daher naturgemäß Gegnerin aller der Reste der feudalen Gesellschaft sein, welche sich in die heutige Gesellschaft gerettet haben.

Unser Programm sagt z. B. nichts von Fideikommissen, und doch müssen wir dieselben naturgemäß bekämpfen, obwohl wir sehr gut wissen, daß die Mobilisierung des Grundbesitzes keineswegs die wohltätigen Folgen hat, welche die Vertreter des Bürgertums davon versprechen.

Unser Programm sagt nichts vom Staat, nur indirekt greift es ihn an, indem es sagt, daß wir den 'freien Staat und die freie Gesellschaft' erstreben, und die Einrichtungen aufzählt, welche wir als 'Grundlagen des Staates' fordern. Damit ist jedoch unsere Stellung dem heutigen Staat gegenüber nur sehr mangelhaft gekennzeichnet, die Frage der heutigen Verstaatlichungen zum Beispiel gar nicht berührt. Vom Standpunkt des Klassenkampfes aus jedoch stellt sich uns der heutige Staat dar als der Staat der herrschenden, d. h. der ausbeutenden Klasse, woraus sich naturgemäß ergibt, daß uns seine Verstaatlichungen zum mindesten sehr gleichgültig bleiben könnten, wenn nicht unser politisches Verhältnis zu ihm uns zur offenen Gegnerschaft nötigt.

Unser Programm spricht von der 'einen reaktionären Masse'. Aber wir sehen diese eine Masse sehr uneinig, heftige Kämpfe miteinander ausführend. Wie sollen wir uns bei diesen Kämpfen verhalten? Aus dem Programm wie aus dem Standpunkt des Klassenkampfes absolut genommen, ergibt sich höchstens ein Zuschauen mit verschränkten Armen. Sobald wir aber den historischen Charakter unserer Bewegung in Betracht ziehen, ergibt sich auch, wann und wo wir in diesen Kämpfen einzugreifen haben. Unser Programm sagt nichts über die Frage der Auswanderung. Der Klassenkampf aber sagt uns, daß die Auswanderung nur scheinbar die Lage der Zurückgebliebenen verbessert, in Wirklichkeit vielmehr ausschließlich zur Verlängerung ihrer Knechtschaft beiträgt, also sobald sie systematisch betrieben wird, bekämpft werden muß.

Wir könnten der Beispiele noch viele anführen, aber wir glauben, die angeführten genügen.

Es ist auch die Äußerung gefallen: 'Unsere Partei kennt überhaupt nur prinzipielle Fragen.' Das klingt sehr einleuchtend. Aber es hilft uns keinen Schritt weiter, wenn nicht hinzugefügt wird, woran sie das Prinzip der Freiheit erkennt.

Nehmen wir z. B. die Frage der staatlich-organisierten Auswanderung. Wo steckt da das Prinzip? Wir machen uns anheischig, ebensoviel Gründe für wie dagegen anzuführen, wenn man uns gestattet, den Sozialismus als eine reine Humanitätsfrage zu behandeln. Das Für aber werden wir hübsch bleiben lassen, wenn wir den Klassenkampf und die historische Aufgabe der Arbeiterklasse dabei zu berücksichtigen haben.

Freilich aber gibt es auch eine Anzahl Fragen, die in der Tat einen prinzipiellen Charakter nicht tragen oder ihn zum mindesten sehr zweifelhaft lassen. Wir nennen nur eine: die Frage des Impfzwanges. Je nachdem jemand die persönliche Freiheit über das Interesse der Gesamtheit stellt, vorausgesetzt, daß er nicht überhaupt Gegner des Impfens ist, wird er hier ein prinzipielles Eintreten für oder gegen den Impfzwang für geboten halten.

Für die Partei als solche ist die Frage aber höchst indifferent.

Dasselbe ist bei vielen — nicht bei allen — Ausgaben für sogenannte Kunst- und Wissenschaftszwecke der Fall.

In der Auffassung des Sozialismus als theoretischem Ausdruck des Klassenkampfes der modernen Proletarier gegen die Ausbeuterklasse, in der Auffassung dieses Kampfes und seiner Ziele als Ergebnis der historischen Entwicklung, und in der praktischen Anwendung dieser Erkenntnis beruht der revolutionäre Charakter der Sozialdemokratie, liegt nach unserer Ansicht die sicherste Richtschnur zur Beurteilung aller Fragen, vor welche die Partei sich gestellt sieht.

101. Abg. LUDWIG WINDTHORST im Preußischen Abgeordnetenhaus über Toleranz, 44. Sitzung, 23. Februar 1885, Sten. Ber. Preuß. AH, 15. Leg. Per., 3. Session 1885, Bd. 1, S. 571 ff., Auszug, S. 571 f.

Meine Herren, wie aber der verehrte Herr [1] uns Intoleranz vorwerfen kann, verstehe ich nicht; ich kann da Ihnen nur erwidern: im Munde führt

[1] Der Abg. Stöcker.

man die Toleranz, und in der Tat — übt man die Intoleranz. Hat denn der verehrte Herr vergessen, woher Sie ihren Namen 'Protestanten' tragen? Haben Sie vergessen, das, was auf dem Speyerer Reichstage im Jahre 1529 sich zugetragen hat? Da wurde vereinbart, daß man bis zum Konzil die Streitigkeiten ruhen lassen sollte; daß die Fürsten, die die Reformation eingeführt, sie aufrecht erhalten könnten, aber ihren katholischen Untertanen Toleranz und Duldung zusichern sollten. Und obwohl Melanchthon, der mildeste aller Reformatoren, das an sich wohl billigte, traten die lutherischen Fürsten zusammen, stellten einen Protest auf, in dem sie sich ausdrücklich verwahrten, daß sie die Klausel wegen der Toleranz gegen die Katholiken nicht zugeben könnten, indem das gegen die Lehre ihrer Prediger sei; daß sie die römische Messe nicht zugeben könnten in ihren Landen, weil die Prediger ihnen nachgewiesen hätten, daß das nicht dem Evangelium entsprechend sei. Von diesem Proteste haben Sie den Namen, und der Protest wird, wenn man seinen Ursprung und seinen Grund kennt, für immer bezeugen, daß Sie ihrem Ursprung nach nicht tolerant waren.

Wenn die Herren die Richtigkeit dieser Angaben bezweifeln, — ich habe den Protest hier vor mir und würde, wenn ich sehen könnte, Ihnen denselben vorlesen, schon damit es von neuem in die Presse kommt. Wenn dem aber so ist und Sie das zugeben müssen, dann verschonen Sie uns und das Oberhaupt unserer Kirche mit dem Vorwurfe der Intoleranz. Bedenken Sie, daß Ihre protestantischen Fürsten, der Kurfürst von Sachsen, der von Brandenburg-Kulmbach usw. damals diesen Protest unterschrieben haben.

Der verehrte Herr sagt, es gäbe eine große Kirche, von der die einzelnen Kirchen nur Zweige seien. Das ist eine Auffassung, die ich zwar nicht zum ersten Male höre, aber die ich in dem Mundes des verehrten Herrn doch etwas näher erklärt gewünscht hätte. Es gibt in Deutschland eine Reihe christlicher Kirchengemeinschaften, von denen jede behauptet, daß sie sich im Besitz der allein richtigen Lehre befinde. Diese Gemeinschaften stehen nebeneinander, aber sie bilden in keiner Hinsicht eine Einheit, und gerade weil jede von ihnen zur Berechtigung ihrer Existenz behaupten muß, daß sie die richtige Lehre hat, schließt die eine die andere von sich aus. Auf dem dogmatischen Gebiete wird mithin eine Einigung nie zu erreichen sein, so lange nicht eine Kirche als die wahre anerkannt wird; erst dann wäre eine Einigung vorhanden. Das herbeizuführen ist ja bisher zum öfteren versucht worden. Sie kennen ja die Bemühungen des Abtes von Loccum, Sie kennen die Bemühungen von Leibniz und anderen. Es ist leider bis heute nicht gelungen, sonst sähe es in Deutschland besser aus. Bei dieser Lage der Sache bleibt nun gar nichts anderes übrig, als daß die nebeneinanderstehenden und durch öffentliche Akte staatsrechtlich gleichberechtigten Kirchengemeinschaften sich vertragen, daß nicht die eine in das Gebiet der anderen einzudringen sucht, daß die eine nicht die andere zu unterdrücken Miene oder gar den Versuch macht.

Nun behaupten wir, daß durch die neueren Vorgänge der Gesetzgebung Preußens seit 1870 ein derartiger Versuch gemacht ist, und auch heute noch fortgesetzt wird — sehr abweichend von den erleuchteten und großartigen Ideen, welche unter Friedrich Wilhelm IV. und seinen erleuchteten Ratgebern die herrschenden waren. Man glaubte nach 1870 nun Macht genug zu haben, um keine Rücksicht mehr nehmen zu brauchen, weil man nach außen hin keine solchen Rücksichten geboten fand. Und so hat man den grausamen Versuch zur Unterdrückung unserer Kirche durch den Staat gemacht, um — das war das eigentliche Ziel — eine 'nationale Kirche' zu schaffen.

Das haben wir Ihnen freilich gründlich versalzen und werden es auch ferner tun, nicht allein in unserem Interesse, sondern auch im Interesse der übrigen Kirchengemeinschaften, denn ein solcher Mischmasch würde allen kirchlichen Bestand aufheben. *(Sehr richtig!)*

102. THEODOR BARTH, Die künstliche Steigerung der Grundrente auf Kosten der Arbeit, in: Die Nation, Wochenschrift für Politik, Volkswirtschaft und Literatur, 3. Jg., 1885/86, S. 3—6, Auszug, S. 3 f. (3. Oktober 1885).

Barth geht aus von dem Satz, daß die Schutzzöllnerei nichts anderes sei „als die gesetzmäßige Begünstigung des Kapitals auf Kosten der produktiven Arbeit". Immerhin lasse sich die industrielle Schutzzöllnerei noch einigermaßen entschuldigen.

Es schien mir angezeigt, diese allgemeinen Erörterungen vorauszuschikken, weil erst unter dem so geschaffenen Gesichtspunkt die künstliche Steigerung der Grundrente, das Hauptziel der augenblicklich herrschenden Wirtschaftspolitik, in ihrer ganzen volkswirtschaftlichen Verwerflichkeit zu Tage tritt.

Alle jenen Feigenblätter nämlich, womit man zur Not die Blößen der industriellen Schutzzölle zudecken kann, können bei den agrarischen Schutzzöllen schlechterdings nicht verwandt werden. Die agrarischen Zölle, wie z. B. der Zoll auf Getreide und der Zoll auf Holz, sind gar nicht aufgelegt, um erzieherisch zu wirken. Weder extensiv, durch Hereinziehung brachliegender Flächen in die Kultur, noch intensiv, durch Verbesserung der Kulturmittel, werden jene Zölle in nennenswerter Weise fördernd wirken. Auch die Heranziehung weiterer Arbeitskräfte ist so gut wie ganz außer Frage. Es handelt sich endlich auch nicht um Zölle, die von ihren Urhebern als vorübergehende, sondern um solche, die als dauernde Lasten geplant sind.

Die agrarischen Zölle, insbesondere die Getreide- und Holzzölle, sollen vielmehr und können auch nur die eine wesentliche Wirkung ausüben, die Grundrente zu steigern und so den Preis von Grund und Boden künstlich zu erhöhen. Der Staatssekretär von Burchard hat das auch gleichsam offiziell als Zweck der agrarischen Zollpolitik anerkannt. Er erklärte am 28. November 1884 im Reichstage rund heraus: „Wenn der Getreidezoll das erfüllt, was er soll, wird sich der Bodenwert des Grundbesitzes erhöhen." Hält man diese Äußerung zusammen mit den wiederholt von Mitgliedern der schutzzöllnerischen Majorität im Reichstage ausgesprochenen Forderung: daß die Gesetzgebung des Staates dem Waldbesitzer zu einer angemessenen Verzinsung seines im Walde ruhenden Kapitals verhelfe (cf. z. B. die Äußerung des ultramontanten Abgeordneten von Pfetten im Reichstage am 8. Mai 1883) und mit der weiteren Forderung: daß eine angemessene Verzinsung ohne eine gewisse Steigerung der Reinerträge nicht möglich sei (Äußerung des konservativen Abgeordneten von Tepper-Laski in derselben Sitzung), so dürfte das eigentliche Ziel der agrarischen Zollpolitik sogar durch die Aussagen unverdächtiger Zeugen klar gestellt sein. Also der Preis von Grund und Boden soll künstlich dadurch erhöht werden, daß die Gesetzgebung die inländischen Konsumenten zwingt, die land- und forstwirtschaftlichen Erzeugnisse höher zu bezahlen, als dies ohne die schutzzöllnerischen Veranstaltungen der Fall sein würde.

Daß ein solcher Wertzuwachs, nicht durch Arbeit erworben, nicht durch Aufwendung von Kapitalien veranlaßt, sondern durch einen gesetzgeberischen Gewaltakt dekretiert, nur eine Verschiebung, aber keine Vermehrung des Nationalvermögens repräsentiert, ist klar. Diese willkürliche Verschiebung aber erfolgt zu Lasten der nationalen Arbeit im eigentlichen Sinne des Worts. Es ist unschwer nachzuweisen, daß die Gesamtheit durchweg nicht an hohen, sondern an niederen Landpreisen ein Interesse hat. Je geringer der Preis von Grund und Boden ist, um so billiger können auch der Gesamtheit die Früchte des Bodens geliefert werden. Aber auch die Landwirtschaft — als Gewerbe — hat das dringendste Interesse daran, daß der Boden billig ist. Man verwechselt bei diesen Fragen gar zu leicht das Interesse des Besitzers mit dem des Bebauers. Beider Interessen stehen sich aber direkt gegenüber, was jedem sofort deutlich wird, sobald die Interessen des Besitzers und die des Bebauers getrennt zur Erscheinung kommen, wie das bei Pachtungen der

Fall ist. Der Grundbesitzer verleiht hier das Arbeitsfeld an den Repräsentanten der Landwirtschaft und läßt sich in dem Pachtpreise dafür ein Entgelt entrichten. Niemand wird behaupten wollen, daß der Landwirtschaft damit gedient sei, daß der Pächter einen hohen Pachtzins bezahle; um den Pachtzins wird vielmehr der Ertrag der landwirtschaftlichen Arbeit geschmälert. Und eben deshalb haben wir es bei den Preissteigerungen von Grund und Boden auch ganz allein mit einem kapitalistischen Interesse zu tun. Dies kapitalistische Interesse durch künstliche Wertsteigerungen des Bodens im Wege der Gesetzgebung zu begünstigen, heißt nichts anderes, als die Arbeit, die aus dem Grund und Boden Erträge herauswirtschaftet, um einen Teil ihres Ertrages im Wege der Gesetzgebung prellen. Der kapitalistische Grundbesitzer erhält — gegenüber den normalen Verhältnissen — einen absolut größeren Anteil vom Arbeitsertrage in seiner Eigenschaft als Eigentümer, während der Arbeit durch Schutzzölle die Möglichkeit gewährt wird, von den inländischen Konsumenten um so viel höhere Preise zu nehmen, daß der Erlös des verkleinerten Teils vom Arbeitsprodukt dem Erlöse des früheren größeren Anteils gleich kommt.

Dann kommt die Sache also wieder auf dasselbe hinaus! wird man vielleicht einwerfen. Doch nicht so ganz. Je größer im Arbeitsprodukt der Anteil ist, den der Eigentümer des Grund und Bodens beanspruchen kann, um so schwieriger ist es für die grundbesitzenden Landwirte, sich ein freies Eigentum aus den Erträgen ihrer Arbeit zu verschaffen; um so verlockender ist es ferner für den außerhalb der Landwirtschaft stehenden Kapitalisten, sein Geld zwar in Grund und Boden anzulegen, die Bewirtschaftung aber anderen zu überlassen. Je geringer das Entgelt ist, welches für die Darleihung von Grund und Boden zur Bewirtschaftung geleistet werden muß, um so leichter wird dem Bebauer der Eigentumserwerb, um so notwendiger wird es für den Eigentümer, daß er sein Eigentum selbst bewirtschaftet, weil ihm die Verpachtung keine genügende Rente abwirft. Jede künstliche Bodenverteuerung muß daher notwendigerweise die Kluft zwischen dem Grundeigentümer und dem Grundbebauer breiter machen und die Zahl jener 'Drohnen' vermehren, die auf Kosten der landwirtschaftlichen Arbeit ernährt werden.

Eine hohe Grundrente ist deshalb prinzipiell ebenso wenig wünschenswert wie ein hoher Zinsfuß bei mobilen Kapitalien. Es ist aber ein Zeichen des schlimmsten Kapitalismus, wenn eine Gesetzgebung auf die Erhöhung der Grundrente Einfluß übt. Für die wirtschaftliche Gesamtentwicklung ist nichts vorteilhafter, als wenn trotz steigender Kultur die Grundrente niedrig bleibt. Jener Gedanke des Amerikaners Henry George, wonach der Staat durch wachsende Grundsteuern die wachsende Grundrente zugunsten der Gesamtheit absorbieren soll, enthält ein Körnchen wirtschaftlicher Vernunft, das gar nicht wegzudisputieren ist, und es immerhin begreiflich macht, wie George's Ideen in England und Amerika so ungeheures Aufsehen erregen konnten. Dabei richtet sich George sogar gegen die natürliche Steigerung der Grundrente, die als eine Folge der allgemeinen Kulturentwicklung erscheint. Die agrarische Protektionspolitik, die wir bekämpfen, geht aber darauf hinaus, auf künstlichem Wege jene Steigerung der Grundrente hervorzurufen, die bereits da, wo sie im natürlichen Verlaufe der Dinge eintritt, ihre bedenkliche Seite hat.

Diese künstliche Steigerung wird in Deutschland obendrein nicht nur durch die Zollgesetzgebung, sondern auch durch die Steuergesetzgebung angestrebt.

Geheim und offen arbeiten unsere Agrarier dahin, die Grundsteuer ganz oder teilweise abzuschaffen. Welchen Erfolg muß eine solche Maßregel haben? Fürst Bismarck hat zu wiederholtenmalen behauptet, die Abschaffung der Grundsteuern werde in der Form billiger landwirtschaftlicher Produkte der Gesamtheit der inländischen Konsumenten wieder zugute kommen.

So äußerte er z. B. am 12. Februar 1885 im Reichstage gegenüber der freihändlerischen Forderung, nicht durch Schutzzölle das tägliche Brot zu verteuern: „Ebensogut kann ich sagen: schaffen Sie im Interesse des Arbeiters, damit er wohlfeileres Brot bekommt, die Grundsteuer ab!"

Diese Anschauung beruht, wie es scheint, auf der Annahme, daß die Getreidepreise nach dem billigen Ermessen der Getreideproduzenten festgestellt würden. In Wirklichkeit dürfte der Grundbesitzer wohl mit der Laterne zu suchen sein, der für sein Getreide auch nur einen Pfennig weniger nimmt, als er bekommen kann. Ob der einzelne teuer oder billig produziert hat, ist ja für die Preisbestimmung völlig gleichgültig. Ob die Grundsteuer der Produkte hoch oder niedrig ist, ist für die Preisbestimmung ebenso irrelevant wie der Umstand, daß der eine Grundbesitzer schuldenfrei, der andere verschuldet ist. Ich habe nie gehört, daß der schuldenfreie Grundbesitzer sein Getreide billiger verkauft hätte, als der bis über die Ohren verschuldete. Ebensowenig kann ernstlich die Rede davon sein, daß die Aufhebung der Grundsteuer die Getreidepreise zum Sinken bringen würde. Die Wirkung kann sich nur nach einer Richtung äußern. Das von der Grundsteuer befreite Grundstück steigt im Preise, und die Zeche zahlt der Steuerzahler, der in der Form anderer Steuern das durch Arbeit wieder beschaffen muß, was dem Grundbesitzer als erhöhte Grundrente bei der Beseitigung der Grundsteuer zufällt.

Bei den agrarischen Schutzzöllen tritt somit eine künstliche Steigerung der Grundrente auf Kosten der inländischen Konsumenten, bei der

Grundsteuer-Befreiung oder Ermäßigung auf Kosten der inländischen Steuerzahler ein. In beiden Fällen ist es die produktive Arbeit der Nation, die zum Zwecke der künstlichen Erhöhung der Grundrente belastet wird. Um das Maß voll zu machen, verlangen die Agrarier schließlich noch eine weitere Protektion in der Form einer Verschlechterung des Geldes. Auch dieses Verlangen läuft auf eine empfindliche Schädigung der nationalen Arbeit hinaus.

Im zweiten Teil seines Aufsatzes setzt Barth sich eingehend mit dem sogenannten Bimetallismus auseinander.

103. Preußisches Abgeordnetenhaus, Debatte über die Polenpolitik, 8. bis 10. Sitzung, 28.—30. Januar 1886, Sten. Ber. Preuß. AH, 14. Leg. Per. 1885/88, 1. Session 1886, Auszüge, Bd. 1, S. 159—276.

a) Abg. Wilhelm von Rauchhaupt, S. 159 und S. 161 (28. Januar).

Meine Herren, unter dem 16. d. M. beschloß der Reichstag, seine Überzeugung auszusprechen, daß die von der königlich preußischen Staatsregierung verfügte Ausweisung russischer und österreichischer Untertanen in ihrem Umfang und in ihrer Art nicht gerechtfertigt erscheine und mit den Interessen der Reichsangehörigen nicht vereinbar sei. Sie werden es verstehen, wenn ich mit Rücksicht auf die Stelle, welche der Reichstag in unserem deutschen Verfassungsleben einnimmt, in der Kritik dieses Beschlusses möglichst zurückhaltend bin. Aber, meine Herren, ohne eine Kritik dieses Beschlusses ist es unmöglich, die heutige Diskussion zu führen. Diejenigen, welche zu dem Beschlusse sich vereinigten, haben in der Rede des Abgeordneten Bamberger unverhohlen am Schluß der Diskussion ihre Absicht ausgesprochen, die Kluft zwischen dem Denken und dem Empfinden des Reichskanzlers und der gegenwärtigen Majorität des Reichstages vor dem Inlande und Auslande so tief wie möglich zu machen. Man hat der Majorität des Reichstages, welcher an demselben Tage, wo das preußische Abgeordnetenhaus zusammentrat, den obigen Beschluß faßte, vorgeworfen, daß er um deswillen in die Diskussion so überstürzt eingetreten, weil er gewußt, daß er keinen Feind vor sich sehen werde. Man hat auf der anderen Seite gerade den Herren von der deutschfreisinnigen Partei, welche sonst den Rechtsboden so unendlich betonen, den Vorwurf gemacht, daß sie sich zu einer Verhandlung hergegeben, wobei der Grundsatz audiatur et altera pars schwer verletzt worden. Ich will diese Behauptungen über das schleunige Vorgehen der Reichstagsmajorität heute nicht näher erörtern — wir finden in den Auslassungen des Herrn Abgeordneten Windthorst, die er wenige Stunden nach der Eröffnung des preußischen Abgeordnetenhauses im Reichstage abgab, eine hinlängliche Erklärung zu dem überstürzten Vorgehen, indem er sagte:

„Ich zweifle nicht, daß im Abgeordnetenhause auf das, was hier geschehen und geschehen wird, Rücksicht genommen werden muß. Das entspricht der Stellung, die der Reichstag einnimmt, und der preußische Landtag wird eben beweisen müssen, wie weit er der Aufgabe gewachsen ist, nach jeder Richtung hin die bevorzugte Stellung des Reichstags zu würdigen."

(Sehr gut! links und im Zentrum.)

Eine schärfere Provokation an das preußische Abgeordnetenhaus, sich würdig der Aufgabe zu zeigen, die auf diesem Gebiete ihm obliegt, kann es wohl kaum geben. *(Sehr richtig! rechts.)* Ich meine, dieser Provokation gegenüber muß die preußische Volksvertretung sich der Aufgabe voll bewußt werden, welche sie heute zu erfüllen hat. *(Bravo! rechts.)*

Zur Sache selbst erklärt der Redner:

Seitdem am 5. Mai vorigen Jahres der Herr Minister v. Goßler uns hier eine Summa von Tatsachen vorgeführt hat, die ganz zweifellos darauf hinweisen, daß die Polen in den östlichen Provinzen in einer Form sich zusammenschließen, daß die Assimilierung derselben mit der preußischen Monarchie Gefahr läuft zurückzugehen, mit diesem Augenblicke war es für mich entschieden, daß auf diesem Gebiete etwas geschehen müsse. Und, meine Herren, erinnern Sie sich nur dessen, was der Herr Minister uns hier alles vorgeführt hat, wie er darauf hingewiesen hat, welche völlige gesellschaftliche Isolierung die Polen den Deutschen gegenüber in jenen Landesteilen in diesem Augenblicke durchführen, sogar die wirtschaftliche Verdrängung der Deutschen in jeder Form begünstigen, man kauft nur, wie er ausdrücklich hervorgehoben hat, bei polnischen Kaufleuten, sucht nur polnische Ärzte auf, sucht sich überhaupt lediglich mit Polen zu umgeben. Und, meine Herren, auch darauf hat der Herr Minister hingewiesen, in welcher Form wird der Kampf gegen die deutsche Sprache dort geführt! Seit diesen Darlegungen war es für mich keinen Augenblick zweifelhaft, daß die preußische Staatsregierung das Recht und die Pflicht habe, einzuschreiten.

Nun sagt man wohl, daß dieser ganze leidige Zustand erst seit dem Kulturkampf entstanden sei. *(Sehr richtig! Im Zentrum und bei den Polen.)* Ich bitte, doch etwas vorsichtiger zu sein mit dieser Behauptung, warten Sie erst ab, bis ich das Gegenteil beweise. Gerade die erwähnte Sitzung vom 5. Mai gibt mir auch die Fingerzeige, die ich brauche, um Ihre Auslegung der polnischen Bewegung als durchaus unrichtig zu kennzeichnen. Unser Kollege Wehr und noch ein anderer Abgeordneter wiesen ausdrücklich darauf hin, daß die gesamte polnische Bewegung nicht etwa erst mit dem Kulturkampf begönne, sondern von 1846 und 1848, von der polnischen Revolution her, ihren Anfang genommen. Und was sagte da Herr v. Tyskowski aus den Reihen der polnischen Fraktion? Er sagte ausdrücklich: Er räume ein, daß beide Nationalitäten, die deutsche und die polnische, bis 1848 in Frieden miteinander verkehrten. Von da an aber sei es anders geworden. Das polnische nationale Gefühl sei auch durch den Völkerfrühling von 1848 erweckt, und nun seien die Polen weiter und weiter in ihrer polnischen Entwicklung gegangen. *(Hört! hört! rechts.)*

Wer Ohren hat zu hören, der konnte verstehen, was aus den Reihen der Polen selbst laut wurde. Niemand im Hause hat ein Recht, solche Erklärungen zu ignorieren und den Anfang der Polonisierungsversuche auf Dinge zurückzuführen, auf die sie eben nicht zurückzuführen sind. Aber noch nicht genug damit! Seit wann fangen die Herren hier neben uns *(zur polnischen Fraktion gewandt)* an, mit einer solchen Unverfrorenheit, wenn ich so sagen darf, — *(Unruhe)* nun dann mit einer unverhohlenen Offenheit zu erklären, daß sie durchaus nicht die Hoffnung auf eine Wiederherstellung des polnischen Reiches von 1772 aufgeben werden? Auch nach dieser Richtung gibt jene Maisitzung dankenswerte Fingerzeige. Derselbe Antragsteller Herr v. Jaždzewski, welcher jetzt im Reichstage seine Interpellation begründete, sagte damals: Wenn die polnische Nation immer die Hoffnung trägt, wieder selbständig in der Welt dazustehen, so haben Sie kein Recht, ihr daraus Vorwürfe zu machen.

Ja, meine Herren, wenn die polnische Nationalität, nachdem sie 100 Jahre mit der preußischen Monarchie verknüpft ist, in dieser Form die Hoffnung ausspricht auf Selbständigkeit — das Wort steht darin, meine Herren, — auf Selbständigkeit ihrer Nationalität, so heißt das nichts weiter wie die Hoffnung aussprechen, sich von dem preußischen Staatsverbande wieder loslösen zu wollen. *(Oho! bei den Polen. Sehr richtig! rechts.)* Und Herr Kantak, der eben in diesem Augenblick sich darüber entrüstet zeigt, hat eben in derselben Sitzung von dem Erwachen des Bewußtseins, von den Rechten der polnischen Nationalität hier in einer Form gesprochen, daß für mich kein Zweifel war, wohin die Herren streben. Ja, und das hat derselbe Kantak getan, der im Jahre 1872 erklärt hat: Wir haben gegen die Einverleibung in Deutschland protestiert und werden nicht aufhören, dagegen zu protestieren. *(Sehr richtig! bei den Polen.)* Und denselben Herren gegenüber, die dies erklärt haben, sagen die Deutschfreisinnigen, es sei keine Veranlassung, die deutsch-nationalen Interessen zu schützen! *(Hört! hört! rechts.)* Wenn in dieser Form die

Herren von der polnischen Fraktion hier offen in der preußischen Landesvertretung, ich möchte sagen, Farbe bekennen, ja, was Wunder, wenn die preußische Staatsregierung doch auch zugehört und sich darauf besonnen hat, welche Pflichten sie hat, das deutsche Element in jenen Ostmarken zu sichern und nicht dem polnischen Element preiszugeben. *(Sehr richtig! rechts.)*

Dies führt mich nun in einigen Worten auf die Begründung dessen, daß in der Tat das polnische Element beginnt, das deutsche zu überfluten. *(Ministerpräsident Fürst v. Bismarck erscheint im Saale. Große Bewegung. Glocke des Präsidenten.)* Meine Herren, ich sage, wenn die preußische Staatsregierung nach diesen zweifellosen Erklärungen der Mitglieder der polnischen Fraktion sich entschlossen hat, die weitere Polonisierung unserer östlichen Provinzen nicht weiter zuzugeben, so bin ich in der Lage, Ihnen nunmehr den Beweis führen zu müssen, daß in der Tat eine solche Überwucherung des polnischen Elementes über das deutsche stattgefunden hat.

Die Herren von der polnischen Fraktion im Reichstag haben die Zahlen ungemein geschickt gruppiert, und die katholische Presse hat auch diese Reden wörtlich abgedruckt und gesagt: ja, da seht ihr ja, wie die Statistik gegen die Maßnahmen der Staatsregierung spricht. Aber die Zahlen, welche die Statistik an die Hand gibt, beweisen doch etwas ganz anderes, wie die Herren von der polnischen Fraktion im Reichstag behauptet haben. In Westpreußen betrug — die Herren erkennen selbst an, daß evangelisch und deutsch ziemlich dasselbe ist — *(Zuruf)* in Posen — *(erneuter Zuruf)* gut, dann werde ich das vorläufig für Westpreußen restringieren. Im Posenschen war die evangelische, also deutsche Bevölkerung 1870 511 429 Seelen; 1880 betrug sie nur 526 619; sie hatte also um 15 000 zugenommen. Die katholische Bevölkerung betrug 1870 1 009 885 und 1880 1 111 962. Die polnische Bevölkerung, also die katholische, hatte in den zehn Jahren um 102 077 Köpfe zugenommen. Die evangelische Bevölkerung hätte in den zehn Jahren, wenn ihre Zunahme in demselben Verhältnisse wie die polnische stattgefunden hätte, um 50 000 zunehmen müssen. *(Hört! hört! rechts.)*

Der Redner nennt weitere Zahlen und folgert dann:

Daraus folgt unabweislich, daß, wenn die preußische Staatsregierung nicht Vorsorge trifft, daß das deutsche Element in unsern Ostmarken gestärkt wird, ein weiterer Rückgang unausbleiblich ist und dahin führen muß, diese östlichen Provinzen dem Polonismus vollständig in die Arme zu führen. *(Sehr richtig! rechts.)*

b) Ministerpräsident Fürst Bismarck, S. 164 ff., Auszug, S. 173 f. (28. Januar). WA: Schultheß, 28. Jg. (NF 2) 1886, S. 21—35; Böhm, Bd. 15, S. 146 bis 191; Kohl, Bd. 11, S. 442—444; GW, Bd. 13, S. 144—166.

Hinter die 1815 geschaffene preußische Ostgrenze kann man auf keinen Fall zurückgehen. Posen ist nötig zur Verbindung von Breslau und Königsberg. In dem „Kampf ums Dasein zwischen den beiden Nationen, die auf dieselbe Scholle angewiesen sind", gibt es keine Ruhepause. Der Polonismus macht beträchtliche Fortschritte. Der Widerstand gegen die Assimilierung, die Vertiefung der Kluft, die Deutsche und Polen trennt, beruht fast ausschließlich auf dem Adel. Der Adel mit seinem Gefolge liefert hauptsächlich die Elemente zur Unterhaltung der Agitation.

Nun besitzt der polnische Adel im Großherzogtum Posen gegenwärtig noch etwa 650 000 Hektare. Die Hektare der Königlichen Domänen bringt im Regierungsbezirk Posen 20 Mark Pacht ein. Das ist durchschnittlich reiner Acker und Wiese, wenn man Heide und Wälder und Unland mit hinzurechnet, so vermute ich, daß diese 650 000 Hektare im ganzen doch nur einen Ertragswert von 15 Mark für die Hektare haben werden, also von 5 Talern, also 5 Taler Rente. 5 mal 600 000 wären 3 Millionen, das wären 3 Prozent von 100 Millionen Talern. Nun fragt sich, ob Preußen in seinem und des Deutschen Reiches Interesse nicht unter Umständen in der Lage sein könnte, 100 Millionen Taler auszugeben, um die Güter des polnischen Adels dafür zu gewinnen, — kurz und gut, um den Adel zu expropriieren. *(Oho!)* Das klingt ungeheuerlich, aber wenn wir für eine Eisenbahn expropriieren und die Häuslichkeit stören, Häuser und Kirchhöfe durchbrechen, lediglich zur Bequemlichkeit der Eisenbahngesellschaft, wenn wir expropriieren, um eine Festung zu bauen, um eine Straße in der Stadt durchzuschlagen, wenn wir ganze Stadtviertel expropriieren wie in Hamburg, um einen Hafen zu bauen, Häuser, die seit Jahrhunderten stehen, abbrechen, warum soll dann nicht unter Umständen ein Staat, um seine Sicherheit für die Zukunft zu erkaufen und die Unruhe loszuwerden — ist die Sicherheit nicht ein höherer Zweck als der Verkehr, ist die Sicherheit für die Gesamtheit nicht ein höherer Zweck wie die Befestigung eines einzelnen festen Platzes? — warum soll dann nicht ein Staat unter Umständen zu diesem Mittel schreiten? Es wird ja keine Ungerechtigkeit verlangt, es soll nach dem vollen Wert bezahlt werden, und die Herren würden vielleicht zum Teil sehr vergnügt sein, mit dem Gelde, was sie dafür bekommen, sich in Galizien anzukaufen, oder jenseits der russischen Grenze, da sind sie viel mehr unter sich, und es würden auch viele von ihnen vorziehen, mit diesem Vermögen sich nach dem Westen zu begeben, nach Paris oder nach Monaco. *(Heiterkeit.)*

Meine Herren, also so ganz ungeheuerlich wie es auf den ersten Anblick erscheint, ist das nicht. Auch die Kosten sind nicht so groß; ich bin überzeugt, der Domänenfiskus würde nicht sehr viel dabei verlieren, und wenn er dabei 10 Prozent verliert, so glaube ich, könnte man in dem Bewußtsein, daß wir endlich an unserer Ostgrenze Ruhe haben und daß wir sicher sind, dort Leute zu haben, die nicht nur auf Kündigung, die nicht nur so lange Preußen sind, bis sich eine günstige Gelegenheit zum Abfall bietet, den Rentenverlust wohl ertragen. Aber die Regierung beabsichtigt gar nicht, im jetzigen Augenblick soweit zu gehen, ich nenne diese Möglichkeit nur, damit man sich im Publikum überlegt und darüber nachdenkt, ob es nicht nützlich ist, und damit auch die Herren in Polen, die so ungern unter der preußischen Regierung leben, ihrerseits darüber nachdenken, ob sie nicht selbst einmal den Antrag stellen sollen: Findet uns ab! *(Heiterkeit.)* Unser Verlangen geht so weit noch nicht, wir werden Ihnen Maßregeln vorschlagen und zu dem Behufe Geldbewilligungen verlangen, über deren Höhe mit dem Herrn Finanzminister verhandelt wird, um zu dem früher charakterisierten Flottwell'schen System zurückzukehren, und diejenigen Güter, die freiwillig zum Verkaufe kommen, und auch diejenigen Domänen, welche sich dazu etwa eignen, zu benutzen, um auf ihnen Deutsche unter solchen Bedingungen anzusiedeln, die uns die Gewißheit oder doch die Wahrscheinlichkeit gewähren, daß sie Deutsche bleiben, also Deutsche mit deutschen Frauen, nicht mit polnischen Frauen.

c) Abgeordneter Ludwig Windthorst, S. 175 ff., Auszug S. 177, (28. Januar).
WA: Ludwig Windthorst, Ausgewählte Reden, Bd. 2, (2. Aufl.), Osnabrück 1902, S. 67—85.

Meine Herren, aber wenn auch das alles, was in der Proklamation versprochen ist, nicht wäre, in der Verfassung steht deutlich und klar § 4: alle Preußen sind vor dem Gesetze gleich. *(Sehr gut! im Zentrum.)* Und es ist alles das, was bisher Unberechtigtes gegen die Polen geschehen ist, respektive nach den heutigen Ankündigungen noch geschehen soll, mit diesem Paragraphen absolut nicht in Einklang zu bringen. *(Sehr wahr! im Zentrum und bei den Polen.)* Es ist die Proklamierung eines vollständigen Ausnahmezustandes, der unter keinen Umständen toleriert werden kann, und wenn ich lese und gehört habe, daß man so weit geht, glauben zu machen, es könne kommen und es sei denkbarer Weise in der Ordnung, daß man die sämtlichen adeligen Polen expropriiere und aus dem Lande jage, — was noch außerdem mit einem gewissen Hohn gesagt war, — *(Zuruf)* — das ist hier wohl gesagt — *(Zuruf: nein!)* es ist gesagt: „Sie können hingehen, wohin sie wollen" — dann muß ich sagen, hört alles auf, und dann ist keine Klasse von Untertanen mehr sicher. *(Sehr richtig!)*

Meine Herren, wenn wir mal einst ein Ministerium Bebel haben sollten, was würde das in Anwendung der heute proklamierten Grundsätze sagen! Wenn dann Schönhausen, Varzin usw. noch existiert, so wird er sagen: das ist ein Gut, eine Herrschaft, die meinen Plänen entgegensteht, und die wollen wir expropriieren und dem Besitzer überlassen, ob er ferner in Hamburg oder anderswo wohnen will. *(Bravo! Sehr richtig!)* Das ist genau derselbe Gedanke, und wenn in Westfalen die Herren des Adels unbequem werden, wie sie es schon mal gewesen sind, dann würde man auch ihnen sagen können: wir werden einige Millionen anwenden, um Euch zu expropriieren, geht nach Holland, Amerika oder Kamerun! *(Sehr richtig! im Zentrum und links.)* Meine Herren, ich muß sagen, daß mein Inneres erbebt ist, als ich solche Sätze hörte. *(Sehr wahr! im Zentrum.)* Wo bleibt da irgendwelche Rechtssicherheit in Deutschland und im Lande Preußen? *(Sehr wahr! im Zentrum.)*

Meine Herren, wir werden die einzelnen Maßregeln, die uns vorgeschlagen werden sollen, wenn sie kommen, ruhig erwägen und werden danach unser Votum abgeben.

d) Abgeordneter Florian von Stablewski, S. 192 ff., Auszug, S. 193 f. (29. Januar).

Meine Herren, diese Absonderung und die Verschärfung der Gegensätze, die der Herr Reichskanzler hier so betont hat, besteht eigentlich nicht in der Schärfe, wie der Herr Reichskanzler es glaubt. Die Deutschen arbeiten mit den Polen auf vielen Gebieten der materiellen Entwicklung friedlich zusammen; das wird dem Herrn Minister des Innern doch wohl bekannt sein. Wenn aber die Gegensätze sich verschärfen sollten, sollte man sich darüber wundern?

Was die gerühmte 'deutsche Gutmütigkeit' den Polen gegenüber anbelangt und was sie zu bedeuten hat, das haben wir ja seit dem Anfange des Kulturkampfes kennen gelernt. *(Sehr richtig! im Zentrum.)* Schöne Gutmütigkeit das, welche das nationale und auch das religiöse Leben eines Volkes in seinem innersten Wesen zu beeinträchtigen oder zu ersticken sich bemüht.

Da man absolut nichts Greifbares gegen uns vorbringen kann, so muß wiederum die Hoffnung auf die Wiederherstellung Polens die Basis der Anklage gegen uns bilden. In Betreff dieser Hoffnung werde ich an das Wort erinnern, welches Sie in der Vorhalle des deutschen Reichstages lesen können: „Es ist das heiligste Recht einer jeden Nation, als solche anerkannt zu werden und zu bestehen." Wenn wir die Hoffnung — und ich bitte Sie, meine Herren, auf meine Worte gehörig zu achten — auf eine einstige Wiederherstellung Polens aufgeben, wenn wir hier vielmehr erklären würden: nein, ein Polenreich wird es nie auf Erden mehr geben, — ja, dann würden wir in die Absichten Gottes eingreifen, *(Heiterkeit rechts)* der das Schicksal der Staaten und Völker lenkt, wir würden durch eine solche Erklärung uns ein Urteil über die Weltökonomie Gottes anmaßen. *(Lachen rechts und bei den Nationalliberalen.)* — Meine Herren, Sie lachen darüber; aber wenn ich Ihnen sagen werde, daß auch der Herr Reichskanzler gewissen Gedanken eines polnischen Reiches nicht fremd war, werden Sie auch dann darüber lachen?

Aber jetzt frage ich Sie, meine Herren, — und ich bitte die Herren, auch darauf gefälligst acht zu geben, — ob jemand von uns je erklärt hat, daß wir die Grenze des preußischen Staates verrücken wollen? Dann bitte ich um Beweise dafür, daß wir das gewaltsam wollen! Wo und wie, frage ich, haben wir erklärt, daß wir die Pflichten als Untertanen der preußischen Krone je verletzen wollen?

Meine Herren, ich weise Sie nach Österreich hin. Haben die Polen in Österreich nicht dieselben Gefühle in ihrer Brust wie wir? Sind das nicht dieselben Polen wie die preußischen Polen, und sind die österreichischen Polen nicht die beste Stütze der österreichischen Monarchie, die loyalsten und treuesten Diener der Krone, welche ihr Gut und ihr Blut für das Haus Österreich gerne hingeben möchten, wenn es notwendig sein sollte? Macht man ihnen dort daraus einen Vorwurf, daß sie Polen sind, und verdächtigt man sie wie uns?

Nein, meine Herren, im Ernst wird auch der Herr Reichskanzler nicht behaupten können, daß wir an Revolutionen denken. Erstens, so einfältig wären doch die Polen wirklich nicht; aber zweitens: auf welche Weise könnte das Häufchen Polen dem mächtigsten Staate Europas in diesem Augenblick gefährlich werden? Der Grund unserer Behandlung liegt nicht in der Furcht vor einer polnischen Revolution, sondern in dem Umstande, daß man sich in diesem Augenblicke vor niemandem zu fürchten braucht, daß Preußen jetzt auf dem Höhepunkt seiner Macht steht. Und dann sage ich dem Herrn Reichskanzler, daß das von ihm gestern zitierte Sprichwort so recht auf die Situation und auf unsere Behandlung paßt: „Haut ihn, er hat keine Freunde." *(Bravo! im Zentrum.)*

Auf Erden haben wir allerdings keine Freunde unter den Mächtigen, aber je mehr wir unser volles Vertrauen in eine höhere Macht setzen, je weniger wir auf die wandelbare Gunst der Mächtigen blicken, desto schneller, so hoffen wir, muß ein Ende der Leiden einer solchen Behandlung kommen.

In einer Zeit, meine Herren, wo wir gerade überall auf Seiten der Ordnung stehen, wo wir allen revolutionären und auch Umsturzideen so fest standhalten, daß bloß bei uns Polen die sozialdemokratischen Ideen bis jetzt nicht eingedrungen sind, *(sehr richtig!)* in diesem Augenblick, wo wir auch in den Grenzen dieses Staates alle unsere Pflichten treu erfüllen, wo die Gebeine unserer Söhne vor Metz und vor Paris bleichen, wo sie so gut wie die Deutschen ihr Blut für die deutsche Größe verspritzt haben, in diesem Augenblick, wo wir zu Hause alle die Pflichten der Untertanen treu erfüllen, in diesem Augenblick, wo wir auch im politischen Leben alle unsere Pflichten erfüllen, sowohl hier im Landtag als im Reichstag, wo man uns nicht beweisen kann, daß wir zu einer Opposition quand même gehören — es wurde uns ja der Vorwurf von Seiten der deutschfreisinnigen Partei gemacht, daß wir jene Politik des Herrn Reichskanzlers unterstützt haben — in diesem Augenblick sollen wir als friedliche Untertanen Sr. Majestät des Königs in Bann und Acht getan werden! Der Herr Reichskanzler sprach gestern mit einem Hohn, den ich bei einem großen Staatsmann nicht verstehe, von einer Bereitwilligkeit zur Auswechselung der Polen als von Sklaven des Altertums! Er hat uns gestern mit einem Spott überschüttet, den er hätte zurückhalten müssen angesichts des Unglücks einer Nation. *(Sehr richtig! im Zentrum.)*

Der heidnische Römer setzte einst seinen Stolz darin: Parcere subjectis et debellare superbos, und am Ende des neunzehnten Jahrhunderts des Christentums sollen gegen Wehrlose und Schwache solche Maßregeln ergriffen werden, die in den Zeiten des Heidentums als grausame und barbarische gegolten hätten! *(Sehr richtig! im Zentrum.)*

„Bann und Acht", darin resumiert sich das Wort des Herrn Reichskanzlers. Das Wort des Herrn Reichskanzlers, mit Spott gewürzt, — mit Spott gewürzt, ich wiederhole es — von der Expropriation des adligen Grundbesitzes hat gewiß schon jetzt nicht bloß alle etwas tief und ernst Denkende in diesem Hohen Hause ins Erstaunen gesetzt, sondern auch in diesem Augenblick schon ganz Europa, denn eine solche Sprache, wie wir sie gestern gehört haben, zu hören von dem verantwortlichen Vertreter einer Monarchie in einem Kulturstaate, war man bisher in Europa nicht gewohnt. *(Sehr gut! im Zentrum und links.)*

Der Redner wendet sich jetzt ebenfalls statistischen Angaben zu und trägt vor, daß die Zahl der Deutschen in Posen zwischen 1816 und 1880 sich relativ weitaus stärker entwickelt hat als die der Polen.

Die Polen haben sich also nur verdoppelt, die Deutschen aber verdreifacht, *(hört! hört! im Zentrum)* und das will man einen außerordentlichen Fortschritt der Polonisierung nennen! Wir verschwinden nur nicht schnell genug: darum handelt es sich.

Wenn aber in ein oder zwei Kreisen Westpreußens die effektive Zahl des Anwachsens der deutschen Bevölkerung hinter der polnischen zurückgeblieben ist, so ertönt der Ruf vom Rückgang des Deutschtums und von der Gefahr des Polentums im Osten, und die gehässigsten Maßregeln sollen dadurch gerechtfertigt sein! Wenn aber die Polen bloß zur Hälfte im Posenschen angewachsen sind und die Deutschen um mehr als 200 Prozent, dann ist alles in Ordnung. Die deutsche Lawine müßte natürlich alles auf einmal erdrücken. Darüber, daß die deutsche Lawine aber mit einer, wie der Herr Minister v. Puttkamer sich von der polnischen geäußert hat 'elementaren Gewalt' nach dem Osten vordringt, möchte ich den Hern Minister doch bitten, sich an die Zahlen zu erinnern, welche der Professor Sztid in Dorpat über diese Frage vorgebracht hat.

In Polen wohnen über 750 000 Deutsche, also 10 Prozent der ganzen Bevölkerung; die Hälfte des Grundbesitzes ist nach seinen Angaben in deutschen Händen. Es gibt dort rein deutsche Städte; die Industrie wird dort von Deutschen beherrscht, und niemand findet das in Rußland nicht in der Ordnung, die Russen lassen das zu. Aber wenn hier einige Tausend Polen seit 40 Jahren sich allmählich angesiedelt haben, dann müssen sie über die Grenze hinaus ins Elend. Meine Herren, Sie spielen mit sehr gefährlichen Waffen; die in ihr eigenes Fleisch mit der Zeit recht tief schneiden können.

Nein, meine Herren, diese Maßregeln sind nicht nur gegen die Polen gerichtet — das ist ja gestern schon gesagt worden — sondern sie sind auch auf eine Schwächung des Katholizismus im Osten berechnet. *(Widerspruch rechts. Sehr richtig! im Zentrum und bei den Polen.)*

Diese These versucht v. Stablewski damit zu belegen, daß auch aus Danzig, Königsberg oder Breslau Polen ausgewiesen wurden, obwohl sie dort zweifellos innerhalb gewisser Zeit germanisiert worden wären. Am Ende seiner Ausführungen bedauert er, daß der Chauvinismus auch in Deutschland zu einer Krankheit zu werden scheine.

e) Abgeordneter Heinrich Rickert, S. 228 ff., Auszug, S. 231 f. und S. 237 (30. Januar).

Es wäre eine kolossale Überhebung, wenn jemand unsern Patriotismus in irgend einer Weise anzuzweifeln wagte. *(Lebhafter Beifall links.)*

Meine Herren, Herr v. Rauchhaupt wies darauf hin, daß es sich um die Wiederherstellung Polens in den Grenzen von 1772 handle, und er rief mit Pathos: ist das nicht eine nationale Frage? Die Wiederherstellung Polens in den Grenzen von 1772! Ja, glauben Sie denn, daß in der polnischen

Fraktion, unter den polnischen Staatsbürgern auch nur einer so töricht, so vermessen wäre, daß er glaubte, wir oder die große Majorität des Reichstages würden auch nur um eines Haares Breite deutschen Boden an die Polen ausliefern? Sollen wir denn hier in der Tat das Abc treiben, sollen wir denn wirklich nötig haben, in dieser öffentlichen Verhandlung die Versicherung abzugeben, daß wir den Polen unsere deutschen Provinzen, in denen wir selber leben und arbeiten, nicht ausliefern wollen? Nein, meine Herren, ich fürchte, wir machten uns nur lächerlich, wenn wir darüber noch eine besondere Erklärung abgeben wollten, daß wir die Provinzen Posen und Westpreußen niemals den Polen ausliefern wollen. Die Polen sind nicht Toren genug, uns und der deutschen Nation das überhaupt zuzutrauen. Sie würden mit solchen Ansprüchen schnell dahin gewiesen werden, wohin sie gewiesen zu werden verdienten. In dieser Beziehung gibt es in der Tat keinen Unterschied unter uns, und ich erkläre meinesteils — ich glaube auch, daß meine Freunde dagegen keinen Widerspruch erheben werden: — wir werden bereit sein, jede Regierung zu unterstützen, sie mag heißen, wie sie wolle, wenn sie zweckmäßige und zielentsprechende Mittel vorschlägt, die dazu dienen, das deutsche Element in den Grenzprovinzen zu bewahren und zu erhalten in seinem Bestand und in seiner Kultur. Ich wiederhole, wir werden darin jede Regierung unterstützen; aber die pflichtmäßige Prüfung der einzelnen Maßregeln werden wir uns vorbehalten, dazu sind wir die Mandatare des Volkes. Wir werden nicht von vornherein in Resolutionen erklären, daß wir Mittel hergeben für Maßregeln, die wir noch gar nicht kennen. *(Sehr wahr! links.)* Ich glaube, diese Resolution war nicht nötig. Dieselbe hat aber ja auch, wie wir genugsam gehört haben, keinen anderen Zweck als ein Mißtrauensvotum zu beschließen gegen die höchste Volksvertretung der deutschen Nation.

Meine Herren, was ist denn nun aber der Kernpunkt in dem ganzen Streit? Haben wir denn etwa der Königlichen Staatsregierung das Recht bestritten, russische oder österreichische Staatsbürger auszuweisen? Nein! Haben wir etwa ihr das Recht bestritten, die Einwanderung zu hemmen? Abermals nein! Wir haben im Gegenteil unsere Bereitwilligkeit, dies ausdrücklich anzuerkennen, erklärt. Um der Wiederkehr derartiger Verdächtigungen vorzubeugen, wie wir sie in der Presse schon finden, möchte ich mir erlauben, noch einmal diejenigen Worte zu verlesen, die schon am 1. Dezember vorigen Jahres bei der ersten Verhandlung mein verehrter Freund, der Herr Abgeordnete Hänel, ausgesprochen hat und die unsern Standpunkt, wie ich glaube, vollständig richtig bezeichnen. Er selbst wird mir bestätigen, daß von keiner Seite ein Widerspruch dagegen erhoben ist, obgleich er ohne Auftrag, vielleicht sogar, ohne sich mit irgend einem seiner Parteigenossen in Verbindung gesetzt zu haben, aus seiner persönlichen Überzeugung, aus der Situation des Augenblicks heraus gesprochen hat. Er sagte:

„Wenn ich auf diese Sache eingehen würde, nun, so würde ich mit der preußischen Staatsregierung und mit dem Herrn Reichskanzler anerkennen, daß die fortschreitende Polonisierung und Slawisierung unserer östlichen Provinzen und Regierungsbezirke eine sehr ernsthafte Frage ist. Meine Erörterung, die ich bei der Interpellation angestellt haben würde, würden es ausdrücklich nicht nur als Recht, sondern als Pflicht der preußischen Regierung, auch des Herrn Reichskanzlers hingestellt haben, nach den sachdienlichen Maßregeln zu suchen, die in dieser Beziehung im nationalen Interesse gefordert sind. Ich hätte dies um so mehr betont, als ich sagen muß, daß die auswärtigen Mächte, welche hierbei in Frage sind, keinerlei Veranlassung haben, uns Deutschen selbst scharfe Maßregeln vorzuhalten." [1] *(Hört! hört! links.)*

Ja, meine Herren, sind Sie denn mit diesem Standpunkt noch nicht zufrieden? Was können Sie dagegen einwenden? Also darum handelt es sich nicht, die Frage ist vielmehr: sollen wir solche „mechanische und drückende" Maßregel — zu meiner Verwunderung hat gestern der Herr Minister des Innern selbst sie so bezeichnet — sollen wir solche Maßregel billigen und in Anwendung bringen: diese Massenausweisungen ohne Unterschied der Person, der Qualität; ob schuldig oder nicht, ob Frau oder Kind, ob Mann oder Jüngling — es soll ohne weiteres ausgewiesen werden. *(Zurufe rechts.)*

Rickert kommt jetzt noch einmal auf die Entstehungsgeschichte des Reichstagsbeschlusses zu sprechen. Er fährt dann fort:

Meine Herren, der Kernpunkt der Frage ist derjenige, den der Herr Reichskanzler wie immer drastisch und vollkommen präzise bezeichnet hat. Er sagt, es handele sich um eine Verbesserung des Zahlenverhältnisses zwischen Polen und Deutschen; wir hätten an unseren Polen genug, 30 000 Fremde sind bei uns, und um das Zahlenverhältnis zwischen uns und den Polen zu verbessern, müssen jene 30 000 heraus. Eine derartige Maßregel von diesem — wie ich anerkenne — von dem Herrn Minister des Innern treffend bezeichneten 'mechanischen' Standpunkt betrachtet, das geht denn doch in der Tat zu weit. 30 000 weisen Sie aus, und ein paar Millionen bleiben im Lande! Und was das Schlimmste ist: wie wirkt auf diese die Maßregel? Ist das Vorgehen wirklich klug? Wenn Sie die 30 000 ausgewiesen haben, so wird die Erbitterung und Erregung bei den

[1] Sten. Ber. RT, 1. Dezember 1885, 8. Sitzung, 6. Leg. Per., 2. Session 1885/86, Bd. 1, S. 138.

Zurückgebliebenen *(sehr richtig! im Zentrum und links)* eine viel schärfere Agitationswaffe sein, die Jahre und Jahrzehnte fortwirken wird, als die ziffernmäßige Wirkung dieser 'mechanischen' Maßregel. *(Sehr richtig! links.)*

Rickert äußert sich jetzt zu Einzelfragen. Dabei sagt er (S. 237) u. a.:

Ein anderes wäre es, — und seit Monaten sind wir, eine Anzahl privater Männer, damit beschäftigt, auf privatem Wege die öffentliche Aufmerksamkeit auf die innere Kolonisation unserer östlichen Provinzen mehr zu lenken. Die Sache liegt sogar so, daß man unter den gegenwärtigen wirtschaftlichen Verhältnissen sein Geld gut dabei anlegen kann. Ich schrecke auch vor dem Gedanken nicht zurück, statt der gegenwärtigen ungesunden agrarischen Verhältnisse bei uns gesunde und vernünftige Besitz- und Gemeindeverhältnisse durch Parzellierungen zu schaffen. Ich glaube aber: man wird doch einen großen Teil dieser Aufgabe in private Hände legen müssen; denn der Staat macht diese Dinge schlecht, das haben wir auch erfahren bei den Parzellierungen unter dem Ministerium Camphausen.

Nun, meine Herren, wir werden die Vorlagen, welche die Königliche Staatsregierung in dieser Beziehung bringt, prüfen mit derjenigen Gewissenhaftigkeit, wie sie das nationale Interesse erheischt, wie es in unserem Antrage ausgesprochen ist.

104. THEODOR BARTH, Zwei Jahrzehnte deutscher Politik, in: Die Nation. Wochenschrift für Politik, Volkswirtschaft und Literatur, 3. Jg. 1885/86, S. 565, 26. Juni 1886.

Es sind gerade zwei Dezennien vergangen, seit auf den böhmischen Schlachtfeldern die endgültige Auseinandersetzung zwischen Preußen und Österreich eintrat, in deren Verfolg zunächst der Norddeutsche Bund und dann das Deutsche Reich gegründet wurden. In beiden Jahrzehnten hat derselbe Staatsmann die Politik Preußens und Deutschlands geleitet; es würde daher nur natürlich erscheinen, wenn diese Periode von denselben politischen Grundsätzen beherrscht worden wäre. Stattdessen ist, ungefähr genau in der Mitte des Zeitraums, ein Umschwung eingetreten, der die letzten zwei Jahrzehnte in den stärksten politischen Gegensatz zueinander gebracht hat. Nahezu in allem kommt dieser Gegensatz zum Ausdruck: in der Stimmung, deren patriotische Hoffnungsfreudigkeit in einen verdrossenen Pessimismus umgeschlagen ist, ebenso wie in der Parteigruppierung, welche heute die Deklaranten der Kreuzzeitung als eine Kerntruppe des Fürsten Bismarck zeigt, während die fleißigsten Mitarbeiter an der Gesetzgebung der ersten zehn Jahre sich zu einer immer nachdrücklicheren Opposition gezwungen sehen, und der Ultramontanismus, der Hauptfeind des ersten Dezenniums, dem Fürsten Bismarck die Bedingungen des bei der Kurie nachgesuchten Friedens vorschreibt. Beinahe in allen Zweigen der inneren Politik ist diese schroffe Wandlung eingetreten; der gemäßigte Freihandel hat einem krassen Protektionismus, der Individualismus dem Sozialismus, die freie Entwicklung mehr und mehr der Bevormundung Platz gemacht. Ausnahmegesetze, Massenausweisungen, die rücksichtsloseste Interessenpolitik, die Kapitulation vor dem Papste, die Wiederaufrichtung von Zunftschranken, der Kolonialschwindel und ähnliche Errungenschaften — das sind die charakteristischen Erscheinungen in der zweiten Häfte eines Zeitabschnitts, dessen erste Hälfte die glänzenden Taten der Gründung des Deutschen Reichs und seines Aufbaues auf freien wirtschaftlichen und leidlich freien politischen Grundlagen aufweist.

Wer dem Fürsten Bismarck bei diesem fundamentalen Systemwechsel stets überzeugungstreu zur Seite geblieben ist, dessen Anpassungsfähigkeit wird jeder politischen Anforderung gewachsen sein. Aber es ist nicht verwunderlich, daß eine so vollendete Biegsamkeit — wenn man von denen absieht, die aus der Charakterlosigkeit ein Gewerbe machen — doch nur bei wenigen Politikern gefunden wird, und daß sich deshalb seit einigen Jahren ein allgemeines chassez-croisez abspielt, bei dem ganze Parteien bisher einen festen Platz noch nicht wiedergewonnen haben. Wir Freisinnigen haben denselben insofern gefunden, als wir in eine klare Oppositionsstellung eingerückt sind. Sieht man ab von der auswärtigen Politik, die zur Zeit in Deutschland einer ernsthaften öffentlichen Diskussion tatsächlich entzogen ist, betreffs deren die Skepsis daher einen mehr privaten Charakter trägt, so gibt es heute wohl keine einzige politische Frage von Bedeutung, bei der sich eine innere Übereinstimmung der freisinnigen Partei mit dem Fürsten Bismarck konstatieren läßt. Die Gegnerschaft der Freisinnigen charakterisiert sich damit im eigentlichen Sinne des Wortes als eine prinzipielle Opposition, als eine Opposition, die nicht bloß gegen einzelne Maßregeln des leitenden Staatsmannes, sondern gegen wesentliche Zielpunkte und die Methode seiner Politik gerichtet ist.

In wahrhaft konstitutionellen Staaten ist eine derartige prinzipielle Opposition die einzig zulässige. Wer nicht durch eine erhebliche Verschiedenheit der politischen Grundsätze von der Regierung getrennt ist, der unterstützt dieselbe ohne weiteres. In Deutschland wehren sich die Politiker im allgemeinen ernstlich gegen den Verdacht, einer bloßen

Regierungspartei oder einer ausgesprochenen Oppositionspartei anzugehören. Man läuft jenem schnurrigen Ideal einer sogenannten 'rein sachlichen Behandlung' politischer Vorlagen nach, bei welcher Methode die Regierung stets möglichst lange darüber im Unklaren bleibt, ob sie bei einer Vorlage auf eine Annahme ihrer Vorschläge zu rechnen hat. Die Regierung andererseits glaubt sich wohl gar etwas zu vergeben, wollte sie bei der Ausarbeitung ihrer Vorlagen sich um das parlamentarische Schicksal derselben bekümmern. Schlimmstenfalls bekommt man eben seine 'Quittung' und hat dann als Staatsmann das beruhigende Gefühl, seine Schuldigkeit getan zu haben. So sehen wir denn in jeder Parlamentssession das merkwürdige Schauspiel, daß Fürst Bismarck bei wichtigen und manchmal auch bei nebensächlichen Vorlagen nicht bloß von der Opposition bekämpft, sondern auch nicht selten von seinen eifrigsten Bewunderern verlassen wird. Bei der jetzigen Branntweinsteuervorlage hat sich bekanntlich auch nicht einmal eine einzige Stimme im ganzen Reichstag für das Prinzip des Regierungsentwurfs, geschweige denn für den Entwurf im ganzen, erhoben.

Ein solcher Zustand ist für die Regierung wie für die Volksvertretung in gleicher Weise demoralisierend.

Ein Parlament, besonders ein solches, welches auf Grund des allgemeinen direkten Wahlrechts besteht, ist keine politische Jury, die von Fall zu Fall in immer anderer Gruppierung ihr Verdikt abgeben kann, sondern ein Machtfaktor, der nur durch Berücksichtigung der in ihm zur Herrschaft gelangten Anschauungen gewonnen werden kann. Der Umstand, daß man diese Wahrheit, die schlechterdings nicht aus der Welt zu bringen ist, hartnäckig zu ignorieren versucht, trägt nicht am wenigsten zu der unerquicklichen Lage der politischen Verhältnisse im Reiche bei.

Bei dieser Sachlage kann die Bildung einer grundsätzlichen Oppositionspartei als der Ausgangspunkt einer gründlichen Reform unserer verschrobenen Parteiverhältnisse von jedem Gesichtspunkte aus nur begrüßt werden. Eine solche Partei hat aber in Deutschland zur Zeit noch eine ganz besondere Mission zu erfüllen. Die politische Konsumtionsfähigkeit des Fürsten Bismarck ist eine so ungeheure, daß alles, was mit ihm arbeitet, auch verarbeitet wird. Er gehört nicht zu jenen Meistern, die eine Schule hinterlassen. Er hat nur eine Gefolgschaft, aber keine Jünger. Ein selbständiger politischer Charakter kann sich nicht unter ihm, wird sich nur gegen ihn entwickeln. Die Opposition hat deshalb gleichsam einen Sparfonds an Ideen und Charakter für jene Zukunft anzulegen, in der Fürst Bismarck nicht mehr ist oder seine Politik völlig abgewirtschaftet hat.

Der Widerstand gegen die Bismarcksche Politik ist zu vertiefen und grundsätzlicher zu gestalten; den Ideen, die man kritisiert und bekämpft, sind in deutlichen Umrissen die Ideen entgegenzustellen, welche die Opposition durchgeführt wissen will.

In dem jetzt anbrechenden dritten Dezennium wird es sich zeigen, ob die politischen Grundsätze der ersten oder diejenigen der zweiten Hälfte der verflossenen zwanzig Jahre eine größere Lebenskraft besitzen.

105. Tagebuch-Eintrag des Generalquartiermeisters ALFRED GRAF VON WALDERSEE, 1. 11. 1886, in: Denkwürdigkeiten des General-Feldmarschalls Alfred Grafen von Waldersee, hrsg. von Heinrich Otto Meisner, Bd. 1 (Deutsche Geschichtsquellen des 19. Jh., Bd. 9), Stuttgart 1922, Neudruck Osnabrück 1967, S. 300 f.

Nach heutigen Äußerungen Herbert Bismarcks wird mir immer klarer, daß der Kanzler besorgt in die Zukunft sieht und eigentlich wohl nicht weiß, wie herauszukommen ist. Rußland gegenüber üben wir größte Rücksichten, der Kanzler betont auch neuerdings mehrfach, daß wir von dort auf Jahre hinaus nichts zu befürchten hätten; da sollte man meinen, daß wir das freche Benehmen der Franzosen nicht zu dulden brauchten. Es ist aber keine Rede davon, sondern wir versuchen nach wie vor, und wie seit nunmehr fünfzehn Jahren vergeblich, sie durch die Zeit zu versöhnen. Daß dies im Verein mit großen Gefälligkeiten, sogar Unterstützungen in ihrer Politik, nicht zum Ziele führt, kann niemandem mehr undeutlich sein. Der Kanzler will unter keinen Umständen einen Krieg, er fürchtet, seinen Ruhm auf das Spiel zu setzen, und hofft die Sache hinzuhalten, solange er im Amt ist. Für die Zukunft, insbesondere für seinen Nachfolger, ist das nicht schön. Wie anders ist da der Kaiser. Trotz seinen beinahe neunzig Jahren würde er vor einem Krieg mit Frankreich nicht zurückschrecken. Daß man in Rußland gegen uns in weitesten Kreisen sehr schlecht gestimmt ist, zeigt sich ganz klar. Nach den Ursachen muß man nicht forschen; vernünftige sind nicht vorhanden. Die Panslawisten und ihre Presse haben seit Jahren gehetzt und Stimmung gemacht. Die Armee fängt an, sich etwas mehr zu fühlen, und man hat ihr wie dem ganzen Lande die Ansicht beigebracht, daß Österreich ein kaum beachtenswerter Gegner sei. Der einzige Faktor zu unseren Gunsten ist der Kaiser Alexander; er liebt uns keineswegs, ist aber faul, haßt alle Unruhe und hat auch ein entschiedenes Rechtsgefühl, das ihm sagt, der Krieg habe doch eigentlich keinen Sinn. Außerdem hat er auch eine ausgesprochene Verehrung für unseren Kaiser. Ich meine, daß wir die Pflicht haben, jede Chance, die sich zu unseren Gunsten bietet, zu benutzen und selbst den Krieg mit Frankreich herbeizuführen. Militärisch sind wir augenblicklich durch den großen Vorsprung in der Frage der Repetiergewehre und auch sonst noch entschieden in einer günstigen Situation. Wollen wir aber solche Chancen nicht ausnutzen, so muß die Politik uns etwas Besseres schaffen; hierzu sehe ich aber noch keine Aussichten. Ich weiß nur das Mittel, die Türkei den Russen preiszugeben; die dann erwachsenden Schwierigkeiten, namentlich mit Österreich, verkenne ich keineswegs. Sollten wir in den Krieg gegen Rußland und Frankreich gleichzeitig verwickelt werden, so müssen wir, so viele Bedenken es auch hat, Polen wiederherstellen. Es ist das doch immer besser als zugrunde zu gehen. Gelingt uns diese Operation, so können wir uns Rußlands sehr wohl erwehren und haben für die Folge zwischen ihm und uns ein ansehnliches Reich.

106. Schreiben des Generals WALTER FRHR. VON LOË an den Grafen Waldersee, Koblenz, 3. Dezember 1886, in: Denkwürdigkeiten des General-Feldmarschalls Alfred Grafen von Waldersee, hrsg. von Heinrich Otto Meisner, Bd. 1 (Deutsche Geschichtsquellen des 19. Jh. Bd. 9), Stuttgart 1922, S. 417 f. (Neudruck Osnabrück 1967).

WA: Aus dem Briefwechsel des Generalfeldmarschalls Alfred Grafen von Waldersee, hrsg. von Heinrich Otto Meisner, Bd. 1, Berlin 1928, S. 56—59.

Man sagt mir von allen Seiten: „Der Kanzler will nicht den Krieg". Aber in der Frage, ob der Kanzler den Krieg will oder nicht, scheint mir die Situation nicht zu gipfeln, denn die Zeit ist vorbei, da der Kanzler die Figuren auf dem europäischen Schachbrette aufstellte und das Spiel dirigierte. Kein Mensch, der fünf gesunde Sinne und eine Spur von Menschlichkeitsgefühl hat, kann dem heutigen Europa einen Krieg wünschen, der den Wohlstand aller Leute auf unabsehbare Zeit ruinieren würde. Für Deutschland und dessen leitenden Staatsmann scheint mir im jetzigen Momente das Hauptinteresse zu sein, die europäische Zwickmühle, in welche wir durch die Eroberung von Elsaß-Lothringen und demnächst den Berliner Frieden geraten sind, und welche uns finanziell große Opfer kostet, zu beseitigen. Der Kanzler, welchen die Vorstellung der Zwickmühle seit Jahren mit Recht beschäftigt, hat bis jetzt versucht, durch Besänftigung Rußlands und den „kalten Wasserstrahl in Paris" aus derselben herauszukommen. Dieser Besänftigungstheorie ist Fürst Alexander[1] zum Opfer gebracht, Österreich zurückgehalten, Rußland in Konstantinopel

[1] Alexander I. von Bulgarien, Prinz von Battenberg.

England gegenüber unterstützt worden — wie es scheint nicht mit großen Erfolgen, denn die Intimität zwischen Frankreich und Rußland ist enger denn je zuvor, der Deutschenhaß und die Unverschämtheit in Petersburg auf dem Höhepunkte, der kalte Wasserstrahl in Paris trotz aller Phrasen Herbettes wirkungslos, und die Vermehrung unserer Armee in dringlichster Form vor dem Reichstag. Da kommt dem Laien in der Politik der Gedanke, ob es nicht umgekehrt besser gehen würde, d. h., ob nicht, wenn die Wasserspritze rücksichtslos zu guter Dusche nach Petersburg gerichtet und Paris mit stillschweigender Verachtung gestraft würde, die definitive Beseitigung der Zwickmühle und die festbegründete Erhaltung des europäischen Friedens eher erreicht würde. Allerdings muß man, ehe man den Wasserstrahl nach Petersburg losläßt, zur ultima ratio entschlossen und bereit sein, und ob der Kanzler daran nicht durch frühere Abmachungen mit Petersburg verhindert ist, das weiß ich nicht. Da Sie in Ihrem Briefe gleichzeitig vom Kronprinzen sprechen, so möchte ich die Vermutung aussprechen, daß er trotz selbstverständlicher äußerster Abneigung gegen den Krieg ein festes Zureden in Petersburg wohl billigen und im Falle der Ablehnung auch vor der ultima ratio nicht zurückschrecken würde. Sie meinen, der Kanzler könne beschäftigt sein, eine politische Lage mit veränderter Basis zu schaffen. Das dürfte nicht so leicht sein, denn erstens hat sein Einfluß in Europa gleichzeitig mit dem Respekt vor Deutschlands Macht sehr abgenommen, zweitens aber werden die politischen Konstellationen in erster Linie durch die Interessen der einzelnen Länder bestimmt. Der europäische Antagonismus gegen Rußlands Vordringen am Balkan, von welchem sich allein Frankreich aus Revancheinteressen ausschließt, wurzelt ja auch lediglich in dem Interesse aller Länder, die Dardanellen offen zu erhalten. Warum dem Kanzler diese Basis für die ultima ratio nicht gefällt, ist dem Uneingeweihten nicht einsehbar. Vom militärischen Gesichtspunkte kann ich Ihnen nur beistimmen, daß wir zur Zeit in durchaus günstiger Situation den Doppelkrieg führen könnten, und daß die Chancen nur schlechter werden. Ja, ich gehe in dieser Auffassung noch einen Schritt weiter wie Sie, indem ich bezüglich der Allianzen optimistischer gesinnt bin. Was England anbetrifft, so werden wir den Zeitpunkt, daß England ein Wehrgesetz bekommt und sich eine zahlreiche Landarmee schafft, vergebens erwarten, denn seine Interessen bedürfen einer solchen Armee nicht. Aber in diesem Augenblick will es mir scheinen, als ob England auch ohne zahlreiche Landarmee uns im Kriege gegen Rußland ein wertvoller Bundesgenosse sein könnte, wenn es sich nur dazu verstände, Volldampf in Konstantinopel einzusetzen, um den Sultan und seine Armee auf die westmächtliche Seite zu bringen. Englisches Geld und englische Offiziere könnten doch wohl aus der türkischen Armee ein recht wertvolles Instrument machen. Selbstverständlich sieht der brave Sultan dem Tanze lieber zu, aber wenn er recht ernstlich mit einer englischen Flotte, verstärkt durch italienische Landungstruppen, zur Teilnahme aufgefordert wird, so läßt er sich doch am Ende bewegen. Was Italien anbetrifft, so glaube ich, daß es von allen Bundesgenossen der sicherste ist, weil sein Interesse durch eine russische Herrschaft in Konstantinopel am meisten bedroht ist. Gegen dieses allgemeine italienische Interesse kommt keine republikanische Strömung auf. Ob alles das in Wirklichkeit so ausführbar sein würde, wie es sich in meiner Hoffnung widerspiegelt, dafür vermag ich allerdings keine Bürgschaft zu übernehmen, denn ich sehe nicht in die Karten. Was ich aber, und mit mir viele andere, sehen, ist, daß bis jetzt das Spiel der Orientpolitik nicht brillant verlaufen ist, denn sie bildet, mehr denn je, das recht unbequeme Ende der Zwickmühle. Möge es dem Kanzler recht bald gelingen, die veränderte Basis zu finden; mir ist es lieb, daß ich nicht dafür zu sorgen habe, noch dafür verantwortlich bin.

Alles, was Sie über Prinz W. schreiben, ist durchaus richtig. Auch ich glaube, daß sich in Zukunft nach einigen Zusammenstößen alles vereinfachen wird. Nichtsdestoweniger wird es immer gut sein, wenn Sie aufmerksam sind und einwirken, so Sie können[2].

Es folgen einige Bemerkungen über Personalia in Berlin.

107. Schreiben von LUDWIG WINDTHORST an die Kurie, 3. Dezember 1886, in: E. Graf Soderini, Leo XIII. und der deutsche Kulturkampf. Nach den römischen Archiven bearbeitet. Dt. von R. Bauersfeld, Innsbruck 1935, S. 198.

WA: Huber, Dokumente, S. 403.

Im Vordergrund der Reichstagsvorlagen steht eine bedeutende Erhöhung der Friedensstärke des Heeres und Gewährung der hierfür notwendigen Summen. Die Vorlage begegnet beim Volke einer starken Abneigung. In der Zentrumsfraktion war sie Gegenstand einer vertraulichen Beratung. Die Anschauungen der Fraktion stimmen mit jenen des Volkes überein. Man war weder für neue Personallasten noch für Geldopfer. Ich habe mich bemüht, eine gewisse Verständigung herbeizuführen und einen Ausweg zu finden, bisher jedoch ohne Erfolg. Sollte das Zentrum die Vorlage ablehnen, dann wird es wahrscheinlich zur Auflösung

[2] Dieser Absatz nur in dem Abdruck von 1928. Gemeint ist der spätere Kaiser Wilhelm II.

des Reichstags kommen. Sicher rechnet Fürst Bismarck mit dieser Möglichkeit. Es läßt sich nicht voraussehen, wie die neuen Wahlen ausfallen. Selbst die Zentrumsfraktion ist nicht sicher, ob der Ausgang der Wahlen für sie günstig ist. Wenn die Regierung durch die neuen Wahlen eine ihr ganz ergebene Mehrheit bekommt, wird sich eine Rückwirkung auf die Verhandlungen mit Rom bemerkbar machen. Die Zentrumsfraktion wird die Entscheidung des Reichstags nicht beschleunigen; aber es wird unmöglich sein, sie lange hinauszuschieben. Sollte das Zentrum durch die neuen Wahlen seine führende Stellung im Reichstage weiter behalten, dann wäre man in Berlin eher zu Konzessionen bereit. Für heute beschränke ich mich auf diese Erwägungen; ich wollte damit den Heiligen Stuhl nur über die tatsächliche Lage orientieren.

108. Über die politische Betätigung von Beamten, Auszug aus der Entscheidung des Preußischen Oberverwaltungsgerichts vom 20. Dezember 1886, in: Entscheidungen des Preußischen Oberverwaltungsgerichts, Bd. XIV, S. 405 bis 408.

Der Beruf der Untertanen, die Krone durch die von ihnen durch das Mittel der Wahl in die legislativen Körperschaften entsandten Vertrauenspersonen in den wichtigsten Akten der Gesetzgebung und Staatsverwaltung fortgesetzt zu beraten, führt mit Notwendigkeit zur Bildung politischer Parteien und zu ihrer Tätigkeit in der Presse, in Versammlungen und Vereinen, die dazu dient, über die Tagesfragen der Politik zu belehren, Gleichgesinnte zu sammeln, Fernstehende heranzuziehen und zu überzeugen. Zu solcher Tätigkeit sind auch die Staatsbeamten, unmittelbare wie mittelbare, insofern als sie Staatsbürger sind, berufen. Kein Gesetz, keine Norm der Dienstpragmatik, schließt sie grundsätzlich und allgemein von derselben aus. Andererseits kann es aber auch namentlich nach den Preußischen Disziplinargesetzen, insbesondere nach dem für den Kläger maßgebenden Gesetze vom 21. Juli 1852, keinem Zweifel unterliegen, daß die Staatsbeamten auch in ihrer politischen Tätigkeit als Staatsbürger nicht von den ihnen durch ihr Staatsamt auferlegten Pflichten entbunden sind. Indem die §§ 2 und 3 dieses Gesetzes jedes Verhalten eines Staatsbeamten in oder außer dem Amte, durch welches er sich der Achtung, des Ansehens oder des Vertrauens, die sein Beruf erfordert, unwürdig zeigt, als Dienstvergehen kennzeichnen, so ist damit unzweideutig zum Ausdruck gebracht, daß die Anforderungen, welche im Interesse seines Amtes von jedem Beamten erfüllt werden müssen, sich über die Amtsverwaltung hinaus auf das gesamte außeramtliche Verhalten des

Beamten erstrecken. Der Staatsbeamte steht hiernach im öffentlichen politischen Leben — von den verfassungsmäßigen Privilegien der Mitglieder der legislativen Körperschaften abgesehen — nicht unbedingt gleich allen anderen Staatsbürgern, die nicht Staatsdiener sind. Das bestehende Recht steckt ihm nicht wie diesem nur die durch das Strafgesetz gezogenen Schranken, es legt ihm auch die besonderen Pflichten auf, deren Erfüllung sein Amt von ihm erheischt, und zwar ohne daß er sich hiergegen etwa, wie es sonst schon geschehen, auf Verfassungsbestimmungen wie die der Art. 27 und 28 der Verfassungs-Urkunde vom 31. Januar 1850 berufen könnte. Indem hier die Freiheit der Meinungsäußerung durch Wort, Schrift, Druck und bildliche Darstellung jedem Preußen als Grundrecht der Staatsangehörigen garantiert wird, ist die Möglichkeit nicht ausgeschlossen, daß für den Genuß dieser Freiheit außer durch das Strafgesetz dem einzelnen auch noch durch besondere, die Staatsbürger als solche nicht betreffende rechtliche Beziehungen, in welche er eintritt, Schranken gezogen sein können.

Der Widerstreit, der sich hiernach für den einzelnen Staatsbeamten auf dem Gebiete des politischen Lebens zwischen dem Rechte des Staatsbürgers und der Pflicht des Beamten ergeben kann, ist nicht nach einer alle Beamten-Kategorien und alle Kollisionsfälle gleichmäßig und erschöpfend beherrschenden Rechtsnorm zu lösen. Es ergibt sich dies mit Notwendigkeit schon aus der Verschiedenheit der Anforderungen, welche die einzelnen Ämter je nach dem Maße des notwendig in ihre Träger zu setzenden besonderen Vertrauens, der Größe der mit ihnen für die öffentliche Ruhe und Ordnung verbundenen Verantwortlichkeit, der Eigenartigkeit des von dem Streite der Parteien entfernenden amtlichen Berufes stellen. Wie alle Fälle der Kollision der Berufe und Pflichten, unterliegt auch dieser der jedesmaligen Erwägung im Einzelfalle.

Außer Zweifel steht zunächst, daß das gedachte Gesetz eine grundsätzliche Scheidelinie zwischen unmittelbaren und mittelbaren Beamten nicht derartig zieht, daß die Letzteren in ihrem außeramtlichen politischen Verhalten von der Rücksicht auf ihr Amt, das sie im Dienste des Staates bekleiden, entbunden wären. Es zeigt sich dies am deutlichsten, sobald an das politische Treiben der Parteien gedacht wird, welche grundsätzlich gegen die bestehende Rechts- und Staatsordnung kämpfen. Der mittelbare Staatsbeamte macht sich durch die Teilnahme an solchen — hier übrigens nicht in Frage stehenden — Bestrebungen disziplinarisch ganz ebenso strafbar wie der unmittelbare. Hiervon abgesehen schulden jene Beamten aber auch nicht nur in der Erfüllung ihrer Berufsarbeiten der vorgesetzten Staatsbehörde den unerläßlichen Gehorsam, vielmehr liegt ihnen auch die in der Gemeinsamkeit des auf den Auftrag des Landesherrn zurückzuführenden Staatsdienstes und dem Verhältnis der Über- und Unterordnung in demselben begründete Pflicht der rücksichtsvollen Achtung gegen die Inhaber der öffentlichen Ämter im Dienst wie außerhalb desselben ob, eine Pflicht, die kein Beamter verletzen kann, ohne damit die Interessen des Staatsdienstes, denen er in seinem Amte dienen soll, vermittelst des letzteren zu schädigen. Endlich ist klar, daß, je weiter sich ein Beamter in der öffentlichen Diskussion politischer Angelegenheiten von einer sachlichen Erörterung entfernt, je mehr er sich durch die Parteileidenschaft bewegt darstellt, sich durch dieselbe zu offenbar ungerechten, unwahren Behauptungen und Angriffen verleiten läßt, die politische Gegnerschaft zur Feindschaft steigert, er um so mehr auch an der unerläßlichen 'Achtung' und an dem nötigen 'Vertrauen' zu einer sachlichen und gerechten Führung des ihm anvertrauten öffentlichen Amtes einbüßen muß. In allen diesen Beziehungen muß dem besonderen Gewicht, welches der Amtscharakter dem öffentlichen Auftreten eines Beamten verleiht, die besonnene Berücksichtigung der mit dem Amte verbundenen Pflicht des Maßhaltens und unter Umständen der Zurückhaltung entsprechen. Es handelt sich dabei um Pflichten, die den Beamten in allen politischen Parteien gemeinsam sind und von dem Wechsel der politischen Systeme in der Staatsregierung nicht berührt werden.

109. Zweite Lesung der Militärvorlage von 1886. 11. bis 14. Januar 1887, Auszüge aus der Debatte, 18. Sitzung, 11. Januar 1887, Sten. Ber. RT, 6. Leg. Per., 4. Session, Bd. 1, S. 327 ff. (Bd. 192 der Gesamtreihe).

a) Abg. Graf Helmuth v. Moltke, S. 328 f.
WA: Schultheß, Bd. 28 (NF 3), 1887, S. 8.

Meine Herren, niemand von uns täuscht sich wohl über den Ernst der Zeit, in welcher wir uns befinden. Alle größeren europäischen Regierungen treffen eifrigst Vorkehrungen, um einer ungewissen Zukunft entgegenzugehen. Alle Welt fragt sich: werden wir den Krieg bekommen? Nun, meine Herren, ich glaube, daß kein Staatslenker freiwillig die ungeheure Verantwortung auf sich nehmen wird, die Brandfackel in den Zündstoff zu werfen, welcher mehr oder weniger in allen Ländern angehäuft ist.

Starke Regierungen sind eine Bürgschaft für Frieden. Aber die Volksleidenschaften, der Ehrgeiz der Parteiführer, die durch Schrift und Wort mißgeleitete öffentliche Meinung, das alles, meine Herren, sind Elemente, welche stärker werden können als der Wille der Regierenden; haben wir doch erlebt, daß selbst Börseninteressen Kriege entzündeten.

Wenn nun in dieser politischen Spannung irgend ein Staat in der Lage ist, für die Fortdauer des Friedens zu wirken, so ist es Deutschland, welches nicht direkt in den Fragen beteiligt ist, welche die übrigen Mächte aufregen; Deutschland, welches seit dem Bestehen des Reiches gezeigt hat, daß es keinen seiner Nachbarn angreifen will, wenn es nicht von ihm selbst dazu gezwungen wird.

Aber, meine Herren, um diese schwierige, vielleicht undankbare Vermittlerrolle durchzuführen, muß Deutschland stark und kriegsgerüstet sein. *(Bravo! rechts.)* Werden wir dann gegen unseren Willen in den Krieg verwickelt, so haben wir auch die Mittel, ihn zu führen. Würde die Forderung der Regierung abgelehnt, meine Herren, dann, glaube ich, haben wir den Krieg ganz sicher. *(Hört! hört! rechts.)*

Es ist ja nun erfreulich und wird seine Wirkung nach außen nicht verfehlen, daß von den großen Parteien dieses Hauses keine ist, welche ungeachtet mancher verschiedenen Ansichten in inneren Angelegenheiten der Regierung die Mittel verweigern wird, welche sie nach gewissenhafter Erwägung von uns für die Verteidigung nach außen fordert; nur über die Zeitdauer der Bewilligung sind die Ansichten sehr abweichend voneinander. Da möchte ich nun nochmals daran erinnern, daß die Armee niemals ein Provisorium sein kann. *(Sehr richtig! rechts.)* Die Armee ist die vornehmste aller Institutionen in jedem Lande; denn sie allein ermöglicht das Bestehen aller übrigen Einrichtungen *(sehr richtig! rechts):* alle politische und bürgerliche Freiheit, alle Schöpfungen der Kultur, die Finanzen, der Staat stehen und fallen mit dem Heere. *(Sehr richtig! rechts.)* Meine Herren, Bewilligungen auf kurze Frist, sei es auf ein, sei es auf drei Jahre [1], helfen uns nicht. Die Grundlage jeder tüchtigen militärischen Organisation beruht auf Dauer und Stabilität; neue Kadres werden erst wirksam im Verlauf einer Reihe von Jahren.

Meine Herren, ich glaube, ich darf sagen, daß heute die Augen Europas auf diese Versammlung gerichtet sind *(sehr richtig! rechts)*, auf die Beschlüsse, welche sie in einer so hochwichtigen Angelegenheit fassen werden. Ich wende mich an ihren patriotischen Sinn, wenn ich Sie bitte, die Regierungsvorlage unverkürzt und unverändert anzunehmen. Zeigen Sie der Welt, daß das Volk und die Regierung einig sind, und daß Sie,

[1] Die Regierungsvorlage forderte für die Zeit vom 1. 4. 1887 bis 31. 3. 1894 eine Erhöhung um 41 135 Mann auf 468 409 Mann. Frhr. von Stauffenberg beantragte, für ein Jahr 454 402 Mann, für drei weitere Jahre 441 200 Mann zu bewilligen, eventualiter die volle Zahl von 468 409 Mann auf drei Jahre. Graf Ballestrem vom Zentrum wollte 441 200 auf drei Jahre. Die Kommission hatte über die verschiedenen Anträge keine Einigung erzielt.

meine Herren, bereit sind, jedes Opfer, auch das Opfer einer abweichenden Ansicht zu bringen, wenn es sich um die Sicherung des Vaterlandes handelt! *(Lebhaftes Bravo rechts.)*

b) Abg. Franz von Stauffenberg, S. 329—334, Auszug, S. 334.

Nun hat der verehrte Herr Graf von Moltke nicht bloß heute, wenn ich ihn richtig verstanden habe, sondern bei verschiedenen Gelegenheiten schon davon gesprochen, daß die Armee einer der Angel- und Kernpunkte des deutschen Staatswesens sei, daß es nicht möglich sei, die Armee als ein Provisorium zu behandeln, an deren Grundfesten man rütteln könne. Nun, meine Herren, ich bin vollständig mit ihm einverstanden, und ich glaube, es wird wenige Mitglieder dieses Hauses geben, welche nicht geneigt sind, dieses Einverständnis rückhaltlos auszusprechen. Ist das nicht durch unsere Gesetzgebung jetzt schon der Fall? Ist es nicht auch schon nach allen Beschlüssen, welche Ihnen proponiert werden, selbst nach den weitgehendsten Anträgen, unzweifelhaft ebenfalls der Fall? Sind die Grundlagen der Armee nicht absolut festgestellt? Wenn man gegen ein Provisorium spricht und sagt, es sei unmöglich, die Armee auf ein Provisorium zu stellen, so muß ich dem entgegenhalten, daß, wenn man so argumentieren will, die 7 Jahre dann ebenfalls nur ein Provisorium sind, und den prinzipiellen Unterschied von diesem Standpunkte aus vermag ich in gar keiner Weise anzuerkennen. Wenn ich mich auf die 7 Jahre einlasse, so ist es nur eine Frage der Zweckmäßigkeit — ich meine für den, der auf dem Standpunkte der feststehenden gesetzlichen Bewilligung steht —, ob ich diese Zahl oder eine andere nehme. Eine geheiligte, geheimnisvolle Kraft liegt ja nicht in dieser Zahl; ein irgendwelcher Zusammenhang der 7 Jahre mit militärischen Verhältnissen wird kaum in vollständig zweifelloser Weise nachgewiesen werden können. Ich muß Ihnen auch vollständig zugestehen, daß alles, was Sie an Zahlen vorschlagen können, einen wenigstens nach gewisser Seite hin willkürlichen Charakter trägt; aber etwas muß ich bei dieser Gelegenheit doch betonen — und das hat die Entwicklung der letzten Zeit untrüglich gezeigt —: je länger die Termine sind, in welchen wir in diesem hohen Hause in Beratung über die Militärvorlage treten, desto schwieriger und desto aufregender vollziehen sich diese Beratungen.

Meine Herren, ob das ein Zustand ist, den man im Interesse des Vaterlandes und im Interesse der Armee wünschen kann, das muß ich sehr bezweifeln. Mein ernsthaftes Bestreben geht dahin: diese Dinge gewissermaßen, möchte ich sagen, aus dem Parteiprogramm herauszuheben und sie so zu stellen, daß sie nicht mehr von dem Wechsel der Meinungen betroffen werden; und dazu die Hand zu bieten, bin ich außerordentlich gern bereit und war es von jeher. Das richtigste ganz unzweifelhaft und das für die Armee allervorteilhafteste wäre die jährliche Bewilligung. Meine Herren, das klingt ja für manchen radikal, es ist es aber nur anscheinend, und ich hätte gewünscht, daß der Gedanke nicht von unserer Seite, wo er ja viel weniger Aussicht hat, realisiert zu werden, sondern von konservativer Seite in das Haus geworfen wäre; ich halte es wirklich für einen ganz gesunden konservativen Standpunkt, auf diese Art und Weise die Militärfrage in das richtige Fahrwasser zu bringen. Sie können überzeugt sein, und nach allen Erfahrungen, die wir gemacht haben, kann darüber auch nicht der Schein eines Zweifels sein, daß dann die Verhandlungen sich in ganz anderer Weise vollziehen würden als jetzt, wo sie ruckweise geschehen, wo sie in diesen langen Zeiträumen geschehen und immer diese gegenseitige Aufregung hervorrufen.

Meine Herren, wir sind von der Richtigkeit dieser einjährigen Bewilligung von jeher überzeugt. Ich habe im Jahre 1874 schon in der Militärkommission diesen Standpunkt vertreten und habe ihn bei jeder Gelegenheit, wo ich in diesem hohen Hause gesprochen habe, ebenfalls vertreten. Es ist also kein neuer, noch nie dagewesener Standpunkt, den ich einnehme.

Wir haben damals, als wir im Jahre 1883 die 3 Jahre beantragt haben, diese 3 Jahre ausführlich gerechtfertigt. Ich will hier nicht weiter darauf zurückkommen. Wir haben dies als die äußerste Grenze unseres Entgegenkommens bezeichnet, um den sehr dringenden Wunsch zu markieren, auf diesen Grundlagen zu einem Resultat zu kommen. Daß dieses gemeinschaftliche Resultat erzielt werde zum Heile unseres Vaterlandes, das kann niemand ernsthafter und lebhafter wünschen als ich. *(Bravo! links.)*

c) Reichskanzler Fürst Bismarck, S. 335—343, Auszug, S. 339 f.
WA: Schultheß, Bd. 28 (NF 3), 1887, S. 17—19; Böhm, Bd. 15, S. 269 bis 307; Kohl, Bd. 12, S. 173—210; GW, Bd. 13, S. 207—233.

Bismarck betont zunächst, Deutschland habe keine kriegerischen Bedürfnisse, es gehöre zu den saturierten Staaten. Die deutschen Bemühungen um einen langdauernden Friedenszustand seien aufrichtig, allerdings bedinge das ein starkes Heer, ein Heer, das stark genug sei, die deutsche Unabhängigkeit ohne jeden Bundesgenossen sicherzustellen. Das Reich werde Frankreich nie angreifen, „unter keinen Umständen". Aber es bestehe die Möglichkeit, daß Frankreich angreife, und das könne geschehen, sobald Frankreich stärker sei als Deutschland.

Ich sage also, wir müssen auf den Fall eingerichtet sein, daß wir in einem solchen Krieg unterliegen sollten; ja ich bin nicht furchtsam genug, das vorauszusehen; aber die Möglichkeit kann doch niemand bestreiten. Bis jetzt sind es nur mutige Zivilisten *(Heiterkeit)*, die meinen, keiner Verstärkung zu bedürfen; diejenigen Generäle und Heerführer, diejenigen Feldherren unter unseren Souveränen, die persönlich Fühlung mit der französischen Klinge gehabt haben, die sind durchaus anderer Meinung. Wenn so furchtlose Leute der Meinung sind: wir brauchen, um den nächsten Krieg mit Frankreich sicher zu bestehen, um der französischen Armee ebenbürtig zu sein, die und die Verstärkung, — dann finde ich es einen traurigen Mut, demgegenüber zu sagen: Sie irren sich, wir brauchen sie nicht, wir sind so stark genug. Ich sage: einen traurigen Mut, weil dieses mich einigermaßen an den miles gloriosus erinnert, der sagt: wir schlagen die Franzosen auch sowieso. Meine Herren, da irren sie sich, die parlamentarischen Strategen! Sie unterschätzen die Macht von Frankreich: Frankreich ist ein großes mächtiges Land, ebenso mächtig wie wir, Frankreich hat ein kriegerisches Volk und ein tapferes Volk und hat jederzeit geschickte Heerführer gehabt. Es ist ein Zufall, wenn sie uns unterlegen sind. Sie unterschätzen die Franzosen in der allerirrtümlichsten Weise, und es wäre eine Überhebung, zu sagen, daß Frankreich an und für sich als geschlagen zu betrachten wäre, wenn es uns gegenübersteht.

Wenn aber die Sachen so zweifelhaft sind nach dem Urteil der kompetenten Behörden, wenn die Möglichkeit überhaupt nach menschlicher Berechnung vorhanden ist, daß wir geschlagen werden können, — ja meine Herren, dann sind die Folgen eines unglücklichen Krieges doch zu traurig, als daß irgendjemand, wenn sie eintreten, die Verantwortung für ein solches Votum tragen könnte. Es ist viel von ministerieller Verantwortlichkeit die Rede, aber ich habe nie gehört — vielleicht wird es der Zukunft vorbehalten, solche Gesetze einzuführen —, daß auch Abgeordnete, welche an Beschlüssen teilnehmen, die ihr Land ins Unglück führen, einer Verantwortlichkeit dafür vor dem Richter unterliegen. *(Bravo! rechts.)* Wenn sie bewußterweise unser Land für den Krieg schwächen, dann halte ich ein solches Gesetz für ein Bedürfnis; ich werde beantragen, daß es eingebracht wird. Wenn wir unterliegen — ich wage diesen Gedanke ja gar nicht auszudenken; aber die Möglichkeit werden Sie mir doch nicht bestreiten, daß ebensogut, wie wir allein Frankreich geschlagen haben im Jahre 1870, Frankreich siegreich sein kann, nachdem es seine Armee verdoppelt, seine Reserven verdreifacht hat und mit der größten Bereitwilligkeit und Hingebung der Regierung jede Kosten bewilligt hat, ohne auch nur je eine Sekunde darüber zu diskutieren. Ich erinnere Sie daran, daß mit gewissem Mitleid die französischen Blätter auf die Vorgänge im deutschen Reichstag, und mit was für Schwierigkeiten die deutsche Regierung zu kämpfen hätte, wenn sie ihr Vaterland stärken wollte, hingedeutet haben. Frankreich ist also unendlich viel stärker, als es gewesen ist. Wenn wir es einmal geschlagen haben, so liegt darin gar keine Bürgschaft, daß wir es wieder schlagen werden; wir müssen diese Bürgschaften, sobald sie nach dem Urteil unserer kompetenten Militärbehörden unzulänglich sind, verstärken. Wenn sie unzulänglich blieben und wenn wir geschlagen würden, wenn der siegreiche Feind in Berlin stände, wie wir in Paris gestanden haben, wenn wir genötigt wären, seine Bedingungen des Friedens anzunehmen, — ja meine Herren, was würden dann diese Bedingungen sein?

Ich spreche gar nicht von der Geldfrage, obschon die Franzosen so glimpflich mit uns nicht verfahren würden, wie wir mit ihnen verfahren sind; ein so gemäßigter Sieger wie der christliche Deutsche ist in der Welt nicht mehr vorhanden. Wir würden dieselben Franzosen uns gegenüber finden, unter deren Herrschaft wir 1807 bis 1813 gelitten haben, und die uns ausgepreßt haben bis aufs Blut — wie die Franzosen sagen: saigner à blanc, d. h. so lange zur Ader lassen, bis die Blutleere eintritt, damit der niedergeworfene Feind nicht wieder auf die Beine kommt und in den nächsten 30 Jahren nicht wieder an die Möglichkeit denken kann, sich dem Sieger gegenüberzustellen. Das hätten wir, wenn wir eben nur die Staatsraison und nicht auch die christliche Gesinnung zu Rate zögen, wie das kriegführende Frankreich das gewohnt ist, 1870 ebensogut tun können, wie Napoleon es im Jahre 1807 und später getan hat. Wenn Sie die Erzählungen der alten Leute aus jener Zeit lesen, wenn Sie, wie ich noch in meiner Kinderzeit, unmittelbar die Erzählungen der Bauern, Landleute und Gutsbesitzer über die Leiden der Fremdherrschaft im Lande angehört hätten, — ich glaube, Sie würden auch ängstlicher sein vor der entferntesten Möglichkeit, daß ähnliche Zustände wieder eintreten könnten.

Aber das Geld ist ja das wenigste; man würde dafür sorgen, daß das Deutsche Reich so stark nicht bleibt, wie es ist. Man würde, von der Rheingrenze ausgehend, uns vom Rhein so viel abnehmen wie man könnte; ich glaube nicht, daß man sich mit Elsaß-Lothringen begnügen würde, man würde ein alterum tantum dazu verlangen, den Rhein abwärts. Auch das würde nicht genügen; man würde vor allen Dingen die Herstellung des Königreichs Hannover verlangen. *(Bewegung.)* Allein auf diesem Wege und auf keinem anderen ist das, was mir einer von den Herren Welfen sagte, die Herstellung des welfischen Staates auf gesetzmäßigem Wege möglich; denn der Friedensvertrag, den wir mit Frankreich — wenn wir überwunden sind, mit dem Sieger —, abschließen, kommt ja in die Gesetzsammlung *(Heiterkeit)*, und dann ist Hannover auf gesetzmäßigem Wege hergestellt. Wir würden Schleswig ganz ohne Zweifel an Dänemark verlieren. Uns in Polen lästige und erschwerende Bedingungen aufzuerlegen, ist so lange recht schwierig, als man nicht mit Rußland einverstanden ist, und dieses Einverständnis, glaube ich, liegt sehr fern für Frankreich. Aber man könnte doch uns immerhin die Bedingung auferlegen, daß Frankreich Garant derjenigen Rechte ist, welche der König von Preußen seinen polnischen Untertanen zu gewähren hat. Man könnte in dieser Garantie noch weiter gehen nach anderen Richtungen.

Ich will das nicht weiter verfolgen; ich will Ihnen bloß die Möglichkeit schildern, der wir bei einem unglücklichen Kriege ausgesetzt sind. Halten Sie das für übertrieben? Meine Herren, Sie kennen die Zukunft doch nicht; was die Entschließungen eines supponierten französischen Siegers sein würden, das können Sie doch unmöglich wissen. Wir würden, wenn wir jetzt von neuem von Frankreich angegriffen würden und uns noch überzeugen müßten, daß wir nie und unter keinen Umständen Ruhe haben, ähnlich verfahren, wenn wir wieder als Sieger in Paris sind. Wir würden uns bemühen, Frankreich auf 30 Jahre außer Stand zu setzen, uns anzugreifen, und uns in den Stand zu setzen, daß wir gegen Frankreich mindestens für ein Menschenalter vollständig gesichert sind. Der Krieg von 1870, würde ein Kinderspiel sein gegen den von 1890 — ich weiß nicht wann — in seinen Wirkungen für Frankreich. *(Bravo!)* Also das wäre auf der einen Seite wie auf der anderen Seite das gleiche Bestreben; jeder würde versuchen de saigner à blanc.

Im Schlußteil seiner Rede warnt Bismarck die Opposition davor, die Möglichkeiten des Reichstages zu überschätzen. Die Regierung werde unbedingt an ihrer Vorlage festhalten und, um sie durchzusetzen, gegebenenfalls an den Wähler appellieren.

d) Abg. Ludwig Windthorst, S. 347—350, Auszug, S, 348 f.

Ich bin nun wirklich der Meinung, daß jede Regierung sich am besten steht bei jährlicher Bewilligung. Wer daran zweifelt, möge doch die Güte haben, zu sagen, wie es mit dem Marineetat geht und wie mit den Teilen des Heeres, die bisher eine besondere Behandlung im Budget fanden, mit den Eisenbahnbataillonen. Dann ist kein Anlaß zu jährlichen Erörterungen, sondern man bewilligt einfach das bisher bewilligte; und wenn der Herr Reichskanzler meint, es würden dann immer neue Erörterungen stattfinden, so bin ich sicher, daß auch bei den Septennatserörterungen gar keine Schwierigkeiten entstanden wären, wenn man die alte Ziffer beibehalten hätte. Die Streitigkeiten, die entstanden, sind immer nur dadurch herbeigeführt, weil man immer Vermehrungen der Heeresstärke verlangte, so daß nur allein die auf Vermehrungen gerichteten Forderungen es gewesen sind, welche zu dem Streit Anlaß gaben, indem diese, wie ich wiederhole, immer eine neue Belästigung der Personen und eine neue Belästigung auch der Steuerkraft im Gefolge haben. Meine Herren, deshalb sage ich es noch einmal: Wir stehen ganz einfach auf dem Standpunkte, daß wir alles bewilligen, was verlangt wird, daß wir nur nach drei Jahren, wenn wir mit unserem zunächst auf ein Jahr gerichteten Antrag abgewiesen werden sollten, in der Lage sein wollen, von neuem zu prüfen; dabei habe ich die Überzeugung ausgesprochen — und ich bin gewiß, daß jeder dieselbe teilt —, daß, wenn das Vaterland in derselben Notwendigkeit sich befindet, die uns heute bezeugt wird, wir genau wieder dasselbe tun und die Forderung bewilligen werden. Es ist wirklich notwendig, daß dieser Gedanke nicht ein, sondern hundertmal wiederholt wird, weil er durch die Debatten hier im Hause, durch die Ausführungen, die wir von der anderen Seite hören, gar zu sehr verdunkelt wird und man im Lande am Ende wirklich glauben könnte, wir wollten das Vaterland wehrlos machen. Das wollen wir nicht; das will kein Deutscher, und im Auslande möge man sich nur nicht einbilden, daß etwaige innere Streitigkeiten von uns nicht sofort vergessen würden, wenn das Ausland uns angreift.

110. Wahlaufruf des Zentrums zu den Reichstagswahlen 1887, 14. Januar 1887, in: Die Centrumsfraktionen an der Jahrhundertwende, Entstehung, Programme, Satzungen, Wahlaufrufe und Mitgliederverzeichnis, Berlin 1900, S. 46—50.

WA: Schultheß, Bd. 28 (NF 3), 1887, S. 62 f.

Der Reichstag ist aufgelöst. Die Auflösung erfolgte, weil die Majorität und mit ihr die Zentrumsfraktion in vollster Einmütigkeit ihrer Mitglieder zwar die verlangte Verstärkung des Heeres nach ihrem ganzen Umfange bewilligte, aber die Gültigkeit der neu vereinbarten Friedenspräsenzstärke auf drei Jahre, nicht wie der Vorschlag der Verbündeten Regierungen lautete, auf sieben Jahre festsetzte. Die Bewilligung geschah in voller Würdigung der politischen Lage des Augenblickes. Für die Bemessung der Dauer war bestimmend, daß dem Reichstage, welcher die Frage zu lösen haben wird, auf welchem Wege die vermehrten Kosten zu decken seien, auch eine nochmalige Prüfung der geforderten Heeresverstärkung möglich sein müsse.

Neuwahlen stehen unmittelbar bevor.

Die Zentrumsfraktion hat nicht nötig, in dem entbrennenden Wahlkampfe ihr Programm noch erst zu entwickeln. Es ist das alte, wofür in sechs Wahlen Millionen von Wählern ihre Stimme abgegeben haben. Auch in der nunmehr abgebrochenen Legislaturperiode ist die Zentrumsfraktion bestrebt gewesen, für die Verwirklichung ihres Programms, wo immer möglich, nach Kräften einzutreten.

In demselben nimmt die Erkämpfung voller Freiheit und Selbständigkeit der Kirche die erste Stelle ein. Gerne erkennen wir an, daß die Wendung zum Besseren, welche auf diesem Gebiete vor einigen Jahren eingetreten ist, noch weiter angehalten hat. Bei dem engen Zusammenhange, welcher zwischen den Interessen des Reiches und denen der Einzelstaaten besteht, begrüßen wir dankbar die Erleichterungen, welche der Kirche in Preußen zuteil geworden sind. Aber noch ist der sogenannte Kulturkampf nicht beendet, noch bestehen die Reichsgesetze in Kraft, welche die Kirche mit Mißtrauen einengen und der Allgewalt des Staates ausliefern, die segensreiche Tätigkeit ihrer Diener und Ordensgenossenschaften lähmen und die verfassungsmäßigen Rechte von Millionen Reichsbürgern, sogar das ursprüngliche Recht ans Vaterland, das Heimatrecht, verletzen. Nur verhängnisvolle Selbsttäuschung könnte zu der Meinung verführen, als dürften die im Interesse der Kirche erhobenen Forderungen von nun an aus dem politischen Streite ausscheiden. Die Zentrumsfraktion wird sie so lange erheben, bis sie voll und ganz erfüllt sind.

Mit der Forderung der kirchlichen ist die Wahrung der bürgerlichen Freiheit unzertrennlich verbunden. Das deutsche Volk hat schwer genug unter der Herrschaft des falschen Liberalismus gelitten, absolutistischen Regungen aber, welche die von früheren Generationen mühsam errungenen Gerechtsame der Volksvertretung wiederum den durch ungeheure Machtmittel verstärkten Regierungen auszuliefern bereit sind, wird es seiner überwiegenden Mehrheit nach immer unzugänglich bleiben. Die Zentrumsfraktion weiß sich frei von jedem Streben nach parlamentarischer Herrschaft, aber sie wird, wie sie es immer getan hat, so auch in Zukunft jedem Versuche, die verfassungsmäßigen Rechte des Volkes zu schmälern, einen unbeugsamen Widerstand entgegenstellen. Nicht minder wird die Aufrechterhaltung des geschichtlichen und verfassungsmäßigen Grundcharakters des Deutschen Reiches, als eines Bundesstaates, auch künftighin unsere ernsteste Sorge sein.

Die wachsenden Bedürfnisse des Reiches, insbesondere die von Jahr zu Jahr gesteigerten Forderungen der Militärverwaltung, haben dem Volke in zunehmendem Maße Lasten auferlegt. Die Zentrumsfraktion hat keinen Augenblick aufgehört, wo nur immer möglich, auf Sparsamkeit in den Ausgaben zu drängen. Sie hat sich ebenso jedem zur Deckung der vermehrten Ausgaben ersonnenen Steuerprojekte widersetzt, welches nur eine Vermehrung, nicht aber eine gerechtere Verteilung der Lasten zur Folge gehabt oder aber in seiner Ausführung das hochwichtige Ausgabe-Bewilligungsrecht der Volksvertretung illusorisch gemacht hätte. Insbesondere war es die Einführung von Monopolen mit ihrem für die politischen Rechte gleich bedrohlichen Charakter, welcher die Fraktion jederzeit aufs entschiedenste entgegengetreten ist. Die nämlichen Grundsätze werden auch in Zukunft für uns maßgebend sein.

Früher als die Verbündeten Regierungen und früher als jede andere Partei hat die Zentrumsfraktion auf die mannigfachen Notstände innerhalb der wirtschaftlichen Produktion hingewiesen und gesetzgeberische Abhilfe verlangt. Auch in der abgelaufenen Legislaturperiode haben wir Vorschlägen zugestimmt, welche sich zur Aufgabe stellten, die Lage unserer Landwirtschaft einigermaßen zu verbessern. Wir werden jederzeit eintreten für eine ungehemmte und fruchtbare Entwicklung der nationalen Arbeit, nicht minder aber, wie wir es immer getan haben, für die berechtigten Ansprüche des Arbeiterstandes und der Handwerker. In der weiteren Durchführung der Arbeiterversicherung haben die Verbündeten Regierungen unsere nachdrückliche Unterstützung gefunden, wir waren aber zugleich bestrebt, die einschlagenden Gesetze so zu gestalten, daß die besonderen Bedürfnisse der verschiedenen Landesteile berücksichtigt und die Gefahren eines übermäßigen bürokratischen Apparates beseitigt blieben. Wiederholt haben wir durch eigene Anträge die so notwendige Fortbildung des gesetzlichen Arbeiterschutzes und der für den gedeihlichen Fortbestand des Handwerks erforderlichen Maßregeln verlangt. Wir werden die gleichen Forderungen auch in Zukunft mit allem Nachdruck erheben.

Der Augenblick ist ernst. Von dem Ausfall der Wahlen hängt nicht nur der Fortgang der Gesetzgebung während der nächsten drei Jahre, sondern die ganze Zukunft unseres Verfassungslebens ab. Gestützt auf das Vertrauen und die Eintracht ihrer Wähler hat sich die Zentrumsfraktion bei der wechselnden Verschiebung der Parteien als der unerschütterte 'feste Turm' erwiesen. Wir hoffen zuversichtlich, daß auch jetzt unsere Wähler zu uns stehen, daß sie einen neuen glänzenden Beweis ihrer Eintracht, ihrer unabhängigen Gesinnung, ihrer Pflichttreue geben werden.

Möge an dem Entscheidungstage kein zur Wahl Berechtigter an der Urne fehlen. Gott und das Vaterland verlangen es von uns als eine heilige Pflichterfüllung. Vorwärts in enggeschlossenen, vollzähligen Reihen, vorwärts in alter Tüchtigkeit zur Wahl! Vorwärts mit Gott für Wahrheit, Freiheit, Recht.

Berlin, den 14. Januar 1887

Es folgen die Unterschriften der Mitglieder des Fraktionsvorstandes im Reichstag.

111. Aufruf der sozialdemokratischen Fraktion zur dritten Reichstagswahl unter dem Sozialistengesetz, 14. Januar 1887, in: Die Sozialdemokratie im Deutschen Reichstag. Tätigkeitsberichte und Wahlaufrufe aus den Jahren 1871—1893, Berlin 1909, S. 249—253 (2. Aufl. Berlin 1966).

Der Reichstag ist heute aufgelöst worden; damit ist unser Mandat erloschen, und die Wähler Deutschlands haben innerhalb fünf Wochen (am 21. Februar) vor die Wahlurne zu treten, um ihr Urteil abzugeben zwischen Reichstag und Regierung. In dem Konflikt, welcher zur Auflösung geführt hat, war uns, den Abgeordneten der sozialdemokratischen Partei, die wir leider zur Zeit der tätigen Mitwirkung unserer durch Inhaftierung verhinderten Genossen entbehren müssen, mit denen wir jedoch im Geist uns völlig eins wissen, der Weg klar vorgezeichnet; umwandelbar auf dem Boden unseres Programms stehend, mußten wir jeden Kompromiß verwerfen, im Interesse des arbeitenden Volkes mußten wir der Regierung, welche eine Verstärkung des Militärs forderte, jeden Mann und jeden Groschen verweigern. Mit dem Militarismus, welcher ein notwendiger Auswuchs des herrschenden Staats- und Gesellschaftssystems ist, gibt es für die Sozialdemokratie ebensowenig eine Aussöhnung, wie mit diesem System selbst. Der Militarismus ist unverträglich mit der Freiheit und dem Wohlstand der Völker und legt es in die Hand der Machthaber, ohne Zustimmung der Volksvertretungen verheerende Kriege herbeizuführen. Wir verlangen die allgemeine Volksbewaffnung, die Erziehung der gesamten Nation zur Wehrhaftigkeit, die Schaffung eines Volksheeres, welches die ganze Wehrkraft der Nation umfaßt. Ein solches Heer ist zur Verteidigung des Landes doppelt und dreifach so stark als das gegenwärtige, zum Angriff auf andere Nationen nicht zu verwenden und folglich eine Bürgschaft des Friedens. Mit der Beseitigung des Militarismus ist der Weltfriede gesichert.

Wenn wir von dem Militarismus und dessen Vertretern absehen, ist eine ernstliche Kriegsgefahr überhaupt nicht vorhanden; die Völker wollen und brauchen den Frieden. Je größer die Zivilisation eines Volkes, desto höher sein Friedensbedürfnis. Eine Gefahr birgt allein das halbbarbarisch-despotische Rußland, und dieser Gefahr wird erfolgreich begegnet durch einen Bund der Kulturvölker. Aber das schlimmste Hindernis eines solchen Bundes sind die kolossalen Kriegsrüstungen der Gegenwart, die in Gestalt des 'bewaffneten Friedens' einen unerträglichen Zustand geschaffen haben, verglichen mit dem der Krieg selbst kaum als das größere Übel erscheint. Daß ein Zustand nicht fortdauere, bei dem jeder Funke einen Weltbrand verursachen kann, das liegt, wenn wir eine winzige Minderheit ausnehmen, im Interesse des gesamten Volkes.

Der Reichskanzler hat für die kommende Wahlschlacht das Losungswort gegeben: „Kaiserliches oder Parlamentsheer!"

Diese Parole drückt den vorhandenen Gegensatz nicht richtig aus; die Frage, welche zur Entscheidung steht, lautet: „Gilt in Deutschland der Wille des Reichskanzlers mehr als der Wille der Volksvertretung?"

Wir Sozialdemokraten sind keine Anhänger des parlamentarischen Regierungssystems, welches gegenwärtig nur den Anschauungen und Interessen der Bourgeoisie entsprechen kann, aber da wir die Volksherrschaft erstreben, müssen wir für die Volksvertretung die äußersten Machtbefugnisse fordern.

Hat die Volksvertretung bisher in Deutschland nicht die Interessen des Volkes so gewahrt, wie es sein sollte, so liegt die Schuld in erster Linie an dem Volke selbst, das in seiner Mehrzahl nicht Vertreter der Volksinteressen, sondern Vertreter von Sonder- und Klasseninteressen in den Reichstag gewählt hat. Indem wir uns an das Volk wenden, verlangen wir vor allem von ihm, daß es seine Interessen erkenne und sie bei der bevorstehenden Wahl zur Geltung bringe.

Am besten wird dies geschehen, ja einzig und allein wird dies geschehen durch die Wahl sozialdemokratischer Abgeordneten.

Was insbesondere die Frage anbelangt, welche den Anlaß zur Auflösung geliefert hat, mußten wir auf das entschiedenste festhalten an der einjährigen Feststellung des Budgets.

Das Budgetrecht, welches das Hauptmachtmittel der Volksvertretung bildet, ist ein bloßes Blendwerk, wenn es nicht mit alljährlicher Budgetbewilligung verbunden ist. Von seiten der übrigen Oppositionsparteien war es daher eine Schwäche, daß sie durch Gewährung des Triennats (des dreijährigen Militärbudgets) dieses wichtigste Machtmittel preisgaben.

Unser Programm ist allbekannt: dasselbe läßt sich in wenige Sätze zusammenfassen:

Hebung des Volkswohlstandes und Herbeiführung des gesellschaftlichen und internationalen Friedens durch eine gründliche Sozialreform, deren Endziel die genossenschaftliche Organisation der Arbeit an Stelle der regellosen kapitalistischen Produktion ist; Beseitigung aller indirekten Steuern; Ersetzung aller vorhandenen Steuern durch eine einzige progressive Einkommen-, Besitz- und Vermögenssteuer; eine der Höhe der Wissenschaft entsprechende allgemeine Volkserziehung, Schutz der persönlichen Freiheit; Abschaffung aller Ausnahmegesetze, die nur eine äußerlich milde Form des Bürgerkrieges sind, gleiches Recht für alle!

Unsere Tätigkeit als Abgeordnete war von unserem Programm diktiert und wird, falls das Votum unserer Wähler das Mandat erneuert, auch in Zukunft von unserem Programm diktiert sein. Für uns ist Kompromiß gleichbedeutend mit Prinzipienverrat. Nicht, daß wir den Erfordernissen praktischen Schaffens unzugänglich wären — wir haben bei jeder Gelegenheit, seit es Vertreter der Sozialdemokratie im Reichstage gibt, den tatsächlichen Beweis geliefert, daß wir bei einer Gesetzgebung zugunsten des Volkes zu ernster Mitwirkung bereit sind. Wir erinnern an unseren Entwurf eines Arbeiterschutzgesetzes, an unseren Antrag zum Schutze des Koalitionsrechtes, an unsere Anträge zu dem Kranken- und Unfallversicherungsgesetz und Hilfskassengesetz, welche bezweckten, diesen Gesetzen ihren schwerfällig bürokratischen Charakter zu nehmen und sie den Arbeitern nützlich zu machen, an unseren Antrag zugunsten der Familien der Landwehrleute, an unseren Antrag zur Milderung des Exekutionsverfahrens, an unsere Anträge zur Entschädigung unschuldig Verurteilter und Inhaftierter, zur Sicherung der Wahlfreiheit. Jedem Angriff auf die Rechte des Volkes, jedem Versuch, die Lasten des Volkes zu vermehren und die Lebensmittel des Volkes zum Vorteil des Großgrundbesitzes und Großkapitals zu verteuern, sind wir mit voller Kraft entgegengetreten und haben keine Gelegenheit versäumt, für die Interessen der Arbeiter und die Forderungen der Humanität und Gerechtigkeit einzustehen.

Wir glauben, durch unsere ganze Tätigkeit im Reichstage gezeigt zu haben, daß unsere Sache die Sache des Volkes ist.

Wir erwarten von dem Volke, daß es zu uns steht.

Siegt die Regierung in dem jetzt beginnenden Wahlkampf, so ist die Volksvertretung zu einer Geldbewilligungsmaschine herabgedrückt, das Branntwein- und Tabaksmonopol werden uns aufgedrängt, die Steuerschraube wird noch schärfer angezogen und das allgemeine Wahlrecht wird vernichtet.

Kein Zweifel, das allgemeine Wahlrecht steht in Gefahr.

Das allgemeine Wahlrecht, der Ausdruck der Volkssouveränität, ist gegenwärtig die einzige Waffe, durch welche das Volk seine Forderungen zur Geltung bringen kann, und durch deren Besitz es erst mündig geworden ist. Die Entziehung des Wahlrechtes bedeutet die Entmündigung des Volkes — und jede sogenannte Einschränkung oder Regulierung des Wahlrechtes, unter welch' harmloser Form sie sich auch darbieten möge, läuft darauf hinaus, die Massen des arbeitenden Volkes, d. h. die Klasse, welche die Gesellschaft erhält und den Staat auf ihren Schultern trägt, ihres Wahlrechtes zu berauben, also politisch zu entmündigen.

Die Beschränkung des allgemeinen Wahlrechts ist die Proklamation des nackten Klassenstaates, und die sozialdemokratische Partei, welche den Klassenstaat prinzipiell bekämpft, hat das Recht, von dem Volke zu verlangen, daß sie in diesem Kampfe von den Massen unterstützt werde.

Alle anderen Parteien stehen auf dem Boden des Klassenstaates und der Klassenherrschaft und sind deshalb gegenüber dem politischen und sozialen System, welches der Ausfluß und der Ausdruck dieser Klassenherrschaft ist, zu konsequentem Handeln unfähig.

Angesichts der beispiellosen Verfolgungen, deren Zielscheibe seit 1878 und namentlich in neuester Zeit die Sozialdemokratie ist, und die sich aller Wahrscheinlichkeit nach steigern werden, ermahnen wir die Wähler und insbesondere die Parteigenossen zur Besonnenheit. Zur Einigkeit zu mahnen, haben wir nicht nötig. Nichts darf die Schlagfertigkeit der Partei beeinflussen. Das gemeinsame Ziel erheischt unter allen Umständen Unterordnung des einzelnen unter die Mehrheit der Gesinnungsgenossen. Der Wahlkampf vollzieht sich unter den günstigsten Bedingungen für unsere Partei. Von den glänzenden Versprechungen, mit denen die Ära der neuen Wirtschaftspolitik eingeleitet wurde, hat sich nicht eine erfüllt; der arme Mann befindet sich in einer schlimmeren Lage als früher, und kein Landmann, kein Handwerker, kein Kleingewerbetreibender und namentlich kein Arbeiter kann mit den Früchten des herrschenden Systems vor Augen noch an demselben festhalten.

Das sozialdemokratische Prinzip zeigt den Weg zur Rettung, und hiermit appellieren wir an das Volk. Möge es wählen zwischen uns und unseren Feinden, die auch des Volkes Feinde sind.

Berlin, 14. Januar 1887

Es folgen die Namen der Fraktionsmitglieder mit Ausnahme der damals in Haft befindlichen 6 Abgeordneten.

112. Aufruf der Nationalliberalen Partei zur Reichstagswahl, 16. Januar 1887, in: Schultheß, Bd. 28 (NF 3), 1887, S. 60 f.
WA: Programmatische Kundgebungen der Nationalliberalen Partei 1866—1909, Berlin 1909, S. 37 f.

Ein gefährlicher Streit ist über unser Vaterland hereingebrochen. Die Auflösung des Reichstages und die bevorstehenden Neuwahlen rufen alle Deutschen zu einer folgenschweren Entscheidung. Eine aus bunten Bestandteilen der Opposition zusammengesetzte, nur in der Verneinung einige Mehrheit wich zwar angesichts der Macht der Tatsachen und der Stimmung des deutschen Volkes vor dem anfänglichen Versuche, die Notwendigkeit der Verstärkung unserer Wehrkraft offen zu bestreiten, zurück, weigerte sich dann aber, die Friedenspräsenz des Heeres wie bisher auf sieben Jahre zu bewilligen. Sie brach die selbst in friedlicher Zeit von allen Seiten für notwendig erachtete und auf dieser Grundlage zwischen der Reichsregierung und dem Reichstage gefundene Einigung, welche sich 12 Jahre hindurch den Anforderungen einer festen Heeresorganisation und den Rechten des Parlaments gegenüber als der beste Augleich bewährt hatte. Das deutsche Volk, umringt von äußeren Gefahren, mußte erleben, daß die Mehrheit seiner Vertreter eine maßvolle, hinterher selbst von der Mehrheit des Reichstages als notwendig zugestandene Erhöhung der Friedenspräsenz trotz der eindringlichsten Bitten und Ermahnungen des großen Heerführers in seiner Mitte an Bedingungen knüpfte, welche nach der Natur der Sache, nach den Erklärungen der Reichsregierung und den bestimmtesten Versicherungen aller bewährten Sachkenner unvereinbar sind mit den festen Grundlagen der Heeresorganisation, und somit die durch eine Erhöhung unserer Wehrkraft verstärkte Sicherheit unseres Landes gerade im gegenwärtigen Augenblick gefährden würden. Die Mehrheit des Reichstages hat so die Verstärkung unserer Heeresmacht zur Verteidigung des Vaterlandes und zur Wahrung des Friedens ins Ungewisse verzögert, und, wenn die deutschen Wähler nicht helfen, verhindert. Sie hat ohne Not, wo die höchsten Interessen des Vaterlandes die volle Einigkeit im Innern erfordern, die Brandfackel der Zwietracht in das junge deutsche Verfassungsleben geschleudert, und wahrlich, unheilvoll werden die Folgen sein, falls nicht das deutsche Volk Wandel schafft. Darum wenden wir uns an alle Deutschen, ohne Unterschied der Partei und Konfession, deren Herzen besorgt sind um die Zukunft des Vaterlandes, welche die Sicherheit und Unabhängigkeit des neu erstandenen deutschen Reiches höher achten als die rücksichtslose Geltendmachung von Fraktionsprogrammen, welche in dem Kampf um die gesetzlichen Grundlagen unseres deutschen Heeres, dieses Palladiums der Unabhängigkeit der Nation, zugleich eine schwere Gefahr für eine gedeihliche fortschreitende Entwicklung im Innern erblicken. Mögen sie sich fest zusammenscharen, möge ein jeder ohne Rücksicht auf persönlichen Vorteil oder Nachteil, ohne Befangenheit in den Anschauungen der Fraktionen nur des Vaterlandes gedenken. Unseren näheren politischen Freunden aber rufen wir zu, daß diesmal vor allem ein jeder seine Schuldigkeit tue. Unsere Stellung zu den großen Fragen der Reichspolitik bleibt dieselbe wie bisher. Entscheidend aber ist heute die Sicherung des Landes, der Friede nach außen und nach innen. Steht fest auf der Schanze, kläret das Volk auf, tretet den Keim schon der inneren Zwietracht nieder, verhütet die Ermutigung des Auslandes, wählet nur Männer, welche hierfür Sicherheit bieten! Wir sind des Vertrauens, daß das deutsche Volk auch diesmal alle Lockungen und Versuchungen zum Rückfall in die alte Uneinigkeit und den inneren Hader, unter dem wir Jahrhunderte gelitten und verdarben, siegreich zurückweisen wird.

Berlin, den 16. Januar 1887

113. Aufruf der Deutsch-Freisinnigen Partei zur Reichstagswahl, 16. Januar 1887, in: Schultheß, Bd. 28 (NF 3), 1887, S. 61 f.

Gesinnungsgenossen! Der Reichstag ist aufgelöst. Die Mehrheit der Volksvertretung hat der von der Reichsregierung geforderten Erhöhung der Friedenspräsenzstärke um 41 000 Mann zugestimmt. Trotz schwerer Bedenken hat die Freisinnige Partei in entscheidender Weise zur Bildung dieser Mehrheit beigetragen. Jetzt wird ein erbitterter Wahlkampf eröffnet, und das geschieht, weil man es dem Volke verweigern will, nach drei Jahren wiederum eine Einwirkung auf das Maß der militärischen Lasten auszuüben. Wir dagegen wollen dem künftigen Reichstag das Recht nicht verschränkt wissen, eine Abkürzung der Dienstzeit und eine Erleichterung der Steuerlast zu erwirken. Die Ablehnung dieses Verlangens ist ein unberechtigtes Mißtrauensvotum gegen das deutsche Volk. Unsere Gegner versagen dem Volk das Vertrauen, daß es in den Reichstag Männer wählen werde, welche, so wie bisher, auch künftig das zum Schutze des Vaterlandes Notwendige zu gewähren bereit sind. Aber alle konstitutionellen Einrichtungen beruhen auf solchem Vertrauen. Ohne dasselbe ist nur ein absolutes Regiment oder der leere Schein einer konstitutionellen Regierung denkbar. Eine ohnmächtige Volksvertretung würde gewiß jenen Plänen nicht Widerstand leisten, deren Durchführung in den Augen unserer Gegner der wahre Preis des Sieges in dem bevorstehenden Wahlkampf sein soll: Branntweinmonopol, Tabakmonopol, eine weitere Belastung der ärmeren Volksklassen durch höhere Besteuerung des Massenverbrauchs. Eine Verwirklichung unseres Vorschlages, im Interesse der Gerechtigkeit die Wohlhabenden durch eine Reichseinkommensteuer zur Deckung des Mehraufwandes für die Armeen heranzuziehen, wäre ausgeschlossen. Aus einer reaktionären Mehrheit würden sicherlich, wenn auch heute verleugnet, die Pläne wiederum erstehen, welche sich gegen die volkstümlichen Grundlagen unserer Reichsverfassung, insbesondere gegen das allgemeine, gleiche und geheime Wahlrecht kehren. Wähler! Gehen wir unbeirrt in den Kampf für die Verteidigung von Freiheit, Recht und Verfassung durch selbständige, unabhängige Volksvertreter, in Treue zu Kaiser und Reich.

114. ALFRED KRUPP, Ansprache an die Angehörigen meiner Gußstahlfabrik und der meiner Firma Fried. Krupp gehörenden Berg- und Hüttenwerke, Februar 1887, in: Alfred Krupps Briefe 1826—1887. Im Auftrage der Familie und der Firma Krupp hrsg. von Wilhelm Berdrow, Berlin 1928, S. 421—423.

Vor 60 Jahren war ich geschäftsführender Mitarbeiter der damals so kleinen Gußstahlfabrik; wir waren unserer zusammen acht, heute zählt die Fabrik mit ihren Berg- und Hüttenwerken gegen 20 000 Arbeiter.

Wir haben von je her treu zueinander gestanden, die Sorge für Wohlfahrt, Recht und strenge Unparteilichkeit gegen alle Konfessionen wurde vergolten durch Diensteifer und Anhänglichkeit. Die gegenwärtige große Verwaltung befolgte bisher, wie sie es auch künftig tun wird, dieselben Grundsätze. So erklärt sich das Gedeihen des ganzen Werkes und der angehörigen Familien, auch die Beruhigung versorgter Witwen und Kinder der Verstorbenen.

Mit dem Bewußtsein, das allgemeine Vertrauen ehrlich verdient zu haben, folge ich nun dem Drange, noch einmal an den jetzigen großen Kreis unserer Angehörigen einige Worte zu richten, wie solches in früheren Jahren bei anderen wichtigen Veranlassungen ja öfter geschehen ist und mit Erfolg belohnt wurde. Damals berührten die Fragen die Sicherheit und den Frieden, das einseitige innere Interesse der Fabrik und der Familie allein; meine heutige Ansprache betrifft dagegen das große Interesse des ganzen Deutschen Reiches, welches ja auch das unsere ist.

Kurz, mit Übergehen der bekannten Ereignisse, will ich hier der von Seiner Majestät dem Kaiser befohlenen Neuwahl von Mitgliedern zum Reichstage gedenken und Betrachtungen daran schließen.

Von dem Geiste der Majorität des nächsten Reichstages wird die Frage abhängen, ob Krieg oder Frieden. Stehen wir einig und stark da, so wird Frankreich es nicht wagen, uns zu überfallen. Zeigen wir uns uneinig und schwach, so ist der Krieg unabwendbar, und wäre es dann nicht unmöglich, daß bei ungenügender Militärmacht die deutsche Armee, trotz ihrer geschichtlich unvergleichlichen Großtaten, der Übermacht würde weichen müssen, daß dann das Innere des Reiches mit Krieg überzogen, entkräftet, verheert und das Ganze vielleicht wieder zerrissen werden könnte.

Da jeder nicht verblendete Staatsbürger ohne Unterschied der Stellung doch nur das Verlangen haben kann, das letztere zu verhüten, so sollten alle sich vereinen, dem Aufruf Seiner Majestät des Kaisers zu folgen durch Wahl einsichtsvoller, vaterlandesliebender Mitglieder zum Reichstag, damit die Militärvorlage, welche allein den Frieden sichern kann, zum Gesetz erhoben werde.

Dann allein ist das Reich geborgen.

So wie wir, haben auch alle anderen Fabriken, Berg- und Hüttenwerke und die verschiedensten Gebiete von Gewerbe, Handel und Verkehr, alle im ganzen Lande, dasselbe Interesse.

Wir gehen bei Frieden einer günstigen Zeit entgegen, und ich war von großer Hoffnung für die Zukunft erfüllt. Was nützen aber alle Aufträge, wenn Arbeit und Transport durch Krieg gehemmt werden! Dann können ja auch unsere Werke zerstört werden; jedenfalls muß man sich auf Entlassungen, selbst bis zur völligen Einstellung der Arbeit, vorbereiten. Dann aber würde an Stelle des Erwerbs die Not, das Pfandhaus und der Wucherer treten, denn meine Mittel und die Unterstützungskassen würden bald erschöpft sein. Den Gram möchte ich nicht erleben.

Zum Besten aller kann ich nur wünschen, daß niemand sich verleiten lasse, teil zu nehmen an der Schuld eines solchen Unglücks in Folge einer regierungsfeindlichen Wahl. Tut aber jedermann seine Schuldigkeit, so werde ich alle Mittel freudig aufbieten, die Tätigkeit auf allen Werken zu vermehren, neue Anlagen auszuführen und mehr Leuten den Lebensunterhalt zu verschaffen.

Möge doch die ganze Nation von dem Verlangen erfüllt werden, daß alle in tiefer Dankbarkeit gegen Seine Majestät den Kaiser, für die Hingebung Seines ganzen Lebens zum Heil des Landes, Seinem Winke gehorchen, Seinem erhabenen Vorbilde für Pflichterfüllung und Vaterlandsliebe folgen.

Es ist meine Pflicht gegen den Staat und gegen meine Angehörigen, gewissenhaft zu raten und zu warnen vor Verirrung und ihren möglichen Folgen. Bei Unterlassung dieser Äußerungen möchte ich beschuldigt werden können, staatsfeindliche Bestrebungen zu dulden in unserem Verbande; darüber soll aber kein Zweifel bestehen.

Ich habe bekanntlich zwar niemals mit den öffentlichen Fragen der Gemeinde-, Staats- und Reichsverwaltung, Gesetzgebung und dergleichen mich befassen dürfen, weil meine Werke meine geringe ganze Kraft bedurften; heute darf ich aber der Mitwirkung zur Lösung einer Lebensfrage für das deutsche Reich mich nicht entziehen, ebenso hat auch mein Sohn Fried. Alfred Krupp die ihm angetragene Kandidatur für den Kreis Essen nur zu dem Zwecke angenommen, im Falle seiner Wahl die gedachte Regierungs-Militärvorlage zu unterstützen.

Schließlich empfehle ich zugleich hiermit ebenso dringend auch allen auf meinen entfernten Berg- und Hüttenwerken in Westfalen, Rheinland und Nassau tätigen Wahlmännern, diesen Rat zu beherzigen und im gleichen Sinne zu wirken.

115. Aufruf des GRAFEN FÜRSTENBERG-STAMMHEIM und anderer Mitglieder des katholischen rheinischen Adels zur Reichstagswahl, 7. Februar 1887, in: Neue Preußische Zeitung (Kreuzzeitung), 15. Februar 1887.
WA: Schultheß, Bd. 28 (NF 3), 1887, S. 82 f.

An unsere rheinischen Landsleute!

Mit aufrichtiger Anerkennung haben wir bei Beginn des Kulturkampfes auf das Zentrum geblickt, als es die katholische Fahne aufpflanzte und mannhaft verteidigte. Mit Schmerz aber mußten wir konstatieren, daß die Partei mit der Zeit immer mehr dahin kam, im Bunde mit Welfen und Polen auch undeutschen Zwecken zu dienen. Besonders seitdem durch die hochherzige Entschließung Sr. Majestät unseres Kaisers und Königs ein Wechsel im Kultusministerium eingetreten und durch das bereitwillige Entgegenkommen Sr. Heiligkeit des Papstes sich eine Verständigung der beiden höchsten Gewalten der Welt, der römisch-katholischen Kirche und des Deutschen Reiches, anbahnte, vermochte die Zentrumsleitung dieser Richtung nicht im gehofften Maße zu folgen, sondern verharrte zu sehr in ihrer früheren Stellung als Oppositionspartei. Jetzt, im Moment, als es galt, das Vaterland gegen alle auswärtigen Gefahren wehrhaft zu erhalten, verfolgte das Zentrum, statt einer großen nationalen Politik, die Politik kleinlichsten Nörgelns und endigte schließlich im offenen Bündnis mit dem demokratischen Fortschritt! Alles das trotz dringlichster Mahnung Sr. Heiligkeit unseres Kirchenoberhauptes. Nachdem jedoch auch nach Bekanntmachung der päpstlichen Kundgebung die Kölner Zentrumsversammlung den Beschluß gefaßt hat, den bisherigen Vertretern im Reichstag die vollste Zustimmung auch zu der in der letzten Session beobachteten Haltung auszusprechen, und alle rheinischen Wähler auffordert, mit größter Entschiedenheit für die Wiederwahl der alten, bzw. Neuwahl gleichgesinnter Abgeordneten für das Zentrum des Reichstags einzutreten, halten wir, in voller Übereinstimmung mit dem päpstlichen Schreiben, es für unsere Pflicht, unsere rheinischen Landsleute hierdurch aufzufordern, treu und fest zum Kaiser zu stehen und mit uns zusammenzuwirken für eine katholisch-konservative Partei.

116. THEODOR FONTANE an Georg Friedlaender, Berlin, 3. April 1887, in: Theodor Fontane, Briefe an Georg Friedlaender, hrsg. und erläutert von Kurt Schreinert, Heidelberg 1954, S. 70—72, Auszug, S. 70 f.

Im Ganzen leben wir in einer forschen und großen Zeit und ich danke Gott täglich, daß ich nicht bloß 1837, wo der Pegelstand am niedrigsten war, sondern auch noch 1887 erlebt habe; wir sind aus dem Elend, der Armut und Polizeiwirtschaft heraus, alles gut, aber neben unsrer neuen Größe läuft eine Kleinheit, eine Enge und Unfreiheit her, die die verachtete Stillstands- und Polizeiperiode der 20er und 30er Jahre nicht gekannt hat. Besonders die militärische Welt überschlägt sich; es ist der verwöhnte Sohn im Hause, der, weil er am besten reiten und tanzen kann, sich unter Zustimmung der Eltern alles erlauben darf. Der Rest der Welt, wenn er eine eigne Meinung haben will, ist nur dazu da, gescholten und verdächtigt, unter allen Umständen aber angepumpt zu werden. Von dieser militärischen Welt gilt in gesteigertem Maße das, was von der ganzen Zeit gilt: im Ganzen glänzend, im Einzelnen jämmerlich. Dabei mehren sich die Zeichen innerlichen Verfalls; Selbstsucht und rücksichtslosestes Strebertum sind an die Stelle feinen Ehrgefühls und vornehmer Milde getreten und während in den Herzen Roheit und destruktive Ideen Fortschritte machen, zeigt sich nach außen hin ein toter, bei uns nie dagewesener Byzantinismus. Dabei wird die Jugend immer fachmäßig dummer, dem Hammel, der vorspringt, springen die andern nach und an die Stelle selbständigen Denkens ist Salamanderreiben und Nachplapperei getreten. Früher wurden Dinge „Mode“, die nur der eine mitmachte, der andre nicht, jetzt faßt ein Schlagwort oder gar eine „Parole“ die Menschen mit der Macht einer Epidemie, der sich der Einzelne kaum entziehen kann und die so lange dauert, bis ein bestimmter Teil der Gesellschaft „ausgeseucht“ ist. Aber schon ist eine neue Epidemie da und bemächtigt sich eines neuen Bruchteils der Gesellschaft.

117. Verhandlungen des Parteitags der deutschen Sozialdemokratie in St. Gallen. Abgehalten vom 2. bis 6. Oktober 1887, Hottingen-Zürich 1888.

a) 3. Sitzung, Dienstag, 4. Oktober, vormittags 8 Uhr, S. 17—19.

Die Debatte über den zweiten Gegenstand der Tagesordnung „Haltung und Tätigkeit der sozialdemokratischen Abgeordneten im Reichstag und den Landtagen“ wird fortgesetzt.

Die verschiedenen Redner ergingen sich in der bereits skizzierten Weise über die Tätigkeit der Parteivertreter, wobei einzelne der Redner wiederholt auf die Bedeutung der Dampfersubvention und der Arbeiterkolonien für die Partei- und Arbeiterbestrebungen zu sprechen kamen.

Mit Ausnahme eines Redners aus Württemberg, welcher von der parlamentarischen Tätigkeit der Partei wenig oder gar keinen Vorteil für dieselbe erwartet, vielmehr der Meinung ist, daß dieselbe sich nur protestierend verhalten und vor allem auf die Beseitigung des Ausnahmegesetzes hinarbeiten solle, erklären sich sämtliche übrige Redner für die energische Beteiligung an der parlamentarischen Arbeit. Doch waren sämtliche Redner auch darin einig, daß man sich vor Überschätzung derselben hüten müsse, daß es gelte, in den Beratungen mit Entschiedenheit aufzutreten und überall das Klasseninteresse der Arbeiter dem Klasseninteresse der Besitzenden gegenüberzustellen.

Liebknecht konstatiert die Einmütigkeit, die sich in der Hauptsache in dieser Debatte auf dem Parteitag herausgestellt habe. Er bestreitet auch, daß innerhalb der Fraktion ernsthaft von zwei auseinandergehenden Strömungen gesprochen werden könne, das habe sich am deutlichsten gezeigt bei den mehrfach kritisierten Abstimmungen über die Dampfersubvention und die Arbeiterkolonie Schneckengrün. Die eine Abstimmung falle den sog. 'Gemäßigten', die andere den sog. 'Radikalen' zur Last, wo sei da die Grenze zu ziehen?

Nachdem noch eine längere Reihe von Rednern in den gleichen Richtungen wie die bereits erwähnten sich geäußert, ohne eigentlich neue Gesichtspunkte zur Sprache gebracht zu haben, erhält der dritte Berichterstatter, Singer, das Wort.

Dieser, die Hauptpunkte der Diskussion zusammenfassend, führt aus, wie gerade diese Debatte klar und deutlich ergeben habe, daß die Einberufung des Parteitages eine unbedingte Notwendigkeit gewesen sei.

Redner wahrt der Partei die volle unbeschränkte Freiheit der Kritik der Tätigkeit der Abgeordneten und legt dar, daß die Kritik, resp. der Meinungsaustausch über die Haltung und Tätigkeit der Parteivertreter in den Parlamenten geboten sei, um die Abgeordneten in steter Fühlung mit dem Volkswillen zu halten.

Weil man allseitig mit Recht in den Wahlen und in der parlamentarischen Tätigkeit ein wesentliches Agitationsmittel erblicke, müsse man dafür sorgen, daß die Prinzipien der Partei auch an dieser Stelle mit allem Nachdruck vertreten würden, und die Abgeordneten könnten es daher nur freudig begrüßen, daß der Parteitag mit so lebendigem Interesse seine Ansichten über diese Frage ausgesprochen habe.

Zu den einzelnen Punkten übergehend, führte der Redner aus, daß die Haltung der Fraktion gegenüber den Windthorst'schen Anträgen bei dem Sozialistengesetz vollkommen korrekt gewesen sei.

Unter keinen Umständen hätte man um eines Vorteils willen der Abschwächung eines Ausnahmegesetzes zustimmen dürfen; die Partei hätte gezeigt, daß sie Opfer tragen könne, niemals aber werde die Sozialdemokratie für irgend welche Ausnahmegesetze zu haben sein.

Über die von einer Seite ausgesprochene Ansicht, daß eine einschneidende Kritik einem imperativen Mandat gleichkäme, äußerte der Berichterstatter, daß seiner Ansicht nach gegen das Prinzip des imperativen Mandats keine Einwendung zu machen sei, da dasselbe nur als Konsequenz der von der Partei erstrebten direkten Volksgesetzgebung zu betrachten sei.

Auch die Stellung der Fraktion in der Frage bezüglich des Verbotes der Kunstbutter wurde vom Berichterstatter beleuchtet, da diese Frage ebenfalls in der Diskussion von einem Redner behandelt war.

Singer begründete die Stellung der Fraktion zu dieser Frage damit, daß durch das Verbot der Kunstbutter den arbeitenden Klassen ein Nahrungsmittel entzogen werde, ein Vorgehen, welches einzig und allein den Agrariern zum Vorteil gereiche und die Preise der Naturbutter derartig in die Höhe schrauben würde, daß die Arbeiter nicht mehr imstande sein würden, dieses Genußmittel für sich zu erschwingen. Die Verwendung von Kunstbutter sei schlechtem, ranzigem Naturprodukt entschieden vorzuziehen. Nachdem der Berichterstatter alle in der Debatte aufgeworfenen Fragen kurz beleuchtet, schloß derselbe sein Referat mit dem Ausdruck der Hoffnung, daß der stattgehabte Meinungsaustausch gute Früchte tragen werde, und sprach die Überzeugung aus, daß die Partei wie bisher auch in der Folge einig und geschlossen marschieren werde.

Nach einer Reihe persönlicher Bemerkungen kommt die im Laufe der Diskussion von Genosse Fischer-Zürich eingebrachte Resolution zur Abstimmung, welche einstimmig angenommen wurde und also lautet:

„Der Parteitag ist der Überzeugung, daß nach wie vor die Stellung der Partei zu der parlamentarischen Tätigkeit der Abgeordneten im Reichstag und in den Landtagen die bisherige bleiben muß; wie bisher ist das Hauptgewicht auf die kritische und agitatorische Seite zu legen und die positive gesetzgeberische Tätigkeit nur in der Voraussetzung zu pflegen, daß bei dem heutigen Stand der Parteigruppierung und der ökonomischen Verhältnisse über die Tragweite dieser positiven Tätigkeit im Parlament für die Klassenlage der Arbeiter in politischer wie ökonomischer Hinsicht kein Zweifel gelassen und keine Illusion geweckt werden kann."

b) Wilhelm Liebknecht über das Verhältnis der Partei zum Anarchismus, 6. Sitzung, 5. Oktober, S. 39—42, Auszug, S. 41 f.

Die Bekenner der ‚Propaganda der Tat' zerfallen in zwei Abteilungen. Die Schwadroneure und Maulrevolutionäre — Prahlhänse, die ihre Feigheit und Schwäche hinter Kraftphrasen verdecken. Diese Menschensorte, welche im Jahr 1848 auf allen Bierbänken 'Fürstenfresserei' trieb, verspeist jetzt zur Abwechslung Bourgeois und redet Dynamit. Sie ist sehr laut und an sich ganz harmlos, obgleich nicht verkannt werden darf, daß sie den Feinden der Arbeitersache die Heraufbeschwörung des ‚Roten Gespenstes' erleichtert.

Ernsthaft in Betracht kommen für uns nur jene leidenschaftlichen Naturen, in denen das Gefühl erlittenen Unrechts alle andern Gefühle beherrscht und alle Rücksichten zurückdrängt — fanatische, kräftige, kühne Naturen, denen der revolutionäre Entwicklungsprozeß zu lange dauert, und die in ihrer Ungeduld den Sieg des Proletariats beschleunigen wollen. Im Bewußtsein ihrer persönlichen Kraft glauben sie durch ihr persönliches Handeln, durch Anwendung von Gewalt die ersehnte Revolution herbeiführen zu können. Diese Anschauung ist psychologisch leicht zu erklären, allein sie ist nicht richtig, beruht auf einer falschen Auffassung des Begriffes Gewalt und der geschichtlichen Bewegungsgesetze. Wohl war die Gewalt bisher die Geburtshelferin neuer Gesellschaften; aber nur weil die alten Gesellschaften sich mit Gewalt dem sein Recht fordernden Neuen widersetzten. Die Gewalt macht keine Revolution und ist überhaupt nicht revolutionär. Im Gegenteil: die Feinde der Revolution haben sich stets auf die Gewalt gestützt. „Gewalt geht vor Recht" ist kein revolutionärer Satz, und „Blut und Eisen" ist kein revolutionäres System. Der Bastillesturm war nicht die französische Revolution; er war bloß nötig zu ihrer Verteidigung. Die Gewalt ist weit häufiger ein reaktionärer als revolutionärer Faktor gewesen, wie ein Blick in die Geschichte zeigt. Die neuen Ideen haben stets die Gewalt gegen sich. Wäre die Gewalt allmächtig, so hätte es nie eine Revolution gegeben. Unsere heutigen reaktionären Gewalthaber, welche gleich den Anarchisten an die Allmacht der Gewalt glauben, sind glücklicherweise im Irrtum befangen. Jede Gewaltherrschaft bricht zusammen, sobald ihre ökonomischen Machtbedingungen zerschmelzen. Und diese Machtbedingungen sind nicht in der Willkür einzelner Personen. Es ist Wunderglaube, zu meinen, ein Mensch könne mit 'Blut und Eisen' oder durch eine Dynamitbombe nach Belieben die Staats- und Gesellschaftsform ändern. Macht ist nicht Gewalt. Der Macht der ökonomischen Entwicklung gegenüber ist die Gewalt Ohnmacht.

Verzweiflungstaten Einzelner sind keine revolutionäre Taktik. Wer ohne Macht an die Gewalt appelliert, nützt nur den Gewalthabern. Mußten die Chicagoer Anarchisten nicht zugestehen, daß die 'historische Bombe' des Mai 1886 die Interessen des arbeitenden Volkes geschädigt habe? Beschuldigten sie nicht die Feinde des Volkes, jene Bombe geworfen zu haben? Und ist es nicht Tatsache, daß diejenigen, welche am tollsten den Kultus der Gewalt predigten, sich schließlich als Agenten der Gewalthaber entpuppten?

Ob die Gewalt notwendig ist für die Verwirklichung der sozialistischen Gesellschaft, ist eine müßige Frage, weil es nicht in unserer Hand liegt, sie zu entscheiden. Die Entscheidung liegt bei den Gewalthabern. Mit der Lohnsklaverei wird es gehen wie mit der Negersklaverei in den Vereinigten Staaten. Lange war nur eine Minderheit, welche die Gemeinschädlichkeit der Sklaverei begriff. Allmählich trat diese Gemeinschädlichkeit so grell und greifbar zu Tage, daß die Massen des Volks sie begriffen. Und dann bedurfte es nur eines Anstoßes, um den Stein ins Rollen zu bringen. Die Tat des alten John Brown, der freiwillig den Opfertod wählte, entfachte den Volkszorn. Es war an der Zeit. Das war auch 'Propaganda der Tat', aber die Saat war reif. Die Gewalthaber wurden Rebellen; sie lehnten sich auf gegen den Spruch des Volkes, und die souveräne Macht des Volks schlug die Gewalthaber mit deren eigenen Waffen, d. h. mit Gewalt.

Ähnlich mit der Lohnsklaverei. Jetzt ist's erst eine Minderheit, welche ihre Gemeinschädlichkeit begriffen hat. Diese Minderheit wächst beständig, weil die Gemeinschädlichkeit der Lohnsklaverei und des ganzen auf ihr beruhenden Gesellschafts- und Staatssystems immer greller und greifbarer zu Tage tritt, in immer weiteren Kreisen sich fühlbar macht. Und mit der Unerbittlichkeit des antiken Schicksals naht der Tag, wo die Massen des Volks die Gemeinschädlichkeit der Lohnsklaverei ebenso begriffen haben wie weiland das amerikanische Volk die Gemeinschädlichkeit der Negersklaverei. Und dann haben die Gewalthaber zu entscheiden, ob sie dem Gebot der Vernunft und Gerechtigkeit folgen oder an die Gewalt appellieren wollen.

Inzwischen werden wir die Hände nicht in den Schoß legen. Aber nicht durch Putsche und Attentate können wir den Sieg unserer Sache beschleunigen, sondern nur durch Mittel, die unsere Macht vermehren. Im Volke liegt die Macht. Die Volksmassen müssen wir moralisch erobern. Mit Wenigen läßt sich ein Putsch machen — zu einer Revolution bedarf es der ins Volk gedrungenen Überzeugung, daß das Lebensinteresse der Massen den Bruch mit der Vergangenheit erheischt. Es gilt Klarheit zu bringen in die Köpfe. Der Rest wird sich schon finden. Also Propaganda. Erweckung der Volksseele. Darlegung der Verwerflichkeit des heutigen Systems. Und wir selbst müssen lernen, wenn wir erfolgreich lehren wollen. Drum ist unsere Losung: Agitieren, organisieren, studieren.

c) Resolution in der Anarchistenfrage; angenommener Vorschlag Liebknechts, S. 42 f.
WA: Schultheß, Bd. 28 (NF 3), 1887, S. 173; Mommsen, S. 331 f.

Der Parteitag erklärt die anarchistische Gesellschaftstheorie, soweit dieselbe die absolute Autonomie des Individuums erstrebt, für antisozialistisch, für nichts anderes als eine einseitige Ausgestaltung der Grundgedanken des bürgerlichen Liberalismus, wenn sie auch in ihrer Kritik der heutigen Gesellschaftsordnung von sozialistischen Gesichtspunkten ausgeht. Sie ist vor allem mit der sozialistischen Forderung der Vergesellschaftung der Produktionsmittel und der gesellschaftlichen Regelung der Produktion unvereinbar und läuft, wenn nicht die Produktion auf den Zwergmaßstab des kleinen Handwerks zurückgeführt werden soll, auf einen unlöslichen Widerspruch hinaus. Der anarchistische Kultus und die ausschließliche Zulassung der Gewaltpolitik beruht auf einem groben Mißverständnis der Rolle der Gewalt in der Geschichte der Völker.

Die Gewalt ist ebenso gut ein reaktionärer als ein revolutionärer Faktor; ersteres sogar häufiger gewesen als das letztere. Die Taktik der individuellen Anwendung der Gewalt führt nicht zum Ziele und ist, insofern sie das Rechtsgefühl der Masse verletzt, positiv schädlich und darum verwerflich.

Für die individuellen Gewaltakte bis aufs äußerste Verfolgter und Geächteter machen wir die Verfolger und Ächter verantwortlich und begreifen die Neigung zu solchen als eine Erscheinung, die sich zu allen Zeiten unter ähnlichen Verhältnissen gezeigt hat und welche gegenwärtig durch bezahlte Agents-provocateurs für die Zwecke der Reaktion gegen die arbeitende Klasse ausgenützt wird.

118. FÜRSTBISCHOF KOPP von Breslau, Rundschreiben an die Geistlichen seiner Diözese, Ende Oktober 1887, in: Schultheß, Bd. 28 (NF 3), 1887, Auszug, S. 175 f.

Es gibt Zeiten, in welchen die Seelsorge in Ruhe und Frieden geführt werden kann, und Zeiten, in welchen es der ganzen Glaubensstärke bedarf, um die Herde vor den drohenden Gefahren zu bewahren. Solche schlimme Zeiten haben wir selbst erlebt; aber durch die große Gnade Gottes, der die Herzen der Menschen bildet wie Wachs, und durch die Mühen der erlauchten, an die größten Stellen berufenen Männer, denen wir den höchsten Dank schuldig sind, ist infolge der Abänderung der Gesetze eine bessere Zeit angebrochen, in der es, wie wir zuversichtlich hoffen, der Kirche vergönnt sein wird, ihre heilsamen Kräfte zum Wohle der Gesellschaft wirken zu lassen. Ich weiß wohl, daß viele Geistliche jene Gesetze, durch welche jüngst die kirchlichen Angelegenheiten in Preußen geordnet worden sind, nicht ohne Besorgnis betrachten, da sie besonders für die Freiheit des Klerus fürchten. Aber, ehrwürdige Brüder, vertrauet eurem Bischof und den übrigen Bischöfen, denen viel an der Erhaltung der Freiheit des Klerus liegt; vertrauet dem hl. Vater, der jene Freiheit des Klerus nie vernachlässigt und der noch jüngst mit solchem Erfolge für dieselbe gesorgt hat, daß wir nichts mehr zu fürchten haben. Indem wir also diese Besorgnis fallen lassen, sorgen wir, daß wir unter Benutzung der besseren Lage der Kirche das aufbauen und stärken, was die Ungunst der vergangenen Zeiten zerstört oder erschüttert hat. Denn dann werden wir hoffen können, etwaige kirchliche Gefahren glücklich zu überwinden. Wenn wir verlangen, daß der Staat die Rechte unserer Kirche achte und beschütze und ihre Autorität in kirchlichen Dingen anerkenne und bestätige, müssen wir, dem Gebote des hl. Apostels Paulus folgend, jene Rechte, welche die weltliche Gewalt von Gott zum Nutzen der Gesellschaft empfangen hat und ausübt, selbst gewissenhaft ehren und durch Ermahnung andere dazu anhalten, damit wir zeigen, daß die Kirche sich mit Recht rühmt, die festeste Stütze des Staates zu sein.

119. FRIEDRICH VON HOLSTEIN, Tagebucheintragung, 11. Januar 1888, in: Die geheimen Papiere Friedrich v. Holsteins, hrsg. von Norman Rich und M. H. Fisher, deutsche Ausgabe von Werner Frauendienst, Bd. 2, Tagebuchblätter, Göttingen 1957, S. 406—408, Auszug, S, 407 f.

Aber auch gegen den Kanzler ist der Prinz[1] mißgestimmt. Er hat vor wenigen Tagen gesagt: „Ich verstehe die Politik des Kanzlers nicht mehr, er wird uns noch mit Österreich auseinanderbringen.“ Und gestern nach dem Diner hatte der Prinz sich ausführlich über das Thema ausgelassen: „Der Kanzler will aus Egoismus keinen Krieg mehr führen, obschon er und mein Großvater, solange die beiden noch da sind, moralisch so viel

[1] Der spätere Kaiser Wilhelm II.

wert sind wie 250 000 Mann. Die Verzugszinsen für diese Verzögerung werde ich später zu zahlen haben. Die ganze Krisis werde ich zu tragen haben, der ich jung und schwach sein werde."

Leider kann ich dem Prinzen nicht ganz unrecht geben. Die heutige Politik des Kanzlers ist nur zu vergleichen mit der von Friedrich dem Großen im bayerischen Erbfolgekrieg: kein Schneid. Dabei macht er es allzu deutlich, daß er andere vorschieben und selber stillsitzen möchte. Deshalb traut ihm und uns kein Mensch mehr. Der Kanzler braucht gar nicht Krieg zu führen, um seinen Willen durchzusetzen. Im Bunde mit Österreich, Italien, Rumänien, Türkei, England und Spanien könnte er heute von Rußland und Frankreich auch ohne Krieg manches erreichen. Stattdessen hetzt er erst die Österreicher zum Rüsten, die gar keine Lust und kein Geld dazu haben; und kaum fangen sie auf sein Drängen vorsichtig und sparsam mit Rüsten an, da schreit er los, daß Österreich uns in einen Angriffskrieg gegen Rußland fortreißen will. Die Österreicher sind natürlich innerlich empört und fühlen sich düpiert. Das weitere ergeben die Briefe von Prinz Reuß.

Prinz Wilhelm hat daher mit der vorhin notierten Äußerung nicht so unrecht. Neugierig bin ich, ob die Haltung des Prinzen ganz ohne Einwirkung auf den Kanzler bleibt, der bereits gemerkt hat, daß er mit diesem nicht so wie mit dessen Großvater und Vater wird umspringen können.

Der Kanzler hat eines erreicht, was kein Zivilist in der Weltgeschichte je erreicht hat. Nach drei siegreichen Kriegen ist der Ruhm derselben auf ihn übergegangen, nicht auf die Heerführer. Es erklärt sich das wohl durch die Unpersönlichkeit der Heeresleitung. In einem vierten Kriege würde das vielleicht anders sein, und ich bedauere zu sagen, daß bei der Persönlichkeit des Kanzlers diese Erwägung von großem Einfluß ist. Wenn ich hier mit scheinbarem Leichtsinn vom Kriege rede, so ist es, weil ich ihn für unvermeidlich halte. Es fragt sich nur, ob er angefangen wird in dem Augenblick, der für uns oder in dem, der für unsere Gegner der günstigste ist.

120. Erste Beratung des Entwurfs eines Gesetzes, betreffend die Aufnahme einer Anleihe für Zwecke der Verwaltung des Reichsheeres, 30. Sitzung, 6. Februar 1888, Sten. ber. RT, 7. Leg. Per., 2. Session 1887/88, Bd. 2, Auszug, S. 723 ff.

a) Reichskanzler Fürst Bismarck, S. 723—733, Auszug, S. 731—733.
WA: Schultheß, Bd. 29 (NF 4), 1888, S. 23 ff.; Böhm, Bd. 16, S. 135 ff.; Kohl, Bd. 12, S. 440—478; GW, Bd. 13, S. 327—348; Hohlfeld, S. 427 bis 441.

Bismarck will mehr über die internationale Lage sprechen als über die Gesetzesvorlage. In den ersten Teilen seiner Rede führt er aus: Zu Frankreich sind die Beziehungen heute besser als vor einem Jahr. Die wahrscheinlichste Krisis, die eintreten kann, ist die orientalische. Daran ist Deutschland unmittelbar nicht beteiligt. „Jede Großmacht, die außerhalb ihrer Interessensphäre auf die Politik der anderen Länder zu drücken und einzuwirken sucht und die Dinge zu leiten sucht, die periklitiert außerhalb des Gebietes, welches Gott ihr angewiesen hat, die treibt Machtpolitik und nicht Interessenpolitik, die wirtschaftet auf Prestige hin. Wir werden das nicht tun ...“ (S. 725). Die gegenwärtige Vorlage ist nicht aus momentanen Erwägungen motiviert; so ernst ist die politische Lage nicht. Es handelt sich um ein dauerndes Stärkerwerden des Deutschen Reiches. Es folgen eingehende Reflexionen über die Kriegsgefahren während der zurückliegenden 40 Jahre. In diesem Zusammenhang erörtert Bismarck auch den Vertrag mit Österreich von 1879: Auch das völlige Indienststellen unserer Politik in die russische schützt uns nicht davor, gegen unseren Willen mit Rußland in Streit zu geraten. Damals ist von kompetentester Seite gedroht worden. Diese Drohungen zwangen uns, zu der seit Jahrzehnten vermiedenen Option zwischen unseren beiden bisherigen Freunden zu schreiten. Wenn wir die Isolierung, die gerade in unserer angreifbaren Lage für Deutschland gefährlich ist, verhüten wollen, so müssen wir einen sicheren Freund haben. Durch die anstehende Gesetzesvorlage wird das Bündnis erheblich gestärkt.

Mit der gewaltigen Maschine, zu der wir das deutsche Heerwesen ausbilden, unternimmt man keinen Angriff. Wenn ich heute hier vor Sie treten wollte und Ihnen sagen — wenn die Verhältnisse eben anders lägen, als sie meiner Überzeugung nach liegen —: wir sind erheblich bedroht von Frankreich und Rußland; es ist vorauszusehen, daß wir angegriffen werden; meiner Überzeugung nach glaube ich es als Diplomat nach militärischen Nachrichten hierüber, es ist nützlicher für uns, daß wir als Defensive den Vorstoß des Angriffes benutzen, daß wir jetzt gleich schlagen; der Angriffskrieg ist für uns vorteilhafter zu führen, und ich bitte also den Reichstag um einen Kredit von einer Milliarde oder einer halben Milliarde, um den Krieg gegen unsere beiden Nachbarn heute zu unternehmen, — ja, meine Herren, ich weiß nicht, ob Sie das Vertrauen zu mir haben würden, mir das zu bewilligen. Ich hoffe nicht. *(Heiterkeit.)*

Aber wenn Sie es täten, würde es mir nicht genügen. Wenn wir in Deutschland einen Krieg mit der vollen Wirkung unserer Nationalkraft führen wollen, so muß es ein Krieg sein, mit dem alle, die ihn mitmachen, alle, die ihm Opfer bringen, kurz und gut, mit dem die ganze Nation einverstanden ist; es muß ein Volkskrieg sein, es muß ein Krieg sein, der mit dem Enthusiasmus geführt wird wie der von 1870, wo wir ruchlos angegriffen wurden. Es ist mir noch erinnerlich der ohrengellende, freudige Zuruf am Kölner Bahnhofe, und so war es von Berlin bis Köln, so war es hier in Berlin. Die Wogen der Volkszustimmung trugen uns in den Krieg hinein, wir hätten wollen mögen oder nicht. So muß es auch sein, wenn eine Volkskraft wie die unsere zur vollen Geltung kommen soll. Es wird aber sehr schwer sein, den Provinzen, den Bundesstaaten und ihren Bevölkerungen das klar zu machen: der Krieg ist unvermeidlich, er muß sein. Man wird fragen: Ja, seid Ihr denn dessen so sicher? wer weiß? Kurz, wenn wir schließlich zum Angriff kommen, so wird das ganze Gewicht der Imponderabilien, die viel schwerer wiegen als die materiellen Gewichte, auf der Seite unserer Gegner sein, die wir angegriffen haben. Das 'heilige Rußland' wird entrüstet sein über den Angriff. Frankreich wird bis an die Pyrenäen hin in Waffen starren. Ganz dasselbe wird überall geschehen. Ein Krieg, zu dem wir nicht vom Volkswillen getragen werden, der wird geführt werden, wenn schließlich die verordneten Obrigkeiten ihn für nötig halten und erklärt haben; er wird auch mit vollem Schneid und vielleicht siegreich geführt werden, wenn man erst einmal Feuer bekommen und Blut gesehen hat. Aber es wird nicht von Hause aus der Elan und das Feuer dahinter sein wie in einem Kriege, wenn wir angegriffen werden. Dann wird das ganze Deutschland von der Memel bis zum Bodensee wie eine Pulvermine aufbrennen und von Gewehren starren, und es wird kein Feind wagen, mit diesem furor teutonicus, der sich bei dem Angriff entwickelt, es aufzunehmen. *(Bravo!)* Diese Überlegenheit dürfen wir uns nicht entgehen lassen, selbst wenn wir, was viele Militärs, nicht nur die unserigen, annehmen, jetzt unseren künftigen Gegnern überlegen sind. Die unserigen glauben das alle: natürlich, jeder Soldat glaubt das; er würde beinahe aufhören, ein brauchbarer Soldat zu sein, wenn er nicht den Krieg wünschte und an seinen Sieg darin glaubte. Wenn unsere Gegner etwa vermuten, daß es die Furcht vor dem Ausgange ist, der uns friedfertig stimmt, dann irren sie sich ganz gewaltig. *(Sehr richtig!)* Wir glauben ebenso fest an unseren Sieg in gerechter Sache wie irgend ein ausländischer Lieutenant in seiner Garnison beim dritten Glas Champagner glauben kann *(Heiterkeit)*, und wir vielleicht mit mehr

Sicherheit. Also es ist nicht die Furcht, die uns friedfertig stimmt, sondern gerade das Bewußtsein unserer Stärke, das Bewußtsein, auch dann, wenn wir in einem minder günstigen Augenblicke angegriffen werden, stark genug zu sein zur Abwehr und doch die Möglichkeit zu haben, der göttlichen Vorsehung es zu überlassen, ob sie nicht in der Zwischenzeit doch noch die Notwendigkeit eines Krieges aus dem Wege räumen wird.

Ich bin also nicht für irgendwelchen Angriffskrieg, und wenn der Krieg nur durch unseren Angriff entstehen könnte — Feuer muß von irgend jemandem angelegt werden, wir werden es nicht anlegen — *(Bravo!)* nun, weder das Bewußtsein unserer Stärke, wie ich es eben schilderte, noch das Vertrauen auf unsere Bündnisse wird uns abhalten, unsere bisherigen Bestrebungen, den Frieden überhaupt zu erhalten, mit dem bisherigen Eifer fortzusetzen. Wir lassen uns da durch keine Verstimmung leiten und durch keine Abneigung bestimmen. Es ist ja unzweifelhaft, daß die Drohungen und die Beschimpfungen, die Herausforderungen, die an uns gerichtet worden sind, auch bei uns eine ganz erhebliche und berechtigte Erbitterung erregt haben, *(sehr richtig!)* und das ist beim Deutschen recht schwer, denn er ist dem Nationalhaß an sich unzugänglicher als irgend eine andere Nation; wir sind aber bemüht, sie zu besänftigen, und wir wollen nach wie vor den Frieden mit unseren Nachbarn, namentlich aber mit Rußland suchen. Wenn ich sage: namentlich mit Rußland, so bin ich der Meinung, daß Frankreich uns bei diesen Bemühungen keine Sicherheit auf Erfolg gewährt, wenngleich ich nicht sagen will, daß es nichts hilft; wir werden nie Händel suchen, wir werden Frankreich nie angreifen, wir haben in den vielen kleinen Vorfällen, die die Neigung unserer Nachbarn, zu spionieren und zu bestechen, verursacht hat, immer eine sehr gefällige und freundliche Beilegung herbeigeführt, weil ich es für ruchlos halten würde, um solcher Lappalien willen einen großen nationalen Krieg zu entzünden oder auch nur wahrscheinlich zu machen. Das sind Fälle, wo es heißt, der Vernünftigere gibt nach. *(Heiterkeit. Sehr gut!)*

Ich nenne also vorzugsweise Rußland, und da habe ich dasselbe Vertrauen auf das Gelingen, in welchem ich vor einem Jahre gesprochen habe, und welches dieses freisinnige Blatt [1] hier so fett gedruckt hat, ohne ein Nachlaufen oder, wie ein deutsches Blatt sich roh ausdrückt, 'Wettkriechen' vor Rußland! — Die Zeit ist vorbei; um Liebe werben wir nicht mehr, weder in Frankreich noch in Rußland. *(Sehr gut! Lebhaftes Bravo.)* Die russische Presse, die russische öffentliche Meinung hat einem alten mächtigen und zuverlässigen Freunde, der wir waren, die Tür gewiesen; wir drängen uns nicht auf. Wir haben versucht, das alte vertraute Verhältnis

[1] Die ›Freisinnige Zeitung‹ Eugen Richters.

wieder zu gewinnen, aber wir laufen niemand nach. *(Allseitiges Bravo.)* Das hält uns aber nicht ab, — im Gegenteil, es ist uns ein Sporn mehr, die Vertragsrechte, die Rußland uns gegenüber hat, mit doppelter Genauigkeit zu beobachten.

Bismarck geht jetzt genauer auf die Entwicklung in Bulgarien ein. Er erklärt, daß dort faktische Verhältnisse entstanden seien, die wir mit Gewalt der Waffen zu remedieren keinen Beruf haben, die aber die Rechte, die Rußland auf dem Berliner Kongreß erworben hat, theoretisch nicht beeinträchtigen können, daß nämlich Rußland den vorwiegenden Einfluß in Bulgarien haben soll. Einem gewaltsamen russischen Vorgehen wird Deutschland nicht beitreten können, wohl aber wird es Rußland im Rahmen der Vereinbarungen des Berliner Kongresses diplomatische Unterstützung leihen können.

Ich glaube nicht an eine unmittelbar bevorstehende Friedensstörung — wenn ich mich resumieren soll — und bitte, daß Sie das vorliegende Gesetz unabhängig von diesem Gedanken und dieser Befürchtung behandeln, lediglich als eine volle Herstellung der Verwendbarkeit der gewaltigen Kraft, die Gott in die deutsche Nation gelegt hat für den Fall, daß wir sie brauchen; brauchen wir sie nicht, dann werden wir sie nicht rufen; wir suchen den Fall zu vermeiden, daß wir sie brauchen.

Dieses Bestreben wird uns noch immer einigermaßen erschwert durch drohende Zeitungsartikel vom Auslande, und ich möchte die Mahnung hauptsächlich an das Ausland richten, doch diese Drohungen zu unterlassen. Sie führen zu nichts. Die Drohung, die wir — nicht von der Regierung — aber in der Presse erfahren, ist eigentlich eine unglaubliche Dummheit *(Heiterkeit)*, wenn man bedenkt, daß man eine große und stolze Macht, wie es das Deutsche Reich ist, durch eine gewisse drohende Gestaltung der Druckerschwärze, durch Zusammenstellung von Worten glaubt einschüchtern zu können. *(Bravo!)* Man sollte das unterlassen, dann würde man es uns leichter machen, unseren beiden Nachbarn auch gefälliger entgegenzukommen. Jedes Land ist auf die Dauer doch für die Fenster, die seine Presse einschlägt, irgend einmal verantwortlich; die Rechnung wird an irgend einem Tage präsentiert in der Verstimmung des anderen Landes. Wir können durch Liebe und Wohlwollen leicht bestochen werden — vielleicht zu leicht —, aber durch Drohungen ganz gewiß nicht! *(Bravo!)* Wir Deutsche fürchten Gott, aber sonst nichts in der Welt *(lebhaftes Bravo)*, und die Gottesfurcht ist es schon, die uns den Frieden lieben und pflegen läßt. Wer ihn aber trotzdem bricht, der wird sich überzeugen, daß die kampfesfreudige Vaterlandsliebe, welche 1813 die gesamte Bevölkerung des damals schwachen, kleinen und ausgesogenen Preußen unter die Fahnen rief, heutzutage ein Gemeingut der ganzen deutschen Nation ist, und daß derjenige, welcher die deutsche Nation irgendwie angreift, sie einheitlich gewaffnet finden wird, und jeden Wehrmann mit dem festen Glauben im Herzen: Gott wird mit uns sein! *(Lebhafter, andauernder Beifall.)*

b) Debatte darüber, S. 733 f.

Präsident: Das Wort hat der Herr Abgeordnete Freiherr von und zu Franckenstein.

Abgeordneter Freiherr von und zu Franckenstein: Im eigenen Namen und im Namen meiner politischen Freunde stelle ich den Antrag das eben zur Beratung stehende Anleihegesetz an die Budgetkommission zur Vorberatung zu überweisen, um daselbst die nötigen und möglichen Aufschlüsse zu erhalten. Dieses Anleihegesetz erscheint als eine Konsequenz des neuen Wehrverfassungsgesetzes, und ich bin von allen meinen Freunden beauftragt, bei der demnächstigen Beratung dieses Gesetzes dessen Annahme en bloc nach Maßgabe der Kommissionsbeschlüsse zu beantragen. *(Bravo!)* Wir wollen damit der dermaligen gesamten Lage in vollstem Maße Rechnung tragen. *(Bravo!)*

Präsident: Das Wort hat der Herr Abgeordnete von Helldorff.

Abgeordneter von Helldorf: Meine Herren, ich würde es für unrecht halten, dem Gehörten ein anderes Wort hinzuzufügen als das des Ausdrucks der vollen Übereinstimmung mit den Vorschlägen, die der Herr Vorredner gemacht hat, und den Ausdruck des Vertrauens, daß die vorgeschlagenen Maßnahmen von unserer Staatsleitung rechtzeitig uns empfohlen werden. Ich möchte noch an die Budgetkommission die Bitte richten, diese Vorlage, die wir ihr hier überweisen, vor ihren anderen Geschäften zu erledigen. *(Bravo!)*

Präsident: Das Wort hat der Herr Abgeordnete Dr. von Bennigsen.

Abgeordneter Dr. von Bennigsen: Es sind gewiß nicht lange Reden, welche man in diesem Augenblick von den Vertretern der deutschen Nation im Reichstag erwartet. Das aber kann unser Volk verlangen, daß wir in einträchtigem Zusammenwirken mit den verbündeten Regierungen und in voller Unterstützung der Friedenspolitik, die uns jetzt bereits seit dem Jahre 1871 den Frieden gesichert hat, und welche die Hoffnung noch nicht aufgegeben hat, daß auch künftig der Friede erhalten wird, — daß wir in Übereinstimmung und Unterstützung dieser Politik alles aufbieten, was möglich ist, um unter Heranziehung aller der Wehrkraft, welche wir in Deutschland besitzen, uns stark zu machen zur Erhaltung des Friedens und, wenn ein Äußerstes eintritt, zur raschen Wiederherstellung desselben. *(Bravo!)*

Präsident: Das Wort hat der Herr Abgeordnete Graf von Behr-Behrenhoff.

Abgeordneter Graf von Behr-Behrenhoff: Meine Herren, ich kann nur namens meiner politischen Freunde erklären, daß wir uns den Ausführungen der Herren Vorredner anschließen.

Präsident: Der Herr Abgeordnete Rickert hat das Wort.

Abgeordneter Rickert: Meine Herren, auch ich schließe mich dem Antrag an, die Vorlage an die Budgetkommission zu verweisen. Dort wird im einzelnen und in formeller Beziehung die Prüfung stattfinden. In materieller Beziehung ist, wie Herr von Franckenstein schon gesagt hat, diese Vorlage eine Konsequenz der Wehrvorlage, und dieser haben wir bereits in der Kommission unsere Zustimmung gegeben.

Meine Herren, auch wir haben jedesmal dann, wenn es sich darum handelt, die ganze Kraft der deutschen Nation zur Verteidigung im Falle des Krieges zu organisieren, mit keinem Opfer zurückgehalten.

Deutschland wünscht den Krieg nicht, und die Veröffentlichungen der letzten Tage haben vor der öffentlichen Meinung in Europa den Beweis geliefert, unwiderleglich, daß ein Bund, den der deutsche Kaiser mit anderen Regierungen schließt, nur ein Bund der Verteidigung und des Friedens sein kann. Meine Herren, wir werden dieser Vorlage zustimmen in dem Sinne, daß wir der Zuversicht leben, damit die Friedenspolitik der deutschen Regierung zu unterstützen. *(Lebhafter Beifall.)*

Präsident: Das Wort wird nicht mehr verlangt; die Diskussion ist geschlossen.

Die Vorlage wird ohne besondere Abstimmung der Budgetkommission überwiesen.

121. Erklärung des Abgeordneten DR. VON SCHAUSS in der bayerischen Kammer der Abgeordneten, 7. Februar 1888, Verhandlungen der Kammer der Abgeordneten des bayerischen Landtages im Jahre 1887/88, Sten. Ber. Bd. 2, 54. Sitzung, S. 302 f.

WA: Schultheß, Bd. 29 (NF 4), 1888, Auszug, S. 43.

Meine Herren! Bei dem Thema der deutschen Schule wird uns, da wohl kaum über die innere Organisation dieser Schulen wird viel gesprochen werden können, die Lage der Lehrer, der deutschen Volksschullehrer beschäftigen. Der Ausschuß hat die wesentlichen Petitionen, um die es sich handelt, zwar zum Etat Nr. 32 zurückzustellen sich veranlaßt gesehen, weil erst bei dessen Behandlung übersehen werden kann, wie weit die Mittel reichen werden, um die Wünsche der Lehrer befriedigen zu können. Allein ich kann heute schon sagen, daß sich im Ausschusse bei Besprechung der Einzelheiten dieser Wünsche schon warme Teilnahme für das Schicksal unserer Volksschullehrer gezeigt hat. Man hat nicht verkannt, daß neben einem anderen Stande, der mit Recht für sich wesentlichen Einfluß auf die Erziehung der Kinder begehrt, der Volksschullehrer derjenige ist, der mit dem Elternhaus die ersten Keime der Gesittung und einer idealen Weltanschauung zu pflegen hat. Der Beruf des Lehrers ist ein hochwichtiger, ein schwerer und folgenreicher. Wir dürfen dieses heute wohl mit doppeltem Ernste betonen, weil die Geschicke Deutschlands noch nicht unterzeichnet sind und keiner von uns voraussehen kann, welche Aufgaben der kommenden Generation vorbehalten bleiben.

Deutschland hat gestern einen Tag gesehen, der an geschichtlicher Bedeutung, wenn es auch ein Friedenstag gewesen ist, hinter keinem Ereignisse zurücksteht, das in den letzten 20 Jahren vor unseren Augen sich abgespielt hat. Die Einigkeit der deutschen Fürsten, die Einigkeit der deutschen Stämme und die Einigkeit aller deutschen Parteien ist gestern im Reichstage in einer, ich darf wohl sagen, rührenden Weise zum Ausdrucke gekommen. Möge das Ausland wissen, daß in der Frage der Erhaltung und der Macht unseres großen Vaterlandes auch in Bayern nur Eine Meinung herrscht. Wir alle wünschen mit den deutschen Fürsten die Erhaltung des Friedens, aber wenn der Krieg unvermeidlich sein sollte, dann werden die Bayern, ihres geschichtlichen Kriegerruhmes eingedenk, an Tapferkeit und Opferlust hinter keinem anderen deutschen Volksstamme zurückstehen. *(Bravo! links.)*

Inniger Dank beseelt uns für die Volksvertretung, die gestern im deutschen Reichstage einen unzweideutigen Beweis der Einigkeit aller Deutschen angesichts der drohenden Gefahr gegeben hat. Die Vaterlandsliebe einigt uns alle trotz aller Meinungsverschiedenheiten in einzelnen inneren Fragen. Gott mit uns! aber ist der Schlachtruf, der uns alle einig erhalten wird, wenn zu unserem Schmerze der Friede nicht sollte erhalten bleiben. *(Lebhaftes Bravo.)*

122. THEODOR MOMMSEN, Vortrag anläßlich des Ablebens des Kaisers und Königs Wilhelm, Sitzungsberichte der Königlich Preußischen Akademie der Wissenschaften zu Berlin, 22. März 1888, Bd. 15, S. 403—411, Auszug, S. 403—405.

Zehnmal hat die Königliche Akademie der Wissenschaften zu Ehren des Königs Wilhelm, weitere siebzehn Mal zu Ehren Wilhelms, des Kaisers der Deutschen, den 22. März festlich begangen. Heute feiern wir ihn auch, aber es ist das letzte Mal. Wohl wird jeder von uns, die wir an diesen Festen unseren Teil hatten, an diesem Tage, so oft es uns noch beschieden ist, dessen Wiederkehr zu erleben, in trauerndem Gedächtnis, in stolzer Erinnerung des Kaisers gedenken, der vor wenigen Tagen seinen letzten Siegeszug unsere alten Linden hinab zum ewigen Schlafe gezogen ist. Aber die allgemeine Feier des Tages, wo es uns vor allem nahe gerückt ward, wie er mit uns lebte und für uns schaffte, kehrt nicht wieder.

Es ist ein Abschnitt in der Geschichte unserer Nation, in unserem eigenen Denken und Empfinden. Für uns, selbst für die Greise unter uns, die ihm gegenüber doch auch Nachfahren waren, verknüpfte der tote Kaiser die Gegenwart mit der Vergangenheit in einer Unmittelbarkeit, die nie ersetzt werden kann. Wenn vom Fridericianischen Regiment und von dem Zusammenbruch seiner Herrlichkeit gesprochen wird, so ist das uns allen eine halb verklungene Sage: in Kaiser Wilhelms Knabentage war Jena gefallen, und er hat es nicht vergessen. Die unvergleichliche Mutter, in ihrer Jugend Glanz die schönste Rose im deutschen Frauenflor, nach ihrem Tode der Engel mit dem Flammenschwert, der den Heerscharen voranzog, als es galt Deutschland zu retten und zu rächen, diese Mutter war uns nicht ganz gestorben, so lange der Sohn lebte, der an ihrem Sterbebett gestanden hatte, der drei Menschenalter hindurch den Ring mit ihren Haaren an der Hand getragen hat, bis auch diese Hand im Tode erstarrte. Die Freiheitskriege, in denen die Nation sich wenn nicht zum Vollbringen doch zum Hoffen wieder durchrang, brachten ihm wie die Feuertaufe, so auch den unerschütterlichen Glauben an die eigene Nation und an Deutschlands dereinstiges Werden. Zehn Jahre später, ein fertiger Mann, erklärte er es als heilige Verpflichtung seines Hauses, 'einem Volke den Platz zu erhalten und zu vergewissern, den es durch Anstrengungen errungen hat, die weder früher noch später gesehen wurden, noch werden gesehen werden'. Nie hat er vergessen, was jenes Preußen von drei Millionen unter der Führung von Stein und Scharnhorst geleistet und geschaffen hat und was ein preußischer König wagen konnte und sollte, um Deutschland im Innern zu einigen und nach außen zu festigen. Das eiserne Kreuz, das er bei seinem ersten Kampfe in Feindesland gewann, wies ihm den Weg nach Sedan. Die lange bange schwere Zeit, die alsdann folgte, hat er in stetiger Tätigkeit, in treuem Gehorsam, in Bändigung des Muts wie des Unmuts durchlebt. Als dann der deutsche Vorfrühling kam, mit den Blüten, die nicht Frucht wurden, mit seinem edlen Text und den Kommentaren dazu der Narrheit und der Bosheit, mit all dem berechtigten Sehnen und dem verkehrten Handeln, als die Schwarmgeister dieser wunderlichen Zeit sich besonders und persönlich gegen den Prinzen von Preußen wandten, blieb er klar und fest in seiner Anschauung der Dinge, und keine Verbitterung über die eigene Unbill vermochte in seiner Seele zu haften.

Unvergessen wird es bleiben, wie er aus seinem Londoner Exil, um mit seinen eigenen Worten zu reden, 'das Verfassungswerk als eine großartige Erscheinung begrüßte', die Grundsätze desselben als diejenigen anerkannte, 'welche zur wahren Einheit Deutschlands führen werden', und, wir dürfen hinzusetzen, schließlich durch ihn selber geführt haben. Auf den Thron berufen, hat er unentwegt das durchgeführt, was er als recht und notwendig erkannt hatte. Der Liebe seines Volkes, dem herzlichen Einverständnis mit altbefreundeten Fürstenhäusern, der tiefen Empfindung für die Segnungen des Friedens hat er nie das Opfer seiner Überzeugung gebracht. In der inneren Organisation des Gemeinwesens, in dem Umbau der verfallenen deutschen Staatsordnung, in der Verteidigung der deutschen Ehre gegen das Ausland hat er wieder und wieder alles an alles gesetzt. Ein leichtes Leben war ihm nicht beschieden. Diejenigen, denen die stolze, aber undankbare Rolle der Vorsehung auf Erden zugefallen ist, drückt, wenn sie adliger Natur sind, die schwere Not der Zeit vielleicht von allen am schwersten; der pflichttreue Mann in dieser Stellung empfindet bitterer als der niedriger gestellte die Schwäche des staatlichen Eindeichens und Abdämmens der ewigen Fluten des Unheils und der Verkehrtheit; und nur zu oft wendet der Wahnsinn des Leidens sich gegen den Arzt. Das ist in erschütternder Weise auch ihm widerfahren; aber diese reine und einfache Natur ließ sich nicht irren und bewahrte sich sogar die Heiterkeit. Was er auf falschen Wegen zu erstreben verschmähte, ist ihm auf dem geraden der Pflichterfüllung geworden, die Liebe seines ganzen großen Volkes, die Freundschaft der Fürsten und nicht am wenigsten derer, die im Waffengang sich mit ihm gemessen hatten, ein siebzehnjähriger Friede in einer von Waffen starrenden und von Kriegsahnung durchzitterten Welt. Es war der Hort des europäischen Friedens, den wir vor wenigen Tagen zu Grabe getragen haben, und dies sprach die Trauerfeier aus, desgleichen die Welt noch keine gesehen hat. In jedem Weltteil haben am 16. März die Fahnen sich gesenkt, die einundneunzig Schüsse dem alten Kaiser der Deutschen die Grabeshuldigung erwiesen. In dem großen Trauergeleit des Schlachtensiegers und des Friedensfürsten hat keine Nation gefehlt. Wie durch den Ausbau des Verkehrs und der Verkehrsmittel die Beziehungen der Völker zu einander enger und enger sich verflechten, wie die Menschheit solidarischer und Glück und Unglück immer mehr allen gemein wird, das haben wir an jenem Tage stolz und schmerzlich empfunden; nicht den Deutschen allein ist der einundneunzigjährige Kaiser zu früh gestorben. Aber der erweiterte Kreis hat unser näheres Anrecht nicht geschmälert. Wir danken den Fremden, die mit uns trauern; aber volles Leid zu tragen um seinen ersten Kaiser bleibt des Deutschen Vorrecht, und uns Bewohnern der unter seinem Regiment zur

Weltstadt gewordenen Reichshaûptstadt, uns Akademikern, die er wohl scherzend seine Nachbarn nannte, uns gehört an dem allgemeinen Leid auch noch unser besonderes Teil.

123. W. (= Wilhelm Wehrenpfennig), Politische Korrespondenz, in: Preußische Jahrbücher, Bd. 61, 1888, S. 405—418, Auszug, S. 405—412.

B e r l i n , Ende März 1888.

Das deutsche Volk hat ein tief bewegendes Erlebnis und eine Zeit hinter sich, die sich wie eine Epoche ausdehnt und sich wie eine Epoche einprägt, obwohl sie gerade zwei Wochen umfaßt. Am 7. März erschien der erste ärztliche Bericht, aus dem hervorging, daß Kaiser Wilhelm ernstlich krank war; doch bestand das Leiden nur in einem merklichen Schwächezustand, da die Ursache, welche den Kräfteverbrauch veranlaßt, bereits vorübergegangen schien. Am Nachmittag des 7. März fand der Kaiser einigen Schlaf, konnte auch in den Pausen des Schlafes leichte Nahrungsmittel zu sich nehmen. Am Morgen des 8. März las man an den Anschlagsäulen noch die Vorstellungen der königlichen Theater angekündigt und schöpfte daraus die Beruhigung der Abwesenheit unmittelbarer Gefahr. Als aber am Nachmittag neue Zettel mit den Worten angeschlagen wurden: die königlichen Theater sind heute geschlossen, bemächtigte sich der ganzen Hauptstadt große Unruhe. Trotz ungünstig regnerischer Witterung drängte sich am Abend unter den Linden und auf den anstoßenden Plätzen eine aus allen Ständen zusammengesetzte Volksmenge, die man auf Hunderttausende schätzen mußte. Eines jener Blätter, die aus der Zeitungsindustrie ein gemeingefährliches Gewerbe machen, hatte schon nach fünf Uhr ein Extrablatt mit der Todesnachricht verbreitet. Als der Ungrund dieser Nachricht bekannt geworden, wurde die Hoffnung allgemein und die Massen verminderten sich. Die Morgenblätter des 9. konnten noch Berichte über eine verhältnismäßig gute Nacht bringen. Aber um 9 Uhr eilten die Boten zu den Sitzen der Behörden und der Zeitungen mit der Nachricht, daß der Kaiser 8½ Uhr verschieden sei. Um 1 Uhr wurde die Bekanntmachung des Staatsministeriums, welche dem Volk das Ableben anzeigte, angeschlagen.

Wer den Eindruck dieser einfachen Vorgänge erlebt hat, der wird ihn bis an sein Lebensende bewahren. Selten, vielleicht niemals ist von dem Hingang eines Herrschers das eigene Volk so tief und die Menschheit in solchem Umfange berührt worden. Wohl ist dies zum Teil durch die ungemeine Ausbildung der Verkehrsmittel bedingt, welche mit der Gleichzeitigkeit ihrer Nachrichten bei großen Ereignissen die gebildete Menschheit in der Tat zu Einer Familie macht. Es gehört aber doch auch dazu, daß die Nachricht, von der alle Seelen gleichzeitig schwingen, eine ergreifende sei, daß der Gegenstand durch Liebe, Furcht oder Neugier den Seelen der Menschen verbunden und vertraut sei. In nur einmal dagewesenem Maße war dies bei Kaiser Wilhelm der Fall. Freilich hat bei dem Abscheiden gewaltiger Menschen ein großer Teil der Menschheit von jeher zusammengezuckt. Aber die großen Namen, deren Taten und Ende uns die Geschichte aufbewahrt, ließen bei ihrem Tode noch einmal die Flammen der Liebe, aber auch die der Feindschaft aufschlagen. So war es bei Luther und mußte gerade bei ihm so sein. So war es bei den Kaisergestalten des Mittelalters, die als Führer im Kampf ihrer Zeit hervorleuchteten. Nur einmal, so viel uns gegenwärtig, ist am Grabe der Haß vollständig durch die Bewunderung entwaffnet worden. Es war bei Kaiser Wilhelms Vorfahr, Friedrich dem Großen. Auch ihm zollte gleichmäßig die Anerkennung der Staatslenker wie das Staunen der fremden Nationen über seine in dieser Zeit sonst ungekannte Gerechtigkeit gegen den niedrigsten Mann den höchsten Tribut, und das eigene Volk erquickte sich an dem Anekdotenkreis, der sein persönliches Tun ausschmückte. Aber nicht wenige seufzten auch ob der Härte seines Regiments. Ein anderes war Kaiser Wilhelms Verhältnis zu dem eignen Volk und zu der großen Gesellschaft der gesitteten Völker. Die großen Taten seiner Regierung umgaben das greise Haupt mit einer reichen Glorie. Allein nicht um dieses Kranzes willen liebte, ehrte, bewunderte man den Herrscher. Es war um der blühenden Majestät seines Alters willen, es war um der unermüdlichen Berufserfüllung willen, es war um der Bescheidenheit und Freundlichkeit eines schlichten, ungekünstelten und herzlichen Menschen willen, dessen Persönlichkeit jedem vertraulich wurde und der doch bei keiner Gelegenheit seiner Würde etwas vergab. Das Volk betrachtete den wunderbaren Greis, der längst das höchste Alter des Psalmisten überschritten hatte und immer wieder klar, frisch und rüstig erschien, als ein unter ihm wandelndes Wunder, deshalb drängte sich in den letzten Jahren eine täglich wachsende Volksmasse vor seinem Fenster, um den Kindern die nie dagewesene und vielleicht nie wiederkehrende Erscheinung zu zeigen, um selbst immer wiederzusehen, was nur glaublich erschien, wenn es mit eignen Augen gesehen wurde. Aber während es schien, als müsse man sich täglich von der Fortdauer des Wunders überzeugen, schien es andrerseits, als könne sich niemand denken, daß es jemals anders werde. Aus manchem Munde konnte man die Versicherung hören, der Kaiser müsse und werde hundert Jahr alt werden. Nach seinem Tode haben die Ärzte die völlige Gesundheit aller Organe festgestellt. Die Steinkrankheit mit ihren periodisch heftigen Schmerzen ist es gewesen, die in wenigen Tagen einen Kräfteverbrauch herbeiführte, der in diesem Alter so rasch, als es die Erhaltung des Lebens forderte, nicht ersetzt werden konnte. Die Krankheit des Kaisers ist kurz gewesen. Die Trauer langsamen, unaufhaltsamen Verfalls ist ihm und uns gnädig erspart worden.

Als er nun gestorben war, wirkte die Nachricht mit der ganzen Überraschung eines unerwarteten Ereignisses. Einen Augenblick verbreitete sich eine Empfindung, als wäre dem gewaltigen Staatsgewölbe, unter dem wir seit Kaiser Wilhelms Regierung so sicher und stolz wohnen, der Schlußstein entzogen, bald aber erfuhr man, daß der kategorische Imperativ dem kranken Thronfolger das Szepter des Sterbenden in die Hand gedrückt und dem Schwerleidenden nach der winterlichen Heimat zu eilen geboten. So beruhigt richteten sich alle Gedanken erst nur auf die letzte Huldigung der würdigen Trauerfeier. Man weiß, wie sie sich vollzogen hat mit dem Gefolge hochfürstlicher Abgesandten oder höchster Würdenträger fast aller Staaten der Welt, die Gesandten der asiatischen Herrscher, des Sultans, des Schahs und des Kaisers von China nicht ausgeschlossen. In dem Trauerschmuck, den die Stadt Berlin binnen wenigen Tagen angelegt und auf dem letzten Wege des Toten zur ausdrucksvollen Kunstgestalt gesteigert hatte, zeigte sich die deutsche Hauptstadt der kriegerischen und wissenschaftlichen Intelligenz als eine ebenbürtige Hauptstadt der Kunst.

So liegen denn diese hocherregten Tage hinter uns, deren Trauer durch das Gefühl eines großen unentreißbaren Besitzes, lebendiger als je hervorgerufen, gehoben wurde. Was uns geblieben, ist nicht nur die Erinnerung einer ebenso vertraulichen als ehrwürdigen Herrschergestalt, sondern das große Werk, an dem er an erster Stelle mitgeschaffen, dessen ganzen Kranz das Gefühl auf das Haupt des Toten drückte, weil der Lebende nie der Ehre begehrt für alles Große, was unter ihm geschehen, sondern den ihm gebührenden Anteil in aufrichtiger Bescheidenheit zu mindern suchte.

Nach den zahllosen Worten den Preises, welche in diesen Tagen die Begeisterung der Trauer auf die Zungen so vieler Redner gelegt, ist es zu spät, diese Zahl zu vermehren. Aber es ist auch zu früh, die historische Würdigung Kaiser Wilhelms zu versuchen. Vielleicht geschieht dies zu einem geeigneten Zeitpunkt in diesen Jahrbüchern von berufener Hand. Unsere Korrespondenz wendet sich nun den Folgen des Thronwechsels zu.

*

Tragisch fürwahr erschien den gebildeten Völkern der Erde, mochten sie dem deutschen Volk wohlwollend oder mißgünstig sein, das Geschick, welches in Kaiser Wilhelms letztem Lebensjahr über das erlauchte, seit zwei Jahrhunderten so hoch begnadete Haus der Hohenzollern kam. Ein hochbetagter Greis, von Glück und dauernden Erfolgen wunderbar gekrönt, bereit das Szepter in die Hand eines edlen Sohnes zu legen, muß nach der großartigen Feier des neunzigsten Geburtstages diesen Sohn von einer schleichenden Krankheit ergriffen sehen, von der es bei den zur Stunde erreichten Mitteln der Wissenschaft keine Rettung gibt. Daß die Heilkundigen über die Behandlung in Zwiespalt geraten, bleibt auch in diesem Fall nicht aus, und auch das andere bleibt nicht aus, daß die Parteiung sich den weitesten Kreisen des Volkes mitteilt, wo man, über den Stand der Frage mangelhaft unterrichtet, um so leichter geneigt ist, hinter dem Gegensatz der Ansichten andere als nur ärztliche Beweggründe zu suchen.

Es ist nicht zu verwundern, wohl aber in hohem Grade zu bedauern, daß an diesem tieftraurigen Fall nicht nur die nationale Eifersucht der Deutschen und Engländer, sondern auch der Gegensatz der politischen Parteien in Deutschland sich entzündet hat. Die Fortschrittspartei hatte aus den Konfliktszeiten der sechziger Jahre her auf den Thronfolger große Hoffnungen gesetzt, als würde er die Verwirklichung der politischen Ideale des Fortschritts zur Aufgabe seiner Regierung machen. Mit einer unreifen Hartnäckigkeit hat die Partei diese Hoffnung bis zum Augenblick der Thronbesteigung und zum Teil über diesen Augenblick hinaus festgehalten. Die Partei hat sich gänzlich dem Gedanken verschlossen, als könne eine Zeit wie die zwanzig Jahre von 1866 bis 1886 in einem begabten und bildsamen Geist eine Umgestaltung der politischen Ideen bewirken. Es ist ja nicht die Rede von einer Veränderung der schönen und freien Charakteranlage, es ist auch nicht die Rede von einer Umkehr zu sonst bekämpften Anschauungen, aber das mußte sich eigentlich für jedes unbefangene Urteil von selbst verstehen, daß die selbständig verarbeitete Erfahrung einer großen Epoche, daß die Reife des Mannesalters in dem jugendlichen Thronfolger von 1862 eine eingreifende Veränderung der politischen Denkungsart hervorgebracht haben mußte. So hat aber die Fortschrittspartei das Märchen geglaubt, daß der schwere Ernst der Krankheit des Thronfolgers eine Erfindung der Parteitendenz sei, welche den Liberalismus des künftigen Kaisers fürchte. Eine solche Parteitendenz wird von den Fortschrittsblättern heutzutage ungescheut den verhaßten „Kartellbrüdern" beigelegt, also auch der nationalliberalen Partei. Wenn aber alle edlen Gemüter des deutschen Volkes das harte Los ihres jetzigen Kaisers beweinen, so hat keine Partei mehr Ursache dazu, als die nationalliberale, nicht nur aus menschlichen, sondern auch aus politischen Gründen.

Kaiser Friedrich ist ein anderer Politiker, als der Kronprinz von 1862 war, aber ein Mann der Reaktion, vollends der gedankenlosen, wie sie in gewissen Köpfen spukt, ist er nicht geworden. Wenn es eine Persönlichkeit gibt, von der man die Fortführung, vielleicht die vollendende Lösung des schwierigen Werkes erwarten durfte, eine Monarchie von schöpferischer Kraft und von einer, alle letzten Entscheidungen mit freiem Ratschluß treffenden Autorität aufrechtzuhalten inmitten einer ungehemmten Bewegung des öffentlichen Geistes, die nicht fruchtlos bleibt, sondern ihre Anstrengungen zu Früchten in den Institutionen und Gesetzen reifen sieht, so ist Kaiser Friedrich eine solche Persönlichkeit. Die vieljährige Bewunderung des englischen Parlamentarismus macht unaufhaltsam der Einsicht Platz, daß diese Institution nur in einer aristokratisch verfaßten Gesellschaft, deren Sitz überdies eine unangreifbare Insel war, zur Blüte gelangen konnte. Das regierende Parlament auf demokratischer Basis muß jedes Reich zerstören, wenn es nicht durch die Diktatur, wie einst Frankreich von dem Konvent, von den Torheiten und Verbrechen der Demokratie gerettet wird. Neugierig sehen wir dem Schauspiel zu, wie das englische Parlament durch die Demokratie verdorben und heruntergebracht wird, und weiter, ob, wann und in welcher Gestalt wieder ein englischer Nationalstaat aufgebaut werden wird. Minder fesselt das Schauspiel des demokratischen Parlamentarismus in Frankreich unsere Neugier, wo wir bereits wieder einmal das hippokratische Gesicht dieses Parlamentarismus und die Meldung des Erben sehen, dessen Vorgänger schon mehr als einmal die Erbschaft angetreten. Das 19. Jahrhundert, indem es in dem regierenden Parlamentarismus die haltbare Verwirklichung der politischen Freiheit nicht mehr erblickt, indem es noch weniger den unverhüllten oder den verhüllten Absolutismus, wie ihn Napoleon III. versuchte, für möglich und erträglich hält, sieht sich vor die Aufgabe gestellt, neue Institutionen zur Verbindung der Autorität mit der Freiheit aufzusuchen.

Den Beruf, zu diesem Ziel ein Pfadfinder zu sein, hat Kaiser Friedrich bei seinem Regierungsantritt in einer Weise bekundet, die bei allen gebildeten Völkern einen tiefen Eindruck gemacht, uns Deutsche aber erhoben und beglückt hat.

Die ersten Kundgebungen des neuen Kaisers waren ein Telegramm aus San Remo unmittelbar nach Empfang der Todesnachricht mit dem Ausdruck des Dankes für die bisherigen Dienste an das Staatsministerium und mit der Anzeige, daß er am folgenden Tage die Reise nach Berlin antreten werde; sodann ein zweites Telegramm an das Staatsministerium, worin der Kaiser kund tat, daß er die sonst in Preußen nach dem Todesfall des regierenden Königs übliche erste Handlung, nämlich die Regelung der Trauer, unterlassen und vielmehr dem Herzen des Volkes die Art und Ausdehnung dieser Trauer überlassen wolle. Die Telegramme waren gezeichnet: Friedrich.

Am 10. März 9 Uhr Vormittag verließ der kaiserliche Sonderzug San Remo. Am 11. März Nachmittag 6 Uhr empfing der Kaiser auf dem Bahnhof zu Leipzig das Staatsministerium, welches er dorthin befohlen hatte, um bei der späten Ankunftsstunde in Charlottenburg, der zunächst gewählten Residenz, die unaufschieblichsten Staatsgeschäfte bereits erledigt zu haben. Das Staatsministerium hatte einen Aufruf des Kaisers an das Volk vorbereitet, welchen der Reichskanzler, der im kaiserlichen Wagen nach Berlin zurückreiste, dem Kaiser übergab. Jedoch der Kaiser übergab dem Kanzler zwei von ihm in San Remo verfaßte Schriftstücke: einen Aufruf „An mein Volk", und einen „Erlaß an den Reichskanzler und Präsidenten des Staatsministeriums".[1] Am folgenden Tag, den 12. März, hielt dem Kaiser wiederum der Kanzler Vortrag und überbrachte die Schriftstücke ohne Erinnerung. Noch an demselben Abend wurden sie durch den Reichs- und Staatsanzeiger veröffentlicht. Privattelegramme aus San Remo vom 9. März hatten verschiedenen Zeitungen gemeldet, daß der Kaiser nach Empfang der Todesnachricht sich den ganzen Tag über schriftlich beschäftigt habe.

Es ist sonst in Preußen Sitte gewesen, daß erst nach der Bestattung des abgeschiedenen Herrschers der Nachfolger zu dem Volke sprach. In diesem Fall ist es anders gehalten worden und mußte anders gehalten werden. Denn da die Krankheit des Thronfolgers seit Monaten dem Volke durch amtliche Kundmachungen bekannt war, durfte keine Ungewißheit bestehen, in welchem Umfange die schon am 9. März den politischen Körperschaften angezeigte Übernahme der Regierung durch Kaiser und König Friedrich möglich und beabsichtigt sei. Es kam hinzu, daß die Bestattung bei dem großartigen Charakter, den sie nach dem allgemeinen Gefühl Deutschlands und nach der Erwartung aller Nationen tragen mußte, erst am siebenten Tage nach dem Tod stattfinden konnte.

Den beiden ersten allgemeinen Kundgebungen Kaiser Friedrichs wenden wir nun unsere Aufmerksamkeit zu. Sie sollten keine Gegenzeichnung tragen; schon damit bekundete der König, über dessen Stellung zur Verfassung kein Zweifel bestand und der seinen Willen einer gewissenhaften Befolgung derselben sogleich bestätigte, daß er den Grundsatz der deutschen Monarchie aufstellt, wonach der Monarch zwar für alle dispositiven Regierungsakte der verantwortlichen Gegenzeichnung bedarf, aber nicht für die öffentliche Aussprache seiner Urteile und Gefühle.

Was nun der Kaiser in diesen rein persönlichen Kundgebungen niederlegte, das konnte nur Bewunderung und Freude wecken. Längst hatten alle verständigen Männer sich gesagt, daß die törichte Hoffnung der Fortschrittspartei, der Kaiser werde sogleich den Fürsten Bismarck entlassen, das parlamentarische System einführen und jedes persönliche Hervortreten nach englischem Grundsatz unterlassen, fern sei von jeder Aussicht

[1] Text in Schultheß, 29. Jg. 1888, S. 59 ff.

auf Erfüllung. Wenn diese Erwartung eintraf, so fühlte man sich doch erhebend berührt und überrascht von dem vollendeten Herrschertakt, womit der Kaiser seinen Willen, daß er den „langjährigen, vielbewährten Diener" des kaiserlichen Vaters auch an seiner Seite und nach wie vor an der Spitze der Geschäfte zu sehen wünsche, bekundete. Eine zartere und ehrenvollere Form dieser Kundgebung konnte nicht gewählt werden, als daß der Kaiser die Regierungsgrundsätze, die er in seinem Geist gebildet, öffentlich an den Kanzler richtete mit der Erwartung, die Unterstützung desselben zur Verwirklichung seiner Absichten zu finden. Dadurch, daß der Kaiser die Darlegung der Absichten von dem Aufruf an das Volk trennte, konnte die Darlegung ausführlicher sein, und der Aufruf konnte dem Andenken an den glorreichen Vater gewidmet werden, an welches nur der Ausdruck des rückhaltlosen Vertrauens zu einem Volke sich schloß, dessen untrennbare Verbindung mit seinem Fürstenhaus, unabhängig von jeglicher Veränderung im Staatenleben, eine einzig bewährte und einzig dastehende ist.

Welche Sprache reden diese Schriftstücke! Welche Wärme des Gefühls und welches Gewicht der Gedanken!

Wie spricht der Kaiser zu dem „treuen und mutvollen Ratgeber" des glorreichen Vaters, der „den Zielen seiner Politik die Form gegeben und ihre erfolgreiche Durchführung gesichert hat"? Nicht wie ein bedürftiger Mann lehnt er sich an den festen Stamm, sondern mit der Sicherheit des Herrschers tritt er auf. Mit der höchsten Anerkennung verbindet er das volle Selbstgefühl des Mannes, der dem fürstlichen Beruf gewachsen ist.

Er spricht den großen Grundsatz der erhaltenden Politik aus, „daß die Verfassungs- und Rechtsordnungen des Reiches und Preußens vor allem in der Ehrfurcht und in den Sitten der Nation sich befestigen müssen, daß daher die Erschütterungen möglichst zu vermeiden sind, welche häufiger Wechsel der Staatseinrichtungen und Gesetze veranlaßt".

Warum wird dieser Satz gerade jetzt betont? Die törichte Meinung einiger Blätter ging dahin, er sei gegen die eben beschlossene Verlängerung der Legislaturperiode gerichtet. Er ist in Wahrheit gegen die Erwartung gerichtet, daß der Kaiser das parlamentarische System einführen und den ganzen mühsam errichteten Bestand der Reichseinrichtungen wie der historischen Grundlagen des preußischen Staates dem Belieben der in Deutschland mehr als irgendwo zufälligen Majoritäten preisgeben werde.

Nachdem die volle Rechtsachtung zur Richtschnur Aller, zur Richtschnur auch der kaiserlichen Regierung gemacht worden, folgt der große Satz: „Dabei ist im Auge zu behalten, daß diese gegenseitigen Rechte nur zur Hebung der öffentlichen Wohlfahrt dienen sollen, welche das oberste Gesetz bleibt, und daß neu hervortretenden, unzweifelhaften nationalen

Bedürfnissen stets in vollem Maße Genüge geleistet werden muß." Der Kaiser verwirft den Satz der reaktionären Romantik, daß der Inhalt der irgendwo abgebrochenen Rechtsentwicklung die unabänderliche Schranke der Völkerentwicklung sei. Die verlogenen Sophisten jener Romantik verspotteten den Begriff des öffentlichen Wohles, dem sie willkürlich nur einen materiellen Inhalt beilegten. Der wahre Begriff enthält aber die vollkommenere Befriedigung der geistigen und sittlichen Bedürfnisse.

Wir folgen dem Erlaß nicht weiter. Er trägt in allen Teilen den Charakter freier Bildung und durch ernstliches Nachdenken erworbener Einsicht. Wenn der Kaiser unter anderem auch den Willen ausspricht, „daß der seit Jahrhunderten in Meinem Hause heilig gehaltene Grundsatz religiöser Duldung auch ferner allen Meinen Untertanen, welcher Religionsgemeinschaft und welchem Bekenntnisse sie auch angehören, zum Schutze gereiche", so haben die ultramontanen Organe die weise gezogene Schranke in diesem Ausspruch wohl gewittert. Sie sagen: das ist nur der protestantische Grundsatz der Gewissensfreiheit, es ist nicht die Anerkennung des Rechts der römischen Kirche, die Schranke, die sie dem Staat gegenüber bald enger, bald weiter zu beobachten für gut finden mag, lediglich sich selbst zu ziehen. —

Diesen Monarchen von solchem Adel der Gesinnung, von solcher Freiheit und Höhe der Bildung, sehen wir in dem hohen Amt, zu dem er wie kein anderer berufen, von schwerer Krankheit gehemmt. Mit banger Erwartung sieht die deutsche Nation der Entwicklung des unheimlichen Leidens zu. Die Pflichten, welche, mit der Krone seines Hauses verbunden, auf Kaiser Friedrich übergegangen sind und die er in der Zeit, die „nach Gottes Willen Meiner Regierung beschieden sein mag" getreulich wahrzunehmen versprochen, hat er im Kampf mit einem quälenden Leiden in einer Weise ergriffen, welche der deutschen Nation und allen ihren künftigen Herrschern ein unvergängliches Beispiel sein wird.

124. Preußisches Abgeordnetenhaus, Debatte über einen Wahlprüfungsbericht, 63. Sitzung am 26. Mai 1888, Auszug, Sten. Ber. Preuß. AH, 14. Leg. Per. 1885/88, Session 1888, Bd. 3, S. 1657 und S. 1669—1673.

a) Abgeordneter Heinrich Rickert, S. 1657.

Die Beamten sollen nicht Wahlagenten der jeweiligen Regierung sein. Ich habe dem Herrn Minister v. Puttkamer gegenüber schon wiederholt mir auszuführen erlaubt, daß unbedingt unterschieden werden muß das

Interesse des jeweiligen Ministers und das Interesse der Krone. Es wird immer so hingestellt, als ob der ehrsame Bürger und Wahlmann, wenn er für den Kandidaten des jeweiligen Ministeriums stimmt, damit auch den Interessen der Krone dient. Ja, meine Herren, es kann doch Zeiten geben, wo die Krone und der Träger der Krone eine ganz andere Meinung hat wie zum Beispiel der jeweilige Chef der Wahlpatronage. Wie stellt sich dann die Sache? Ist dann eine amtliche Wahlagitation auch im Interesse der Krone? Ist sie nicht vielmehr gerade im Gegenteil gegen das Interesse der Krone? *(Zurufe rechts.)* — Nein, sagen die Herren. Ja, das habe ich gewußt, daß Sie auf diesem Standpunkt stehen. In Preußen ist das gar nicht möglich, sagen Sie? Ja, meine Herren, das führt zur Allgewalt der Minister, nicht aber zur Erhöhung und Stärkung des Ansehens der Krone. *(Lebhafter Beifall links.)*

Nimmermehr, meine Herren, sind die Interessen der Krone gebunden an die Interessen der jeweiligen Minister, die Interessen der Krone sind dauernde wie die des Volks, weit hinausragend über die kleinen Interessen der Männer, die sich an ihre Stühle klammern *(Lachen rechts)* und die nur zeitweise die Geschäfte des Landes führen. Es sieht ja gerade so aus, als wenn die Herren Kandidaten nichts weiter sein sollen wie die Agenten, die im Auftrage des Ministers handeln, als ob der Staat der Bürokratie und den Chefs derselben, den Ministern, gehöre, als ob die Staatsinstitutionen ihr Privateigentum seien. Man erhebt den Anspruch, daß die Beamten und ihre Chefs die Minister als die eigentlichen alleinigen Träger der Staatsgewalt angesehen werden. Der zahlende Träger des Staats wird einfach in den Hintergrund geschoben, der wird so betrachtet, als ob er nur dem Beamtentum zu gehorchen hätte. Nein, meine Herren, das Gefühl, daß die Beamten nichts anderes sind als Diener des Staatswesens, vor allem Diener und Vollstrecker der Gesetze — nichts mehr und nichts weniger — dieses Gefühl muß noch viel mehr bei uns geschärft werden.

Meine Herren, in Bayern erscheint jedesmal vor der Wahl ein Königlicher Erlaß, der mit folgenden Worten schließt:

„Wir befehlen unseren Regierungen, Kammer des Innern, die Vorschriften des Wahlgesetzes genau zu vollziehen. Wir erwarten hierbei von allen Behörden gewissenhafte Erfüllung ihrer beschworenen Pflichten, Leitung der Wahlverhandlungen mit rücksichtsloser Unbefangenheit, Beschirmung der Freiheit der Wahlstimmen vor Einschüchterung oder Bestechung und pflichtgemäße Enthaltung von jeder Beschränkung der Wahlfreiheit."

Nun, meine Herren, was die Bayern seit Jahren schon haben, soll das uns in Preußen vorenthalten bleiben? Sollen denn die Maximen des jetzigen Chefs der Wahlpatronage — sollen sie dauernde bleiben?

Gerade vor 30 Jahren — es war am 4. Mai 1858 — ich will auch hier das schöne Wort wiederholen — schrieb Prinz Albert, der Gemahl der Königin Viktoria, an den Kaiser Wilhelm:

„Die Art der Wahlumtriebe, welche das Manteuffelsche Ministerium sich das letzte Mal erlaubt hatte, indem es alle Regierungsbehörden zu Wahlagenten für seine Partei herabwürdigte und mißbrauchte, hat bei allen patriotisch und rechtlich Denkenden einen so tiefen und gerechten Abscheu erregt, daß Du sowohl die Berechtigung als die heilige Pflicht besitzest, eine Wiederholung dieser Schmach unter Deinem Namen zu verbieten und zu verhindern." *(Lebhaftes Bravo links.)*

Seitdem sind 30 Jahre vergangen. Werden wir vielleicht im Jahre 1888 erleben, daß wir bei den nächsten Abgeordnetenwahlen vor der 'Wiederholung dieser Schmach' bewahrt werden? Wir bitten darum, daß auch der jetzige Chef der Wahlen seine Beamten strikte anweist, daß sie im Rahmen des Gesetzes bleiben und sich jeder Einmischung in die staatsbürgerliche Sphäre der einzelnen Wähler enthalten. Wir handeln damit im dauernden Interesse der Krone und des Vaterlandes. *(Bravo! links; Zischen rechts; erneuertes lebhaftes Bravo links und im Zentrum.)*

b) Abgeordneter Robert Friedberg, S. 1669.

Herr Rickert hat nun im Laufe seiner Rede einen Gegensatz der Interessen aufgestellt zwischen der Krone und ihren Ministern. Ich erlaubte mir darauf einen Zwischenruf, indem ich sagte, das ist in Preußen nicht möglich, und ich erntete damit die ungeteilte Heiterkeit von Seiten der Freisinnigen, und es wurde mir von einer Seite zugerufen — ein Zuruf, der mir häufig entgegentritt —: Professorenweisheit. Da ich die Ehre habe, Herrn Kollegen Dr. Virchow in meiner Nähe zu sehen, darf ich wohl glauben, daß er meine Ansicht in dieser Angelegenheit vollkommen teilt, wenn sie als Professorenweisheit hingestellt wird. *(Oh! oh! links.)*

Jedenfalls aber, meine Herren, will ich hier ein für alle mal feststellen, daß für uns ein Gegensatz zwischen der Krone und ihren Ministern nicht existiert. Das kann nach unserer staatsrechtlichen und politischen Auffassung in Preußen überhaupt nicht vorkommen, *(sehr richtig! rechts)* und deshalb war mein Zwischenruf, glaube ich, berechtigt. Meinungsverschiedenheiten können vorhanden sein, aber diese haben zwischen der Krone und ihrem Diener ihren Ausgleich zu finden. Haben sie diesen Ausgleich nicht gefunden, so muß der Diener eben abgehen; damit ist die Sache erledigt. *(Zwischenrufe: tut er ja nicht!)* — Ja, meine Herren, diesen Gefallen tut er Ihnen freilich nicht, daß er ohne Nötigung seitens seines Monarchen gehen soll; das ist ja lediglich Ihre Politik, darauf wollen

Sie ja hinaus. Ich kann mir diese ganz eigentümliche Theorie, die der Abgeordnete Rickert aufgestellt hat, nur dadurch erklären, daß die Herren eben fortdauernd bemüht sind, an gewisser Stelle ihre Unterstützung anzubieten, wo diese Unterstützung gar nicht begehrt wird. *(Zustimmung bei den Nationalliberalen und rechts.)* Das ist meine Weisheit, und bei dieser Weisheit werde ich bleiben.

Dagegen ist es für mich ein novum und curiosum gewesen, das meine Weisheit übersteigt, wenn eine Rettung und ein Schutz der Krone immer von den Herrn Rickert und Richter in Aussicht gestellt wird. *(Zuruf des Abgeordneten Rickert: Ganz die 'Norddeutsche Allgemeine', Sie haben etwas gelernt!)*

Schließlich möchte ich mich noch gegen Herrn Dr. Meyer *(Breslau)* wenden, der meines Erachtens einigen Worten von mir eine illoyale Auslegung gegeben hat. Meines Erachtens darf man illoyal selbst dann nicht verfahren, wenn man die Aussicht hat, einen vorübergehenden Heiterkeitserfolg zu erzielen, den sich Herr Dr. Meyer nun mal nicht entgehen lassen kann.[1]

Herr Dr. Meyer hat davon gesprochen, daß der Volkswille, wie er durch die Wahlen zum Ausdruck komme, im großen und ganzen den gesunden Menschenverstand repräsentiere, und ich habe dem gegenübergestellt eine Ausdrucksweise des Herrn Abgeordneten Richter, der seinerseits die letzten Reichstagswahlen als ein Angstprodukt bezeichnet hat. Was ich damit sagen wollte, war doch klar: es ist nicht richtig, in einem Falle den Ausdruck des Volkswillens, wie er durch die Wahlen geschaffen wird, als den gesunden Menschenverstand, im anderen Falle als ein Angstprodukt zu bezeichnen.

Wenn Herr Dr. Meyer es nun so dargestellt hat, als ob ich der Ansicht sei, daß die Reichstagswahlen ein Angstprodukt gewesen sind, so ist das eine illoyale Auslegung meiner Worte, deren er sich nicht hätte schuldig machen sollen. *(Zuruf.)* — Hübsch war es und auch beabsichtigt, *(Heiter-*

[1] Vgl. in derselben Sitzung, S. 1667, die Äußerung des Abg. Meyer: „Herr Kollege Friedberg ruft mir zu: Angstprodukt; das ist aber nur ein einzelnes Wort, das kann ich nicht in einen Satz hineinbringen. *(Zwischenruf.)* Also Herr Kollege Friedberg sagt, das Volk sei vom gesunden Menschenverstande verlassen worden, als es sich bei den vorigen Reichstagswahlen hat hinreißen lassen, anders zu wählen, wie es eigentlich gesinnt war. Meine Herren, Sie werden mir zugeben, daß ich in meiner Stellung keine Veranlassung habe, gegen diese Äußerung mit besonderer Lebhaftigkeit zu polemisieren. Mag der Herr Kollege Friedberg, der ja noch auf der Rednerliste steht, sie des Näheren verteidigen. Ich werde mir gestatten, mir im stillen die Hände dazu zu reiben. *(Große Heiterkeit.)*"

keit) ja, aus einem ganz einfachen Grunde beabsichtigt. Die Äußerung des Herrn Abgeordneten Richter, die er dagegen getan hat, war eine schmachvolle Beleidigung der deutschen Wähler. *(Oho! links.)* Das ist ihm nun wohl zum Bewußtsein gekommen, und heute, wo wir vielleicht die letzte Sitzung dieser Session haben, fühlt sich Herr Dr. Meyer veranlaßt, diesen Ausdruck des Herrn Richter etwas abzuschwächen. Ich gebe mich allerdings, meine Herren, der Hoffnung hin, daß die Wähler auch das nächste Mal ihren gesunden Menschenverstand in der Richtung hin geltend machen werden, welche den Beifall des Herrn Richter nicht findet. Ich gebe mich aber auch der Hoffnung hin, daß, wenn meine Voraussetzung eintreffen würde, Herr Richter sich in Zukunft einer parlamentarischeren Bezeichnung des deutschen Volkswillens befleißigen wird. *(Bravo!)*

c) Abgeordneter Eugen Richter, S. 1669—72.

Meine Herren, das Wort 'Angstprodukt' werden die Herren nun einmal nicht los; man sieht auch daraus, wie richtig es die Sachlage getroffen hat. Bei jeder Gelegenheit, auch hier im Landtage, kommt das Wort wieder zum Vorschein. Gerade weil wir den gesunden Menschenverstand im Volke vor künstlicher Verwirrung, Einschüchterung und Beeinflussung sichern wollen, sind wir derart darauf bedacht, alle Ungehörigkeiten bei den Wahlen hier zur Sprache zu bringen. Bei den Reichstagswahlen im Februar 1887 wurden von oben herab alle Landräte ohne Unterschied angewiesen, sogenannte Belehrungen für das Volk zu veröffentlichen, die nur den Zweck hatten, irrezuführen, und nur den Zweck hatten, eine landrätliche Autorität im Sinne der Kartellparteien auszuspielen. Haben nicht gerade die Verhandlungen im Reichstage auch sonst überall dargetan, wie zahlreich ungehörige Beeinflussungen stattgefunden haben? Freilich milde ist dies dort von der Mehrheit beurteilt worden, denn die Kartellparteien wollen nicht gern den Ast absägen, auf dem sie sitzen. Deshalb haben sich auch die Nationalliberalen gedrungen gefühlt, sich in diese Verhandlungen hier einzumischen — bezeichnender Weise gegen uns. Es geschieht im Bewußtsein, daß viele Ihrer Wahlen ohne die Herren Landräte gar nicht möglich sind. Deshalb beurteilen Sie alle diese Verhältnisse so milde, wie meines Erachtens kein liberaler Mann sie beurteilen dürfte.

Richter beschäftigt sich im Fortgang seiner Rede eingehend mit den jüngsten Ersatzwahlen, die gegen die Parteien der Rechten ausgefallen sind, und mit der Polemik der Kartellpresse gegen freisinnige Blätter, namentlich in der Battenbergischen Verlobungsfrage. Er fährt fort (S. 1671 f.):

Meine Herren, Sie rufen 'zur Sache!' Ich weiß, daß Sie das nicht gern hören; wenn es Ihnen aber nicht paßt, dann tun Sie Ihren Gefühlen keinen Zwang an und entfernen Sie sich.

Meine Herren, es ist nicht wahr, daß man Beleidigungen von unserer Seite wünscht vor Gericht zu stellen in diesem Falle; — nein, das Gesindel, was dahinter steckt, ist gar nicht wert einer gerichtlichen Anklage, ist gar nicht wert, daß ihm irgend etwas zugefügt wird, was in den Augen seiner Anhänger noch als ein Martyrium für solche Leute gelten könnte. *(Bravo! links.)* Aber allerdings, als Gesetzgeber sind wir verpflichtet, darauf hinzuweisen, wie ungleich Gesetz und Recht in Preußen gehandhabt wird. *(Hört! hört! links.)* Das ist es, was Herr Rickert zur Sprache brachte, das ist es, wofür Herr Friedberg absolut kein Verständnis besitzt. Wenn gegen Fürst Bismarck auch nur der hundertste Teil derjenigen Beleidigungen geschleudert worden wäre, die in diesen Wochen gegen die Kaiserin Viktoria geschleudert worden sind, — *(sehr wahr! links, — zur Sache! rechts)* — das ist zur Sache, das paßt Ihnen nur nicht — dann würden mit Hunderten die Gefängnisse gefüllt worden sein. Die freisinnigen Blätter verfolgt man, wenn sie aus Mißverständnis eine falsche Nachricht über eine angebliche Beleidigung des Obersten v. Villaume bringen oder weiter verbreiten, mit monatelangem Gefängnis wegen groben Unfugs. Meine Herren, ist ein größerer Unfug jemals in Preußen möglich gewesen, als in der Kartellpresse während der letzten Wochen? *(Sehr richtig! links.)* Alle Welt hat das gelesen, und kein Staatsanwalt hat ein Auge dafür gehabt. Keiner hat Anklage erhoben; Anklagen sind, abgesehen von jenem Wittenberger Kreisblatt, soviel ich weiß, nur erhoben gegen freisinnige Blätter. Und weshalb? Deshalb, weil sie gerade, um ihre Entrüstung über jenen Schmähartikel kund zu geben, Betrachtungen beim Abdruck desselben anstellen.[2] Gegen drei freisinnige Blätter, soviel ich bis jetzt weiß, ist Anklage wegen Majestätsbeleidigung erhoben, wegen Abdrucks jenes Artikels, eines Artikels, dem sie den Schluß hinzufügten:

„Wenn so etwas in Preußen möglich ist, wenn die Minister und der Ministerpräsident dagegen nicht einschreiten, dann ist es für jeden guten Bürger und Preußen doppelte Pflicht, sich um sein Kaiserpaar zu scharen und ..." *(Glocke des Präsidenten)*

Präsident: Herr Abgeordneter Richter, das geht nun doch aber weit

[2] Bismarck brachte die öffentliche Meinung durch einen inspirierten Artikel in der ›Kölnischen Zeitung‹ vom 5. 4. 1888 (Schultheß, 30. Jg. [NF 4], S. 73 f.) gegen die Kaiserin in Bewegung. Der von Richter angeführte Artikel — ›Keine Frauenzimmerpolitik‹ — erschien am 11. 4. 1888 in den ›Dresdener Nachrichten‹.

hinaus über die Grenze dessen, was ich Ihnen gestatten kann, dem Abgeordneten Dr. Friedberg zu antworten. So weit dieser Sie hineingezogen hat, habe ich Sie nicht gehindert, aber darüber hinaus bitte ich auch von der Sache nicht abzuschweifen. Abgeordneter Richter: Nein, Herr Präsident, ich habe mich eben genau an den Fall gehalten, über den der Abgeordnete Dr. Friedberg nach dem Abgeordneten Rickert polemisierte. *(Widerspruch rechts.)* Im übrigen, meine Herren, ist meine Betrachtung zuende, und ich glaube, sie ist genügend gewesen, manches aufzuklären, was längst hätte öffentlich zur Sprache gebracht werden müssen, wenn sich eine Gelegenheit dazu bot.

Sie sprechen davon, daß eine Meinungsverschiedenheit zwischen der Krone und dem Minister nicht besteht; Sie sprechen davon, als ob wir gegen die Krone und ihre Befugnisse sprächen. Herr v. Rauchhaupt ist sogar so weit gegangen, diesem Hause überhaupt das Recht abzusprechen, über den Herrn Landrat zu reden. *(Heiterkeit.)* Bei ihm heißt es: der Landrat kann nicht Unrecht tun. Ich nehme es Herrn v. Rauchhaupt am wenigsten übel, denn ein Landrat hackt nicht dem andern die Augen aus! *(Heiterkeit.)* Das ist das ganze Geheimnis Ihrer sonderbaren Stellung zum Antrage der Wahlprüfungskommission. Sie greifen den konservativen Verein in Elbing an wegen seiner 3 Mark Wegezehrung zu dem Extrazuge und führen dadurch die Ungültigkeit herbei, nur damit der Landrat mit seinen viel größeren Wahlbeeinflussungen außer Streit bleibt. Sie suchen damit — die Taktik ist sehr klar erkennbar — das Votum des Hauses von dem Landrat abzuleiten, indem Sie es um so schwerer auf den konservativen Verein in Elbing fallen lassen.

Nun, meine Herren, wozu hat man überhaupt eine Volksvertretung? Wozu haben wir das Recht, Resolutionen, Petitionen, Anträge und Adressen zu stellen? Wozu haben wir die finanziellen Befugnisse, wenn es nicht ist, die Verwaltung in allen ihren Amtshandlungen zu kontrollieren und unser Urteil darüber zur Kenntnis der Krone zu bringen?

Sonst, wenn wir das entsprechende Recht nicht hätten, wäre es nie zu rechtfertigen, daß in einem Verfassungsstaate dem Minister eine so weitgehende Befugnis gegeben ist, wie es der Fall ist.

Im absolutistischen Staate konnte der König alles bestimmen; ein Gnadenerlaß beispielsweise hatte sich auf alle Kategorien zu erstrecken, für welche ihn der König bestimmte. Alsdann wurde es einfach so ausgeführt, und der Minister hatte nur die Unterschrift des Königs zu beglaubigen. Wenn aber jetzt ein Gnadenerlaß zum Beispiel sich auch auf die Sozialisten erstrecken soll, so ist der Minister berechtigt zu sagen, daß er dies nicht mit seiner politischen Verantwortlichkeit vereinigen könnte. Dann steht er auch nicht da als der ungehorsame Beamte der Krone gegenüber, wie es in absolutistischen Verhältnissen der Fall wäre, nicht als unwillfähriger Beamter, sondern er hat ein Recht, sich der Krone gegenüber auf seine politische Verantwortlichkeit zu berufen; damit ist er in die Lage gesetzt, die Machtbefugnis der Krone im Gegensatz zum absolutistischen Staate einzuschränken. Aber, meine Herren, niemals würde man den Ministern in einer Verfassung eine so weit gehende Macht gegeben haben, wenn nicht als Korrelat bestände auf der anderen Seite ihre Verantwortlichkeit der Volksvertretung gegenüber. *(Sehr richtig! links.)*

Die Minister haben das Recht, die Krone tatsächlich einzuschränken, selbst in Sachen, die man als persönliche Vorrechte der Krone bezeichnet, nur unter der Voraussetzung, daß sie sich über jede ihrer Amtshandlungen hier vor uns verantworten! *(Sehr richtig! links.)* Die Minister können sich nicht der Krone gegenüber auf die Volksvertretung berufen, ohne daß sie sich auch vor der Volksvertretung zur Verantwortung ziehen lassen. *(Sehr richtig!)*

Wäre es anders, nun, meine Herren, dann hätte der Minister eine erhabene Stellung einerseits über der Krone und andererseits über der Volksvertretung; dann würden wir nicht von Hohenzollern regiert, dann würden wir von Ministern regiert, denen gegenüber die Krone und die Volksvertretung nur eine nebensächliche und untergeordnete Rolle haben. Das wollen wir nicht, meine Herren, und deshalb haben wir das Recht, überall gegenüber jeder Amtshandlung des Ministers denselben hier in der Weise mit allen den Mitteln, die uns die Verfassung bietet, zur Verantwortung zu ziehen.

Meine Herren, aber die Voraussetzung jener ministeriellen Beschränkung der Kronrechte ist zugleich die volle Wahlfreiheit für die Volksvertretung. Wenn, wie es in Elbing-Marienburg zutraf, wenn, wie es dem System Puttkamer entspricht, die ganzen Wahlen nur eine Probe darauf sind, wie weit die amtliche Beeinflussung, die Macht der jeweiligen Minister und ihrer Untergebenen gegenüber dem freien Volkswillen geht, — nun, meine Herren, dann ist ja die Volksvertretung selbst nur eine Schöpfung, nur ein Produkt der Regierung; dann allerdings ist die Verantwortlichkeit der Minister vor der Volksvertretung nur ein leeres Spiel, nur ein leerer Schein. Lieber als daß wir einen solchen Scheinkonstitutionalismus sich immer mehr und mehr bei uns entwickeln lassen, lieber würden wir zum absolutistischen System zurückkehren. *(Sehr richtig! links.)* Denn da sind die Befugnisse der Minister nie so weit gegangen, als wenn die Minister sich wollen unter dem Verfassungsstaat erheben über die Verantwortlichkeit vor der Volksvertretung. *(Sehr richtig! links.)*

In seinem Schlußwort unterstreicht Richter neuerlich die Bedeutung der völligen Wahlfreiheit.

125. MARTIN FASSBENDER, Die Bauernvereine und die Lage der Landwirtschaft, Paderborn: Ferdinand Schöningh 1888, Auszug, S. 49—52.

Einen sicheren Weg zum Heile des Bauernstandes zeigen uns zweifellos die Bauernvereine. Sie sind aus der Anschauung entstanden, daß der Bauer zur Bekämpfung der widerwärtigen Zeitverhältnisse sich mit seinen Standesgenossenschaften zusammentun muß. „Die große Bedeutung, das Gewicht, welches der Bauernstand", sagte Frhr. von Schorlemer bereits im Jahre 1864, „als Stand in der Gesellschaft, in der Gemeinde und im Staate haben würde, kann nur dann sich geltend machen, wenn er sich vereinigt; dann liegt es in seiner Hand, in der Gesellschaft die ihm als Nährstand gebührende Stellung einzunehmen, in der Gemeinde und deren Vertretung einen hervorragenden Einfluß zu üben, der nicht nur seine Interessen, sondern die wahren Interessen der ganzen Gemeinde schützt; endlich im Staate das Gewicht zu erhalten, welches gerade dem mittleren Grundbesitz als demjenigen gebührt, der zu den Steuern so viel und auch dann noch beiträgt, wenn die Industrie und andere Quellen versagen, der zum Kriegsheere die zahlreichsten und kräftigsten Arme stellt.

Das alles ist aber nur möglich unter zwei Bedingungen, nämlich: 1. Durch rege Vereinigung, als Stand in der Gemeinde, im Kreise, in der Provinz und im Staate. Dann kann er beraten, prüfen, feststellen und durchführen, was er für nötig und nützlich erkannt, während er jetzt einzeln den politischen Parteien zum Opfer fällt und es erleben muß, daß der bäuerliche Grundbesitz, auf dessen Schultern der Staat so wesentlich ruht, in mancher Beziehung so gut wie gar nicht vertreten ist.

2. Durch Erhaltung des Besitzes, welche Erhaltung wieder mit der Vereinigung zusammenfällt."

Die anderen Stände haben ihre gesetzlichen Vertretungen, Gewerbekammern, Handelsgerichte usw. Man mißgönne ihnen dieses nicht! Aber man sage: was dem einen recht, ist dem anderen billig, und mache daraus den Schluß: Da der Schwerpunkt der Agrarfrage, wie wir gesehen, auf volkswirtschaftlichem Gebiete liegt, müssen die Bauern als das von ihnen anzustrebende Ziel eine standesmäßige Interessenvertretung bei der Gesetzgebung hinstellen. So lange diese noch nicht als staatlich berechtigtes Sonder-Organ vorhanden, ist auf dem Wege der Massenpetition und durch richtige Wahl der Volksvertreter zu den gesetzgebenden Körperschaften dafür Sorge zu tragen, daß die staatliche Fürsorge für den Bauernstand in die richtigen Bahnen gelenkt wird. Dies ist aber nur möglich, wenn vorher der Bauernstand in seiner Gesamtheit als Ganzes zusammengefaßt ist, also mit anderen Worten: es müssen zuerst Bauernvereinigungen gebildet sein. Am besten werden dieselben nach Provinzen gegründet, indem die Verhältnisse in den einzelnen Provinzen manche Verschiedenheiten aufweisen (man vergleiche z. B. die östlichen und westlichen Provinzen der preußischen Monarchie zusammen!), daher die Landwirte einer Provinz am ehesten die Bedürfnisse des Standes in ihrer Heimat durchschauen und über Mittel und Wege zu Verbesserungen und Umgestaltungen im engeren Kreise einer Provinz leichter Einigung zu erzielen ist, als wenn ein 'allgemeiner deutscher Bauernverein' die Beratung der Wohlfahrt des Bauernstandes in die Hand nehmen wollte. Es wird uns dieses alles später bei der Darlegung der Geschichte und Ziele der einzelnen bestehenden Bauernvereine noch klarer werden.

Solche Vereinigungen, einmal gebildet, dürfen sich aber nicht auf Beratungen, Vorschläge und Petitionen inbetreff der Gesetzgebung beschränken, sondern müssen sich bestreben, alles dasjenige, was die Selbsthilfe des Bauernstandes in der Vereinigung auf volkswirtschaftlichem Gebiete zu erreichen imstande ist, tatkräftig in die Wirklichkeit zu übersetzen. Wird so das Gebiet der Tätigkeit der Bauernvereine abgegrenzt, so wird auch unmittelbar die Berechtigung ihrer Existenz neben den landwirtschaftlichen Vereinen klar. Wenn letztere sich die Vervollkommnung der Technik des landwirtschaftlichen Betriebes auf den verschiedenen Gebieten des Pflanzenbaues und der Tierzucht zur Aufgabe stellen, die Bauernvereine dagegen die Pflege der volkswirtschaftlichen und sozialpolitischen Seite des landwirtschaftlichen Gewerbes oder wenn man will der sog. Betriebslehre im weiteren Sinne angelegen sein lassen, so können beide Vereinigungen nebeneinander eine höchst segensreiche Wirksamkeit entfalten, indem sie sich gegenseitig ergänzen, und der vernünftige und strebsame Landwirt muß sich die ihm durch beiderlei Vereine gebotenen Vorteile zunutze machen. Die beiden Gebiete sind sicher groß genug, um eine Arbeitsteilung zum Segen der guten Sache eintreten zu lassen. Für die gedeihliche Wirksamkeit der Bauernvereine scheinen sodann auch heute noch die Worte des Freiherrn von Schorlemer-Alst aus dem Jahre 1864 von der größten Bedeutung: „Wiederholt muß ich nach den gemachten Erfahrungen die Form der freien Vereinigung als die zweckmäßigste bezeichnen und dabei auf die Unabhängigkeit nach allen Seiten großen Wert legen. Sorge man dafür, daß in den Generalversammlungen eine lebhafte Erörterung aller den Grundbesitz berührenden Fragen statthabe, um damit eine rege Teilnahme, eifriges Interesse, klare Erkenntnis, ein festes Zusammenhalten und gemeinsame Tätigkeit zu bewirken; wie es denn auch wieder von großer Wichtigkeit ist, daß die Mitglieder gemeindeweise öfter zusammen kommen und ihre Angelegenheiten verhandeln."

126. HEINRICH VON TREITSCHKE, Zwei Kaiser, in: Preußische Jahrbücher, Bd. 62, 1888 (Juli), S. 77—86, Auszug, S. 83—86.

WA: Sonderausgabe, 1.—10. Abdruck, Berlin 1888, Heinrich von Treitschke, Ausgewählte Schriften, Bd. 1, Leipzig 1907, S. 306—318.

Schon als junger Prinz hegte Kaiser Wilhelm sehr strenge, wohlerwogene Grundsätze über die unvermeidliche Selbstbeschränkung der Thronfolger; er wußte, daß der erste Untertan nicht mitreden darf, wenn er nicht in Versuchung geraten soll, mitzuregieren. Wie alle großen Monarchen der Geschichte, wie sämtliche Hohenzollern mit der einzigen Ausnahme König Friedrich Wilhelms III., hielt er seinen Thronerben den Regierungsgeschäften fern.

Nur einmal, nach dem letzten Mordversuche, wurde der Kronprinz beauftragt, die Stelle des Vaters zu vertreten. Es war eine ereignisschwere Zeit, der Berliner Kongreß soeben versammelt, die Friedensverhandlungen mit der römischen Kurie kaum begonnen, das Sozialistengesetz noch im Entstehen. Alle die schweren Arbeiten bewältigte der Kronprinz mit musterhafter Umsicht, und nie soll ihm Deutschland vergessen, daß er, sicherlich gegen die Neigung seines milden Herzens, den hohen Mut fand, das Richtbeil niederfallen zu lassen auf den Nacken des Kaisermörders. Durch diese tapfere Tat verhalf er der im Reiche schon halbverschollenen Todesstrafe wieder zu der Geltung, die ihr in jedem festgeordneten Staate gebührt. Nach der Genesung des Kaisers trat er wieder in die Ruhe seines Hauses zurück, und es konnte nicht fehlen, daß der an den Höfen aller Thronfolger heimische Geist der Kritik sich auch hier dann und wann äußerte, aber immer nur in bescheidener, ehrerbietiger Form. Reich und fruchtbar ward sein Wirken für die Kunst: ohne ihn wäre der Hermes des Praxiteles nicht zum neuen Leben erweckt, das Berliner Gewerbemuseum nicht in so mustergültiger Formenreinheit vollendet worden. Er war der erste akademisch Gebildete in der Reihe der preußischen Thronfolger, und mit Stolz trug er den Purpurmantel des Rektors der alten Albertina. Doch in dem langen Stilleben verlor der Kronprinz zuweilen die Fühlung mit der gewaltigen aufstrebenden Zeit und konnte ihren neuen Gedanken nicht mehr recht folgen. Die antisemitische Bewegung, deren Grund doch allein in der Selbstüberhebung der Judenschaft lag, meinte er mit einigen Worten zornigen Tadels abzutun, und die Königsberger Studenten warnte er gar vor den Gefahren des Chauvinismus — einer Empfindung, die nach zwei Jahrhunderten des Weltbürgertums den Deutschen so fremd ist wie ihr welscher Name.

Aber die menschlichen Dinge erscheinen anders vom Throne, anders von unten her gesehen. Wie die Nation den vielgeliebten Prinzen kannte, hoffte sie zuversichtlich, daß er gleich dem Vater mit seinen Lebensaufgaben selber wachsen und als Herrscher sich ebenso kräftig zeigen würde, wie einst als Stellvertreter des Kaisers. Da brach das Unheil über ihn herein. Drei deutsche Ärzte, die Berliner Professoren Gerhardt, v. Bergmann, Tobold, erkannten zuerst das Wesen der Krankheit und sprachen die Wahrheit ohne Menschenfurcht aus, wie wir es von deutschen Gelehrten zu erwarten gewöhnt sind. Noch war Heilung möglich, wahrscheinlich sogar. Aber der rettende Entschluß blieb aus — und wer darf hier tadeln, da doch fast jeder Laie in gleicher Lage die gleiche Wahl getroffen hätte? Nunmehr ward der Kranke einem englischen Arzte ausgeliefert, der alsbald durch unerhörte Verlogenheit seiner Berichte den guten Ruf unseres alten, ehrlichen Preußens besudelte. In wachsender Angst begannen die Deutschen zu ahnen, dies teuere Leben sei in schlechten Händen. Der Erfolg übertraf die ärgsten Befürchtungen. Als Kaiser Wilhelm die Augen geschlossen hatte, kehrte ein sterbender Kaiser heim, das hohe Erbe anzutreten.

Die Größe der Monarchie, ihre Überlegenheit gegenüber allen republikanischen Staatsformen beruht wesentlich auf der wohlgesicherten langen Dauer des fürstlichen Amtes. Ihre Kraft erlahmt, wo diese Sicherheit fehlt. Die Regierung des sterbenden Kaisers konnte nur eine traurige Episode der vaterländischen Geschichte werden, traurig durch die namenlosen Leiden des edlen Kranken, traurig durch das lügnerische Treiben des englischen Arztes und seiner unsaubern journalistischen Spießgesellen, traurig durch die Frechheit der deutschfreisinnigen Partei, die sich begehrlich an den Kaiser herandrängte, als ob er selber zu ihr gehörte, und einmal doch einen Erfolg, den Sturz des Ministers v. Puttkamer, erreichte — während die monarchischen Parteien durch das Gefühl der Pietät wie durch die Voraussicht des nahen Endes genötigt wurden, ihre Stimme zu dämpfen. In solchen Tagen der Prüfung offenbaren sich alle Herzensgeheimnisse der Parteien. Wer es noch nicht wußte, der muß jetzt begreifen, welch ein Sykophantentum unter der Flagge des Freisinns sein Wesen treibt, und welch ein Gesinnungsterrorismus jeden freien Kopf mißhandeln würde, wenn diese Partei jemals ans Ruder gelangte, die zu unserem Glück im ganzen Reiche nichts weiter hinter sich hat als die Mehrheit der Berliner, einzelne in die Politik verschlagene Gelehrte, die Kaufmannschaft einiger unzufriedenen Handelsplätze und die allerdings ansehnliche Macht des internationalen Judentums. Doch hinweg mit diesen finsteren Bildern; die Geschichte ist über sie hinweggeschritten. Halten wir fest in ehrfurchtsvoller Erinnerung, was der schmerzensreichen Regierung Kaiser Friedrichs die sittliche Weihe gibt. Mit einem frommen Duldermute, dessen Größe wohl nur wenige Eingeweihte ganz ermessen, mit einer Heldenkraft, die allen Glanz seiner Schlachtensiege überstrahlt, hat er die Qualen seiner Krankheit ertragen, der Sprache beraubt, im Angesichte des Todes immer und immer die alte Pflichttreue der Hohenzollern, seine warme Begeisterung für alle ewigen Güter der Menschheit bewährt. Würdig der Väter ist er zum ewigen Frieden eingegangen, und solange deutsche Herzen schlagen, werden sie des königlichen Dulders gedenken, der uns einst als der glücklichste und frohmutigste der Deutschen erschien und nun in so tiefem Leide enden mußte.

In jenen frohen Tagen, da das Bild 'der vier Könige' an allen deutschen Schaufenstern hing, sagte sich mancher in banger Ahnung, das sei allzuviel des Glücks. Nun hat die ausgleichende Gerechtigkeit der Vorsehung auf die Fülle der Freuden ein Übermaß der Trauer folgen lassen, das fast zu hart scheint für ein monarchisches Volk. Von den vier Königen sind zwei nicht mehr. Aber das Leben gehört den Lebendigen. Mit hoffendem Vertrauen wendet die Nation ihre Augen auf ihren jungen kaiserlichen Herrn. Alles, was er bisher zu seinem Volke sprach, atmet Kraft und Mut, Frömmigkeit und Gerechtigkeit. Wir wissen jetzt, daß der gute Geist der wilhelminischen Zeiten dem Reiche unverloren bleibt, und schon in diesen ersten Trauertagen erlebten wir eine große Stunde deutscher Geschichte. In deutscher Treue scharte sich unser gesamter Fürstenstand um seinen Kaiser und erschien mit ihm vor den Vertretern der Nation. Die Welt erfuhr, daß der deutsche Kaiser nicht stirbt, wer immer seine Krone tragen mag. Welch ein Wandel der Dinge seit den Zeiten, da die Höfe an jedem Neujahrstage ängstlich auf die Aussprüche des geheimnisvollen Cäsars an der Seine lauschten! Heute gedenkt die deutsche Thronrede mit keinem Worte mehr dieser Westmächte, die sich einst anmaßten, die Gesittung der Welt allein zu vertreten, denn mit unbelehrbaren Feinden läßt sich ebensowenig rechten wie mit zudringlichen zweifelhaften Freunden. Mag Europa sich in Frieden an die Verschiebung der alten Machtverhältnisse gewöhnen, oder mag das deutsche Schwert nochmals aus der Scheide fahren zur Sicherung des Gewonnenen; für beide Fälle hoffen wir gerüstet zu sein. Wenn nicht alle Zeichen trügen, so wird dies große Jahrhundert, das als ein französisches zu beginnen schien, als deutsches Jahrhundert enden; durch Deutschlands Gedanken und Deutschlands Taten wird die Frage gelöst, wie sich eine starke überlieferte Staatsgewalt mit den berechtigten Ansprüchen der neuen Gesellschaft vertragen könne. Einmal doch mußte die Zeit kommen, da die Völker fühlen, daß die Schlachten Kaiser Wilhelms nicht bloß den Deutschen ein Vaterland geschaffen, sondern auch der Staatengesellschaft eine gerechtere, vernünftigere Ordnung gegeben haben. Dann wird sich erfüllen, was einst Emanuel Geibel dem greisen Sieger zurief:

Und es mag am deutschen Wesen
Einmal noch die Welt genesen!

127. KARL SCHRADER an Franz von Stauffenberg, Berlin, 11. August 1888, in: Wentzcke, S. 445—448.

Sie haben Berlin in so guter Gesundheit und mit so guten Hoffnungen, daß Ihre neue Kur Ihr Leiden beseitigen werde, verlassen, daß ich wohl annehmen darf, mein Brief treffe Sie in voller Frische und in der vollen Arbeit eines um seine Ernte besorgten Gutsbesitzers an. Aber, wenn auch viel beschäftigt, müssen Sie doch mir für die Sache, welche ich Ihnen vorzutragen habe, einige Aufmerksamkeit gewähren. Sie betrifft das, was zum Andenken Kaiser Friedrichs und zur Stütze seiner Witwe zu geschehen hat. Mit letzterer sind meine Frau und ich in fortwährendem persönlichem und schriftlichem Verkehr; auch Bunsen hat sie vorgestern empfangen. Was ich sage, stammt also aus „zuverlässiger Quelle". (Beiläufig bemerkt, sind die ganzen Zeitungsschwatzereien über meine Frau und mich gänzlich unwahr, wir haben — leider— gar keinen Anteil an der Entlassung Puttkamers gehabt.) Die Kaiserin ist körperlich und seelisch sehr angegriffen; sie ermißt den freilich lange vorausgefürchteten Verlust erst allmählich ganz. Er ist ja auch nicht bloß an sich ein ungeheurer: einem Manne, wie Kaiser Friedrich ist, so nahestehend, eine lang vorbereitete gemeinsame Wirksamkeit, wie sie noch nie von einer so mächtigen Stelle geübt ist, Macht, Glanz, Ehre, alles verloren; sondern die Nebenumstände sind so schmerzlich dazu, wie in keinem anderen Falle: keine Stütze in der eigenen Familie, im Gegenteil, Verfolgung; die ganzen hohen Kreise ihr feindlich; die wenigen Freunde feig oder machtlos; wenig Mittel, nicht einmal eine anständige Sommerwohnung in Potsdam (die Villa der Fürstin Liegnitz ist ganz unzureichend für einen kaiserlichen Haushalt, das Herrschaftshaus in Bornstedt etwa wie ein Landpastorenhaus); ein sehr großer Teil der Nation gegen sie in unglaublicher Weise verhetzt. In solcher Lage nicht zu erliegen, sich nicht der Verzweiflung hinzugeben oder sich allem zu unterwerfen, nur um Ruhe und Frieden zu haben, ist Beweis seltener Kraft. Und diese Kraft, ja noch mehr, besitzt die Kaiserin.

Sie sieht ihre Lebensaufgabe darin, wenigstens auf sozialem und gemeinnützigem Gebiete dasjenige auszuführen, was sie mit Kaiser Friedrich geplant hatte — so weit es in dieser Lage möglich ist — sie will es zum besten der deutschen Nation, welches ihr wie ihrem Manne jetzt das Höchste ist, sie findet darin ihren einzigen Trost und, ich füge hinzu, es ist ihre einzige Rettung vor Verzweiflung. Der Gedanke für höhere Zwecke für das Wohl Deutschlands in des Verstorbenen Sinne zu arbeiten, wirklich und ernsthaft zu arbeiten, ist für eine so der Tätigkeit bedürftige und fähige Natur die einzig mögliche Hilfe. Und sie wird sich derselben zu bedienen verstehen! Ich habe die Energie und den wahrhaft edlen Sinn der Frau erst jetzt recht würdigen gelernt, sie will nur das Edle, Gute und sie will es jetzt nur noch stärker als zuvor, weil sie sich als Vollstreckerin des letzten Willens eines Mannes fühlt, den sie unbegrenzt verehrt. Sie ist dabei von aller persönlichen Feindseligkeit und Rachsucht trotz der furchtbaren gegen sie immer von neuem verübten Niederträchtigkeiten frei. Sie ist fest in ihren durchaus liberalen Grundsätzen in Religion, in Politik und in sozialen und wirtschaftlichen Dingen. Die Frau kann ein unbezahlbarer Schatz für die deutsche Nation gerade in deren jetziger Situation werden — wenn sie ihren Willen betätigen, ihre Kräfte gebrauchen kann.

Dazu aber bedarf sie der Hilfe und zwar — da sie ihr durchaus von oben fehlt — aus dem Volke heraus und zumal von uns, ich meine, von den Leuten unserer Art, die mit ihren und Kaiser Friedrichs Lebensanschauungen übereinstimmen. Wir dienen dadurch nicht bloß ihr, sondern auch dem Deutschen Volke.

Ebenso sehr, noch mehr vielleicht, dienen wir diesem, wenn wir in ihm das Andenken Kaiser Friedrichs nicht bloß als des Heerführers und edlen Dulders, worauf ihn jetzt die herrschenden Kreise gar zu gern reduzieren möchten, sondern des wahrhaft volkstümlichen und volksliebenden Regenten aufrecht erhalten. An ihn kann und muß eine aus dem Volke kommende bessere Entwicklung anknüpfen, und das müssen wir dadurch ermöglichen, daß wir ihn stets im Bewußtsein des Volkes erhalten. Wie falsch handelt sein Sohn, daß er es nicht verstanden hat, an ihn anzuknüpfen; wir tun auch dem jetzigen Kaiser einen Dienst, wenn wir dem Volke gegenwärtig halten, daß Volksfreundlichkeit und freiheitlicher Sinn nicht etwas dem Hohenzollernhause Fremdes ist.

Aber was können wir tun? Einige Reiterstandbilder wird man Kaiser Friedrich wohl setzen, wenigstens wird das Deutsche Reich es tun, aber damit wird sein Andenken nicht in der Weise, in derjenigen Gestalt erhalten, in welcher es geschehen sollte. Bei der Enthüllung, die in einigen Jahren stattfinden wird, redet man noch einmal von Kaiser Friedrich, die ersten Tage nachher sieht jeder sich das Denkmal an, dann ist es gleichgültig geworden.

Die Kaiserin wünscht andere Denkmale für den Kaiser; anknüpfend an eine seiner Äußerungen wünscht sie, daß etwas geschehe, um seine und ihre Ideen zum Besten des Volkes auszuführen. Kaiser F[riedrich] hat einmal ausgesprochen, daß man einen Verstorbenen am besten dadurch ehre, daß man seine Zwecke fördere. Unzweifelhaft dient es auch am meisten der Erhaltung des Andenkens, wenn der Verstorbene gewissermaßen lebendig erhalten wird durch eine in seinem Namen geübte nützliche Tätigkeit.

Das Mittel dazu ist natürlich Geld, welches zu solchen Zwecken zusammengebracht und der Kaiserin zur Verfügung gestellt wird. Glauben Sie, daß eine solche Sammlung auf Erfolg zu rechnen hätte? Natürlich müßte sie bald gemacht werden, ehe die jetzt noch starke Begeisterung verraucht. Wer soll sich an die Spitze stellen? Womöglich möchte ich jeden Parteicharakter vermeiden, aber findet man außerhalb unserer Kreise Leute dafür? Ich lege keinen Wert darauf, nach außen hervorzutreten, habe aber ebenso wenig Bedenken meiner Person wegen; Forckenbeck, Bunsen müßten mit, ebenso Sie. Wollen Sie? Und können Sie nicht noch einige Süddeutsche, womöglich nichtparlamentarische Leute nennen, die mitmachen würden?

Was soll man ferner als Zweck der Sammlung hinstellen? Lediglich die Förderung gemeinnütziger, Kaiser Friedrichs Intentionen entsprechender Zwecke ganz im allgemeinen mit Überlassung der Bestimmung im einzelnen an die Kaiserin? Oder soll man einen neuen, ganz bestimmten Zweck bezeichnen? Als solchen habe ich mir eventuell gedacht: die Herstellung einer großen Anstalt in Berlin, der Volksgesundheitspflege durch Bäder, der Volkserziehung durch eine wissenschaftliche Volksbibliothek, durch Hergabe von Räumen für Erziehungszwecke (Kindergarten, Kinderhorte, Fortbildungsklassen usw.) dienend, ausgestattet mit einer Gedenkhalle, in welcher plastisch und malerisch Kaiser Friedrichs Leben dargestellt wäre. Hier wäre das Denkmal zugleich in der äußeren Erscheinung und der Wirksamkeit im Sinne des Verstorbenen.

Jede der beiden Modalitäten hat ihre besonderen Vorteile: die erste gibt der Kaiserin große Mittel zur Förderung der verschiedensten Zwecke, die andere wirkt vielleicht mehr auf Ge[müt?] und Phantasie der Leute, welche Geld hergeben sollen.

Es ist auch bei mir die Frage angeregt, ob man, um die Sammlung recht populär zu machen, sie auf einen Höchstbetrag von drei Mark beschränken solle; ich bin nicht dafür, da man sich dadurch manche große Gabe — vielleicht von Juden — abschneidet.

Oder könnte man zwei Sammlungen zugleich machen? Eine für eine Anstalt, wie ich sie beschrieben habe, und diese könnte man im Höchstbetrage beschränken; daneben könnte man die großen Geber auffordern, den silbernen Hochzeitsfonds zu ergänzen; dieser würde dann zu freier Verwendung sein. Der Vorteil wäre, daß man für die erste Sammlung die Kaiserin gar nicht zu nennen brauchte und daß bei der zweiten sich von selbst versteht, daß das Geld zu ihrer Verfügung kommt. Man käme also über die Schwierigkeit weg, welche der Haß, der an manchen Stellen gegen die Kaiserin künstlich erregt ist, verursachen könnte.

128. EUGEN RICHTER im Freisinnigen Wahlverein des zweiten Berliner Reichstagswahlkreises über Kaiser Friedrich III., 20. August 1888, Auszug, in: Karl Wippermann (Hrsg.), Deutscher Geschichtskalender für 1888, Bd. 2, Leipzig 1889, S. 100 f.

Gerade jetzt ist es nötig, ein einig Volk von Brüdern zu sein, um jeglicher Gefahr trotzen zu können, ein Bündnis zu schließen zum Schutz und Trutz, um diejenige politische Stellung zu erringen, die uns nach unserm Programm, nach unserm ganzen Wesen, nach unsrer Vaterlandsliebe und unserm Patriotismus gebührt, die uns aber bis jetzt noch nicht eingeräumt worden ist. Die letzten Monate haben uns vor Augen geführt, wie vergänglich die einzelnen sind und wie ewig und dauernd allein nur das Volk in seiner Gesamtheit. Kaiser Wilhelm ist geschieden, Kaiser Friedrich ist ihm gefolgt. Moltke ist zurückgetreten, und wenn der letzte jener Führer im deutschen Einigungswerk seine Zeit erfüllt hat, der Reichskanzler, wird er nach Eigenart seiner Person und Stellung einen Nachfolger überhaupt nicht haben. Wir sind eine monarchische, aber auch eine konstitutionelle Partei. Das haben wir gerade in der letzten Zeit dem todeswunden Kaiser gegenüber zu beweisen Gelegenheit gehabt. Wir verlangen aber auch von der Regierung und der Gesetzgebung, daß sie gleichmäßig bedacht sind auf die Wohlfahrt aller, daß sie die Wünsche des Volkes hören, damit die Meinung des Volkes klar und unbehindert zum Ausdruck kommt. Die Wahl soll keine Probe auf die Staatsmacht sein, welche die jeweilige Regierung repräsentiert. Darum sind alle aufrichtig Konstitutionellen Kaiser Friedrich noch im Grabe zum Dank verpflichtet für sein Eintreten für die Wahlfreiheit des Volkes, für die Entfernung des Ministers, in dem sich das System der Wahlbeeinflussung personifizierte. Kaiser Friedrich war kein Parteikaiser, alle standen seinem Herzen gleich nahe. Aber den Stolz lassen wir Freisinnigen uns nicht nehmen, daß unsere Anklagen im Parlament es waren, die der Verewigte als ein treffendes Wort zur rechten Zeit erkannte. Diejenigen, die sich durch die Ächtung jenes Systems getroffen fühlen, entblöden sich nicht, noch jetzt gegen den toten Kaiser ihre Angriffe zu richten, wie sie ihn im Leben anzugreifen versuchten; sie häufen ihre Verdächtigungen und Verleumdungen auf jene edle Frau, die dem Kaiser Friedrich allezeit die treueste Stütze gewesen und die sie jetzt gern aus Deutschland hinausärgern möchten. Unsere Liebe und Verehrung besitzt Kaiserin Viktoria nach wie vor in hohem Grade, und wir hoffen, daß sie demnächst wieder ihr Wirken der allgemeinen Wohlfahrt widmen wird. Gehen Sie mit Mut und Vertrauen in den uns bevorstehenden Wahlkampf. Vordringlicher als je suchen Konservative und Orthodoxe, Antisemiten, Junker und Mucker, denen selbst Fürst Bismarck noch nicht konservativ und orthodox genug erscheint, sich geltend zu machen, gleichsam als ob sie nun ihr Reich für gekommen erachten und es am liebsten sähen, wenn auch der Kanzler Moltkes Beispiel folgen wollte, um ihre Herrschaft desto vollständiger und unumschränkter einrichten zu können.

129. ADOLF STÖCKER, „Ja, man hätte früher etwas tun sollen!“, in: Neue Preußische Zeitung (Kreuzzeitung), 25. August 1888.
WA: Adolf Stöcker, Christlich-Sozial. Reden und Aufsätze, (2. Aufl.), Berlin 1890, S. 481—485.

Dies Wort unseres geliebten Kaisers Friedrich ist von unvergleichlichem Wert. Er sagte es nach den Mitteilungen des Prof. Delbrück im Park von Sanssouci, als ein Verteidiger der antijüdischen Bewegung die Frage aufwarf: Würde das Offizierkorps noch sein, wie es ist, wenn die Rittergüter der Mark und Pommerns einmal alle aus den Händen der Alvenslebens und Bredows in den Besitz der Cohns und Levys übergegangen sind? Der hohe Herr glaubte also wie wir an die Schädlichkeit des jüdischen Einflusses. Er glaubte wie wir, daß man denselben hätte bekämpfen müssen. Nur darin war er anderer Meinung, daß er glaubte, die rechte Stunde für den Kampf sei verpaßt, — eine Anschauung, der ein Schein von Berechtigung nicht abzusprechen ist. Wir unterscheiden uns darin von Kaiser Friedrich, daß wir eine politisch wirksame Behandlung der Judenfrage noch für möglich, ja für notwendig halten. Aber wir sind ihm aufrichtig dankbar, daß er uns dies Wort hinterlassen hat. Fürsten und Völker, Staatsmänner und Parlamentarier, hört das Vermächtnis des edlen Kaisers Friedrich, das also lautet: Man hätte früher etwas tun sollen, um die Macht des Judentums einzuschränken!

Jedermann weiß, daß von Kaiser Friedrich in dieser Sache auch andere Äußerungen berichtet werden, die man nicht verschweigen darf. Er soll zu dem verstorbenen Juden Magnus gesagt haben, die antisemitische Bewegung sei eine Schmach des deutschen Volkes. Ob dies Wort wirklich gefallen ist, wird wohl nie mehr zu ergründen sein. Daß Magnus so erzählt hat, ist einmal gerichtlich bezeugt; daraufhin hat ein Gerichtshof die Tatsächlichkeit des Berichtes anerkannt. Aber eine Tatsache deshalb für wahr anzunehmen, weil lebende Judenfreunde aussagen, daß ein toter Jude sie behauptet hat: diese Art juristischer Beweisführung wird sehr wenigen einleuchten. — Immerhin sei zugegeben, daß Kaiser Friedrich ein ähnliches Wort gesprochen hat. Professor v. Treitschke hat darüber mit Recht geurteilt, daß der Kronprinz in dem langen Stilleben zuweilen die Fühlung mit der gewaltig aufstrebenden Zeit verlor und ihren neuen Gedanken nicht mehr recht folgen konnte, daß er deshalb die antisemitische Bewegung, deren Grund doch allein in der Selbstüberhebung der Judenschaft lag, mit einigen Worten zornigen Tadels abzutun meinte. Und Kaiser Wilhelm hat Treitschke für den Aufsatz, in dem dies Urteil enthalten war, seines kaiserlichen Dankes versichert.

Stöcker zitiert ferner eine Äußerung des verstorbenen Max Duncker über den Antisemitismus. Duncker hat den Gestaltwandel des Judentums verkannt. Er kann für seine Auffassung nicht mehr Zeugnis ablegen.

Aber für jenes Wort „Ja, man hätte früher etwas tun sollen“ steht ein Lebender als Zeuge und Bürge da. Dies Wort ist historisch; ein Mann, dem man keinerlei Sympathie mit den Antisemiten zuschreiben kann, hat es berichtet. Und zweifellos enthält es eine große Wahrheit. Man hätte längst Hand an die Judenfrage legen, manches tun und mehr unterlassen sollen. Man mußte schon lange Lessings Nathan als eine literarische Torheit ansehen und die richtigen Anschauungen von Kant und Herder, Goethe und Schiller über das Judentum zur nationalen Wahrheit machen. Man mußte am Anfang des Jahrhunderts den geselligen Einfluß des Judentums in Berlin bekämpfen und die geistige Koketterie mit jüdischer Bildung verurteilen. Man mußte im Interesse unseres Volkes und zum eigenen Vorteil der Juden die Emanzipation unterlassen und den Juden ein aus deutsch-christlichem Geist entsprungenes, durchaus humanes Fremdenrecht verleihen. Man mußte sich hüten, sie um ihrer Millionen willen zu Edelleuten und Freiherren zu machen, die sie doch nie werden. Man mußte sie verhindern, sich in den Großstädten anzusammeln, die Herren zu spielen, den 'Giftbaum' zu kultivieren, auf dem Lande Rittergüter und Bauernhöfe zu erwerben oder auszuschlachten, in der Stadt Magazine mit christlichen Lohnsklaven und Fabriken mit sonntagslosen Arbeitern zu begründen, Zeitungen und Witzblätter zur Volksvergiftung herauszugeben, sozialdemokratische und thronumstürzende Propaganda zu treiben. Man mußte Fürsorge treffen, die revolutionären Juden in Bann und Acht zu tun und sie, mit mehr Recht als die Jesuiten, aus dem Lande zu jagen.

Spätere Geschlechter, welche die jüdische Fremdherrschaft abgeschüttelt haben, werden sich die berechtigte Frage vorlegen, wie es zugehen konnte, daß ein großes Volk in großer Zeit unter einer starken Regierung so willig dies schmachvolle Joch auf seinem Nacken duldete. Die Antwort wird nicht leicht zu geben sein; sie ist auch nicht einfach. Zuerst war es ein undeutscher, widerchristlicher, weltbürgerlicher Liberalismus, der die Juden, weil sie keine Deutsche, keine Christen, sondern Kosmopoliten waren, auf den Schild hob. Unklares Mitleid mit den jüdischen Schicksalen früherer Jahrhunderte gab der nationalen Gedankenlosigkeit den Schein von edler Humanität. Die Juden, gute Geschäftsleute wie immer, wußten beides zu ihrem Nutzen zu verwerten. Und indem sie sich mit sicherem Griff die Pulsadern des geschäftlichen und geistigen Verkehrs, des mobilen Geldes und der Presse bemächtigten, setzten sie sich, ehe das übrige Volk den Zusammenhang der Dinge ahnte, in den Besitz der öffentlichen Gewalt. Warnende Stimmen, wie die des Abgeordneten v. Bismarck in dem vereinigten Landtage, verhallten ungehört; die Verblendung der liberalen Parteien war zu groß, und die Schwachheit der evangelischen Kirche bot kein Gegengewicht gegen die Untergrabungen der sittlich-religiösen Anschauungen. Unvermerkt ward aus der jüdischen Macht im öffentlichen Leben ein Terrorismus, der die Persönlichkeit bedrohte. Wer die Presse besitzt, die Preßfreiheit ohne Ehrgefühl handhabt, vor Geldstrafen sich nicht zu fürchten braucht, kann durch Beleidigung und Verfolgung, Schmähungen und Verdächtigungen auch starke Geister in Schach halten. Die Judenpresse hat das grobe und feine Revolvertum zur Virtuosität ausgebildet und übt es mit kaltblütigster Berechnung.

Wer Augen hat zu sehen, kann das bis in die letzten Wochen hinein an hervorragenden Männern jeden Standes studieren. — Dazu kommt nun seit etwa zwei Jahrzehnten die Versuchung des Goldes. Man kann durch Juden leicht reich werden, Vorteil haben, emporkommen; man kann durch sie leicht arm werden, Schaden erleiden, dem Ruin verfallen. Sie bieten jedem, was ihn reizen kann, und drohen mit Repressalien, vor denen man sich fürchtet. Wer Mut, Macht und Ehre hat, straft sie mit Verachtung; wer für Geld und Genuß zugänglich ist, kommt leicht in ihre Netze.

Zur jeunesse dorée gehören überall, auch in Berlin, Judenjünglinge, die mit dem Golde klimpern und dafür in hochstehenden Kreisen Duldung erfahren. All diese Verhältnisse zusammen erklären das sonst unlösbare Rätsel, warum man gegen das Judentum früher etwas hätte tun müssen und leider nichts getan hat. Aus Schwärmerei, Schwachheit und Charakterlosigkeit hat man die wichtigsten nationalen und kirchlichen Aufgaben übersehen und die Juden eine Stellung einnehmen lassen, die mit dem nationalen und geistigen Wohl der Völker unverträglich ist.

Früher sind sie richtiger behandelt. Der große Friedrich verbot ihnen die starke Einwanderung in Breslau, damit Breslau kein Jerusalem werde, und noch Friedrich Wilhelm III. untersagte ihnen im Jahre 1834, Bauernhöfe zu kaufen, es sei denn, daß sie dieselben mit jüdischem Gesinde bewirtschafteten. Warum sollten unsere Fürsten nicht mehr in derselben fürsorgenden Regierungskunst ihres bedrängten Volkes sich annehmen? Man wird sagen, daß eine andere Zeit gekommen und der Parlamentarismus zu solcher Weisheit unfähig sei. Wir geben das in gewisser Weise zu. Aber wenn sich herausstellt, daß die Macht der Juden an den Börsen wie in der Presse, im Handel wie in der Industrie eine Gefahr für das deutsche Volk geworden ist, so versteht es sich doch ganz von selbst, daß begangene Irrtümer aufgegeben und gut gemacht werden. Es ist kindisch, daß um einer halben Million Juden willen Deutschlands 45 Millionen beständig soziale, politische, moralische, religiöse Schmerzen leiden sollen. Man hat unter jüdischem Beifall die Paragraphen der kirchlichen Freiheit gestrichen, warum soll man die Emanzipation nicht aufheben, deren sich die Juden so unwürdig gezeigt haben? Man hat die Kirchengüter, die Güter der 'toten' Hand eingezogen, warum soll man den Judenerwerb, diese Güter der allzu lebendigen Hand, nicht beschränken? Man redet so viel von nationalem Geiste und jauchzt dem Worte zu, daß der Deutsche niemand fürchte als Gott; warum sollen wir uns denn vor den Juden fürchten? Es kann wirklich nur die Frage sein, ob eine Abhilfe noch möglich ist. Daß sie nötig war, darin stimmte der den Juden so gütig gesinnte Kaiser Friedrich mit uns überein. Ob sie noch möglich ist, kann nur eine Frage der praktischen Politik sein, und wir bejahen diese Frage unbedingt. Nur Mangel an staatsmännischer Einsicht oder an politischem Mut kann sich der Notwendigkeit verschließen, die Judenfrage in Angriff zu nehmen; es sei denn, daß man den Juden durch materielle Vorteile verbunden und damit verfallen ist. Gewiß gibt es Tausende in einflußreichen Kreisen, die dadurch an der richtigen Stellungnahme zur Judenfrage verhindert worden sind und noch werden. Ihnen rufen wir zu: Man hätte früher etwas tun sollen, man soll noch jetzt etwas tun, es ist die höchste Zeit, aber es ist noch nicht zu spät.

Demosthenes sagte einst gegen Philipp von Mazedonien, daß, was sich als die größte Versäumnis in der Vergangenheit herausstellte, die größte Hoffnung für die Zukunft sei. Hätten die Athener alles getan, was sie zur Abwehr der mazedonischen Herrschaft tun konnten, so wäre keine Aussicht auf Rettung; da sie aber nichts getan, so sei noch alles möglich. In derselben Lage sind wir gegenüber dem Judentum; darin gefährdeter, daß Mazedonien nach Sprache und Glauben, beinahe auch nach Geist und Gaben eine griechisches Land war, während die jüdische Internationale als fremdes Blut in den Adern Europas rinnt, aber darin glücklicher, daß wir in demselben Augenblick, da wir den ernsten Kampf beginnen, des Sieges sicher sind. Daß der nächste große 'innere Staatsmann' Europas diesen Kampf aufnehmen wird und muß, ist gewiß. Die überall unwiderstehlich aufstrebenden nationalen Gedanken dulden das jüdische Übergewicht nicht länger, und die sozialen Gefahren, die für Deutschland von Marx und Lassalle heraufbeschworen sind und von Singer und Genossen in Berlin gepflegt werden, fordern gebieterisch auch bei uns die Abwehr. In Rom rief Cato sein Ceterum censeo, bis Karthago zerstört war; so rufen wir den heutigen Regierungen unser Ceterum censeo zu, bis die Judenherrschaft gebrochen ist. Entweder das Judentum verzichtet auf seine unerträgliche Stellung, oder es fordert einen Kampf heraus, der nur mit seiner allgemeinen Unterdrückung enden kann.

130. (anonym = Franz Mehring) Zum 9. März, in: Volkszeitung, 37. Jg. 1889, Nr. 58, Erstes Blatt, Berlin, 9. März 1889, S. 1.

Heute vor einem Jahr starb Kaiser Wilhelm I., und es ist demnach leicht begreiflich, daß sich die byzantinischen Organe der Kartellpresse schon seit einigen Tagen in alleruntertänigsten Redensarten 'tiefgefühlter' Trauer ergehen. Ein nationalliberales Blatt in Elberfeld nahm dabei am vorigen Sonntag die Tete, und es ist komisch zu sehen, wie verdrießlich die Kartellblätter anderer Livreen sich anstellen, weil sie sich von nationalliberalen 'Freunden' in der Knechtseligkeit haben überbieten lassen. Ein toter Kaiser kann zwar nicht mehr Bändchen und Titelchen verleihen, aber da, wie Herr v. Treitschke in seinem vollsten Brustton versichert, nach der traurigen Episode der 99 Tage die 'wilhelminischen Zeiten' wiedergekehrt sind, so ist es am Ende doch 'zeitgemäß', in Frack und weißen Handschuhen einige gefühlvolle Krokodilstränen zu Ehren des heutigen Tages zu vergießen.

Einzig und allein diese widrige Heuchelei veranlaßt uns, heute von Kaiser Wilhelm I. zu sprechen. Sein Name gehört ja sonst der Geschichte an, und die unparteiische Nachwelt wird selbst das richtige Urteil über ihn finden. Aber wir möchten nicht gern, daß diese Nachwelt einstmals sagen soll, noch ein Jahr nach Kaiser Wilhelms Tode sei aus politischer Quertreiberei ein schnöder Götzendienst mit seinen Namen getrieben worden, ohne daß sich eine Stimme ehrlichen Protestes dagegen erhoben hätte. Es ist nicht wahr, was die Baalspriester dieses Götzendienstes von Kaiser Wilhelm I. salbungsvoll singen und sagen, daß er ein großer und weiser Herrscher gewesen sei, daß er das sehnlichste Dichten und Trachten des deutschen Volkes erfüllt, daß er eine 'nie erhörte Sozialreform' eingeleitet habe und was dessen mehr ist. Man konnte diese Hyperbeln, wenn nicht verzeihen, so doch unbeachtet lassen, solange der Schnee des höchsten Alters das Haupt Kaiser Wilhelms I. mit dem Schimmer jener

Ehrfurcht umgab, welche gesittete Menschen weißen Haaren entgegenzubringen pflegen. Aber wenn sie jetzt noch fort und fort ertönen, einzig um die niedrigen und volksfeindlichen Zwecke des Kartells zu fördern, da wäre ferneres Schweigen frevelhafte Mitschuld, und so mag denn den psalmodierenden Baalspriestern heute kurzab gesagt werden: ihr lügt, und ihr wißt, daß ihr lügt.

Fern sei es von uns, verkleinern zu wollen, was an Kaiser Wilhelm I. rühmenswert war. Wie wir schon vor einem Jahre in unserem Nekrologe auf ihn ausführten, so wiederholen wir auch heute: er war ein Charakter und ein Mann, und das will viel sagen in unserer charakterlosen Zeit. Ja, hierin war Kaiser Wilhelm I. dem Volke weit überlegen. Hätte das Volk auch nur aus Charakteren und Männern bestanden, so würde die Geschichte von einer 'glorreichen' Regierung dieses Fürsten gar nichts zu erzählen und seinen sonstigen Geschicken nur einige düstere und kurze Zeilen in ihren Jahrbüchern zu widmen haben. Gemäß seinem festen Charakter verfolgte Kaiser Wilhelm stetig seine Zwecke, und wenn er dabei auch häufig Mittel gebrauchte, welche feinere Naturen verschmäht und reichere Geister vermieden haben würden, wie das standrechtliche Erschießen der edelsten Jugend in dem badischen Feldzuge und das verfassungswidrige Regiment in den Konfliktsjahren, so kam er doch regelmäßig an sein Ziel und oft weit über dasselbe hinaus, eine Tatsache, welche wir sowohl um der Gerechtigkeit als auch um der darin für das Volk enthaltenen Lehre willen die letzten sein werden, irgendwie zu verheimlichen oder auch nur abzuschwächen. Nein, in seiner Art war Kaiser Wilhelm I. ein ganzer Mann, und nur wenige Abschnitte seines Lebens, wie namentlich die Tage nach dem 18. März 1848, vermögen diese Anerkennung in erheblichem Maße einzuschränken.

Aber wenn sein Charakter fest war, so war er ebenso beschränkt, und wenn Kaiser Wilhelm seine Ziele stetig verfolgte, so waren diese Ziele niedrig gesteckt. In den neunzig Jahren seines Lebens hat er einzig für sein Haus und für sein Heer gelebt; das arbeitende, denkende, schaffende Volk stand ihm fern und war ihm fremd. Nur so weit es Mittel für seine Zwecke, so weit es Piedestal für sein Haus und Heer war, kümmerte er sich um das Volk. Nicht einer der großen und tiefen Atemzüge, welche die deutsche Kultur während seines langen Lebens tat, hat in seiner Seele wiedergetönt. Für ihn hatte kein Kant und kein Lessing gedacht, kein Goethe und kein Schiller gesungen. Der Enthüllung von Schillers Denkmal wohnte er gar nicht, der Enthüllung von Goethes Denkmal nur aus der Ferne als Zuschauer bei: wie damals 'offiziös' berichtet wurde, weil es sich für den 'obersten Kriegsherrn' nicht schicke, sich persönlich an der Enthüllung von Denkmälern für 'Zivilisten' zu beteiligen. Höher als Goethe und Schiller stand ihm Wrangel, dem er schon ein Jahr nach dessen Tode aus freiem Antriebe eine Ehre erwies, auf welche Goethe und Schiller ein halbes oder gar ein ganzes Jahrhundert hatten warten müssen. Ebenso fremd wie den geistigen, stand Kaiser Wilhelm den politischen Idealen des deutschen Volkes gegenüber; nicht einmal für die Einheitsbestrebungen der Nation, geschweige denn für ihre Freiheitsbestrebungen hatte er irgend ein Verständnis, noch wollte er es auch nur haben. Vergrößerung seiner Hausmacht war nach 1866 wie nach 1870 sein einziges Sinnen, das Tagebuch Kaiser Friedrichs und die gerade von offiziöser Seite daran geknüpften 'Enthüllungen' haben darüber den letzten Zweifel zerstreut. Und die politische Freiheit nun gar hat unter seiner, fast ein Menschenalter umfassenden Regierung nichts als eine schwere Einbuße nach der anderen erfahren.

Nur der traurigste Byzantinismus kann sich erdreisten, einen Fürsten, der so ganz abseits von dem innersten Leben und Weben des Volkes stand, einen großen und weisen Herrscher zu nennen oder gar ihm nachzurühmen, daß er das sehnlichste Dichten und Trachten des Volkes erfüllt habe. Dem Volke gegenüber war Kaiser Wilhelm I. von demselben peinlichen Geiste des Mißtrauens beseelt, welches er nach dem Zeugnis eines gewissen Immediatberichts seinem heldenmütigen Sohne, dem Sieger von Wörth, im Winter von 1870 bis 1871 zu Versailles bezeugte und welches einen so tiefen Schatten auf sein Andenken wirft. Und deshalb rede man doch lieber nicht erst von dem Herzen, das er für die Armen und Elenden gezeigt haben soll, es sei denn, daß man einen heftigen Streit gewaltsam herausfordern will. Gern heben wir aber auch hier den mildernden Umstand hervor, daß Kaiser Wilhelm wenigstens nicht für das Sozialistengesetz, die Lebensmittelsteuern, das Feld- und Forstpolizeigesetz und alle sonstigen schweren Bedrückungen der arbeitenden Klassen, welche das letzte Jahrzehnt seiner Regierung erfüllten, persönlich verantwortlich gemacht werden darf. Er war, als diese sonderliche 'Sozialreform' begann, bereits achtzig Jahre alt; er befand sich also in einem Alter, in welchem jeder, der auch nur das kleinste öffentliche Amt zu verwalten hat, längst wegen Altersschwäche pensioniert zu werden pflegt, und da nun die Bewunderer des 'persönlichen Regiments' kaum geneigt sein werden, zuzugeben, daß die Regierung eines großen Reiches noch leichter zu erledigen sei als das Amt eines Nachtwächters oder Schutzmanns, so täten diese Leute wirklich in jedem Betracht klüger daran, von den 'sozialpolitischen Ruhmestiteln' Kaiser Wilhelms I. lieber gar nicht erst zu reden.

Das eine Jahr, welches heute seit Kaiser Wilhelms I. Tode verflossen ist, hat glücklicherweise schon genügt, die Tünche großenteils zu zerstören, welche die reaktionäre Arbeit eines Vierteljahrhunderts auf sein Bild getragen hat. Diesen Verwitterungsprozeß noch zu beschleunigen, ist an sich ebenso wenig notwendig, als es unseren Neigungen entspricht. Aber wenn die Kärrner des Kartells uns heute den längst abgetanen sentimentalen Trödel wieder ins Haus karren wollen, dann erscheint es doch angezeigt, ihnen die Türe vor der Nase zuzuschlagen, und dies haben wir — sicher, Hunderttausenden von Deutschen damit aus der Seele gesprochen zu haben — hiermit tun wollen.

131. FRIEDRICH NAUMANN, Arbeiter-Katechismus oder der wahre Sozialismus. Seinen arbeitenden Brüdern dargebracht, Calw und Stuttgart 1889, Auszug, S. 3—6 und S. 17—20.
WA: Friedrich Naumann, Werke, Bd. 5, Köln: Westdeutscher Verlag 1964, S. 1—63, Auszug, S. 2—5 und S. 16—18.

Die Welt ist ein Jammertal. Kummer und Sorgen häufen sich in jedem Menschenleben. Am meisten aber lasten die Not und der Kummer auf den niederen Ständen. Wer das nicht zugibt, ist blind oder blöde. Man schaue nur einmal hinein in das kärgliche Leben so mancher Hütte. Man versuche es einmal, einen Haushaltsplan für Arbeiter aufzustellen, indem man links die Einnahmen und rechts die Ausgaben stellt! Das würde ein wunderliches Rechenexempel für manchen feinen Herren geben, der sich sonst auf Geldfragen ganz leidlich versteht. Was die wohlhabenden Kreise mit Augen sehen, ist das, daß sich auch der Arbeiter am lieben Sonntag ein Glas Bier und eine Zigarre schmecken läßt und daß besonders junge Arbeitsleute bei Tanz und Spiel ganz unverhältnismäßig hohe Summen aufgehen lassen. Was aber die Reichen nicht sehen, wovon sie oft keine richtige Vorstellung haben, sind die peinlichen Fragen: Wie bezahle ich die Miete, wovon schaffe ich mir einen neuen Rock? Wie bringe ich die Schulbücher, das Schulgeld auf? Was gebe ich dem Doktor? Solche Fragen beunruhigen auch manchen, der am Tage Mk. 3 oder Mk. 3,50 verdient, wohl auch noch einen, der sich Mk. 4 erarbeitet.

Doch Geld hin, Geld her! Geld ist nicht die Hauptsache. Man kann ohne Geld froh sein, wenn man gesund ist. Das ist gewiß wahr. Aber zur Erhaltung guter Gesundheit gehört auch wieder eine Art von Wohlhabenheit. Wo man so gut wie nichts verzehrt als Kartoffeln, Brot, Kaffee, ist es mit der Kraft und Frische des Leibes oft nicht weit her. Der Kniee schlottern und vor den Augen schwimmt es. Und kommt dann die Krankheit, so holt der Arme vor lauter Geldsorgen keinen ordentlichen Arzt, er läuft zum Körneldoktor oder zum Kräuterweibe, weil diese für 20 oder 25 Pf. gern einen wohlgemeinten Rat geben. Aber was hilft's? Schließlich kommt doch der sachkundige Arzt. Er verschreibt dies oder das und denkt dabei: täglich $1/2$ Pfund Fleisch, 2 Eier, 1 Liter Milch — sonst wird er nicht gesund! Ja, wer das immer in Krankheitszeiten schaffen könnte! Wer allen schwächlichen Kindern die geeignete Nahrung bringen könnte! Man kann nicht zählen, wie viele aus Armut vor der Zeit sterben.

Lassalle, der bekannte Begründer der deutschen Sozialdemokratie, sagte in seinem 'Arbeiterlesebuch': „In England ist die mittlere durchschnittliche Lebensdauer $34^1/_3$ Jahr. Aber in den Fabrikstädten, wo die Arbeiterbevölkerung überwiegt, da steht die Sache ganz anders; in Leeds ist der Durchschnitt der mittleren Lebensdauer 21 Jahre; in Manchester 20, in Liverpool gar nur 17 Jahre."

Diese Zahlen sind, und wohl mit Recht, sehr angezweifelt worden. Wie weit sie auf unsere Fabrikgegenden passen, kann ich nicht entscheiden, glaube aber nach dem mir zugänglichen Material, daß es bei uns besser steht. Immerhin ist es Tatsache, daß die Sterblichkeit irgendwie vom Wohlstande abhängig ist. Der Reiche lebt im allgemeinen weit länger, weil er bessere Pflege hat.

Außer der Gesundheit gehört zum irdischen Glück des Menschen, daß er die nötige Erholungszeit hat. Der Mensch ist keine Dampfmaschine, die man jährlich einmal revidiert, sonst aber ohne Ende arbeiten lassen kann. Der Mensch braucht Ruhezeit für Leib und Seele. Kann er niemals zur Ruhe kommen, so verstummen in seiner Brust die Stimmen des Edlen und Guten, er wird selbst so seelenlos, so kalt und tot wie eine Maschine. Ohne Feierabend, ohne Sonntag kann er sich nicht zu Gott erheben und seine Familie nicht pflegen, er lebt ein Leben ohne Sonne, ohne Wonne, ohne Freude und wahre Gemütlichkeit. Ach, wie vielen Arbeitern geht es jetzt noch so!

Damit ist erwiesen: wer für zu geringen Lohn eine allzulange Zeit arbeiten muß, der lebt im allgemeinen weniger lange und weniger glücklich als seine besser gestellten Brüder. Die Arbeiter sind nicht überall, aber doch an vielen Orten in dieser Lage. Ihnen fehlt Geld und Freizeit und im Zusammenhange damit noch manches andere.

Ihnen fehlt's. Also soll es ihnen gegeben werden! Das ist sehr leicht gesagt und furchtbar schwer getan. Ja, wenn einer von uns ein unerschöpfliches Füllhorn aller Gaben und Güter hätte, einen göttlichen Reichtum von Wohlhabenheit und Gnaden und könnte jedem, jedem Bedürftigen seines Herzens heiße Wünsche erfüllen! Ja, wenn, wenn unsere Erde ein Paradies wäre! Aber da sie es nun einmal nicht ist, müssen wir sie nehmen wie sie ist. Wir müssen lernen, mit denjenigen Gütern, die auf Erden sind, so hauszuhalten, daß jeder sein genügendes Teil bekommt. Oder mit anderen Worten: Wir müssen eine möglichst gleiche Verteilung, sowohl der

Leiden als der Freuden, herbeiführen. Unser Herz wird nicht ruhig, bis die gar zu unerträglichen Unterschiede zwischen den Glücklichen und den Unglücklichen geringer werden. Zwar völlige Gleichheit, völlige Unterschiedslosigkeit läßt sich nicht herstellen. Diese ist eine törichte Träumerei. Aber eine größere Gleichheit, als sie heute besteht, muß sich herstellen lassen. Gott hat alle Menschen verschieden, aber doch gleich gemacht. Gleichheit, bei aller nötigen Verschiedenheit, ist's, was wir wollen.

Ich will ein deutliches Gleichnis an dieser Stelle schreiben: Die Lasten, die auf einem ganzen Volke liegen, die Lasten der Arbeit, des Handels, der Erziehung, der Herstellung von Wohnung und Erholung, kurz, alles was Anstrengung kostet und Sorge macht, soll man sich vorstellen wie einen Berg von Sand, der von meinetwegen 500 Leuten 1 Meile weit geschafft werden soll. Bis jetzt nun sei es so gewesen, daß die ersten 50 Leute fast leere Säcke trugen, die nächsten und die übernächsten immer eine etwas schwerere Last, daß aber die letzten 200 unter ihrer Überlast keuchend mühsam von einem Straßenbaum zum anderen schlichen. Warum mußten die letzten so viel tragen? Weil die ersten so wenig aufgeladen hatten. Nun aber will man eine bessere Aufsicht an den Sandberg stellen, welche dafür zu sorgen hat, daß der erste etwa gerade so viel Körnlein trage als der letzte. Da jedoch die neue Aufsicht den Sandberg nicht vorher zur Probe wiegen kann, so werden kleine Unregelmäßigkeiten immer bleiben. Worauf es ankommt, ist nur die Herstellung einer allgemeineren Gleichmäßigkeit. Diese muß möglich sein.

Bisweilen ist von sozialdemokratischer Seite so geredet worden, als wäre völlige Gleichheit möglich. Wie steht es damit? Ist das wahr? Nein! Solche Rede ist gut gemeint, aber nicht recht überlegt. Schon dadurch, daß Gott der Herr die Menschen verschieden wachsen läßt, daß er Große und Kleine, Starke und Schwache in die Welt setzt, ist die volle Gleichheit auf die Dauer unmöglich gemacht. Der eine braucht mehr als der andere, der eine tut mehr als der andere. Es wäre die höchste Ungerechtigkeit, den Langen und den Kurzen, den Fleißigen und den Faulen mit ganz demselben Maße messen zu wollen. Darauf kommt es auch schließlich nicht an, ob geringere Verschiedenheiten bleiben. Man sehe doch an, wie gern es jetzt schon ein Arbeiter dem anderen gönnt, wenn dieser wöchentlich ein paar Mark mehr einsteckt, sobald er nur selber genug zum Leben hat.

Naumann setzt sich dann kritisch mit dem ehernen Lohngesetz und mit der sozialdemokratischen Lehre vom Volksstaat auseinander und stellt die Losung auf: „Nicht Umsturz, sondern Reparatur der jetzigen Verhältnisse" (S. 11). Im Abschnitt über Gleichheit und Freiheit schreibt er u. a.: (S. 17—20).

Neben das Wort Gleichheit hat man nun das Wort 'Freiheit' gestellt. Freiheit klingt wie Glockenton, wie Engelsgesang, Freiheit duftet wie

Rosen und Maiblümchen, Freiheit hebt die Brust, begeistert den Mann, alles zu wagen, Freiheit ist des Jünglings liebster Gedanke und des alten Mannes stille Freude. Wir sind frei! das schließt eine Fülle von Glück in sich. Wir wollen frei werden! das ist ein Ziel, des Schweißes der Edlen wert.

Wenn der heranwachsende Knabe von Freiheit schwärmt, so stellt er sich das etwa so vor: „Wenn ich frei bin, so kann ich mich betrinken, kann halbe Tage verschlafen, kann mich auf allen Tanzböden herumtreiben, ganz wie ich will, und niemand hat mir darüber das geringste Wort zu sagen.“ Solche Freiheit ist nichts als eine Einbildung, denn je mehr ein solcher Bursche von derartiger Freiheit hat, desto tiefer gerät er gewöhnlich in die Knechtschaft seiner Laster. Das wissen alle rechten Väter und geben darum nur eine gewisse Freiheit.

Wenn aber ein Mann von Freiheit redet, so meint er nicht die Freiheit gefährlicher Vergnügen, sondern sein gereifter Geist denkt an viel ernstere Dinge. Wir haben z. B.:

Berufsfreiheit, d. h. jeder kann werden was er will, sobald er nur das nötige Geld und das nötige Geschick dazu hat. Bei uns ist's Gott sei Dank nicht wie in Indien, wo der Sohn zu derselben Kaste, d. i. Bevölkerungsklasse gehören muß wie sein Vater. Bei uns kann ein Hausmannssohn Werkführer, ein Werkführerssohn Lehrer, ein Lehrerssohn Minister werden, wenn sie dazu taugen. Ja freilich, oft nützt bei den begabtesten Kindern die schöne Freiheit nichts, weil der Vater ein armer Mann ist, d. h. weil vorläufig die wirtschaftliche Ungleichheit, wie eben dargelegt, zu groß ist!

Wir haben Religionsfreiheit. Diese Freiheit ist eine der schönsten Errungenschaften der neueren Zeit. Jetzt brennen keine Scheiterhaufen mehr für die Andersgläubigen, keine Inquisition bedroht mehr den Ketzer. Jeder kann seines Glaubens leben, jeder kann auch — wenn er will — seines Unglaubens leben. Das ist eine Freiheit, die auch der Ärmste und Geringste hat. Niemand hindert euch, den Weg zum Himmel euch selber zu suchen, niemand schreibt euch vor, was ihr ihm in Glaubensdingen nachplappern sollt. Eine herrliche Freiheit — eine tiefernste, verantwortungsvolle Freiheit!

Wir haben Freizügigkeit. Die alten Schranken sind gefallen. Niemand bindet euch mehr an die Scholle, auf der ihr geboren. Ihr dürft euer Glück in Nord und Süd suchen, wo ihr es zu finden hofft. Ich höre euch antworten: „Ja, Freizügigkeit haben wir, aber anderswo ist es nicht besser als hier.“ Das mag bisweilen wahr sein, aber daran ist doch die Freiheit nicht schuld?

Abgesehen von dem Sozialistengesetz, über welches späterhin ausführlich geredet werden soll, ist auch Vereinsfreiheit, Versammlungsfreiheit und Preßfreiheit vorhanden. Die Zeit, in der das Volk bevormundet wurde wie eine Schar kleiner Kinder, ist längst vorüber.

Was wollen wir noch für Freiheiten? Soviel ich sehe, handelt es sich bei dem, was man die soziale Freiheit nennt, nicht um ein besonderes neues Recht, sondern es handelt sich um etwa dasselbe, was wir oben ökonomische Gleichheit nannten. Hat der Arbeiter mehr Einnahmen, mehr Besitz, kurz ein bequemeres Leben, so ist er dadurch auch freier, d. h. er ist nicht mehr so sehr abhängig von anderer Leute Wünschen, Winken, Befehlen, er ist mehr sein eigener Herr. Wer wollte ihm das mißgönnen? Auf denn, lasset uns nach solcher Freiheit trachten! Freiheit und Gleichheit!

Ja, Freiheit und Gleichheit, nicht Freiheit ohne Gleichheit, nicht Gleichheit ohne Freiheit! Wo jeder tun kann, was er will, da sieht es um die Gleichheit bitterböse aus, da reißt der Gewaltige dem Schwachen den Bissen von dem Munde, da drängt der Schnelle den Langsamen bei Seite. Je größere Freiheit, desto größere Ungleichheit! Aber auch je größere Gleichheit, desto weniger Freiheit. Das kann man recht deutlich am Militär sehen. Da ist alles gleich bis auf den Knopf und die Schnalle. Da ißt man dasselbe, da schläft man dieselbe Zeit, da hat im allgemeinen einer so viel wie der andere. Wo ist da die Freiheit der Person? Sie macht Halt, sowie sie ans Kasernentor kommt. Hereingelassen wird sie nicht. So etwa würde es auch in dem Volksstaat sein, den man uns als die Erlösung des Volkes preist. In ihm wird alles gleich gemacht, bis auf den Handgriff und den Bissen, wenn es ginge. Aber mit dieser militärischen Gleichheit ist notwendiger Weise die Freiheit des einzelnen dahin. Darüber können uns keine schönen Worte täuschen. Die Sozialdemokratie spricht: „Freiheit und Gleichheit!" Sie meint: Gleichheit ohne Freiheit des einzelnen. Wir aber stellen als unsere wohlüberlegte Forderung auf: soviel Gleichheit, daß die persönliche Freiheit bleibt, soviel Freiheit, daß die Gleichheit nicht zum Gespött wird! Freiheit und Gleichheit!

132. Die Kriegstreiberei. Von besonderer Seite, in: Hamburger Nachrichten, 19. Juni 1889, Auszug.
WA: Schultheß, Bd. 30 (NF 5), 1889, S. 100 f.

Teile der Presse, namentlich die Kreuzzeitung, verbreiten Kriegsbeunruhigungen.

Es ist wohl nicht wahrscheinlich, daß sie diese 'Politik' auf eigene Faust treibt; es muß vielmehr eine Stelle vorhanden sein, durch welche sie inspiriert wird. Bei den Beziehungen und Verbindungen des Blattes braucht danach nicht erst lange nachgesucht zu werden. Daß diese Stelle nichts mit der offiziellen Staatspolitik zu tun hat, bedarf keiner besonderen Versicherung. Man hat angeführt, daß das Publikum über die militärischen Vorgänge in Rußland aufgeklärt werden müßte. Wenn unter diesem 'Publikum' militärische Kreise verstanden werden, deren Beruf es ist, diese Dinge zu verfolgen, so liegt die Lächerlichkeit dieser 'Aufklärungen' auf der Hand. Jedes Kind bei uns weiß, daß der Generalstab solcher Aufklärungen nicht bedarf. Die Sache liegt aber nicht so. Vielmehr ist durch eigentümliche Verhältnisse eine Lage in der Presse eingetreten, daß man an verantwortlicher Stelle bisweilen kaum noch feststellen kann, wie dies und jenes in Zeitungen gelangt, die, wenn sie überhaupt ein Interesse an diesen Dingen haben könnten, es für ihre patriotische Pflicht ansehen müßten, zu schweigen. Jedenfalls ist es erklärlich, wenn auf Grund solcher seltsamer Preßvorgänge die Gerüchte über politisch-militärische Unterströmungen nicht verstummen wollen. Ob diese nun geleugnet werden oder nicht, jedenfalls sind sie vorhanden und an ihrem Widerspruch mit der Staatspolitik in Bezug auf die Vorgänge in Rußland seit Jahren kenntlich. Diese Staatspolitik bemüht sich, alles zu vermeiden, was unsere Nachbarn reizen und den Zusammenstoß beschleunigen könnte, weil sie sich der Tragweite eines solchen nicht nur bewußt ist, sondern auch ihrer eigenen Verantwortung. Jene 'Nebenpolitik' hingegen trägt alles zusammen, was reizt, Unruhe erzeugt und Handel und Wandel lähmt. Das führt zu der Ansicht, daß man an gewisser Stelle den Krieg will, den die Staatspolitik vermieden sehen möchte. Es heißt aber die Staatspolitik auf den Kopf stellen, wenn die Forderung zwischen den Zeilen zu finden ist: „die Russen sind jetzt so und so stark, sie stehen da und da, noch können wir sie überwältigen, darum los!" Und doch ist es dieses militärisch-fachmännisch-einseitige Räsonnement, welches, veranlaßt oder nicht, verschiedene Blätter zu ihrer 'Politik' zu bestimmen scheint. Bei dem Charakter der allgemeinen Wehrpflicht in unserem Vaterlande ist es ja nicht zu vermeiden, daß die rein militärischen Gesichtspunkte in der Tagespolitik in Anrechnung gebracht werden; aber da, wo die Leitung der Staatspolitik nicht liegt, sollte alles geschehen, um jede unnütze Aufregung zu verhüten. Es sollte dem leitenden Staatsmanne überlassen bleiben, das Schiff des Staates zu steuern. Erst wenn dieser erklärt: nun geht es nicht mehr, ist die Zeit für Kriegsartikel gekommen. Es sind anscheinend militärische oder solchen 'verwandte' Federn, welche sich bisweilen auf ein Gebiet begeben, welches das ihrige nicht ist. Sie sollten lieber für ein recht scharfes Schwert sorgen für den Fall der Not. Es liegt auch keine Veranlassung vor, die Heeresstärke von hüben und drüben zu berechnen; diese Berechnungen sind Sache der Generalstabstätigkeit. Jedenfalls muß mit aller Energie der Auffassung entgegengetreten werden, als ob ein Grund zur

Kriegsfurcht vorhanden sei. Das ist nicht der Fall. Im Gegenteil dürfte richtig sein, daß ein Krieg Rußlands gegen die Friedensmächte mit Frankreich auf der anderen Seite ziemlich aussichtslos ist und daß die Erkenntnis hiervon an den beteiligten Stellen tatsächlich obwaltet.

133. FRANZ VON ROGGENBACH an Albrecht von Stosch, Schopfheim, 27. Juni 1889, in: Im Ring der Gegner Bismarcks. Denkschriften und politischer Briefwechsel Franz v. Roggenbachs mit Kaiserin Augusta und Albrecht v. Stosch 1865—1896, bearb. und hrsg. von Julius Heyderhoff, Leipzig 1943 (Deutsche Geschichtsquellen des 19. Jh., Bd. 35), S. 323—326, Auszug, S. 323—326.

Was die europäische Lage betrifft, so kann logischerweise ein politisches System, das auf der mangelnden Voraussicht des Frankfurter Friedens und den Unaufrichtigkeiten und Täuschungen des Berliner Kongresses aufgebaut ist, allerdings im letzten Ende nur zu einem allgemeinen Kriege führen. Als der 'ehrliche Makler' merkte, daß sich Rußland für düpiert betrachtete durch die Interpretation, welche die Berliner Abmachungen in Wien empfingen, als deren Zuverlässigkeit und die Ehrlichkeit der in Reichstadt über 'Halbpart' auf der Balkanhalbinsel verschworenen Rivalen sich am bulgarischen Exempel praktisch erproben sollte, so warf man sich in Berlin in die sogenannte Tripleallianz. Man taufte dieselbe Friedensbündnis. Besser hätte man dieselbe Defensivbündnis für bestimmt vorauszusehende Eventualitäten nennen sollen. Diese Eventualitäten sind Bewegungen auf der Balkanhalbinsel, welche Rußland zu unterstüzender Aktion zwingen müssen. Um in der Lage zu sein, dies mit Erfolg zu können, daher die Konzentrationen an den westlichen Grenzen. Wie die Tripleallianz eine Friedensbürgschaft vorstellen soll, habe ich nie begriffen, da dieselbe uns doch nur für die österreichische Doppelzüngigkeit und das ehrgeizige Treiben mit ungenügenden Kulturkräften im Gebiete südlich von Save und Drau solidarisch macht und dadurch die gefährliche Konjunktur erst herbeiführt, die mit einem Weltkrieg endigen wird. Bin ich einmal genötigt, in der Tripleallianz meine Zuflucht und mein letztes Heil zu suchen und für diese österreichischen Velleitäten eintreten zu müssen, so ist das ein Kriegsbündnis, das nur dann konsequent wäre, wenn es die Kriegschance dann aufnimmt, wenn sie günstig liegt, und nicht wartet, bis solche erst sich möglichst verschlechtert hat. Ich fürchte, wir werden dies solange tun, als wir die Lüge, das sogenannte Friedensbündnis, aufrechterhalten und nicht den anderen Weg der Auflösung der russisch-französischen Allianz durch eine politische Annäherung an Rußland unsererseits auf Kosten der österreichischen Aspirationen auf die Balkanhalbinsel beschreiten. Ich interpretiere die Reise des jungen Kaisers nach Petersburg in diesem Sinn. Als demungeachtet später in Wien und Rom die Tripleallianz glorifiziert und Re Umberto in Berlin zum Zwecke dieser Verherrlichung mißbraucht wurde, wußte man an der Newa, daß man betrogen werden sollte, und schloß die Rechnung definitiv ab.

Der Weg, eine Auflösung des Verhältnisses Rußlands zu Frankreich herbeizuführen, ist dadurch abgeschnitten und das Spiel liegt so, daß jeder Teil nur sehen sollte, wie er die Chancen sich günstig gestalte. Gewiß nicht dadurch, daß wir vom Friedensbündnis reden und andere daran glauben machen wollen.

Ob der Handel mit der Schweiz den Hintergrund hat, dieselbe für den künftigen Kriegsfall für uns als Kriegstheater zu eröffnen und eine Handreichung der italienischen Armee mit der deutschen Aufstellung zu ermöglichen, ist schwer zu sagen. In Bern glaubt man es.

Auf eine Kooperation Englands mit uns gebe ich nicht viel. Die in Fernhaltung von Beteiligung engagierten englischen Interessen sind zu groß. Eher finden die Italiener einen Vorwand, sich aktiver Kooperation auch noch zu entziehen. Dafür ist das parlamentarische Intrigenspiel doch jedenfalls zu brauchen, solchen zu schaffen.

Mittlerweile fürchte ich, daß auch eine Abbröckelung von Rumänien von der Allianz nicht aufgehalten werden kann, und wir könnten uns am Zahltage dann wohl mit Österreich allein auf dem Plan befinden.

Gewiß eine Situation, die Entschluß verlangt, und das ist, was wir zur Zeit eben nicht haben.

Meine Hoffnung ist unter diesen Umständen ausschließlich auf die militärischen Zustände gebaut, wo die Spuren der allgemeinen Desorganisation, die in so vielen Fragen den eigentlichen Urheber im Dunkeln läßt und keine Verantwortlichkeit übernommen werden will, noch am geringsten sind. Freileich fehlt auch da die Sicherheit, mit der jeder Führer zur Zeit Kaiser Wilhelms I. sagen konnte, was man im Zentrum wolle und nicht wolle. Nunmehr hört man oft genug die Frage, ob das, was man tue, auch oben genehm sein werde oder nicht.

Hoffen wir unter diesen Umständen, daß das imprévu, das Rußland und damit selbstverständlich in zweiter Linie auch Frankreich zur Aktion bringt, noch lange nicht eintritt, und sagen wir uns bis dahin alle Tage, daß unser Friedensbündnis diesen Augenblick keine Sekunde hinausschieben wird.

134. OTTO HAMMANN, Was nun? Zur Geschichte der Sozialistischen Arbeiterpartei in Deutschland, Berlin: R. Wilhelmi 1889, Auszug, S. 88—97.

Die Mittel für seine großen Aufgaben schöpft der Staat hauptsächlich aus den Ersparnissen an Gütern, welche im Verhältniß zur Zeit des 19. Jahrhunderts gemacht werden. Denn es findet keine Vergeudung durch falsch gewählte Unternehmungen, keine Verschwendung durch die Befehdung unter denjenigen, welche wirtschaftlich tätig sind, keine Verschleuderung durch periodisch ausbrechende Stockungen mit nachfolgendem Stillstand der Industrie, kein Verlust durch brachliegende Produktionsmittel und Arbeitskräfte mehr statt, ganz abgesehen von den Ersparungen in den Ausgaben des früheren Staates für Schuldzinsen, Unterhaltung des Heeres, der Finanz-, Zoll- und Justizverwaltung etc. — — —

Wie fast wunderbar, daß ungefähr zu selben Zeit, als Schopenhauer den Aristotelischen Satz: „Der Schmerzlosigkeit, nicht dem Genusse geht der Vernünftige nach" von neuem bewiesen hat, ein solcher Glückseligkeitstraum mit dem Anspruch auf Glaubwürdigkeit hingezaubert wird! Der Irrtum, daß alle Leiden des einzelnen, einige körperliche ausgenommen, lediglich in den überlieferten Satzungen der Gesellschaft beruhen, geht mächtig durch die Arbeitermassen und erzeugt die Illusion von Zukunftsreichen, welche ein glückliches friedliches Golkonda für alle Erdenkinder darstellen. Der alte Schlangenfluch wird ausgetilgt sein und der Baum des Getreides, welchen Gott nach Adams Fall entwurzelte und zur Ähre verkrüppeln ließ, wird wieder seine Äste ausbreiten und reiche Früchte für alle Menschen tragen.

Der Grundirrtum des demokratischen Sozialismus als Weltanschauung besteht daher nicht sowohl in der überspannten Größe der Aufgaben der staatlichen Gemeinschaft als in einer groben Verkennung der menschlichen Natur, was — merkwürdig genug, wie sich auch hier die Extreme berühren — in ähnlicher Weise auch für das Manchestertum, das System der wirtschaftlichen Freiheit zutrifft. Auch dieses nimmt an, daß Vernunft und Sittlichkeit in reichstem Maße dem Menschen inne wohnen und daß es lediglich der Sicherung der äußeren rechtlichen Ordnung im Staate bedürfe, um bei sonstiger völliger Freiheit alle Kräfte zur schönsten wirtschaftlichen Harmonie zu entfalten. Jeder soll durchaus tun können, was ihm zu seinem Vorteil beliebt, dann wird der durch Sittlichkeit und Vernunft eingeschränkte Eigennutz von selber das gemeine Beste zustande bringen. Die Sozialisten haben mit überlegener Kritik die Schäden und schreienden Ungerechtigkeiten dieses Systems aufgedeckt, von dem ein Staatssozialist — allerdings sehr drastisch — einmal sagte: Es vertritt das

Faustrecht, und wenn es auch nicht auf dem Stegreif reitet, um dem arglosen Wanderer im Busche aufzulauern, so ist doch sein Hinterhalt der lügenhafte Prospekt und die Zeitungsreklame, seine Lanze der Wechsel, sein Knappe der Exekutor; den Taschendiebstahl verübt es an der Börse, zur Erstürmung der Burgen bietet es nicht seine Mannen, sondern den Subhastationsrichter auf, und der Fronvogt seiner Hörigen ist der Hunger. Der Unterschied des Sozialismus vom Manchestertum besteht nur darin, daß er glaubt, allein das private Eigentum verhindere die menschliche Natur, sich herrlich und glücklich zu entfalten und seine Beseitigung vermöge sie von allen Interessen und Begierden zu reinigen. Der Mensch wird aber bleiben, wie er ist, solange die Welt steht: voller Interessen und Begierden. Mit dieser Natur gibt es im Staate keinen Bruch, sondern nur ein Kompromiß.

Könnte man nur einräumen, daß unter den Menschen das Gute eine sichere Mehrheit habe, so würde abgesehen von ihren wirtschaftlichen Voraussetzungen die Wahrheit jener lichten Zukunftsbilder nicht so ganz phantastisch erscheinen. Sonderbar bleibt es freilich doch, wie sich diese gutgläubigen Sozialisten ihren verallgemeinerten Reichtum an geistigen und künstlerischen Genüssen vorstellen mögen. Im Gegensatz zum Baccalaureus im Faust, der sagt:

„Hat einer dreißig Jahr vorüber,
So ist er schon so gut wie tot;
Am besten wär's, Euch zeitig totzuschlagen" —

beginnt bei ihnen das vom Übel der Arbeit befreite Leben erst mit der Zeit der zweiten Jugend. Aber wie arm muß dann die geistige und künstlerische Genußwelt sein! Ein Richard III., ein Othello, ein Macbeth und andere zu Atavismus geneigte Gebilde werden nicht mehr verstanden werden, darum verschollen sein oder nur noch als seltsame Antiquitäten aus einer versunkenen Kulturepoche gelten, was so viel bedeutet, daß die Bürger des neuen Staates, welche die Last des Lebens hinter sich haben, behaglich versumpfen und in Masse von einer tödlichen Krankheit, welche Langeweile heißt, dahingerafft werden.

Allein dem ist nicht so. Man kann nicht zugestehen, daß in dem neuen gesetzlosen Staate, der nur gute Bürger und allenfalls noch unglückliche Atavisten kennt, das ungebundene Walten der gottähnlichen Natur im Menschen das Himmelreich auf Erden bereiten werde, und es wird andererseits ewig wahr bleiben, daß es sehr schwer ist, das Glück in sich selber, und daß es unmöglich ist, es woanders zu finden. Gegenüber diesem Mangel an allen ethischen Voraussetzungen können wir die wirtschaftlichen ganz bei Seite lassen. Es ist aber gewiß ohne weiteres wahrscheinlich, daß der zu Pferde gesetzte Proletarier damit beginnen wird, sein Tier zu

Tode zu jagen. Schon bei der Verteilung der verschiedenen Arten der Arbeiten, welche man doch nicht gleich machen kann und für deren Abmessung gegeneinander einen praktischen Maßstab zu finden der ökonomischen Theorie kaum jemals gelingen wird, unter die guten Bürger, würden Zwietracht und Unzufriedenheit entstehen und sich bald bei dem Fehlen jeglicher Autorität in blutigen Fehden Luft machen.

Dieser frivole Optimismus, welcher den Staat aus einer Schutzwehr gegen das Unrecht jeder Art in ein allen gefälliges und dienstbares Tischlein-deck-dich umwandeln zu können vermeint, offenbart sich am gefährlichsten in einer erhabenen Milde und Nachsicht gegen Verbrechen und Verbrecher.

Hammann spricht jetzt eingehend über einen Fall von Meineid in einem politischen Prozeß und über dessen Bewertung bei den Sozialdemokraten.

Sucht man nach dem Grunde einer solchen Beschönigung der Verbrechen, welche dem Parteiinteresse dienen und aus Parteifanatismus entstanden sind, so stößt man am letzten Ende auf den Anspruch aller zielbewußten Revolutionäre, sich um des Neuen und Großen willen, was sie der Welt bescheren werden, über die Grenzen der bürgerlichen Moral hinwegsetzen zu dürfen. Der Gegensatz zwischen der Ehre des Spießbürgers und der Ehre des unterdrückten Neuerers ist derselbe, welchen der russische Romandichter Dostojewski in dem Hirne seines Helden Raskolnikow, bevor dieser einen Mord begeht, eine Rolle spielen läßt. Es gibt zwei Kategorien von Menschen: die gewöhnlichen, das Material, welches ausschließlich zur Fortpflanzung der Art dient und seiner Natur nach folgsam ist und folgsam sein muß, und die eigentlichen Menschen, welche die Gabe haben, ein neues Wort auszusprechen und neue Wege einzuschlagen. Die letzteren erstreben meistens die Zerstörung des Bestehenden im Namen des Besseren und dürfen sich unter Umständen innerlich auf Treu und Glauben die Erlaubnis geben, einen Leichnam zu überschreiten und Blut zu vergießen, wie es die Mohammeds, Napoleons etc. getan haben, wenn Blutvergießen ihnen nützen konnte. Gibt man die These zu, so folgt daraus, da ein unterscheidendes Merkmal zwischen Gewöhnlichen und Außergewöhnlichen nicht besteht, die heillose Verwirrung, daß leicht Gewöhnliche sich für berechtigte Zerstörer und Verkünder eines neuen Wortes ansehen und anfangen, alle Schranken zu beseitigen. Man kann nicht sagen, daß die bedingte Erlaubnis, Meineide zu schwören, darum weniger fürchterlich sei, als die Erlaubnis zum Mord, weil hier Menschenblut geopfert, dort nur der rächenden Strafgewalt von heute ein Opfer entzogen werde; denn die verschiedenen äußeren Erfolge gehen auf die in beiden Fällen gleiche Ertötung des Gewissens, auf eine künstlich geschaffene unterschiedliche Moral zurück, welche obendrein der sonst so hochgepriesenen Gleichheit der Menschen Hohn spricht.

Hier sei eingeschaltet, daß die lyrischen, epischen und dramatischen Erzeugnisse, die Poesie des Sozialismus im allgemeinen keineswegs dem Grobsinnlichen huldigen und der edleren sittlichen Gefühle bar sind, vielmehr den Schmutz der Lüsternheit und die geschlechtlichen Frivolitäten vermeiden, und daß auch die sozialistische Tagespresse sich von dem Vorwurfe frei hält, 'pikant' sein zu wollen und sich in dem prickelnden Reize des Anstößigen um seiner selbst willen zu ergehen, was man von den verbreitetsten 'Bourgeois'- und Börsenblättern leider nicht behaupten kann.

Der selbstgewisse und herausfordernde Optimismus also, welcher einerseits in dem Glauben an die Herrlichkeit der menschlichen Natur, zu deren vollkommener Entfaltung es nichts weiter als der richtigen Art der Erzeugung und der Verteilung der Güter bedarf, und andererseits in dem Anspruch auf ein moralisches Ausnahmerecht für Apostel und Gläubige des neuen Evangeliums besteht, — dieser materialistische und frevelmütige Optimismus ist die schwerste innere Schuld der Sozialdemokratie, aus welcher der böse Wille gegen die bestehende Kultur sich entwickelt hat. Was sie erst kaum erhoffte, — eine friedliche Ordnung der Dinge in ihrem Sinne — das will sie nun überhaupt nicht mehr: Was an Kultur besteht, soll biegen und brechen und in Trümmer gelegt werden.

Die Sozialdemokratie strebt diesem Ziele zu, obgleich wir nicht nur Tausende von Volksfreunden in privaten Vereinigungen an der edlen Arbeit sehen, wohltätige Einrichtungen für das gemeine Beste zu schaffen — das wäre wenig — sondern obgleich der Staat selbst sich mit öffentlicher Gesundheitspflege, neuen Erziehungsplänen etc. und vor allem mit Sozialreformgesetzen in einer bis noch vor 20 und 10 Jahren kaum geahnten Weise ins Mittel legt, um die Redensart von der fortschreitenden Degeneration der Kulturmenschheit Lügen zu strafen. Wenn das soziale Königtum in der kurzen Zeit, seit es den sogenannten 'Rechtsstaat' abgelöst hat, auch noch lange nicht genug getan haben mag, so hat es doch jedenfalls den redlichsten und ernsten Willen bewiesen, helfend und rettend gegen die Ausbeuteordnung eines entfesselten Industrialismus einzugreifen.

Der zum Hochmut gesteigerte Glaube an die Heilkraft der eigenen Ideen ist bei der Sozialdemokratie unleugbar zum Dolus gegen das soziale Königtum ausgeartet, dessen redliche Absicht sie rundweg ableugnet (vergleiche auch die Stelle in den Kopenhagener Beschlüssen, Anhang) und dessen Hilfe für die Arbeiter sie gar nicht wünscht.

Die zielbewußten Vertreter der Sozialdemokratie dürfen sich hierbei auf ihren Meister Marx berufen, welcher, von seinem systematischen und unfehlbaren Standpunkt aus durchaus folgerichtig jede soziale Reformpolitik, die nicht kommunistisch ist, entschieden verwarf. In den discours sur le libre échange sagt er: „Im allgemeinen ist heutzutage das Schutzzollsystem konservativ, während das Freihandelssystem zerstörend wirkt. Es zersetzt die früheren Nationalitäten und treibt den Gegensatz zwischen Proletariat und Bourgeoisie auf die Spitze. Mit einem Wort, das System der Handelsfreiheit beschleunigt die soziale Revolution. Und nur in diesem revolutionären Sinne stimme ich für den Freihandel." In der von Marx mitverfaßten Kundgebung des Kommunistenbundes (vom März 1850) wird ausdrücklich auf die Gefahr hingewiesen, daß durch besseren Lohn und eine gesichertere Existenz die revolutionäre Kraft der Arbeiter gebrochen werden könnte. Wenn später Marx trotzdem für die Forderung eines Normalarbeitstages eintrat, so war das ein Abfall von seiner eigenen Grundanschauung, der wahrscheinlich nur von taktischen Erwägungen, der Hoffnung, die praktischen Engländer für den theoretischen Sozialismus des Festlandes zu gewinnen, veranlaßt war. (Vergl. Dr. Georg Adler: Die Grundlagen der Karl Marx'schen Kritik, Tübingen 1887, S. 289 f.)

Seine eifrigsten Nachfolger stacheln die materiellen Bedürfnisse künstlich an, ohne zu bedenken, daß der Mensch nicht allein Körper, sondern gleichfalls Geist und Seele ist und daß diejenigen der Menschheit in jeder Hinsicht am schlechtesten dienen, welche in einem blöden Materialismus den nationalen, sittlichen und religiösen Halt des Volkes gefährden und umstoßen. Die Sozialdemokratie hetzt das gegenwärtige Geschlecht auf Kosten einer zukünftigen ungewissen Glückswelt geflissentlich in Unzufriedenheit und schürt seine Leidenschaften, um das Staatswesen außer Rand und Band zu treiben. Hierdurch hat sie in der Tat diesen Staat, der seinen Beruf gegen die Stürme der Zeit in der Zukunft ebenso wie in der Vergangenheit erfüllen will, in den Zustand der Notwehr versetzt und ihm auch ein moralisches Recht gegeben, als unterdrückende Macht ihr zu begegnen.

Diese allgemeinen Betrachtungen lassen die wiederholten Verlängerungen des Gesetzes 'gegen die gemeingefährlichen Bestrebungen der Sozialdemokratie' gerechtfertigt erscheinen, so bedenklich es an sich auch immer bleibt, wenn ein Staat gegen einen Teil seiner Untertanen zu Ausnahmemaßregeln greift.

135. JULIUS LANGBEHN, Rembrandt als Erzieher. Von einem Deutschen, Leipzig 1890, Auszug, S. 124—127 und S. 328 f.

Rembrandt ist vor allem Niederdeutscher und der Niederdeutsche ist vor allem Bauer; und Preußen ist, wie jede echte Militärmacht, im Grunde ein Bauernstaat. Es ist eine deutsche Kolonie auf slawischem Boden; staatlich ist diese Kolonisation schon nahezu vollendet; geistig ist sie es noch lange nicht. Preußen wird nur seiner ursprünglichen Mission treu bleiben, wenn es die früher begonnene Arbeit nunmehr auf einem anderen Gebiet fortsetzt. Nach alter Schwabensitte haben die Hohenzollern, schon lange ehe man es wußte oder beachtete, die Sturmfahne des Reichs geführt; sie haben dieselbe auf niederdeutschem Boden aufgepflanzt, zunächst in der Altmark; und schon das ist eine kolonisatorische Tat, wenn auch noch innerhalb des deutschen Volkes und Bodens selbst. Später rückten sie langsam auf slawisches, litauisches usw. Gebiet; sie verteidigten die Mark und das Mark des Reiches; und wurden so zu Hütern seiner Ehre. Seine schöpferischen Kräfte in Staat und Krieg sowie seine lehrenden Kräfte in Kunst und Wissenschaft bezieht Preußen schon lange aus Deutschland und fast ausschließlich aus dem nordwestlichen oder niederen Deutschland: der alte Dessauer, Ferdinand von Braunschweig, Bernstorff, Scharnhorst, Stein, Hardenberg, Niebuhr, Bülow, Moltke und so viele andere sind nicht auf preußischem Boden gewachsen, sondern dorthin erst importiert worden; wie sie gewirkt haben, weiß die Geschichte. Kant ist von schottischem und Herder, seinem Namen nach zu urteilen, von holländischem Ursprung; Schopenhauers in Danzig eingewanderter Großvater war ein Holländer; diese drei Männer gehören also der direkten überseeischen niederdeutschen Einwanderung in Preußen an. Sie alle sind Kolonialgeister. Sie haben dem Beruf Preußens, als der deutschen Kernkolonie, gedient; sie waren konstruktiv tätig im Krieg wie im Frieden; sie waren verständige und schlagfertige Bauernnaturen im großen. Colonus heißt Bauer; nur Bauerngeist kann kolonisieren; das zeigte sich im Altertum wie in der Neuzeit. Die alten Deutschen, inmitten wie im Norden Europas, waren politisch, sozial und sittlich ein reines Bauernvolk. Es gibt solche alte Deutsche noch jetzt — in Südafrika. Als Bismarck mit dem Präsidenten der dortigen Boerenrepublik sich in der beiderseitigen heimischen Mundart, dem Plattdeutsch, verständigte, begegneten und erkannten sie sich nicht nur als Geistes-, sondern auch als Blutsverwandte; trotz des so verschiedenen Maßstabes der beiderseitigen äußeren Verhältnisse stehen sich diese beiden Zweige eines und desselben Stammes, Boeren und Preußen, politisch verwandt und sittlich ebenbürtig gegenüber. Nur mit Ebenbürtigen kann man dauernde Allianzen schließen; Preußen sollte mit solchem Bauern- und Boerengeist noch inniger vertraut werden; es sollte, wie es könnte, ihm geistig schöpferische Kräfte entlehnen. Sie sind in Rembrandt, als einem lebenden und redenden Symbol, verkörpert. Gegen ihn erhoben die Aesthetiker des vorigen Jahrhunderts den oft wiederholten und nach damaliger Meinung sehr schwerwiegenden Vorwurf, daß er 'bäuerisch' sei; sie verurteilten damit, wie es Theoretikern zu gehen pflegt, das beste an ihm. Er ist bäuerlich, aber nicht bäuerisch; diese Begriffe darf man nicht verwechseln; so wenig wie kindisch und kindlich. Rembrandt ist ein niederdeutscher und erdbefreundeter Künstler; und eben diese Eigenschaft befähigt ihn, auf geistigem Gebiet als Kolonisator zu wirken; weil er Bauer ist, kann er Erbauer sein. Hierin ist sein Beruf zum Erzieher des deutschen Volkes am tiefsten, weil am volkstümlichsten begründet. Jene frühere Zeit, welche Rembrandt wegen seines Bauerntums verkannte, war dieselbe, in welcher der deutsche Adel vielfach töricht genug war, auf den deutschen Bauer herabzusehen und ihn bei jeder Gelegenheit zu unterdrücken oder gar zu verfolgen; eine klarer blickende und gereiftere Anschauung läßt jetzt schon zum Teil und hoffentlich später noch mehr den deutschen Adel in dem deutschen Bauern seinen geborenen Verbündeten erblicken. Insofern kann auch die deutsche Politik, diese andere Kunst, von ihrer sinnigeren Schwester lernen; politische sowie im engeren Sinne künstlerische Fehler und Fortschritte gehen miteinander Hand in Hand; denn beide entspringen aus menschlichen Fehlern und Fortschritten.

Es gibt ein Band, und zwar ein sehr starkes Band, welches Kunst und Politik miteinander verbindet: es ist das Element des Persönlichen. Wie ein Schiff so kann auch eine Armee und wie ein Kunstwerk so kann auch eine Ministerkoalition nur von einem Manne geleitet werden; der künstlerische Gehalt des Feldherrn sowie des Staatsmannes, welche beide im 'König' zusammentreffen, beruht auf eben diesem Zusammenhange; sie alle schaffen individuell. Der monarchische Beruf des deutschen Volkes wird schon durch das Wort Volk — folk — selbst ausgedrückt; denn dasselbe bedeutet ursprünglich Gefolge; zu einem Gefolge aber gehört notwendig ein Führer. In dem konservativsten Teile Deutschlands, in Niederdeutschland, hat sich dieser ursprüngliche Sinn teilweise noch erhalten; „die Völker, zum Essen!" läßt Grabbe nach eigenen westfälischen Erinnerungen seine Thusnelda ihrem Hausgesinde zurufen. Fürst bedeutet wörtlich der Vorderste; und zwar unter einer Reihe von Genossen im Kampfe; treffend hat man daher gesagt: die preußischen Offiziere sind die Kameraden des Königs. Der erbliche König ist ein lebendiger Mensch, nicht eine bloße mehr oder minder wertvolle Nummer aus der Masse — wie der erwählte Präsident einer Republik; und wenn jener gar einem großen Herrschergeschlecht angehört, so darf er sich mit Recht rühmen, schon von Geburt nicht nur mehr zu scheinen, sondern auch mehr zu sein als andere Menschen; denn auch nach rein naturwissenschaftlichen Gesetzen summiert sich die Kraft der Vorfahren, soweit nicht spezielle Schwäche oder Entartung eintritt, in den Nachkommen. Sieht man endlich als das beherrschende Weltprinzip und darum die Ursache aller Kraft wie Kraftsummierung: Gott an, so ist damit das Gottesgnadentum der Könige gegeben „Die große Kraft kommt von Gott, die kleine vom Teufel“, sagte Hebbel; ein rechter König ist also wie jeder rechte Mensch immer von Gottes Gnaden; und er ist es in desto höherem Grade, je mehr er selbst und sein Geschlecht geleistet hat, je mehr er ein Herrscher im guten Sinne ist. Und am leichtesten kann der König da volkstümlich sein, wo das Volk königlich ist. Der Niederdeutsche insbesondere, Bauer wie er ist, hat in seinem Wesen etwas Königliches; so auch Rembrandt; und es wäre gut, wenn gerade die Deutschen etwas von jenem bäuerlich-königlichen Wesen in sich übergehen ließen. Das Schachspiel, wörtlich Königsspiel, ähnelt dem Weltspiel wie sonst auch darin, daß es diese beiden Typen nahe mit einander verbindet. Der rechte Bauer sitzt wie ein König auf seinem Hof; und der rechte König soll, im besten Sinne, wie ein Bauer unter seinem Hofe leben d. h. als ein erdgeborener Aristokrat, als der erste unter vielen, als der patriarchalisch und selbständig waltende Herrscher der Seinen. Beide gehören untrennbar zusammen; jeder von ihnen hat seinen Hof; der eine einen immobilen und auf die Erde projizierten, der andere einen mobilen und aus Menschen konstruierten; beide stellen ein Zentrum dar, mit einem dasselbe umgebenden Kreise.

Das alles Organische beherrschende Prinzip der Zelle, mit ihrem Zellenkern, ist hier aufs soziale Gebiet übertragen. Und dieses berührt sich wieder mit kosmischen Verhältnissen; der Bauer, der auf Grundbesitz begründet ist und ein Stück der Erdoberfläche sein eigen nennt, tritt dadurch in ein ganz direktes Verhältnis zum Erdzentrum; und durch dieses wieder zum Weltzentrum wie zum Herrn der Welt. Er steht Gott und der Natur nahe. Ein Bauer muß fromm sein; ein gottloser Städter läßt sich allenfalls ertragen; aber ein gottloser Bauer ist etwas Abscheuliches. Andererseits haben wieder Sonne und Mond so gut einen Hof um sich, wie jeder Bauer und jeder König den seinigen; im organischen Bau der Welt berührt sich auch das entfernteste; eben darauf beruht die Harmonie desselben. „Wie der Sternenchor um die Sonne sich stellt“ und wie diese ihrerseits sich um ein uns bis jetzt unbekanntes räumliches Weltzentrum, eine Sonne der Sonnen bewegt, so soll sich von rechts wegen das Volk dem König und dieser „dem König der Könige“ unterordnen. Das aristokratische und individualistische Prinzip der Abstufung durchdringt alles Seiende. Die nackte Gegenüberstellung von Adel und Bürgertum ist die roheste und primitivste Vorstellung, welche man sich vom Aristokratismus machen kann; Bauern, gesetzte Bürger, Edelleute vertreten insgesamt das aristokratische Prinzip, wenn sie in abgestufter Gliederung als staatsbestimmende Faktoren nebeneinander stehen. Adel ist Abstufung.

Im Grunde zeigt das Leben keine Quantitäts-, sondern nur Qualitätsunterschiede; sie reichen vom Ysop an der Wand bis zur Zeder des Libanon, vom Bauer bis zum König, von diesem bis zu Gott; die Welt wird von einem Geiste regiert! Das politische Leben kann sich mithin nur dann richtig entwickeln, wenn es dem Menschenleben einerseits und dem Weltleben andererseits parallel geht; es weist dem Menschen in der Welt seinen Platz an und steht darum zwischen beiden Mächten in der Mitte; diesen Standpunkt soll und darf es behaupten. Derselbe ist vor allem ein, im deutschen Sinne, nationaler Standpunkt. Die Neigung des Deutschen zu gliedern und abzutönen, ist im Grunde eine urmusikalische; und seiner sonstigen im engeren Sinne musikalischen Begabung sehr verwandt; so berührt sich denn auch hier das scheinbar Innerlichste mit dem scheinbar Äußerlichsten: die Musik mit der Politik. Eine höhere Weltanschauung kennt weder innen noch außen, sondern nur die Mitte — das Leben.

Am Ende seines Buches schreibt Langbehn (S. 328 f.):

Rembrandt ist ein echter Arier; wenn der stille und gewaltige Hauch Rembrandtschen Geistes sie erfüllt, so kann die germanische Eigenart sich wieder einmal neu beleben; und sie kann sich — konsolidieren; Individualität, die sich gefestigt hat, ergibt Stil. Daß nicht nur die deutsche Kunst, sondern auch das deutsche Leben wieder Stil gewinne, ist das zu hoffende Endergebnis einer solchen Erziehung. Stil ist dem Spezialismus, Menschentum der Bildungsschablone gerade entgegengesetzt. Jeder Spezialist hat sein Fach; er hat, wo er sein Haupt hinlege; aber ‘des Menschen Sohn’ hat dies nicht. So war es zu Christi Zeiten; so ist es heute; so wird es in sinkenden Zeiten immer sein. Nur eine neue Geistesblüte, eine wiederaufsteigende Entwicklung des deutschen Volkslebens kann darin Wandel schaffen. Eine edlere Minderheit wird hier eingreifen müssen, im ganzen wie im einzelnen; sie wird einen uralten Gedanken neu zu beleben haben: der Buchstabe tötet, der Geist macht lebendig — hieß es einst; der Buchstabe tötet, das Bild ist lebendig, heißt es jetzt. Wenn das deutsche Volk sich wieder zum Bilde und zum Bilden kehrt, so wird es eine Bildung haben; so wird es genesen. „Darum bilde der Mensch sich in allem schön; jede Handlung sei ihm eine Kunstaufgabe“ lautet eine kurze und vielsagende Mahnung Schinkels. Wichtiger als die sprachlichen, ist es, die künstlerischen Fremdwörter Deutschlands auszurotten; und vorzüglich wird man das eine große Fremdwort, das die deutsche Kunst der letzten zwanzig Jahre beherrschte, durch ein deutsches Wort und eine deutsche Tat ersetzen müssen: nicht ‘Renaissance’, sondern Wiedergeburt soll erstrebt werden. An Stelle der Phrase muß die Wirklichkeit treten; jene spricht man andern nach, diese erlebt man selbst. Ein Organismus lebt nur dadurch, daß er wächst; und er wächst nur dadurch, daß er stetig innere Achsenverschiebungen erfährt; daß er von einer Mathematik erfüllt ist, die sich selbst untreu wird, die rhythmisch wird, die lebendig wird. Das ist echte Sphärenmusik; und sie gilt auch in der nationalen Sphäre; nach solchen Takten werden Völker geboren. Wenn eine Achse sich verschiebt, so kreuzt sie sich selbst; so streitet sie mit sich selbst; daher ist kein Wachstum ohne feindliche Auseinandersetzung des betr. Organismus mit sich selbst zu denken. Um eine solche handelt es sich im heutigen deutschen Leben; um eine solche handelt es sich in allem Völkerleben; der Gang der Weltgeschichte bewegt sich nach einer kriegerischen Marschmusik. Krieg und Kunst gehören zusammen — auch in der Unendlichkeit. Und dem Gesamtleben soll das Einzelleben parallel gehen; das ist der Weg des Helden durch die Welt: Parademarsch, im Kugelregen, bei klingendem Spiel!

Jede große Achsenverschiebung im Dasein eines Volkes bedeutet demnach einen Akt der Wiedergeburt; seine ganze Existenz wird so gewissermaßen unter einem neuen Einfallswinkel beleuchtet; es ist dasselbe und nicht mehr dasselbe wie früher. Es ist neu geworden. Neuen Wein trägt die Rebe jedes Jahr; so auch die deutsche Rebe; und diesen 'neuen Wein' darf man nicht in alte Schläuche füllen. Das heißt, unbildlich gesprochen: das neue geistige Leben der Deutschen ist keine Sache für Professoren; es ist eine Sache der deutschen Jugend; und zwar der unverbildeten unbefangenen deutschen Jugend. Sie hat das Recht. „Es ist keine Zeile darin, die nicht erlebt worden wäre“ hat Goethe von seinen eigenen Gedichten gesagt; es wird um die deutsche Kunst erst dann gut stehen, wenn man von ihr ein Gleiches sagen darf. Das nennt man Wiedergeburt. Eine solche vermag sich nur zu entwickeln aus den Gefühlen, welche die 'Masse', und aus den Gedanken, welche die 'Männer' des deutschen Volks von jeher beseelt haben; diese beiden Kräfte veralten nie; sowie man sie gebraucht, sind sie modern.

Aus alten Hufeisen schmiedet man die besten Toledoklingen und aus alten Volksanschauungen die besten Geisteswaffen. Das Schmieden ist ein spezifisch deutsches Handwerk; Siegfried war ein Schmied, ehe er ein Held wurde; und der ist der beste Held, welcher seine Waffen selber schmiedet. Auch der 'heimliche Kaiser', wenn er kommen sollte, wird etwas von dieser Eigenschaft an sich haben müssen. Das Feuer seines Geistes wird die alten Volksanschauungen zerschmelzen, und die Kraft seines Armes wird sie zu neuen — und darum doch alten — streit- wie sieghaften Anschauungen umformen müssen. Möge er kommen!

Bescheidenheit, Einsamkeit, Ruhe, Individualismus, Aristokratismus, Kunst — das sind die Heilmittel, welche der Deutsche auf sich anwenden muß, wenn er sich der geistigen Misere der Gegenwart entziehen will.

Diese Güter lassen sich nicht ohne Kampf erringen; für die nächste Zukunft des deutschen Geisteslebens gibt es daher nur eine Losung: Bindet die Klingen!

Insbesondere werden Kunst und Wissenschaft sich darüber auseinandersetzen müssen, welcher von ihnen die Herrschaft im deutschen Geistesleben zukommt; der Streit muß ehrlich geführt werden; und das deutsche Volk wird über dessen Ausgang richten. Sein Wort entscheidet!

136. Protokoll der Kronratssitzung vom 24. Januar 1890 unter Vorsitz S. M. des Kaisers und Königs im Königlichen Schloß zu Berlin, Berlin, d. 24. Januar 1890, in: Fürst Bismarcks Entlassung ..., Bearbeitet und hrsg. von Georg Frhr. von Eppstein, Berlin 1920, S. 157—165.

WA: Johannes Hohlfeld (Hrsg.), Dokumente der deutschen Politik und Geschichte von 1848 bis zur Gegenwart, Bd. 1, Die Reichsgründung und das Zeitalter Bismarcks 1848—90, Berlin o. J. (1951), S. 457—461.

Auf Allerhöchsten Befehl war heute unter dem Vorsitz Seiner Majestät des Kaisers und Königs das Staatsministerium zu einer Sitzung im Königlichen Schlosse zu Berlin zusammengetreten, an welcher mit Ausnahme des Ministers der öffentlichen Arbeiten, sämtliche Mitglieder, sowie der mit Führung des Protokolls beauftragte Unterstaatssekretär desselben Teil nahmen.

Es kamen folgende Gegenstände zur Beratung:

1. Seine Majestät geruhten dem Staatsministerium zu eröffnen, daß Sie dasselbe zum Zweck einer Besprechung der inneren Lage, vernehmlich der Arbeiterfrage, berufen hätten. Von den vorjährigen Arbeitseinstellungen sei noch eine Verstimmung zurückgeblieben, vielleicht drohten auch für dieses Jahr neue, gleiche Ausstände. Seine Majestät hätten die einschlagenden Fragen mit Männern in den verschiedensten Stellungen, welche mit denselben vertraut seien, durchgesprochen, so mit dem Ober-Präsidenten von Berlepsch, dem Geheimrat Hinzpeter, dem Grafen Douglas und dem Maler Professor von Heyden, welcher bergmännisch ausgebildet und Bergwerksdirektor gewesen sei. Die bestehende Lage sei eine Zwangslage, mit welcher man zu rechnen genötigt sei. Entstanden sei dieselbe durch die rasche Entwicklung unserer Industrie. In England habe dieselbe sich langsam rationell entwickelt und sei das Kleingewerbe allmählich in die Großindustrie übergegangen. Die ältere Generation habe noch einen Zehrpfennig gehabt, die jüngere habe verstanden, sich zu assimilieren. In Deutschland sei die Entwicklung eine rapide gewesen, das Kleingewerbe habe dem Umschwunge nicht folgen können. Die Nachfrage nach Ar-

beitern habe große Massen derselben in die Zentren der Industrie geführt und aus diesen habe sich ein Proletariat entwickelt. Die Industriellen hätten sich um die Arbeiter nicht gekümmert, sondern sie lediglich ausgenutzt und diejenigen, deren Kräfte aufgebraucht gewesen, verkommen lassen. Dadurch werde unter den Arbeitern der Gedanke wachgerufen, daß sie sich nicht gleich Maschinen ausnutzen zu lassen brauchten, sondern da doch ihre Arbeit den Arbeitgebern die Gewinne bereite, sie ein Recht hätten, das Verhältnis zu jenen in ein kollegialisches zu verwandeln.

In England seien die Trade Union entstanden, welche das Verhältnis zwischen Arbeitgebern und Arbeitnehmern vermittelten, so daß der Arbeitgeber ohne ihre Vermittlung Arbeiter nicht bekomme, aber auch nur zu den von jenen vorgeschriebenen Bedingungen in Arbeit treten dürften. Die Industrie hätte zivilisatorisch wirken, moralisch und physisch für die Arbeiter wirken müssen. Dies sei jedoch nur ausnahmsweise von einzelnen Industriellen, wie z. B. Krupp und Stumm, niemals von Aktiengesellschaften geschehen. Der sich selbst überlassene, ungebildete Arbeiter sei in Folge dessen den Lehren der Sozialdemokratie anheimgefallen. Sei in diesen noch ein Körnchen Wahrheit vorhanden, so werde doch voraussichtlich den Anarchisten das Übergewicht über jenen zufallen. Hätten nun früher die Bergarbeiter als Muster gelten können, so seien doch schließlich jene Irrlehren auch unter sie gedrungen, und das hätte sich vermeiden lassen, wenn die Industriellen sich in Fühlung mit ihnen gehalten, sich persönlich um sie gekümmert hätten, wie ein guter Kompaniechef um seine Leute! Sei nun nach den vorjährigen Arbeitseinstellungen die Ruhe wieder hergestellt gewesen, so zeige sich in der nachher aufgetauchten Sperrfrage, daß den Arbeitern nicht streng genug Wort gehalten sei. Die Verwaltungsbehörden hätten das möglichste geleistet durch die angestellte Enquete. Inzwischen aber seien die Dinge ihren Lauf weiter gegangen, aus berechtigten Forderungen seien unberechtigte, jetzt ganz unerfüllbare (Erhöhung der Löhne um 50 Prozent, Verminderung der Arbeitszeit auf weniger als 8 Stunden) geworden. Weitere Nachgiebigkeit helfe hier nichts, sondern erzwinge nur erhöhte Ansprüche. Erneuerten sich die Arbeitseinstellungen, so würden die Arbeiter besser organisiert und von sozialdemokratischen Agitatoren mehr aufgereizt sein, als im vorigen Jahre. Dann komme es notwendig zum Einschreiten der bewaffneten Macht behufs Aufrechterhaltung der öffentlichen Ruhe und Sicherheit. Dem sei so weit als möglich vorzubeugen und müßte man eingedenk sein, daß fast alle Revolutionen aus der Versäumnis rechtzeitiger Reformen entstünden. Seine Majestät wünschte deshalb einen Erlaß an das Staatsministerium zu richten, behufs ungesäumter Beratung der zu treffenden geeigneten Maßnahmen. Es sei dabei auszusprechen, daß Seine Majestät ein warmes Herz für das Wohl der Arbeiter und den Willen hätten, ihnen zu helfen, ihnen aber Festhalten am Gesetz zur Pflicht zu machen und Ahndung jeder Gewalttat anzudrohen. Liege freilich in einer Beschränkung der Arbeitszeit auch die Gefahr der Förderung des Müßigganges und in einem zu weit getriebenen Arbeiterschutz die Möglichkeit einer Hemmung der deutschen Industrie in ihrem Wettkampfe mit der ausländischen, so ließe sich dennoch durch Beschränkung der Sonntagsarbeit auf das unumgänglich Nötige, Einschränkung der Nachtarbeit, der Arbeit der Frauen und Kinder, viel zur Verbesserung der Lage der Arbeiter tun. Ausschüsse der Arbeiter in Verbindung mit staatlichen Fabrikinspektionen, Einigungsämter für Streiks müßten geschaffen, die fiskalischen Betriebe unter Hintansetzung großen Erwerbes als Muster eingerichtet, den dortigen Arbeitern die Möglichkeit Beamte zu werden, gegeben, Sparkassen, Kirchen, gute Schulen und Krankenhäuser gegründet, durch sittliches Verhalten der oberen Gesellschaftsschichten ein gutes Beispiel gegeben werden. S. M. hielten eine internationale Übereinkunft über diese Fragen gegenüber der internationalen Verbindung der Sozialdemokratie für angezeigt. Habe die Schweizerische Anregung einer solchen keinen Erfolg gehabt, so sei es etwas anderes, wenn der Deutsche Kaiser eine Anregung zu einem Kongreß gebe. Seine Majestät geruhten ein Programm vorlesen zu lassen, in welchem die in Betracht kommenden Gesichtspunkte niedergelegt sind.

Auf die Aufforderung S. M. über Allerhöchstihre Absichten sich zu äußern, erklärte zunächst der Minister-Präsident, einen Beschluß des Staatsministeriums über dieses Programm würden Seine Majestät wohl heute nicht erwarten. Eine schon fertige Meinung über alle diese Fragen könne man nicht alsbald aussprechen, dazu seien dieselben zu umfassend und von zu großer politischer, volkswirtschaftlicher und finanzieller Tragweite.

Bei dem jetzt so viel angewendeten Worte Arbeiterschutz frage es sich, gegen wen der Arbeiter geschützt werden solle, gegen den Arbeitgeber, oder gegen seine eigene Erwerbslust, die ihn veranlasse, auch sonntags und nachts zu arbeiten und Weib und Kind zur Arbeit anzuhalten. Es sei sehr fraglich, ob man durch Einschränkung der Gelegenheit zum Erwerbe den Dank der arbeitenden Bevölkerung ernte. Bei den Streikbewegungen hätten die Fragen der Sonntags-, Frauen- und Kinderarbeit keine Rolle gespielt, sondern die Lohnerhöhung und die Einschränkung der Arbeitszeit. Solche Arbeitsverbote brächten daher auch die Gefahr mit sich, Unzufriedenheit unter den Arbeitern zu erregen und die einheimische Industrie gegen die ausländische in Nachteil zu setzen. Es sei nicht unbedenklich, zur Zeit der Wahlen, so weitreichende und aufregende

Fragen aufzuwerfen. Erfolge eine solche Kundgebung von Allerhöchster Stelle, so ziehe dieselbe auch gesetzliche Maßregeln nach sich und bedürfe daher einer ebenso eingehenden Erwägung, wie letztere selbst. Seine Majestät möchten daher heute nur den Bericht des Staatsministeriums über alle angeregten Gesichtspunkte befehlen.

Der Vize-Präsident des Staatsministeriums fügte hinzu, das Programm gehe weiter, als die bis jetzt auf diesem Gebiete gestellten Anträge, indessen mit mehreren der in dasselbe aufgenommenen Fragen habe sich der Reichstag schon eingehend beschäftigt und seien umfassende Vorarbeiten darüber vorhanden, so z. B. über die Frage der Sonntagsarbeit, ein Gesetzentwurf über Schiedsgerichte in Verbindung mit Einigungsämtern liege dem Bundesrat vor. Es handle sich ja zunächst nur um den Entwurf des von Seiner Majestät beabsichtigten Erlasses, aber wenn dieser spezielle Maßregeln in Aussicht stellen solle, bedürfe er freilich auch schon einer eingehenden Erwägung.

Seine Majestät geruhten darauf zu erwidern, das Programm sei zunächst nur als eine Zusammenstellung von Materialien zu betrachten und verlangten Sie heute nicht eine abschließende Meinungsäußerung, erwarteten aber doch eine baldige Einreichung des Erlasses. Ein neuer Streik stehe vielleicht in naher Aussicht. Die Bevölkerung solle daher bald erkennen, daß die Krone ihr Wohl ernstlich wolle, daß Maßregeln zur Abhilfe bestehender Not in Aussicht ständen, daß diese Abhilfe auf gesetzlichem Wege sicherer als durch Unruhestiftung zu erreichen sei. — Komme es zum Aufstande, so müßte derselbe ja niedergeschlagen werden, aber es solle auch kein Mittel unversucht bleiben, um ihm vorzubeugen. Es sei daher keine Zeit zu verlieren, sonst würden die sozialdemokratischen Führer die Gelegenheit ergreifen, der Krone zuvorzukommen und sich als die wahren Wohltäter des Volkes hinzustellen.

2. Auf Vortrag des Staatssekretärs des Innern, Staatsministers von Boetticher geruhten Seine Majestät zu genehmigen, daß morgen Nachmittag, nach dem Schlusse der in dritter Lesung stattfindenden Beratung der Sozialistenvorlage der Reichstag geschlossen werde und erklärten Ihre Absicht, den Schluß Allerhöchstselbst zu vollziehen. Bezüglich der Stellungnahme zu dem Beschlusse des Reichstags über diese Vorlage geruhten S. M. zu bemerken, daß die Ausweisungsbefugnis kaum von so durchschlagender Bedeutung sei, um von der Ablehnung derselben das Zustandekommen des Gesetzes abhängig zu machen. Es sei unerwünscht, den Reichstag, der viel Dankenswertes geleistet, mit einer Dissonanz zu schließen, welche überdies ungünstig auf die Wahlen und auf den Bestand des Kartells wirken könne. Vielleicht sei es möglich, eine Erwägung dieser Frage für die Zukunft vorzubehalten.

Auf die an die einzelnen Staatsminister gerichtete Aufforderung, sich zu äußern, erklärte zunächst der Präsident des Staatsministeriums, das Einverständnis der verbündeten Regierungen zum Verzicht auf einen Teil der dem Reichstage gemachten Gesetzesvorlage einzuholen, sei kaum noch möglich, er würde aber auch einen solchen Schritt, als den ersten, den man bergab auf der Bahn der Nachgiebigkeit mache, auf das entschiedenste widerraten müssen. Derselbe sei geeignet, das Ansehen der Regierungen zu schädigen und ihre Stellung zu schwächen. Das Sozialistengesetz enthalte das Minimum dessen, was die Regierungen an Machtmitteln brauchten. Voraussichtlich werde man später mehr fordern müssen. Dies schneide man sich ab, wenn man sich jetzt herbeilasse, mit weniger auskommen zu wollen. Schon für die zu erwartenden neuen Arbeitseinstellungen in den Kohlendistrikten werde die Befugnis, die Agitatoren aus diesem Distrikte entfernen zu können, sehr wertvoll sein. Nach seiner politischen Erfahrung nehme er an, daß es auf die Wahlen ungünstig wirken werde, wenn das Gesetz durch Mitschuld der Regierungen schlecht zustande komme. — Der Bestand des Kartells sei durch das Scheitern des Gesetzes nicht gefährdet.

Der Vize-Präsident des Staatsministeriums erklärte, die Frage sei überwiegend polizeilicher Natur. Von nationalliberaler Seite werde gegen die Ausweisungen hauptsächlich der Einwand erhoben, daß man dadurch nur den Schauplatz der Tätigkeit der Agitatoren auf eine andere Stelle verlege. Auf der anderen Seite sei aber die Besorgnis, ausgewiesen zu werden, mehr noch wie die Ausweisung selbst, die wirksamste Schranke gegen die Agitation.

Der Minister des Innern erklärte, von den Maßnahmen, welche das Sozialistengesetz den Regierungen in die Hand gebe, erstreckten sich die gegen Vereine, Versammlungen, Druckschriften gerichteten auf das ganze Reich, die Ausweisungsbefugnis nur auf einen kleinen Teil, zur Zeit in Preußen nur auf Berlin, Frankfurt a. M. und Altona-Harburg im Anschluß an Hamburg. An diesen Orten würde mit Hilfe der starken und wohlorganisierten Polizei Ruhe und Ordnung auch ohne Ausweisungen aufrecht erhalten werden können, nicht so an manchen Orten, wohin die Ausgewiesenen eventuell sich wenden könnten, wie z. B. Barmen und Elberfeld. Gleichwohl wirke die Möglichkeit der Ausweisung am intensivsten und beispielsweise für Streikbezirke würde sie von hohem Werte sein.

Der Staatsminister Graf Bismarck-Schönhausen bemerkte, er glaube, man werde später genötigt sein, über die Ausweisung hinaus auf den schon einmal ausgesprochenen Gedanken der Expatriierung zurückzukommen, man präjudiziere sich daher, wenn man jetzt auf die Ausweisung verzichte.

Der Justizminister erklärte, die Ausweisung sei die einzige Maßregel, welche sich gegen die Person der Agitatoren richte. Alle anderen Maßnahmen richteten sich nur gegen die Kampfmittel (Presse, Vereine, Versammlungen). Mit Hilfe ihrer guten internationalen Organisation und reichen Geldmittel mache die Sozialdemokratie das Verbot einer Zeitung, eines Vereins leicht durch Gründung neuer Zeitungen und Vereine illusorisch. Auf die Ausweisung in ihrer unmittelbar packenden Wirkung solle man seiner Meinung nach nicht verzichten.

Der Minister der geistlichen pp. Angelegenheiten erklärte, es handle sich jetzt nicht um ein neu zu entwerfendes Gesetz, sondern um die Frage, ob man ein solches in einem wesentlichen Punkte zurückziehen solle, und hierfür sehe er keinen ausreichenden Grund. Man schneide sich dadurch die Möglichkeit ab, ein härteres Gesetz vorzulegen, wozu man vielleicht bald genötigt sein würde. Den Zerfall des Kartells fürchte er nicht. Die Nationalliberalen seien mit den Freisinnigen wie mit dem Zentrum zu sehr zerfallen, um sich hierhin oder dorthin wenden zu können.

Der Kriegsminister bemerkte, die Massen ließen sich stets durch die Agitatoren beherrschen, gegen letztere brauche man alle Machtmittel, die man besitze, vielleicht noch schärfere. Zu einem Verzicht auf ein wirksames Mittel des Einschreitens vermöge er nicht zu raten.

Seine Majestät geruhten hierauf zu genehmigen, daß im Sinne der geäußerten Ansichten verfahren werde, und schlossen hiermit die Sitzung.

Genehmigt Wilhelm R.

v. Bismarck, v. Boetticher, v. Lucius, v. Goßler, v. Scholz
Graf Bismarck, Herrfurth, v. Schelling, v. Verdy.

137. ALBRECHT VON STOSCH an Graf Waldersee, 30. Januar 1890, in: Aus dem Briefwechsel des Generalfeldmarschalls Alfred Grafen von Waldersee, Bd. 1, Stuttgart 1928, S. 335—340, Auszug, S. 336—338.

Es muß an die Nachfolge Bismarcks gedacht werden. Da mir nun Roggenbach erzählt, er habe diese Sache schon mal mit Ihnen besprochen, ich aber seinen Ansichten gar nicht beitreten kann, wohl aber denen Miquels, der den Dingen von uns am nächsten steht, so bin ich so dreist, Ihnen das Ergebnis meines Denkens in der Angelegenheit mitzuteilen, ohne von Ihnen eine Antwort oder Erwiderung zu erwarten.

1. Der Nachfolger des Kanzlers muß einfach in die ganz ungeschmälerte Machtstellung rücken, welche Bismarck inne hat, und eine Minderung dieser Macht im Lauf der Zeit darf nicht ins Auge gefaßt werden.

2. Der Nachfolger des Kanzlers muß Soldat sein.

3. Er muß so unbedingt das Vertrauen des Kaisers besitzen, daß jedermann es weiß.

4. Um dem Kapital Bismarck von Anfang an das Gleichgewicht zu halten, bedarf es beim Antritt des Amts im Landtag und im Reichstag der Erklärung, daß es die Absicht sei, auf dem begonnenen Wege zu bleiben.

Zur Ausführung und Begründung dieser vier Sätze sei folgendes gesagt:

ad 1. Die Einigkeit der deutschen Fürsten muß den Grundpfeiler der deutschen Einheit bilden, und die deutschen Fürsten ertragen viel leichter einen mächtigen Kanzler wie einen mächtigen Kaiser. Nur wenn die Fürsten einig, besitzt die Reichsregierung Macht, zumal dem Reichstag und dessen mehr oder minder liberalen Neigungen gegenüber. Der Reichstag gewährt durch die Öffentlichkeit (es ist die best- und meistgehörte Stimme im Land) das sicherste Mittel zur Bewältigung partikularistischer Neigungen, aber wenn die Reichsregierung unabhängig vom Reichstag bleiben will, darf sie den letzteren nicht zur Behauptung ihrer Stellung notwendig haben. Alle deutschen Fürsten, ich glaube, es darf keiner ausgenommen werden, haben den Verlust der Souveränität noch nicht verschmerzt. Dem Wortlaut der Verfassung gemäß sind sie nur Verbündete des Königs von Preußen; sie sind dabei untertan dem Reich, und diese Untertänigkeit wird ertragen im Bundesrat unter dem Kanzler, nicht in der Beziehung des Fürsten zum König von Preußen, dem Kaiser. Ist die Herrschaft des Kanzlers im Bundesrat, d. h. in den Reichsregierungsangelegenheiten, keine starke, dann wird auch da die Reichsgewalt locker und der Auflösungsprozeß beginnt. Die Fürsten fesselt der Kaiser äußerlich, wirklich gebunden werden sie durch ihre Minister und die Landesinteressen, und diese ganz vom Reich abhängig zu machen, das ist Aufgabe des Kanzlers. Wie der Kanzler es früher verstanden, Personen zu fördern und die kleinen Wünsche der Staaten zu berücksichtigen, zu lohnen und zu strafen, kann hier nur angedeutet werden. Die Einführung der Schutzzölle bot in dieser Beziehung reiche Gelegenheit. Wie der Kaiser heute Bismarck mit Gnaden und Freundlichkeit überhäuft und diesen dadurch mächtig unter sich drückt, ganz von demselben Gesichtspunkt muß der Kaiser gegenüber den Fürsten ausgehen. Er muß diese durch Gleichstellung zwingen, die eigene Unterstellung möglichst hervortreten zu machen. Das Gewaltantun ist allein Sache des Kanzlers in einzelnen Akten sowohl als auch im Herausfordern der öffentlichen Meinung in der Presse und zumal im Reichstag.

Des Kaisers Machtstellung kann nur als eine diskretionäre bezeichnet werden und ist allein auf militärischem Gebiet als zu positiven Akten berechtigt zu erachten. So mißfällig von partikularistischer Seite die Alarmierung in Darmstadt angesehen wurde, so hat sich doch keine Stimme dagegen vernehmen lassen. Solch militärisches Vortreten des Kaisers muß deshalb als immer wünschenswert bezeichnet werden. Der Ausspruch des Kaisers 'meine Reichslande' hat auch einigen Fürsten die Zornesader schwillen machen, aber man scheute sich zu klagen. Des Kaisers Grundlage liegt in einem starken Preußen und in einer vollständigen Übereinstimmung der Bestrebungen Preußens mit denen des Reiches. Nichts ist gefährlicher für die Einheit des letzteren wie der Partikularismus Preußens. Bismarck versuchte seinerzeit sich zu entlasten, indem er Roon zum preußischen Ministerpräsidenten werden ließ. In kürzester Zeit erkannte B. den hierin gemachten Fehler und machte ihn bald rückgängig. Die Unsicherheit, ob die preußische Stimme auch unbedingt zu des Kanzlers Verfügung sei, machte diesen schwach. Der Kanzler muß preußischer Ministerpräsident sein, wenn er die einigende Kraft im Reich sein soll. Und gerade das Diskretionäre der Kaisergewalt fordert, daß die verfassungsmäßig starke Stellung des Kanzlers unangetastet bleibt, sollen die partikularistischen und die revolutionären Elemente, mit denen sich das Zentrum zu verbinden sucht, nicht zu dem Ziele, der Zerstörung des Reiches, kommen. Deshalb ist auch der Gedanke von Reichsministern zu verwerfen. Die Feinde der Einheit sind viel zu stark, als daß man eine Vielköpfigkeit an die Spitze der Regierung stellen könnte. Allein möglich wäre ein Reichskriegsministerium, weil hier die Einheit des Reiches verfassungsmäßig gesichert; aber wenn man ein Reichsarmeeoberkommando einrichtete, würde der Einheit genügt, ohne daß die partikularen Kriegsminister Schaden verursachen könnten. Eine Selbständigkeit des Auswärtigen Amts ist ganz unzulässig, da gerade hier auch in Friedenszeit dauernd die Macht und die Einheit des Reiches nicht nur nach außen, sondern auch gegen die Staaten des Reiches zur Geltung gebracht wird.

Die heutige Machtstellung ist ein Bedürfnis des Reiches.

ad 2. Die Kriegerkaste hat von jeher die Welt regiert. Es ist deshalb wunderbar, daß wir einen bürgerlichen Gouverneur im Elsaß haben, doch das gehört nicht hierher. Die Stellung des Deutschen Reiches nach außen ist ihrem Charakter nach eine militärische, und Bismarck hat nicht ohne Grund stets sich der Welt als Soldat gezeigt. Der letztere steht als solcher auch dem Kaiser am nächsten. Dazu kommt aber noch, daß der Soldat nicht nur im Reichstag, sondern auch im Bundesrat, im Ministerium über den Parteien steht. Gerade bei der großen Macht des Kanzlers muß der letztere nicht jenen die Herrschaft erstrebenden parlamentarischen oder bürokratischen Elementen entstammen, sondern nur aus des Kaisers Leuten.

ad 3. Nur wenn der Kanzler ganz des Kaisers Mann, ist seine große Macht erträglich und möglich. Nur wenn dieser Schlußstein der deutschen Einheit, der Reichskanzler, sicher und unverrückbar in seiner Lage, ist das Reichsgewölbe stark genug, alle gegen das Reich gerichteten Geschosse abzuhalten. Wäre es möglich, beim Kaiser gegen den Kanzler zu intrigieren, könnte man bei Vorlagen usw. annehmen, daß Kaiser und Kanzler nicht ganz einverstanden seien, dann ist letzterer ohnmächtig und müßte möglichst rasch entfernt werden.

ad 4. Das unerschütterliche Verhältnis zwischen Kaiser und einem neuen Kanzler würde auch denjenigen Maßregeln den notwendigen Stempel aufdrücken, welche notwendig erachtet werden, um dem Nachfolger Bismarcks eine breite Basis in der öffentlichen Meinung zu verschaffen. Ohne eine solche würde die Macht etwas schattenhaft werden.

Der Kanzler hat in den letzten Jahren trotz aller fortbestehenden Anerkennung seiner Verdienste um Vergangenheit und Zukunft in der öffentlichen Meinung sowohl als in der freiwilligen Unterordnung seiner Untergebenen verloren, weil er ein Hemmschuh in der inneren Entwicklung des Reiches und Preußens geworden ist. Das Alter hat ihn egoistisch und arbeitsscheu gemacht. Wo seine Interessen mitspielen, wie z. B. bei der Veränderung der Einkommensteuer, verhindert er den Weitergang der Dinge. Wo es einer eigenen Arbeitskraft, ja selbst nur des Hervortretenlassens einer großen fremden, ihn in den Schatten stellenden Arbeitskraft bedarf, um ein Gesetz zu schaffen, verhält er sich negativ; z. B. das Inslebenrufen des das Recht in Deutschland einigenden Zivilgesetzbuches kommt nicht von der Stelle. — Legt der Nachfolger Bismarcks den Zauberstab der Macht sofort an diese versäumten und ersehnten Dinge, so darf er sich der freudigen Zustimmung der Wohlgesinnten Deutschlands zu seiner Wahl versichert halten.

Des weiteren legt Stosch dar, daß der Kanzler weder im Reich noch in Preußen ein eigenes Ressort übernehmen darf, sondern sich ganz auf die allgemeine Leitung konzentrieren soll. Waldersee ist der geeignete Nachfolger für Bismarck.

138. Bericht des bayerischen Bundesratsbevollmächtigten HUGO GRAF LERCHENFELD-KOEFERING an seine Regierung, 10. Februar 1890, Auszug, in: Hugo Graf Lerchenfeld-Koefering, Erinnerungen und Dokumente, Berlin 1934, S. 359.

Sodann kam der Fürst auf die Politik des Kaisers zu sprechen und sagte, daß er es tief bedauere, seinen kaiserlichen Herrn diesen Weg wandeln zu sehen. Die in den Erlassen vertretenen Ideen seien Utopien. Sie seien darauf gerichtet, die Popularität der niedersten Klassen zu gewinnen. Das werde der Kaiser noch zu bereuen haben, denn diesen Klassen würde damit eine Macht gegeben, die das Königtum verliere. Seit 1862 wäre seine Politik dahin gerichtet gewesen, das Königtum zu stärken, und dasselbe habe sich nicht nur in Preußen, sondern in ganz Deutschland zu der jetzigen Höhe entwickelt. Wenn Utopien verfolgt und vom Thron nach Popularität gehascht werde, so führe dies zum Parlamentarismus und zum Niedergang der monarchischen Gewalt. Der Kaiser zehre an dem Ansehen und der Gewalt, die ihm sein Großvater hinterlassen habe. Wenn er so fortfahre, so brauche er das hinterlassene Kapital auf. Das sei es, was ihn, den Fürsten, schmerze an der gegenwärtigen Situation. Er habe sich vom Kaiser anderes erwartet.

Dann kam der Reichskanzler auf seinen Rücktrittsgedanken zu sprechen. Das Ausscheiden würde ihm nicht leicht, aber er könne die ständigen Friktionen nicht vertragen. Er sehe voraus, daß es bei seinem Verbleiben im preußischen Staatsdienst in kürzester Zeit zum völligen Bruch mit dem Kaiser kommen müsse. Das wolle er vermeiden. Auch habe er eine zu gute Vergangenheit, als daß er gegen seine Überzeugung bei politischen Dingen mitwirke, die er für schädlich halte. Er sei aber bereit, in der Stellung als Reichskanzler die äußere Politik noch ferner zu leiten. Ob dies gehen werde, wisse er nicht, denn die Stellung werde eine schwierige sein. Wenn er bisher einen bestimmenden Einfluß auf die Dinge besessen habe, so habe er dies nicht seiner Überlegenheit über seine Kollegen, sondern seiner festen Stellung bei Kaiser Wilhelm I. zu danken gehabt.

139. AUGUST REICHENSPERGER an Frau v. Hilgers, 11. Februar 1890, Auszug, in: Ludwig Pastor, August Reichensperger 1808—1895. Sein Leben und sein Wirken, Bd. 2, Freiburg 1899, S. 388.

Nichts weniger als beruhigt sehe ich in die Zukunft. Ich fürchte, daß, sobald der Fürst Bismarck von der Bildfläche verschwindet, verheerende Stürme entfesselt werden — auch im Innern Deutschlands. Welcher Arm wird dann kräftig genug sein, um das Steuer zu führen, welches Auge scharfblickend genug, um den rechten Weg zum rechten Ziele hin zu erschauen? An gutem Willen scheint es unserem Kaiser-König nicht zu fehlen ... Unverkennbar ist seine edle Absicht gegenüber der sozialen Frage. Es erscheint mir aber sehr zweifelhaft, ob dem schon so stark gewordenen, so weit greifenden Anlauf der Arbeitermassen und des Proletariats anders Halt geboten werden kann als durch offene Gewalt oder etwa durch Deportation der revolutionären Wähler in einen andern Weltteil. Was jetzt und weiter für die Arbeiter geschieht, wird dieselben schwerlich befriedigen und überdies von den Sozialdemokraten als Erfolg ihres Treibens beansprucht werden. Auch nach dem über der 'römischen Frage' liegenden Dunkel kann man ernstlich besorgt hinblicken. Was soll werden, wenn einmal der mit so viel Weisheit und Klugheit die katholische Welt überwaltende Leo XIII. die Augen fürs Diesseits schließt und dann etwa gar die Kriegsfurie losgelassen sein sollte? An Anlaß fehlt es jedenfalls nicht, zu Gott um seine Gnade zu beten. Dazu eignet sich ja in besonderem Maße die heute beginnende Fastenzeit. Daß ich während der letzten Tage mich nicht mit der großen Masse der Kölner in einer karnevalistischen Stimmung befand, brauche ich nach allem Vorstehenden nicht erst zu sagen.

140. Protokoll der Sitzung des Preußischen Staatsministeriums, 2. März 1890, Auszug, in: Egmont Zechlin, Staatsstreichspläne Bismarcks und Wilhelms II. 1890—1894, Stuttgart 1929, S. 178—184, Auszug, S. 179—181.
WA: Huber: Dokumente, S. 416 f.; Michael Stürmer (Hrsg.), Bismarck und die preußisch-deutsche Politik 1871—1890, München 1970, S. 297 bis 299.

Anwesend: Reichskanzler Fürst Bismarck, die Minister von Boetticher, von Maybach, von Goßler, von Scholz, Graf von Bismarck-Schönhausen, Herrfurth, von Schelling, von Verdy, Frhr. von Berlepsch, der Wirkl. Geh. Oberregierungsrat von Rottenburg und als Protokollführer der Geh. Oberregierungsrat von Kurowsky.

1. Der Herr Minister-Präsident besprach den Ausfall der Wahlen zum Reichstage und betonte, daß wenn die Zusammensetzung des neu gewählten Reichstages zu einem Konflikt desselben mit den verbündeten Regierungen führen sollte, das Staatsministerium einmütig zusammenzustehen haben werde, um darüber zu wachen, daß die *Königlichen* [a] Rechte gewahrt blieben. Es sei ihm von verschiedenen Seiten mitgeteilt worden, daß die Beamten während des Wahlkampfes nicht überall im Sinne der Allerhöchsten Ordre vom 4. Januar 1882 [1] aufgetreten seien, in welcher denselben ein bestimmtes Bekennen ihrer Ansichten zur Pflicht gemacht werde. Er stelle deshalb anheim, den Beamten den Inhalt dieser Ordre wieder ins Gedächtnis zurückzurufen.

Zusätze Bismarcks kursiv. Von Bismarck gestrichen:
[a] Kaiserlichen
[1] Vgl. oben Nr. 86, S. 291 ff.

Der Herr Minister-Präsident verlas sodann die Allerhöchste Ordre vom 8. September 1852,[2] nach welcher die Herren Ressortchefs ihre Immediatvorträge[b] nach vorheriger Rücksprache mit dem Ministerpräsidenten halten sollen.[c]

Diese Ordre bestehe auch heut noch zu Recht, so lange sie nicht durch eine neue aufgehoben werde, und es sei notwendig, daß der Minister-Präsident von Immediatvorträgen, bei welchen die allgemeine Verantwortlichkeit desselben für die Gesamtpolitik des Ministeriums mit im Spiele sei, vorher informiert werde.[d]

2. Bei der Besprechung darüber, was zu geschehen haben werde, wenn das Schwarzburg'sche Fürstenhaus aussterben sollte, ist die Frage zur Erörterung gekommen, ob der Bund, *auf welchem die Verfassung des deutschen Reiches beruht,*[e] von den Fürsten oder von den einzelnen Staaten geschlossen sei. Wenn letzteres der Fall wäre, so würden[f] alle deutschen *Landtage bei der Schließung des Bundes beteiligt sein.*[g] Wenn dagegen ersteres der Fall ist, so könnten *nötigen Falls*[h] die Fürsten und die Senate der freien Reichsstädte den Beschluß fassen, von dem gemeinschaftlichen Vertrage *allseitig* zurückzutreten.[i]

Von einzelnen Rechtslehrern, z. B. Laband u. a., sei die Ansicht verfochten, daß die Staaten, *nicht deren Souveräne*, den Bund geschlossen hätten. Diese Interpretation sei irrtümlich und man müsse der Neigung, die Verfassung von Privatgelehrten authentisch auslegen zu lassen, entgegentreten.

Der Herr Minister-Präsident verlas hierauf ein Schreiben an das Reichsamt des Innern und das Reichs-Justizamt, nach welchem er, als Urheber des ersten Entwurfes zur Reichsverfassung und als Mitarbeiter an der endgültigen Redaktion derselben, die Befugnis zu einer Interpretation der Reichsverfassung vorzugsweise in Anspruch nimmt. Ihm sei es unzweifelhaft, und Se. Majestät der Kaiser teile diese Ansicht, daß nur die Fürsten

[2] Vgl. Huber, Dokumente, S. 9.

[b] in Gegenwart des Minister-Präsidenten resp.

[c] Das Bedürfnis, welches diese Order hervorgerufen habe, sei auch jetzt noch vorhanden und es sei unumgänglich

[d] da die Ordre mehreren der Herren Minister neu sei, beantrage er deren Reproduktion zu Protokoll (wieder gestrichener Zusatz Bismarcks).

[e] welcher zur Gründung des deutschen Reiches geschlossen ist.

[f] gewissermaßen

[g] Parlamente in den Bund mit eingeschlossen sein

[h] gegebenenfalls

[i] Auf diese Art würde es möglich sein, sich von dem Reichstage loszumachen, wenn die Wahlen fortgesetzt schlecht ausfallen sollten.

und Senate, nicht die Staaten den Bund geschlossen haben. Es ergebe sich dies schon aus dem Wortlaut des Einganges der Reichsverfassung, in welchem als Kontrahenten die einzelnen Fürsten aufgeführt seien, und aus Art. 6, in welchem die Bundesratsbevollmächtigten ausdrücklich als Vertreter der Mitglieder des Bundes, *also der Souveräne, welche den neuen Bund, wie den alten, geschlossen haben*, benannt seien.

Übrigens würde man, um der fortgesetzten *Opposition*[k] eines Reichstages, in welchem die oppositionellen Elemente die Mehrheit hätten, zu begegnen, auch andere Mittel anwenden können. Der König von Preußen sei befugt, die deutsche Kaiserwürde niederzulegen. Ohne aber dieses äußerste Mittel anzuwenden, könne er dadurch, daß er z. B. keinen preußischen Minister *und keinen Reichsbeamten* in den Bundesrat delegiere, die Oppositionslust im Reichstage abschwächen, da es den Parteiführern auf die Dauer nicht gefallen werde, ihre Reden *gegen anonyme Majoritäten*[l] des Bundesrates zu halten. Auch der Reichskanzler brauche nicht Mitglied des Bundesrats zu sein, *nur dessen Vorsitzender.*

Was die Vorlagen für den neu gewählten, nach Ostern einzuberufenden Reichstag anbetreffe, so würden zunächst *die Arbeitergesetze, dann* die Militärvorlagen einzubringen sein, erst später das Sozialistengesetz, und zwar letzteres in verschärfter Form:

Es werde statt der bestehenden Ausweisungsbefugnis die Befugnis zur Verbannung in den Entwurf aufzunehmen sein, desgleichen verschärfte Strafbestimmungen für die Arbeiter, welche andere zum Streiken zwingen wollen.[m]

141. Politische Übersicht, in: Frankfurter Zeitung, 18. März 1890.
WA: W. Schaber/W. Fabian (Hrsg.), Leitartikel bewegen die Welt, Stuttgart 1964, S. 252—255.

Schon einmal, vor zweiundvierzig Jahren, ist in Preußen der 18. März der Markstein einer neuen Zeit gewesen; die Erhebung des Volkes gab damals dem morschen, in allen Fugen krachenden System des Absolutismus den letzten Stoß. Auch der heutige 18. März scheint einem System ein Ende machen zu sollen, einem System, dessen Zusammenbruch seit Jahr und Tag klar zu erkennen war, dessen Agonie durch das Volksgericht am 20. Februar beschleunigt wurde.

[k] Renitenz
[l] untergeordneten Beamten gegenüber
[m] Das Staatsministerium war hiermit einverstanden.

So still und geräuschlos sich der Rücktritt des Fürsten Bismarck bisher abgespielt hat und vollziehen wird, daß er ein welthistorisches Ereignis ist, wird jedermann klar sein. Nicht um der Person willen, denn so gewaltig und mächtig sie war, es hat schon Mächtigere und Gewaltigere gegeben, die man scheiden sehen mußte. Wenn Fürst Bismarck jetzt die Stelle verläßt, auf der er — 'ein gutes Pferd, das in den Sielen stirbt' — enden wollte, so bedeutet das etwas anderes als einen Personenwechsel, als daß einer geht und ein anderer kommt. Das System Bismarck fällt, es stirbt ab an dem jugendkräftigen Wesen einer neuen Zeit, die sich aus dem Volke heraus offenbart und auch auf der Höhe die Geister beherrscht. Keiner Intrige, keiner Rivalität erliegt der Mann, der länger als ein Vierteljahrhundert die Geschicke Preußens und Deutschlands geleitet hat, er weicht der Erkenntnis, daß seine Zeit vorüber ist, daß er den Anforderungen, die eine neue Zeit stellt, nicht zu genügen vermag.

Man denke nicht, daß diese Erkenntnis das Werk eines Augenblicks oder eines Tags gewesen ist, daß es eine einzelne Frage war, die sie zum Durchbruch gebracht hat. Langsam ist gereift, was sich heute oder in den nächsten Tagen vollziehen wird; ein System stürzt nur, wenn das Fundament sich als unhaltbar erwiesen hat. Vor zwei Jahren noch ging eine gewaltige Aufregung durch das Reich, als es hieß, der Kanzler wolle zurücktreten, in Volksversammlungen und Adressen lärmten die Kartellmatadore, das Reich sei in Gefahr. Heute regt sich nichts, trotzdem die Geister ergriffen sind, alle bannt das Gefühl, daß ein historischer Prozeß, der unabwendbar sei, sich vollziehe. Das ist nicht etwa der berüchtigte 'Undank', den die Größe erntet, es ist die Unterordnung unter die Gebote des politischen und kulturellen Fortschritts, die unerbittlich das, was innerlich abgestorben ist, auch äußerlich dem Untergange weihen. Den 'Undank' wird Fürst Bismarck von ganz anderer Seite als von der seiner ehrlichen Gegner erleben; gerade die sich rühmten, die Stützen seines Systems zu sein, werden die ersten sein, die uns mit Enthüllungen darüber in Staunen setzen werden, wie schwer sich dieses System an dem Geist des deutschen Volkes versündigt hat, wie es seine Werkzeuge ausgenutzt und gemißbraucht hat.

Die Quintessenz des Systems war die Bekämpfung und Niederhaltung jeder ihm entgegentretenden Meinung und Bestrebung durch äußere Machtmittel, die Übertragung der Grundsätze der äußeren Politik auf das innere Staatsleben. In der Wahl der Mittel war der Fürst Bismarck nie verlegen, mit schnellem, kräftigem Entschluß, der vor keinem Wechsel in der Politik zurückscheute, wenn damit dem Bedürfnis des Augenblicks genügt werden konnte, wußte er jederzeit das Spiel zu beherrschen. Darin lag seine Stärke, die alle Parteien zerrieb und zersetzte, die sich ihm einmal dienstbar gemacht hatten, die ihre Schranke nur fand an der festen selbstbewußten Haltung der Opposition, die auch der politischen und persönlichen Achtung Trotz zu bieten wußte.

So lange das Bismarcksche System sich der Mehrheit der Nation in dem 'nationalen' Nimbus zu zeigen vermochte, so lange ihm ein Herrscher zur Seite stand, der ihm in allen Phasen Schild und Deckung war, konnte er als unüberwindlich gelten. Unter der Regierung Wilhelms I., zumal nach dem berühmten 'Niemals' dankbarer Pietät, war Fürst Bismarck unumschränkter Leiter der gesamten Politik, und es gab, da er sich in den militärischen Dingen, in denen der greise Herrscher auch Gebieter sein wollte, vorsichtig zurückhielt, keinen Willen dem seinigen gegenüber.

Es war keine Übertreibung, wenn die Opposition von einem 'Hausmeiertum' Bismarcks sprach, der Kanzler herrschte wirklich, wenn er auch äußerlich den Untertan und Diener der Krone keinen Augenblick verleugnete, ja oft sogar geflissentlich, als wolle er seine Machtfülle verdecken, hervorkehrte. Nicht ungestraft aber lebt sich ein Staatsmann politisch und seelisch hinein 'in die unumschränkte Machtfülle einer allgewaltigen Stellung', wie ein nationalliberales Blatt es bezeichnet. Auch das Herrschertum wird zur Gewohnheit und ist in seinem Gleichgewicht gestört, sobald ihm das Bewußtsein kommt, daß es sich in seiner Allgewalt nicht werde behaupten können.

Daß dieses Bewußtsein dem Reichskanzler unter der Regierung des Kaisers Wilhelm II. sich aufdrängen mußte, war niemandem ein Geheimnis, der die Natur beider Männer zu würdigen verstand. 'Der Kaiser wird einmal sein eigener Kanzler sein', 'der Kaiser liebt mich, aber imponieren kann ich ihm nicht' — diese Aussprüche des Fürsten Bismarck beweisen, daß er das Ende seiner Herrschaft mit klarem Blick voraussah. Der Gegensatz erschöpft sich nicht darin, wenn man sagt: auf der einen Seite die stürmisch vorwärtsstrebende Kraft der Jugend, auf der anderen die bedächtig zurückhaltende Weisheit des Alters, denn Fürst Bismarck ist auch als Greis ein Mann der Tat, der kühne Brandenburgische Junker geblieben. Nicht in dem verschiedenen Temperament, in der gegensätzlichen Auffassung der weltbewegenden politischen und sozialen Fragen lag das Moment, das die Trennung zuletzt als gebieterische Forderung erscheinen ließ, der sich vielleicht der Monarch schwerer gefügt hat als der Kanzler. Der Monarch aber hatte bekundet, daß er Herrscher sein wolle, der Kanzler war Herrscher gewesen; mußte er als solcher weichen, so konnte er auch nicht länger mehr die Verantwortung tragen, die für ihn mit den Jahren aus einer nur politischen und staatsrechtlichen zu einer historischen geworden war.

Daß die Gegensätze gerade auf einem Gebiete zuerst und am stärksten in Erscheinung traten, das die schlimmsten Versündigungen des Bismarckschen Systems aufweist, auf dem sozialpolitischen, kann als strafende Nemesis bezeichnet werden. Das Ausnahmegesetz, unter dessen Herrschaft die Sozialdemokratie die stärkste Partei im Reiche geworden ist und eine Gefahr für die innere Entwicklung zu werden droht, hatte keinen entschiedeneren Verfechter, der Arbeiterschutz und die Anerkennung der Berechtigung des Emanzipationskampfes des vierten Standes keinen hartnäckigeren Gegner als den Fürsten Bismarck, der genug damit getan zu haben glaubte, das Reich auf die breite demokratische Basis des allgemeinen Stimmrechts gestellt zu haben und wähnte, auf dieser Basis lasse sich der Bau eines absoluten Regiments errichten. An diesem verhängnisvollen Fehler mußte das Bismarcksche System zugrunde gehen, und das Geschick hat es so gewollt, daß fast zu gleicher Zeit die Mehrheit der Nation wie auch der Träger der Krone zu der Erkenntnis gelangten, daß ein solches Fundament einen anderen Aufbau heische, wenn das Haus auf sicherer Grundlage stehen solle.

Das ist's, was sich jetzt vor unseren Augen vollzieht. Es wird kein Bismarck wiederkommen! hört man sagen, aber zugleich, und hier wird der Ton voller und freudiger: Auch für ein Bismarcksches System ist die Zeit dahin, in der Größe seiner Taten und Sünden wird ihm kein anderes gleichkommen. Mögen wir schweren Kämpfen und noch schwereren Versuchungen entgegengehen, das Ende des Bismarckschen Systems wird als eine Erlösung empfunden werden, es ist nicht das Werk eines einzelnen, sondern eine Tat aus dem Geiste der Nation, der nun mit freiem Flügelschlag sich regen und aufschwingen kann zu neuen Taten.

142. Tagebuch der BARONIN SPITZEMBERG, 19. März 1890, in: Das Tagebuch der Baronin Spitzemberg, ausgewählt und hrsg. von Rudolf Vierhaus, Göttingen 1960, S. 270 f. (Deutsche Geschichtsquellen des 19. und 20 Jh., Bd. 41).

Ich hatte gestern die Fürstin um eine ruhige Stunde des Zusammenseins gebeten und traf sie heute um 1/2 2 — sie war sehr ruhig und würdig, aber sehr betrübt und tief verletzt durch die Art, wie die Dinge verlaufen. Es ist, als ob der Kaiser plötzlich eine Art Haß auf den Fürsten geworfen und ihn habe wegärgern wollen; dem Fasse den Boden ausgeschlagen hat folgender Umstand: Windthorst hatte vor einigen Tagen durch Bleichröder den Fürsten um eine Unterredung bitten lassen und sie erhalten. Tags darauf ließ der Kaiser schon um 9 den Kanzler heraustrommeln und machte ihm bei Herbert über diesen Empfang Windthorsts die bittersten Vorwürfe; der Fürst natürlich wahrte sein Recht zu empfangen, wen er für gut erachte zu sehen, der Kaiser tobte gegen Windthorst, sagte, von „jeher seien Jesuiten und Juden zusammengegangen", kurz, benahm sich förmlich kindisch. Dies 'Gerissenwerden' war denn doch Bismarck zu viel, und er reichte seine Entlassung ein, ebenso Graf Herbert. Bis dato war sein Gesuch noch nicht beantwortet, aber man weiß, daß es genehmigt, das seines Sohnes jedoch nicht angenommen ist. Herbert geht aber jedenfalls auch; dem Kaiser wäre freilich sein Bleiben vorerst des Aussehens halber sehr angenehm — behielte er den Sohn, fiele ein Teil des Odiums weg, das ihm ein Bruch mit der ganzen Familie unfehlbar eintragen wird. Diesen Gefallen tut ihm aber der Sohn nicht! Weiter sagte die Fürstin, daß auf jeden Vorschlag, den Bismarck dem Kaiser gemacht, seine Geschäftsentlastung betreffend, dieser nur genickt oder mit den Schultern gezuckt habe, nie aber eine Antwort gegeben, sondern ihm Vorwürfe über dies und jenes gemacht, was er nur durch Indiskretionen oder Unterredungen mit den einzelnen Ministern erfahren haben konnte; dies verbat sich natürlich der Fürst, und daraus folgten weitere Verbitterungen. Als Männer, die den Kaiser fortwährend und abwechselnd beeinflussen, nannte sie Verdy, Douglas, Hinzpeter und Boetticher, der ganz in des Kaisers Händen und ihm lieb, weil ganz ohne eigenen Willen sei; den Schwarzen Adler hat ihm, der voriges Jahr beim Fürsten förmlich weinte, weil er ihn nicht erhalten, der Kaiser auch ohne zuvorige Rücksprache mit dem Kanzler gegeben. Nicht dies Ungestüm, meinte die Fürstin, mache es unmöglich, dem Kaiser zu dienen, sondern seine gänzliche Unzuverlässigkeit; so habe er vor etwa vierzehn Tagen dem Fürsten zugesagt, unter keinen Umständen von der Militärvorlage zu lassen. Nun habe ihn Verdy schon dazu vermocht, und die zweijährige Dienstzeit werde ebenfalls vorgebracht — also ein völliger Bruch mit allem, was sein Großvater und der Fürst in ihrem langen Leben mit Strömen Blutes errungen! Er sagt ja darüber kein Wort, schloß die Fürstin, „aber ich weiß, was ihm am Herzen nagt, das ist das Schicksal seiner Schöpfung, des deutschen Reiches, und der Gedanke schnürt auch mir die Kehle zu, wenn ich ihm in rosigen Farben unser Stilleben auf dem Lande ausmalen will". — Oh wie mir Zorn und Schmerz das Wasser in die Augen trieben, als ich in diesen Räumen mich umsah, in die nun bald Fremde ziehen werden, wo ich soviel Freundschaft und Treue genossen! Worte sind arm, das zu sagen, was die Erinnerung am inneren Auge vorüberziehen läßt am Tage, da des deutschen Volkes größter Mann sich zurückzieht. Ein deutsches Reich, eine Wilhelmstraße 77 ohne Bismarck — das kann unser Geschlecht nicht fassen. Ich ging zu Marschalls, wo ich ihn traf, der mir aber sonderbar kühl erschien, ganz auf der kaiserlichen Seite, sich damit tröstend, daß es so habe kommen müssen. Viel sympathischer war mir Lerchenfeld, dem ich begegnete; mit erstickter Stimme sprach er von der Vergangenheit, angstvoll von der Zukunft. Allgemein wird Caprivi als Reichskanzler genannt, den Bismarck selbst dem Kaiser vorschlug. Sehr sympathisch sprach sich Hirschfeld aus, der mich aufsuchte.

143. Tagebuch des FÜRSTEN HOHENLOHE, Berlin, 27. März 1890, in: Denkwürdigkeiten des Fürsten Chlodwig zu Hohenlohe-Schillingsfürst, hrsg. von Friedrich Curtius, Stuttgart 1907, Bd. 2, S. 465 f.

Heute um 2 Uhr ging ich zu Bismarck, den ich sehr wohl und kräftig fand. Als ich sagte, daß das Ereignis mir sehr unerwartet gekommen sei, meinte er: „Mir auch", denn vor drei Wochen hätte er noch nicht gedacht, daß es so endigen würde. „Übrigens", setzte er hinzu, „mußte ich es erwarten, denn der Kaiser will nun einmal allein regieren." Er erwähnte dann die einzelnen Streitpunkte zwischen ihm und dem Kaiser, das Arbeiterschutzgesetz, das der Kaiser wolle und das doch nur ein Arbeiterzwangsgesetz sei, und kam auf die Frage der Ministerpräsidentschaft zu sprechen, indem er es als unzulässig bezeichnete, daß jeder Minister für sich und ohne den Ministerrat oder den Präsidenten zu fragen, mit dem Kaiser verhandle. Gegen Verdy hat er Mißtrauen, und gegen die Minister ist er gereizt, weil sie ihn im Stich gelassen hätten, weil sie mehr den Kaiser als ihn fürchteten. Dabei sei seine Autorität nicht zu erhalten gewesen. Auch den Großherzog von Baden nannte er unter seinen Gegnern. Als ich ihm sagte, es sei wohl denkbar, daß der Kaiser ihn über kurz oder lang bitten werde, zurückzukommen, wies er dies zurück: das wolle er nicht, diese drei Wochen noch einmal durchmachen. Hier würde ich ihn, schloß er, nicht wiedersehen, wenn ich aber nach Varzin oder Friedrichsruh kommen wolle, sei ich willkommen. Auch von unsrer langen gemeinsamen politischen Tätigkeit sprach er und riet mir, dafür zu sorgen, daß sich der Kaiser nicht zu viel um Elsaß-Lothringen bekümmere. Ich möchte ihm aus dem Gesichte bleiben. Das ist leichter gesagt als getan.

Holstein und Berchem haben Herrn von Marschall in Vorschlag gebracht, nachdem Alvensleben abgelehnt hat. Es scheint, daß Marschall annimmt. Er ist jedenfalls besser als alle Diplomaten im Auslande und kennt die hiesigen Verhältnisse.

144. CONSTANTIN RÖSSLER, Fürst Bismarck, in: Preußische Jahrbücher, Bd. 65, 1890, S. 443—460, Auszug, S. 458—460 (April-Heft).

Wenn wir uns zur Kolonialpolitik als zu einer dritten Hauptaktion der innern Politik wenden, so mag es auf den ersten Blick befremden, daß die Kolonialpolitik zur innern Politik gerechnet wird. Aber sie ist nicht das einzige, dafür aber ein unentbehrliches Mittel der innern Gesundheit. Wir lassen uns auf die Weisheit nicht ein, die der Weisheit der Bauernknaben entspricht, daß die Welt längst verteilt sei. Die Weltentwicklung ist der ewige Prozeß der Neuverteilung unter den fähigen und unfähigen Händen, der in gewissen Zeitabständen immer wieder notwendige Übergang des Besitzes der letztern in die Hände der ersteren. Der bloße Anfang, auf einige Teile Afrikas die deutsche Hand zu legen, hat uns unter die Weltmächte versetzt, hat uns befähigt, die Kongokonferenz zu berufen, hat uns die Möglichkeit der Verständigung auf diesem Boden mit Frankreich gegeben, deren erster Versuch, obwohl er nicht die erwarteten Folgen gehabt hat, immer wieder erneuert werden muß. Wenn das deutsche Volk auf die Kolonialpolitik verzichten wollte, so erklärt es sich für ein Mitglied der unfähigen, der toten Hand unter den Völkern, die bestimmt ist, eines Tages von den fortschreitenden Kulturvölkern expropriiert zu werden.

Die größte Aktion der innern Politik sind die Anläufe zur Sozialreform. Sie sind dem Umfang der Aufgabe gemäß nur Anfänge, und die Invalidenversorgung ist in der geplanten Form nur ein Anlauf. Sehr im Gegensatz zur Redaktion dieser Jahrbücher halte ich jenen Plan für nicht lebensfähig, ohne im mindesten an dem Ziel zu verzweifeln, aber Fürst Bismarck hat die große Kulturaufgabe des Jahrhunderts zum Staatsproblem gemacht. Das ist ein Verdienst, das man je länger, je mehr würdigen wird, ein Beispiel, dem schon heute kaum ein Staat sich entzieht. In der Tat kann nur der Staat die Aufgabe lösen. Er übt hier nicht eine eigennützige Einmischung, sondern er gehorcht einer gebieterischen, aber vor kurzem noch nirgend erkannten Pflicht. Der Hohn der Sozialdemokratie gegen die Einmischung des Staates in ein Problem, das die Herren Proletarier unter einander für die ganze Welt lösen wollen, zeigt nur der Herren Unbildung. Sie sollten es nur versuchen, wenn sie einmal die Macht hätten, dies unermeßliche Chaos von Eigennutz und Leidenschaft mit dem Zauberspruch ihrer Brüderlichkeit zu beschwichtigen, einer Brüderlichkeit, die nur von Gift geschwollen ist und mit einer großen Würg- und Plünderszene beginnen will, die ihr wahrscheinlich die Hauptsache ist. In der Tat ist die vornehmste Bedingung jeder denkbaren Lösung der sozialen Frage, daß Wirtschaftsbereiche geschaffen werden, die in sich einen Kreislauf der Güter ermöglichen, in den keine Störungen aus fremden Sphären eindringen. Die Schaffung solcher Bereiche kann nur das Werk der auswärtigen Politik mit ihren alten Werkzeugen, mit Krieg und Diplomatie, mit Bündnis und Eroberung sein. Wenn dieses Werk vollbracht, dann wird die Organisation der Arbeitsanteile, die niemals auf mechanischem Wege zu erfolgen braucht, eine leichte Aufgabe sein.

Wir entfernen uns scheinbar von unserm Thema, aber die Erfassung solcher Probleme ist nur seit der Wirksamkeit des Fürsten Bismarck möglich, wie sie andrerseits durch dieselbe geboten ist. Das ist überhaupt der Erfolg der historischen Menschen, daß sie nicht ruhigen Besitz, sondern größere Probleme zurücklassen. So war es mit Alexander, mit Cäsar, mit Friedrich. Napoleons Werk wurde so zerstört, daß es keine Probleme hinterließ, er gehört zur Familie der Attila und Timur.

Wir berühren zum Schluß dasjenige Problem, das dem deutschen Volke vor allen hinterlassenen Problemen am Herzen liegt. Es sind nur große Kinder, die noch an die Möglichkeit glauben, die modernen Völker auf demokratischer Basis mit den Regeln des englischen Parlamentarismus regieren zu können. Diese Basis und diese Regierungsmethode bilden einen unvereinbaren Widerspruch. Aber wenn man auf den englischen Parlamentarismus verzichtet, so bleibt doch ein großer Widerspruch der modernen Kultur. Diese Kultur vermehrt das Wissen und das Selbstgefühl der Massen, und doch bleibt dieses Wissen und diese Fähigkeit der eigenen Charakterlenkung unendlich zurück hinter der Befähigung zur Staatslenkung. Je riesenhafter die modernen Staats- und Gesellschaftsorganismen an Umfang und innerem Reichtum der Kräfte, also auch der gegensätzlichen Bestrebungen werden, je größer, wie einstmals die Physiologie sagte, der Antagonismus der Organe wird, desto seltener wird die Befähigung, diese Organismen zu überblicken, zu verstehen und vollends sie mit überlegener Hand zu lenken. Es ist also lächerlich, von einem unaufhaltsamen Fortschritt der Demokratie in politischer Beziehung zu sprechen. Es ist kaum eine Paradoxie, zu sagen: je mächtiger das Volk wird, desto hilfloser wird es. Die Politik wird eine Kunst, die gleich der schwierigsten Algebra nur den wenigsten Köpfen zugänglich wird. Die demokratische Entwicklung ist nur denkbar, wenn die Staatenwelt in kleine Gemeinwesen aufgelöst wird, d. h. aber, der Kultur die mächtigsten Impulse entziehen. Andrerseits aber können die großen Mächte nicht ohne den lebendigen Anteil der Nationen bestehen, ohne ein gewisses, wenn auch nicht vollkommenes Verständnis der Nationen für die Bewegung des Organismus, durch den sie sind. Der englische Parlamentarismus kann nicht mehr das Mittel dazu sein, weil er es in der Tat nie gewesen ist und eine ganz andere Bestimmung gehabt hat, als die Nation durch die Teilnahme am staatlichen Organismus in demselben lebendig festzuhalten. Aber das Mittel ist noch nicht gefunden. Fürst Bismarck hat das deutsche Volk in einer großen Umbildungsepoche nicht durch mechanische Mittel, sondern durch die überzeugende Macht und Produktivität seines Genius beherrscht, betäubt und nach Luthers Ausdruck fast wie einen blinden Gaul hinangeführt. Eine solche Führung kann nicht dauern weder für den Führer, noch für die Geführten. An ihre Stelle kann nicht der Geführten Selbstführung treten, wohl aber eine größere Wechselwirkung zwischen Führer und Geführten. Wie dieses Verhältnis einzurichten, auch das ist eins der Probleme, die des Fürsten Bismarck Wirken uns hinterlassen.

Gelingt es uns, ein historisches Volk zu bleiben, so werden wir ihm ewig danken für die Arbeit, die er uns gegeben. Vor ihm waren wir Sklaven und Zwerge in einem schmutzigen Bergwerk. Jetzt liegt vor uns der edle Marmor nationaler Größe. Mögen wir ihn bilden, wie es des Mannes würdig ist, der uns an diesen Bruch geführt!

145. HANS DELBRÜCK, Politische Korrespondenz. Der Kanzlerwechsel, in: Preußische Jahrbücher, Bd. 65, 1890, S. 461—466 (April-Heft).

An der Stelle, wo Ranke in seiner Weltgeschichte das Ende des Heiligen Bonifatius, des Apostels der Deutschen erzählt, liest man: „Es ist das Schicksal hochbegabter Menschen: mit ihren innersten und tiefsten Gedanken suchen sie in die Welt einzugreifen; sie geraten aber damit in das Getriebe der Kämpfe, die sie umgeben; es gelingt ihnen eine große Wirkung auszuüben; aber damit werden sie selbst entbehrlich. Indem Bonifatius seine Mission wieder aufnahm, ohne daß er dieselben Stützen, wie früher, für sich gehabt hätte, kam er um, mißmutig und verstimmt über seine äußere Lage, aber freudig in seinem Beruf, in seiner Seele unerschüttert, hochherzig und tapfer."

Hat je die tragische Muse ergreifender gesprochen? Es ist das Schicksal und die Größe des großen Mannes, daß er sich durch seine eigene Leistung endlich entbehrlich macht. Stehen wir abermals vor einer weltgeschichtlichen Erscheinung, welche so das Höchste der menschlichen Schaffenskraft und die Grenzen der Menschheit in ihrer unerbittlichen Einheit vor das kummervolle Auge stellt?

Die Trivialität ist imstande, in dem 'sich selbst entbehrlich machen' eine Geringschätzung oder wenigstens eine Minderung der Anerkennung zu sehen. Wir wollen uns dadurch nicht abschrecken lassen, gerade unter diesem Gesichtspunkt als dem, der zwar keineswegs die Katastrophe erklärt, aber der ihr Eintreten erst möglich gemacht hat, das Ereignis der

Verabschiedung des Fürsten Bismarck zu betrachten. Es ist der Standpunkt des Optimismus; wir wollen uns mutig zu ihm bekennen.

Von der auswärtigen Politik ist Herr von Bismarck einmal ausgegangen; von ihr ist auch jetzt zu beginnen. Die große Spannung des russisch-französischen Krieges, die Europa seit einem Jahrzehnt in Atem erhält, ist nicht überwunden und kann ihrer Natur nach niemals überwunden werden — anders als indem sie bricht — aber seit mehr als einem Jahr ist doch allmählich derjenige Zustand eingetreten, der das Höchsterreichbare darstellt, daß man nämlich die Krisis nicht mehr für imminent hält. Niemand kann wissen, wie lange diese relative Ruhe anhält, wie bald jene unheimliche Nervosität der Erwartung in den Staatsmännern und der öffentlichen Meinung wieder erwacht, aber klar ist, daß nur in einer solchen Ruhepause der Kanzlerwechsel in Deutschland möglich war und daß es kein anderer als der Fürst Bismarck selbst ist, dem wir diesen, vielleicht nur Moment der Ruhe verdanken. Der Dreibund, die Annäherung Englands an diesen Bund, die Stetigkeit des Bundes durch drei Regierungen sind sein Werk. Von unendlichem Wert ist der Umschwung in der öffentlichen Meinung des Auslandes über die persönlichen Kriegsgelüste unseres Kaisers. Von jener Rede des Prinzen Wilhelm an (8. Februar 1888), in der er sich gegen solchen 'verbrecherischen Leichtsinn' verwahrte, bis zu den Februar-Erlassen dieses Jahres, die mit unangreifbarer Logik die Gewißheit gaben, daß dieser Herrscher gesonnen sei, seine Größe, so viel an ihm liege, in Werken des Friedens zu suchen, hat der Kaiser daran gearbeitet, den Nebel jenes Vorurteils zu zerteilen, um ihn endlich durch die warmen Sonnenstrahlen neuer Gedanken der allgemeinen Wohlfahrt und der Bekämpfung des menschlichen Elends völlig zu verscheuchen. Jeder Schatten eines Vorwands, daß Deutschland oder der Dreibund sich mit Angriffsgedanken trage, denen man zuvorkommen müsse, ist nunmehr geschwunden. Aber wir wissen, daß das immer nur Vorwand gewesen wäre. Der wahre Grund der Kriegsgefahr ist allein der panslawistische Fanatismus drüben, der chauvinistische Revanchegedanken hüben. Macht, nur Macht ist imstande, diese Dämonen zu bändigen. Fürst Bismarck ist es, der uns diese Macht geschaffen hat im Dreibund; er ist es, der uns diese Macht geschaffen hat auch in der eigenen Hand.

Hier ist der Punkt, wo die auswärtige Politik in die innere übergeht. Bismarck hat es fertig gebracht, dem deutschen Volk die Notwendigkeit der schwersten Rüstungen begreiflich zu machen, ohne damit die Nachbarn, gegen die sie gerichtet sind, zu provozieren: im Gegenteil, er hat es fertig gebracht, jene wunderbare Rede vom 6. Februar 1888, in der er diese Rüstungen begründete, gleichzeitig zu einer Friedenskundgebung und Friedensbürgschaft zu gestalten. Von dieser Rede und der Publikation der Bündnisverträge an datiert die langsame und allmählich immer stärkere Abebbung der Kriegsbesorgnisse.

Die Mittel für die Kriegsrüstungen wurden in den Jahren 1888 und 1889 so gut wie einstimmig vom Reichstag bewilligt. In jenem Augenblick sah man darin einen Reflex der auswärtigen Gefahr, welche auch die Oppositionsparteien zur Zustimmung nötigte. Mehr und mehr zeigt sich, daß diese Einstimmigkeit viel mehr war: daß sie den endgültigen Verzicht auf die prinzipielle Armee-Opposition einleitete. Noch ist zwar die praktische Probe nicht gemacht worden, aber in den politischen Kreisen ist kaum noch ein Zweifel vorhanden, daß selbst die deutschfreisinnige Partei, sobald sie vor die ernstliche Verantwortung gestellt wird, in der Armeefrage kaum einen anderen Standpunkt einnehmen wird, als die Kartell-Parteien. Man wird weiter streiten über einzelne Kasernenbauten und Futterrationen, Offizierburschen und Festungs-Kommandanturen, über das Garde-du-Corps-Regiment und Dienstwohnungen, man wird aber weder die Grundlagen der bestehenden Armee-Verfassung anzutasten, noch wesentliche Neuforderungen, die die Regierung stellt, abzulehnen wagen. Grade je größer diese Forderungen sind, desto weniger werden sie abgelehnt werden. Wessen Verdienst ist diese radikale Umwandlung unseres Parteilebens? Es ist das Verdienst des Fürsten Bismarck, denn es ist die dauernde Nachwirkung der Septennatswahlen. Niemals, soweit Menschen voraussehen können, wird es die Opposition wieder darauf ankommen lassen, auf eine Armeefrage hin aufgelöst zu werden. Alles Grollen und Murren gegen den Militarismus in der deutschfreisinnigen Presse ist nichts als ein Rückzugsgefecht. Auch die Nationalliberalen haben mehr als ein Jahrzehnt gebraucht, ehe sie sich von ihren militärischen Vorstellungen und Schlagworten der Konfliktszeit völlig befreiten. So wird auch die deutschfreisinnige Partei noch lange 'prinzipiell' an ihrem Standpunkt festhalten, hier und da eine formale Konzession erhalten und praktisch tun, was wirklich notwendig ist. Spötter glauben im nächsten Reichstag schon ein Wettrennen des Zentrums und des Deutschfreisinns auf militärfrommen Pferden um den Kranz des besseren Patriotismus prophezeien zu dürfen. So gut wird es uns nun freilich nicht werden, aber schon daß solche Möglichkeiten auftauchen, zeigt dem, der wenige Jahre zurückschaut, die Größe der Abwandlung.

Noch größer ist die Wandlung unseres Parteilebens in den sozialpolitischen Anschauungen. Die alte reine Manchester-Schule ist ebenso überwunden wie die Einführung einer Miliz an Stelle des stehenden Heeres. Die konservative Partei hat zugunsten des Reform-Gedankens die alten patriarchalisch-feudalen Ideale, die nationalliberale die individuelle Selbsthilfe aufgeben müssen, und endlich hat auch die deutschfreisinnige

Partei sich bekehrt und sich auf den Boden der „Erlasse" gestellt. Nicht wenig mag dazu beigetragen haben, ihr diesen Übergang zu erleichtern, daß sie ihn anfänglich in den Mantel der Opposition hüllen konnte. In dem Augenblick, wo sich herausstellte, daß an einer Stelle des neuen Systems, dem Arbeiterschutz, der Reichskanzler zurückhalte, fing die deutschfreisinnige Partei an, sich gerade mit diesem Bestreben zu befreunden, und so hat sie sich allmählich dazu bekehrt, „auch etwas gelernt zu haben", und den Grundsatz der natürlichen Harmonie der Interessen begraben. Noch das Invaliditätsgesetz war im vorigen Sommer allein mit der Herkuleskraft des Fürsten Bismarck aufzubauen. Hier vereinigte sich mit der doktrinären Opposition und dem wirtschaftlichen Egoismus die ganze Kraft des Partikularismus. Kein anderer Minister als der Fürst Bismarck wäre imstande gewesen, diese Phalanx niederzukämpfen. Mit diesem Sieg aber ist auch dieser Feldzug abgeschlossen und endgültig gewonnen.

Delbrück greift noch einmal auf das Ranke-Wort über Bonifatius zurück.

Nicht anders ist es der eigenste Bismarcksche Gedanke der Sozialpolitik des Königtums, der in seiner Fortentwicklung die Intentionen des Urhebers hinter sich gelassen und seinen Sturz vorbereitet hat. Niemand vermag diesen Gedanken mehr aufzuhalten. Ihm gehört die Zukunft. Er lebt fortan nicht mehr durch den Erzeuger, sondern durch seine eigene Kraft.

Die deutsche Reichsverfassung, das Gleichgewicht von Einheit und Selbständigkeit im Bunde, von Monarchie und Volksvertretung in der Konstitution, ist durch richtige Anlage im Grundriß und feststehende Praxis in der Ausführung auf Generationen hinaus gesichert. Gesinnungsgenossen und Mitarbeiter dieser Zeitschrift haben wiederholt die Forderung erhoben, daß der Abschluß des Bismarckschen Werkes die Schaffung einer Partei sein müsse, der er einmal das Erbe seiner politischen Gedanken übergeben und die Zukunft Deutschlands anvertrauen könne. Im Kartell schien endlich dieser Wunsch seiner Erfüllung nahegebracht zu werden. Die Wahl-Niederlage des Kartells hat ihn wieder zu Wasser werden lassen. Wir haben von je, nicht etwa erst nach dieser Niederlage, sondern schon vorher einen andern Standpunkt eingenommen. Niemals kann die Zukunft eines Landes allein auf einer Partei oder Partei-Kombination beruhen. Partei postuliert den Begriff der Gegenpartei und damit den des Wechsels im Regiment. Es klingt paradox und ist doch die reine Wahrheit: das Kartell ist nicht regierungsfähig, weil das Antikartell nicht regierungsfähig ist. Die Whigs sind nur deshalb regierungsfähig, weil, wenn sie einmal abgewirtschaftet haben, sofort die Tories bereit sind, sie abzulösen. Wäre das nicht, so müßte irgend eine andere Gewalt in die Lücke treten, und diese müßte auch schon vorher existieren, also auch schon vorher zum wenigsten mit den Whigs sich in die Herrschaft teilen. Wir haben diese dritte Macht: es ist das Königtum, gestützt auf die Beamtenschaft und die Armee. Was die Tagespolitiker die 'Zerfahrenheit' unseres Parteilebens zu nennen pflegen, ist nichts als der Ausdruck der Fülle und der Gesundheit. Wie arm ein Land, dessen politische Lebenskräfte zuletzt nicht mehr als zwei Gedanken repräsentieren! Der Reichtum der Parteien in Deutschland ist der Reichtum unseres politischen Lebens, und die Einheit in diesem Reichtum bildet die Monarchie. Die Unangreifbarkeit ihrer Stellung beruht darauf, daß keine der Parteien je daran denken kann, für sich allein die Majorität in der Volksvertretung zu erlangen. Das ist ein durch die Natur und die Geschichte Deutschlands gegebenes Verhältnis. Ein lebendiges politisches System daraus gestaltet zu haben, ist das Verdienst des Fürsten Bismarck. Kaum eine Partei steht in absolutem Gegensatz zur Regierung; keine darf sich rühmen, mit ihr identisch zu sein.

Alle diese Betrachtungen berühren sich mit den Gedanken, die wir bereits in unseren beiden letzten Korrespondenzen, vor wie nach den Wahlen ausgeführt haben. Sie kulminieren, von welcher Seite man auch komme, immer wieder in dem Satz: die überlieferten Parteigegensätze sind veraltet; sie sind teils praktisch, teils sogar prinzipiell überwunden, der Rest wenigstens zur Zeit in die Tiefe zurückgedrängt. Die neuen Aufgaben aber, die sich erst zu bilden schienen, sind mit überraschender Schnelligkeit aktuell geworden. Wie das neue Kapitel der Sozialgesetzgebung, das wir Ende Januar noch in ziemlicher Ferne glaubten, durch die Februar-Erlasse plötzlich eröffnet worden ist, so wird die Neugestaltung unseres Parteilebens, die uns am Horizonte heraufzuziehen schien, durch den Kanzlerwechsel sicherlich beschleunigt werden. Politik wird von Personen gemacht; jede neue politische Gestaltung wird daher erleichtert, wenn die überlieferten Potenzen von neuen Personen repräsentiert werden. Das ist ein Gesetz, so alt wie Partei und Staatsleben selbst. Wenn es nun richtig ist, daß nach dem Ausfall der Wahlen die Regierung den Versuch zu machen hat, einen modus vivendi mit der deutschfreisinnigen Partei anzubahnen, so ist das gewiß für den Reichskanzler von Caprivi eine viel leichtere Aufgabe als für seinen Vorgänger. Fürst Bismarck hat mit den Liberalen den Verfassungskonflikt durchgekämpft und mit Hilfe derselben Liberalen die neue Reichsverfassung geschaffen. Er hat mit dem Zentrum den Kulturkampf durchgekämpft und mit Hilfe desselben Zentrums das Schutzzollsystem und die Grundlagen der Sozialreform geschaffen. Er würde, wenn es überhaupt tunlich ist und er gewollt hätte, auch die Freihandelspartei in einer nützlichen Kooperation zu verwerten gewußt haben. Daß sein erfinderischer Geist nicht auch andere Auskünfte hätte entdecken, oder daß schon Anzeichen vorhanden gewesen, er hätte grade diese Richtung einschlagen wollen, ist gewiß nicht zu behaupten. Sein Nachfolger aber ist nahezu gezwungen, diesen Weg zu nehmen. So wenig wie mit dem Zentrum wird die Aussöhnung eine prinzipielle, eine plötzliche oder eine vollständige sein. Die deutschfreisinnige Partei wird Opposition bleiben nach wie vor. In den praktischen Fragen aber wird sie, oder wird ein Teil ihrer Mitglieder mit sich verhandeln lassen, und der gehässige, persönliche Hader wird darüber allmählich zwar nicht still, aber doch um einiges stiller werden.

Drei Momente sind es hauptsächlich gewesen, um derentwillen sich die jüngere Generation seit den 70er Jahren von der alten Fortschritts- heute deutsch-freisinnige Partei abgewandt hat: daß sie sich dem Aufbau des neuen nationalen Staatswesens widersetzte, statt an ihm mitzuhelfen; daß sie den Anforderungen der vaterländischen Wehrkraft nicht opferwillig genug entgegenkam; daß sie endlich dem neuen Ideal einer gesetzlichen Sozialreform widersprach. Diese drei Negationen haben sie in der öffentlichen Meinung mit dem Fluch beladen, keine 'nationale' Partei zu sein. Wenn die Partei nunmehr nach dem Ausweis der letzten Wahlen wieder etwas mehr Boden gewonnen hat, so hat sie das gewiß in erster Linie der Vertretung ihrer positiven Idee, des Freihandels (neben der Branntweinsteuer) zu verdanken. Im Hintergrunde liegt doch aber auch, daß jene drei Hauptvorwürfe, unter denen sie in den besseren und gebildeten Teilen der Bevölkerung zu leiden hatte, anfangen zu verblassen. Das Reich ist fertig; in der Armeefrage haben sie sich bei der letzten Entscheidung gefügt; die Februar-Erlasse haben sie mit Zustimmung aufgenommen. Es ist also natürlich, daß die öffentliche Meinung anfängt, sie mit etwas anderen Augen zu betrachten als bisher. Die Hauptschwierigkeit einer gesunden Entwicklung in dieser Richtung liegt in der Persönlichkeit des Abgeordneten Richter. Auch das Zentrum hat ja dasselbe demagogisch-negative Element in sich, das die deutsch-freisinnige Partei so abstoßend macht, aber die Disziplin der katholischen Kirche weiß jenes Element ebenso zu bändigen wie zu gebrauchen. Majunke (oder jetzt Dasbach) im Zentrum, Stöcker bei den Konservativen, Richter bei den Deutsch-Freisinnigen sind analoge Elemente; aber welche Verschiedenheit ihrer Stellung innerhalb ihrer Fraktionen! Der Staatskunst, welche ihre Scharen in der Hand hat, fällt zuletzt der Erfolg und die Macht zu. Die deutschfreisinnige Partei entbehrt nicht nur der Disziplin, sondern der Hauptvertreter der rein negativen Demagogie, des Gegenpols jeder positiven Staatskunst ist in ihr grade zugleich der Hauptführer. Im Hinblick hierauf mag wohl manchem jede Hoffnung auf Verständigung mit dieser Fraktion illusorisch erscheinen. Aber es fehlt doch auch nicht an Anzeichen, daß sich die patriotischen und würdigen Mitglieder der Partei ihrer Verantwortlichkeit bewußt sind, und wenn nicht alles trügt, werden die Sozialdemokraten bald genug dafür sorgen, dem neuen Reichskanzler die Regierung schwer, grade in Beziehung aber auf sein Verhältnis zu den anderen Parteien aber leichter zu machen.

So schauen wir, mit Schmerz und unauslöschlicher Dankbarkeit im Herzen für den scheidenden Kanzler, doch getrost in die Zukunft: voll neuer Kämpfe, neuer Arbeit, aber nicht ohne Hoffnung auf neue Siege und Erfolge. Schmählich ist jene Beschuldigung zusammengefallen, daß der Fürst Bismarck das neue Reich und seine Institutionen nur auf seine Person zurechtgezimmert und geschnitten habe, so daß einmal bei seinem Abgang die Anarchie einbrechen müsse. Nichts ist eingetroffen von jener Kassandrafrage: „Gibt es noch die Monarchie der Hohenzollern? Unsere Kinder werden die Antwort darauf zu geben haben.“ Hohl und leer zeigt sich das Schreckbild des ‘Hausmeiertums’, welches anfangen sollte, der Dynastie gefährlich zu werden. Tief bewegt im Gemüte, aber ohne jede politische Erschütterung, fest und unbeirrt in dem Glauben an seine Zukunft, zusammengehalten in den neuen und doch schon starken, gefestigten Institutionen scheidet das deutsche Volk von der großen Ära Bismarck, um ein neues Zeitalter zu beginnen.

NAMEN- UND SACHREGISTER